第十一部

GUOSHANG

国殇

抗战时期的
红十字医疗救护

李性刚 著

团结出版社
UNITY PRESS

图书在版编目（ＣＩＰ）数据

国殇 . 抗战时期的红十字医疗救护 / 李性刚著 . --
北京 : 团结出版社 , 2023.8
ISBN 978-7-5234-0233-7

Ⅰ . ①国… Ⅱ . ①李… Ⅲ . ①红十字会 - 史料 - 中国
- 1931-1945 Ⅳ . ① E296.93 ② D632.1

中国版本图书馆 CIP 数据核字 (2023) 第 113712 号

出　版：团结出版社
　　　　（北京市东城区东皇城根南街 84 号　邮编：100006）
电　话：（010）65228880　65244790（出版社）
　　　　（010）65238766　85113874　65133603（发行部）
　　　　（010）65133603（邮购）
网　址：http://www.tjpress.com
E-mail：zb65244790@vip.163.com
　　　　tjcbsfxb@163.com（发行部邮购）
经　销：全国新华书店
印　装：三河市东方印刷有限公司

开　本：170mm×240mm　　16 开
印　张：34.25
字　数：520 千字
版　次：2023 年 8 月　第 1 版
印　次：2023 年 8 月　第 1 次印刷

书　号：978-7-5234-0233-7
定　价：98.00 元

前 言

一、社会各界聚焦图云关

2015 年，是中国人民抗日战争胜利 70 周年。是年 5 月中旬，笔者因在长篇纪实小说《家之梦》中描写了贵阳图云关——这个曾在抗战时期被选为中国红十字会救护总队队部驻地，而成为全国各大战场医疗救护指挥中心，由此受邀接受《国际在线》的专访。

在笔者接受过《国际在线》记者团的集体采访后，记者瞿鹏杰于当年 5 月 21 日发出题为《雄关漫道·战火仁心——国际援华医疗队在贵阳》、副标题为"在图云关得到救治的副营长"的专稿。随后，又相继有时代纪实网编发的记者手记《李性刚讲述其父李志敏在图云关得到救治的故事》等多篇采访文章。

接受过《国际在线》采访后，笔者一直在思考，看来，被掩蔽在贵阳图云关密林深处长达七十多年的这段历史，并非只是因家父个人经历所形成的一段家事，而是艰苦卓绝的十四年抗战中一段不可或缺的国家大事。因此，在接受《国际在线》采访的次日，笔者怀着长期潜藏在胸的感激之情，特安排半天时间登临图云关，寻访家父当年在桂柳抗日战场负伤后接受医生们精心救治的那片神秘之地。

这是笔者第一次登临位于贵阳城东的图云关，原为贵州省林科院实验林场。据称 1960 年周恩来总理来黔视察期间，建议改建成森林公园。其实，仅就地名而论，"图云关"对于笔者来说，并不陌生。因为自打从省林校毕业分配到黔东南林区工作，几十年来，每次到省城公干，乘汽车往返，都会穿过这片林区。但要说徒步专程有目的地参访图云关，这还是头一回。

从市区乘坐公交车到油榨街站下车，沿着 320 国道朝出城方向上坡走不多久，便来到图云关口。关口左侧，曾于抗战时期建有"中山园"。入口为一简约"冲天式"四柱石牌坊，梁上刻着"中山园"三字。两中

1

柱刻有落款为"赵西林"的行书——"抚今追昔当仰先驱，依景建园并非梦境"楹联；两旁柱刻有王蕈华的隶书——"先哲高风同仰止，雄关列峰沐光辉"楹联。两联既表达了对孙中山先生的景仰之情，也描绘出图云关的山雄景奇。几组书法雄健挺秀，清纯隽永，飘逸潇洒。

入口右侧，据说是当年驻守西南的薛岳部属下一位连长镌刻的一尊孙中山先生半身像，下款为"总理遗像"。仅娴熟的浅浅几笔，便把伟大的革命先驱永远留在了关口石壁上。

步入中山园牌坊，沿怪石嶙峋间小径拾级而上，一路老树盘藤，幽深静谧，古朴苍凉，凝重黯然。道旁石壁上刻有"雄关独占""固若天堑"等字；穿过一线天光，站在石台上回首鸟瞰，山势绵亘，林木葱郁，蝉鸣鸟语，芳草馨香。冥冥中，笔者脑海里似乎隐隐映出当年父亲曾描述过的红十字会救护总队队部的相关景象。

不觉来到"中山堂"。据称这是1991年辛亥革命80周年之际，贵阳市各界人士捐资，在园中山顶所建。中山堂采用传统单檐庑殿顶官殿式单层建筑，绿琉璃、黄墙体，庄重肃穆。从窗户向里看，中山先生的青铜坐像安坐方椅，手握卷册，神态安详；此外没有其他文化内容展示。依现状看，该建筑可能仅仅是为着举行特定纪念活动而建。

资料显示，图云关始建于宋嘉泰元年，是古代贵阳东出湘桂的咽喉，其岩壁上镌刻有"黔南首关"四字，是古代来黔的高官显贵上任、卸职或受封等，举行仪式的圣地。同时，历代文人墨客在关口留下抒发情怀的佳作颇多，犹以清代为最。如清代贵州巡抚王燕、林肇元等撰写的楹联，名士陈文政和诗人周渔璜，晚清文化先贤莫友芝等人题写的碑记，给图云关增添了厚重的文化底蕴和想象空间。在多款摩崖石刻中，文字辨识度相对清晰的，是由钦命贵州提督赵德昌于同治三十年仲夏题文书撰并镌刻的"新修图云关尽忠楼"铭文和"图云六碑"上的三首绝句：

十数年来耐苦征，风霜久已历边城。
熊韬虎略惭怀抱，战马萧萧功未成。

劫运使然奈若何，随征将士阵亡多。
可怜白首浑无定，涕泪交流逐逝波。

苍山白云作儿孙，邓氏将军题句存。
正气由来天不昧，慈云今又护忠魂。

古人所留手迹之文意，对于当年来到图云关从事抗战救护的仁人志士，也该暗含几分潜在指向，给他们以联想，予众人以教益。

笔者曾有幸从朋友处借得一本2007年10月由五洲传播出版社出版的《经霜的红叶——国际援华医疗队的故事》，读过该书附录六《抗战时期之救护工作》一文后，可以想象，在当年的图云关，聚集着一大批国际主义和爱国民主人士以及祖国医疗卫生界的精英，在此基础上形成了一个抗日战场救护工作的指挥调度中心，甚至可以说是一座相当庞大、荟萃着数千人的医疗城。在该书的《图云关上的纪念碑和高田宜墓》一文中，详尽介绍了这两座纪念建筑的修建时间、经过及碑刻内容。

在关口右侧半坡丛林中，笔者寻到了贵阳市政府于1985年为英国女医生高田宜建造的墓茔及"国际援华医疗队纪念碑"。

两座纪念构筑物的建设，据称当年的贵阳市委、市政府、市人大、市政协四大班子有关负责同志曾召开专题联席会议进行过深入研究，精心策划，周密布置，足见得他们对这件事的高度重视。其目的当然是希望能通过这两座纪念建筑，传达地方党政机关和领导对当年驻扎图云关的救护队伍这段历史的认可、关注和重视。

根据时任贵阳市委党史办负责人俸起鸣所做会议记录披露，高田宜墓茔及雕塑建造专题联席会于1985年5月4日晚，在贵阳市南明堂省委宿舍，时任中共贵州省委顾问委员会副主任，曾经的第一任贵阳市市长秦天真家中进行并由他主持。参会人员有贵阳市政府正副市长、市人大常委会副主任等领导和同志。主题就是研究在贵阳市修建（复）革命纪念地（遗址）问题。

秦天真表达了以下意思：……今年要认真纪念世界反法西斯运动和中国抗战胜利40周年……当时在图云关有个英国女医生……参加我们的

医疗救护队牺牲了，才二十多岁，埋在图云关，还立了一块碑，墓地是朝西方的，现在找不着了。我们要重新为她建座墓，立块碑，考虑到西方人习俗，正面朝西……这是有国际影响的事，要下点功夫。

时任贵阳市市长李万禄当即表示：修建反法西斯国际友人纪念碑很重要，市财政拿钱，市建委拿设计方案，市园林局拿实施意见，市党史办积极协助，最后请老市长定夺，工程于8月15日前完成。

市长的表态和承诺干脆利落，爽朗恳切。

5月21日，秦天真与市长李万禄、市委顾问李曾贤及建委等相关部门同志到图云关森林公园查看修建纪念碑的情况。秦天真再次提示，相关事宜可找省外事办、省对外友协联系。

就这样，由两块白色大理石组成的高田宜医生陵墓在绿树环抱的森林公园内，图云关旧址后山一片松林、枫叶等绿树浓荫中，庄严肃穆地竖了起来。墓碑上刻着"英国女医生高田宜之墓"，还刻有橄榄枝和花卉。墓碑后是一只用大理石精雕细琢而成的巨大和平鸽，象征着人类需要和平、友爱的美好愿望。墓两侧有中英文对照的碑文，其中文写道：

"英国女医生高田宜，1941年来华支援我国抗战。翌年，侵华日军投掷细菌弹，她为防治菌疫，不幸以身殉职。兹刻碑以志不忘。"

就在高田宜墓建成后不久，又在与高田宜墓相距约五十米处一块绿树环绕的台地上，建起一座正面为书页翻开状、侧视为立体三角形的"国际援华医疗队纪念碑"。纪念碑坐东朝西，正面和左右两侧有中英文对照的碑文和名单，象征着中国人民心中树起的一块来自各国和平使者的丰碑，寓意援华志士们的善举和功业如青山不老，绿树长青。正面碑文用英文与之对照写着：

"为支援中国抗战，英国伦敦医疗援华会组成医疗队于1939年来到贵阳，为中国人民抗击日本侵略者作出贡献。兹刻碑以志不忘。"

落款是"中共贵阳市委、贵阳市政府，一九八五年九月"。碑文上方有一个地球状圆形浮雕和用红色大理石雕刻的国际红十字徽记，象征着国际主义和人道主义精神万古长青。

"国际援华医疗队纪念碑"与周围环境氛围相比，虽然显得不够协调，似乎与这些远涉重洋、历尽千难万险、志愿来到中国助我抗击日本侵略者的伟大国际主义形象不很相称。不过，能在世界反法西斯战争胜利40周年之际，在中共贵州省委、省政府老领导的关心以及秦天真亲自布置和时任贵阳市四大班子以及广大海外侨胞、爱国人士的大力倡导和积极支持配合下，为践行人道主义而以身殉职的高田宜医生修筑这样一座墓茔，同时竖立"国际援华医疗队纪念碑"，已属不易。

"国际援华医疗队纪念碑"上镌刻的外籍援华医生名字已有不少模糊不清，更不知人数是否与历史记载相吻合。瞻仰过后，似乎难以起到肃然起敬的效果，因此不免使人产生几分伤感。当然，能有这样一座纪念碑毕竟比没有强，至少能让后人感知到图云关当年那神秘莫测、难以想象的辉煌和热烈氛围。

《人民画报》1983年第11期上曾刊载过抗战时期在贵阳大夏大学攻读外语的苏永甦先生的回忆文章。他说，当年自己被派往滇桂前线，在援华医生组成的医疗中队里当翻译。

据苏永甦回忆，在和几位外籍大夫相处的日子里，黎明即起，常常工作到深夜。医生们每到一地，便忙着看护伤病员，抓紧时间做手术，实在疲惫了，打盆冷水埋下头浸一浸，又继续工作。在从广西百色到云南富宁途中，因为没有联系上驻军，步行三百多里，每天要走百里以上才能找到寄宿人家。一路荒山野洼，荆棘遍地，还要提防毒蛇、毒蚊袭击。解决办法就是每天吃三颗奎宁丸，随手拿根树棍打草驱蛇。

看着时年仅二十岁出头的苏永甦有些累得吃不消，白尔大夫语重心长地对这位中国小伙子说：

"密斯特苏，我们到中国来就是为了工作。如果没有你，我们就成了哑巴，寸步难行啦！希望我们的事业和你们的事业都能成功，无论如何离不开你的帮助啊！"

这番话，使苏永甦先生深受鼓舞和激励，开始更深刻地理解和他们一道工作的意义所在。他含泪记下了这段掷地有声的金石之言："不能忘怀，不能忘怀啊！国际友人们援华抗战的深情厚谊！"

早在2005年5月，当年图云关医生周寿恺的女儿周涵女士退休后来到贵阳，寄望通过市政协文史委查询其父抗战期间的足迹。当看到市政协于1987年出版的《文史资料选辑》第22辑中，有署名杨锡寿的《回忆周寿恺主任》一文后，惊喜不已！这是周涵女士几个月来，往返奔波于北京、上海等地档案馆查找其父历史资料，所发现的唯一撰写她父亲的专文，因此倍感欣喜和珍贵。

真是冥冥中注定千里有缘来相会啊！当她在政协文史委得知，该文作者杨锡寿先生的女儿正是时任市政协副主席杨永楦后，便要求李守明主任引见，于是，她俩相识了。两位前辈虽早已故去，但却通过这篇文章，将两位父亲中断了半个多世纪的师徒深情重又续上。原来，周寿恺曾是杨永楦父亲杨锡寿医生的导师，从而将周涵与杨永楦之间的情感厚度更增添几分。周涵回去后，将这篇珍贵的文章复印多份寄给了定居在国内或海外的亲友们。

周涵女士在《图云关的厦门医者周寿恺》一文中这样说：

"从省档案馆近千个卷宗中寻找'周寿恺'的名字和事迹，就像大海捞针，光是看目录，猜想可能有所收获的卷宗，就用去了好几天。寻找图云关，这里的文字和地图资料十分珍贵，一张图云关的等高线图，展示了林可胜的科学作风和基地建设构想。还有救护总队年度工作报告中体现的各队战区分布情况……"

在纪念抗战胜利60周年之际，《纪念抗战胜利60周年外宣画册——国际援华医疗队在贵阳》首发式在贵阳举行。图云关的名声由此更加响亮起来。

由中华人民共和国名誉主席宋庆龄陵园管理处编撰的《罗马尼亚的白求恩——布库尔·柯列然在中国》一书中这样写道：

"布库尔·柯列然是与中国有同志、朋友和亲属三重关系的国际共产主义战士。2004年6月，胡锦涛主席在访问罗马尼亚时曾高度评价柯列然、柯芝兰夫妇和达维德·扬库三名罗马尼亚医生，赞扬他们在二十世纪三四十年代远离亲人和祖国，冒着生命危险到中国支持中国人民抗击日本侵略者，为中国抗日战争的胜利作出了宝贵贡献。抗战胜利后，柯列然返回罗马尼亚。在他回国后几十年中，一直将中国视为自己的第二故乡，致力于中罗民间友好交往事业。中国人民永远铭记他的不朽业绩。"

笔者在"国际援华医疗队纪念碑"上镌刻的21人名单中，确实找到了柯列然夫妇和达维德·扬库三位医生的名字。

令笔者深感欣慰的是，在高田宜墓和国际援华医疗队纪念碑之间，又新建了一座中国红十字会救护总队纪念雕塑。据当时同在森林公园游览的老同志介绍，这座纪念雕塑，是根据2006年民革贵阳市委的建议，得到中共贵阳市委、市政府肯定后，由市规划局作出规划，市财政局拨专款，于2010年动工修建，后在2013年落成的。

但令笔者略感遗憾的是，当年构成这座"医疗小城"的数百间草房早已荡然无存，只有被路人指认为"救护总队部旧址"旁的污泥杂草丛中，竖立着一块1982年立的"贵州省文物保护单位"石碑；而当年用石头垒成的救护总队部旧址，据称已出租给当地农民养猪和加工食品，已经被改造得面目全非了。其他有关救护总队的历史信息载体，几乎全部消失在时光的云烟中。

带着几分满足，也伴着几丝遗憾，笔者从山坡一路走下，大致数了数，图云关至今共存留着摩崖石刻二十多处，伴以中山纪念堂等建筑所构成的历史文化氛围，森林公园的人文和自然景观还是相对丰富多彩的，真不失为一处颇受市民、游客青睐，休闲健身的好去处。但距离作为抗战救护文化重要载体的图云关，其现状却相去甚远。

时值阳历5月中下旬的贵阳，正是"端阳雨"期间，郁郁寡欢的天空，一阵阴云缓缓飘来，早前露出的几缕喑哑阳光，此时已不复再现。笔者怀着沉重的心情回到关口，才记起曾听说在过去的关口凉亭上，还有一副陈文政的《题图云关可憩亭》联：

一亭俯览群山，吃紧关头，须要看清岔路；
两脚不离大道，站高地步，自然赶上前人。

比油榨街海拔高百余米的图云关异常险峻，在冷兵器时代，被当作重要关隘加以重兵防守自是历史的必然。但由此养成的冷寂孤傲、讳莫如深、神秘难测的图云关，虽然见证过数百年历史烽烟，迎送过无数达官显贵，却淡去了抗战救护总指挥部这段关乎全国数百万军队将士命运的极其重要的史实。而现在，要仅仅依靠少数与其有关联人士来重新唤起对它的记忆，并非笔者所想的那么简单。应该相信，总有一天，一定会类似关口楹联所写，只要"两脚不离大道，站高地步，自然不忘前人"。

二、救护队影响与日俱增

在那本五洲传播出版社出版的《经霜的红叶——国际援华医疗队的故事》中，以17件鲜活的真人真事，详尽描述了抗战时期国际援华医生们在各个战场参加救护工作的坎坷经历。

在该书的后记"故事里的故事"中，编者写道：

"一段尘封已久的故事被逐步发掘出来，而在发掘、寻找这段故事的过程中，又引发了一个个奇妙感人的故事。……原中国驻德大使馆柏林办事处主任刘祺宝先生热情帮助，突破了资料搜集的困境……国际援华医疗队的故事像一颗星星火种，照亮了历史，温暖了心灵，更牵连起友谊。"

通过该书，笔者获悉，七十多年前的贵阳图云关中国红十字总会救护总队曾有队员数千人。但由于多重原因，很多当事人及知情后裔，都不愿提起，更不会主动讲述这段历史。还有不少当事人，由于在历史档案中出现了寥寥数语，在"文革"期间便受到冲击，其档案资料亦被毁殆尽。具有一技之长的医务工作者及其后人尚且如此，如笔者这样当年的伤员后代，尽管家父在图云关接受救治长达十余月，通过家父所能了解到的图云关救护总队情况更是非常有限。

自抗战胜利60周年以后，随着对当年驻图云关的红十字总会救护总队以及国际援华医务工作者的宣传报道力度加大、频次增加，有关回忆文章、历史图片等不时见诸国内外新闻媒体，原红十字总会救护总队的后人们也开始陆续到贵阳寻根问祖。

2009年4月，贵阳市档案馆根据九百余卷档案材料，编辑出版了《战地红十字》一书，真实再现了图云关的抗战历史。

据贵阳市政协原副主席杨永楦女士撰文透露，由于其父杨锡寿老人曾与图云关有着不解之缘，因此自从与周涵联系上，杨永楦便成了图云关后裔在贵阳的联系人。不少后裔出发前或到贵阳后，都会与其联系，希望熟悉贵阳情况的她能给当当向导，尽尽地主之谊，提供寻找历史资料的方便。

　　同年9月18日，杨永楦女士在图云关会见了来自沈阳的王承鑫先生。王父锡周老人曾于1943年12月至1945年12月在图云关救护总队队部先后任人事科、医务科组长等职，1984年离世。少年时代的王承鑫曾随父亲在图云关生活、念书，1945年，10岁的王承鑫随父离开贵阳。当年略醒世事的王承鑫根据自己的记忆，在网络航拍的图云关地图上详细标注出当时各个部门的方位，制作出一幅弥足珍贵、不可多得的救护总队队部各机关单位分布图；还在他的QQ空间里上传自己手绘的诸如图云关小学、美军帐篷医院、若干茅草房等许多生动画面。他说，经历抗日战争的老兵大都不在了，我们第二代也都是花甲、古稀甚至耄耋老人，因此挖掘历史资源成为当务之急。

　　10月22日，杨永楦收到秦皇岛退休工人杨中敏来信说，其父杨崇祺1942年2月至1945年7月在图云关"卫训所"工作，是"少校医学教官"，讲授"战地救护"课程。

　　基于对抗战救护史实的尊重，杨永楦女士曾撰文指出：1985年竖起的两块纪念碑固然应该，但不能因此而让人们误解为国际援华医生就是整个图云关抗战救护的主体，从而模糊了这段可歌可泣的抗战救护史，或者因此而使这段历史掩藏得更深。因为在图云关的抗战救护队伍中，不仅仅是几十位援华医生，更是长期驻留着三千多位中国红会的医务人员，他们与国际援华医生一道共同构成了抗战救护的主体。……得感谢时任贵州省政协主席王正福，是他将杨永楦写的"图云关救护总队提案"递交到了2010年的全国政协大会上。2012年，杨永楦收到了王主席转来的全国政协提案回复。从此，图云关才开始受到有关方面的关注。

　　从2015年3月18日开始，为纪念抗日战争胜利70周年，中共贵阳市委推出了抗战时期有关图云关的一系列活动；5月，《国际在线》到贵阳实地采访与图云关有着不解之缘的有关人士之后，《国际在线》、《中国日报》英文版、中国国际广播电台等新闻媒体进行了多渠道宣传报道，把中国红十字会救护总队在图云关这段历史展现在世人面前，并由此引起了美国驻成都总领事馆的关注。8月30日，美国驻成都总领事馆的总领事谷立言带领红十字会救护总队外国医生的36位后人来图云关参加"世界反法西斯战争和抗日战争胜利70周年纪念会"。会后，成都领事馆费国林先生给杨永楦女士寄来了三张抗战时期美军27野战医院在图云关驻扎帐篷的照片。随后，贵州省文化厅、省话剧团邀请著名导演杨昕巍排练了话剧《图云关》。该话剧在北京演出后引起了高度关注。接着，中央电视台播出了《人民不会忘记》《大后方》等节目，从而将图云关所承载的史实和纪念活动推向高潮。

当年的国际援华医生子女和亲属，应邀到中国参加"纪念中国人民抗日战争胜利70周年"系列活动，并在北京观看了隆重的阅兵式。

同年8月31日上午，由中国国际广播电台、贵州省和贵阳市对外友协联合主办的"抗战胜利70周年及国际援华医疗纪念活动"在救护总队队部与卫训总所驻地——贵阳市图云关拉开帷幕。

当时，中国国际广播电台副台长王明华、贵州省副省长蒙启良和省外办主任袁惠民，美国驻成都总领事馆总领事谷立言等，与应邀到北京参加纪念活动前夕、先期到贵阳参加图云关抗战胜利纪念活动的国际援华医生白乐夫、甘扬道、傅拉都等外籍医护人员的后裔10个家庭共28人，以及当年图云关医务人员周寿恺、杨锡寿、李普、徐维廉、张式垓等中方医护人员后裔15个家庭共30人，及中外文史专家、时任救护总队总队长兼卫训总所主任、中将军医林可胜后人等近百人出席纪念活动。退休在京定居的中国驻德国大使馆柏林办事处原主任刘祺宝先生携夫人邓东莲，也陪同来华的援华医生子女和亲属，参加了图云关纪念活动。

副省长蒙启良在现场表示：

"雄关之上，抚今追昔，抗战的硝烟虽然散去，但中国人民不会忘记国际援华医疗救援队的丰功伟绩，我们永远铭记他们舍生忘死的献身精神，我们永远铭记他们救死扶伤的人道主义精神，我们永远铭记他们在中华民族生死存亡的关键时刻与中国人民并肩作战的国际主义精神。"

最精彩也最令人为之庆幸的是，这年7月15日，时年101岁，曾在图云关红十字会救护总队队部当医生的宋鸿基老人，由孙子开车送到图云关，故地重访。宋老用军礼向图云关上的抗战救护纪念碑致敬，表达了数十年长存于心底对战友们的深深思念之情。

宋老的孙子以《当祖国需要你的时候》为题，撰文介绍了爷爷的生平事迹。

抗战全面爆发后，毕业于广西医学院的宋老怀揣"国家兴亡、匹夫有责"的志向应征入伍，被分配到第四战区医防大队第二中队属下分队任少校队长。1944年5月长衡会战打响后，宋老率医疗队随第46军向桂林、柳州撤退。终于到达贵阳时，他带领的医疗队已在逃难人群中溃散。到贵阳的宋老冷静回忆思考近几个月来的所见所闻，为民族存亡之大计，于1944年年底毅然来到图云关，加入中国红十字会会救护总队，后被任命为第9大队第91中队第912区队队长。

1945年7月，宋老被调任红十字会救护总队第4大队第45中队第452区队队长，负责黔桂公路上的伤兵和难民救治工作。一路上，哪里有病患需要，就在哪里展开救助，不顾危险，不顾休息，不顾吃喝，救助了无数伤兵和难民，虽然很苦很累，但能向自己的同胞施以救助，他很有成就感，再苦、再累、再危险也觉得值得。

抗战胜利后，救护总队队部撤离图云关，宋老来到柳州行医，于1951年被安排在南宁市第一人民医院五官科任主任医师，先后当选为南宁市及广西壮族自治区人大代表，并于1981年加入中国共产党，直至在该医院退休。

在中国人民抗日战争胜利70周年之际，宋老被邀请作为抗战老兵代表，参加当年9月3日在天安门广场举行的阅兵式。

当救护总队的后裔们从电视上看到七十多年前，曾在图云关救护总队担任医疗区队队长，当时已101岁的宋老精神矍铄，身穿黄军装，乘坐在一号受检阅车前排右二位置，向着天安门举手，以标准的军礼缓缓驶过天安门时，图云关后裔微信群顿时沸腾起来。大家纷纷议论，宋老之所以获得国家如此厚重的礼遇，正说明被封存了七十多年历史荣光的图云关红十字会救护总队终于获得国家和民族的认可。这一天，当然也成为这位超百岁老人一生中最高兴和自豪的一天。同时也说明，祖国和人民终将会记住那些忠诚于祖国和民族的人，会记住那些对祖国和民族做出奉献的人。

还是在这一年，通过杨永楦主动联系或由图云关后裔联系杨永楦的国内后代已有十几人。杨永楦心想，亟待寻找到更多的救护总队后人，与他们相约，透过广袤的历史网络时空，共同挖掘父辈们为维护人类和平而在图云关谱写的可歌可泣的篇章，以告慰抗战时期为维护人类和平做出特殊贡献甚至牺牲了生命的爱国志士们。

同年，徐维廉的孙女徐瑛女士也来到贵阳，在贵阳市档案馆查询得知，徐维廉的妹妹徐美丽，即徐瑛的姑奶奶也曾在图云关工作。成都的樊开淑女士通过网络联系上杨永楦，说她父亲曾是图云关一名军医。樊开淑手上还保存着众多弥足珍贵的图云关救护总队图像资料。当80岁的王承鑫收到贵州省对外友协邀请他来图云关参加抗战胜利70周年纪念大会的信函时，激动万分地来电话告诉杨永楦，说他找到了其父收藏的当年美军赠送的行军床、蚊帐等珍贵物件，会带来捐赠给图云关即将修建的纪念馆。还有北京的张立人，其父张式垓曾是图云关救护总队运输队队长，后来成为北京汽车制造厂创始人，其母梁洁莲和姨妈梁钧铤、姨父郭步洲都曾在图云关工作过。1939年，梁钧铤被派到新四军救护队工作，其回忆录刊登在《贵州党史资料》1986年第3期上。梁钧铤96岁去世，名字镌刻在上海新四军纪念墙上。还有救护总队地下党员张世恩和李普的后人张亦燕和李欲晓，也联系上杨永楦，并参加了在图云关举行的抗战胜利70周年纪念活动。

据不完全统计，2015年，共有六十多位来自国内外的中国红十字会原救护总队的后人相会在贵阳图云关。

2015年12月，"纪念抗日烽火中的中国红十字会救护总队暨林可胜教授学术座谈会"在贵阳举行。台湾朋友和大陆与会人员在座谈会上看到颁发给救护总队队长林可胜的抗战胜利70周年纪念章后说：

"目前在台湾地区和海外，已经掀起了研究林可胜的热潮。同时，从台湾的'国防医学院'毕业，分布在海内外的师生们，还发起了募捐热潮，希望在图云关修建抗战救护纪念馆。"

在纪念抗日战争胜利75周年之际，为铭记历史，继往开来，一场名为"烽火仁心——林可胜与抗日战争时期的中国红十字会救护总队"的展览，在厦门市华侨博物院展出。该展览共遴选海内外文化机构保存和个人收藏的二百三十多幅珍贵历史影像以及视频资料，分"杏林传薪""家国情怀""七七事变""奉召擎旗""秉持人道""胸怀大义"六个篇章，全面直观地展示总队长林可胜及其带领下的中国红十字会救护总队在抗战时期的战地救护历程。

曾任中华医学会会长的中国工程院院士、"共和国勋章"获得者钟南山先生应邀参加展会并致辞说：

"……厦门是我的家乡，也是林可胜先生的家乡。来自家乡的褒奖和推崇，带有一股母亲般的温暖，跨越时空。……林可胜先生曾经出任中华医学会会长，是我的前任。'烽火仁心'这个展览，体现的是80年前林可胜为代表的中国医学界伟大的抗日精神，舍生忘死，救死扶伤，为祖国赴汤蹈火！可以告慰前辈的是：这种伟大的精神已经由我们一代又一代的医学工作者继承下来，发扬光大……这段历史虽然长期被遗忘和尘封，但今天终于在厦门，在林可胜的家乡首次用翔实的历史照片，形象地重现在人们面前。……"

据称，该展览的成功举办，得益于厦门梁忠军先生。梁先生是一位收集历史资料的高手，他被周寿恺追随林可胜从事抗战救护事业的经历和精神所感动，利用业余时间，从网络上，在美国大学图书馆收藏的美国医药援华会（ABMAC）档案中，收集到数百幅图云关的珍贵历史照片和相关资料，从而让图云关当年的真情实景得以生动地重现在观众眼前，总算让人们找回了当年的真实图云关！

2016年，贵州省档案馆开始整理馆藏三千多册有关红十字会救护总队的档案。如果历史没有这些记载，再深的痛苦也会淡忘，再动人的故事也会褪色，显得苍白无味。唯有历史档案能无声地、忠实地、公正地履行记录和存藏历史事件的责任。也唯有历史档案的存在，才使图云关的抗战救护史实有了远胜于一切雄辩的物质载体，其精彩故事才能为后人搭建起沟通过去、现在和未来的桥梁。

2016年，父辈兄弟四人都曾在图云关红十字会救护总队工作、且一直珍藏着1948年在图云关的出生证明和父辈许多珍贵历史资料、定居于上海的朱联贵先生也来到贵阳，并捐献出其用酒精棉球保护着的小铜盒子上一枚十分精致的红十字标志。杨永楦女士诙谐而亲切地称他为"图云关的儿子"。朱联贵先生不但对此"绰号"由衷地认可，而且感到无比骄傲。

这年清明节，浙江绍兴的陈志利先生来到图云关，邀杨永楦女士陪他到贵州省档案馆查找资料。因为他爷爷陈璞、父亲陈宗芳两代人都曾是图云关材料库的工作人员。

5月，已从青岛医学院离休多年、时年87岁的田广渠先生给杨永楦来信写道：

"我之所以特别关注抗战救护队，有一个原因。我们青岛医学院的第四任院长潘作新教授，1938年至1942年曾任中国红十字会救护总队中队长，受到过朱德总司令的接见。我在职时曾编写《青岛医学院史志》，对潘作新教授的历史做过梳理，而他长达五年之久的抗战救护队经历只有几百字。应把这一段经历认真充实，对他、对学院都是十分有意义的……"

6月，杨永楦拜访其父杨锡寿的学生、贵阳市第四人民医院原内科主任姚仁里时，得知已90岁高龄的他，曾是1943年在重庆经过考试录取、来到图云关卫训所学习的学员。1945年，姚仁里随卫训所迁到上海国防医学院继续学习，毕业后到贵阳工作。

鉴于上述这一连串生动故事，2016年7月，杨永楦女士撰写了《守望图云关》一文，披露了当年红十字会救护总队为因积劳成疾而长眠在图云关的64位医护人员修建的"追思园"已荡然无存之事。文中记录了若干位后裔先后来到贵阳，寻访图云关那段历史故事的经过和一系列有关事件。

8月27日，曾于1938年至1946年在贵阳医学院工作8年的钟世藩的儿子、在贵阳度过美好童年的中国工程院院士钟南山来到图云关，当看到拍摄于1945年的红十字会救护总队的照片上有父亲钟世藩的身影时，激动万分……

11月22日，"纪念西班牙国际纵队成立80周年：缅怀中国人民的伟大朋友傅拉都医生"学术报告研讨会在上海社会科学院举行。发言者深情缅怀国际主义战士傅拉都医生，高度赞扬抗战期间国际援华医生们的丰功伟绩。

上海合作组织国际司法交流合作培训基地首席专家、上海社会科学院上合组织研究中心主任潘光，发表于《档案春秋》2017年第3期、原标题为《1939，国际援华医疗队与中国》的文章称，为抗战献身的不止白求恩，还有一群"西班牙大夫"。文章也披露了部分援华医生不远万里，从大洋彼岸来华参加抗战救护的众多信息。

综上所述，可见"图云关"已成为世界反法西斯战争和中国人民抗日战争留在贵阳的一份厚重的历史文化遗产。这份遗产不仅属于贵阳、贵州，更属于中国乃至世界爱好和平的人们，且已经穿越时空，跨越国界，尘封了七十余年的中国红十字总会救护总队的历史面纱正在逐步被揭开！闪现在图云关的红十字精神将世代传递，直到永远。

我们有理由相信，体现在抗战救护中的爱国主义和国际主义情怀、救死扶伤的志愿者精神将会沁透图云关的一草一木。我们期待如云南腾冲因"国殇墓园"而世人皆知那样，贵阳图云关也会因中国红十字会救护总队这段长达七年的抗战救护历史和世界知名生理学博士、救护总队队长兼卫训所主任林可胜的事迹而名扬天下！

目　录

CONTENTS

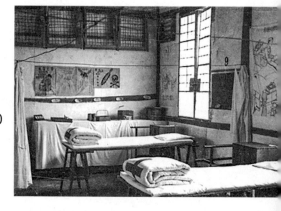

第一章　中日开战与战场救护肇启

第一节　日军入侵与民间救护

只要稍微关注一下中国近代史就不难看出，从1840年第一次鸦片战争，英国用坚船利炮打开古老中国大门后的近百年中，世界上几乎所有的资本主义国家都对中国发动过一次甚至多次侵略战争，强迫中国签订了数以千计的不平等条约。通过这些不平等条约，资本主义列强扶植封建势力作为统治中国的工具，蚕食甚至鲸吞领土；出兵控制，窃取军事要地；划分势力范围；控制重要通商口岸和建立租界；施行领事裁判权和片面最惠国待遇；以战争勒索巨额赔款；进行商品倾销和资本输出等等。一场又一场强加给中华民族的灾难接踵而至，亡国灭种危机一直在威胁着这个五千年华夏古国。

在世界列强通过各种借口和手段在中国谋取利益时，贪婪好战的邻国日本，不但没有哪次闲着，而且每次都是积极参与并捞得盆溢钵满。

1931年9月18日，日本军国主义独自制造了震惊中外的九一八事变，那隆隆炮声和滚滚硝烟，开启了蓄谋已久、从东北开始的对中国大规模侵略战争。

"九一八"事变后，我第二十九军将士们就愤怒地开始高唱：

"大刀！向鬼子头上砍去！"

这是多么威武豪壮的歌词啊！歌曲虽然形象地刻画出我军将士面对强敌那种可歌可泣、不屈不挠和敢于牺牲的精神，但也折射出我国近代又一段创巨痛深的屈辱史：大刀片子究竟能砍死几个鬼子？

为转移国际社会对东北问题的关注视线，在九一八事变发生仅仅四个多月后的1932年1月28日，日本妄图尽快扶持被辛亥革命推翻的清王朝遗少组建起伪满洲国傀儡政权做挡箭牌，以混淆视听，化解规避来自世界爱好和平阵营的正义呼声；另外，为支持并配合其对东北的侵略，他们还在上海自导自演，以挑衅引发冲突，导致"一·二八"事变，史称"淞沪抗战"。

中国军队驻沪蔡廷锴部十九路军随即予以猛烈反击，在新组建的由张治中为军长的第五军密切配合及上海人民的大力支持下，同日军决死血战一个多月，誓与上海共存亡。尤其是在上海近郊的大战中，中国军民通过浴血苦战，挫败了日本自九一八事变、锦州事件、热河战役等以来所沿用的侵华策略，在一定程度上阻止了日本侵略军铁蹄更加肆无忌惮地继续向中国纵深践踏的嚣张步伐。

1932 年 3 月，日本扶植清朝废帝溥仪成立了伪满洲国政权。东北三省从此沦为日本军国主义指挥棒下的殖民地。

从 1933 年 1 月开始，日伪势力攻占山海关后，加紧向关内扩张。日军从 3 月 5 日开始进攻古北口，中日两军相继在古北口、喜峰口、南天门、石匣等长城关隘一线，以及河北省滦县、察哈尔省多伦等地，发生惨烈激战。同年冬，日伪先后调集重兵对东北抗日游击队实施"大讨伐"，导致这股抗日游击力量损失惨重，大部溃散，仅剩下余部挺进日伪统治薄弱地区，开辟新的游击区，坚持斗争。到当年 10 月底，驻守长城防线，以冯玉祥为首的国民党部队和长城内外的义勇军在坚持了四个多月的对日战斗之后，最终失败。

同年，日本再次策动华北五省"联合自治"，组织亲日政权，企图变华北为第二个"满洲国"。在华北殖民化危机日趋严重的紧急关头，全国具有正义感的知识分子更加义愤填膺。

在此背景下，由田汉和聂耳共同创作的《义勇军进行曲》迅速在全国各地进步人群中传唱开来，很快唱响了大江南北、长城内外，唱出了中华民族坚强不屈的战斗意志，激励着广大民众为捍卫国家和民族尊严而不怕牺牲，英勇前进：

起来！不愿做奴隶的人们！
把我们的血肉，筑成我们新的长城！

中华民族到了最危险的时候，
每个人被迫着发出最后的吼声。
起来！起来！起来！
我们万众一心，
冒着敌人的炮火，前进！
冒着敌人的炮火，前进！前进！前进！进！

在面临亡国灭种的关键时刻，中国究竟该怎么办？歌词作者田汉给出的最有力回答就是："把我们的血肉筑成我们新的长城！""我们万众一心，冒着敌人的炮火，前进！"这首慷慨激昂、极富革命性的歌曲，唱出了所有爱国志士的心声，激发起无数爱国同胞的抗日救亡热情，极大地鼓舞了中国人民将抗战进行到底的信心和决心。许多仁人志士和中国军人，都是唱着这首歌，将大刀砍向敌人的头颅，将子弹射向鬼子和汉奸的胸膛。

在中日这样的战争态势下，尤其是最先遭受铁蹄践踏和战乱之苦的东北、华北和华东区域的社会各界精英和广大爱国民众义愤填膺，纷纷组织和自发行动起来，不计个人利益得失，甘冒生命危险，奋起参与到各个战场的救护工作中，为抢救因抗击日本侵略者而负伤或染病的子弟兵和支前群众献计出力。

首先来看以上海为中心的华东地区。

由"一·二八"事变引发的无尽硝烟，给当地民众带来了深重灾难。虽有我十九路军与第五军配合奋战，决死抵抗日军，誓与上海共存亡，但终因敌我力量悬殊，部队伤亡惨重。

驻上海的中国红十字会（以下简

时任中国红会会长的王正廷

3

时任上海《申报》总经理的史量才

称"红会")总会，在时任会长王正廷领导下，积极发挥作用，及时发出号召，动员社会力量，迅速组织人马开赴战场，主动领导指挥调度上海各界自发组建起来的社会救护组织，冒着枪林弹雨，开展战场救护，全力以赴抢救伤兵和难民。

笔者陈述历史的过程无法做到清晰明确的先后顺序，只能一个事件或一个故事地依次表达。但当年上海社会各界踊跃参加战场救护的积极行动却难分彼此、你先我后，用"争先恐后"来形容最恰当不过了。

时任《申报》总经理的史量才，在上海哈同路寓所成立了主要吸纳具有经济实力的爱国民族资本家及宣传舆论界进步知识分子参加的"壬申俱乐部"，聚会商讨如何应对日本侵略并组织战场救护。为调动社会各界的爱国热情，史量才在壬申俱乐部的基础上，倡组并主动出任会长，成立了集各方代表于一体，由杜月笙为副会长、黄炎培为秘书长的"上海各界抗敌后援会"。在该会成立大会上，史量才指日为誓，表示全力以赴，公开支持我军抗击日本侵略者，同时呼吁国人：

生前不做亡国奴，死后不做亡国鬼，奋勇向前，抗战救国。

4

史载，"上海各界抗敌后援会"这个民间救护组织，所动员的医界力量及各种物力、财力皆属空前。史量才平素就十分赞赏民间知名医者庞京周勇于任艰、爱国不甘落后于人的思想品质，乃商得他与著名医学教育家、公共卫生学家颜福庆先生专负战地救护之责。

时任红会总会秘书长庞京周

庞京周接领任务后，亲自驾车至驻扎于真如的十九路军军部，将捐赠给部队长官的望远镜面呈蔡廷锴、谭启秀将军，以示敬意。归途时车中流弹，险遭不测。

从1932年年初《申报》的几组报道发现，一位名叫"汤蠡舟"的重要而关键的骨干值得关注。且《申报》这几组报道，很能说明当年淞沪战情、救护工作兴起、救护力量聚合以及当时战场救护的总体态势。

2月2日以《何香凝介入红会》为题报道："中委何香凝女士原设有'国难妇女救护训练班'，现已改称'国难战士救护队'，计队员60人，（被红会）指为第七救护队，专任官兵救护事宜。"

同日另文刊载："……何香凝女士原本加入担任第七队（队长），现因另有其他任务，改推汤蠡舟担任。"

2月5日报道："昨午后，上海医师公会、妇女协会、同德医学院救护队、震旦医学院救护队各代表决议，为集中力量，统一工作起见，定由该四团体成立红会第七救护队，当经共推汤蠡舟医师担任队长，业于本晨出发真茹（编者注：即"真如"，下同）……所有经济等事务，多由妇女协会廖仲恺夫人何香凝女士等担任接洽。"

2月7日报道："红会救护队除以前的六队外，已扩充至十二队，汤蠡舟任第七队队长。"

2月13日报道："七支队队长汤蠡舟，在江湾一带救得伤兵13人，难民一百二十余人，伤民52人。"

2月17日报道："'国难战士救护会'发起，上海医师公会、同德医学院、东南医学院、震旦医学院、中法药学院等之红会第七救护队，自在真茹开始救护以来，工作异常忙碌。……因沪地伤兵过多，曾与国难战士救护会接洽在苏州设立第七后方医院，由汤蠡舟任院长……约可收容两千余人……所有真茹队部及苏州后方伤兵医院经费，均由'国难战士救护会'诸女士慨允承担。"

3月12日报道："中国红会救护队第七支队，于3月1日由真茹移至南翔，3日至苏州，所有受伤兵士一律由车送至苏州桃花坞钱业公会，即以该会为医院办公之所。"

与此同时，关系着上海千家万户的民生企业、有着"煤炭大王"之称的上海煤业同业公会领导人、爱国实业家刘鸿生先生积极响应中国红会号召，迅速筹组成立上海煤业同业公会救护队（以下简称"上煤救护队"），投入抗日救亡运动，奔赴前线抢救伤员。有大量史料记载，上煤救护队是参与战场救护最早、投入救护力量最多、持续救护时间最长、演绎救护故事最感人的社会组织之一。

1932年2月15日，上煤救护队就将上海南市福佑路煤炭公所拨出，作为定点伤兵医院，专门用于伤兵救护工作。此外，还将煤业救护队作为常设机构，拨出经费，不间断举办关于战场救护的公民训练班。

在整个淞沪战役中，伤兵病员几乎全部依靠抗敌后援会、上煤救护队与中国红会所组织的各界救护队转运至租界内，以及真如、南翔一带的临时救护站、救护所，及时进行抢救和治疗。

史量才先生于1934年11月13日傍晚，从杭州回上海的途中，惨遭国民党特务暗杀。当年的《申报》刊登了《史总经理遇难始末记》一文，向社会披露了相关经过。随后，上海各界抗敌后援会改为常设组织，称为"上海地方协会"，性质近于民意协商机构，继续协助上海红十字会领导随后的战场救护工作。

作为有济世之志及爱国之心的青年知识分子，庞京周也从此开始思考由日本侵略带来的国家之痛、民族之痛、百姓之痛，并且更深切地感悟到，当国家大限来临之时，每个人都难以置身事外。

再来看东北、华北接壤区域的长城沿线战场。

从1933年1月开始，日伪势力攻占山海关后，加紧向关内扩张。日军3月5日开始进攻古北口。中日两军相继在古北口、喜峰口、南天门、石匣等长城关隘一线，以及河北省滦县、察哈尔省多伦等地，发生了数场惨烈激战。

被称为"传奇式英雄"的冯玉祥将军，眼看侵略军的铁蹄由东北迈入华北，却痛心于东北军首领张学良的"不抵抗"和国民政府的一再隐忍退让。于是，凭着身为中华男儿的血性基因和满腔爱国激情，他率先于是年5月26日，愤然组织起察哈尔民众抗日同盟军，高举抗日旗帜，召开誓师大会，团结率领方振武、吉鸿昌一众爱国将领，参与到保卫长城的拼杀中，先后收复了被日军占领的康保、宝昌、沽源、多伦等地。尽管冯玉祥因国民政府的"不抵抗政策"造成敌我力量悬殊而损失惨重以致失败，但作为中国军队将领，其爱国气节令国人钦佩；其身为中国军人，"宁死刀下做鬼雄，不将媚骨现敌眼"的战场风采和不惧牺牲的民族精神，激发起千千万万不愿做亡国奴的中国人的抗日热情。

最先领头组织并积极参与长城沿线战场救护的，当数时任北平协和医学院生理学系主任的新加坡华裔林可胜教授。

随着日军从东北向长城一线不断推进，林可胜判断，日寇亡我之心不死，战端一启，必定是长期而持久的。同时，他还敏锐地意识到，必须训练协和医学院的部下和学生尽快掌握战地救护技能，以应必要时之急需。于是，林可胜以生理学系教授和系主任身份，发挥自己当年在军队服役时曾受过战地救护训练的实践经验，在协和医学院组建起"军医官救护训练队"（Medical Officer Training Corps，MOTC），对医师及医校各年级学生实行严格的军事和战场救护技能训练，并规定，在课余时间，除实习生外，各年级同学全部参加，练习操演战地急救和担架搬运技能，指定外科讲师杨静波主讲外科急救，文海楼老师负责督导担架操练。林可胜亲自制作标准的手术器械箱和急救药箱等，用以给受训人员示范。在阶段性训练计划完成或在局部战事结束后，各医师、学生再返回原单位继续工作或学习。

关于此节，据黄炳昆等人所著《老协和》载，1932年春，北平协和医学院林可胜组织本科一至三年级男生四十多人参加学生救护队，进行严格而系统的军事救护训练，包括夜间急行军、野营知识、紧急集合、担架运送、伤员抢救、包扎止血等多种科目。

正如林可胜所料，淞沪战场的硝烟未尽，日伪势力就开始加紧向关内的华北地区扩张，战火迅速蔓延到长城脚下。在河北省滦县、察哈尔省多伦等地，冯玉祥将军组织指挥的察哈尔民众抗日同盟军在保卫长城的拼杀中，与日军发生了数场惨烈激战，伤亡者众。

中国红会北平分会、各慈善团体和各界爱国人士纷纷站出来，有钱出钱，有力出力，迅速组建起一支有五十多人参加，分编成12个小组的"东北救护队"，乘火车星夜北上，分别派往古北口、喜峰口、多伦等关隘，围绕长城一线战场，协助伤兵运送、急救、骨折处理、打破伤风疫苗等。同时在帅府园、冯庸大学等地设立救护医院，救治从前线抢救下来的伤兵和民众。

面对长城沿线抗日伤兵和伤病群众甚多的严峻形势，在林可胜的主导与鼓励下，迅速将协和医学院部分受过训练的高年级学生和医院部分医护人员集结，组建起一支隶属于中国红会华北救护委员会领导下的协和抗日医疗救护队，奔赴长城前线实施战地救护。全院本科生除了有临床实习任务者外，皆踊跃参加，共赴国难。

协和抗日医疗救护队设队长一人，由林可胜的助教、爱国学者卢致德担任；下分三个排，由协和毕业生李文铭、荣启容、郑家栋、彭达谋等先后分任排长；俞焕文任司务长。在各支奔赴长城前线的救护力量中，协和医学院救护队堪称骨干，其中有医师85人、高班学生49人、护士31人。

林可胜和卢致德师徒身先士卒，亲自密赴古北口、喜峰口、密云和多伦等地开设救护诊所及手术室，救治了从前线下来的数以千计伤患。曾经参加过武汉水灾救护，并积累下医疗防疫经验的周寿恺等15名男生，自然成为救护队的骨干队员。在整个长城抗战阶段，协和抗日医疗救护队全体队员不怕牺牲，忘我工作，担负了极其危险、十分艰巨且非常重要的战地救护任务。

面对日趋紧张的华北战事，时任中国红会会长王正廷委派上海红会救护队队长王培元为代表，到北平会商战场救护事宜。

时任国民政府卫生署署长、协和医学院前院长的刘瑞恒，公共卫生学家、协和医学院前副院长颜福庆等卫生界和中国红会总会领头人与王培元等共同议定，以此前已经成立的前方救护队为基础，集结当时的所有社会救护力量，迅速组建"华北救护委员会"，负责组织、指挥和实施华北前线的战地救护，并指定林可胜担任华北救护委员会常委兼北平办事处人事股长。

目睹日军肆无忌惮地向中国民众施暴，早就在思考如何开展战地救护的林可胜博士迅速响应红会号召，不辱使命，利用自己既有的救护业务专长，亲自为各救护队设计用具、服装、运输工具等。

林可胜（左）与原卫生署署长刘瑞恒（右）在美国纽约

在长城沿线抗战的两个多月中，华北救护委员会下属各救护队运送和救治伤兵分别达七千余人，受到中国红会领导"工作极佳"的表扬。协和学生救护队的建立，不但受到北平广大民众和一些军政部门的重视，就连医学院的欧美外籍教授，也都纷纷表示同情和支持。

时任北平军事分会主任张学良、平津卫戍总司令于学忠、国民政府行政院长宋子文等国民党军政高层，在卫生署署长刘瑞恒陪同下，先后到协和医学院东单新闻路男生宿舍旁的操场上，对协和抗日医疗救护队进行检阅，并给予充分鼓励和高度赞扬。时任国民党军医署少将梅贻琳，也曾到协和抗日医疗救护队视察。

第二节 "战时三合一"构想萌发

1935年6月2日，中国红会总会理事会根据时任会长王正廷关于"红会当逐渐退出医院范围之外，纾除减少寻常慈善机构性质，俾得专注于红会之唯一目标，即救护工作"的提议，断然采取措施，停办了中国红会属下的原第二医院。其目的是腾出手脚，专心致志地组织、指挥和调度对日抗战中的战场救护工作。在会长王正廷这一思想指导下，之后，一直到淞沪会战失利的两年半时间里，所进行的战场救护工作实践，充分证明了其思路的正确性。

1936年，日本广田弘毅内阁上台。为实现其灭亡中国的狼子野心，日本军国主义者一面同纳粹德国签订《反共产国际协定》，结成侵略联盟以牵制苏联，迷惑英、美；一面加紧扩军备战，派军舰驶抵胶东半岛，频繁组织"军事演习"，挑衅我华北驻军。

与此同时，中国红会把战场救护工作提上议事日程，决定成立设计、救护、经济三个委员会，以应战场需要。由此，中国红会主动承担起国家层面的战场救护领导工作，其社会政治地位充分显现。

当年4月17日，中国红会召集上海地区16个医药团体及社会公团代表会议，讨论融汇整合和筹备设立社会救护组织等事宜。5月6日，包括中国红会总会在内的22个社团代表在上海银行公会俱乐部集会，商讨成立中国红会救护委员会。6月1日，中国红会会长王正廷再次牵头开会并出任主席，在上海正式成立了中国红会救护委员会。

救护委员会设常务委员七人，执委会成员多人。当年上海的顶级知名人士、时任中国红会副会长的杜月笙、刘鸿生分别出任救护委员会副主席；聘请公共卫生专家颜福庆为救护委员会总干事，庞京周任副总干事。执委会下设训练、供应、人事三个委员会，推举颜福庆兼任训练委员会主席，林康侯任供应委员会主席，陆伯鸿任人事委员会主席，还推举了各委员会成员，汤蠡舟再次名列其中。

中国红会救护委员会成立后，很快整合凝聚了上海地区各社团和各医疗卫生团体的力量，为应对即将发生的全面抗战的战场救护工作做好了组织体系上的充分准备，同时出台了六项措施。其中，针对战场救护工作方面，分述为以下四条内容：

第一，准确统计，摸清家底，建立医护人才库。印制志愿服务调查表，分送中华医学会、全国医师联合会、中华护士会、中华民国医学会等，由各社团寄给会员填写后寄回汇集存案，从而准确掌握当时的医疗救护人才资源，整合原有医疗救护力量。

第二，储备医药用品和战场救护必需的相应原材料。中国红会责成新药业公会预先准备大量药品，存储于各药商号，征募大量"药囊""防毒面具"作训练之用，筹备大量急救包，以应急需。

第三，将医械药品运输到抗日前线储存，以应急需。鉴于当时华北地区药品及医疗器材十分缺乏的实际情况，救护委员会应分别于1936年年末和1937年年初，先后分三批将棉花、纱布、绷带、血清、黄碘、碳酸、来苏、酒精、橡皮膏、双氧水、注射液、注射器、刀剪夹子、医药囊袋等药械及棉衣、被褥、担架等433件各类救护物品和二十余万个急救包运往华北地区。

第四，添设华北分会，加强战地救护的组织和指挥。

红会总会救护委员会利用自身在上海医药卫生界的人脉关系，动员社会力量，网罗医疗资源和医护人员，筹集资金和器材，为全面抗战到来后的救护工作做准备，从而自然成为全国战地救护体系的领导核心，在抗战爆发初期的战地救护中发挥了举足轻重的作用。

鉴于中日间的民族矛盾逐渐上升为中国社会的主要矛盾，国内阶级矛盾处于从属地位，1935年12月中下旬，中共中央政治局在陕北瓦窑堡召开会议，明确提出基本策略是"建立广泛的抗日民族统一战线"；随后又调整政策，逐步将"抗日反蒋"改变为"联蒋抗日"。1936年12月12日西安事变发生后，中国共产党以国家民族利益为重，派周恩来等赴西安参加谈判，经多方斡旋，最终促成了西安事变的和平解决。

1937年2月，中共中央致电国民党五届三中全会，提出实行国共两党合作抗日的五项建议和四项保证。国民党欣然接受了国共两党合作抗日的主张，促成了抗日民族统一战线的初步形成。

原本关系紧张的国共两党，在张学良和杨虎城联手发起西安事变之后，能够实现建立全国抗日民族统一战线，共图抗日救国大业，时任国民政府卫生署署长刘瑞恒，对此是发自内心地积极支持和衷心拥护的。

因此，自全面抗战爆发后，作为国民政府卫生领域的最高首长，刘瑞恒一直在构思谋划且已基本成竹在胸的宏伟设想，就是构建并推行实施"战时三合一"政策。关于"战时三合一"政策构想，在《苏州文史资料》第 17 辑中，庞京周女儿庞曾漱所撰《忆先父庞京周医师》一文曾有所提及。所谓"战时三合一"政策，可理解并归纳表述为：

基于抗战开始后，国民政府医疗资源极度匮乏、军医力量严重薄弱的实际，将卫生署、军医署和中国红会总会三股力量整合在一起，在组织人事方面统筹任用，在医疗卫生资源方面统筹分派，在战场救护方面统筹指挥，在军医培训方面统筹规划；也就是将整个抗日战场救护工作与医疗卫生管理及新生力量培养等，全方位统筹为一体的指挥运作体系，共同应对长期抗战中的卫生勤务和战场救护保障。

刘瑞恒之所以会产生谋划"战时三合一"政策的构想，是我国近代以来军医规模和制度现状以及医药卫生行政秩序的影响使然。

刘瑞恒生于 1890 年，字月如，幼年受教于家塾，国学造诣颇深，16 岁毕业于北洋大学，考取官费留学美国哈佛大学，19 岁获理学学士后留校攻读医学，25 岁获医学博士，在美国波士顿市立医院任医师；由于难舍桑梓之情，遂于 1916 年放弃美国的优厚待遇和优渥生活，回国受聘于上海哈佛医校，三年后转聘到北京协和医院任外科教授级主任医师；1921 年至 1922 年再次赴美进修癌症外科，回国后任协和医学院教授兼协和医院院长，不久升任协和医学院院长。

由于学术造诣，刘瑞恒思想境界站位相对较高。他首先是不赞成协和医学院的学生毕业后各自到社会上去开办诊所，认为那会耽误学子们的似锦前程，而是极力鼓励学有所成的学生积极投身于为国家服务。因此，协和毕业生专心于医学学术研究或服务于政府医疗卫生机关、军医机关者甚多，且越来越多，这当然与刘院长的学识和人格感召力不无关系。

中国之有军医及军医训教，大致始于 1895 年清末袁世凯的"小站练兵"时期以及 1902 年开办的北洋军医学堂。但因当时军医人才过于稀少，故虽有军医制度，却无军医工作实质。此时期只能称为"有军医之制度而无组织作为的军医时代"。至民国创始，军阀势力扩张，形成了以军阀割据为主的军队体系。军医亦随之成为各路军阀部队的私设机构，进入了一个"虽有军医组织却无组织力量的时代"。前后两个时代，虽有人为与无人为之不同，但军医均无闻于社会，即使在军事上、部队中，亦很少被重视。此两个时代，被业内专家统称为我国军医的"黑暗时代"。

中国医药卫生行政管理部门创立更晚，且在政府功能上占有地位的历史有限。清光绪三十二年（1906年），清廷民政部首度设置卫生司，主管有关传染病、地方病防治与医药卫生等业务，虽然算是具有了医药卫生行政机构的雏形，但业务单一，管理松散，甚至形同虚设。

北伐统一后，诸如刘瑞恒等一批医学界中坚力量积极倡导设立卫生行政主管部门来促进国家医疗卫生事业发展。在此思想推动下，国民政府于1928年11月，在行政院下首次设立卫生部。从此，中国开始有了独立的卫生行政主管机关。在推动卫生行政主管机关成立过程中，以刘瑞恒、林可胜为首的协和医学院师生扮演着极为重要的角色。此期间正兼任中华医学会会长的林可胜，对中国医学教育体制和国家医疗卫生事业所进行的调查和思考，对推动国民政府卫生建设和现代化进程起到了很大的帮助作用。而同时，刘瑞恒被调离协和医学院，担任卫生部常务次长，第二年升任卫生部部长。

1930年，卫生部改隶内政部称为卫生署，刘瑞恒继任署长兼禁烟委员会委员长；"九一八"事变后，奉命设立军医总监并担任总监，负责监理全国军医卫生工作，兼领创办于北洋时期的北京陆军军医学校校长，从此开始涉足军医教育及国家卫生勤务领域。

刘瑞恒向来惜才爱才，长于知人善任，注重在实践中发现并培养具有学识造诣和创新思维、敢于担当的各类人才。因此，他的学生、部下、同事中，乐意甚至申请设法跟随他的人杰才俊不在少数。

尤其是他利用执掌卫生署，担任军事委员会军医监理设计委员会主持人和曾任北京协和医学院院长等职权和身份，以及所辖卫生署、卫生实验院、中央医院等单位既有的人力、物力，得以磅礴气魄，大量搜猎人才并委以重任，制订五大恢宏计划，在统筹应对战场救护之余，誓愿于10年内奠定中国军医基础，20年内使军医建设步入正轨。

计划之一是，改组军医学校。增加军医校设备配置，扩大教材覆盖，罗致一流师资；明令中央医院兼作教学医院，以外科权威、中央医院院长沈克非先生兼任教育长；以部分科室医师兼任各系教官，使教学与临床实践紧密结合；废弃讲义教学制，采用随堂听课笔记教学制。随后，任命他的学生，从协和医学院毕业后赴英国皇家军医学校学成归来的卢致德继任专职教育长；任用湘雅毕业生刘经邦、李征翩分别为内科和细菌科主任；任用协和毕业的李士伟、柳安昌、潘作新等，分别为妇产科、生理科、眼科主任；任用留美国普渡大学生物硕士万昕为生物化学科主任，燕京大学毕业的孟廷芳为解剖学教官。同时积极充实师资和教材，用以培植壮大军医干部队伍。

计划之二是，在南京设军医训练班。任用留学日本早稻田大学医科，军医署第三处处长严智钟兼班主任；以辽宁医学院毕业的陈韬任教育长；聘辽宁医学院毕业后又在英国爱丁堡医学院专攻外科的张查理、北京协和医学院外科毕业的倪颖源、辽宁医学院毕业的内科教授尹觉民，分任内外科教官。编撰军医手册，召集各部队除中上级军医外的医务人员，施以党政、卫勤、军医规范短期训练，用以树立军医组织作业程序，并灌输组织纪律与为国为民奉献之精神。

计划之三是，分期选送军医留学英、美进修卫生勤务和各科临床，同时观摩国际军医业务与行政管理，培养军医行政和临床高级干部。曾任军医署署长和荣民总医院院长的协和毕业生卢致德，曾任第一陆军医院院长的湘雅毕业生李穆生，曾任空军总司令部军医处处长多年、军医学校毕业的李旭初等，均系第一期遴选的出国深造者。

计划之四是，会同教育部、军政部卫生署，委托教导总队附设全国医药学生集训大队。由教导总队指派大队长、队长、军事教官担任军事训练；由军医署、卫生署联合指派军医教官，担任军医训练；召集全国公私立医学院校医科五年级、药科三年级学生集中训练，作为战时军医干部之储备，计划于1936年、1937年两年训练一千六百余人。此批受训学员，在抗战全面爆发后，受派参加甚至领导战区救护工作的人不在少数。

计划之五是，分别在南京和南昌创立设备齐全的第一、第二陆军医院。任用协和毕业专攻公共卫生，曾任北平市卫生局局长、德才兼备的方颐积与潘骥分任院长，筹划扩建各军区医疗中心。凡此种种，形成了蓬勃有为的新气象，成为民国时期军医史上划时代之局面。

以上五个方面卓有见地的创新措施得以顺利实施，并取得实质性且显而易见的成绩后，刘瑞恒因此而实现了多赢，其人生也由此进入更加辉煌的阶段。一是从上面看，在国民政府最高层包括军队医疗领域获得了认可，赢得了威望和信任，不仅话语机会增多，分量也有所加重；二是从自身看，通过此举，发现、罗致、考验、结识了与之"三观"相同或相近，相互知己知彼的可信赖之良材力柱，为筹划已久、几近思考成熟的宏图大志的施展奠定了人才基础；三是从下面看，在整个医疗卫生领域，赢得了人格魅力，许多人对其翘首盛赞，恭敬有加，纷纷奔他麾下而来，如此等等。

随着卫生勤务政策的完善和政、军医疗卫生发展规划的日趋成熟并陆续出台，刘瑞恒着手为推进其实施创造条件，并做舆论铺陈和人才方面的储备。因此，从刘瑞恒奉命组设卫生勤务部开始，他就着意强调并动员全国医疗卫生人员和物资器材投入各战区，以增强前方军医卫生业务能力和战场救援实力。

在刘瑞恒致力于整合抗战救护力量，推行"战时三合一"政策构想的过程中，有一个关键人物不能忘记，这个人便是庞京周。

庞京周自幼聪颖过人，被乡里视为"天才儿童"；五岁丧父，从此立志学医，悬壶济世，治病救人；15岁进入德国人开办的同济医工专门学校就读，毕业后在上海滩开设西医诊疗所，从此开始践行幼志。

庞京周行医，以思路灵活、辨证施治、敢用重药、治愈率高著称，其诊疗所的医疗条件很快从简陋到全面再到先进，投资添置了当时最新的X光机和紫外线理疗仪等设备，生意越来越兴隆，声名鹊起，日进斗金，逐渐享誉整个上海医界。1923年，26岁的庞京周受聘东亚医科大学任教，以求教学相长，后改至同德医专任教，不久出任教务长，实际上接管了同德医专。1924年年末，庞京周将同德医专改造升格为设有附属医院的医学院，自任院长，使同德医学院教学、实习渐成规模。1928年年初，小有名气的庞京周曾携带自备X光机率队为冯玉祥将军部队义务救治伤兵。1930年，在一本精装附有彩色铜版纸照片的《上海名人传》中，时年33岁的庞京周大名赫然在列。

庞京周对公共卫生问题情有独钟，撰写《上海十年来医药鸟瞰》在《申报》连载，并于1932年出版单行本。

《上海十年来医药鸟瞰》深入分析了上海医药卫生现状，尤其指出了公共卫生方面所存在的问题，同时对国民政府卫生当局的有关工作提出了善意批评和建设性建议，表现出专业造诣深厚，见解独到，击中时弊。没想到正是因为《上海十年来医药鸟瞰》的问世，一棵原本生长于中国太阳之下的小苗苗，竟然会引起曾经先后两度留洋，从中国当年顶级医科学府北京协和医学院院长升任国民政府卫生署署长的刘瑞恒的密切关注，并成为一介"民间郎中"出身的庞京周与时为中国医界硕儒之间关系沟通的桥梁和媒介。因此，刘瑞恒每次到上海，都少不了要去拜访庞京周并悉心听取他的见解。

鉴于对庞京周的从医经验和他对上海医疗卫生行政管理所提意见建议的认可，以及他在"一·二八"淞沪抗战救护中的突出贡献，1933年，刘瑞恒曾向教育部推荐庞京周担任医药教育委员会委员。从此，庞京周开始与李宗恩、林可胜、颜福庆、朱恒璧、翁之龙及张孝骞等著名医学教育界人士同堂议事，并进入刘瑞恒的视野圈子。

是年，庞京周奉教育部之命，以"医药教育委员会委员"的身份，至广州、济南、开封、北平等地视察医学院校。在与各地教委的讨论中，庞京周力言抨击在中国贫穷落后、人民缺医少药的国情之下，却非要搬用美式八年二部制医学教育体制，以致难以适应快出人才、多出人才的迫切需要。

庞京周的观点随即引起医学教育界的热烈争论。反对者讥笑他少见多怪，眼光狭窄，不明外情；部分赞成者也惋惜其才高于学，封闭自守，人微言轻。在双重舆论刺激之下，庞京周猛醒自身确实知识贫乏，目光短视，于是萌发了出国深造之念，期望将十数年中立足国内医学教育所总结之经验对比国外，借他山之石，攻中国医学教育之玉，借此在医学教育领域全面施展才华，再展更大宏图。

1935年秋，时任教育部部长王世杰鉴于庞京周已经具备的专业造诣、医学成就和勤学苦干精神，允准其公费赴欧美考察学习一年。

第三节　淞沪会战的救护态势

当庞京周 1936 年秋从国外留学归来时，国内形势更加严峻，中日关系剑拔弩张，战争一触即发。傅作义将军在百灵庙抗日奏捷，全国民众抗日热情空前高涨。

此时的庞京周，更为积极地参与上海地方协会，坚定地投身于抗战救护工作。不久，由上海商会、上海地方协会与中国红会总会三个团体联合发起成立的"绥远剿匪慰劳救护委员会"吸纳庞京周为常务委员。从此，庞京周如鱼得水，更加得到刘瑞恒的赏识。

从 1936 年 11 月下旬开始，庞京周两赴绥远，视察并参与指挥调度战地救护；两赴北平，接洽有关抗战救护的事宜。庞京周途经各地实地考察，并规划救护设备，与各级军官作深切之探讨，真正起到"穿针引线、承上启下、统筹规划、协调各种力量，迎接即将爆发的大战"的作用，华北"前线一带遍布红十字旗帜"。

1936 年 11 月 23 日到 26 日，庞京周以"红会总会救护委员会副总干事"的身份陪同总干事颜福庆，代表红会总会暨各社会团体，乘慰问团专机飞赴绥远劳军，向傅作义部队献赠医疗药械，先后在太原、西安、洛阳停留，分别会晤了阎锡山、张学良、蒋介石三位重量级人物，以表上海各界同仇敌忾之决心，并督催当地红会分会加速进行抗战救护的各项准备事宜。

前线虽有绥远红会从事战地救护，但力量单薄，缺医少药状况亟待改善。鉴于此，中国红会总会特派庞京周赴南京汇报。

《申报》于 1936 年 12 月 2 日以"庞氏出发"为题，报道他"与中央防疫处及卫生署，接洽药品材料等物"。而后庞京周"转赴北平，与各大中学及协和医学院接洽，组织训练救护队，并亲自率领队员赴大同绥远，从事救护"。

12 月 8 日的《申报》再次报道："中国红会总会代表庞京周日前来平，筹设中国红会总会救护委员会华北分会，现正向（北）平医学界名流接洽，日内即成立。"

"中国红会总会救护委员会华北临时分会"成立后，迅速组队驰赴前方开办临时医院，救护伤员。安排完毕，庞京周再度飞赴绥远前线，指挥调度，悉心尽力。

12月10日《申报》以"庞京周电告前方亟需材料"为题，特别提到接庞京周由绥来电云，现在该地朔风怒号，冰雪载道，军队衣单被薄，应从速添置；运输之车辆担架，亦宜赶运，尤以药品如棉花、纱布、绷带……注射器等，"预料大战爆发，迫于眉睫……希望各界迅予捐输，或助款购置，俾可克日运往前方，以应急需"。

12月17日，《申报》以"庞京周从前线归来谈话"为题报道："中国红会救护委员会庞京周，自绥战发生后，迭次往返赶办救护事宜，业经成立中国红会总会救护委员会华北临时分会，积极实施工作。现因筹集医药材料，于前晨返抵上海。"

在庞京周两赴绥远视察，参与指挥调度战地救护的谈话中，大到伤兵医院的布局，小到"手套以绒线结成者不甚耐久，最好以皮革制成为佳"，"防毒面具现由清华大学工学院院长顾毓琇与傅主席接洽，已定制一万具"，"丝绵背心应改制丝绵衣裤，如能以厚皮制成，尺寸须大，尤为耐寒受用"，"救护人员非经训练，不能在前线服务，须一律军医化"等等，真可谓细致入微，工作做到家了。

1937年1月，中国红会总会原秘书长曹云祥提出辞呈云：

"当此本会办理军事救护之际，应有贤才为之擘画襄助，云祥无能，恐多贻误，与其尸位素餐，孰若见机引退，故拟避位让贤，庶会务进行顺利。"

经中国红会总会理事、监事紧急开会议决，批准曹云祥辞去秘书长职务，委托副会长杜月笙、刘鸿生等人物色继任人选。在不到两周内，杜月笙等人便决定继任人选为救护委员会副总干事庞京周。于是，1937年年初，庞京周走马上任，接任红会总会秘书长职务。

对于如此快速的人事更迭，坊间不免流出诸多议论，说庞京周能顺利接任中国红会总会秘书长之职，应与时任国民政府卫生署署长刘瑞恒和副会长杜月笙等人的鼎力举荐不无关系，其理由是：

首先，这一安排应该是时任卫生署署长刘瑞恒为了推行他的"战时三合一"政策构想而酝酿准备的结果。因为在1932年的淞沪战役救护中，庞京周就已经显示出在紧要关头应急应变的组织才能。在1936年的绥远战事中，庞京周首赴绥远回上海后，刘瑞恒对其参与指挥的战场救护工作赞赏有加，于是曾专约庞京周再度赴绥远，并提醒庞京周注意，应当对中日关系作应变的长远打算，可谓高瞻远瞩。

其次，庞京周在上海行医任教多年，与上海各方面关系密切，又曾参与长城抗战和"一·二八"淞沪战役的战场救护，受到社会各阶层的普遍好评；更有传言说他是杜月笙的私人医生。1930年后，杜府成了上海知名上层人士集议之处。庞京周也自认，最初受邀参与杜氏一些社交活动，后经常出入杜府，甚至成为他家常客。尤其是庞京周先后应邀参加史量才发起成立的"上海各界抗敌后援会"和"上海地方协会"并积极为战场救护多方奔走后，其才德充分显现且与杜氏接触更多，关系更密切。因此，当红会总会委托身为副会长的杜月笙物色秘书长人选时，杜氏不可能不考虑他与庞京周的这层特殊关系。再加上庞京周又获得政府卫生当局主管领导刘瑞恒的高度信任和鼎力支持，接任中国红会总会秘书长，自然是水到渠成、顺理成章。

其实，坊间的议论不无道理。刘瑞恒正是基于尽快实现其宏图大志，一直都寄望能通过自己的地位、权力和威望，作舆论铺陈，寻找机会提携庞京周，为推动"战时三合一"政策的出台并实施创造条件。庞京周顺利接任中国红会总会秘书长，成为刘瑞恒落实"战时三合一"政策构想的主要理想人选。

庞京周出任红会总会秘书长后，最迫切的工作就是准备救护人才与物资设备。因为当时中日关系日趋紧张，大战一触即发，因此才有了庞京周在北平协调当地与华北各医界人士成立救护委员会华北分会，负责办理救护等事宜。

就在庞京周出任中国红会总会秘书长后仅一个多月后的1937年3月，便被身兼军医及卫生两署署长的刘瑞恒请准任命为卫生署简任技正，并为其配备两名高级助手，以研究应变对策及集训人员为要务，从而将他推上了既是民间团体性质的中国红会高干，又身兼政府卫生部门要职的特殊政治地位。另外，擢升属下金宝善为卫生署副署长，从而为"战时三合一"政策构想的实施预留下人事伏笔和业务铺垫。

随后的一系列事实，更充分证明了坊间的说法。因为自从庞京周担任中国红会秘书长后，确实一直都在明里暗里地积极推进"战时三合一"政策。但因内部意见分歧较大，工作难以开展，为寻求高层的支持，1937年6月21日，庞京周以中国红会秘书长身份前往庐山见蒋介石，报告红会的有关工作情况。

庞京周向蒋介石强调，红会平时关系民间卫生及救灾，战时关系伤兵和灾民救护，职责甚为重大。他批评"惟过去之红会，因组织上之散漫，与观点上之错误，未能臻于至善，实为遗憾"。于是，提出四项整饬红会的工作计划，请求核准并予以提倡：

一、纠正会员错误观念；二、尽量吸收知识分子参加；三、征求民间医师入会；四、健全红会总会与分会之组织。

据说蒋介石全盘接受庞京周所提计划，并赞扬其能识大体、顾大局。获得了认可与支持的庞京周，顿觉全身充满力量，随即放开手脚，但凡认为对战场救护工作有利者，不分政府或红会，一概以自己既有的双重身份，该表态的表态，该指挥的指挥，竭尽全力而为之，在自觉与不自觉之间，践行着"战时三合一"政策。

而就在此后不久，卢沟桥事变爆发，其时，战场救护与军事准备两者都处于遇变难应之势。卢沟桥事变后的第十天，蒋介石在庐山发表了"无论何人皆有守土抗战之责任"的声明。

当天《申报》如是报道了庞京周的行踪：

"中国红会驻沪总会秘书长庞京周，适于九日因公赴庐，因中途消息日趋紧张，当即于沿途各埠，随时电华北救护委员会，指示一切"；"因南京电促，复匆匆于十五日下山，遄程东下，昨晨过宁，竟日与卫生、军医两署会商救护事业各要案"。

庞京周见蒋介石的意图十分清楚，就是希望高层能对他在红会的工作思路给予肯定，以平息红会总会内部对他的反对意见。此举果然奏效，"观望之论始稍收敛"。再加上会长王正廷随后受命任驻美大使而离去，副会长杜月笙"常出面协调众议，力言时势之迫"，才为庞京周解围一时，使其得以顺利进行各项战场救护筹备工作。

截至 1937 年上半年，日本拥有陆军常备兵力四十余万，预备兵力二百余万，作战飞机二千六百余架，大型舰艇 200 艘，发动大规模侵华战争之心已是昭然若揭。

果然就在此后不久，日本制造了震惊中外的卢沟桥事变，史称七七事变。从此，抗战全面爆发。

七七事变发生的次日，中共中央发出《中国共产党为日军进攻卢沟桥通电》，向全国同胞呼吁：

"平津危急！华北危急！中华民族危急！只有全民族实行抗战，才是我们的出路！"

15 日，中共中央向国民党当局递交了《中共中央为公布国共合作宣言》。17 日，国民政府军事委员会委员长蒋介石在庐山发表准备抗战的谈话。至此，中国的八年全国性抗日民族解放战争迈出了第一步。

以七七事变为标志的全面抗战开始后，7 月 25 日，中国红会总会召开理事、监事会紧急联席会议，决定以驻上海的红会总会作为全国救护事业中心，对非常时期之非常工作负统筹调度之责，同时制定了集中毕业医护学员、募集巨额捐款、购置医具药品三项应急措施。两天后，红会总会再次召开全体理事、监事联席会决定，联合"上海市各界抗敌后援会""上海慈善团体联合救灾会"等社会团体，精诚团结，以获取战地救护的规模效应。

打仗，毕竟是消耗双方的经济实力。当时的国民政府，在经历了自 1927 年初建到抗战爆发的"黄金十年"后，形势尚未稳定，抗战烽火随即燃起，实在应接不暇。但正如那首《游击队员之歌》所唱：

"没有吃，没有穿，自有那敌人送上前；没有枪，没有炮，敌人给我们造。"

歌曲，需要这样唱，以激发民众爱国之心和民族奉献的精神。

"我们生长在这里，每一寸土地都是我们自己的，无论谁要强占去，我们就和他拼到底！"

誓言，也应该这样发，以鼓舞不甘做亡国奴的国人的战斗意志。

但是，"落后就要挨打"早就成为颠扑不破的真理。战争从来都不是温文尔雅的，而是血腥残酷的。

回首十四年抗战，苦难的中国人民，在惨绝人寰的摧残中饱受煎熬，在罄竹难书的兽行中备受磨难，而中华儿女从未屈服。

然而实践证明，中国人民打败了武装到牙齿的侵略者。由此更能充分说明，每一场以弱胜强的战役，都是无数国人的牺牲和他们对国家深沉的爱所带来的民族自信的结果。

1937 年 8 月 13 日，"八一三"事变引发了"淞沪会战"，上海各界抗日救亡运动随之全面展开。各地将士闻难赴义，朝命夕至。

抗日战争从九一八事变为导火索点燃开始，到七七事变引爆的华北危机进入高潮，继而迅速扩展、演变成以淞沪会战为标志：日军以公共租界的日本人聚集区和黄浦江上的军舰为基地，向闸北一带发起炮击，我军奋起还击，全面抗战的帷幕拉开。全国民众抗日情绪一浪高过一浪。

在淞沪会战前，随着华北局势日趋紧张，眼看全面抗战不可避免，中国士兵在前线浴血奋战，伤者众多，而国民政府的军队医疗力量极为薄弱，只能主要依赖中国红会组织的有限社会力量进行前线救护。淞沪会战打响后，中国红会责无旁贷地承担起组织指挥战场救护的重任，以上海为中心，沿上海、南京一线，全力开展战场救护工作。

早在七七事变后，面对日军快速向长城一带挺进的严酷现实，上煤预感到危险终将降临，于是发出紧急通告：

> "迩日抗敌风云非常紧急，中国存亡在此一决。本会会员一致奋起为国效劳。兹定即日组织救护队并定期训练。"

曾参加过抗日救亡运动的上煤某公司职员乐时鸣积极响应号召，参与定期训练。曾参加过上煤举办的第二期公民训练班的爱国青年郭步洲，也于第一时间再次参加了战地救护训练班。

由于工作的需要以及便于接受上海红会的统一调度指挥，上海煤业救护队被纳入上海红会旗下，改称为"上海红会煤业救护队"。

上海红会组建的救护委员会，多次召开干部会，讨论救护队的经费给养筹集问题。这些会议，汤蠡舟医生几乎每次都应邀参与了。当年 10

月 17 日，《申报》刊登一则《中华民国红会总会致谢》：

"原第十一救护医院移驻松江改名为中国红会总会驻松江第一重伤医院，乃请原任院长汤蠡舟继续任事。"

史料记载，在淞沪会战打响后的 20 天内，仅上海红会，就先后成立救护队六队，每队 56 人，任命能力强者为各队队长。除煤业公会单独组队，有队员一百余人外，其他各业救护团体均经红会审编为急救队，每队队员 16 人，分散于各战场抢运救治伤员和难民。而且各救护队"难能可贵者，不论距离远近，昼伏夜行，餐风露宿，不畏艰险，奔走于枪林弹雨之中，不惜任何牺牲，均能密切合作"。

当时的国民政府，先由冯玉祥，后由蒋介石兼任战区司令长官负责全面指挥。敌我两军在水网密布、狭窄繁华的淞沪战场相互厮杀，展开了抗战史上血腥味最浓、惨状最烈、规模最大的一场殊死会战。

遗憾的是，淞沪会战爆发时，中国整体国力和工业基础极端屡弱，军队缺少现代化装备，政令军令"政出多门"。然而，就是这样的一支军队，却与装备着那个时代最先进、最尖端的战舰、战机、战车、重炮、毒气的现代化日军进行了三个月的鏖战和搏杀。而这三个月，正是日本在战前预估"速战决胜，继而灭亡中国"的时间窗口。

淞沪会战开始后，日军狂妄地宣称要"一个月内占领上海"，先后投入陆、海、空兵力与特种部队近三十万人，动用舰船一百三十余艘，飞机四百余架，战车三百余辆。早已全面实现立体化和现代化的日本参战部队，完全有能力将陆、海、空火力投放至数公里，乃至数十、数百甚至上千公里之外。而与之对垒的中国军队，则是一支缺少现代化装备的军队。这支军队除拥有少量战机、军舰、快艇、重炮之外，主要作战部队依旧以近代化装备的步兵为主，火力投放不过数十、数百米，充其量最大化到数千米……而且，受制于国力屡弱、工业落后，淞沪会战中消耗的军火，需要从数千公里外的广州、香港采购或从国外进口、受援，并沿粤汉线、京沪线、长江水道等公路、铁路、水路，耗时费力，艰难运往上海。

如此以弱敌强的战况，后果是可以预测的。更兼中国军队失去有效的后勤保障，战力储备很快被消耗殆尽。当时的西方记者坐在上海租界里关注战况，在打字机上打出了一篇又一篇的战地新闻。在这些新闻稿件中，不乏大量以第三方视角，以事实为根据，对日军针对中国非战争目标所进行的非人道、无差别暴力攻击的记载：

"日军对学校、车辆等进行无差别的轰炸，还对插着红十字旗帜的车辆进行轰炸，造成了大量无辜平民伤亡。但日本人却诡称这是因为有人想把红十字旗当作幌子，进行反日活动。"

还有新闻评论道：

"日军侵华作战，实则从最开始，就在其侵华战略上有预谋、有组织地犯下'无差别攻击'的战争罪行。"

第二章 西迁潮涌与救护总队诞生

第一节 京沪沦陷与举国西迁

资料记载，至 1937 年全面抗战开始，中日间的经济数据对比如下：

日本钢产量 580 万吨，中国 4 万吨；日本煤产量 5070 万吨，中国 2800 万吨；日本石油储备 169 万吨，中国 1.31 万吨；日本铜产量 8.7 万吨，中国 700 吨；日本每年可造飞机 1580 架，中国为零；日本每年可造大口径火炮 744 门，中国为零；日本每年可造坦克 330 辆，中国为零；日本每年可造汽车 9500 辆，中国为零；日本的军舰生产能力达 52400 吨，中国为零。这样的实力对比，仗怎么打？

现代战争中，火力投放的距离、烈度，客观上决定了战争的进程与成败。淞沪会战，日军能够用强大的现代化舰队、机群和炮群，轮番配合地面部队，灵动、高效地进行多军种、多兵种的两栖登陆作战。

而与之相比，中国军队在装备、战训、机动、后勤等方面都远远落后于日方，自然反应迟缓，只能陷于被动。

现代战争中，如失去远程火力压制和支持，弱方无异于举起长矛大刀向强者的机枪阵地发起冲锋；没有远程火力保障和掩护，中国军队唯有以两倍于敌的血肉之躯，以有效射程不过数百米的步枪，投掷距离不过数十米的手榴弹，甚至数米间的刺刀拼杀，将日军挡在上海外围；以一注注鲜血和一条条鲜活生命，来耗损、滞缓、抵消日军强大攻势。

因此，淞沪会战完全可形容为敌我力量悬殊的非对称战争。以至于淞沪会战尚未完全结束，稚弱的中国空军在屡败屡战的顽强应战下，歼击机飞行员几乎全体殉国。受日军强大的远程火力压制，中国军队不得不以整师、整旅、整团的兵力，次第投入城巷狭窄且水网密布的淞沪战区。"添油战术"成为中国军队极端苦涩、最为悲壮,但却唯一无它的战术选择。因此,在抗战史甚至整个中国近现代战争史上,淞沪会战实为中华民族为抵御外敌入侵而进行的战力最为悬殊、战事最为惨烈、战略最为关键、损失最为惨重的生死大决战。

有战争就必然有伤亡,何况这是一场真正意义上的以人海对抗火海的惨烈战事。在一两天之间,整装满员的中国参战部队受到日军现代化陆海空攻势的碾压,伤亡惨重,血肉模糊,惨不忍睹……在这场史无前例的生死大决战中,一代中国军人以及无数青年精英的阵亡,无疑在中国历史上留下一块最为惨痛也最为悲屈的疤痕,也为华夏若干代后人留下一段史诗般的渗血记忆。

在时任中国红会会长兼救护委员会主席王正廷、救护委员会总干事颜福庆以及副总干事、继任红会总会秘书长庞京周等人上下奔走、各方协调下,首先集合在中德医院接受救护训练的全体毕业学员,组织了10个救护队,12个急救队,24所救护医院,五千余张床位以及接受动员、参与战地救护的16所公私"特约医院";同时向社会征集救护汽车98辆,设置伤兵分发站,统一指挥,协同执行伤兵救护、治疗、转运等任务,全力以赴展开战地救护。

为了方便战场救护,由庞京周牵头,又分别组织成立了小型化的医疗队28个、医护队20个、救护队7个、医防队6个,快速、机动地参与战场救护和疫病防治。

随着战争规模的扩大,伤兵数量急速增加,每天需要收容伤兵近万人。救护人员缺乏,救护设备不全,伤兵们常因来不及裹伤导致失血过多而牺牲于运送途中,或因缺乏担架而再次被炮火击中,本还有救而得不到救的死亡者难以计数,惨景目不忍睹。

上海聚集的伤兵和难民,随着战场扩大和战况惨烈而日渐增多,救护医院不堪重负。因此,向后方转运伤病员成为一项艰巨任务。

中国红会总会又在宁波增设500张床位收容沪地伤兵,并委派煤业救护队的乐时鸣带队前往宁波、温州等地设立伤兵转运分发站。上海煤业救护队自发组织救护车约五十辆,动员自愿担任战地救护的职工达五百余人,终日奔波在战场一线,抢运伤兵和伤病残弱难民。

时任中国红会秘书长胡兰生针对淞沪会战的救护工作总结道：

"在长达三个多月的救护行动中，中国红会共组织 21 支救护队，设临时伤兵医院 43 所，难民收容所 5 处，共救护伤兵八千六百多人，收容难民五万三千一百多人。"

另据史载，自 1937 年 8 月 14 日至 1938 年 4 月 30 日，上海市各救护医院收容伤病兵民近两万人，由上海分发运送至救护医院的伤病兵民七千余人，前线救护队护送伤病兵民一万七千万余人，经红会交通股分发转运到后方的伤兵总计近六千人。

1937 年 8 月 31 日，国民政府卫生署给中国红会总会下发关于"凡属全国性质之民众团体，其总会必须设在首都（南京）"的训令，1937 年 10 月 4 日，中国红会总会在南京成立首都办事处，派总会秘书长庞京周兼任办事处主任，选定南京中央大学图书馆为处址，开始办公。

在此前后，面对军队后方医院对伤兵的照料，远远不及红会总会所属救护医院的严峻局面，宋美龄曾设想由国民政府和红十字会共同投资，整合社会资源，在南京筹办一所能容纳 5000 人的大型伤兵医院，作为整个京（南京）沪战线收容伤兵的后盾，并通过军事委员会卫生勤务部部长兼军医署、卫生署署长刘瑞恒与时任中国红会秘书长庞京周商议，以操办此事。

宋美龄的思路正好与刘瑞恒的"战时三合一"政策构想不谋而合。刘瑞恒自然兴奋不已，乐见其成，立即指示庞京周尽快组织实施。

庞京周接受刘瑞恒按照宋美龄授意安排的任务后，一面在上海视察伤病员收容治疗情况，部署战场救护工作；一面紧张地频繁往返于宁沪之间，积极选址建设宋美龄所构思的大型伤兵医院并安排筹组中国红会驻首都办事处等事宜。

1937 年 10 月中旬，工作能力和协调能力超强的庞京周，看到南京国立中央大学已经西迁，部分校园馆舍空置，便于 10 天之内，决定由红会总会提供医疗器材与专业人力，由政府负责伤兵纪律管理与后勤补给，开办起了名为"首都医院"的伤兵医院。该医院配设床位 5200 张，医护人员三百余名，杂工人员四百多名，以及可同时供多个患者手术的手术室，堪称中国抗战期间最大的伤兵医院。

谁料，身为红会总会秘书长庞京周的这种"先斩后奏"举措，未按组织程序呈报红会总会通过，使得红会总会核心领导层非常恼火。但迫于无奈，又因庞京周本就是上海滩的著名医生和抗战救护工作的亲力亲为领导人，于是，不得不下文任命庞京周兼任该医院院长。

　　但遗憾的是，这所耗巨资刚组建完成一个月的伤兵医院，便因京沪线战事退败过速，南京告急而匆匆宣告关门，收治的12767名伤兵被紧急移送其他医院后，于11月17日奉命向武汉撤退。

　　为布置转移首都医院的伤兵事宜，庞京周本人曾由上海驱车前往南京，但因交通被日军封锁阻隔，乃又半途折向宁波，弃车乘船重回上海，转赴香港，再经香港飞抵武汉。

　　鉴于南京大型伤兵医院过于偏重建制医院设立与运作的失败教训，中国红会总会核心层开始反思策略上所产生的误判，并考虑扩充小型临时战地救护医院，广招全国各地医护人员深入战地救治伤病员。但由于淞沪会战失利，战线向中西部延展，全国的卫生医护人力资源又因为撤退而导致溃散，为医护人员招募带来了相应困难，因而中国红会总会的救护工作更加艰难，一度陷于极端尴尬的境地，转变救护策略已成为当务之急。

　　1937年11月，终因敌我双方力量悬殊，淞沪会战宣告失败。11月13日，国民政府决定自上海撤退前，发表以下声明：

　　"其在前线以血肉之躯，筑成壕堑，有死无退，阵地化为灰烬，军心仍坚如铁石，陷阵之勇，死事之烈，实足以昭示民族独立之精神，奠定中华复兴之基础。"

　　我国早期著名外交家，全面抗战爆发后主持淞沪抗战期间难民救济与伤兵救护并出任上海国际救济委员会主席的中国红会前会长颜惠庆曾针对国民政府在战场救护方面的缺失悲愤地抱怨道：

　　"……毫无野战医院之组织，药剂、设备等又极简陋残缺，竟将可以救治的兵员弃之战场，委之沟壑任其流血死亡或终身残废。"

　　淞沪会战从8月13日到11月13日，付出如此惨痛代价，仅拖住日军三个月。在历时三个月的作战中，中国军队投入近七十万人，约三十万将士献出生命。究其原因，主要是国民政府能力和医疗资源有限，有的军医技术仅限于几个星期的简单换药训练，根本不懂何谓感染与其防治方法，甚至没有见过骨折夹板和消毒器具。战时医务人员缺乏，致使很多伤兵轻伤变重伤，重伤成不治；加之在战地救助问题上无充分的思想和物质准备，除了全国仅有的陆军医院22所、临时陆军医院19所、兵站医院10所外，主要依赖各级红会动员组织起来的民间救护队伍，承担起战场救护的主要任务。

1937年11月17日，随着日军逐渐由上海逼近南京，中国红十字会总会首都办事处不得不撤离南京，11月21日到达汉口，将首都办事处改称为中国红会总会驻汉办事处。此时的中国红会总会会长王正廷受命担任国民政府驻美大使，其总会的组织机构由三部分组成：一是驻香港办事处在副会长杜月笙与部分常务理事、监事主持下，统筹决策以及募捐等事项，成为中国红会总会的权力中心；二是驻汉口临时办事处，由秘书长庞京周为主任并主持工作，成为实际救护工作的具体执行者，收容整顿由上海、南京撤退而来的医护人员，在汉口就地组织指挥救护活动；三是驻上海的中国红会总会和红会国际委员会的中国分支，基本上成为有名无实的两座空庙。

上海失守后，南京危在旦夕。

1937年11月17日，国防最高会议在铁道部防空洞内召开，决定国民党中央党部和国民政府迁往重庆事宜。蒋介石在会上对迁都重庆作说明称："国民政府迁渝并非此时才决定的，而是三年以前奠定四川根据地时所早已预定的。"他还声称迁都重庆是保证"国民政府不被消灭"，"只要国民政府存在，必与之抵抗到底"。

就在国防最高会议召开的当晚，国民政府主席林森便率领直属的文官、主计、参军三处的部分人员乘"永丰舰"先行溯长江西上，从而揭开了国民政府迁都重庆的序幕。

18日，蒋介石以国防最高会议议长身份发表题为《国民政府迁渝与抗战前途》的讲话，正式向军内上层宣布：

"现在中央已经决议，将国民政府迁移到重庆了。"

20日，国民政府在武汉发布《为贯彻长期抗战移驻重庆文告》，向全社会宣布迁都重庆并表明中国决心抗战的意志。

26 日，林森一行安全抵达重庆。随后，其他各院、部、会则分别迁往重庆、武汉或长沙以南各地。中央银行、中国银行、交通银行、农业银行四大国有银行和各国大使馆也随之迁到武汉。

1937 年 12 月 1 日，侵华日军大本营下达《大陆命令第八号》："华中方面军司令官须与海军协同，攻克敌国首都南京。"

12 月 4 日，日军完成对南京的东面包围；9 日，渐次逼近南郊秦淮河畔；10 日上午，光华门遭到炮击；10 日下午，第 259 旅将士镇守的通济门城墙在炮火中倾塌，阵地失守。

随着炮火越来越密集，工事在轰炸中成为废墟，我守军第 262 旅的将士们一批批阵亡，直到全军覆没，旅长朱赤少将殉国，时年 37 岁；第 264 旅将士与攻来的日军短兵相接，混战持续到下午，阵地失守，旅长高致嵩少将阵亡，时年 39 岁；雨花台失守后，日军居高临下，向中华门进攻，我第 74 军、第 51 师第 302 团坚守至 12 日，团长程智殉国；清凉山宪兵指挥部宪兵副司令兼首都警察厅厅长萧山令少将在亲率宪兵掩护警察部队撤退中殉国，时年 45 岁；13 日凌晨，被大火烧伤、伤病交加的谢承瑞团长牺牲在阵地上，时年 33 岁。

而在整个南京保卫战中，由于战事激烈，两军处于短兵相接状态，各路医疗救护人员根本没法接近战场前沿。医疗救护人员明知前方将士死伤千千万万，却有力不能施展，其内心的创痛程度无异于伤员们战场的伤痛程度。这些身心痛楚，共同凝聚成中华民族对侵略者的无限仇恨和坚决抗战到底的坚定信心和坚强决心。

1937 年 12 月 13 日，日军攻陷南京后，对城区及郊区的平民和战俘，共三十余万父老同胞进行了持续一周的惨绝人寰的大屠杀。

南京保卫战，中国军队以十万之众浴血奋战，以伤亡五万余人为代价英勇反击日本侵略军。但据专家考证，我军真正在战斗中阵亡的人数并不多，大都是被俘后惨死在毫无人性的日军屠刀下。

但是，中国军民的浴血苦战，彻底粉碎了侵略者"三个月内灭亡中国"的狂妄计划，并争取到时间，从上海、南京等地尽可能迁出大批工厂设备及战略物资，为坚持长期抗战奠定了重要的物质基础。

抗日战争是一次伟大的民族洗礼和社会生产关系重组。

在抗日战争全面爆发之初，蒙受损失最大、遭受前所未有劫难的，当属中国文化和高等教育机构，正所谓"寇骑所至，庐舍为墟"。清华大学、北洋大学、中央大学、武汉大学的校舍被用作侵华日军的兵营或医院。本就为数不多的中国大学成为日寇破坏、掠夺的重要目标。

1937年8月31日《申报》发表《敌轰炸文化机关》的社论指出：

"日军不仅轰炸大学，还轰炸中学，这会让中国倒退百年。"

另根据《大公报》统计，七七事变后的三个月内，我国108所高校，有91所遭破坏，25所陷于停顿，10所完全损毁；师生均减少了约25%以上，职员减少31%以上，校舍、设备、仪器、图书等遭到损毁、劫掠无可计数。

天津南开大学校长张伯苓曾在很多场合叹道：

"以数十年惨淡经营之学校，毁于一旦。"

为保存我高等教育基础，使中国传统文化不因此而中辍，引导高校有序内迁，协助大量师生离开沦陷区，国民政府先后颁布了《战时内迁学校处置办法》《社会教育机关临时工作大纲》《战时各级教育实施方

长沙临时大学旧址

案纲要》等文件，以指导战时高校的内迁工作。一场史无前例的"文军长征"就此开启了悲壮的历程。

1937年11月1日，北大、清华和南开先迁至湖南长沙，在岳麓山下共同组成长沙临时大学，并于同年11月25日开学。随着日军沿长江步步紧逼，危及衡山湘水，长沙吃紧，仅开学一个月，便于1938年2月开始辗转搬迁入滇，于4月在昆明成立国立西南联合大学。在昆明办学八年间，毕业学生约两千人，其中不乏抗战胜利后的中国科技界精英之才。

1937年8月，随着淞沪会战失利，杭州危在旦夕。时任浙江大学校长竺可桢率领属下3个学院，16个系，师生员工及家属共约三千人，以及图书五万余册，仪器三万余件，机器设备七百余套，标本一万三千多件的庞大队伍和沉重物资，于同年11月初撤离杭州，踏上了漫漫的西迁之路。在历时两年多的西迁途中，由于日军步步进逼，飞机轰炸骚扰不断，队伍一路走走停停，先后四次经停辗转，穿越江南六省，换了浙江建德、

浙大西迁贵州湄潭旧址

江西泰和、广西宜山三处校址，行程两千六百余公里，于 1940 年 1 月抵达贵州遵义。根据当地的承受能力和办学条件，决定把浙大的文学、工学和师院文科留在城区安排校舍，理学、农学、师院理科则落在湄潭县城和永兴场安顿下来，坚持办学七年，成为抗战时期中国高校西迁的一个缩影。

由于浙大西迁的路线与红军长征前半段的路线基本吻合，而落脚点又都是具有转折意义的遵义，因此，人们称它为"文军长征"。

浙大在遵义七年培养的一千三百多名学生中，涌现出诸如李政道、程开甲、谷超豪、施雅风、叶笃正等科学巨子。在当年浙大任教和求学的师生中，后来有 50 人当选为"两院"院士。其中，竺可桢、苏步青、王淦昌、谈家桢、贝时璋、卢鹤绂、陈建功等世界著名科学家的主要论著，都是在湄潭成稿的。尤其是"两弹一星"元勋王淦昌的《中子的放射性》《关于探索中微子的建议》等六篇重要科研论文，都是在湄潭期间发表的。正如师从束星北、王淦昌等在湄潭就读一年后转到西南联大，继续师从吴大猷、叶企孙等人深造的诺贝尔奖获得者李政道所说：

"一年的'求是'校风熏陶，发端了几十年细推物理之乐，给了我攀登世界高峰的中华文化底蕴。"

浙大迁至遵义期间，另有七所正规高等院校和十几所军队专业教学机构也相继迁来贵阳周边各地，其中不乏军队医疗教学单位。

第二节　救护总队组建与发展

随着武汉战役的日趋紧张，国民政府军事委员会于 1938 年 7 月 17 日紧急命令国民政府及国民党中央驻武汉各机关，限五日内全部移驻重庆。奉此命令先前已经迁到武汉的各党政机关、社会团体、外驻机构和金融部门等，陆续再迁往重庆。12 月 8 日，蒋介石率国民政府军事委员会大本营由桂林飞抵重庆，标志着中国近代史上第一次，也是最大规模的一次政府首脑机关和国都自东向西的大迁徙最终完成。

同时，伴随着华中地区如多米诺骨牌纷纷沦陷，为逃避日军的烧杀抢掠，各沦陷区和因花园口决堤形成的黄河淹没区百姓纷纷携家带口，忍饥挨饿，一路向西，直奔国家首都新迁入地的千里之外大西南。

就在国民党之党政军各中央机关迁驻重庆之后，以周恩来为首的中共中央代表团也随之迁抵重庆，并秘密成立了"中共中央南方局"和"八路军(兼新四军)驻重庆办事处"。原设在武汉的中共中央长江局相应撤销，仅保留原八路军办事处继续办公。是年秋，南方局和八路军驻重庆办事处迁入红岩嘴自建的房舍办公。

至此，战前不同政见、不同治国主张的各党派中央机关及其主要领导人和先前散居于全国各地的大批俊杰豪士、社会名流，也如百川归海，荟萃于山城重庆。从此，重庆发生了前所未有的巨大变化：由一座偏居西南一隅的古老内陆城市一跃而成为中国的战时首都，成为以国共两党合作为基础、各党各派共同参加的抗日民族统一战线的重要活动舞台；由一座古老的军事城堡一跃而成为抗日战争大后方的政治、经济、军事、文化、社会与外交活动等各方面的中心，成为世界反法西斯战争远东战区的指挥中枢，在整个国家的政治事务中发挥着重要作用。

中国红会总会西迁武汉时，将总会机关的医护和工作人员及原在南京、上海等地的器材、设备全都退集武汉。在上海参加救护的几乎全部医疗机构和医护人员也都陆续跟随国民政府的西迁路径云集汉口。此时的刘瑞恒曾一度打算指派曾在北京协和医学院与自己共事的生理系主任林可胜前往接掌红会驻汉办事处，以便共谋战场救护大业，但碍于种种原因未能如愿。

为了协调与政府卫生管理机关的业务联系，更好救治在抗日前线浴血奋战的中国军民，1937年12月6日，卫生署副署长兼中央救护事业总管理处副主任金宝善受命与中国红会总会

救护总队组建初期的林可胜

秘书长兼驻武汉办事处主任庞京周在汉口举行见面沟通会。庞京周秉承此前中国红会总会根据《中国红会管理条例施行细则》第6章第34条的规定，召开理事、监事会第22次联席会议，决定所作出的两大战略调整之精神，具体商定了由卫生署提出的对战时救护策略作出调整的《红会总会救护事业办法》（以下简称《办法》），确立了中国红会的救护工作总方针。《办法》对红会救护事业作出三项重大决策：

一、红会成立临时救护委员会，由会长王正廷兼任主席，副会长杜月笙、刘鸿生，常务理事林康侯、王晓籁、钱新之，理事刘月如等为委员，主管红会在全国的救护事业，同时颁发组织规程。

二、决定聘请救护委员会临时总干事，负责综理医疗救护事宜。

三、红会总会应规划转变救护策略，组织富有流动性，不受军队编制限制的医疗队，深入各战区从事流动救护，并赋予其辅助军医部门工作的任务。

《办法》对今后的救护工作给出了三条意见或建议，简述为：

一、将中国红会总会办事机构随同中央卫生署迁移汉口，由已离沪驻汉之副会长和理事、监事等负责主持。

二、因当时红会救护委员会总干事颜惠庆身体欠佳滞留上海，故先聘爱国华侨林可胜教授代理临时救护委员会总干事，秉承总会办理一切救护工作。总干事可以聘请干事若干人，分股办事。

三、红会总会进行救护工作之计划及组织，按以下几个步骤实施：

1. 应将各地救护人员改组，并将所有医药材料重新制定保管及分配办法。

2. 改组后的人员去留，以各该员是否符合新订计划为标准。

3. 就改组留用人员组织救护队，分别办理以下事项：小型重伤医院；加入军医院工作；办理绷扎队，章程由救护队另定；中国红会所有材料的支取与储存，会同中央救护事业总管理处、国际联合防疫委员会组织联合材料总库办理。该总库办法另定。

《办法》还检讨了红会总会从"一·二八"淞沪抗战到"八一三"淞沪会战所实施的救护策略，其失误，就在于认为只有设立规范规模的医院，才能开展救护工作。这种以医院为战地救护重心的策略，首先，只能应用在社会医疗资源较为丰富的地区，如北平、上海等地；其次，它所应对的战争只能是短暂的、小范围的局部战争，一旦战争无限期延长，战线无限制扩大，这种救护体系便无法应对，甚至随时可能面临崩盘的危险。秘书长庞京周还代表红会总会表示：

"详审战局展开之形式，军医当局之措置，与夫本会之立场及实力，知续办医院已非必要。"

红会总会决策者们关于战地救护观念的转变与政府卫生主管机关关于战地救护工作的指导思想能够取得一致，是催生《办法》出台，促使战时救护策略大调整得以付诸实施的关键。

面对南北战线长数千里，战地重心随时更易，交通工具缺乏，维持医院规范建制已不现实和各地伤兵医院数量与日俱增等情况，临时救护委员会为配合战事需要，在武汉作出两大战略思路调整。

第一，吸取"首都医院"的教训，坚决放弃在大城市创办完善大医院的传统做法，采纳林可胜教授此前提出的"小型、机动、灵活、实用"的建议，以应实战救护之需。一是采取与各治疗伤兵的机关合作，组织精干力量，专做技术工作，以弥补原有伤兵治疗机构技术人才之不足；二是组织各种医疗队，配制实用器械药料，分路奔赴各个战区，专事战地医疗救护工作；三是在可能或就便的范围内，另行组织材料供应与运输事宜。这种改变更切合瞬息万变的战争态势。

第二，接受时任国民政府卫生署署长刘瑞恒建议，正式聘任林可胜教授为临时救护委员会代理总干事，负责综理医疗救护事宜并筹组救护总队部机构和人员设置；同时成立总干事办公处，任命彭达谋、张祖菜、陈璞、胡会林、柳安昌、杨崇瑞、马家骥七人为干事，分办各主管事项，协助林可胜代理总干事开展工作。

从此，红会总会的救护工作开始发生根本性变化，主要表现在四个方面：其一，为应对长期抗战需要，总会设立经常性、专门性的战地救护组织，称为"中国红十字会救护总队"；其二，正式聘请了林可胜博士代理临时救护委员会总干事；其三，临时救护委员会下设总干事办公处，总理一切公务；其四，不再另行筹设大型伤兵医院，而以流动医疗队作为战时救护的基本单位，协助军医部门开展战地救护工作。

由上文可见，中国红会总会对于林可胜的任用，可谓既重视，又慎之又慎。首先是在《办法》中提出可聘任他的建议，其次是接受刘瑞恒的任用建议，最后才正式下文聘任其为临时救护委员会"代理"总干事，其潜台词不难理解。

在临时救护委员会创建初期，由战场救护工作性质所决定，从人员素质来看，绝大部分人员都具有医护专业资质。其中医师及练习医生109名，药师及药剂生20名，医护员218名，医护助理188名，其余包括驾驶员、修理工等其他技术种类人员及事务人员，共计为827名。从总部内设机构来看，仅仅设立有医务、材料、统计三股。截至1938年1月止，救护委员会已组织成立医疗、医护、医防、急救、X光等37个基层救护队，分布在全国各战区。

是年冬，根据作战区域不断扩展的形势需要，为便于集中领导与管理救护、医疗、医防等事业，组织和协调各战区的医疗救护工作，经过精心谋划，积极筹备，红会总会临时救护委员会救护总队（以下简称"救护总队"）以及专门负责军事救护的中枢大本营"救护总队部"于1938年1月同时在汉口宣告成立。原救护委员会人员、建制和救护队，构成了救护总队部成立时移交给林可胜的一份"垫底家产"。

红会总会成立救护总队以及总队部的基本宗旨是，组建具有相当技术力量和设施的医疗、医护、防疫队并将其派往前线和后方各部队医院协助医护工作，筹办并争取外援各种医药器材，组织运输队运送药械和伤病员，协助军队开展战地救护和保健防疫，为当地民众疗伤、防疫、治病等等。

早已具备战场救护丰富经验的林可胜，凭着自己的聪明才智、人格威望、爱国情操和经验贡献，顺理成章、当之无愧地成为救护总队队长，成为中国红会所领导的抗战救护的核心人物，担负起全面抗战专职救护总指挥的历史重任。从此开启了中国抗日战争战场救护最为集中、有序、规范化操作的历史新阶段。

救护总队部成立后，林可胜将隶属于各医务中队的基层组织定编为救护队2队、医疗队2队、医护队2队、医防队1队，将各队尽量沿交通线分布；由汽车队1队、材料分库1所，负责医务中队的材料供给和伤兵运送；各中队队数和驻地，随各地战场情形可增减或调整。其基本工作思路是，提供技术，协助各战区军医部门工作，实施诸如外科手术、骨折矫治、X光检查、细菌检验、特别营养及护理等，本着"精干、高效、灵活、分散"的原则，将救护队队员分成若干小型流动医疗队，尽可能推进到战地前线独立实施救护作业。林可胜所倡导的这种战场救护组织管理理念和策略，逐渐为军医机关及卫生行政等相关部门所认可和采纳。

正是基于这样的思路，救护总队部成立后，将统计股改为总务股，并增设干事室和运输股，其相互关系是，干事室直接隶属总队长号令，总务、医务、运输、材料四股隶属干事室统领，从而架构起新型的救护总队各负其责的初期组织体系。其中，干事室11人，占人员总数的1.3%；总务股9人，占总数的1.1%；医务股702人，占总数的84.9%，其中女性222人；运输股73人，占总数的8.8%；材料股32人，占总数的3.8%，其中女性3人；上述室、股的各类人员，构成当时救护总队的全部人员，总计依旧是827人。另有昆明、衡阳两个办事处的工作人员不在此数。

干事室为救护总队部的核心部门。除总干事和相关干事各有分工职责外，鉴于林可胜的中文水平较差，又时常有大量国外来电来函需要及时处理，因而配有英语翻译、文书往来和撰写文员等。

总务股负责日常事务处理；编制机关和各区队医务与人事统计报表及财务管理；编制各项救护事业费预算，并按月形成报表上报红会总会；管理救护总队部所属的童子军等。

拥有702人的庞大队伍，在救护总队占比为84.9%的医务股，下设救护、医疗、医防、看护、X光五种队别，主要担负战场救护重任；股长先由曾在北京协和医学院任教的李宗恩教授担任，后由协和毕业生柳安昌继任。

为使救护总队这台庞大机器能为战地救护而正常、长期、持续、高效运转，提升各基层医务队实施急救、防疫和公共卫生等工作的成效，救护总队在医务股建立指导员制度，并聘请各领域著名专家担任指导员。其任务是在技术层面指导各基层医务队开展工作，为医务人员的训练提高进行规划部署等。指导员制度的建立，标志着救护总队的组织体系和技术保障更臻于完善。

救护总队实施科层化组织结构。在林可胜心中，医疗救护队应本着战地救护的技术路线和相应程序来设置，其基本组织结构主要由救护总队部、办事处、指导员、医疗大队、医疗队、战区医院、诊疗所、材料库、运输站队、汽车修理厂等构成。这些机构，既要体现上下等级的责任关系，又要明确不同部门和不同层级间的职权范围，并形成制度，这样才有利于对各类社会医疗资源的整合、战地救护功能的实现以及医疗救治效率的提高。

当年的《新华日报》报道了关于救护总队部成立的情况：

"为适应环境及继续实施救护工作起见，（中国红会）不得不彻底改编……且有数队业已出发平汉、赣湘两路，实施救护。此种医疗队特点有四：技术及医疗器械俱极优良；人数少而移动方便；男女分队工作，前后方支配适当；经济而易于举办。"

林可胜出任救护委员会总干事兼救护总队总队长后，为指挥便利及信息沟通迅速，按照当时战事情形，很快对原设医疗大队进行改编，将工作地域重新划分，以便配合各战区军师级部队医疗院站工作。新设的医疗大队职责是承总干事之命，指挥和监督该区各医疗队，并与当地军医机关保持联络，配合开展战场救护和卫生防疫等工作。

首先是对原有37个医疗队进行改编：将医疗工作地域划分为北、中、南三区，分设三个大队，各区设大队长1人、副大队长1至2人。大队下设立医疗队，作为战场救护中最重要、最基层的单位。每个医疗队以20人左右为限，配技术人员15人，队长1人，接受各区正副大队长指挥，负责处理各地一切救护和防疫事务。医疗队内又分为若干组，各组设组长1人，承队长之命，推进组内工作。

医疗队分甲、乙两种。

甲种医疗队又称手术组，每队设医师5人，医护员5人，医护助理5人，事务员1人，厨役1人，勤务3人；规定医护人员由男性组成。甲种医疗队设队长1人，由主任外科医师或内科医师担任，主要负责在各地伤兵医院处理伤病人的外科手术或负责换药等工作。

乙种医疗队又称绷扎队，每队设医师1人，护士或医护助理员14至15人，事务员1人，厨役1人，勤务3人。队长由医师担任，无医师时由护士长担任。队内共分6组，以高年级护士任各组组长。乙种医疗队"概以女职员组织之，以负责后方救护工作为主"，可充任医院护士或承担换药等工作。

随后，又根据实际需要，加入X光队和汽车队。X光队由医师1人、技佐3人及技佐生21人组成，以X光队医师为队长，主持本队一切技术，指导各手术队X光诊断事宜。每区设技佐1人，专负责该区内各队X光机使用和保管。

林可胜一边对原有救护队机构建制进行改编和加强，一边通过技术培训迅速扩充医务人员，增设基层医疗救护编队。

至1938年3月底，救护总队下属的医疗大队就扩编为47队，陆续派往原来没有或继续增加的各战区。

至5月底，救护总队已拥有救护队7个，医疗队28个，医护队20个，医防队6个，X光队1个，共62个，分布在陕西、湖北、湖南、江西、浙江、广东、广西等地及卫训班及材料总库所在地。

至9月底，医务中队已发展到11个，每个中队下辖救护队2队、医疗队2队、医护队2队、医防队1队，分布在陕西、山西、湖北、湖南、江西、浙江、广东、广西、川西等地区的后方医院、收容所、重伤医院及国联防疫团中，从事外伤手术、绷扎，及诊治疾病、检查体格、预防注射、X光照检查等。

随着规模不断扩大，各项组织日臻完善，同时考虑兼顾陕北战场需要，按照"小型、便于流动"来设置医疗队的思路，至1938年年底，救护总队下设4个大队、12个中队、77个医务队，分别拥有救护队23个、医护队23个、医疗队24个、医防队6个、X光队1个。各大队大队长及所属中队分别为：第1大队大队长，万福恩，下辖第1、第10中队；第2大队大队长彭达谋，下辖第2、第3、第11、第12中队；第3大队大队长汤蠡舟，下辖第4、第5、第6、第9中队；第4大队大队长尹亦声，下辖第7、第8中队。救护总队已发展成为全国医疗实力最强的战地救护组织，拥有总计1667人的庞大医护人员和技工队伍。

为有效地开展战地救护，救护总队指导各医务队实施急救、防疫和公共卫生工作，在医务股建立指导员制度，聘请各领域的著名专家担任指导员。如在外科、防疫科、护士科及卫生工程科设立各科指导员，各科指导员皆由各科专家分别担任。指导员的主要任务是指导各医务队技术工作及计划医务人员训练的方针等。指导员制度的建立，使救护总队的组织臻于完善。

第三节　完善管理与运输补给

在加强基层救护组织的规范设置和强化技术提升的基础上，林可胜亲自主持编制出台了一整套行之有效的人事管理制度，从而使救护总队一切工作都能有章可循，更趋于正轨。

如关于人事任免：

作为中国红会旗下的专业战地救护组织，参加人员首先必须成为红会会员，其次应具有专业知识和特定技能，具备"博爱恤兵，救死扶伤"的精神境界和耐劳任怨的毅力以及红十字使命的认同感。基于此，救护总队对社会人员加入红会的资格作了以下规定：须在卫生机关或其他机关工作满一年以上并无劣迹；具备学识专长或某项适合战地救护的技能；品行端正，能为红十字事业奋斗；经登记审查合格后，方可录用为中国红会总会救护总队工作人员。

救护总队各级内外勤人员任免权概归总队部，但各级主管人员可以向总队部推荐。拟录用人员实行试用期，经相关部门审查其能力后再决定去留。试用期最多不超过三个月，试用合格者，填具登记表、调查表、健康记录、志愿书、担保书各一份，随学历等证明文件，由主管单位呈报救护总队部核查批准，方可录用与任职。

任职分三种：一为实职，即资历技能与职务相称，能胜任本职工作；二为兼任，即原有职务人员改派其他职务，在不妨碍其本职事务前提下可兼任他职；三为代理，即原有职员因故离职而未开缺时，派其次级职员中资深者，或资历相当的职员代理其职务。

录用人员在接到总队部委派通知后七日内必须赴职，如在规定期间未赴单位报到，亦未申报理由请准缓期赴职的人员，以放弃就职论处，由救护总队撤销其任用命令。

救护总队规定其工作人员在战时必须履行下列义务：

绝对服从上级命令；恪守一切规则，对工作不得废弛敷衍，按规定报告工作；遵照规定出席各种会议并服从一切决议案；对未经公布的该管事件或先闻事件保守机密，不得私自宣示；对公款、文件、册据及其他应保存之救护器材、物品不得私自支用变更或遗失毁弃。

救护总队规定各级工作人员无特殊原因不得辞职，呈请辞职人员必须详述缘由，呈请直接主管人员转报总队部核办。其各单位主管人员离职须经总队部核准，工作人员离职须经各主管人员签具意见，转呈总队部核准。但办事处主任及医疗大队大队长对于所属工作人员的退职，在必要时可直接处理，呈报总队部备案即可。

工作人员未经总队部核准不得离职，负有交代任务的离职人员，必须交代清楚后始得离职。此外，救护总队还规定了工作人员退职的种类和条件：一是免职、改任、待命，辞职或因病获批准者属于此类。二是停职：因疾病、事故连续请假达三个月以上，或予留职停薪，或因违法违纪尚不须撤职，或因犯罪嫌疑被劾而须查办或受审理未决，或因失踪后三个月内，其停职原因终止，或核令回职届限而不能回职或虽未届限而职务重要不便久停等情形，均给予核令免职。三是撤职：遇犯错较重者，或触犯法律者属之。

如关于奖惩考绩：

救护总队的人事管理以考绩为中心，其目的在于综覆名实、鉴别贤愚或奖励晋升。总队部对各级工作人员每年6月底举行考核，年终举行总考核，就思想、学识、体魄、品行、服务五方面进行打分，占比各为20％。根据考核可知，为国赴难的思想，胜任本职的知识，坚持工作的体魄，忠耿良善的品行，救护服务的态度，是对救护总队工作人员的基本素质要求，五者分量等重。根据人员的考核成绩，对其实行晋级、加薪、嘉奖及记功等。此外，对发扬红会精神，救护成绩优异，应变处置有方，公物保管妥善，厉行节约严谨，恪守纪律规则，冒险火线工作，绝对服从命令，服务期限长久，尽职满勤少假的各部门人员，也可以实行晋级、加薪、嘉奖及记功等奖励。

对妨害红会荣誉、假公济私、挪用公款、盗窃公物、弃职潜逃、擅离职守、久假不归、不守纪律、不从指挥、不受约束、蛮横要挟捣乱、言行举止不检、管理无方处置失当、放弃职责怠废公务、损失遗弃公物、进退不服从命令或无故推托延迟等人员，采取停职、罚薪、记过、申诫、检束、查办、撤职、通缉等惩罚。罚款以月薪 10% 至 30% 为限，时间以两个月为限；记过分大、小两种，小过三次等于大过一次，如曾有记功，可抵消大过一次；记大过三次以上者，给予撤职处分；申诫以书面或口头进行；检束期为一日以上、一周以内，受检束人在检束期内，除工作外，不得外出及会客。

通过奖惩考绩，培养树立起每位人员忠诚、廉洁、勤奋、负责的精神，增强组织战斗力，更好地为前线抗战将士服务，从而实现"博爱恤兵""救死扶伤""平时有备""战时有能"的目标。

关于推荐进修。为提高医务人员的专业技能，储备医疗科技人才，满足全国抗战救护需要，总队部制定了《各级医事人员进修暂行办法》及《医事人员国外进修及考察选送暂行办法》，定期选派业务骨干到国内外相关机构进修深造，并对进修人员的资格、条件、选送程序、进修地点作出规定。

上述两个《办法》都规定，医务人员须在救护总队服务满三年，且考核成绩分数均达 80 分以上，经层级保荐，呈总队部核准后，方可外出进修。国内进修主要针对医师、药师、护士、助产士、医护员、卫生员、助理员；每医疗大队（或单位）每次最多保荐两人；进修地点主要是总会重庆医药总院、分院，其他公立医院以及有关各卫生人员训练所、班等。国外进修仅针对持续在救护总队服务五年以上且考绩达标的现任医师和护士。

救护总队自 1938 年初成立，林可胜担任总队长到年底的近一年时间内，在逐步规范管理和技术培训的前提下，不仅人员数量获得快速发展，而且在救护技术、治疗效果和药械器材运输保障等方面，都有全方位提升，遍布全国各战区的基层分支救护机构，基本上可满足当时战争对救护力量的需求。

战场救护除了需要技术力量，即人力的充分配置外，医疗器材的获取、制作、运输，也是取得胜利的重要保障。抗战开始时，在国民政府军事委员会卫生勤务部，设有中央救护事业总管理处。1937年12月底，卫生勤务部撤销，中央救护事业总管理处随即承其使命，所有救护药品及器材全部交由救护总队部接收。为适应这一变化，救护总队成立材料股统一管理，安排使用。

材料股的职责是管理各材料仓库所库存的医药器材，并负责将它们分发运送给驻全国各战区的基层救护机构。因此，救护总队材料股成了战地救护药品和器材的供应中心，并担负着四个方面的重要职责：一是医药器材从国外或外地获得与装运至内地；二是内地仓库的入库登记、分类保管与编制向各基层救护队的分发计划；三是从内地仓库向各战区救护队运送；四是无法购买或无法获得外援的材料制备、分发与运输送达等。

上述第一项工作在香港沦陷前由红会总会驻港办事处负责办理，红会所有从国外购进或外援医药器材，均由香港办事处总干事伍长耀负责安排收发。最初，红会的医疗器材是由香港经广九铁路运至上海或南京的，广州失陷后，只能改运至汉口、长沙或梧州等地。

医药器材是救护总队各基层医务队开展战地救护的基础，既要求库存充足，供应快速及时，又要注意有些药品的有效期，及时清理过期失效品种，以确保伤患服用后的有效性和安全性。所以，救护总队材料部门参考实际需要，特别制定了一套《中国红会卫生材料标准表》（以下简称《标准表》）。《标准表》是救护总队按照各地不同层级和规模卫生单位的任务所需药械、敷料的不同种类、规格、数量制定的卫生器械手册。根据《标准表》，材料部门将药品器械先行制定出标准，既便于采购、运输、分发、补充时有据可循，也可在清理库存或仓库出货时，能按照性能、用途或规定标准重新包装入箱，并标示识别编号。

关于这个《标准表》的制定，协和毕业生周美玉回忆起自己刚加入救护总队时的一段往事：

抗战时期林可胜先生在国际上名气已经很大，一听说他担任救护总队总队长，外国许多朋友都寄药品来，其中有内科药，也有外科药。一次，周美玉和章斐成去见林先生。林知道她俩都是协和毕业生，就要她们把一箱箱的药品分类。因为并非专攻药剂，于是她俩要求派一名药剂师作技术指导，另派四到六名青年劳力，加上她二人，一起把这项工作做好。在此基础上，她们采用英文字母来分类，如：

C 类代表化学药品，其下又分 C1、C2、C3、C4……C1 代表内科用药，C2 为外科用药，C3 是专治传染病药，以此类推。所有药品均以每箱不超过 60 斤为基本单位，其用意是每个劳工可以挑运两箱。

D 类表示敷料类，包括绷带、手术巾、被单等，同样分成 D1、D2、D3、D4……注明 D1 箱内有多少外用敷料及种类，可供多少人使用。

E 类是医疗用具类，包括外科手术用医疗器械及体温计等常用器具，也分 E1、E2、E3、E4 等类，箱壳漆成泥巴灰作保护色。

其他医药用品根据品类多寡也依次往下编号装箱。

储放时间较久的药品，要先请药剂师鉴定是否过期，再决定是丢弃或留用。整理完毕，还编写了两本小册子，说明何谓标准材料包，内容如何，如何分类，如何使用，同时也对关于标准材料包的一些必要常识作出相应介绍。

这项工作做完后，周美玉便被留下，专门负责督导那些为逃避战祸而加入红会的护士、护生、护理佐理等医护人员。

随后，周美玉等人关于药品清点分类包装的创举和经验，便被救护总队沿用于针对一些紧缺难买或采用当地单方验方自制外用药品的分发包装过程中，采用她们创新的标准来统一置备出成品后，再分发给基层救护队使用。

置备此种标准包装的好处在于简便易行。各队需要补充药品器材时，只须将某种标准包件的编号标志如 C、C1 或 E 等写明，材料库即可按照已制成品的包件标志核准发货或库存查验，并方便人力运输。每件重量定为 25 斤至 45 斤，交通不便的地方不难采用人力运送；使各基层救护队一目了然包装箱内为何种器械（"E"），何种药品、药材及血清（"C"）或何种敷料及棉织品（"D"）等；足以提示材料捐助人及制备组，显示战地救护工作所需医疗器械的范围和种类。

材料股是储存、供应救护物资的重要管理机关，设有材料总库与各地分库。总库或分库根据出纳组提货单在库存数量内出账。每一材料库内部分为出纳和制备两组。各材料分库的任务，主要是储存若干标准包及标准材料，供应各战区基层医疗队所需的药品器材。

出纳组专司保管、出纳、登记账目，保管收据，并根据每次装备标准箱的数量，将所需药品、器械或敷料列表向仓库提取；将提回之药品、器械、敷料经过整理分装，再按照各种标准箱规定的品种、规格、数量装备成标准箱；已装入标准箱的药品器械敷料的数量，就从总账内出账，同时登记所装标准箱的个数即可，因为各种标准箱内的药品、器械、敷料是固定不变的，且已经另有登记；每月按照点收和装标准箱的支出数量，作为药品器械敷料总账的收支项目，造表由总库向材料股呈报收支与结存情况，标准箱的制作数量也同时呈报。

制备组专司配置敷料，并按标准包制成包件，以便随时分类发放。由医务部门派一位绷扎队护士专门负责指挥敷料包件的置备。

制备组需要利用当地原材料，制造某些土法方剂类紧缺药品，因为这类药品无法在市场采购。例如，烧石膏不便久存，则由制备组临时烧制后使用。部队疥疮患者很多，制备组则自制硫磺和硫磺膏等运往前线应急使用。前线士兵患眼病者增多时，制备组则制造硫酸铜、硫酸铜棒等物，供患者使用。总之，制备组按照战时医药补给情况，自造一些药品补充，能一定程度缓解特殊药品短缺问题。

救护总队基于基层医疗队分布状况，为便于材料供应，首先在衡阳、汉口、桃源三处设材料分库，并在南昌、重庆、宜昌等地委托其他机关代为保存部分材料。

后因战局变化，救护总队根据地点安全、便于转移、方便扩充的选址原则，除在贵阳设材料总库外，并在各适宜地区设分库。当时的材料库分布如下：第一库设在陕西褒城，并在西安及老河口各设支库；第二库设在湖南桃源；第三库设在湖南邵阳；第四库设在广西柳州；第五库设在贵州独山，并在广西金城江设支库；第六库设在湖北巴东；第七库设在陕西曲江；第八库设在福建南平；第九库设在四川重庆；第十库设在湖南衡阳。

各材料库根据各战区救护工作情况变化，随所属医疗大队部动态迁移，随时随地为各医务队源源不断供应各种救护器材。不言而喻，材料部门成为维系战地救护体系正常运转的医疗器械保障命脉。

由上可知，救护总队在材料供应与补给方面的独特运作方式，在材料来源、制备、包装、运输等方面都形成了一套切实可行的操作系统，在构建整个战地救护体系中扮演了重要角色，起到举足轻重的作用。

运输环节在救护总队组织运作过程中占有相当重要的地位。如医务队、伤兵收容所及医院的及时移动，救护物资的转移与供应，以及伤兵的后移，全赖运输部门来完成。

因为抗战时期，全国交通运输工具普遍都十分短缺，政府军队的运力自然也难应需要，有大量伤病员无法从战场上运下来，只能依靠救护总队的运力来解决。因此，救护总队运输部门在战地救护体系中的重要性就显得更为突出和关键。

救护总队运输部门在战时的主要运输任务有以下三项：

一是秉持红十字精神的基本宗旨，除服务救护总队各基层医务队进行战地救护工作及其他必要事宜外，还要协助其他诸如军事机关、人民团体、教会医药、军队卫生及驻在省卫生机关、当地赈济团体等，运输药品及工作人员；此外，还承担运输救护总队部自制的诸如敷料、饮剂和伤兵用具以及霍乱疫苗、奎宁等无法获得的其他贵重稀缺药品至这些团体的任务。

二是遇伤兵输送线后移时，担任救护总队与材料总库及各军医院的迁移运输任务；

三是输送新购或接受海外捐赠到岸的医疗器材及燃油、汽车维修配件等，自边境口岸运送至内地入库。

综上所述，可见运输工作实为救护总队战地救护工作中的重要环节，缺之，则救护总队的一切工作势必有停顿之虞。

救护总队的运输工作始于1938年1月救护总队成立时，当时仅有汽车16辆，且全是从上海、南京撤退出来的老旧车。运输股成立后，经与有关方面整合或接受捐赠，至同年6月，也仅有以下能力：汽车含卡车、救护车共68辆，船只含汽电船、民用船37条以及骡马20匹。编有汽车队14队，骡马队1队，加油站12处，这就算是救护总队成立初期阶段的运力"家底"。然而就这点运力，却要竭尽全力保障各战区医疗器材和伤员的双向运送。当然，那时救护总队所负责的伤兵输送工作规模还较小，仅活动在极少数伤兵后运线上。运送药品及医护人员，也仅限于华中部分地区。

从1938年6月开始的武汉会战，横跨四省多个战区，中国参战士兵约百万人。救护总队数十个医疗队，沿着各条交通线组织救护。林可胜常常往返于各战区间，了解战情变化和医疗队情况，面对每条通往前线的道路上都是望不到头的担架和步行的伤兵，他心如油煎。

按照战场伤兵救治与防疫情况的常识，野战区与兵站区的距离一般约三十至五十公里，如果只能用担架将伤兵从野战区送到兵站，再分乘汽车或火车到后方医院治疗，此番折腾，耗时过长，会造成或增加不必要的伤亡。因此在整个武汉会战期间，林可胜一直在为如何能增加运力而绞尽脑汁，苦思冥想或奔走求援。

到年底，救护总队终于拥有小型救护车12辆、新型救护车22辆、旧卡车13辆、新卡车8辆，包括其他各类型工作车，好歹已达107辆。有不少"救护卡车"则是救护总队运输股按标准自行设计改装的，分别能装载睡担架病人12位、担架病人6～7位及能坐14～20人。救护车辆的迅速增多，使救护总队有能力经常性投入较多的汽车编队从事伤兵、药品及工作人员的运输工作。

第三章　应战场态势派布救护力量

第一节　晋陕豫苏粤战场救护

综合当时战区所覆盖地域和交通运输等条件，救护总队将各救护大队相对稳定，但不乏动态地分别派驻各地。其大队驻地和大队长人选安排及所属中队在一段时间中分别为：

第1大队设湖南邵阳，大队长万福恩，分别辖第1中队，中队长万福恩兼；第10中队，中队长墨树屏。第2大队设江西弋阳，大队长彭达谋，分辖第2中队，中队长王贵恒；第3中队，中队长徐崇恩，第11中队，中队长罗盛昭；第12中队，中队长汪凯熙。第3大队设湖北均县，大队长汤蠡舟，分别辖第9中队，中队长汤蠡舟兼；第4中队，中队长邱长汉；第5中队，中队长阮尚丞；第6中队，中队长何鸣九。第4大队先设广西后设陕西西安，后改称太行大队，大队长尹亦声，分辖第7中队，中队长尹亦声兼；第8中队，中队长朱润深。

各中队所辖医疗、医护力量，分配在各个军医院内协助工作。为更能适应战场需要和方便为伤患服务，随后又将所有医疗、医护和医防人员混编成为综合医疗分队。各大队的分布地域和任职人员以及各中队所辖队的数量因战局瞬息万变，为因时因地制宜计，随时作动态调整。

救护总队成立后，根据各战区战地救护的实际需要，迅速对原本已派遣至晋陕豫、川鄂湘、皖浙苏以及两广等区域重要交通沿线，协助各战区军事卫生机关开展战地救护，输送与治疗伤兵的基层医务队进行了人员充实和地域调整。在此选择西部战场的前线救护为例，来观察救护总队的具体工作和医护力量的展布情况。

晋、陕、豫区域的战地救护，由原驻湖南邵阳、万福恩任大队长的

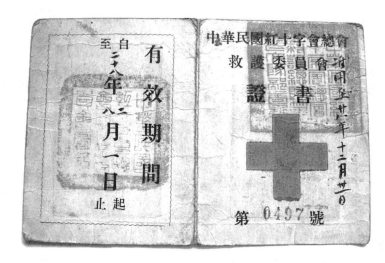

救护总队工作证书

第 1 大队派出第 1 中队和第 10 中队执行救护任务。第 1 中队队长由大队长万福恩兼任，第 10 中队队长为墨树屏。

延安、西安、宝鸡线

1937 年 2 月前，第 3 医疗队驻华阴，第 35 医疗队驻渭南，第 10 医疗队和第 3、第 25 医护队驻西安，第 23、33 医疗队驻延安。救护总队成立后，除整合原有救护力量外，各基层医务队的工作地点也随救护业务需要随时作变更。

延安方面：自 1938 年 4 月以后，第 23 医疗队一直在甘谷驿八路军第 2 兵站医院协助治疗伤兵。至 1939 年 1 月，所有患者仍收容在延安边区医院的窑洞中，救护总队所属各队除主持门诊外，同时在延安边区推行防疫计划。延安边区医院设于窑洞内，被称为"中国最大之山洞医院"，在第 29 医疗队及第 7 医护队协助下，对该院加以调整，将窑洞医院办成了延安边区的医药中心。

3 月，延安反复遭日机空袭，边区政府决定将医院整体迁至二十里铺。救护总队从西安派来骡马队协助医院迁移，工作持续一周结束。6 月，第 1 中队又派出几个分队至拐木沟、延长、交口、张家驿、延川及禹居等处协助八路军第 1、第 2 后方医院及第 1 兵站医院治疗伤兵。8 月，第 1 中队加派第 29 医疗队至延安，第 23 医疗队由延安调往甘谷驿；第 10、第 35 医疗队分别由西安、渭南调至泾阳；第 33、第 25 医护队则分别从延安、渭南调派西安。9 月，第 23 医疗队开始在八路军后方医院治疗伤兵，第 2 医疗队、第 7 医护队在延安边区医院服务。

西安方面：西安的伤兵系由下列各地运来：1937 年的伤兵来自冀、晋一带；1938 年 1 月至 10 月的伤兵主要来自南京、津浦路沿线各地和陇海、平汉两线及武汉防区等处。

1938 年 3 月至 7 月，第 10 医疗队曾派出外科医师至延安协助第 29 医疗队进行外科治疗。10 月，救护总队派第 10 医疗队至第 18 陆军医院、第 64 临时医院与广仁医院协助救治伤兵。鉴于第 10 医疗队拥有较完善的外科医疗设备，所以，西安一度成为该地区伤兵治疗中心。12 月，第 10 医疗队与第 18 陆军医院奉令西迁，第 10 医疗队抽调一部分医务人员前往八路军第 105 师医院协助工作。

1938 年 9 月，梁钧铤，梁洁莲（前左二、左三），郭步洲（后右一）等在红会总会救护总队合影

沁县、渑池、西安线

该区域伤兵救治由第 1 大队第 10 中队负责。1938 年 9 月，救护总队将自愿前往晋南及五台山一带工作的医护人员编成第 13 医疗队和第 61 医防队，交由第 10 中队队长墨树屏率领，于 10 月 6 日由汉口搭乘火车转赴山西，之后徒步赶路，队员们沿途备尝艰辛，辗转 16 天，才于 10 月 30 日抵达西安，工作一段时间后，又于 12 月 22 日乘火车赶赴华阴。救护人员渡过黄河后，以平均日行 50 公里的速度，经阳城、长治、北村，于 1939 年 1 月 19 日抵达南仁村。从此，第 13 医疗队即留下为八路军野战医院服务。

第 13 医疗队与外籍医生布朗合作，利用当地一间空教室组建临时医院，"作为治疗重伤之用"。该院除手术室、裹伤室及 X 光室外，还建有病房三大间，最多可收容外科病人 70 人。该医院的建立，极大地改善了当地的医疗条件，提高了陕北伤兵的治愈率。

甘谷驿、西安、虢镇、襄城线

该线伤兵救治由第 1 大队第 1 中队负责。由于山西战事多系游击性质，加之第 1 中队各医务队的驻地离前线有相当长的距离，故重伤病兵只能转运后方才能接受治疗，少数伤兵则从晋北渡黄河至延川、甘谷驿等处接受治疗。西安的伤病兵大多从山西、河南等省经渑池而来，到达后即被送往西部各医院治疗。

洛阳、渑池、西安线

此线伤兵亦由第 10 中队负责，主要任务是转运及治疗重伤病官兵，其中第 56 医疗队在 12 月推进至作战前线抢救伤兵，第 7 医疗队自 1939 年 10 月 21 日由西安调赴豫北后，旋即抵达渑池，于 1939 年 12 月 11 日由渑池渡黄河抵达晋南夏县祁家河第 15 收容所协助治疗伤兵。随着形势发展，除以战场救护为主外，救护总队也进行其他常规疾病和诸如霍乱等突发疫情的预防与诊治。

以上，以救护任务轻重缓急来划分，可称为"治疗与转运伤兵并重时期"。救护总队的战地救护工作与全力协助治疗伤兵时期大同小异，主要是协助军医机关转运和救治伤兵。但此阶段，救护总队也逐渐加强防疫工作，实施军民防疫计划。外科方面，各中队仅医疗队专司一般外科手术，派在各兵站及后方医院工作。至于卫生队，救护总队则派一正式而并非专科医师任队长，协助各收容所及兵站医院之救护工作，不担任重大外科手术。在此时期，仅能够承受长途输送的伤者，才能运往后方接受治疗。

1938 年春夏之交，湖南各地霍乱流行，救护总队随即组织卫生防疫队伍，派赴伤兵收容所、军队及难民团驻地协助防疫。不久，江西、湖北、安徽交界地区及当地军队中又发现疟疾、痢疾、疥疮等疫情，导致部队中 40% 士兵染疾患病。得知这一情况后，林可胜立即令人准备大批奎宁、吐根素、硫酸钠、碳酸钠等药品，划拨出专用隔离医院，购买器材配料，制造灭虱器，修建沐浴所，派出医护队伍前往疫区，为士兵防疟、灭虱、止痢、治疥，加强防疫工作。

伴随着救护机构的逐步规范、技术实力的逐步增强、管理制度的逐步完善及战场动态的瞬息变化，救护总队的策略和业务针对性也随之进行动态调整和灵活应变。其战地救护重心和具体业务指向，大致可分为三种形式：一是全力协助军医单位治疗伤兵；二是治疗与转运伤兵并举；三是推进战区救护和防疫工作。

救护总队成立期间，正值徐州会战。1937 年 12 月，日军侵占南京后，其一部北渡长江，进至安徽池河东岸一线；另一部从山东青城、济阳间南渡黄河，占领济南后进至济宁、青岛一线。为打通津浦铁路，使南北战场联片，日军先后调集约二十四万人的部队实行南北对进，妄图先攻占华东战略要地徐州，然后沿陇海铁路西取郑州，再沿平汉铁路南夺武汉。中国军队由第五战区司令长官李宗仁指挥，先后调集 64 个师约六十万人，以主力集中于徐州以北地区，抗击北线日军南犯，一部兵力部署于津浦铁路南段，阻止南线日军北进，以确保徐州安全。

面对大战在即的状况，林可胜一面完善总队部内务和人事调整，一面急速派出医疗队分赴战区从事战地救护。为了说清楚救护总队成立后，林可胜在战略上所进行的规划调整及其战术上的指挥技巧，我们且先结合即将打响的徐州会战，按照该战区医疗救护状况，将自 1937 年 12 月在武汉成立救护总队至 1938 年 8 月这一期间划分为三个阶段来进行分析对比：

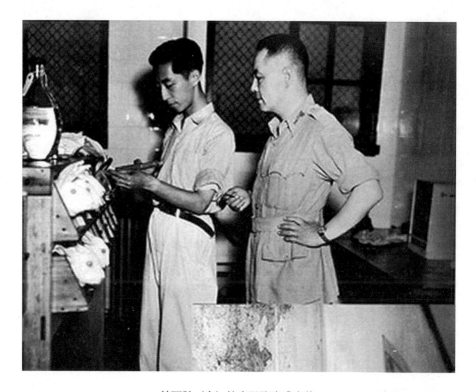

林可胜（右）检查医院流感疫苗

1937 年 12 月至 1938 年 3 月末为第一阶段。

1938 年 1 月 26 日，日军向安徽凤阳、蚌埠进攻。我军在池河西岸地区逐次抵抗，向定远、凤阳以西撤退。至 2 月 3 日，日军先后攻占临淮关、蚌埠。2 月 10 日，日军主力分别在蚌埠、临淮关强渡淮河，向北岸发起进攻。我军与日军激战，伤亡甚重。第五战区以第 59 军军长张自忠率部驰援。双方一度隔淮河对峙。2 月下旬，日军分路南犯。我军边打边退，在第 59 军驰援反击下，激战五昼夜，重创日军。西路日军沿津浦铁路南进。守军英勇抗击，伤亡惨重。3 月 20 日，南进日军接连攻陷临城、枣庄、韩庄后，乘胜深入，向台儿庄突进，企图攻占徐州。李宗仁以第 2 集团军总司令孙连仲率部固守台儿庄，第 20 军团军团长汤恩伯率部让开津浦铁路正面，诱敌深入。3 月 23 日，日军由枣庄南下，在台儿庄北侧与守军接战。24 日起，日军反复向台儿庄猛攻，多次攻入庄内，被顽强抗击的第20军团第52军包围。4月3日，第五战区发起全线反攻，激战四天四夜。日军在遭遇重创下于7日向峄城、枣庄撤退。台儿庄战役成为我军正面战场取得的第一次振奋国人信心的伟大胜利。

在这期间，救护总队在陕西、河南、湖北、江西、湖南等地均派有医疗队从事战地救护。其中：第3、第10、第23、第33、第35医疗队和第3、第25医护队在陕西；第1、第5、第26、第28医疗队在河南；第1医疗队和第8、第9、第12医护队在湖北；第2、第4、第6、第31医疗队在江西；第13、第14、第15、第16、第20、第34、第36医疗队和第17、第18、第19、第21、第22、第24、第27、第37医护队在湖南。

1938年4至5月，根据战事变化，转入第二阶段。

1938年4月18日，日军分别从山东峄城和临沂西北的义堂地区南进。守军顽强抗击，将日军阻止在韩庄、邳县和郯城一线。5月5日，日军从南北两个方面向徐州西侧迂回包围，至13日，攻陷山东蒙城、河南永城后，向萧县、砀山、宿县进攻。在北面，日军一部由山东济宁渡运河，连陷郓城、单县、金乡、鱼台后，向江苏丰县、砀山推进；另一部从河南濮阳南渡黄河，陷山东菏泽、曹县后，直插兰封；再一部在夏镇附近渡微山湖，向沛县进攻，从而形成对徐州的合围态势。5月15日，中国最高军事会议决定撤出并放弃徐州。16日，各部队接命令分别向豫、皖边界山区突围。19日，徐州陷落。

这一阶段，救护总队已将多数医务队服务地点由后方医院推进至前方的兵站医院。其医疗队分布情况如下：陕西有第10、第23、第29、第33、第35医疗队和第7、第25医护队；河南有第3、第5、第13、第16医疗队和第8、第9、第19、第22医护队；江苏有第1、第28、第36医疗队和第2医护队；湖北有第11医疗队和第12、第18医护队以及第49医防队；江西有第2、第6、第14、第31医疗队和第27、第32医护队及第48医防队；湖南有第15、第20、第26医疗队和第17、第24、第37医护队及第47医防队；安徽有第4、第38、第40医疗队；广东有第46医疗队和第41、第44医护队及第43医防队；广西有第39、第45医护队和第42医防队。

1938年6月至8月，战事转入第三阶段。

日军沿陇海铁路西进，6月6日占领开封。为阻止日军前进，蒋介石于9日下令在郑州东北花园口附近炸开黄河大堤，河水沿贾鲁河南泛。日军被迫向黄泛区以东撤退。徐州会战至此结束。

在徐州会战接近尾声阶段，抗日战场向南向西扩展。救护总队在陕西、湖北、湖南、江西、浙江、广东、广西等区域开展伤兵救护转运工作。各医务队分布如下：陕西有第10、第23、第29、第33、第35医疗队和第7、第25医护队；湖北有第52、第56、第57救护队和第1、第16、第36医疗队以及第12、第18、第19医护队和第49医防队；湖南有第58救护队和第3、第5、第11、第13、第15、第28、第50、第51医疗队以及第8、第12、第18、第19、第21、第22、第24、第27医护队和第47、第61医防队；江西有第53、第54、第55救护队和第2、第4、第6、第14、第20、第26、第38、第40、第59医疗队以及第9、第17、第27、第60医护队和第48医防队；浙江有第31医疗队、第32医护队；广东有第30、第34、第45、第46医疗队和第39、第41医护队以及第43医防队；广西有第44医务队和第42医防队。

从以上各类救护队的服务分布地域来看，都距当时的主战场相对较远，印证了林可胜"初期派出的医疗队多数只是在后方协助救护服务"的预判。徐州会战结束以后，为发挥基层队的医疗技能优势，尽可能将所有医务队派往最接近前线的区域，与兵站医院配合执行救护工作，救护总队对救护力量布阵作了相应调整。

救护总队派在交通线后方的医疗队、医护队，主要任务是协助后方医院及兵站医院合力治疗伤兵，使伤员能在最短时间内得到治疗以至恢复健康，重返前线。在同一医院，救护总队通常派有医疗队1队、医护队1队协助工作，使该医院成为战区外科治疗的转运总站，还可为附近兵站医院重伤员进行外科手术治疗，以及为后方医院伤兵的外科治疗作技术、器材准备。兵站或后方医院有救护总队医疗队、医护队协助时，即可成为重伤医院，专门负责重伤员的治疗事务。

从前线到后方医院交通沿线，救护总队都派有医疗救护分队，在伤兵收容所、卫生列车及船舶上，沿途协助军事医务机关护理伤兵，使长途转运的伤病员能安全到达后方医院。为使前线重伤员能够获得适当治疗，救护总队要求在最前方服务的救护队随时与所在地的军部或师部保持联络，并在医疗队中抽调一个手术组负责前线救下伤兵的临时处置。驻在后方的救护队则专门负责转运中尚未经过基本处置的伤病员的在途护理，随时与前方救护队轮流替值等工作。

1938年夏，广东省东北一带发现霍乱流行，广东省卫生机关为遏止疫情蔓延，联合各卫生机构集中讨论防治办法。救护总队驻广东各医务队给予积极配合。时驻该地区的第4大队第7中队将所属各医疗医护队一律拨交广东防疫委员会听候统一派遣，协助驻地卫生部门进行预防注射及改进环境卫生等工作。

第30医疗队及39医护队受命在广州防治霍乱，第41医护队在红会广州分会医院协助治疗被日机炸伤的民众，第34医护队在江门，第43医护队在陆丰及普宁，第45医护队辗转于曲江、龙门、五华、梅县间，第46医疗队则在增城、博罗及河源等处协助转运和治疗伤兵并实施防疫。

直到1938年9月底，广东的霍乱疫情才逐渐被扑灭，第4大队第7中队各医务队除第46队留河源继续进行预防治疗外，其余各队均于10月初调广州地区进行战地救护。

1938年10月12日，日军在联合舰队和庞大机群掩护配合下，在广东大亚湾一线成功登陆。就在日军登陆大亚湾时，第4路军军医处与救护总队第4大队队长尹亦声还继续商议，将第7中队各队分派至各军医院治疗伤兵。17日，各救护队接军事当局通知迅速退出广州。其中，第34队退至从化第20后方医院；第41队前往梅坑第4路军后方医院继续协助治疗伤兵；第43及第45队退至曲江，第39队随同大队部移驻从化，协助当地军医院治疗伤兵。18日、19日两天，从化频遭敌机轰炸，第20后方医院被日机炸毁。救护总队第4大队因此与所属各医务队断绝联系。21日，广州失陷。

广九和粤汉两铁路间的交通联系被切断，自珠江以北广州战区退下来的伤兵，只能以英德、三华、曲江一线为主要输送线。该线伤兵的转运和治疗皆由第4大队第7中队负责。第7中队下属第3医疗队及第79卫生队是于1939年3月18日自祁阳派往曲江，共同协助第11兵站医院，在军队及平民间推行并实施防疫工作的。5月6日，第79卫生队A组南调至英德第 166 兵站医院。5 月 8 日，第 79 卫生队 B 组及第 3 医疗队 B 组派至翁源附近三华第 115 兵站医院工作。直至 6 月接救护总队指示，将各队调派推进至前线野战医院协助工作。

第二节　武汉保卫战战场救护

由于国民政府误判日军不敢轻易进犯广州，因此，当武汉会战于当年 6 月打响后，原驻广东的第四战区又调四个师北上支援武汉，导致广州地区防守空虚。

广州失陷后，第 4 大队于次日晨令各队开始北撤，路经翁源时，尹大队长率各队负责人与第 4 路军军医处洽商救护工作。经双方协商，军医处请求第 4 大队留两队在新江听候调遣，其余各队继续后撤。此前留在河源第 118 后方医院的第 46 队，在该院撤离后，才退至曲江与第 43 队协助市立医院从事救护工作。不久，该两队又调往第 4 路军第 1 重伤医院，第 45 队则在曲江公理会医院协助工作。直到 11 月 4 日，第 4 大队部才接救护总队命令，急速将所属各队全部退出粤境，并于 11 月 13 日将医疗器材及医护人员全部撤至湖南衡阳。

武汉保卫战是抗日战争战略防御阶段规模最大，也是最后一次特大战役。回顾救护总队在武汉保卫战期间的战场救护工作，可以加深对救护总队战场救护实践和所创业绩的认识。

自 1938 年 6 月 11 日起，日军分两个方向进攻武汉：一是沿长江及其沿岸地区西进，为主攻方向；二是沿大别山麓向西，转而沿平汉铁路南下进攻武汉，为侧翼进攻。主攻方向的日军兵分五路，另派海军陆战队协同第 3 舰队溯长江而上，欲图武汉三镇。

为粉碎日军攻占极具地缘政治优势的武汉，进而控制整个中原的图谋，中国军队迅速组织反击。双方首先在武汉外围拉开了会战序幕，史称"武汉保卫战"。武汉保卫战的战线大到皖、豫、赣、鄂四省方圆数千里，双方投入兵力之多、战线之长、时间之久、规模之大，是抗战中任何战役所不能比拟的。虽中国官兵在长江两岸沿线英勇抵抗，浴血奋战，付出超过 18 万人伤亡的惨重代价，终究难抵日军的三面包围，防线还是一再被攻破，武汉于 1938 年 10 月 25 日沦陷。

据时任运输股第 4 汽车中队队长张式垓回忆，武汉会战打响后，救护总队派运输车直驶前线运送重伤员回到设在长沙长寿街的后方医院需要八小时，一般一车可运送重伤员 20 人，但因战事吃紧时，往往一车要拉五六十人。汽车傍晚出发开赴前线接装伤员，连夜往回赶，拂晓才能回到长沙。据此可见武汉会战期间战场救护之艰难。

为充分发挥流动医疗救护的作用，救护总队将基层医务队遍遣各战区，积极配合作战部队，全力协助军医机关转运和救治从前线退下来的伤兵。具体情况分区域阐述如下：

一、武汉区域

（一）南浔线

该线包括自鄱阳湖西岸经德安南迄南昌，西至箬溪等地，由救护总队第 3 大队第 9 中队负责救护工作。该大队队长即是在两次淞沪战役中多次见诸报端的上海救护队创始人之一的汤蠡舟医生。

武汉会战爆发后，第 9 中队所属第 53、第 54、第 55 三支救护队，分驻在马回岭、乌石门、杨家桥、虬津、张公渡、万家渡等地收治重伤官兵。其他战场的伤兵统由救护总队第 10、第 11 汽车队负责送往第26、第 38、第 43 医疗队工作的兵站医院施行手术。

由于日军疯狂进攻，该线战事异常惨烈，距前线 50～100 公里内，所有沿公路村落及民房和前线收容所，常被敌机有针对性轰炸，造成救护总队在前方的救护及运输工作异常艰险。因此，救护总队将各医务队编成四个中队，分布在各主要战场的交通线上。医护人员克服各种困难，不顾个人安危，冒着敌人炮火，往来奔走于前线后方，急救和抢运伤兵，做出了显著成绩。

如 1938 年 8 月中旬，第 53 救护队副队长胡瀛学在马回岭前线从事救护时，被敌机炸伤，以身殉国；派往乌石门、德安一带收容所工作的两辆救护汽车也遭敌机扫射中弹。尽管如此，救护总队的伤兵运输工作还是按计划正常运转。车队每日下午 4 点准时从南昌出发，至翌日凌晨返回，医护队员竭力尽责，昼夜不停，争分夺秒抢救伤员。

（二）长江岸线

长江南岸阳新一带的战线由箬溪北迄江岸；长江北岸浠水一带的战线由长江岸北达广济。该线战地救护由设在江西弋阳的第2大队大队长彭达谋属下第3中队，时任中队长吴云灿所属医疗队负责。

该区域伤兵运送路线为：长江南岸伤兵由阳新经大冶、鄂城运至武昌；北岸伤兵由浠水经上灞河、岐亭、张家湾、黄陂运至汉口。南岸伤病官兵先由第52、第56、第57三支救护队负责护送，至9月底，总队又加派第54、第57两队前往北岸协助。具体救护工作如下：

阳新至武昌线：1938年9月，救护总队第52、第56两队在阳新从事战地救护，第57队在大冶救治伤兵。敌机不时轰炸，所有器械全部被炸毁，阳新、武昌间各收容所也经常遭敌机轰炸，救护环境异常艰险。为了伤兵安全，救护总队决定由第3、第5两救护车队，将此线伤兵运回武昌，再转道平汉、陇海两铁路输送至西安及以西各医院治疗。除了战伤外，从前线医院到兵站医院，疟疾正在部队肆虐，战壕里疟疾发作时，整团整团的士兵倒下，就连亲临战场督战的白崇禧将军也患上了疟疾。他在日记中如是说：

"武汉会战开始后之第三个月，我忽感体温无常，初时尚不以为意，继而体温超过摄氏40度，几近昏迷状态，虽大量服用奎宁丸，亦毫无效果，所幸平时身体强健，仍勉强指挥。"

除疟疾外，士兵和乡民还多患痢疾及肠病，救护总队也尽力加以预防和救治前线患病官兵。

浠水至汉口线：10月初，救护总队派第54、第57两救护队在上灞河、张家湾、河口、黄陂等处治疗伤兵，同时派第3汽车队全队及第5汽车队部分车辆向汉口输送伤兵，致使汉口伤兵一度大增至七八千人。面对此种压力，救护总队当即派第1、第36两医疗队，第12、第18两医护队驰赴汉口各医院和各收容所增援，又加派第49医防队在武昌、汉阳各医院协助治疗伤兵。因汉口各收容所房屋简陋，伤兵拥挤不堪，以致重伤官兵均集中在第64后方医院，统由第1、第36两队治疗，而汉口被炸伤的民众，亦混杂其间，致使两队手术繁忙，造成医护人员在一月之内，

"自晨迄晚，毫无宁息者"。经上述各队治疗的伤兵"几及全数之半"，达 8051 人次。

咸宁至崇阳、平江线：信阳失陷后，军政部电告救护总队火速将驻汉各救护队后移。救护总队则自认为"职责未完"而没有立即执行撤退命令，直到汉口的伤兵由各主管机关分别向宜昌、长沙各地转移完成后，才于 10 月 15 日令第 15 队开往宜昌，第 12、第 18 两队于 17 日，第 1、第 2、第 36 队于 18 日先后撤至长沙，同时命第 52、第 54、第 56、第 57 各救护队暂移武昌、崇阳、平江一带各收容所。随后，救护总队将这四支救护队与原在崇阳的第 5 医疗队及第 8 医护队并入第 2 中队，由中队长王贵恒率领，救护自长江南岸及大冶以东转移来的伤兵。原先该区伤兵多集中在粤汉线的贺胜桥一带，后因交通原因，改集结于咸宁、赵李桥等站候车，再转运至长沙、咸宁。辛潭铺至通山间伤兵则经崇阳、羊楼洞向赵李桥集中。其时，敌机不断在当地轰炸，崇阳全城在 9 月 26 日至 28 日的连续狂炸中彻底变为废墟。原驻崇阳工作的第 5、第 8 两医护队，在第一次轰炸前已迁至城外，幸免于难。敌机的疯狂轰炸，使救护条件更为恶劣。

广州失陷后，部队纷纷向粤汉路以西后撤，伤兵大部分滞留在通山、崇阳、羊楼洞一线。救护总队派救护车将上述伤兵经崇阳、白驴田、上塔市陆续运往平江。尽管救护形势十分艰险恶劣，救护总队医护人员仍然奋不顾身，救治伤病兵达 13548 人次。

箬溪至武宁、平江线：此线包括由箬溪经武宁、三都、修水、长寿至平江，位居阳新、德安两线之间，由设在江西弋阳的第 2 大队第 11 中队队长罗盛昭负责该线伤兵救护。医护人员们克服各种困难，不顾个人安危往返于前线和后方间，急救和抢运伤兵，在 1938 年 8 月至 11 月三个月中，就运送了伤兵 16001 人。

二、湖南区域

武汉会战及广州战役期间，湖南成为运送和治疗伤兵最重要、最核心的区域。救护总队先后派出六个中队在此区域执行救护任务。

（一）长沙、衡阳线

该线战地救护工作仍由汤蠡舟为大队长的第3大队第4中队负责，中队长邱长汉。接军方指令，湘鄂边境的伤兵移向长沙和衡阳两地。

在日军尚未迫近武汉之前，第五战区内的徐州、陇海各线伤兵已有部分输送至长沙。其中，第3医疗队及第24、第37两医护队，除在长沙协助战时卫生人员训练班培训医护人员外，还协助治疗受伤难民。武汉吃紧后，第1、第18、第36队先后从汉口撤至长沙，编入第2大队第12中队，王凯熙任中队长，在伤病兵最多的后方医院协助治疗。

（二）长沙、常德、沅陵线

第2、第11、第12三个中队撤离长沙，向常德和湘西转布，救护总队随即派第2大队第2中队队长王贵恒、第11中队队长罗盛昭和第12中队队长汪凯熙等几位中队领导率队前往长沙、常德、沅陵一线从事伤兵救治。医护人员在猴子石渡口及常德、桃源各地救治伤兵时，频遭敌机袭击。加之难民络绎于途，轻伤员亦夹杂其中，相携蹒跚而行，其情其景，满目惨状。尽管医护人员尽力予以救助和治疗，但依然是杯水车薪，无法解决根本问题。

为缓解上述情形，军医当局设法用民船载运伤兵由常德渡江至沅陵，但因河道水浅浪急，时有翻覆事故发生，伤兵"葬身鱼腹者，不知凡几"。与此同时，又因人口激增，粮食匮乏，物价昂贵，伤兵难民更无以为生。当时的沅陵城，战前居民不过四万，自难民、伤兵集结后，骤增达四十余万众，人满为患。为解决这一问题，后方勤务部在益阳至辰溪间，每隔15～30公里设一伤兵招待站。救护总队亦派第52、第54、第56、第57、第63五支救护队及第62医护队开抵桃源，分布在各招待站为伤兵裹伤及治疗。

与桃源局势相比，沅陵以南各地社会秩序相对稳定，粮食亦较充足。救护总队各队及第1、第3救护车队将上述伤兵尽量运送至沅陵安置，并增加内科护病的医护队的数量。

（三）常德、沅陵、芷江线

自第2、第11及第12等中队由长沙西移常德及湘西后，医护人员面临最迫切的问题是如何照料伤兵和难民。为解决这一问题，后方勤务部在益阳、沅陵间，每隔 15 ~ 30 公里设一招待站。救护总队各中队所属的卫生队亦全部出动至上述各招待站，为伤员裹伤及从事内科治疗。该线各医疗救护队先是驻扎沅江。第 5 医疗队与第 8 医护队在第 1 后方医院服务，同时对第 77 后方医院住院伤兵施行手术及 X 光检查。6 月，第 8 医护队被改编为医疗队，受派至第 77 后方医院工作。1938 年 12 月 24 日，第 1、第 11、第 36 医疗队和第 18、第 21 与第 70 医护队调往祁阳。以上六队又于 1939 年 2 月 8 日调往芷江，在第 4 重伤医院与第 32 后方医院工作，

第五三二医务队驻湘北

后于 3 月 18 日调往救护总队部所在地贵阳，充实第 167 后方医院及战时卫生人员训练所的医疗教学力量。第 11 医疗队与第 21 医护队仍留在泸溪第 22 陆军医院服务，并继续主持第 1 医疗队所设立的门诊部。5 月底，第 11 医疗队调至芷江第 4 伤兵医院服务，第 21 医护队于 5 月 1 日改编为医疗队，并于 6 月 9 日调至桃源附近的青山湾，在第 20 集团军兵战医院服务。

三、江西浙江区域

（一）南昌、金华线

该线包括皖南、赣北及浙江等处。长江南岸游击区如青阳、宣城一带伤兵，多由各地先向岩寺集中；上海、杭州一带伤兵，则向金华集中，然后由岩寺、金华两处经水道或铁路向浙赣沿线第三战区各医院输送，导致该线各医院伤兵总数达一万四千余众，难以应对。而在第三战区作战的受伤者不到其三分之一，其余伤兵全是在汉口撤退前由陇海、平汉两线运送而来的。此线伤兵仍由汤蠡舟所在的第 3 大队实施救护，由何鸣九任中队长的第 6 中队所辖各队负责收治。其第 4 医疗队在贵溪，第 2 医疗队在玉山，第 31 医疗队、第 32 医护队及第 64 救护队等在兰溪、金华一带。

（二）南昌、吉安线

该线救护工作还是第 3 大队所属阮尚丞为中队长的第 5 中队所辖各队具体负责。第 5 中队各基层队分布在南昌、吉安之间各地。其中第 20 医疗队驻南昌，后与第 27 医护队迁往新淦；第 14 医疗队与第 9 医护队驻永丰；第 6 医疗队与第 17 医护队驻吉安；第 48 医护队驻南昌、临川、吉安一带。

1938 年 11 月上旬，粤汉路有被日军切断之虞，部队多向铁路以西撤退。救护总队乃令第 5、第 6 两中队所属各队及已在吉安、安福等处的第 9 中队一部分别撤至衡阳、祁阳两地待命。至 12 月，战局渐趋稳定，救护总队继续派遣数支医务队前往赣、浙一带新四军战区开展救护，并令各队"无论在任何情形之下，即与总队部失却联络，亦留该区"。第 6 中队所属第 31 医疗队、第 67 医护队全员均表示愿往新四军驻防前线救护。

是年年底，该两队由第6中队队长何鸣九率领前往浙赣皖一带随军工作。第48医护队在其余各队撤离江西后，仍留吉安治疗伤兵。从此两个细节可让人感觉到，包括总队长林可胜在内的救护总队从上到下，对新四军都有着一种特殊情感。

四、四川湖北区域

（一）十里铺、宜昌、奉节线

该线伤兵由第2大队第3中队负责，中队长为徐崇恩。1938年6月25日，第3中队所属第16医疗队和第19医护队护送伤兵千余人自汉口抵宜昌后，即前往第86与第133后方医院协助治疗伤兵。10月，大批伤兵自武汉外围陆续送至宜昌，第16医疗队被改派在第140后方医院及第1重伤医院为伤兵实施手术。11月3日，第15医疗队由汉口退抵宜昌，协助中队长徐崇恩在第133后方医院治疗伤兵。不久，武汉方面运往宜昌的伤兵接踵而至，徐崇恩迅速组织两所收容所收容伤兵，同时复调第16医疗队和第19医护队火速赶赴宜昌，协助第9兵站医院及收容所救治伤兵。

1939年1月，第16医疗队与第19医护队返回巴东第3中队部后，一部分医护人员又立即赶赴湖北秭归第9后方医院；另一部分至四川奉节第103与第106后方医院协助工作。3月，应战场变化需要，第16医疗队奉令返回宜昌，第19医护队改编成为医疗队。从4月18日开始，第16医疗队在南昌第9兵站医院、第19医疗队在湖北当阳第11兵站医院协助治疗伤兵。

自从进入1939年第二季度，该线屡遭日机轰炸，第3中队各医务队的服务地点如宜昌、当阳、十里铺等各医院均遭殃及。十里铺以东的公路均遭破坏，通至南北两路的公路亦遭破坏。因此，十里铺成为该战区无路可通的后方，因而伤兵经过此地时只能用担架输送，抵达十里铺后才能用救护车运往宜昌。

（二）十里铺、沙市、宜昌线

此线的战地救护还是由徐崇恩的第3中队负责。伤兵主要是由鄂北运至襄阳，再经十里铺运至宜昌或沙市等地军医院接受治疗；鄂南、沙阳、潜江前线的部分伤兵先运沙市，再由水路运至宜昌军医院。

以武汉最终失守沦陷为标志的武汉保卫战结束后，中国军队不得主动向长沙方向撤退，并在撤离前，将储存在武汉的物资几乎搬运一空，还对城内重要军事设施实施了破坏，仅留给日军一座空城。

1938 年 10 月 25 日晚，救护总队部刚撤到长沙不久，林可胜和同事们还在长沙的伤兵医院紧张地工作着，从收音机里传来武汉沦陷的消息。史沫特莱这样记载武汉沦陷当晚的情景：

"10 月 25 日夜晚，我们围着收音机，听到一个声音在说：'汉口今天陷落。日本军舰停泊江面……日本士兵开始搜捕成群的中国人，把他们赶到江边，用步枪把他们推下江去，然后，射击那些挣扎的人……'林博士俯身伏在收音机上，背着我，一动不动。卢致德博士仿佛变成了石头，站在开着的窗前，凝视着窗外的夜空。一阵长时间的静默。我几乎可以听到宇宙的脉搏。林博士慢慢站直身子说道，我们还会打下去的，我们的军队并没有崩溃。"

在整个武汉会战期间，救护总队秉承林可胜提出的"博爱恤兵""救死扶伤""平时有备，战时有能"的救护信念，医护人员不顾个人安危，舍生忘死，抢救伤病员，为争取抗战最后胜利做出了重要的贡献，其救护业绩可从下列总体统计数据中窥见一斑：外科手术 70489 人，骨折复位 34143 人，换药 6021237 人次，救治伤兵 6125869 人，治疗病兵 1014740 人，平民 1473676 人，伤病军民合计 8614285 人次。

第三节　浙皖赣湘桂战场救护

随着中日战情的动态变化，尤其是进入 1939 年之后，救护总队根据全国各大战区设置和分布情况，除第 1、第 2 大队外，对新增和原有各大队的任职人员和驻地都作了相应调整。这一阶段，总队医务股的工作，主要是对派驻各战区的医疗大队进行医疗技术指导，处理答复各大队部请示的一系列有关问题，负责医务人员的调配、技术晋升等事务。同时，在医务股下增设了 X 光队，队长由荣独山兼任。由于当时 X 光机数量太少，用途颇大，因而倍受重视。

需要提示的是，上一节中的"湖南区域"和"江西浙江区域"战场救护，是救护总队针对武汉保卫战而布阵的战场救护，时间主要是发生在1938年12月以前。而本节中所提的相关省域战场，特别是"湖南境内各地区"的战场救护，则主要是针对由几次长沙保卫战所牵动的各地战场的救护布阵，时间则主要是发生在1939年以后。或许也存在个别基层救护队的跨年度调动，但其接受任务的目标指向，则是为长沙保卫战的战场救护而工作。

一、浙江、安徽和江西接壤区域的战场救护

（一）泾县、太平、金华线

该线浙江段以金华为中心，伤兵主要来自太湖区域及杭州一带。1939年1月，第31医疗队受命返回金华筱溪第14兵站医院协助治疗伤兵。而该线安徽段属于无路地带，离芜湖前线约80公里。伤兵大多来自新四军的游击部队。

以汤蠡舟为大队长的第3大队派遣负责这一线的是以何鸣九为中队长的第6中队。由于游击战争的区域大都在敌后，因而伤兵能送至远离火线之外者为数不多。加之新四军在安徽省有自己的后方医院，其中有不少资历颇深且富有英勇果敢精神的医护人员，故新四军伤兵大多数都能就地就近获得治疗。自1939年5月以后，第67医疗队除派一组至新四军野战医院工作外，该队余部则在泾县南20公里、太平北约40公里处的小河口新四军兵站医院协助工作。

（二）弋阳、上饶、江山线

此线伤兵的转运和治疗还是由第6中队负责。如果按时间顺序来叙述救护力量的战术布阵，在河口的第6重伤医院服务的第26医疗队，系1939年3月25日由湖南零陵调来。4月中旬，第26医疗队B组被派至上饶，协助伤兵医院治疗空袭受伤者。4月21日，第26医疗队A组被派至江山，协助第66后方医院工作一个月，至5月22日才返回河口第6重伤医院。在弋阳的第124兵站医院服务的第6中队第27医护队，于5月22日才由湖南零陵抵达弋阳兵站。

救护总队的几位医生摄于江西上饶

　　需要提及的是，受命在这一线参加战场救护的第 3 大队第 6 中队第 26 医疗队和第 27 医护队，正是分别从上海东南医学院医学专业和东南医院护士专业班毕业后，响应中国红会号召，参加淞沪抗战战场救护后撤离上海，在时任院长汤蠡舟和副院长陈松仁带领下，千里迢迢来到武汉，加入新成立的救护总队，继续在以汤蠡舟为大队长的第 3 大队第 6 中队从事战场救护的年轻医生和包括陈鸿泽、张怀瑾、秦之芳、李智珊、林剑华、董以惠、李帼英等在内的一群同窗。

　　这群当年正值青春芳华、纯洁善良的白衣天使，在后来战火纷飞的救护工作中，结下了深厚的友谊，演绎出丰富多彩的感人故事，为抗战救护做出了不可磨灭的贡献，也为中国红会救护总队增了光、添了彩，留下了一段难以忘怀的历史佳话。他们的故事待后讲述。

（三）吉安、万安、赣县线

该线伤兵转运和治疗，均由彭达谋任大队长的第 2 大队第 12 中队负责，中队长是外科专家汪凯熙。自 1938 年 11 月，救护总队驻赣各基层队移转后，只留下自愿留在吉安的第 48 医防队继续从事战地救护和卫生防疫工作。

1939 年 3 月南昌失守后，通至南端的公路已被破坏至八都；南昌至株洲的铁路亦遭破坏；南昌及其周边地区形成了一个广袤的无路区域，伤兵运送相当艰难，速度相对迟缓。因此，来自南昌一带的难民，大多集中在吉安附近的难民区内，其中的病患和少量伤员，由重新派来的第 12 中队医护人员提供医疗服务，尽全力予以收治。

5 月 13 日，第 20 医疗队受命自祁阳到达吉安，协助第 31 后方医院治疗伤员。同月下旬，第 71 医疗队亦自祁阳调至吉安，加入永和乡第 90 后方医院工作。5 月底，第 4 及第 77 卫生队来到万安，参与第 4 医疗队在第 47 后方医院服务。为改进对伤兵的初步治疗，第 12 中队特派第 58、第 77 卫生队及第 71 医疗队至吉安以北无路区域中的新淦及其他各处诊断治疗伤兵。

二、湖北、江西、湖南接壤区域的战场救护

（一）修水、铜鼓、醴陵线

该线伤兵多从湖北、江西前线运来，经修水、铜鼓、浏阳、醴陵至衡阳及其以西地区安排接受救治。救护总队部派汤蠡舟的第 3 大队第 5 中队阮尚丞中队长下属各队承担修水、上高一带前线伤兵的医疗救护。为了加强前线的战地救护力量，第 5 中队部推进至修水，驻扎在最接近前线的地方，还将各基层队以技术搭配分成若干小组，分布在该线相应的地方展开医疗救护。

其中，布置第 62 卫生队一个组在郑家驿收容所工作，一个组在修水第 105 收容所工作，一个组在湘阴、一个组在三都、一个组在醴陵等地的收容所工作；第 81 卫生队的一个组在醴陵第 125 兵站医院工作，一个组在上高第 143 后方医院工作，一个组在铜鼓第 127 兵站医院工作；第 7 医疗队一个组在永丰第 128 兵站医院工作，一个组在铜鼓第 92 后方医院工作……

（二）修水、醴陵、衡阳线

该线起自江西西北各地战场至湖南境内，系 1939 年以后，总队长林可胜开始计划开辟的新的救护区域。为了加强该线的救护力量，救护总队派彭达谋任大队长的第 2 大队第 11 中队，中队长罗盛昭率领第 62 卫生队 B 组，于 4 月 1 日离开益阳直奔修水开展救护工作。6 月 5 日，再派第 81 卫生队自衡阳移至醴陵第 125 兵站服务。救护总队再派第 9 和第 14 医疗队、第 62 卫生队 A 组及第 66 卫生队推进至三都、醴陵间的无路地带，加入汤蠡舟的第 3 大队第 5 中队工作。第 5 中队中队长为阮尚丞。

三、湖南境内各地区的战场救护

鉴于新成立的卫生人员训练所以及军医署、卫生署配给用于培训人员实习的第 167 后方医院随同救护总队部已经于 1938 年 11 月自长沙迁至祁阳，救护总队的多支医务队都集中于祁阳，一方面接受培训，另一方面等待派遣；由于医疗技术力量相对集中，医药器械储备相对充足，因此一时间，祁阳成为救护总队部的临时大本营和来自长沙北部及东部伤势较重伤兵的收容和应急处置中心。且这一时段，尽管都是驻扎在新建的茅草屋中，但救治条件毕竟是相对较好的。

（一）长沙、常德、芷江线

救护总队将第 5 医疗队与第 8 医护队留在第 1 后方医院服务，并对第 77 后方医院住院伤兵施行手术及 X 光检查。彭达谋的第 2 大队所属第 1、第 11、第 36 医疗队及第 18、第 21、第 70 医护队于 1938 年 12 月 24 日，分别从常德、沅陵、芷江一线调往当时正在祁阳的救护总队部暂时休整，1939 年 2 月 8 日调往芷江，在第 4 重伤医院与第 32 后方医院工作。第 11 医疗队与第 21 医护队，仍留泸溪第 22 陆军医院继续主持第 1 医疗队所设立的门诊部工作。5 月底，再将第 11 医疗队调至芷江第 4 伤兵医院协助工作，第 21 医护队则改编为医疗队，调至桃源附近的青山湾，协助第 20 集团军兵站医院救治伤员。

（二）衡阳、祁阳、零陵线

第 50 医疗队与第 22 医护队 1938 年夏季在衡阳第 129 后方医院服务，同年 11 月 17 日随同该院调往桂林。此时，第 53 与第 57 卫生队刚从江西抵达衡阳，即被分别派到衡阳第 10、第 115 及第 7 收容所服务。由于运输困难，1938 年 12 月至 1939 年 1 月的伤兵运输工作相对迟缓。救护总队部得知后，迅疾派出指导员数人，于 1 月 13 日赴衡阳视察，发现各收容所大都缺乏被褥，护理亦欠周全，且无环境卫生设备，平均五人中至少有一人患病，占比达到 25%。

接到指导员们的情况汇报后，总队部立即下令，尽速派汽车队将这些病人转运至祁阳各医院，由各医疗队负责治疗。救护总队还在该线各医疗院所增配各种急需设备和器材，改进医护及治疗方法，同时由总队部派遣高级护士及医师前往指导督察，协助处理急难问题。

有记载，1939 年 2 月 4 日，以林竟成为队长的第 49 医防队调至衡阳第 8 收容所服务，同时协助第 53 及第 55 卫生队在第 171 及第 5 后方医院疗治伤兵。各队抵达衡阳后，即按拟订计划开展救护工作。4 月 6 日，衡阳遭日军空袭，第 8 收容所被炸毁，第 49 医防队除损失大批医药器械外，灭虱站及特别营养厨房亦全部被毁。救护总队在衡阳的四支医务队倾巢出动，协助当地卫生机关施行急救。

在零陵，救护总队派有第 4、第 17、第 27 医护队，第 76 卫生队等在该地医院协助救治伤兵。由于湘赣战局渐趋稳定，衡阳、祁阳、零陵一线的治疗工作与训练中心已失去原有意义，因此，救护总队将集中在该线的各中队加以改编，分配到新的战场从事战地救护。

经整编后，留在祁阳工作的仅有汤蠡舟任大队长的第 3 大队下属，并由他兼中队长的第 9 中队各队。该队和在湘东南、皖南、浙、赣、粤各地的第 6、第 7 及第 8 各中队以及第 3 材料库与第 2、第 3 汽车队，均受第 3 大队部指挥。

据统计，1939 年上半年，第 3 大队第 9 中队在衡阳、祁阳、零陵线，共实施外科手术 911 例，骨折复位术 1810 例，敷伤 213387 例，总计治疗伤兵 12146 人，接受特别营养伤兵 10044 人，注射霍乱疫苗 17171 人次、伤寒霍乱混合疫苗 2419 人次、天花疫苗 3094 人次、破伤风抗毒素 13 人次、灭虱 17959 人次，灭虱衣服 145904 件，为驻地民众诊断病人 3046 例。

（三）平江、湘阴、长沙线

1939 年 10 月，日军进犯长沙时，救护总队部接军事当局命令，迅速将第 3 大队第 4 中队中队长邱长汉下属各队向后方转移。

遗憾的是，第 4 中队各基层救护队在紧急撤退的情况下，因大部分器材无法转运而不得不丢弃。救护总队和各基层救护队因此意识到，基层救护队必须与军队保持密切联络，无论在任何情况下，都应与部队同步移动，而且各队必须具备一定数量的运输力量用于转运队内设备，才能既确保救护工作的正常展开，又不至于在紧急撤退时因无运力而造成必要药品和设备的损失甚至资敌。因此，救护总队随即调整策略，另外组织运输队，专事运输医疗卫生器材与设备。

自 1939 年 6 月起，该区各地传染病流行甚烈，自沅江沿公路、水路迅速向外扩散蔓延。曾在衡阳、邵阳一带开展防疫工作，以林竟成为队长的第 49 医防队，成绩卓著，经验丰富。当年 11 月底，第 49 医防队分成六个小队，分别派往该区域各重要城市，建立灭虱站，进行沐浴治疗等防疫工作。至 1939 年年底，该区病患明显减少，士兵患疥疮病例锐减 59%，取得了疫病防治方面的显著成绩。

在这样的情况下，驻在该线的第 4 中队所属各队重新进行临时性分布，将第 49 医防队分成若干小组，分别带领第 4 中队各基层队，以实地示范操作代替培训的办法协助开展防疫工作。其中，三个组分别在衡阳、邵阳、长沙等地担任防疫工作，一个组在长沙第 86 收容所工作……此经验很快被推而广之，全面铺开实施。

紧接着，第 64 卫生队也分成若干组，一个组在湘乡第 3 收容所工作，一个组在湘阴第 95 收容所工作……第 53 卫生队一个组在邵阳工作，一个组在平江第 80 收容所工作，一个组在衡阳治疗伤兵……第 59 医疗队则分别在泸溪第 22 陆军医院、邵阳第 74 后方医院、新晃第 124 后方医院等处工作；第 2 医疗队在邵阳第 74 后方医院工作；第 32 医疗队则在新晃第 51 后方医院、石下江第 42 后方医院、渌口第 120 兵站医院工作；第 33 医疗队在长沙湘雅医院协助治疗伤兵。

（四）津市、常德、桃源线

1939 年 6 月以后，由于洞庭湖以西区域战事较为平稳，第 2 中队将所属各基层队分布在芷江、辰溪、益阳一带，主要任务是防治广泛流行的霍乱疫情。进入夏季，由于湘潭一带曾驻屯 10 万大军，第 65 医疗队遂分成若干支小分队，在该地区各部队开展疫苗注射及卫生防疫等工作。

（五）长沙、邵阳、芷江线

长沙大火被扑灭 10 天后的 1938 年 12 月 1 日，救护总队第 2 医疗队与第 65 卫生队，便从衡阳紧急调往长沙第 120 兵站，协助湘雅医院从事平民与士兵的治疗服务。12 月 22 日，第 65 卫生队离开长沙开赴湘潭，在第 96 兵站医院服务，第 64 卫生队则在湘乡第 3 收容所服务。由于长沙系此线伤兵后送工作的经停补给中心，故路经长沙的伤兵逗留时间不长，到达后作简单处理或必要补给后即被送往他处。

1939 年 3 月底长沙会战前，各医院奉命相继撤离。第 2 及第 9 医疗队撤至邵阳，分别在第 144 后方医院和第 36 后方医院服务，第 2 医疗队则在第 74 后方医院服务。第 66 卫生队与第 81 卫生队仍留长沙为第 56 收容所服务。5 月，由于邵阳常遭敌机狂轰滥炸，各医院不得不在乡村寻觅房屋安置不能行动的伤病兵。第 9 医疗队调到永丰第 128 兵战医院服务，第 14 医疗队调至永丰郊外的第 36 后方医院服务。军医当局决定将在衡阳疗养的伤兵移往邵阳及其以西地区。

为便于沿途照顾伤兵，军医当局决定在沿线设立招待站。救护总队随即派第 55 卫生队前往衡阳、邵阳间的五个招待站从事救护与治疗。第 53 卫生队则在邵阳、洞口一带的招待站为伤病员服务。6 月 24 日，第 33 医疗队又自衡阳派至长沙附近，治疗第 92 和第 95 收容所的重伤兵。

大致在同一时期，中国共产党领导的苏浙皖地区抗日游击战争形势也不容乐观，因此，特别需要进行战场救护力量的重新布局。救护总队派驻这一地区的是两部分救护力量：一是第 3 大队第 6 中队，时任大队长换成了刘培，中队长何鸣九；二是设在江西弋阳的第 2 大队第 12 中队，大队长和中队长仍分别是彭达谋和汪凯熙。

四、广西境内各地的战场救护

1938 年 11 月，救护总队从广东抽调数个基层救护队前往广西，协助军医部门从事战地救护，并于广州失陷前已到达广西。12 月，再将 4 大队所属第 7、第 8 两中队各基层队全部调至湖南祁阳整编后，沿湘桂铁路自湖南转派至广西境内。一方面，是为从湖南转往广西的伤兵提供救治服务；另一方面，也是为防备日军一旦沿西江进袭广西，我军势必派重兵奋力遏阻，救护总队派驻广西的所属各队可迅疾调至梧州、南宁一带实施战场救护；再一方面，更鉴于广州沿海失陷后，广西成为国际救援物资的唯一海上入境通道，因此，需要在成为战略咽喉要地的广西安排得力的救护力量。

执行广西境内战场救护的新4大队所辖第8中队和第7中队，大队长舒道隆，中队长分别为朱润深和尹亦声。

第8中队所属各队分布于桂林、柳州间，主要为全州、桂林、柳州一线各野战医院提供医疗服务。第8中队各队的工作环境与衡阳、祁阳、零陵线大同小异。因桂林曾一度大面积流行霍乱，在暂无战事的情况下，第8中队在该区域的工作重点主要是发动群众，开展防疫工作，自6月开始，首先实施夏令防治饮水传染病的计划。

被派驻湘桂线西段的第6医疗队、第44医护队驻梧州；第41医护队驻灵川潭下圩；第50医疗队、第22医护队驻灵川大面圩；第73、第74救护队及第43医护队驻桂林等地；第46医疗队、第45医护队驻卫家度；第38医疗队、第39医护队及第69救护队驻平乐；第42医防队分成两组分别驻融安和柳州。驻柳州的第42医防队一部分与驻梧州的第44医护队，在柳州与梧州间各县城及附近地区轮回巡诊，从事霍乱及其他疾病防治。各队所在区域在遭遇敌机轰炸时，应立即协助驻地卫生机关实施伤员急救工作。

综上所述，这一阶段，救护总队的战地救护工作主要是以协助军医机关运送和救护伤兵为主。此阶段，救护总队更加注重并逐渐加强防疫工作，实施军民共同防疫计划。由于医疗卫生技术力量欠缺，在外科治疗方面，总队派在各兵站及后方医院的各中队医疗队，多数仅限于协助各收容所及兵站医院实施战场救护或专司一般外科手术，不担任重大外科手术；在卫生防疫方面，总队仅派一正式但并非专科医师担任卫生队队长。但需要说明的是，在此时期，仅堪承受长途运送的伤病员，才能运往后方，不能承受长途运送的，只能尽力就地施治。

仅1939年上半年，救护总队各基层队的敷伤总数为823165次，骨折复位总数为2786次，外科手术总数为6050次。

第四章　救护队偕卫训所连续西迁

第一节　医卫训教机构的创建

近代中国的军医制度不健全，而且军医奇缺，无法适应大规模军事冲突发生时对军医的需求。因此，自抗日战争开始后，在筹组协和救护队前后，基于在国外学医、行医以及在北京协和医学院多年从事医学教育的经历，林可胜早就意识并关注到军队"缺少医疗队伍"的这个致命性问题，且一直都在思考如何在抗日战争期间，结合战地救护和卫生防疫实践来改革、延续和发展军医教育。

抗战以来，各类、各社会体系组织的战场救护机构及其为抗战救护需要而新开办的医疗院所与日俱增。但是，不要说新开办的，就连不少老字号医疗院所也由于伤员太多而招募大量新手，其技术水平自然远远不如平时。有的新人从没见过医用夹板，连最基本的伤口捆扎、卫生消毒等护理技能都不具备，更不懂感染原因和防治方法。

资料显示，尽管过去几十年中国战乱不断，但都发生在局部，战地医疗服务缺乏的问题从未像抗战开始后这样严峻。不仅全社会接受过正规医疗卫生教育的专业人员缺乏，就连各军队医护人员的医学知识也仅限于受过几个星期的短期培训，其中正式学校培养的不超过28%；加上营养不良、卫生环境差、传染病流行等诸多原因，现有医疗卫生力量根本无法解决战场救护中的诸多问题，严重影响部队战斗力。士兵一旦负伤，最大的希望就是能被战友背下战场，而大部分重伤员都死于送达伤兵收容站途中。更多时候，一场战役结束，大量的伤兵被遗弃在战场上，听天由命。因此，不止是某个医疗院所需要进行技术培训或专业再教育，对于整个社会医疗机构来说，技术培训和技术晋级都成为重中之重，急中之急。

早在 1936 年 5 月 6 日，红会总会救护委员会成立后，除了整合上海地区各社团和各医疗卫生团体力量外，还提出了六项措施。其中，针对医疗卫生人员技能培训教育的内容分述在第二项和第三项中：

"第二项"是，开设技能训练，提高救护人员素质。

为训练提升救护技能和医药常识，救护委员会共办班三届，毕业学员约三百人；同时在交通大学等 12 处开设短训班，训练学员 547 人。随后又增设晨班、夜班，使各界人士均有机会业余参训。通过培训，造就出一大批具有一定战地救护技能的专业队伍，为抗战救护培养了大批优秀技术人才，做出了巨大贡献。

"第三项"是，进行实战演练，巩固训练技能，鼓舞队员斗志。

救护委员会于 1937 年 8 月 9 日，举行救护训练实战检阅典礼，三百多名学员参加演训，并作实战操作技能表演，使学员体验到战地救护氛围，提高了救护技能和实战经验。

林可胜出任临时救护委员会代理总干事兼救护总队队长后，积极主动担负起指挥抗战救护工作的历史重任，立即着手对红会救护机构进行大刀阔斧的改编重组和规范化建设，并以当时已经组织的医疗、医护、医防、急救、X 光等 37 个基层救护队的家底为基础，将其派遣到全国各战区开展救护工作，后来又将救护队扩编为 47 个，尽速向各战区军医院或部队补充救护力量。同时对前线部队的医疗救护实战做了大量卓有成效的改进和提升。

欲抗战，必兴军。战场越惨烈，军队减员越多。医务人才本来就少，随着战争的扩大和深入，战地救护工作越发严峻，医护人员从数量到质量都越来越不能满足实际需要。

从常识来看，部队的医疗、卫生、防疫、救护等工作，终归要靠部队本身来解决。但在抗战期间，一方面，军医人员的需求既急迫还奇缺；另一方面，中国的军医系统不健全，缺乏合格的医护人员和充足的医疗卫生设备；再一方面，军事领导人对军医也不够重视。在招募相对困难的情况下，只好以普通劳务人员滥竽充数。其结果，轻则影响伤病员的有效治疗和康复；重则严重影响战争胜利的可能性，但战争的需要又刻不容缓，出路到底何在呢？

上海、南京相继沦陷前，中国红会参加淞沪战场救护的两地医护人员达千人之多，但撤至汉口者只有约七百人。随着徐州会战的打响，在三千多公里的战线上，有数以百万的受伤士兵，而数以千计的职业医生却留在后方城市和沦陷区开办私人诊所或在教会医院从业，还有大量接受过专业教育、分散在全国各地、具备相对成熟医疗技术的人员，还在流亡途中彷徨或难寻用武之地。

据林可胜粗略估计，要在各战区组建完整的战地救护体系，至少需要 300 个以上的前线医院，每个医院需容纳 500～1000 个床位，各种医疗物资暂且不论，单医护人员就得有数千甚至过万。

正当武汉保卫战打得如火如荼之时，卫生署署长刘瑞恒和红会救护总队队长林可胜向社会发出号召，希望从北平、上海、南京方面撤退到武汉的医护人员和一切爱国人士积极投身到战地救死扶伤列之中。因此，林可胜到汉口后，借着自己曾在协和医学院任教的身份和影响，用大量时间和精力给朋友、同事或学生写信、发电报，激励并希望年轻医护人员能够在国家危难之时加入战场的医疗救护队伍中来，为多难的国家和民族尽一份微薄之力。

此举果然奏效。例如，北京协和医学院毕业的年轻医生陈志潜接信后，立马辞去在河北定县农村的公共卫生实验工作，秘密经天津、上海，再乘船绕道香港，由香港乘飞机至武汉，追随导师林可胜教授，参加战场救护。林可胜不无歉意地对陈志潜说：

"我很高兴得知你愿意来我总部工作，但我只能给你低微的薪金，大约每月法币 250 元，仅够维持生活费用，而要做的工作是很多的。"

在林可胜的行为感召和至诚邀请下，很快就有七百余人响应号召，前来报名。由于林先生曾经是协和的教授，因此，他在协和系统下的故旧和门生，响应最为积极。除了张先林、周寿恺、汪凯熙、周美玉等医护专家已经先期到位并任职外，其余各科系毕业的医护人员，几乎全部都投到林可胜麾下，而且绝大多数都是可以委以重任的医疗卫生界高阶技术骨干。

历史有力地证明，这批人才不但成为抗战时期军队中医护工作的中

林可胜（左一）与北京协和医学院的同事们

坚力量，如卢致德报到后，即被军医署任命为后方勤务部卫生处处长，而且这批人杰才俊，后来甚至终身献身军队或国家的医疗卫生教育事业，做出了卓有成效的贡献。

除了林可胜手下这批北京协和医学院的弟子外，虽然很快汇聚了大量志愿参加抗战救护的有识之士，但该群体的学历资历良莠不齐，再加上当年的军医领域及社会普通医务工作者的合格比例普遍较低，估计这些人的技术水平远远不敷战场救护的紧急状况使用。因此，林可胜一直在思考必须尽快从培养容易速成的医护助理人员入手，组织对这些人员的医疗技术培训，以提高他们的职业水准。于是，他想到了红会救护委员会成立后，曾提出过六项措施，其中就有针对医疗卫生人员技能培训的内容。另外，红会总会救护委员会与军政部卫生署合作，也曾在长沙合办过卫生人员训练班，短期训练救护队及军医院的护理人员，充实他们的医疗技能与护理知识。

此前，为应对战地救护中的医疗、护理、防疫等专业人员匮乏的窘境，救护总队从武汉撤退到长沙后，林可胜就曾积极建议国民政府支持组建医疗卫生训练机构。一方面，训练救护总队现有基层医护防疫人员的技能熟练程度；另一方面可收训各级军医及战区卫生人员以提升技术素质；再一方面，招收流亡的有志报国青年，施以短期训练，使其具备战地救护、疾病预防、简易负伤处置等护理常识及技术后，协助军中护理工作，以弥补战场救护之不足和急需。

以林可胜为主的医界精英，在筹组救护总队时就意识到，必须从速训练大批医护人员，尤其是开设短期医疗救护技能培训班，尽可能征调原本在职但因战争而撤退到后方的准医护人员，给以短期快速充电式速成训练，提高其救护技能，以满足战场前线急需。考虑到训练成熟医生并非一日之功，远水难救近火，对此，林可胜说：

"我们没有时间把他们训练成合格的医生和护士，但我们得在最短的时间内教会这些人许多简单的操作程序，希望他们在更换纱布时，能尽量做得好些，减少差错。"

而就在同一时段，蒋介石从使团方面得悉林可胜在救护总队的成就，难掩心中之喜，立即下手令让林可胜兼负责军医训练。

如此一来，三方高层的意图和设想，不仅是所见略同，而且完全实现了无缝对接。正是"万事俱备，只欠东风"。

军政部卫生署也积极支持林可胜的意见，一边建议中国红会总会驻汉办事处，在未通过正式程序确定领导班子前，先暂聘林可胜教授兼任卫生训练班主任；一边训令属下的卫生勤务部在长沙城郊丝茅冲协助卫生训练班的具体筹办事项。

根据林可胜的提议，卫生训练班副主任暂由协和医学院毕业的外科博士张先林兼任，其余主要干部由救护总队各分队指导员兼任。拟先开设医疗救护、卫生防疫、初级医护助理及救护担架四类培训班，对象是根据工作需要分批从各基层救护队抽调或选送。

首班培训内容选定为战时医护和卫生防疫；首批培训对象明确为具有高中毕业程度以上的医师、护理人员及医护助理员，经三个月左右的短期训练后，担任卫生医护佐理员。接受训练结业者，就地编组防疫大队分派到各战区，实施当务之急的防疫工作。

明确了培训思路，拟定了培训内容、培训对象、培训时间、学员来源和去向等主要目标后，立即着手经费、师资、教材和场地等的筹措工作。教师暂由救护总队部具有医师资质的人员兼任。就这样，从1938年5月奉令进入筹备阶段，到6月1日，不到一个月时间，因陋就简，卫训班就算是正式开课了。

如此紧锣密鼓，有条不紊，而且是救护和培训齐头并进的工作进展，足以显出林可胜的卓越领导才能和高效工作成果。因此，林可胜很快成为红会救护总队部的核心人物，脱颖而出。

随着培训经验逐步积累、培训业务逐步成熟，卫训班培训对象调整为参照救护总队部的战场经验，专门针对医疗、防疫、护理医官和高级看护士四种岗位人员进行，每次各招收200人，所学课程时间仅设为四至六周，总课时约两百小时，基础训练内容大致相同，但专业各有侧重，目标是以适应实战操作和医院实习为主；基本原则为简单、经济、实用、高效，因地制宜。

在史沫特莱关于长沙见闻的一篇回忆文章中也曾写道：

"在卢致德博士担任军医总署署长之后，配合林可胜博士开始了重大的改革。……他们在长沙设立战时救护学校，轮训全部军队医务人员骨干……于是，救护学校便从野战医院、后方医院和各部队按每批数百人的规模抽调军医，进行集中的基本训练，然后令他们回到前线去，再为他们手下的不合格人员开课培训。"

从史沫特莱这段文字可以得到证实，救护总队撤到长沙后，林可胜原在协和医学院任教时的助教卢致德，承接了刘瑞恒继任军医署署长。那么，有关资料提到"军医署特别将具有200张床位的第167后方医院配属为卫训所教学实习医院"这件事，应该是卢致德所为。

据统计，卫训班组建初期阶段，共训练医护人员1432人，勉强组成卫生署医疗防疫队 25 队，军医医师 2 队，救护队 7 队，医疗队 3 队，医护队 2 队，医防队 1 队。至救护总队撤离武汉前后，已拥有各专业救护队 62 队，每队配有医生、护士、卫生员、护理员、担架员等，分赴全国各战区参加战场救护。

作为当时中国最大民间救护组织和伤兵救护主要力量的中国红会救护总队，为配合武汉保卫战需要，对相邻的湘鄂赣三省，救护力量尤其给予尽可能的保障。因此，卫训班进行的速成培训，热炒热卖，结业一班，派遣一班，上阵一班，并把现有救护总队队员分成若干个流动医疗队，分散到各个部队前线医院展开救护工作。很快，前线的基层救护队伍得到了有效扩充，分布在湖南 9 队、湖北 10 队、江西 17 队、陕西 7 队、广东 7 队、广西 2 队还有浙江 2 队。

这些医疗救护基层组织，或协助军医工作，或开展野战救护，或进行疫病防治，而且全都成绩卓著，为中外专业人士所瞩目。

卫训班开班不久，宋美龄便电召林可胜至武汉，当面表扬并希望能积极推进医务人员训练，扩充救护事业，将卫训班持之以恒地办下去。林可胜乘机回应，感谢宋美龄如此重视，并提出：

"当增聘人员，添置设备，一切经常费用亦须增加。"

宋美龄听后当即拍板，承诺筹募训练经费 20 万元，并即刻支付林可胜 8.2 万元，使训练计划能及时顺利实施，并授意以后将每期受训人数由 200 人增至 500 人。

卫训班既得到军医署、卫生署、救护总队的技术与政策支持，又得到蒋介石和宋美龄的热情鼓励和特别经济资助，军队医护人员的训练从此逐步迈向正轨，并作为一项长期稳定工作开展起来。

卫训班招收社会医护人员及有一定文化程度的流亡青年，进行短期医疗救护和卫生防疫训练后，编成每队 20～30 人不等的医疗卫生救护队，派赴全国各战区担负战场救护及战时防疫等工作，从而很快弥补了战地救护及防疫人员之紧缺。

作为抗战时期的全国最高军事统帅，蒋介石其实也早就意识到军事医务人员的缺乏极其不利于战地救护工作的开展，遂于 1938 年 8 月 7 日以第 418 号代电，谕示中国红会总会派遣各种医务队前往军医院襄助工作并开展医师训练，尤注意于外科医师。在这份电令中，蒋介石特别指示：

"各院所军医由正式学校出身者不过28%，加之医师、医护人员非短期所能养成，所以必须着重医护助理员的训练"，"使现役医师得有多数人员协助以谋增进工作之数量"。

军事委员会委员长之训令分量千钧，立即引起政府有关部会的重视，于是商定将"班"升格为"所"，全称定为"军政部、内政部战时卫生人员训练所"，简称"卫训所"。在卫训所之上另设训练委员会，督导一切训练事宜。训练委员会人员由内政、军政两部会聘任，分别由时任卫生和军事两个方面主管领导和专家，包含颜福庆、胡兰生、林可胜、卢致德、吴罢庵、张建、朱章赓等人组成。由林可胜任训练委员会主任，卢致德兼副主任，具体领导医疗训练教育事务。

训练委员会组建后，随即正式任命林可胜为卫训所主任，卢致德兼任副主任。二级科室机构和领导人员由林可胜和卢致德商量确定。初期机构设置分别为：大队部、总务科、组织科、卫生用具制备科、军阵内

林可胜（右二）和并肩作战的同事们

科学组、军阵外科学组、军阵防疫学组、卫生工程学组、护理学组等。为加强各科组间的联络及提高效率，另设教务会议，由卫训所正副主任和已进入救护总队且担任相应职务的各救护大队队长、各科组主任和各高级教官组成。

经教务会议研究决定，分别任命陈韬为大队长兼总务科主任，柳安昌为教务组组长，过祖源为环境卫生组组长；协和毕业生成为其中的主要师资力量，专攻公共卫生的马家冀任组织科长兼公共卫生组组长，海归留美博士、协和外科专家张先林任外科组组长，周寿恺任内科组组长，周美玉任护理组组长。其他主要干部，均由救护总队指导员兼任。

关于经费，在卫训班初设时，因仅仅是侧重于卫生署医疗防疫队人员的训练，所以由庚子赔款委员会资助 4 万元（以当时的货币计），维持了两个月。为使其能持续不断训练军医及红会救护人员，林可胜报请卫生署，向洛克菲勒基金会申请 1.3 万元；再以自己"华北农业复兴会主席"的身份，向农村建设促进会申领 4.5 万元以维持运转。关于教官的薪金，则由卫生署、军医署、红会总会救护总队及中国农村建设促进会等机关共同筹拨支付。不过，这些经费来源始终都是临时性的短期行为。自从蒋介石出面干预后，卫训所便成为由军事项目预算内列支的战时常设机构，其经费从此获得了政府预算保障。

随着时间的推移，战场需要，师资逐步充实以及培训教学成熟程度提升，为满足教学需要，卫训所和随后组建的各分所都成立了不同的专业技术教学组。各专业学组主任几乎全由救护总队各中队指导员兼任，并授予军衔。各学组设置如下：

相当于教务处的组织学组、内科学组、外科学组、妇产科学组、儿科学组、防疫学组、矫形外科学组、X 光射线学组、护理学组、眼耳鼻喉学组、理疗学组、物理学组、生物学组、生理学组、生化学组、环境卫生学组、微生物学组和复健学组，共 18 个。

第二节　长沙转祁阳再寻新址

　　随着战场形势日益严峻，根据中国红会总会驻香港办事处关于"驻汉办事处迁离汉口后，改称临时办事处，其驻地及工作范围先由秘书长庞京周与总干事林可胜商洽决定"的指示，在武汉失守前，庞京周和林可胜商定，临时救护委员会和救护总队部定于1938年6月，连同刚创办的卫训所和第167野战医院迁到湖南省会长沙，暂借用为避敌机轰炸而迁出城区北门郊外的广雅中学部分校舍办公和培训。

　　进入10月，尤其是广州失陷后，武汉危在旦夕，湖南省政府即将迁离长沙，军事机关也准备后撤，加之"岳阳业已不守，敌舰进至洞庭湖""敌军已近平江及抵粤汉路之汨罗站""长沙即将被大火烧毁"等说法四起，一时间风声鹤唳，人心恐极，众望速迁。

　　接近1938年底，鉴于日军步步进逼长沙，形势确实日趋紧张，眼看又一场旷日持久的大战即将到来。救护总队的救护和卫训所的培训等工作不得不暂时停止，把精力尽快转移到组织撤退上，并决定除干部和关键部位人员暂时留下外，其余人员开始分批撤退至300公里以外，位于湘西南部湘江中上游的祁阳县。

　　为转移驻长沙的医务队员及医疗器材，救护总队下令将在湘鄂边境工作的救护车队全部调集长沙，执行紧急撤退运输任务。可谁知，"屋漏偏遭连夜雨，行船正遇打头风"，原本就十分有限的运输车辆因前线伤兵太多，急于将他们从火线抢救下来，根本没时间停下来进行正常且必需的例行保养和维修，导致长期带病行驶，一些车辆因机械故障，急需修理后才能上路开行。可是，在这人心惶惶的紧要关头，走遍长沙的大街小巷，都买不到汽车零配件。再加之救护总队购买的新车轮胎，又被滞留在安南，不能及时运到长沙投入使用。

　　更为严重的是，运输股仅剩下100加仑的库存汽油，其他润滑类辅助油料也极度匮乏。但好在"弱势自有强者帮，好人终究有好报"。正在抓耳挠腮、无计可施的危急关头，驻汉口的英国大使馆恰好转来苏格

美国红十字会代表顾林参观图云关卫训总所

兰红会捐赠给救护总队的 750 英镑现款。林可胜总队长灵机一动，立即以自己持有英籍护照的特殊身份，请英国舰艇"沙雀号"舰长致电英国驻华大使馆，请求务必将此笔捐款专门用作在长沙购买汽油之用。

凡此几经周折，救护总队部终于用此款购买到急需的汽油，解了燃眉之急，汽车得以开动上路，医护人员及医疗卫生器材得以安全起运。就这样，1938 年 11 月 6 日，救护总队部和卫训所全体人员和物资安全迁到了祁阳郊外，在湘江河畔的椒山坪一片荒地上安营扎寨。虽然诸如办公室、教室、仓库、车库、车间、宿舍、食堂等都由员工白手起家，自己动手，伐树为柱，割茅遮顶，编竹为壁，纸糊窗棂，以及用石灰砂铺筑地坪，树枝和稻草搭置床榻，其简陋和艰苦，不言而喻，但却充满了先秦古诗所云"伐木丁丁，鸟鸣嘤嘤。出自幽谷，迁于乔木（林）"之意境。

就在救护总队部搬出长沙一周后，国民政府下令于 11 月 12 日晚烧掉长沙城以实现"坚壁清野"。这场在蒋介石"焦土抗战"思想主导下，错误决定人为点燃的大火足足烧了五天五夜，直烧到救护总队驻地的广雅中学才自行熄灭。长沙城被焚十之八九，烧毁房屋五万余幢，烧死百姓三万余人。如果救护总队和卫训所没有及时搬家撤离，所有家当将损失殆尽。

由于在下令烧毁长沙的电报密码中，"12日"代表"文"字，大火又发生在晚间（夕），所以史称"文夕大火"。

尽管由于战事紧急和撤退迁移的不断折腾，但至1938年年底，救护总队已发展成为全国医疗实力最强大的战地救护组织，在战地救护方面的杰出表现以及对抗战救护工作的巨大贡献，已经远远超越国民政府的军医机构。

自从"一·二八"事变发生，抗日战争的战场救护从民间自发肇启，到中国红会一肩挑起"战场救护"这副重担，统揽全局，统筹规划，统一指挥开始，每一次或每一个战场的救护成果，都不单只有数字层面的体现或单用数字的多寡来评价，更不能仅以国民政府、红会或众多社团组织领导人带有个人情感因素的语言来作为评价标准。如果真要寻求一个实事求是的评价，那就应该划出清晰的时间或事件界限，才能比较出最切合实际、实事求是的结果。

时间和事件界限可以用三个标准来客观划定：其一，以日军对我军的战略进攻阶段过渡到敌我两军的战略相持阶段为时间界限来对比；其二，以救护总队成立，林可胜主持救护总队工作前后为界限来对比；其三，以对救护总队这个人物组合群体的思想动员、积极性激发和主观能动性调动程度等精神层面诸要素来对比。只有这样，才能获得对抗日战场救护工作实事求是的优劣评价。

而以上三条又归集到一点，就是中国红会总会对林可胜这位宝贵人才的起用或者可以说是重用，才是抗日战场救护取得优异成绩的根本所在。林可胜将其在第一次世界大战战场上所获得的战地救护实践经验，首次毫无保留地、创造性地在中国的抗日战场上加以应用，并尝试组织训练各医学院校学生，使用合格医护人员组成流动救护队，来弥补军医的不足。这可以说是将红会救护工作扩展到前所未有的规模和推进到无与伦比的精度、广度和深度。通过战地医疗救护工作实践所展示或总结出的经验，才能给此后全面抗战的医疗救护工作提供借鉴，并为抗日战场救护书写并保留下了一份极其珍贵的历史文化遗产。

武汉会战打响，战场快速扩大，而救护总队又刚刚成立不久，技术力量严重不足，药品器械运输到位相对困难，众多伤员急需从前线抢救运回后方医院接受治疗等等。诸如此类，救护总队在尽可能组织骡马或机动车强化快速运送伤员的同时，实在无计可施，基层医务队只好将有限的队伍分成两部分，用人力于前方后方轮值交换倒运。如湖北与湖南、江西三省交界的湘北通城之役，从战场救下的重伤战士，就是用人力担架徒步抬运到长沙接受救治，需要十天才能到达。有的重伤员往往因此而逝于在半道。

因此，救护总队在武汉会战期间的工作重心不得不由前期的治疗为主，调整为协助部队兵站及后方医疗机关运送和治疗伤兵并重。这看似与淞沪会战时的战地救护雷同，实则换成了两种截然不同的战术思路。前者是垂直分工的救护体系，后者则改成了以流动医疗队为主的独立运作。各救护队随军队或野战医院转移，就地开展各项救护，使伤员得到及时救治，伤愈率相对提高。

1939 年年初，随着长沙战事吃紧，救护总队部和卫训所在椒山坪的工作才刚刚开始不久，便接到命令再次向桂林方向转移。为了不给日军留下任何东西，待所有药品、器械、辎重、行装等全部装车后，运输股长胡会林严肃地对修理所的章宏道下令：

"宏道！大家辛辛苦苦刚刚建好的这片房舍虽然简陋，但也不能留给鬼子作战利品。你去点把火烧了它，咱们上车，到桂林再建！"

谁知到桂林后没几天，红会临时救护委员会根据当时全国战况分析，觉得桂林依然不能持久，于是决定尽快派出考察人员，以贵州为重点进行实地考察调研，选择可供救护总队部相对长久驻留的新址。林可胜及其同僚们之所以作出这样的决定，是基于两方面因素考虑：

一是军事理论家、战略家蒋百里对日本多有研究，对其侵略我国的阴谋有更多感悟和预见，曾向国民政府提出过许多适合国情的御敌方略。因此，在进行实地考察前，林可胜总队长首先组织有关负责人和调查组人员认真研习了蒋百里在"一·二八"事变爆发后，向蒋介石提交的关于抗战的建言：

"建立以陕、川、黔三省为核心，甘、滇、新为根据地，拖住日寇，打持久战，等候英、美参战，共同对敌的策略，方能最后制胜。"

　　二是 1935 年 3 月 2 日，蒋介石曾由汉口飞抵重庆，在 4 日的讲演时称："就四川地位而言，不仅是我们革命的一个重要地方，尤其是我们中华民族立国的根据地。"同年 7 月，蒋介石针对中日战争又指出："对倭应以长江以南与平汉线以西地区为主要线，而以川、黔、陕三省为核心，甘、滇为后方。"10 月 6 日，蒋介石在成都的一次讲演中再次指出："四川在天时、地利、人文各方面，实在不愧为中国的首省，天然是民族复兴最好的根据地。"

　　通过对蒋百里抗战理论和战略预言的学习以及对蒋介石讲话的领悟，经再三分析和多方权衡对比，林可胜等人认识到：一是自古以来，贵州就有"滇楚锁钥，蜀粤屏障"之称，战略地位十分重要。虽然地处偏远，信息封闭，经济落后，民众贫困，但相对于抗战的特殊历史时期、相对于救护总队部的工作性质这两方面而言，无疑是值得考虑的首选常驻地；二是广州沦陷对武汉会战造成了致命影响。广州沦陷后，在西南地区，唯有贵州才是可以连接具有陆路国际通道的云南和具有水陆口岸的广西的相对安全可靠的内陆通道。海外捐献或者红会总会从海外购置的医药器材，在无法从香港经广九铁路运入内地的情况下，首先是由越南经海防入境，然后由陆路经友谊关进入广西，继由公路向北，经南宁、柳州、河池进入贵州，继而进至陪都重庆；其次是由香港经西江上游的梧州进入广西，然后由公路经柳州、河池等地入贵州；第三则是经越南河内到云南昆明入贵州。于是，红会临时救护委员会最后决定，所派调查组先直接到贵州考察选择新址，做到心中有数之后，再与有关方面协商确定具体位置。

　　从调查组到贵州考察选择新址后所反馈的情况来看，结合当时战况综合分析考虑，贵州所具有的自然生态条件和人文资源禀赋，构成了救护总队部和卫训所驻留的充分理由。

　　首先，贵州的地形、地质、地貌和气候条件具有特殊优越性。

　　史载，贵州之名始于北宋，宋太祖赵匡胤曾说："维尔贵州，远在要荒。"贵州地处大西南东部，云贵高原向湘西丘陵的过渡地段，相对于全国来说，属于第二阶梯。省内地势自中部向北、东、南三面倾斜，大致呈三级阶梯状分布，平均海拔在 1100 米左右。贵州地貌分为高原、山地、丘陵和盆地四类，其中 90% 以上面积为山地和丘陵；境内山脉众多，重峦叠嶂，河谷纵横，山高水深；北部有大娄山脉，自西向东北斜贯；中南部有苗岭横亘；东北有武陵山蜿蜒；西部有乌蒙山高耸；岩溶地貌发育典型，具有分布广、类型齐等特点。喀斯特地貌面积约占全省国土总面积的 62%，构成特殊的岩溶生态系统。数百上千平方米的大型、特大型溶洞随处可见，深邃莫测的天坑比比皆是。由于受纬度、海拔、地形、地貌的特殊影响，气候温暖湿润。

其次，贵州的自然生态条件对人文历史发展形成独特影响。

贵州是全国唯一没有平原的省份，九成以上为山地丘陵，构成了崎岖不平的地理风貌，并常常被视为负面因素。由这样的自然生态条件所决定，每当提起贵州，人们脑海中便会闪过这样一些词汇：神秘，古朴，封闭……或千峰万壑，交通闭塞，夜郎自大……缺乏对贵州的了解成为一种较为普遍的现象。

最后，贵州富有特色的地方文化在中华多元文化的夹缝中艰难生存。

尽管落后闭塞，但贵州文化还是不乏多元和开放基因。这片夜郎故土成为中原或湖广进入西南甚至通往东南亚、南亚的必经之地。汉代开辟的"唐蒙通夜郎古道"，可沿赤水河入夜郎，之后分为两条路：一条翻大娄山，经牂牁江、都柳江入两广汇珠江水系；一条翻苗岭山，经清水江、沅江进长江往中原。在大量官差、军队、商旅、僧侣人等的相互往来中，将中原文化、巴蜀文化、荆楚文化、滇粤文化带到黔地碰撞交汇，从而形成了贵州特殊的地域文化。

然而，恰恰就是因为它的偏僻、落后和闭塞以及被边缘化，才使贵州保存了一个相对独立的世外桃源格局，在较少受到社会动乱影响和偏激思潮干扰的情况下，保持了原有纯净朴实的自然特质。

综上所述，在已经做好了持久抗战的社会大势之下，原来贵州几乎所有劣势条件全部变成了对付侵略者的优质禀赋。贵州独特的地理地貌所造就的大量巨型溶洞、天坑、地缝，既是最理想的战略物资储备库和防空设施，足以应对长期抗战之需要，同时也是最大程度上阻拦侵略者的"天然工事";相对特殊的气候气象条件,成了日军飞机入侵的天然屏障;闭塞的地面交通和资源极度匮乏,反倒成为日军地面部队深入和后续补给的障碍,如此等等。

日本侵华战争给中国带来前所未有的破坏,大面积国土成为焦土,亿万人民惨遭浩劫。随着华北、华东相继沦陷,西南成为战时的大后方。作为陪都重庆南大门的贵阳,其战略地位凸显。尤其是长江水道被日军封锁后,贵州不但成了西南的陆路交通枢纽,更因为与具有丰富港口资源的广西接壤,从国外争取到的援华物资,可分别从香港和广西海港口岸进入,经由贵州运至西南、西北。大量高校和军事单位之所以选择西迁贵州,其主要关键原因,就在于这里相对安全,少有战事,甚至免于遭受日寇轰炸。

作为陪都重庆的天然屏障、抗战大后方、盟国战略物资与中国战略补给线的咽喉、远东地区西南国际交通的生命线以及兵员和难民出入的重要通道,贵州在抗日战争中表现突出,具有重要地位。

正是基于"开发贵州资源,发展经济,安定后方,促进西南经济建设,支持抗战"之考虑,国民政府任命吴鼎昌为贵州省政府主席,以加强对贵州抗战工作的领导。

通过深入调查研究和各方面利弊权衡,临时救护委员会确定将救护总队部和卫训所迁到贵州以后,调查组随即又火速赶往省城贵阳,向时任贵州省主席吴鼎昌汇报并商议具体选址落点等问题。

吴鼎昌曾参与主持旧《大公报》,创办《新大公报》,正值抗战期间的1937年11月接任贵州省政府主席兼滇黔绥靖公署副主任、贵州省保安司令等职。他政治经验丰富,经济头脑灵活,曾为改变贵州贫弱经济面貌,更好为战时服务而周密调查,深思熟虑,早在头脑中形成了贵州经济建设的一套新思路、一张新蓝图。吴鼎昌主持黔政后,曾提出"借力开发贵州,支持全国抗战"的口号,先将官僚资本引入贵州,组建企业公司及农工商调整委员会;继而在全省投资数亿元建立约二十家官僚资本企业,使素有"人无三分银"的荒僻之地成为商贾云集、经济活跃的大后方,在支援全国抗战的同时,力促贵州生产力发展。在地方政务方面,他主张"省政的关键在于县政",并在此思想指导下选贤任能,重视民生，发展教育；积极创办贵州大学、贵阳医学院及贵阳师范学院等高等学府；同时也为全省主动接纳大批高等和军事院校入黔办学奠定了民众思想基础。因此可以说，吴鼎昌对贵州抗战期间的社会经济建设发展功勋卓著。

吴鼎昌听取中国红会总会救护总队部决定迁入贵州，希望地方政府协助推荐落点地址的汇报后，抑制不住喜从心来，在由衷表示热烈欢迎的同时，立即表态就在贵阳市郊为救护总队部选择恰当地址，并当即请来贵阳市市长、时任国民党军政要员何应钦胞弟何辑五共同商议，决定将位于市区东南郊，被誉为贵阳九门四阁十四关之一的图云关上一片不小的荒山林地全部划给救护总队部自行规划使用。

何辑五市长介绍说：

"位于贵阳东南郊五公里左右荒坡林地中的图云关，始建于宋嘉泰元年（公元1201年），是近现代以前贵阳东出湘桂的咽喉要地，在关口岩壁上还镌刻的'黔南首关'四字，印证了这里曾是古代来黔的高官显贵上任、卸职或受封颁赏等举行相应仪式的神圣之地。"

吴、何二人还先后表态，在今后工作中，将鼎力协助解决可能遇到的各种问题或困难，给予全方位配合支持和供应保障。

第三节　"三马驾车"同上图云关

救护总队部派出的先遣队来到图云关，经过队员们东南西北、远远近近、上上下下、前后左右仔细踏勘巡视后发现，处于贵阳主城区东南要冲的这个古代关隘，方圆约二十里出，四周环山，地形险要，峰峦起伏，乱石嶙峋，山陡林密，树木葱茏，堪称黔中形胜之地。在这个通往广西、湖南咽喉要道上的图云关口四周，分布着一片以松柏为主的原生林地；公路边种着一排刺槐，较远的山坡旷野，长满了野生杜鹃花。距公路不远处，依稀可见一条古驿道伸向无尽远方。除了关口上的几家杂货小铺和一家小饭馆外，别无其他。

就这样，1939年春寒料峭的2月，中国红会总会救护总队部和卫训所，连同由军政部配属供卫训所学员实习和伤病员救治的第 167 后方野战医院，从长沙迁到祁阳后不过几个月，尚未能"安家落户"，便因战局严酷，不得不再次"开拔"，在"山穷水尽疑无路"的窘境中，又从桂林继续向西奔波，终于来到了"柳暗花明又一村"的贵阳图云关这片密林深处，才算是基本稳定下来。

关于救护总队部的这段西迁历史，当年亲历自湖南祁阳经广西桂林，继而辗转千余公里到达贵阳图云关的林可胜总队长的英文翻译王春菁女士在其著作中追忆道：

"救护总队部在祁阳过完春节，就出发前往桂林了。幸亏我们坐的是总队部自己的卡车。七八个人乘一辆车，车上装满了行李铺盖卷和医药器材木箱，沿着泥土公路颠簸前行，广西桂林为第一'驿站'。晚间就在路旁的小客栈里过夜。我们这些不速之客的光临，惊动了正在冬眠的老鼠、虱子和臭虫。它们活跃起来，大施其淫威，无情地折磨这些疲劳不堪的过路人。……几天后桂林到了。久闻'桂林山水甲天下'，但我们根本没有游兴去欣赏风景。因为有 27 架敌机天天上午 10 时左右飞来空袭轰炸，有时竟投下燃烧弹，房屋一片又一片被点燃烧毁，有时肆无忌惮地俯冲扫射，眼见不少市民倒在血泊中。桂林是一座不设防的城市，倭寇居然也狂轰滥炸，惨无人道。我和同仁们得到这次切身体会，更加同仇敌忾，深恨残暴的倭寇欺我太甚，立誓不与他拼个你死我活决不罢休！桂林的这种现状，如何容得救护总队在此久留？好在总队领导们事前早有迁往别处的第二套计划，在桂林休整几天后，接上级通知说，继续出发，前往贵州贵阳城郊的图云关，于是又急急上路进发。离开广西桂林，路经柳州、河池（金城江）、南丹，然后进入黔南的独山、都匀、贵定等城镇。路上又走了九天，终于抵达贵阳图云关，其时已是 1939 年春天了。"

救护总队部及其一干人马来到图云关，意味着又得再次白手起家。各部门、各单位所需的办公室、仓库、宿舍等建筑物，都得重新从头修建。救护总队先遣队中略具规划设计能力的队员们迅速将总队部选定在相对斜缓平顺、丛林掩映的山窝一片稍大的开阔地上。站在关口路旁向远山旷野眺望，此时的图云关，春的芳菲已开始展露，漫山遍野的杜鹃花已然星星点点开始扬卉露娇，放香吐艳。

随着队伍的陆续到达，依然沿用在祁阳椒山坪安营扎寨的经验和办法，筚路蓝缕，以启山林。队员们自己动手，非为金钱，非为置产，非为名誉，只为能落下脚来，从事抗战救护，开始投入诸如办公室、大礼堂、停车场、修理厂、野战医院、仓库、宿舍、食堂等各类功能房舍建筑的艰辛建设。当地砖瓦等建筑材料比较缺乏，且造价昂贵。因此只好就地取材，砍树架设梁柱椽枋，割茅草代瓦铺盖屋顶，伐竹破片编成篾席，草筋泥浆内外涂抹，干后粉刷石灰水做墙壁，再用泥土、砂石加石灰渣砸实，成为"三合土"地板。

王春菁女士回忆道：

"贵阳素有'天无三日晴'之说，阴雨天多，上述建筑材料造的房屋，一不御寒，二则屋外已停止降雨，屋内还在不停滴答。条件虽然艰苦，但大家心怀共同目标，投入人道主义救死扶伤的行列之中。同事间都以同志相称，十分亲切。从上到下和谐相处，平等相待，相互尊重，同住草棚，共吃糙粮，犹如一个战时大家庭。因为所有房屋都建在山坡上。宿舍在上面坡，食堂在下面坡。有次一场大雨，宿舍厕所水满为患，冲向食堂蓄水池，大家居然吃了几顿尿汤饭也毫无怨言。这种精神状态，铸就了坚韧刻苦的'图云关精神'。"

自从救护总队部迁来后，原本没有几户人家的图云关，突然显得热闹起来。烟酒、食杂、饭馆、小百货等商店从公路两旁的山腰，陆续排列到山顶，很快变为一个热闹的山间小集镇。因为有救护总队部发电机发电供应，居民家中由点菜油灯甚至松明子，变为点电灯照明，既方便了百姓，也方便了总队部上下班的人到店铺吃面食或饭菜。

需求决定供给。关下的羽高桥旁，时常有乡民赶着马车前来兜揽生意，逐渐形成了民间马车驿站，专为救护队队员们去贵阳难民医院救助平民或其他公干，甚至闲暇时进城购物、看戏、逛街提供有偿服务。总之，图云关从此由荒山野岭，显现出一派繁荣兴旺景象。大概念的救护总队部人马就在这块环境优美的山间安家落户，投入抗战救护。

需要说明的是，所谓大概念的"救护总队部"，就是迁入图云关的实际上是各自相对独立而又相互协同联动的"三合一"庞大综合体系。

这个体系包括中国红会总会临时救护委员会救护总队部，即救护总队的首脑指挥机关及相应的办事机构；隶属于内政部卫生署的"战时卫生人员训练所"的领导机关及相应的教学机构和师资科研团体；再就是鉴于救护总队和卫训所肩负的任务使然，客观要求配置作为开展教学科研的载体、供受训学生实习和收治伤病员住院的类似完整医学院所必需的附属医院，习惯称为教学医院或实习医院，即后来改称为贵阳陆军总医院的第167陆军野战医院；以及专为这个庞大综合体提供各种职能服务的诸如运输队伍、物资仓库等一大摊子。

三大体系虽然各自相对独立，隶属不同体制和不同主管部门，但医院从机构本身来说，是完整的管理架构并独立运营的，而从服务职能和对象来看，却处于救护总队和卫训所的相对从属地位。因为一方面其功能是治疗伤员或民患，另一方面是为卫训所的教育培训提供实习服务，因此需要听命或受制于救护总队和卫训所。如果要形象地描绘三者间的关系，可将这个整体比作一辆"三马共驾"的马车。救护总队部应该是中间驾辕的健马，而卫训所和第167医院则可看作是两个侧翼。

在图云关的茅舍建筑群中，靠西面即为向全国各战场分派救护力量和医药物资的抗战救护指挥中心，即救护总队部；在距总队部不远的后山半坡上，是由马来亚华侨为总队长林可胜捐资修建的一幢办公兼住房两层小楼，被称为马来亚楼；东面山上为卫训所机关。站在卫训所机关向南俯瞰，自东向西分别是医药器械总库、单身职工宿舍、总队政治部、汽车大队和修理所；沿着小径越过山头向北进入山谷，首先映入眼帘的是第18救护队驻地；然后自东向西依次是第167后方医院门诊部、X线诊断室、理疗组和住院部；接着是运动场，卫训所教室，护理示范室，生理、生化学组，微生物学组，矫形外科中心的义肢加工厂，发电站，复健学组，学员宿舍和卫生大队；沿南面山麓自西朝东，则分布着护理学组、防疫学组、环境卫生工程学组及示范场和总队部大礼堂。家庭宿舍几乎全是茅草屋，少者一两间，多者三四间，星罗棋布，漫山遍野。当年的中国红会总会救护总队部，居然就是立足在这样一个地方，在抗日战争最艰难的那七年中，指挥着全国九大战区一百五十余个基层医疗救护队进行紧张而卓有成效的战地救护工作。

图云关的救护总队运输队一角

在图云关，救护总队队长兼卫训所主任林可胜，从此得到了一个相对安稳顺心、和谐融洽的工作环境和人事群体。天高可以任鸟飞，海阔更能凭鱼跃。

在图云关，以上"三合一"综合体系的所有工作人员，以极大的爱国热忱和乐观主义精神，不计个人得失，自己动手建房造屋，完善基础设施，迅速投入抗战救护工作中。

在图云关，总人口平时都保持约两千人，鼎盛时期，居住着职员及家属三千四百余人。物质条件异常艰苦，生活供应难以保障，睡的是大通铺，灯光照明昏暗，工作条件极差，还难免面临日军空袭。但大家咬紧牙关，苦中作乐，迎难负重，坚持工作。

在图云关，成千上万的伤病员得到良好救治和护理；无数经过培训的医护人员从这里奔赴各抗日战场；世界各地的援华医药物资源源不断运送到这里，然后根据各战区情况和需要，配发运往抗日前线。

史料记载，美军第27野战医院一部，也于1945年1月来到图云关。在杨锡寿先生的回忆文章里曾提到，除了美军第27野战医院居住他们自己的帐篷外，包括救护总队部、卫训所和第167后方医院的全体官、兵、医、辅各类人员全都一视同仁。由此证明，从1939年年初到图云关开始，直至1945年初美军第27野战医院到来的六年间，在图云关的抗战救护工作者，六年如一日地坚守在雨天不防水、冬季不防寒的简易茅屋中，却没有人发出任何怨言。

救护总队部成立之初，在林可胜脑中，逐渐萌芽并日臻成熟完善的诸多建设性构思和对救护总队与卫训所的组织构架、教育培训、制度建设、人事管理等一系列设想，都具备了实现和实施的内外条件。加之，由于他思想爱国，精神忘我，才华横溢，学识渊博，人格高尚，魅力无限，不仅吸引了在北京协和任教期间的绝大多数弟子爱徒追随其麾下，就连当时国内许多知名医学院校毕业的精英才俊，也对他仰慕有加。他们既为着抗日救国，也为着能在一个良好的环境氛围内，在一位广受崇敬的专家型、开放型领导者之下发挥自己的聪明才智，于是纷纷投奔而来。

与此同时，中国红会总会为适应战争形势的发展变化，也采取了一系列应变举措。自从临时办事处迁祁阳不久，红会总会秘书冯子明便奉总会之命，偕办事员范乃桢前往昆明筹组红会总会的临时组织机构。1939年2月11日，红会总会在云南昆明成立了临时办事处，委派高仁偶为主任；4月1日，在香港九龙柯士甸道111号正式成立战时中国红会总办事处，设秘书、干事两室，以取代前驻香港办事处；前驻港办所有人员归并到新成立的总办事处，并将总办事处成立缘由用图记方式呈报内政部备案；4月13日，将关防印鉴等权力象征由上海送至香港。从此，香港成为中国红会总会的中心。

迁到图云关后的救护总队部，随着战场形势发展和战地救护需要，根据林可胜的进一步深入构思，在群英荟萃、群策群力之下，组织机构又进行了较大调整和增设，逐渐发展完善为总队长办公室、人事、文书、财会、总务、业务、医务、技术等处室以及运输大队、材料总库、驻地方的各医疗救护队，还附设了诊疗所、预备队等，并编制出台了一整套救护总队队务管理制度体系。

位于贵阳图云关的中国红十字会救护总队队部

　　调整和增设后的救护总队组织机构，科层化和等级制更为明显，职务、责任、权力更为清晰，规章制度更为严谨，人员任用更为合理，从而形成了一个能动、简洁、高效的组织管理体系。

　　这套组织管理体系，充分体现出整个救护总队规划布局的科学性，组织架构的严密性，制度建设的完整性，运行机制的高效性，待遇薪酬的合理性。既适应全国抗战救护的大局需要，也便于对物资配置的统筹兼顾和对人员布局的调度协调，做到公平施政、令行禁止。同时，还有利于救护总队这个民间组织与政府当局诸如军医、卫生等部门的政策对接和业务协调，更便于与中外各界救助团体的捐助联系，从而最大限度地整合国际和国内的社会资源，配合前线争取胜利并兼顾战时国内外的灾变救护。从而在图云关创造出一个不惧艰难困苦、不计个人得失、工作热情焕发、人才脱颖而出的良好氛围。

　　因此，从事抗战时期中国红会所领导的战场救护工作研究的专家学者普遍认为，救护总队从此进入了史无前例最为辉煌的历史阶段，一群甘为祖国抗战作出奉献甚至是牺牲的爱国者在这里汇集，一座体现抗战救护伟业的历史丰碑从此屹立在图云关口。

专家学者之所以给出这样的评价，得出这样的结论，是因为包括图云关上的救护总队部在内的整个救护体系，成了全国抗战形势下，医疗救护的指挥中心和实战战场；成了军医、药师、护士、防疫等医药卫生系统教育培训的坚强堡垒、重要基地和人才辈出的摇篮。

而之所以能够很快形成这样的大好局面，究其缘由，最重要的是当时正值国破家亡的特殊时期，一批热爱国家民族的医疗界精英，甘愿放弃民间行医的优厚收入和相对富足安稳的生活环境，主动投入抗战救国行列，报效国家。加之又在国家急需用人之际，在双向动力促进下，必然涌现出救护总队这支庞大的在全国医学界各领域著名的专家级医护人员队伍，其中不乏高级医师分布在各股室，还有 X 光技术员、高级护士、护士、卫生助理员，高级药师、药师、调剂生，救护司机以及其他具有高级技术职衔的英才。

从救护总队正副总队长、各股主任的工作经历和受教育程度可看出，救护总队是一个高度专业化的医疗救护组织，医护人员多半具有现代医学专业知识，无论在防疫、急救还是公共卫生等方面，都具有丰富的实践经验，从而使救护总队部有资格成为战时救护的领导核心。

为有效指挥全国各地救护工作，救护总队队长林可胜为总队部工作人员制定的行动口号是："救死扶伤，博爱恤兵。"

为充分体现人道主义精神，林可胜还提出了八条救护信条："具丰富情感，抱牺牲志愿，本博爱襟怀，献科学身手，作精密准备，求迅速效率，保伤病安全，增人类幸福。"

正是本着以上口号和信条所体现的人道主义精神，救护总队才创下了可歌可泣、功垂千秋、永载史册的光辉业绩。

正是因为救护总队全体队员恪守这些口号和信条，才受到国共两党军队及伤病员和各地平民百姓的至诚欢迎和高度赞誉；才赢得国际友好社团的鼎力援助；才吸引各国爱好和平人士抛亲别故、离乡背井、不远万里地参加到反法西斯战场的战地救护中。他们中有不少人甚至献出了宝贵的生命……

据1939年6月1日的统计数字,救护总队和卫训总所共有医师153人,看护士314人,医师助手、药剂师、卫生工程师以及X光专家共940人,机械师、驾驶员以及运输人员共242人,其他各级各类人员共198人。合计1847人,其中女性592人。

不久后,由于战场的进一步需要,加上卫训所源源不断地输出培训结业人员,救护总队属下的医疗救护大队人数又有大量增加。

据《图云关抗战救护机构概览》记载,救护总队部迁到图云关后,

图云关后方医院病房

一直在致力于战地救护、医疗、医防等工作的加强，医疗大队逐渐增加到9个，共辖47个中队、94个区队、9个手术队。预备大队设在贵阳，下辖10个机动中队。9个大队的具体分布情况是：第1大队驻西安，大队长万福恩；第3大队驻福建邵武，大队长刘培；第4大队驻广西柳州，大队长朱润深；第5大队驻湖北均县，大队长马家骥；第6大队驻湖北恩施，大队长董奎先；第7大队驻广东曲江，大队长钱惠伦；第8大队驻四川重庆，大队长王先麟；第9大队驻湖南长沙，大队长林竟成；第10大队驻云南昆明，大队长徐崇恩；预备大队驻贵州贵阳，大队长马玉汝。没有第2大队的记载。为统一领导，凡有卫训分所的战区，大队长由分所主任兼任，比起救护总队部组建初期显得更专业适配，精简干练，效率提高，更适应战场。

为了更能适应野战卫生工作的特殊性和灵活性，从1940年5月1日起，救护总队综合医疗、医护、医防、急救各队种的性能，将它们一律改称为医务队，尽量靠前推进到战区战场，协助军师级卫生机关从事手术、急救等工作，并指导灭虱、治疥、抗疟、改进环境卫生等防疫以及兵食营养等军阵卫生各个方面。

第五章　卫训所医教为抗战补短板

第一节　激情澎湃绘医学蓝图

卫训所迁到图云关后，鉴于教官多是当年医疗卫生界精英或接受过高层次专业教育，科班出身，甚至从海外留学归来的高资质人才，出于爱国之心，响应号召而投入中国红会救死扶伤行列的，因此，师资力量越发雄厚。随着抗日战争进入旷日持久的相持阶段，除了继续实施短期应急性技术培训外，其培养目标逐渐调整为短期临时培训和正规医学教育并重，相应制定出军医分期教育制度。

图云关卫生训练所一隅

因此，无论是通过招考被录取为接受短期培训还是正规医学教育的新生们，在历经艰辛旅程寻访到图云关临时设立的学员生总队报到后，都必须先换上一身土黄色粗布军服，接受为期三个月的入伍训练。学员生总队分为学员大队及学生大队两种。前者主要是来自战区兵站或后方医院的在职医护人员，一般培训三个月后仍回原单位工作。后者大都属于通过考试，从社会上录取的学生。这些新生，被分在军医、军护、检验等班类，受教育的时间相对较长。

学员大队的中队长以下军事教官皆为黄埔毕业生，纪律严格，训练认真。新生们在标准的军事教育要求下，接受严格训练，在培养军人气质的同时，也训练出图云关的精神与特质。除了军事训练外，还包括与救护总队部员工和参加前期短期临时培训尚未结束的学员一道，从事挖地整基、修房造屋、环境整治等教学准备工作。

通过近两个月的基本建设、环境整治和基础训练，到4月底5月初，一个和平安静的学习环境和氛围初步形成。救护总队队长兼卫训所主任林可胜定于5月8日，在总队部的简易操场上，举行卫训所来到图云关后的首个开班典礼。包括入伍新生、救护总队部全员和原本在训的各类学员，所有来到图云关的整个体系全体人员参加。

"林可胜"三个字，对许多新来者而言，虽早就如雷贯耳，但确实有不少人还是今天第一次见到他。在按照军事化要求整队结束后，林可胜首先请护理科主任周美玉教授为大家领唱《五月的鲜花》：

五月的鲜花开遍了原野

鲜花掩盖着志士的鲜血

为了挽救这垂危的民族

他们曾顽强地抗战不歇

……

再也忍不住这满腔的愤怒

我们期待着这一声怒吼

震天的吼声

惊起这不幸的一群被压迫者

一齐挥动拳头。

随着歌声的止歇，从小生长、学习在国外，直到1924年才回国担任北京协和医学院生理学教授兼生理系主任的林可胜，开始用生硬的汉语，发表激情昂扬的开班演说：

同学们，同胞们！

刚才大家唱的这首歌的歌词，是光未然先生于1935年发表在报纸上的一首小诗。当时的他，正像今天的我一样，想起了在上海"五卅"惨案中，两次与协和学生一道上街游行示威时的情景。敌人用刺刀阻止同学们的脚步，许多人付出了鲜血的代价，但大家仍然情绪高昂，没有一步退缩……

说着说着，这位惯常讲英语的救护总队队长兼卫训所主任居然"跑调"成了纯英语演说，逗得大家一阵哄笑之后，随即请总队部干事室英文秘书王春菁小姐为他作中文翻译。林可胜在向大家表示歉意后，索性放开语言障碍带来的窘态，直接用流利的英语继续往下讲：

同学们！同胞们！光未然先生这首名叫《五月的鲜花》的小诗被谱上曲后，迅速唱遍了大江南北，长城内外。今天，是救护总队部和卫训所迁到图云关后，我们借着卫训所的首期开班典礼，举行的一次全员大聚会。我首先要对被录取进入卫训所就读的新生，以及原本就在卫训所接受战地医护、传染病防疫等基本技能培训的青年朋友们表示热烈而由衷的欢迎！

请大家抬头看看这图云关上的四野八山，杜鹃花开得多么艳丽可爱。因为这正是我们祖国南方杜鹃花盛开的时节啊！可是，我们的大片国土，不仅东北华北早已被日本鬼子侵占，就连诸如闽浙赣、两广两湖这些杜鹃花喜于生长，分布最多的南方诸省，也没剩下几块未被鬼子糟蹋的净土了。淞沪会战，我们牺牲了多少将士？我们的国都南京已被日寇占去，政府也被迫迁到了重庆，甚至还来不及统计有多少同胞在南京大屠杀中，惨死在鬼子的屠刀下！

自 1938 年 6 月开始，历时四个半月的武汉会战失利，又被鬼子占去了包括武汉三镇和广州在内的大片中原及南粤国土。我们四万万五千万不愿做亡国奴的人民，几年来，一直不屈不挠地穿梭在枪林弹雨中，挣扎在死亡线上。无数失去家园的同胞沦为难民，终日颠沛流离在失所的痛苦和毫无终点与时间界限的逃难途中。

同事们，同学们，朋友们！我们的同胞姊妹，父老乡亲，正在日本军国主义的铁蹄下，承受着惨无人道的野蛮蹂躏。我们不久前刚撤离的长沙已经毁于大火。今天在场的年轻人，应该也不乏来自逃难途中者。我们必须如《义勇军进行曲》歌词所唱：

"中华民族到了最危险的时候，每个人都被迫着发出最后的吼声！起来！起来！起来！我们万众一心，冒着敌人的炮火，前进！"

因此，我们要珍惜图云关这片安宁氛围，不辜负这片尚未被鬼子玷污的净土，不贻误这也许是短暂、但却十分难得的学习提高机会。每位学员都要立志学好本事，为抗战的最终胜利做出不懈努力。

同学们！大家今天志愿加入红十字行列参加学习，所接受的培训内容和攻读的方向也都属于战场救护、诊疗护理以及与疾病息息相关的防疫领域，而且大多数人都会成为一名红会属下的医务工作者或将为此奉献终身。因此，我们首先必须了解什么是"红十字运动"及其简要发展历程；其次是要知道红十字会创始人亨利·杜楠和与红十字有着不解之缘的南丁格尔这两位重要历史人物。

我首先要说说，红会究竟是个什么组织，具有什么基本属性，将在抗日战争中充当什么角色，起到什么作用，做什么具体工作。

红会是国际红十字运动的产物，它起源于战争。世界战争史证明，战场救护成为红十字人的天职。人类虽然无法阻止战争的发生，但却应该尽量避免战争带来的伤亡和惨剧。然而直到 19 世纪中叶，对于战争伤亡人员，仍然缺乏一个有组织的健全护理保障体系，也没有任何安全且受到保护的机制来收容并治疗战场上的受伤者。

1828 年 5 月 8 日生于瑞士日内瓦的亨利·杜楠，成年后曾亲眼看见过法国拿破仑三世指挥的"索尔费里诺"战争，看到战后留下的近万名伤员身上鲜血流淌，惨叫声不绝于耳。面对战争的残酷和恐怖，杜楠心想，作

位于贵阳图云关的中国红十字总会救护总队队部

战双方都是人，所有的人都是娘生的，痛苦都是相同的。于是杜楠动员当地医生护士迅速组成救护队，从硝烟弥漫、鲜血染红的战地上寻找生命，居然从死尸堆中抢救出四千多名幸存者。

杜楠的行动受到社会公众，甚至是拿破仑三世本人的交口称赞。杜楠随后将战场上的所见所闻，写成了一本《索尔费里诺回忆录》，向人类呼吁"远离战争，珍爱和平"，并提出两个倡议：一是各国应设立全国性志愿救护组织，平时训练，战时救护；二是签订一项国际公约，给予救护组织中立地位。

1863年年初，一个由杜楠任秘书的五人伤兵救护国际委员会在日内瓦成立并召开会议，呼吁组建一支被交战双方共同视为"中立"且佩戴或张挂统一标志的"志愿者救护组织"，储备好救援物资，在战争爆发时前往战区，提供医疗急救服务。

一年后，瑞士政府邀请所有欧洲国家及美国、巴西、墨西哥等国政府参加在日内瓦召开的正式国际会议，签订了"改善战地武装部队伤者境遇"的首个公约。在国际会议通过的《日内瓦公约》中，对杜楠所提战场救护的"中立"地位予以认可，并决定了救护人员的识别标识，为武装冲突中的伤兵、战地医护人员和特定人道机构提供安全保护并保障他们的中立性，从而第一次建立起具有法律约束力的国际规则。从此，体现人道主义战地救护的神圣"红十字"得以诞生。在日内瓦签订的第一公约，促成了各国红十字会的建立并为随后的《国际法》奠定了基础。

另外，公约还对"伤兵救护国际委员会"认可的国家救助协会规定了两项要求：一是国家救助协会必须为本国政府认可为符合公约的协会；二是相应国家的政府必须是《日内瓦公约》的缔约国。伴随着"日内瓦第一公约"的诞生，第一批国家救助协会相继成立。从此，红十字运动得到国际社会的承认和保护。

随后几年，几乎所有欧洲国家都成立了救助协会，并于1876年正式命名为"红十字国际委员会"，英语缩写为 ICRC。国际红会每四年召开一次大会选举主席。主席既是大会成员又是国际红会领导人。

1901年，晚年的杜楠先生因倡导红十字运动获得首届诺贝尔和平奖。为铭记杜楠先生的奉献精神，国际红会联合会决定把 5 月 8 日的杜楠诞辰日命名为"世界红十字日"，并倡导世界各国红会每年这天都要举行不同形式的庆祝活动，以纪念这位伟大的人道主义先驱，弘扬他的无私奉献精神。

以上综述表明，国际红会是一个具有非政府主权实体的人道主义救助机构；它遵循人道、公正、中立、独立、志愿、统一和普遍的基本原则；其宗旨主要是为战争和武装暴力的受害者提供人道主义保护和援助；总部设在瑞士日内瓦，标志是中间白底红十字，周围圆圈用法语写着该组织的全称；运作资金主要来自各国政府以及各国红会的自愿捐赠。国际红会有着严格的经费财务管理体系，每年都会发布两项资金需求：一是用于支付内部开支的总部资金；二是用于各项行动的紧急资金。所有支付给国际红会的款项都是基于这两项资金需求且自愿捐助的。

1925 年，《日内瓦公约》第一附加议定书将作为武器使用的窒息性或有毒气体和生物介质列入禁止范畴获得通过。四年后，对原《日内瓦公约》进行了修订并制定了"关于战俘待遇"的第二公约。

第二次世界大战爆发后，国际红会依据《日内瓦公约》1929 年修订版，开展了探视并监督战俘营、组织对平民的救助、管理有关被关押者和失踪人员的信息交换。

与杜楠先生同时代的英国护理人员南丁格尔女士看过杜楠的著作后，感慨万千，除写信给杜楠表示赞同和支持外，还四处传扬杜楠的思想，并在英、法、土耳其联军与沙俄在克里米亚的交战中，主动申请率38名护士抵前线服务于战地医院。她每个夜晚都手执风灯巡视，使伤病员死亡率大幅下降，被人们亲切地称为"提灯女神"。

战争结束后，南丁格尔被推崇为民族英雄。1860年，南丁格尔用政府奖励给她的四千多英镑，先后创建了世界上第一所正规护士学校和助产士学校，被誉为"现代护理教育的奠基人"。南丁格尔将一生奉献给了护理事业，成为护士精神和人道精髓的代名词。其精神实质，就是用爱心、耐心、细心和责任心去善待和照顾每一位病人；其人道精髓，就在于奉献，要像蜡烛一样燃烧自己，照亮别人。

中国红会的诞生，同样由于战争的强力推动。中国红会以"博爱恤兵，救死扶伤"为宗旨，恪尽职守。中国红会自诞生以来，会员们一直出生入死，在战火纷飞的硝烟中救死扶伤。在辛亥革命、二次革命、护国运动、北伐战争等战场的枪林弹雨中，都留下了红十字的闪光足迹。及至抗战前夕，中国红会已在全国建立分会520个，医疗卫生机构262个，发展

贵阳图云关的后方医院、疫苗工厂接种室等

会员三十余万人。

抗日战争是中华民族的壮举和惊天动地的伟业，也是中国红十字运动史上的里程碑。在这场攸关中华民族生死存亡的战争中，中国红会总会及所属各地分会，包括在场诸君在内的各级会员，全都义无反顾地投入抗战的人道救援中，从而创造出了世界战争救护史上可谓惊天地、泣鬼神的丰功伟绩，将被世代铭记传颂。

自从抗日战争开始，中国红会总会更是责无旁贷地积极参加到战场救护中，从"九一八"事变到"一·二八"事变到七七事变再到"八一三"事变，由每次事变引起的惨烈战争，中国红会都迅速作出反应，组织救护队。队员们自愿地、积极主动地冒着枪林弹雨，救护伤兵和难民；以战地救护为中心，以巨大的牺牲精神投身保家卫国战争的救援中，谱写出一曲曲激昂乐章，彰显出人道光辉，受到社会各界盛赞。

同学们，今天正是5月8日，是国际社会以杜楠先生生日来确定的国际"红十字日"。我们在纪念杜楠先生的同时，更要倡导大家学习杜楠和南丁格尔的奉献精神。今天还能有这片尚未被战争烧焦的土地供我们安心学习，是在场每一位同学和同仁的福气。我们虽然不能上战场与鬼子直接拼杀，但大家要懂得，通过每一位的共同努力，学习掌握战地救护的基本技能，且不要说这个过程本身就体现着最富生命力的"人道、博爱和奉献"的红十字精神内涵，而且通过救死扶伤的工作过程，能够多抢救成功一个伤者、多救活一条生命，就意味着我们为抗日战场多送去一个员额和多增添一份力量。

同学们，从1931年的"九一八"事变开始，日本对我国的入侵已经快八年了。军事家蒋百里先生在他的《裁兵与国防》中曾写道：

"呜呼，我国今日，乃日日在威胁中者，非彼侵略性之国家为厉哉？（注：专指日本）然则彼利急，我利缓；彼利合，我利分；彼以攻，我以守；此自然之形势，而不可逆者也。"

蒋百里还明确指出御日制胜的唯一方法：

"即是事事与之相反：彼利速战，我持之以久，使其疲惫；彼之武力中心在第一线，我侪则置之第二线，使其一时有力无处用。"

至于中日这一战的最后结果，蒋百里在1937年结集出版的《国防论》

之扉页中开宗明义就说：

"千言万语，只是告诉大家一句话，中国是有办法的！"

他还指明了抗战方略，就是：

"胜也罢，败也罢，就是不要同它讲和！"

同学们，七七事变发生后，日本在侵占我国大片领土的同时，还实施"文化亡华"政策，特别是规模化摧毁我高等教育机构。这虽然给我国高等教育带来了前所未有的劫难，但谁能否定这将是一次对文化教育机构实施改革求变的极好机会？与我们迁来图云关相类似的全国高校内迁，首先肯定是政府为应对战时需要而采取的应急措施。但同时也应看到，政府也正在借此机会，有针对性地对内迁高校实施一系列改革措施，进行布局调整，借助战时整顿高等教育体系。

国民政府教育部曾针对抗战期间的教育现实指出：

"抗战既属长期，各方面人才直接间接均为战时所需要。……故不能不有各种临时措施……青年之入校修业，自国家立场观之，读书实为其应尽之义务，使青年而有废学之现象，实为国家衰亡之危机。"

蒋介石也曾针对教育问题发表"训词"指出：

"我们切不可忘记战时应作平时看，切勿为应急之故就丢失了基本。我们这一战，一方面是争取生存，一方面就要在此时期中改造我们的民族，复兴我们的国家。所以，我们教育上的着眼，不仅在战时，还应看到战后。"

国民政府迁都重庆后，富庶而交通相对便利的大西南逐渐成为大后方中心，随着经济的发展对人才的需求日渐旺盛，客观上需要对教育规模的发展和教育机构的布局进行调整。政府在组织高校内迁的同时，也在借机实施对高校进行合并、重组等一系列措施。所有这些，都显示出适应开发

林可胜总队长

图云关救护总队的整体布局

西部并服务于"抗战建国"的战略意图。

为着贯彻落实政府有关战时的教育政策，也为着适应战场救护对医疗卫生人员的迫切需要，还为着给因战争而失学的青年创造一个读书深造的机会，更是为着提升医护人员的整体素质进而提高基层医护队伍的士气，还要考虑规划开办学制相对较长的养成教育，以弥补长期抗战带来国家医疗卫生力量的代际缺损。但是，要开展正规的医学教育，需要一整套切实可行且相对稳定统一的教材。同时，医院管理必须有科学的操作规程，才能提高工作效率，杜绝医疗事故发生。按照政府教育主管部门的政策精神、意图和安排，既为更有效适应战时军队救护技能的培训提高，也为医疗科学教育的长远规划，统一医疗科教和提高战地救护作业，便成为卫训所各位教官当前必须思考和尽快实施的一项重要工作，也将成为每位学员努力进取的方向。

林可胜讲话结束时，响起经久不息的鼓掌和欢呼声。这交织的激情混声，响彻云霄，为仲春的图云关平添无限欢乐和战斗激情。

第二节　启养成教育以续青黄

史料记载，抗战初期，全国医学院校毕业的医生仅 6000 人，加上民间郎中也不足 9000 人；护理院校毕业的护士、助产士及药剂人员仅约 7000 人；两部分合计大约 1.6 万人。而当年的国际标配，则是每 0.15 万人需配一名医生，按中国当时的人口总数，约需 27 万名医医。

再看军队。按当时美军配置，是每千人三至六位军医。而中国五百万军队，应配置 1.5 万～3 万人；但实际情况却是合格军医不及千名，仅约占万分之二。加上财政力量羸弱，急救设备不足，药品器械短缺；又兼战时环境卫生条件极差，战士身上普遍长满虱子，导致疾病随时流行，甚至危及生命，以至于中国战场救护面临异常艰难的窘境、险境，令人思之情急。

美军在第一次世界大战期间，每 14 名伤亡人员中，只有 1 名是死于疾病，约占 7%；但在中国抗日战场，每 10 名伤亡人员中，竟有 9 人死于疾病，再加上日军进行惨无人道的细菌战，伤亡更不计其数。

鉴于此种情况，林可胜自从受命担任卫训所主任开始，心中就将医护人员的培养放在极其重要的地位一直在思考着。1938—1939 年，卫训所共培养三千余人。虽然其中多半仍只具备低级医护技能，但他们还是倾其所能，将卫训所传授的知识逐步扩散普及开来。很多军队中的环境卫生、医疗体系、饮食服务、灭虱治疥以及流行病防疫等，都直接或间接在卫训所结业学员的影响下逐渐建立健全起来。

自救护总队部与卫训所和第 167 野战医院员工陆续到达图云关后，救护总队部便下令将在湖南芷江战场前线，协助第 4 重伤医院与第 32 后方医院手术治疗，从汉口撤至长沙后改编入第 2 大队第 12 中队，汪凯熙任中队长，医疗技术实力相对雄厚的原第 18 医疗队约 20 名医生，于 1939 年 3 月 18 日全部调回图云关总队部，作为医疗专家和师资团队，充实卫训所的教学力量，同时兼顾第167后方医院治疗服务。

因为在这批人员中，绝大部分都是林可胜在协和任教时期最得意的门生，而且"九一八"事变后，一直随他加入协和学生救援队训练。其中绝大多数都曾自长城抗战开始，前往古北口、喜峰口等地参加过战场救护。上海、南京相继失陷后，他们又紧随林可胜来到武汉，加入救护总队，成为救护总队首批最忠诚实干的骨干队员，近两年来，一直都在战场救护中出生入死、抢救伤患。

根据在战场救护中遇到的具体问题所总结出的实战经验和现场实地条件，以林可胜为首的卫训所专家教授们，制定了适应抗战环境的教学规程，决定编写一套相对完整、规范、科学、简明、实用的教材。在征得卫训所资深专家教授的同意和广泛征求各方面的意见建议后，林可胜决定将此套教材交由以下同仁来编写：

拟聘周寿恺执笔《内科学规程》，张先林执笔《外科学规程》，周美玉、孙秀德完成《护理学规程》，容启荣、施正信完成《防疫学规程》，过祖源、刘永懋完成《环境卫生学规程》。

各科教学规程编写出来后，组织具有丰富经验的专家教授十余人，针对战地治疗军民伤患的实际需要和受训学员能否负荷进行悉心研讨，列举必要的诊视或规定以及处理程序与方法，经各科修改增删审定。鉴于林可胜中文读写困难，还需先将稿件译成英文，交他审稿修订后再译成中文，送香港出版后空运回贵阳，分发给各学组，以及救护总队各基层医疗队学习或参照使用。根据申请，也可以提供给部队军医部门和地方医疗卫生单位做参考。

这些集卫训所专家智慧之大成的各科类《规程》，既适于短期受训者以此为师，循规操作，用以指导工作实践，也可作为接受高等教育学员深造的基础教材。在这些简明教材指导下的教学成果，应能达到医疗、防疫、救护措施等的标准统一、教学统一与实践统一，使接受教育培训者掌握的医学知识、技术手段、药剂用量等实现标准化、科学化和统一化。

例如，针对高烧病人应统一采取下列五项措施：

"禁止即服退烧剂；取血片标本；送附近医疗队检验；送灭虱站沐浴灭虱；听候医疗队医师指示处理。"

经过自救护总队和卫训所创建以来所亲自参加的医疗救护实践检验，经查实曾经接受教育程度和工作经历以及既往的科研成就，林可胜宣布了体现出庞大医疗技术组合的卫训所专科学组任命名单：

卫训所副主任卢致德、张先林；教务科长柳安昌；公共卫生主任马家骥；内科主任周寿恺；外科主任张先林（兼）；护理主任周美玉；组织主任汪凯熙；环卫正副主任分别为过祖源、陈韬；防疫主任容启荣（后来是施正信、薛荫）；X线主任荣独山（兼）。此外，还有微生物、生化、理疗、复健等学组的相应负责人待研究确认后任命。

沿着图云关上一条小径，越过山头向北进入山谷，最先映入眼帘的几排茅草构建的简易宿舍，便是这个号称专家团队的驻地，原第18医疗队成员几乎全部居住其中。

除上述师资力量外，这一时期，又因材施用，调整、增加、起用不少新来的医学尖端人才；将获得过医学高级职称，曾在相应的社会医疗卫生领域担任要职，且在救护总队成立初期就纳入总队部领导班子成员的各位医学专家，增聘到卫训所各科组中并委以重任。

例如：总队部干事马家骥，协和医学院博士，曾任协和医学院公共卫生系助教，中国农村建设协进会社会医学组副主任；总队部干事周美玉，毕业于协和医学院护士学校，曾任协和医院病室护士长、中华平民教育促进会农村公共卫生护士研究班主任；总队部干事兼总务股股长张祖棻，浙江公立医药专门学校毕业，曾任甘肃省卫生实验处处长；总队部干事兼医务股主任荣独山，协和医学院医学博士，曾任中央医院X光科主任；医务股副主任蒋旭东，国立同济大学医学学士，曾任江苏省立戒烟医院院长、中国护士长总会首都医院初诊室主任；总队部干事兼材料股主任陈璞，浙江公立医药专门学校药科毕业，曾任中央救护事业总管理处专员；总队部干事兼运输股主任胡会林，德国史都格航空学校毕业，曾任八一三上海救护委员会运输股主任。

为进一步完善救护总队的组织体系，更有效指导各医务队实施急救、防疫和公共卫生工作，在原已建立的指导员制度基础上，又作了调整和加强。所有医护专家都必须兼任救护总队下属的指导员或视导员，并根据需要随时派赴战地前线指导或督查救护队的医疗工作。具体任务是指导各医务队技术及拟订医务人员的培训计划和方针等。经过训练后的医护员，主要派往各分队担任领导或从事技术指导。

依照以上思路和有关规定，这一时期各有关部门具有指导员身份的分别为：内科指导员杨济时，协和医学院医学博士，曾任中央医院内科主任，湘雅医学院内科主任、教授；内科指导员周寿恺，协和医学院医学博士，曾任协和医学院内科助教；外科指导员张先林，协和医学院医学博士，曾任协和医学院外科副教授；医防指导员容启荣，协和医学院医学博士，曾任北平市第一卫生事务所所长、广东省政府防疫专员；医护指导员孙秀德，齐鲁大学医学院护士学校毕业，曾任中央医院护士部副主任；医护视导员龚棣珍，协和医学院护士学校毕业，曾任南昌省立医院护士部主任；社会服务指导员邹玉陪，美国纽约大学教育学院硕士，曾任协和医学院社会部干事。

如前所述，救护总队在因应长沙会战的整个过程中，尽管各基层救护队和全体队员甘冒危险，恪尽职守，历尽艰辛，倍加努力，大都取得了较好成绩。但随着抗战日深，战线扩展，伤员大增，后方医院日见拥挤，加上设备多简陋，技术跟不上，人力更稀缺，于是中外人士逐渐颇多建言献策，当然也难免出现闲言碎语。

卫训所迁图云关后，由于获得了相对稳定的战时政治生态环境，在全社会和军队中声望逐步得到传扬提升，参加战场救护工作或流亡途中的大量青年闻讯纷至沓来，又相应增加了医疗教学设备，基本具备规模应对军事和战场救护需要的培训能力和条件。

加之来到图云关救护总队的人员，有近半是各医疗大专院校毕业生，大都能承担医疗教学任务。也就是说，救护总队的医生可以根据需要调任卫训所教员；反之亦然。因此，在图云关，师资均系一时才俊，学高资深，经验丰富，整齐高效；实习场所更加规范，示范教室得以配备；教师教学认真，学生求学心切，组织纪律严明，上下团结一致，士气精神如虹，时时都展现出一派兴旺景象，从而形成了颇具时代特质的图云关精神，培养出大批军医、护理和检验人员。

为便于战区军医训练，从 1939 年夏末开始，卫训所奉命在陕西褒城（汉中）成立第一个分所，就近训练西北一带各军医院及部队中的医务人员。随后根据战地救护的实际需要，又陆续在江西弋阳、湖北老河口、四川黔江、湖南东安以及缅甸兰姆伽等地设立训练分所。国内各分所驻地，都同时驻有救护总队的大队部，人才师资与卫训所及各分所设备均可交互协助共享，构成一个相当规模的医学中心，最大限度地利用人力和物力，故各分所医护教官相对健全且水平较高。

由于若干卫训分所的相继诞生，由原名简称的"卫训所"，在针对贵阳总部时，往往也被称为"卫训总所"，其经费、设备还是主要依靠政府预算拨付维持。为加强对各分所的管理指导，卫训总所增设卫勤训练中心，由杨文达、汪凯熙、李庆杰兼负责人。

六个卫训分所的驻地分布以及正副或先后主任分别为：驻陕西褒城的一分所主任为严智钟，后因车祸受伤，由陈韬继任；该所外科学组主任为协和医学院1928年毕业的万福恩；内科学组主任为协和医学院1929年毕业的汤泽光；骨科学组主任为协和医学院1932年毕业的袁印光；眼科学组主任为协和医学院1930年毕业的潘作新。先驻江西弋阳，后迁至福建邵武的二分所主任先为何鸣九，副主任徐步安。驻湖北老河口的三分所主任为协和毕业的马家骥，副主任刘佐才。驻四川黔江的四分所主任为协和毕业的彭达谋，外科学组主任是协和医学院毕业的范乐成，主要教官为协和医学院1940年毕业的高景星。驻湖南东安的五分所主任为同济大学医学院毕业的林竟成，外科学组主任为齐鲁大学毕业的王兴国；内科学组主任为吴国兴；妇产科学组主任为上海同德医学院毕业的盛梅卿；环境卫生科学组主任为林寿梧。驻滇缅战场兰姆伽的六分所主任为马安权，后来迁回昆明后改为吴国兴；当时派入缅甸救护队的还有计苏华、严家贵、龚念慈三位高学历者。

各分所皆为短期三个月训练，也分为四个不同班次，甲班为军医班，以教授军阵救治、内外科、卫生勤务为主；乙班为助理军医班，教授护理病学、环境卫生学等科目；丙班为士官班；丁班为看护班，偏重救护、担架、卫生勤务等常识。此外，还设有临床检验班、X光射线技术员班和环境卫生工程技术员班，以及一期半年的防疫进修班。学员结业后，仍回原送训单位服务。

不久，各分所驻地和主任有所调整，分别为：驻陕西的一分所为陈翰，驻福建的二分所主任为刘经邦，其余未变。

在学科方面，以第一分所为例，外科、内科、骨科、眼科由均为协和医学院毕业的万福恩、汤泽光、袁印光、潘作新分任主任。其中外科由辽宁医学院毕业的孙大光、马志千、支永振为高级教官；内科由孙文政、杨枫为高级教官，谢景奎为教官。护理部主任由曾任协和医院护士的李秉芳担任；清华毕业，曾任北京卫生局第四科科长的卫生工程师王树芳担任卫生工程组组长，工程师陈贻谋为教官；齐鲁毕业的秦佩文为传染病高级教官。有关教学成员，各分所大同小异。再例如四分所外科的范乐成和内科的朱文思，均系协和毕业且颇具学术造诣者。

之所以摘要列出这些分所部分师资的姓氏学历，周美玉在其回忆文章中如是说：

"只因这批人士在抗战期间，激于爱国热情，响应林氏之号召，不问待遇，不计处境，尽忠职守，热心服务，均成为我国军医日后教学与临床的领导人士，对我军医自有其莫大贡献。而我军医医疗临床之成就，为军民所赞誉，声誉日隆，亦仰仗此批人士的真才实学而来，故知其详不得不述其实，以启来日之追思。"

自从来到图云关后，林可胜就一直在构思，为着国家前途着想，而且青年人也应该有所提拔上进，不能老当佐理员。再加之军医人员只接受短期训练，素质不可能大幅提高，待战争结束，留下来的仍是一个训练不足和徒具虚名的军医群体，应该在卫训所开启类似战前正规医学院校那样的养成教育。

这个想法主要是基于抗日战争进入相持阶段后，面对"旷日持久的战争何时才能结束"这个大问题，他大脑中形成的一种深谋远虑。战争如果遥遥无期地持续下去，国家正规的医学卫生教育长期处于停滞状态，形成医疗卫生人才青黄不接，甚至遭遇历史性断代，那么，将会使国家和人民面临灾难性后果。如真落下这样的结果，似他一样的医学前辈，也会从心里觉得愧对国家和民族。因此，林可胜总队长决定，在卫训所成立分期军医班和高级护理教育班，给军队医护人员施以分期、分科训练。

进入1940年，鉴于卫训所规模不断扩大，以林可胜为首的专家团队，决定对卫训所各科组的师资力量再次进行调整、充实和加强。将课时延长为三个月，课程面向四个等级人员设置：校官、尉官、医护员以及看护兵；每个等级又分为医疗和卫生工程两类，并增设临床、检验、矫形、放射方面的内容，也为有能力者提供进阶课程，整个培训体系逐渐趋于完善。目的是为开设养成教育相对应的师资准备。

相关事宜基本就绪后，即任命燕京大学生物学硕士、美国康奈尔大学生物学博士林绍文为军医科主任。外科组增聘同济大学医学院毕业后留德的骨科专家屠开元和协和毕业的汪凯熙为高级教官；内科组增聘辽宁医学院毕业的湘雅医学院内科主任吴执中兼内科教官；放射科聘请救护总队医务股股长、协和毕业专攻 X 光及物理学科的荣独山兼任主任，钱家其及顾菊珍为教官；预防医学科继续聘请协和公共卫生科容启荣为主任，香港大学公共卫生科毕业、留学英国归来的施正信任高级教官，后由施正信任主任；护理组增聘协和护理系毕业的龚棣珍、齐鲁大学医学院护理系毕业的孙秀德分任高级教官；卫生工程组改聘交通大学毕业、留学美国哈佛的卫生工程师刘永懋和倪世槐分任主任及高级教官；生理学组聘专攻生理学的协和毕业生柳安昌任主任；生物学组续聘林绍文兼主任，协和的梁序穆、许织云与沪江医学院毕业的王申望为高级教官；化学组聘协和毕业的李冠华为主任；检验组聘华西医学院的陈文贵及协和毕业的林飞卿分任主任及高级教官；卫生勤务组聘徐步安为主任，马安权为高级教官。这样的师资人才队伍，高端而严整，为国内外医药卫生学界同仁所认可。

在此基础上，卫训总所的养成教育逐步开展，定型为三种模式：基本教育、辅助教育和深造教育。基本教育是针对各种、各级卫生人员的任职前教育，其要旨在于培养成为合格的技术型军事卫生干部；辅助教育是针对无学历之现职卫生人员的教育，其要旨在授以业务学识与技能，增进服务效率；深造教育是为现职现役卫生兵曾受过基本或辅助教育后的再教育，其要旨在于选拔人才，改善军队卫生作业。

1940 年年底，先选择两个卫训分所进行实验性养成教学，将相关学科的学时增加至六个月。随后，开始酝酿更长期，包括数理化和基础医学课程，增设三年和六年两种长期课程。在参考职务等级的同时，通过考试选拔，向低级医护人员开放三年专业课程，向高级医官进行等同于当时教育部医学院校水平的六年课程教育。

　　但是由于战时医护人员奇缺，不允许长期脱岗学习，只能将培养军医官的六年课程设计成"分期教育"形式：学员在完成一个"分期"学习后派往部队见习一年，再轮换回来继续下一个"分期"的学习，直到完成所有阶段学业为止，最后到医院实习一年。此种教育打通了医学职业教育和正规院校教育间的通道，学员可获得等同于国立医科大学的完整教育，成为合格的军医人才。

第三节　杏坛留名桃李自成蹊

　　"分期教育"模式的构思和实践，充分体现了林可胜教授想国家之所难、急民众之所需的崇高思想品质和深厚民族情感。由于日军侵略破坏了全国的高等教育体系，打乱了国家的整个医学教育秩序，因此，分期教育不仅为满足战时救护需要，还寄托了战后能够继续为民用医学服务，为战后国家医疗体系的恢复打下技术理论和人才基础的良苦用心。在分期教育计划书中，林可胜将战时的战区、集团军、军、师、团、营、连以及前线士兵与普通百姓的医疗需求——对应为省、监察区、县、次级县、村和社区，从而使战时的军队医学教育能为战后公医制度和国家医疗事业接续青黄、继承发展创造条件。

　　之所以要尽速实施军医的分期教育，除前述长期潜藏于林可胜脑中的深谋远虑以外，还由于在林可胜心里，一直都缠绕着一个既忧国忧民，又无可奈何的苦衷。一是因为抗日战争难以预料地将无限期持续延长下去，部队急需中高级军医人才，无法等待接受正规教育的六年制大学医科毕业生的到来；二是入校门槛若限制为正式高中毕业生，鉴于当时广大的敌占区内学校基本上都处于停课状态，面临生源奇缺的窘境；三是大量具有爱国情怀、赤子之心，有意报效祖国的流亡学生，却苦于失学之痛，报国无术。

　　于是，林可胜考虑，将原来培养军医官的六年分期教育设想，结合抗战时期的实际再进行大胆地调整和改进，增加两年时间，改成八年制。

也就是将就读时间分为三个阶段，学业分八年完成。第一阶段，在校念两年基础和医学教育课程，然后以少尉医官军衔分配到各总医院接受临床实习一年；第二阶段，在升高学业等级基础上，重复第一阶段模式；第三阶段，再回校念两年的专业课程后，方获准正式毕业。在这样的课业安排基础上，入校标准则可以降低为初中毕业或高中肄业，从而既解决了生源问题，又为大量热血青年提供了就读机会和学成后报效祖国的能力。

此种分期教育的课程设计也考虑到了尽可能适应战时医护的需要。学员轮流参加分期课程学习后，可将一个阶段的所学应用到实践中，既帮助其消化理论知识，也可改善和提高军队医护服务；完成所有阶段的学业后，学员成为所在医疗单位的领导者，带动周围医疗环境的改变，实现由个人到群体的逐渐"换血"和技术水平上质的飞跃。

同时，卫训总所的教学内容，除养成教育的分期教育班次，按正规医专施教外，其他各班次，均继续以前述各科专家编撰的教学规程为依据。因为实践已经证明，由于此项规程的编订，万分谨慎，一切以符合战场实际为标准，非常适合短期训练者接受，其绩效甚高，不愧为集专家智慧之伟大成果。

进入 1941 年后，协和医学院护士专业科班出身的周美玉教授建议成立军护学校。这一建议与林可胜心中所想不谋而合。之所以产生成立军护学校的想法，是基于抗战时期，公、私所立护士学校甚少，合格护士尚不能满足民间医院所需，更何况军中急需。因此，护理工作一直是部队医院中最最薄弱环节，严重影响护理质量，降低医疗效果。加之当时军中没有编制授予军官护理职务。为推动护理工作，卫训总所寄望训练佐理级军医，以替代执行医、护双重职责，同时调动军护的积极性。于是，卫训总所开始考虑筹办高级护理职业学校，尝试改变军护不能晋升军官的限制。

另一个开展的是卫生勤务课程班。卫训所除了通过讲解的方式，教授军医人员军队医疗卫生工作的技术、组织等，还按照军队建制，组织卫生营或称卫生大队，下分救护、医院连队等，向学员具体展示军队医疗卫生工作如何分工展开。考虑到运输困难，卫训所还仿照救护总队部做法，增加示范卫生大队，移动到野战区教学。

1942 年 9 月，即使在林可胜专任卫训所主任赴滇缅战场任军医顾问期间，军队卫生人员的养成教育依旧在严智钟主持下持续进行，尤其注重"无正式学历"的现职医官的短期补充班晋级教育。

1943 年，蒋介石发布"凡军中从事医疗服务人员，皆须入战时卫生人员训练所受训"的训令。有鉴于此，卫训总所的编制再度扩大，师资力量再度加强，教育时间继续延长，培训内容急需增多。此时，尽管林可胜暂时离开图云关赴滇缅，但继任者依旧按照他制定的教学规划、拓展思路、培养方向和教材内容，均已基本准备就绪，并将尚未实施的养成教育继续推向实质性开展。于是，卫训总所按照军医、护理、卫生勤务等科目，加速开办分期教育和高级护理职业教育。

与此同时，林可胜决定将成立护士学校也纳入议事日程，在报军政部同意批复后，于 1943 年 7 月正式核准成立，每班招收 50 名学员。

根据当年教育部规定，初中毕业进护校接受高级护理教育者，最少需学习三年，实习一年，毕业期限定为最多四年。学历至少得有初中毕业程度，高于初中者更佳。按照教育部规定，报考资格定为初中肄业以上学历，男女兼收，并于同年 11 月在卫训总所开课。护校的教学内容在原定基础上增加三成护理课程，结业后兼任病房护士长一级的职务，以改进军中护理作业。班主任由教务主任徐鹤皋教授兼任，教官由协和医学院毕业的徐蔼诸、余道贞，湘雅医学院毕业的杨德标女士担任。这个师资力量的配伍，在当年也是全国之最。

在图云关卫训总所，这样的班共开了第一、第二、第三班。此外还设有临床检验班、X 射线技术班和环境卫生工程班。据说还办过半年一期的防疫进修班。

有两位亲历者的回忆，充分说明了当年卫训总所实施的养成教育实践和对战时军医力量的加强以及对战场救护做出的历史性贡献。

其一，据图云关后裔樊开淑的父亲樊哲松健在时所写回忆，充分证实了当年卫训所开设的战场救护培训科目和相应的医学教育类型。樊哲松的教育经历和工作实践，与前述分期教育基本一致。

1939 年 5 月初，樊哲松与胞弟樊林在重庆报考并同时被录取到卫训所学习。此时，救护总队部和卫训所刚迁驻图云关不久，樊哲松兄弟俩应该是入读卫训所的首批考试招录新生。兄弟俩接到录取通知书到图云关报到后，樊哲松被分配到卫训所第五期外伤急救班学习，内容包括：基础病理和生理解剖、战时外伤急救包扎、内外科普通常见病基础、化学毒气知识与防治等。樊林被分配在放射学班学习。

结业后，樊哲松留救护总队部，在汪凯熙博士兼任队长的教导队任外伤急救助理教员的预备医助。每日除工作外，还利用一切业余时间继续坚持自修，创造深造条件。不久，樊哲松被提升为初级见习助理医师，在各位专家教授指导下，逐渐可以施行普通腹部外科手术，诸如阑尾切除、腹部子弹与弹片摘除及肠部创伤缝合等以及内科常见病、多发病的初步诊断和处理。

1940 年 9 月，樊哲松调到卫训所实习医院，即第 167 后方医院，任二等佐住院军医，从此成为一名军人。不久，内科指导员吴硕佐硕士提调为第 167 后方医院院长。又过不久，由院长吴硕佐介绍，樊哲松等人集体加入国民党，宣誓为保卫国家做奉献甚至牺牲生命。此时，医院给樊哲松带职带薪送卫训所第 13 届乙级军医班再学习，结业后升入第 14 届前期甲级军医班深造，以学习军阵救治，内科、外科，卫生勤务为主。教材全是卫训所内的协和系教授主编的内科、外科、骨科、检验、X 光、生理解剖、军政卫生等科目。甲级军医班所选的教授内容有深度，且非常丰富，又较为重视医院实习。这些学习内容还被列入毕业考试重点。结业后，樊哲松回送训单位第 167 后方医院，随即升一等佐主治军医，任第一外科病室主管兼实习生和进修生的学习辅导员。

1942 年 7 月，樊哲松领到了由救护总队队长林可胜签发的军政部战时卫生人员训练所第 14 届前期甲级军医班结业受训证书。1943 年年初，因抗战重心转移至滇缅战场，樊哲松随医院开赴滇黔交界的盘县境内，担负为滇缅救护医疗队输送伤员的任务。不久，升任三等正军医，调赴滇属平彝县（今富源县）任后方医院设在彼处的分院院长。1944 年 1 月，樊哲松调战时首都重庆，任军政部直属特务团医务主任。当时，特务团新兵营流行"回归热"，樊哲松全面负责该病的临床医疗，制定预防措施，使全体新兵得到治疗，及时控制了疫情的传播。该团还一度流行"疟疾""伤寒""霍乱""天花"等传染病,均被樊哲松施以治疗,及时阻断了传染源和感染媒介。

樊哲松怀着满腔热血,投身于图云关那闪亮的红十字大旗下,自觉接受"救死扶伤,博爱恤兵"的人道精神熏陶,从一个青年学生,通过在卫训所接受初级基础培训,参加救护实践,到野战医院实习,再回甲级班就读,如此这般往复学习,实践探索,逐级深造,不断锤炼,最终成长为一名优秀的全科军医;再经过无数次亲临战场救护,出生入死抢救伤患,成功控制多种传染病疫情,在抗日战争的战火洗礼中,成长为英勇奋战、不怕牺牲的抗战志士。

樊哲松的人生历程虽是个案,但他在图云关救护总队以及进入卫训总所接受教育培训、学习成长的过程,成了抗战时期无数参加到这个群体中的有志青年人生经历的代表和缩影,也充分验证和体现了图云关救护总队和与之并列的卫训总所人才辈出的"军医摇篮"之说,进而让后人铭记那段用鲜血写就的历史。通过樊哲松这一孔,可窥见林可胜先生的忧国之思和高瞻远瞩。

其二,一位名叫姚仁里的学员,在一篇《甘苦求学记》中,描写了当年卫训总所关于分批教育的学科设置、教学方式及学员们艰苦努力、拼搏奋进的实况,留给后人一段当年的缩影和更多想象空间。

1943 年初冬,来自重庆、昆明、长沙和贵阳等地的 51 名学子,被录取到图云关卫训总所的军医分期教育班报到。分期教育的学制是,二年上课,一年服务;再二年上课,一年服务;后又上课一年,实习一年,共八年毕业。因是现役军人,还要加三个月的入伍训练。姚仁里的这个回忆,与前述林可胜设计的八年分期教育安排完全吻合。

第一关过去,大家都还撑得住,没人被淘汰。进入第一阶段授课,一年分四期,每期 12 周,休息一周。第一年是大学预科课程,如国文、三民主义、英文、史地和数理化。师资一流。如数学老师赵潭寰是贵阳大学现职教授,既和蔼可亲,又严格紧张,三天一小考,五天一大考;英文老师江耀群是燕大毕业的留美博士,英语呱呱叫,讲课非常受欢迎,但有不少人留级或被淘汰;国文老师王学明兼理教务,他夫人荣素心教音乐;生物老师林绍文博士,也是江耀群的先生。每次期考都公布名次,依名次可拿到不等的奖学金。

第一学年过去，全班由51人减少到34人。不努力者只能赶路，所以大家都拼命下苦功，以免被淘汰。不少人都在晚上8点点名后，借口上厕所，又悄悄爬起来去教室，点油灯做功课。伙食菜肴太差，常常吃不饱饭。一位名叫白乃恒的同学忍不住去贵阳"打牙祭"，谁知吃坏了肚子，感染伤寒而不治，竟然"出师未捷身先死"。

第二学年课程增加了生化、生理、大体解剖、显微解剖、病理学、药理学等医学基础，耳目一新。老师也换了些新面孔，如柳安昌、林绍文、梁序穆、许织云、李冠华等知名教授。大家都战战兢兢，加倍努力，稍有懈怠，就有被教务处叫去训诫的烦恼，轻则留级，重则开路或改班降级。第二学年快结束时，又增加了卫生勤务课目。这时，原有的34人又减少，只剩下十八罗汉了。

通过姚仁里先生回忆写下的以上内容，可知当年的分期养成教育难度之高，课业之重，要求之严，压力之大。当然，事实是，随着抗日战争的结束，该类班仅办两期，抗战胜利时尚无毕业生。同学们被并入国防医学院专科部继续完成学业。这是后话。

1945年5月，抗战胜利已然在望，由于林可胜已正式调赴印缅战场担任军医总顾问，卫训总所再次奉令改为陆军卫生勤务训练所，主任起初由张先林担任，随后由卢致德兼任，最后由留日博士严智钟担任。柳安昌继续任教务长，各学科组组长分别由留美康奈尔大学林绍文博士以及周美玉、徐步安、王学明等担任。由教务长柳安昌主持生理学系，李冠华任教生物化学，李巨任教药理学，许雨阶任教寄生虫学，陈文贵、林飞卿任教细菌学，容启荣、施正信任教公共卫生学，徐步安任教卫生勤务，过祖源、刘永懋任教卫生工程。人训组组长王学明兼教国文，其夫人教音乐；梁序穆与许织云夫妇，一教胚胎学、一教解剖学、组织学。整体师资依旧堪称一流，继续为抗战培育人才，并成为抗战后期最具规模的医护卫生人员教育训练中心。

教官们依旧吃苦耐劳，共克时艰，虽然只能是粗布军服，但教学责任和奉献精神却十分坚定，旺盛不减。比如，卢致德所长，从协和学校开始，就养成了军容整洁的习惯，担任陆军卫生勤务训练所所长后，更是每天身着笔挺的军装、马裤、长筒马靴，显得一丝不苟，英姿挺拔。有人诙谐地说，看到卢主任这副精神状态，就鼓舞起了大家抗日必胜的信心。

经过抗战期间数年的艰苦努力，至抗战胜利时，卫训总所这个医护人员的再教育基地，连同六个分所，共为战场输送训练有素的医护超过两万人，其中近半直接服务于前线，为培养军中医护人员做出了卓越贡献，让分布在国内和印缅各战场救死扶伤的数千名军队医师和专业卫生人员普遍得到技术提升和学历晋级。这些获得现代医疗技术武装的人才，不仅昼夜不停地往来奔波于炮火纷飞的前线，直接从事战场救护工作，更成为战后中国医疗卫生事业的新生力量。

综合来看，抗战爆发后，在战地救护人员从数量到质量都不能满足实际需要的艰难情况下，培养医护人员成为时势必然。应运而生的卫训所配合战场救护需要，从短期培训开始，一步步拓展方向和思路，增设程度不同的多种课程，最终成为培养各种层次和中高级专业医护的正式教学机构，不仅极大地促进了中国战地医护水平的提高，更为抗战胜利和战后医疗卫生事业后继有人做出了不朽贡献。而能让救护总队和卫训总所载入史册的，是与军队同履战场惊险的经历和被社会认同的红十字人道精神。相比之下，由救护总队和卫训总所相互渗透，互为补充，你中有我、我中有你的军医教育体系，看起来似乎是副产品，但却在旷日持久的抗日战争艰难境况中，成功助推了中国近代医学教育事业的发展，延续了战时中断近八年的医学高等教育香火，消弭了可能在战后中国发生医学人才青黄不接的风险，产生了非凡而特殊的历史影响，创造了伟大的历史功绩。

卫训总所在教学形式上，采用简洁、灵活、直观方式，通过实践操作，团队展演，大大增加了教学内容的可接受程度；在教学方向上，通过正确掌握战场伤患情况，有针对性地加强多种医护的专业培训；在教学实践上，不但照顾到不同层次学员的需要，而且极富远见卓识地考虑到教育培训与正规医学院校教育以及战时和战后的衔接。对医护人员的职业教育，既有效服务了战地救护，降低了伤亡率，保存甚至增加了抗日军队战斗力，又实现了学员就业有"去处"、升学有"门路"、为国奉献有用武之地。

更有专业人士评价说，卫训总所和贵阳陆军总医院两个既有区别又紧密联系的医学教学和伤患诊疗机构，具有两大共性特点：一是高超的学术性，二是鲜明的进步性。

从学术性讲，当时的贵阳陆军总医院堪称 20 世纪 40 年代抗战后方设备最先进、人才最集中、学术造诣最上乘、学科配置最齐全的正规教学型医院，拥有较完备的微生物生化检验设备，不但能完成当时临床需要的微生物免疫学生化检查，还能搞些研究；因为林可胜博士与国际医学界联系紧密，外文书籍杂志进入卫训所和陆军医院相对较多、较快、较全，特别是外文医学杂志，除提供图云关的医务工作者使用外，连贵阳医学院和安顺军医学校师生，都时常前来借阅或抄录资料。

从进步性看，图云关的所有新老医务工作者，都曾为抗日战争拼尽全力，做出过非常大的贡献，且在中华人民共和国成立后继续担任相关医疗机构的重要领导职务。如骨科教授屠开元，担任第二军医大学副校长。内科教授龚念慈、霍笑足、许月娥，泌尿科教授马永江，放射科教授孔庆德，检验科教授叶天星，外科教授计苏华，口腔科教授陈约翰、洪民和周继林夫妇等，都成为上海第二军医大学和长海医院的医疗教学骨干。他们中的绝大多数，都成为各地高等医学院校的专家、教授或院校领导。

第六章　防疫与救护等重不可偏废

第一节　防疫体系与卫生管理

自从抗日战争开始之后，国际联盟卫生组织就曾向中国派出多名以奥地利瘟疫与霍乱专家罗伯特·波利策博士等为代表的卫生领域国际知名专家，用专业知识帮助抗战中的中国开展卫生防疫工作，并与国民政府合作，建立了疫苗生产实验室，开展生物卫生保健服务。

资料显示，早在国联防疫队来华之前，国民政府内政部卫生署就已经注意到各战区疫情的严重危害，并在筹设卫训所前后，曾委托林可胜尽快开始分批进行战时医护防疫训练，将卫生防疫与战场救护视为同等重要的工作来布置和实施，就地编组防疫大队分驻各战区。

诚然，长期身居抗战一线的救护总队长林可胜教授其实也早已发现并深切感受到疫情的严重性以及战区防疫工作的重要性；他发现在不少战区，疫病的死亡率远远超过战场的战死率，从而意识到疫病对各战区部队和各地民众造成的巨大威胁绝不可小觑。因此，从救护总队成立的1938年年初开始，不但在新组建上下功夫，还调整、完善、加强了国民政府原来已经建立的卫生防疫组织，并于同年3月起开始逐渐重视加强疫苗注射。在救护总队部撤离武汉前后的62个医疗队中，就增设有6个专职防疫队，一直在各地不停地开展卫生防疫工作。

1939年4月，救护总队部刚到图云关不久，立足未稳的林可胜，便从百忙之中抽出宝贵时间，偕医务股副主任蒋旭东、环境卫生指导员刘永懋等，借陪同军医顾问巴乌洛夫巡视第三战区工作之便，深入基层，向兵站统监部卫生军官重申并讲述防疫工作的极端重要性。

1939年6月初，内政部卫生署颁布了《组织医疗防疫队办法》（以下简称《办法》），将战时卫生防疫机构的设立纳入制度化管理。由于卫生防疫工作的经费开支和管理渠道与卫训所相同，均属于政府卫生主管部门，为加强战场、难民及后方的医疗防疫工作，救护总队按照该《办法》的相关规定，设置了隶属于内政部卫生署的医疗防疫队（简称医防队），还在传染病流行地区设置了临时性防疫医院。

医防队设总队长、副总队长和训练主任各一人，由内政部卫生署就所属高级职员中遴派充任，管理所属各区医防队、防疫医院以及办理训练事务。医防队设总队部，负责办理组织管理及医务材料供需等事项，并依工作区域编成 25 个大队、100 个分队。

医防总队下设医务、材料、干事等三股室。医务股负责各医防队及防疫医院的组织管理等事项；材料股负责医疗卫生器材的制备及分发补充等；干事室负责各部分工作的联络及其他事务性工作。总队部的会计、文书、庶务等事项由卫生署总务科派员办理。

各医防大队队长及医师由总队长选报，由卫生署署长下文委派任用；医护员、医科高年生、护士、助产士，由队长遴选报总队长核派；医护助理员、护士、助产士、医科低年生及医护班毕业生等，由队长遴选呈报总队长核派；卫生助理员、卫生稽查及曾受相当卫生训练者，由队长遴选呈报总队长核派。

医防总队的组织结构与救护总队几乎完全一致，不同的只是医防总队增设了卫生助理员与卫生技工。但在后来的调整中，救护总队的基层队，也都增设了类似的卫生技术人员，这样既使二者在组织架构上更加相似，又使各基层救护队能兼顾起战场救护与卫生防疫两项工作。

从隶属关系、经费渠道和管理制度三方面看，中国红会救护总队完全是一个独立的民间慈善组织，经费渠道主要来自国际国内的红会体系支持和民间捐助；而卫训所和医防队，则隶属于政府主管机关，原则上该由主管部门派员管理和政府预算开支。但在抗战的特殊背景下，这三大体系实际上形成了一个相互混杂、互为补充、互帮互助的综合体。没有哪个精明的部门，也没有哪位能力超强的领导者，可以或有能耐将三者在干部任免、经费开支、任务下达和职员聘用等主要方面截然分开，使其泾渭分明。这也许就是前述刘瑞恒一直在努力倡导并寄望能推行现实的"战时三合一"政策思路之最根本所在。

因此，医防队总队部的人员配置、机构设置、组织构成、职责范围与救护总队部几乎完全一致。也只有这样，林可胜才能胜任一肩挑起这几副重担，才可能在这个复杂的综合体内相互派员兼职，实现指挥调度的游刃有余；所有工作人员也才能在分工合作的高度自觉中，在为国家和民族的无私奉献思想境界下，无条件听从或诚心诚意接受他这位总队长的一切号令，把各项工作做好、做到位。由此看来，林可胜也是在自觉或不自觉间，甚至可以说是不得不践行刘瑞恒的"战时三合一"政策。

卫训总所在各地组建起分所以后，各分所依然将卫生防疫工作纳入培训计划。针对这样的组织结构和编制，林可胜曾总结说：

"医务队之工作，兼有防疫大队之防疫工作及卫生大队之治疗工作。在组织方面，总队部医务队与防疫大队及支队大致相仿。总队部有医务中队12个，而每个中队又与防疫大队编制相仿。"

医防领域的组织机构健全后，救护总队与卫训总所迅速展开技术联动，通过分布在各战区的医疗卫生机构和总队的基层医防队，在各战区展开了一系列卫生防疫工作。而在防疫工作中，主要是通过改进环境卫生、宣传教育、疫情调查、预防注射、隔离检疫等措施，在一定程度上有效地控制和扑灭了相关疫情的蔓延。

救护总队对各种疫情的防治措施与方法可大致分为：环境卫生、宣传教育、疫情调查、预防注射与隔离治疗。其中前三项主要注重在事前预防，后两项则是疫情发生后，了解实况并对病患隔离治疗。

第一，促进环境卫生改善。

开展防疫工作的一项防患于未然的方法，就是促进环境卫生改善。在总队长林可胜的提倡与支持下，救护总队成为战时最早开始从事环境卫生工作的单位。抗战时期，中国流行传染病的主要途径是以昆虫和饮水为主要媒介，如鼠疫、斑疹伤寒、回归热、疟疾等，都是借助跳蚤、虱子、蚊子等昆虫传播致病菌；而霍乱、伤寒、痢疾等，基本上都是饮水不洁所致。如果有效消灭这些媒介，则可达到预防或遏止传染病流行的功效。因此，救护总队从1938年冬季起，就开始针对上述传染病传播途径，拟定环境卫生防治策略，并在部队开展一系列环境卫生品质提升工作。

一是建立灭虱站。

士兵们由于长期打仗，没条件洗澡，身上不仅长满虱子，还普遍长满疥疮。最初的灭虱方法，是救护总队第9大队大队长林竟成在第49医防队队长任上发明的"酒灶式蒸汽灭虱器"。就是用砖砌一个灶，安置一口大铁锅，将其装入水，生火添柴加热，再将一只装有士兵们衣服的木桶放入热水中。桶内的虱子受不了加热蒸汽熏蒸，纷纷蹦跳出来，落入热水中被烫死。此法简单实用，灭虱效果非常好，也被称为"砖砌灭虱炉"。

最初的治疗方法，也是林竟成发明的，即在灭虱的基础上，在战壕的掩体上方放一层油布，油布上放些树枝做掩护，然后用空汽油桶装热水，以一根打穿竹节的竹子当水管，安排士兵轮流淋浴后，再用10%的硫磺加3%石灰的混合水涂抹全身，不仅让士兵患病率大大降低，还使诸如回归热、斑疹伤寒、痢疾等患病率大幅下降。

在林竟成的"酒灶式蒸汽灭虱器"和"竹节淋浴器"的启发下，救护总队开始在各军医院为伤病兵实施淋浴、灭虱、治疗工作，以期进一步实现斑疹伤寒与回归热的预防。由于灭虱与治疗一般都是联动操作，故要求各地和各军队的灭虱、治疗同步开展。

救护总队派员订购相应管、筒等金属器件制造灭虱器，修建淋浴所。卫生专家刘永懋医师与两位卫生稽查员亲自动手，将53加仑的空汽油桶改装成简易热水锅炉，布置成淋浴灭虱治疗站。最先在第56后方医院，把较轻的伤寒病患先行理发、洗澡，灭虱、治疗，再由周美玉、孙秀德、吴琼芳等教授级护士对其进行特别营养补充作为配合实验。这一综合灭虱防疫措施，收到了良好效果，受到部队长官的高度赞扬和伤患大众的普遍欢迎。从此开始，救护总队持续在各部队及军医院中大规模地进行灭虱站建设。

从1939年1月起，救护总队开始将灭虱器加以改进，增大容量，进行普及。以每日工作八小时计，每套灭虱器可为240人洗浴灭虱，大大提高了灭虱效率，从而遏制了传染病的流行。从另一个角度讲，灭虱站给部队官兵提供了沐浴机会，有效地提高了部队士气，收到了良好的防疫效果，增加了部队战斗力。

二是饮用水消毒。

　　各医防队担任环境卫生品质提升的主要工作，首先在难民收容所，倡导改善与建设环境卫生设施以及饮用水消毒和加强一般卫生管理。部队饮用水消毒，是防止流行性疫情感染和传播的根本途径。针对战时情况，救护总队专家建议以化学消毒为佳。方法是用含有氯成分的化学药品，即漂白粉对饮用水进行消毒，并倡导煮沸饮用更为安全。建议作战部队每一官兵口袋中均备一饮水消毒小瓶（或用竹筒代替），瓶内装适量的漂白粉，在行军中，可以一定量作为野外饮用水消毒剂。实践证明，此法简单快捷有效，非常适用于战争情况下部队饮用水消毒。

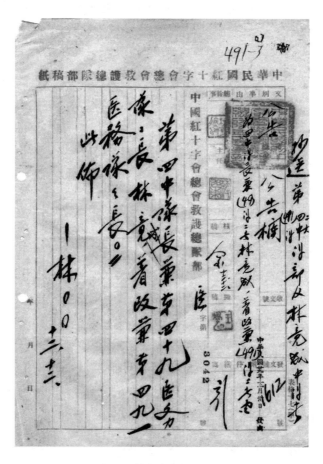

林竟成聘书

三是粪便和垃圾处理。

救护总队根据部队当时当地实际情况，提出以下四种方法，对粪便实施处理。一是掩埋法：掘地为沟，倾粪其中，上覆以土；二是焚化法：将粪便中水分过滤掉，再用易燃垃圾与粪便一起焚化；三是掩埋肥田法：将粪便存储在有盖的缸、坑中，历经十天左右发酵后，将其倒入农田或埋入地中；四是消毒法：把生石灰制成石灰乳，与等量粪便搅在一起，两小时后即达消毒效果，然后用作肥料。纯餐厨垃圾则采取饲畜法处理，将其用来喂养猪和鸡等家畜和家禽。

在部队环境卫生改善中，要求先将饮用水过滤煮沸饮用。经过纱滤后水质还差的再加漂白粉消毒，并测定确保氯含量不超标。改善厕所卫生，加装厕所防蝇门窗，做好粪便处理，使厕所无蝇无臭味。加强厨房和食品卫生管理，要求厨房内无蚊蝇，食品新鲜清洁。注意营房卫生和个人卫生，保证适当通风、照明和清洁整齐。其具体方法是，先在一个连队试点，发动官兵献计献策，土法上马，尽可能在不花钱只出力的情况下得到改善。然后通过组织参观试点连队后加以推广，模仿照办。以师为单位，进行检查评比，再由全军组织评比。制定出具体检查项目和标准，每项定出分数，依总分多寡区别高低优劣。这项工作涉及各部队的荣誉，因此都乐意积极开展，搞得较好，成绩颇为明显，从而使部队患病率大大下降。

因此，1943年7月，美国医药援华会主席柯尔波到湖北视察部队卫生工作后，赞叹不止地说：

"愈到前线，部队环境卫生愈优良，印象之佳，出乎意料。"

第二，开展宣传教育。

救护总队在推广各项防疫措施和有关工作的同时，也通过各种方式，对军队官兵进行深入宣传，加强卫生科学和卫生意识教育。中国红会总会在其出版刊物上，经常向民众介绍各种卫生常识。由于救护总队主要负责军队环境卫生的技术指导和教育推广，在部队实施环境卫生工作时，尤其需要取得部队长官的支持。因此，救护总队常常以卫生专家的视角，撰文在红会刊物上发表，向部队指挥官宣讲提高环境卫生品质的重要性，解释防疫措施的必要性。除向部队军官灌输防疫知识外，还向部队士兵宣讲卫生常识。因为部队各项环境卫生的管理及实施，除必须依赖广大士兵的主动参与和自觉遵守外，还期望获得军方的有力合作。不仅如此，救护总队还发动疫区学生及有关防疫单位组成巡回宣传队，定期举行宣传周，做到家喻户晓，人尽皆知。

1942年9月，由中国红会教育部、社会部与国民党中央宣传部等机关共同组织委员会，推行"民族健康运动"，其中最重要的主旨，就是宣传预防以疟疾为主的传染病。此外，救护总队还特别注重对部队开展各种卫生知识短期培训，以提高对防疫工作的认知性、自觉性和能动性，促进各项卫生建设和防疫措施的推广。

第三，组织疫情调查。

抗战期间所进行的疫情调查，基本上都是在救护总队的技术指导下，通过各县警察局与原有地方保甲组织共同实施的。当各地传出疫情后，救护总队队员便立即前往检查调查，确认疫情规模、种类，并向上级通报。国民政府1940年6月结合各单位成立战时防疫联合办事处的同时，还成立了全国疫情信息通报体系。救护总队所属各级医疗队，都是这个通报体系的基层组织之一。一旦确定疫情，不论军民，救护总队即派员将病患隔离治疗。通常是由疫区的救护总队所属医疗队会同各单位互相支持，承担隔离医院与地方防疫的主要工作。对疫情的反应和处理，救护总队往往比其他任何医疗卫生单位都要迅速、及时、高效。据有关部门统计，抗战时期，经救护总队检验确认的病例达到226593例。

第四，实施隔离检疫。

为了降低感染源的传染力，防止病菌随携带者移动而传播扩散，在各疫区附近的交通要冲或路口设立检疫站，严格实行交通检疫。凡出入者皆需经过检疫检验，确认无染疫后才可放行。救护总队联合各单位与当地卫生机关、医院等，在疫区设立隔离医院，收容病人并加以隔离治疗，发现疫毙尸体即行火葬。

当年，华北平原地区发现鼠疫后，救护总队所属医务队及时协助当地卫生机关实行紧急隔离检疫措施。第一，动员各地军民，彻底封锁疫区，不准外出，以杜绝蔓延，清查户籍，每日三次点名隔离；第二，无疫村庄由部队会同地方组织与疫区断绝交通，不准外人进入；第三，黄河两岸布置严密封锁线，凡由疫区进出及河西来绥者一律封锁检查；第四，各机关均设立隔离所，凡疫区来人及无家可归者，一律收容救济；第五，疫区牲口一概不准牧放，死后焚化深埋；第六，在染疫房屋内铺置三尺厚杂草，然后焚毁牛马粪便及染疫房屋；第七，疫毙尸体用煤油灌入死者口内，彻底焚毁。救护总队与其他卫生机关通过上述严格隔离措施，有效地控制住了华北地区的疫情。

第五，注射预防疫苗。

某地发现疫情后，救护总队与当地其他卫生机关合作，迅速实行挨家挨户强迫疫苗注射，以尽快阻断传染病传播。疫苗注射的方法，是在各机关学校和社会团体设检疫站，或在疫区的旅店，对舟车来往旅客施以强制性霍乱疫苗注射。疫苗注射的程序，是先由团体开始，再行普遍注射。疫苗注射的工作量非常大，其工作业绩为：一是表现在注射疫苗的种类；二是表现在注射疫苗的数量。从种类看，分别注射过天花、霍乱、

疫苗室检验员

133

伤寒、破伤风、霍乱伤寒混合等疫苗；从数量看，从 1938 年 1 月至 1940 年 12 月整三年中，每年疫苗注射量都在六位数以上，个别年份或某个种类，甚至达到了七位数之多。救护总队在抗战期间共完成各类疫苗预防注射 4632446 人次。由此数字，可窥见救护总队开展防疫工作的努力及实施防疫措施所取得的巨大成效。

第六，防疫工作难点。

抗战时期防疫面临的最大困难就是战争本身。因为战争，部队调动频繁，难民迁移避难，常常无法完全封锁病媒传播，使隔离检疫措施中断而致防疫工作功亏一篑。

据时任军医训练队队长杨文达回忆，1939 年后期，军队中因疫情患病的死亡率远高于战场死亡率。因此，救护总队将防疫工作放在首位，在湘北设立了多处灭虱站，以阻断疫情传播。

林可胜常说：“我们的病患中，有 50% 并不是战争创伤，而是营养不良引起的疫病。只要能说服司令官们把医疗保健这项工作抓起来，我们所起的作用，就等于是让一个军拥有 12 个师。”

总体来说，抗战期间，救护总队各医务队、医防队，从抗战军民的健康出发，在异常恶劣的环境下，深入民间及军队驻地，采取各种措施，将预防医学技能及环境卫生意识深入到军中官兵之中，促进公共卫生改善，并加入战时防疫体系，为民众及军人进行预防治疗，付出了极大努力，取得了明显成效，为有效保持部队战斗力做出了特殊历史贡献，产生了深远的社会影响。

第二节　为战时卫生防疫建功

1907 年出生于福建闽侯、1933 年毕业于同济大学医学院的林竟成，是追随林可胜博士参加中国红会救护总队的北京协和医学院众弟子之外，最早加入抗战救护队伍，并于不久后就任中层领导干部的老资格骨干医防救护专家。

1937 年 11 月底，时任江苏省卫生事务所防疫课长的林竟成，举家搭乘最后一条江轮逃到汉口。1938年3月，林竟成被湖南省卫生处处长张维推荐给中国红会救护总队队长林可胜。林竟成没有丝毫犹豫，立即表示同意参加抗战救护，并被任命为第49医防队队长。从此，他的命运与抗战中的红十字会救护总队以及战场救护和国家民族命运紧紧地联系在一起。

成立之初的第49医防队（以下简称"49队"）共20人，张祖祺担任副队长，队员大都是有着强烈爱国之心的流亡青年。因此，林竟成带领49队到长沙接受张先林、屠开元、荣独山、彭达谋、过祖源等医学专家为期一月的战场救护及卫生防疫训练，于1938年5月结业回到武汉，在难民收容所做医疗、预防及环境卫生工作。

当时的武汉成为抗日救亡的中心。49队先是参加港航所的检疫工作，后调至武昌小朝街兵站医院救治战场送来的伤患。随着战场规模的扩大，救护组织结构逐渐臻于完善。此时的49队隶属于彭达谋大队长的第2大队第4中队，在救护总队部组织的专场抗战救护报告会上，队员们聆听了荣独山教授参加台儿庄会战救护中身患痢疾，抱病坚持行军的经历，深受感动和启发。

1938年11月初武汉沦陷不久，在日军大兵压境下，中国军民被迫紧急大撤退。49队一直坚持到最后才撤出武汉，转到长沙。不久，救护总队部迁到祁阳。49队也受命随之转迁祁阳。在祁阳期间，正值斑疹伤寒及回归热在驻祁阳的第26陆军医院伤病兵中大流行，49队奉救护总队部命令到医院担负阻断疫情传播的灭虱工作。谁知该医院院长及副官因与总队部专家们言语不合，不但不配合工作，反而挑拨伤员起哄，最后捣毁了林竟成队长等人刚建起来的灭虱站。

有鉴于此，救护总队部命令49队迁往他院工作。尽管面对的是一项尚未取得经验的全新工作，且又遭到军方和患者的一致反对，林竟成非但不计较、不气馁，反而执拗地继续坚持他的灭虱法试验。通过院长、副官和伤病员做耐心细致的思想工作，让他们了解灭虱站工作对阻断斑疹伤寒和回归热流行的重大意义，才使工作得以恢复正常，并逐渐得到官兵们的支持与配合。此事充分显示出，林竟成这位长着一张棱角分明脸庞，有着一双炯炯有神亮眼，颧骨突出，嘴角深陷的福建人内心的倔强与不成功决不罢休的执着和坚毅。

在祁阳期间，49队曾一度为临时安排住在仁济医院礼拜堂内的伤患治疗。该院院长会同教会牧师等多人，强迫该队带伤员迁出。林竟成毫不客气地回击：

"这是在中国的土地上，你这里是医院，我们的抗战伤员怎么就住不得？中国人宁死不屈，拼着命抗战！中国人更是宁死也不能受辱，倘若你们敢关门，我们就要另开一个门。"

听到这些响亮的回话，院长和牧师们不得不改变其不友好的态度。也正是在仁济医院，林竟成通过认真研究，仔细琢磨，采用黏土和石块砌成灶台，将农家的大铁锅装上水，锅上倒扣着当地土法酿酒的大木桶，桶里放进战士们的被子和衣服，将水烧开，蒸汽进入木桶后，衣服和卧具上的虱子受不了蒸汽高温，全都跳到热水中被干净彻底杀灭。灭虱试验成功后，林竟成将这样的方法称为"酒灶式蒸汽炉"灭虱法。另外，他还土法首创了"沐浴器"，为士兵们解决了长期在战壕不能洗浴的难题。通过这些因陋就简的土办法，虱子基本绝迹了，卫生改善了，在一定程度上阻断了斑疹伤寒、回归热、疥疮等疫病的传播。

但开始时，摸索中的灭虱工作并不十分顺利，由于灭虱器蒸汽温度不够，不能杀死虱子，伤员们脱衣洗完澡后，换下的衣服不能及时取出复穿，只好披着棉大衣等待，以致产生了情绪。为了不让他们着急灰心，林竟成号召队员们给战士们唱歌，活跃气氛，增加耐心。灭虱时，每次每十人一组，大约一小时。队员们一边帮伤员洗澡，一边唱他们喜欢的抗战歌曲，在此起彼落的歌声中，分散伤患们的注意力，减轻他们的疼痛感，以提高士气，振奋精神。队员们通宵达旦工作，直到鸡鸣三遍才收队休息。这样的吃苦耐劳精神，深深感动了伤员、医院领导和工作人员，不但争取到了他们的配合，打开了工作局面，而且受到了救护总队队部领导和专家们的赞许和表扬。

1939年1月初，救护总队部决定由祁阳迁往贵阳。49队奉命先转到桂林。当时的交通拥挤到将火车分成五个档次来乘坐，四等座在火车头及车厢下，五等座在车顶。49队全体队员都乘坐五等座，为防有电线横过铁轨或钻山洞时受伤或跌下，只好头戴钢盔，用绳子绑在车顶上；深夜到达桂林，找了很多地方都没有找到旅馆，只好挤在狭小的帐篷里过夜。

早就听说"桂林山水甲天下"，此时无心赏美景。队员们的任务是协助野战医院治疗伤患及开展难民收容所的医防工作。警报声每天都响起，遇到敌机轰炸时，还要临时做伤者救护工作。一次，警报刚响起，就见数十架敌机飞临头顶，在江边盘旋投弹轰炸。正在江边的林竟成，连忙躲进柴堆里，才幸免于难。

此次轰炸过后，林竟成听有队员议论说，就在一个多月前，另一队的上海年轻护士张怀瑾和一位时年二十来岁、从南洋回国参加抗战救护的华侨女学生，就在桂林街头被日军飞机投弹炸伤，华侨女学生当场死亡，张怀瑾住院治疗后归队。

1月底，49队被调至衡阳后方医院，见到许多病兵和壮丁患腹泻，服用常规药物治疗无效而死亡，究其原因，大都是营养不良所致。受此启发，该队在衡阳"伤兵之友社"的配合下，在后方医院办起营养厨房，为病员开设特别营养饮食，救活了不少腹泻患者。同时他们在后方医院推广"酒灶式灭虱器"开展灭虱工作，得到伤病员们的热情支持和配合，把他们戏称为"开洗澡堂和办厨房的队伍"。49队还与诸如救国歌唱队、救国洗衣队等进步救亡团体合作，为伤病员灭虱。有伤员身上的虱子竟然多到能把白色棉被密布成黑色，棉背心上可以除下十几万只，见之令人神经都会发麻。通过灭虱，使患有疥疮、斑疹伤寒或回归热的伤员很快得以治愈。此外，还耐心做那些满身虱子，却怎么动员都不愿参加洗澡灭虱的伤患们的说服工作，使他们接受建议，配合灭虱工作。

1939年3月，49队得到消息，说是路过湖南邵阳的壮丁队暴发霍乱。身为医学防疫专家的林竟成队长心想，霍乱如得不到及时救治和阻断传播，会导致大量病人快速死亡。防疫如救火，刻不容缓。他一面向救护总队部报告，一面做好准备，率队前往邵阳，因陋就简，隔离病人，开展霍乱疫情防治。

首先利用酒灶生产蒸馏水救治病人，用漂白粉消毒饮用水。等到军政部防疫大队、湖南省防疫大队及国际防疫队等各路救护力量陆续赶到时，他们已开展了大量基础性工作。看到49队动作如此迅速高效，专家们无不表示惊奇并由衷钦佩。

扑灭霍乱疫情后，49队又于4月初开始为衡阳第8收容所伤患灭虱。

湖南前线医疗队自制的竹担架

4月8日，久雨初晴，敌机突然来袭，警报响时，正在进行的灭虱工作不便中断，全队队员坚持不离开收容所。第5中队长阮尚丞来所，强令撤离不久，第8收容所被敌机轰炸夷为平地，伤病员死伤百余人，队员们却幸免于难。队员们每天都发现自己身上被传上虱子，也曾有二人罹患斑疹伤寒，二人患回归热。其时，救护总队第33医疗队队长唐文铭也正带队在后方医院为伤员做手术，该队一名女护士因患斑疹伤寒去世。当时正感染着回归热的林竞成队长，却在高烧达40℃的情况之下，仍勉强坚持每天查房。

由于林竞成带领的49队以热忱爱国、不怕牺牲、团结奋斗、锐意创新的精神在祁阳为伤病兵防治斑疹伤寒、回归热和开展灭虱，开办特别营养厨房救治病人，主动率先到邵阳配合友队扑灭壮丁队霍乱暴发性流行等项工作中取得显著成绩，救护总队部于1939年5月明令对49队嘉奖，并下文晋升林竞成为红会救护总队第2大队第4中队队长，仍兼任49队队长。

在林竟成长期以身示范的工作态度和爱国思想感染下，第4中队，尤其是属下49队士气越来越旺盛。青年队员们如是说：

"我们是来救国的，强烈要求上级领导让我们到前方一线去，更有利于对战场伤患的救治。"

为了不挫伤队员们的爱国热情，1939年9月的湘北会战爆发后，林竟成代表大家，向救护总队部提出去前方的申请并获得批准，率49队开往湘北前线，成为进入那片为阻止日军机械化部队入侵而将公路全部破坏为无路区工作的第一支救护总队医疗防疫队。

1939年7月，好几个医疗队、医防队和卫生队，先后被派开进湘北最前方的部队工作。行进中的战士们初次看到救护队这些戴着歪帽子的红十字医生和护士小姐，很感新奇地发问道：

"我们要去前线了，你们也要跟我们一起走吗？"

"当然是跟你们走喽！"队员们肯定地回答。

因为当时，49队队员早已立下坚定誓愿：

"要发扬先人而进后人而退的精神，竭尽所能，拯救受伤军人！凡是中国部队能到的地方，红会救护队员也应该且必须都能到！"

8月间，林竟成接到救护总队部通知，派来两位曾参加过西班牙马德里保卫战，对战场救护有着丰富经验的奥地利籍医生严斐德和德籍医生白乐夫，配与第4中队下属两个医疗队协助湘北战场救护。

自从1938年10月武汉陷落后，长沙作为西南门户，其军事战略地位突显，以至于这座楚文明和湘楚文化发祥地，有着三千年悠久文化和两千四百年建城历史的古城，在抗日战争中累遭厄运。

首先是国民政府错误决策，于1938年11月12日下令烧城以实现"坚壁清野"，导致"文夕大火"发生，将这座古城烧掉十之八九。

其次是1939年9月以后，我第九战区在湘东北、鄂东南和赣西北三省接壤区对日军第11集团军司令官冈村宁次指挥的十万余军队进行了四次防御作战，史称湘北会战或长沙会战，亦称湘赣会战。

关麟征将军为总司令的第15集团军是当时驻湘北的唯一集团军。就在湘北会战一触即发之际，49队在长沙分为两个分队；一队由张祖祺副队长率领，负责湘阴新市收容所的工作；另一队则由林竟成亲自带领，受命渡过汨罗江到岳阳罗内第195师野战医院协助工作。两支分队都是服务于第15集团军，只是具体地点有所区别罢了。

两位外籍援华大夫到达第4中队部所在地，与林竟成中队长接洽联系上的那天，正值九一八国耻日，也是49队开会分队的当天。当时，敌人已向我军发起两天炮击，正向我守军阵地展开进攻。林竟成带着外籍大夫到来，受到该师军医处曹天行处长的热烈欢迎。

战斗很快打响，林竟成带领救护队尽量靠近前线为部队服务，将灭虱站推进到距敌人据点约五里的地方，甚至设法在战壕里为战士们洗浴、灭虱、治疗；还令队员将一整套灭虱技术带到游击区实施，竭尽红会救护队队员之所能推进部队环境卫生的改善。同时，救护总队部给予全力配合，适时派出各位专家源源不断地到前线巡回指导。

在救护总队从领导到专家，从医生到护士，上下一心，左右协调和尽心努力服务下，逐渐引起军队长官对基层连队卫生防疫的关注，激发了部队卫生人员积极性，不再认为疥疮无法根治，增强了他们的灭虱抗疫信心，推动了军队医疗护理技术的革新。普及到连队的环境卫生意识快速提高，疫苗的预防接种得以全员推行，长期流行，困扰各级指战员，严重影响士兵健康，导致部队减员人数超过战死沙场人数的疥疮、斑疹、伤寒、痢疾、回归热、大腿根部溃疡等当时流行感染的顽疾得到有效控制，比例从百分之九十以上降至百分之十以下。

灭虱工作的重要性被每个官兵所认识并重视起来，从过去不相信小小的虱子居然是疾病流行传播的最大病源，或因为怕麻烦而抵制灭虱，到一个个欣然背着木柴排队前来要求灭虱。再加上特别营养食堂的开设和推广实施到野战医院所获得的明显效果以及体现出对士兵的关爱，官兵们见到红会救护队员，便诙谐地玩笑说："看啊，给我们开澡堂子的伙计和做营养餐的白衣师傅们又来了！"或者说："他们又来检查我们的茅厕了。"

也有看过《安徒生童话》的军官把护士们比作侍奉天主的天使，"白衣安琪儿"或"救苦救难的白衣大士"。

林竟成带领49队首创的灭虱站及酒灶式灭虱器，为伤病兵及民众灭

冯玉祥将军（右四）视察贵阳图云关救护总队

虱,简单价廉,易于推广,每站只花50元钱,便能有效控制军民的斑疹伤寒、回归热等流行疫病的传播,得到了救护总队的充分肯定、高度赞许和大力度在全总队推广。

与此同时,林竟成首创灭虱器的故事和灭虱效果很快传扬开去,在为红会救护总队赢得盛誉的同时,更受到国民政府高层的重视。

1940年2月28日至3月21日,时任国民政府军事委员会副委员长冯玉祥将军到贵州视察,其间,安排三天访问图云关。

冯将军此行是在得知救护总队部和卫训所迁到贵阳图云关后,特地前来慰问在极其艰苦条件下落脚在这荒山野岭的工作人员和坚持战斗在各战区前线的救护队员们;同时参观考察救护总队首创的灭虱器和在军队防疫中所产生的积极效果。

总队长林可胜从四个方面向冯副委员长汇报了相关情况。

首先,救护总队是非官方的民间救护组织,政府基本上不给予经济支持。救护总队的经费和各类物资,几乎全部仰仗国际红十字这张大旗;

药品及医疗器械大都依靠国际组织和爱国华侨捐赠，因此，满足前线救护工作需要，提高救护条件，一时间难以从根本上得到改变。

其次，第167后方医院虽然隶属于军政部军医署，但经费基本上全由救护总队从获得的国际援助中维持运转。医生和患者几乎全部是在简易的茅草棚中工作、生活和接受治疗，几十个病人一个挨一个挤在长长的木板床上，还有的甚至就睡在仅铺点稻草的地面上……

再次，由于救护总队隶属于中国红会总会，而卫训所和第167后方医院则隶属于国民政府军队医疗管理机关，一个是中立的民间组织，有其独立的章程和管理办法；一个是政府军事机关，有其神圣严格的法规和制度。因此，尤其是经费承担和使用方面，难免存在难以协调和不易逾越的政策制度鸿沟，影响工作正常开展。

最后，鉴于各基层医疗救护单位遍布全国各大战区，或是由于某些医疗物资原本就缺乏，或是仓库虽有储备，但因战争、交通、运力等原因，导致一些药剂和用品无法保障基层使用。

听完汇报后，冯玉祥在林可胜等人陪同下，先后参观了图云关的各有关部门单位。

当听到队员们因地制宜利用南方盛产竹子和木材的优势，自己动手改进医疗条件，制作简易手术台、药品柜和担架；做竹、木夹板为骨折伤员进行术后固定等，克服医疗器械奇缺的困难；药品匮乏，他们虚心向当地乡土中草医学习，用中草药治病，采用冷敷、按摩、灌肠、刮痧、发汗等民间诊法；用黏土和石块砌成灶台，将农家的大铸铁锅装上水，锅上扣着大木桶，建成"酒灶式蒸汽炉"灭虱法；另外，还土法首创"沐浴器"，让士兵们得以冲淋浴等等，使用这些因陋就简的土办法，虱子没了，卫生好了，阻断了斑疹伤寒、回归热、疥疮等传染病的传播这些汇报后，冯将军异常兴奋，大加赞扬。

在图云关三天中，陪同接待和视察的有时任卫训所防疫组主任、流行病学专家施正信，环境卫生工程学组主任、环卫工程师过祖源等人。冯玉祥饶有兴致地观看环境卫生组安排的野战区环境卫生设施，如饮水消毒、钻空厕所、土法灭虱器等，并询问当前士兵们患些什么病，哪些问题比较严重。林可胜等向冯将军作了详细汇报。

冯玉祥对首创的"灭虱、洗澡、治疗"等方法和预防计划给予高度赞扬，尤其对灭虱器的灭虱原理和操作使用，细致查看和询问。

最后一天下午，冯玉祥在卫训所向全体师生作了即席讲演，对救护总队以及以总队长林可胜为首的领导班子所作出的工作成绩给予充分肯定和高度评价，尤其是对基层救护队在卫生防疫方面的诸多发明创造和取得的成绩给予充分肯定和赞扬。

第三节　长沙会战与涉险撤退

一天，林竟成与严斐德正在营房敷伤所为从前方下来的伤员敷伤，接到师部命令尽速撤出罗内。战乱中紧急出发，无法请到挑夫，队员们不得不各自挑着担子、推着小车急行。队伍日夜兼程，大地当床，苍穹作被，艰苦跋涉。尽管如此，依然坚守纪律，保持着严整军容。毕竟这是救护队的第一次长途急行军，缺乏经验，大家吃了不少苦头，脚上满是水泡，真正给了队员们一次最现实最严酷的战斗洗礼。

时值林竟成疟疾发作，高烧达 39℃，正被队员扶着骑在马上翻山，随队的严斐德大夫因脚踝扭伤难以行走，为避免拖累部队急行军，严医生要求将自己留下。林竟成听完汇报后心想，人家援华医生不远万里，从大洋彼岸前来支援我们的抗日战争，怎么也不能把这样一位受了伤的外国大夫扔下不管，于是把自己的马让给严大夫骑，自己强忍病痛，坚持徒步行进。就这样，医疗队冒着生命危险，与战斗部队同步，由岳阳的罗内经平江、浏阳、醴陵，抵达攸县，急行军 17 天，行程一千三百多里，终于摆脱被包围的险境。

第一次长沙会战即湘北会战期间，林竟成亲率 49 队和第 4 中队属下唐文铭的第 33 队、刘廷杰的第 64 队和贾宗舆的第 53 队等，始终与战斗部队共进退，分别配合第 19 集团军野战医院、第 4 军野战医院和第 99 军野战医院工作，受到各军最高司令官和野战医院长官的一致赞扬。

由于林竟成自 1939 年年初到 1941 年年末的三年防疫工作中，发明创造，技术指导以及言传身教示范，红会总会救护总队各基层队，为前后方伤患及民众灭虱不下五万人次，一定程度上控制了当时最为严重的斑疹伤寒和回归热大范围流行，挽救了众多军民的宝贵生命，因此他被任命兼卫生署防疫办事处湘北区防疫专员。

就在林可胜总队长赴湘北前线视察返回不久，出于对林竟成本人及其全体队员的工作态度，所取实效、思维创新和精神风貌等全方位的发现、赞赏和由衷认可，救护总队下令，将林竟成从救护总队第 2 大队第 4 中队队长任上，提调为第 2 大队副大队长。

所谓长沙会战，就是指从 1939 年 9 月到 1942 年 1 月，中国军队与侵华日军在以长沙为中心的第九战区进行的三次大规模攻防战。这是自抗战全面爆发以来，中国军队第一次以武力迫使日军回到原战略态势的重要战役；是抗日战争进入相持阶段后，中国军队在正面战场抵抗日军侵略所取得的重大胜利。

救护总队部迁到图云关后，随着抗战形势需要，对原有二级编队进行增加和调整，将原有大队扩增为九个，给全国九大战区每个战区配属一个大队，基层医疗队增加到一百五十余个，以便尽可能靠近前线机动灵活配合军队实施救护。在此轮机构增编调整中，林竟成又被晋升为第 9 大队大队长，依旧在湘北、赣西北和鄂南一带的第九战区守备区域指挥战场救护和疫情防治。

在时隔第一次长沙会战两年后的 1941 年 9 月，日军妄图通过打击中国第九战区主力，摧毁军民抗战意志，发起了第二次长沙会战。

如果从"文夕大火"焚烧长沙开始计算，第二次长沙会战是古城长沙所遭遇的第三次厄运。

在第二次长沙会战中，红会救护总队所属第 1、第 6、第 9 大队均受命开往湘北实施战地救护。其中分布在衡阳、衡山、湘潭、长沙、益阳的第 9 大队所属各队，依然最先推进到部队前线救护伤患。

9 月 19 日凌晨，敌机开始对长沙实施狂轰滥炸。第 9 大队医务人员连夜将全大队重要药品救护器材装船，于 20 日清早启程先期运往衡阳，大队部人员也随船撤离。在我军坚强而猛烈的反击下，日军不得不于 10 月 7 日停止对长沙的攻击。就在日军离开不久，林竟成便率领第 9 大队属下第 331、第 332 队日夜兼程赶返长沙，第一时间对部队伤员及受伤民众实施医疗救护，成为最先回到长沙的救护队伍。

　　第二次长沙会战暂时平静下来后，心里随时装着老百姓疾苦安危的林竟成，随即派出第9大队几路代表，骑马前往湘、鄂、赣三省交界周边区域视察会战后的伤亡、医疗卫生防疫和房舍环境破坏情况以及日军所犯下的残暴罪行，同时摸清是否有部队从战场撤离时，掉队失联流落到这一带的伤兵需要及时施以医疗救助和联系归队等事宜，以便及时制订对这一带军民的医疗救护、卫生防疫和人员力量安排计划。

　　会战告捷后，第641队奉命随原服务部队返回驻地。在步行三天的一路上，队员们见证了日本强盗烧杀淫掠，致数以千计民众死亡的铁证！道路边，村子里，山坡上，随处可见我士兵和百姓浸泡在黑褐色血坑中的尸体；沿途村庄集镇，大都变成一片片瓦砾场；老百姓无家可归，老人孩子站在自家房屋废墟上瑟瑟发抖……

救护队员在街头救护伤兵

　　1941年12月24日，日军调集第3、第6、第40师团及第9混成旅，总兵力十二万余，再次向我第九战区发动猛烈进攻，目标还是剑指长沙，从而引发第三次长沙会战。长沙古城遭遇第四次厄运。

　　自24日傍晚开始，寒潮来袭，气温从12摄氏度迅速降至零下5摄氏度，湖南经历了少有的低温和大雪天气。我前线士兵，很多还穿着夏装和草鞋，只在腿上扎了绑腿。从1942年元旦到4日晚，整整四个昼夜，中日两军对峙于长沙地区，战斗空前激烈。巷战、肉搏、攻守、拉锯，雪片飞散，弹雨倾盆，钢铁与血肉搅和在一起……我外围部队随即向长沙合围，旁打侧击，围追堵截，最终取得第三次长沙会战胜利。此战被军事专家评价为：

"自抗战以来第一次按预定计划作战，取得空前胜利。"

第 27 集团军总司令杨森在致重庆国民政府的电文中这样写道：

"十里纵横据点敌我混战，枪炮声及轰炸声，历历可闻，我伤亡惨重，与敌反复争夺，激战终日，雪雨交加，猩红满地。"

前方大战惨烈，伤员急速增多，救护工作紧张。大队长林竟成自然对所属救护队的战斗也进行了周密部署：

第 022 队随第 99 军第 399 师进退，担任前线救护任务；第 643 队开往益阳第 99 军野战医院，配合第 197 师野战医院工作；原驻平江的第 493 队调思村野战医院；原驻李家墩的第 492 队，随第 37 军第 95 师野战医院转进至麻分嘴的飘风山；原在岳阳小湄的第 322 队，随第 58 军新 11 师野战医院前往该部队前线战场救护；原在平江大桥随第 4 军的第 491 队和第 64 队，协助第 26 军实施救护……领接任务后的各队救护队员，立即冒着枪林弹雨，踏着鲜血和白雪往来穿行，拼力救护前线伤患，当看到受伤官兵的鲜血在褴褛的夏裤和草鞋上凝固，个个热泪盈眶。

林竟成大队长在回忆文章中这样描写第三次长沙会战：

"那年十二月，三次会战果然又降临了，这是前方各将士预料到的，而且确信要来一个空前的大捷。红会人员也具了同样信心。这一次部队部署是严整极了，每个士兵都十二分沉着地打击敌人，本会工作人员随军进退，配合作战，没有一个人落伍，没有一队不照命令动作，而且知道什么地方为伤兵必经之路，而设敷伤站于该地。这一次工作最有效，最痛快。队员们穿着草鞋长途跋涉，而脚上永远不会发生水泡了。因为他们知道怎样将无法携带的公私物件埋入土堆，而相信不久回去会原封不动。三次长沙空前大捷果然如愿而至……"

据《抗日战史》记载，仅在第三次长沙会战中，我军受伤人数就达16323 人，其中多数由救护总队配合各军卫生兵救治。救护总队部医务科长马玉汝在第三届红十字周总结说：

"湘北会战，九大队均逢其盛，所有队员，更练得特别有经验。所以他们的成绩，也特别脍炙人口！中央摄影厂的《蓝衣救护队》即以他们的故事为蓝本，摄出不少可歌可泣的镜头。"

1944年5月底，日军打通平汉铁路后，紧接着向湖南进攻，发动了第四次长沙会战，其规模和凶狠程度远比前三次更盛。

当时，部队为了阻击敌人，实行"坚壁清野"，已提前将长沙通往外围的公路破坏掉。林竟成令队员费了九牛二虎之力，在48小时内，只找到三艘船，作为从长沙装载公物及眷属撤至衡阳的运力。队员们赶紧将两艘船装载好物资。林竟成下令大队部全员及家属乘船紧急驶离长沙，逆湘江先向衡阳疏散。同时通知湘北各队撤回衡阳会合，连同材料库、卫训五分所，分两路人马，分别向湘西和桂林撤退。

6月18日，我军开始突围。可是最后一船直到6月25日才赶到衡阳。

由于绝大多数队员都是在前三次长沙会战中迎险临难，出生入死，经历枪林弹雨洗礼磨砺过的，学会了怎样在没钱时过日子，练就了饿得、冻得、晒得、淋得和走得的五大看家本领，凭着这些本领，他们镇定自若，毫不慌乱地应对着面临的一切艰难险阻。

运输队、材料库及各部门人员拼力合作，将衡阳、邵阳两材料库中价值万余元的X线光机等重要医疗卫生器材全部抢运出来，并在最短时间内，把原本无法发动的八辆老爷救护车全部修好待命。

第9大队与湘桂铁路方面关系不错，车皮较易获得。驻东安的第5卫训分所和第91、第92、第95三个中队人员连同眷属七十多人，先将公物器材及八千余斤大米抢运至火车站，于7月5日开专列，由第92队押运，行驶13天后抵达广西怀远；依旧不忘分设"医院""门诊"二部和怀远火车站诊所，为过境军队和难民诊疗伤患。

一开始，林竟成随三辆老爷车原本打算从衡阳直奔湘西，但在湘江过渡时，遭遇我军一辆重型炮车后退时把船台压垮，花了几天工夫才修好开始渡江。由于战场形势需要，林竟成临时改变撤退路线，与另外五辆满载救护队员和卫训五分所贵重器材的老爷车会合一路，向桂林方向撤退，路上又因江水猛涨和躲避敌机轰炸被阻在湘江之滨，熬了两天两夜才渡过湘江。由于战情变化，救护车只好临时改道，绕道柳州、宜山、独山以后，再图经芷江转道赴湘西。

11月11日晚，八辆老爷救护车先后赶到宜山，与第1及第8卫生列车上第9、第41及第942队联络，12日上午到怀远会合。谁知到怀远后才发现，居民早就基本撤退，仅剩下一座空城，已无再留的必要，遂于13日离开怀远。15日，怀远被日军占领。

沿途，队员们目睹湘桂两省流亡的十数万难胞，缺医少药，死亡者不知凡几。其状，是在任何一次战役中所不曾见过的最严重、最凄惨的一幅难胞流亡图。按照第9大队队员们的秉性，这种状况怎能不救？在明知面对诸多困难的情况下，大家纷纷表示，我们是中国人！中国人看到自己的同胞在吃苦受难，必须帮助他们渡过难关，并动员其中的青壮年加入抗战行列，助力加速抗战胜利。

几辆老爷车和火车托运的部分器材及人员，好不容易先后到达湘桂和湘黔公路连接点的金城江。不少火车，汽车，包括第9大队的救护车都因缺油集聚在这里；加上小镇连日大雨，河水猛涨，路上泥泞盈尺，难民众多，厕所粪便外溢，不堪入目；且正霍乱流行，苍蝇满布；由敌机轰炸引起的弹药库爆炸，火光冲天；人们奔逃无路，到处是哭声，怨天载道，难民中的老弱幼儿多数死亡，金城江成了一座人间地狱。然而，为了救死扶伤，第9大队依旧在此设点为难民治病、防疫。

公路上，难民和后撤部队与汽车争道，互不相让，汽车拥塞缓行。铁路上，由于坡度越来越大，不到十节车厢的火车，简直就是爬行。坐在火车头上的人可以随时跳上跳下。火车上不去时，几百人下车推车前进；缺煤时就烧遗弃道旁的枕木，其速度几乎等同于步行。难民们克服一切困难，冒着生命危险，争相逃向祖国大后方。第9大队的救护队员们落入这一民族大苦难行列，经受了一生最难忘的惨痛过程。大家都深深感到，没有凝聚力、一盘散沙的民族，必然落后，而落后就要挨打，就要被侵略、被凌辱、被屠杀。

在从河池蜿蜒经六寨到独山段的黔桂公路上，几辆老爷救护车又在一座燃着熊熊大火的铁路桥边受阻。有人提出弃车走山路，被林竟成否定了。他之所以不同意，是因为山路崎岖，多土匪，车上的队员家眷中，多妇女、儿童，还有老人，如何走得？

好在被堵的几十辆车中有工程技术人员，经共同研究后，决定采取将大桥两端陡坎削切成斜坡，江底用枕木铺设，汽车顺斜坡驶向江底枕木过江后，再由对岸的汽车拖上坡的方案。就这样，每天能有几十辆汽车驶向对岸。几辆老爷车过河后，继续于人山人海、汽车、板车、炮车、驴马的拥挤不堪中突围，一整夜只走了几公里，却费了几十加仑汽油，快不能前进了。本想返回河池加油，却听说为阻止日军追击，我军第166师已派员将南丹县境内的大山塘大桥炸毁，断了退路。再说，要在这样拥挤不堪的山间公路上倒车掉头，也非易事。

正在危急之时，林竟成急中生智，从身上掏出一张条子，来到一辆装有备用汽油桶的军车旁，说是奉薛岳司令之命赶往前方执行紧急救护任务，车没油了请求支援。可巧那司机虽没文化，看不懂纸上内容，却老实，便一口答应从车上油桶中抽出些汽油给他们加上。就这样，八辆老爷救护车于18日艰难到达独山。

此时的独山县城，由于弹药库和飞机场被日机炸毁引燃，正处于火海之中。恰遇国民政府社会部谷正纲部长莅临指导难民救济工作，于是得以协助加满汽油。

12月1日晚，老爷救护车队驶离独山，而在距独山九公里的鬼门坡又陷于几百辆汽车的重重包围之中。鬼门坡变成了鬼门关！

被堵的每个人都心急火燎，大家一致议定，如果在坡上停留10分钟不能行动的车辆，一律推翻滚下山去。无数汽车被先后一辆辆掀翻滚下山坡，令人触目惊心。队员们不禁为自己的老爷车担心！等了两天轮到它们上坡了，队员们在后面呐喊着，使尽吃奶力气往前推。真没想到这些老爷车会如此争气，发出一阵怒吼，居然一口气上到了坡顶，通过了又一次最严酷的"优胜劣汰"考验。

12月6日，老爷救护车队终于抵达已成瓦砾场的都匀。又冻又饿的队员们无处安身，饥寒交迫！在将到马场坪的一个地方，又一道桥梁被破坏，只好绕道麻江，于12月9日才到马场坪。至此，从独山到马场坪的160公里，足足又走了九天，屡濒于危，所幸均化险为夷，一行人日仅一餐或两日不得一饱，数夜未得安眠，历尽了人间辛酸、悲苦和危难。

面对此情此景，原来打算继续撤往湘西的计划已经完全不可能实现了。车过马场坪，八辆老爷救护车像是能通人性一样，老毛病终于发作，彻底抛锚停驶，再也走不动了。它们也许知道，这个时候抛锚，一是已经远离鬼子，二是距贵阳的救护总队部已经不远，三是队员们没有生命危险了。于是，林竟成急电请贵阳救护总队部速派车前来救援。

就这样，第9大队经历了难以计数的惊心动魄，辗转六个来月的艰苦磨难，可谓出生入死。救护车队行驶了两千多公里，有时甚至连续几天几夜奔驰不停。但这些老爷车似乎懂得，前方就要到达图云关救护总队部，将从它们身上卸下教员、学员、妇女、小孩共约两百口人和显微镜三十余架、X线光机三台以及大量贵重器材和私人行李的重负。

大队长林竟成在回忆文章中总结道：

"本会救护总队部第9大队与四次湘北会战，似乎发生历史上的关联。每个队员在每次湘北会战中，都学习些宝贵经验，都认识它的价值和意义，接受它的磨炼，而变得更坚强，更英勇，更沉着了。"

队员们这样的意志和信心到底从哪儿来？皆因以林可胜为首的救护总队部各位领导给大家树立的榜样使然；是全体红会同志的热情，促使他们焕发出无尽力量；也是前后方工作人员以诚交流的结果，共同凝结交织成一种信心、一种责任，寄寓在他们身上。而为着团体的荣光，为着良知的职责，使他们通过无数障碍，克服了艰难险阻，吃尽了常人难以忍受的苦痛。

而队员们则将其理解为，这绝不是任何个人的英雄故事，而是在国家危难之时，每个公务人员所应具备的基本责任和应有义务。正是这份责任、这份义务，鞭策着人们忘记自身危险去战胜劣境；激励着人们无论薪酬多寡厚薄，无论地位高低贵贱，都会各尽所能、各尽其责来保卫国家和民族。正因为有如此认识和精神境界，队员们常微笑着向大队长林竟成表示：

"值此国家危难、民族大劫之秋，岂敢谓劳？岂敢谓苦？"

林竟成创建并兼任所长的湖南东安卫训5分所共办5届。

第七章　以虔诚之心致敬援华志士

第一节　壮力量严制度善管理

救护总队部、卫训总所和第 167 后方医院 "三驾马车" 于 1939 年春 "落户" 图云关后，随着抗战形势日趋严峻，人员迅速增多，原来的机构设置和功能配伍很难适应和满足日益增长的工作量需要。

尤其是总队部办公室和几大业务部门，显得比以前更为重要且复杂。为了健全制度，强化管理，适应一套人马，多部门管理，号令 "三驾马车" 协调联动的特殊需要，红会总会救护总队部制定和修正了一系列规章制度，既能让 "三大部门" 各自充分发挥其业务专长，循规蹈矩，互不干扰，相得益彰，同时也能将它们关联为一个整体，服从服务于统一的指挥中枢，协同动作，下好全国抗战救护和医护培训教育这盘大棋、难棋。

要把一桩伟业干好，并能建树丰功，首先需要厘清主次矛盾。主要矛盾明晰了，找准了，思路脉络也就清楚了，许多棘手的次要矛盾就会迎刃而解，政令就能畅通无阻，正所谓 "纲举目张"。

从 1940 年 5 月起，林可胜首先针对救护总队自 1938 年年初成立两年半以来，经过几次大规模战役战场救护工作实践，所暴露出来的问题、所遇到的困难、所遭遇的阻力，在充分总结经验教训的基础上加以充实、改进、调整、完善、提高。同时，为了尽可能利用和调度好这个来到图云关，由三大部门所构成的相互关联依存综合体的人员、技术、器械和设备等人力物力财力资源，搞好合理配置，总队长在征得各位班子成员和各位专家的意见建议基础上，决定将医疗、医护、医防和急救各队一律改称为医务队，并尽量推进至各野战区，协助军师级医疗卫生机关从事绷扎、急救、手术等护理和治疗处理，同时指导灭虱、治疥、抗疟、改进环境卫生及兵食营养等军队卫生防疫工作。

根据红会总会《救护总队部组织规程》的规定：救护总队对机构设置和相应管理作出进一步规范性整合，由两大部分组成：一是总队部机构设置、人员编制和任务职责；二是总队部的外派机构和相应人员配置及任务职责。

一、总队部机构设置

救护总队设总队长1人，负责综理整体部务；设副总队长2至4人，分工把口协助总队长工作。机构和人员编制大致如下：设科长6人，室主任2人，承正副总队长之命分管各股（组、科、室）事务；设秘书2至4人，分管机要、文电及正、副总队长交办事项；根据需要配设股长若干人，股员70～100人，承主管之命分掌各股事务；配设顾问6～10人、指导员12～18人，负责总队部业务、技术、咨询等；设专员、视察各2至3人，隶属于技术室，办理技术事务及外出视察调研等事项。

1.干事室（文书股）：干事室即为前述救护总队的核心首脑指挥机关，主任为蒋旭东。职责除协助总队长进行救护总队的总体谋划外，还负责常规事务性工作，设中、英文秘书4～5人，专司中英文函件、公文的收发、拟稿、缮校、打印、译电、印信；整理和保管文书档案；编订总队部规章及发行刊物、纪要等。

抗战期间，救护总队部与国际红会和海外援华社团以及各国友好人士的业务往来相当频繁，诸如药品、医疗器材及其他物资和情报的联系互通、募集和签收等，都需用英文办理；加之林可胜中文能力有限，随时都需要随身译员协助，还有大量的外籍援华医生在图云关来去聚集，也离不开翻译。所以工作人员从能力上，应具有相当高的英文水平，甚至还会多国语言。如王春菁除具有很高的英文水准外，还说得一口流利的德语。从数量上，必须保障能满足工作的需要及文件处理的时效性和准确性。因此，这样的人员配置是非常必要的。

2.总务股：承担救护总队中枢和后勤保障两大功能，主任由眼科专家张祖菜担任。总务股担负着救护总队所涉各部门和数千员工的一应事务，诸如公物采购、材料计划、房产分配、物资分发、登记保管、服装监制、军粮管发、膳食管理、兵食营养、技术职称、设施修缮以及清洁、警卫、消防等一切事务管理及统计编报。总之，就是衣食住行用，吃喝拉撒睡，诸务汇一起，压力比山大。

3. 医务股：主任为 X 射线专家荣独山教授。医务股负责救护总队所有医疗救护业务和相关专业人士的编组、医疗单位配设；审定医药护理及卫生技术人员资历；协助战时军阵和营房及地方卫生防疫；编汇医务统计及报告；联络卫生勤务机关等，承担起总队长的作战参谋总部职责。为适应抗战形势发展需要，加强各战区的救护、医疗、医防三大方面工作，从面上看，此时的救护总队属下医疗大队在全面抗战初期三个的基础上，原则按照当时的九大战区进行相应配置，每个战区配属一个大队，另设预备大队。从层级看，中队增至 47 个、区队增至 94 个，另配手术队 9 个；各层级医疗队总数，已经从 1938 年 1 月成立时的 37 个发展到 150 余个。

大队部设大队长或副大队长 1 至 2 人，事务、文书、工友 2 至 3 人。大队部下的几个中队长一般都是由具有主治医师资质以上的人担任。中队管理的区队队长，一般由医学院刚毕业的医师担任，每个区队另有 1 至 2 名医师，几名护士或护理员，还有 1 名助产士，1 至 2 名环境卫生或防疫人员，事务员和工友各 1 名，共十余人，既便于随时调动，又能配合搞好医疗救护服务。医疗队的工作安排，根据战场情况，在大队长及中队长的领导下层层负责，加强战地救护、医疗、防疫等工作。

4. 材料股：抗战救护所需药品器械，多由海外捐赠。因此，材料股至关重要，担负起维系救护系统物资命脉的重大责任。主任由时任救护委员会干事陈璞兼任。其具体职责是：供应医疗卫生单位所需器材；核发非总队部所属机关请求的医药卫生辅材；卫生器材的审核、统计、报告、收交、损失和剩余稽核；研究改良器材机器包装制式，募捐卫生器材等。

材料股下辖设贵阳图云关材料总库，综理卫生材料保管、出纳、制造、分装等事宜。库长由第 3 大队大队长汤蠡舟兼任。另有组长及相关工作人员共约九十人，分设总务、制造、药品、敷料、药械、山洞等分支机构。材料总库包括甲、乙两种分库。甲种材料分库专司卫生材料保管、制备事宜，简称制备库；乙种材料分库专司主要由海外运来的药械敷料的保管、供应等事宜，简称供应库。供应库一般是将外援医药物资清点入账后，由救护总队给援助单位开出收据，然后根据《中国红会卫生材料标准表》，整理装配成标准箱，发运至各地的材料分库，再由各地分库按需或定期补给各医疗队。

5. 运输股：运输股主任依然是曾任红会总会（上海）交通股主任的胡会林。职责是：监督指导运输单位的编组、配设及业务；审定运输技术人员资历，收发、保管及修理运输器材；车辆、油料收发、保管、登记、编报；运输统计，器材稽核，油料耗损，设施改进等。

运输股是救护总队的运力系统，有效维系着总队部与各战区之间的业务联系，将医药器械和救护队员运送至前线医疗队。此时的该股拥有各类汽车两百余辆，其中150辆为国际社会，主要是华侨捐赠的，分布在总部、各医疗大队所在地，是一支强有力的救护运输力量；下设汽车大队，大队长为清华学子章宏道，副大队长为张世恩；图云关还设有汽车修理厂，规模大，各类人员亦多，可承担汽车的各级保养和大修，厂长由张世恩兼任。运输股工作艰苦，为躲避日机，他们经常夜间行车。股里有部分人员是原上海的童子军出身，多是汽车队长或汽车运输押运员，工作非常负责，而且廉洁奉公，不私自带客，不私自收费，如护士张怀瑾的丈夫朱志钧等队长，就是遵规守纪的模范。

6. 人事和技术股：职责是人事管理、任免、晋级、考核；签拟员工薪资津贴，调查统计及核转差旅、假期；设计研究救护技术，视察附属单位的业务及技术指导，检讨改进战时卫生勤务，调查改善战时兵食营养，检验鉴定各项卫生技术，以及训练、卫生、宣传等事项。

7. 会计室：职责是编造预算、决算，收支审核、账务往来、差旅报销、册簿单证以及稽核其他物资往来的会计账务事项等。

二、外派机构的设置、编制、职责及经费使用规定

1. 办事处：为便于分区管理，救护总队选择适宜地点设置办事处，指定副总队长1人主持。办事处直接受救护总队监督指挥，辅助救护工作的推进，以期促进战时卫生勤务的完善和发展。办事处设主任1人，由救护总队副总队长兼任；设文书1人，专员或观察1人。办事处下设业务、总务、会计3组，配备组长3人、组员6至9人。办事处麻雀虽小，

但五脏俱全。主要是辅助卫生勤务推进，卫生器材分配、审核、统计及编写报告；医疗、防疫、救护等的设计、调查、运输等事项。其余有关后勤保障、文书人事、财务会计职责，参照救护总队部的相关联部门规定执行。办事处对其所属单位有指挥监督权，凡是由救护总队拨归办事处使用的战区医院、诊疗所、医疗队、运输站及卫生材料分库等，均受办事处指挥监督。

2. 指导员：根据红会总会《救护总队部指导员联系办法》规定，指导员是救护总队为开展业务、实施技术指导等事宜而设立的一种技术性职务。担任指导员的人员除要求热心红会救护事业外，还须具有专门学识及技能。指导员由总队部聘任，一般由医药、护病、工程、卫生专家，擅长行政管理及军事管理人员以及研究荣誉军人管理的人员担任。与总队部同驻一地的指导员，必须经常与总队技术室、医务股保持联系；驻在办事处或大部队附近的指导员，则与各该处、部保持联络。总队部、办事处或大队部，如遇有关救护事业设施及专门技术问题咨询等事项，应当以函告方式，请指导员解答或给出设计方案。指导员对于救护总队部各项救护业务的措施或技术上专门问题的研讨须以建议方式书面提供给总队部或办事处、大队部参考，或提醒其注意。指导员有权依据观察，考核总队部所属医务人员的学识、技能，可以建议总队部或办事处、大队部予以奖励或惩戒。指导员对于总队部所属医疗单位或其他单位的人事行政不得直接过问干预，但在未设立办事处或大队部的地方，受总队部委托的指导员，可依据委托书的规定办理。如内科指导员杨济时、周寿恺，外科指导员张先林、屠开元，医防指导员容启荣、施正信，环境卫生指导员过祖源、刘永懋，医护指导员周美玉、孙秀德、龚棣珍，社会服务指导员邹玉阶等人，都是各领域的著名专家。

3. 医疗大队：根据红会总会《救护总队部医疗大队组织及办事通则》规定，大队部应与所在地的有关机关取得工作联系，以谋业务的开展。医疗大队对总队部负责，设具有医师资质的大队长1人，事务员2人，工役2人；驻地由总队部根据战场需要指定或调动，遇特殊情况，需紧急处理时，须呈报总队部备案；各大队应与总队和所属基层医务队上下级间保持联系通畅，视需要配属医疗中队及区队；除按规定履行职责外，随时接受总队指令并报告工作。大队长享有若干权力和责任，如对所属各医疗队事务及技术，有指导、推进、监督、考核权；对所属人员的出差调动，有核议准否权；对所属各医疗队必要进退的人员，有审核决定权；对由总队部配属的战区医院、诊疗所、材料分库、运输站等，有直接指挥调动权等。

4. 医疗队：医疗队以中队为基本工作单位，下设两个区队。每区队设具医师资质队长1人，护士2人，医护助理员或卫生员1人，工役2人。中队长一般由区队长中资深者兼任。配有X光队或者检验等设备的医疗队，由总队部另派检验员担任中队长。中队长对医疗队的事务、技术等事宜负责，并指挥、监督所属医疗队。

医疗队应与驻地红会或有关单位取得联系，以谋业务开展，并履行定期书面汇报制度。汇报内容包括工作、生活和疫情旬报，材料收发、经费开支月报及其他定期表报等，且均以区队为单位，报送中队部汇呈总队部或办事处及其隶承的大队部备查。医疗队的经费、材料等报销以区队为单位，送由中队部汇转；如遇区队分立时，秉承总队部所核定单位呈报；经费、材料及服装等悉依交通及汇总的情况，遵照总队部的指示呈总队部、办事处或其隶属的大队部请领；人事异动、业务设施及其呈准出差人员旅费表等均报其隶属的大队部核转；所属人员考核以区队为基本单位，依照总队部规定的考核办法呈中队长及其隶承之大队长或办事处核转总队部给予奖惩。医疗中队可将成绩优异的医疗队编为医疗巡教队，担任巡回示教工作。

5. 战区医院：根据《救护总队部战区医院组织规程》规定，战区医院视需要设立，直属救护总队部管辖，拨归医疗大队部及战区司令长官部卫生处双重管理和指挥，协助战区充实医药设备、训练救护人才，达到建立战后军区卫生基础为目的。战区医院分设内科、外科、五官科、妇产科、药局、护理室、X光室、检验室、事务室等以及住院和门诊两部；配置病床50张，其中特别病床5张，主要收治长官部暨所属单位伤病官兵、眷属及附近军民。

战区医院设医师兼任之院长、副院长各1人，医师3人，药剂师（生）2人，护士长1人，护士3人，检验员2人，事务员1～3人，医护员4人，助理员 4 人，酌配工役 5 ~ 7 人。人事安排由救护总队部和战区长官部卫生处共同协商。战区医院的基础设施建设和医药卫生器材投资，由救护总队部与战区长官部分别承担。一般是，院舍由长官部指令拨款或捐建，病床及用具、被褥等由长官部供给；卫生器材由救护总队部供给，经费除救护总队就其调派战区医院工作的医疗队尽其经费拨充外，不足部分由救护总队部及战区长官部卫生处分担；患者住院伙食费或因死亡之殓埋费等由本人或原送机关负责。

6. 诊疗所：诊疗所由救护总队视战时后方城市需要或联络地的红会分会、社团组织设立，办理空袭、灾变救护及军民医药救济，设由医师兼任的所长 1 人，医师、护士、助产士、医护助理、工役等 10 人左右，酌设检验员；经费除卫生材料由救护总队部供给外，其他开支与合办机关协商解决。

7. 材料分库和支库：随着全国各大战场救护工作需要，救护总队部接受国际机构和个人捐赠的药品器材储量与日俱增，除在图云关设材料总库外，还有必要在各战区邻近地方设 10 处分库，以便中转、输送药品到前线。各分库还可酌情设置支库，各种材料分、支库应设在战区适宜地域，以便运输供给。

8. 运输站、队和汽车修理厂：依据战区分布和道路交通状况，救护总队部在运输股下分设运输站，站下视需要配设运输队，每队装备汽车 5 辆，隶属并受救护总队指挥与监督。分别在重庆、昆明、贵阳、衡阳、褒城、泸州、金城江设运输站 7 个，编组运输队 9 支，有战事则开赴前线抢运伤兵，无战事则在各条线运送医疗药械。

运输站设站长、站员、工役共 4 人；运输队设队长 1 人，司机 5 人，技工 51 人，艺徒 1 人。各运输站承主管机构之命专司油料及修理器材的保管、出纳并指挥运输队作业暨车辆调派等。

汽车修理厂隶属于运输股，负责车辆修理及保养等事宜；设工务、器材、庶务 3 组，设厂长 1 人，主任技士 1 人，技士 3 人，其余事务、各工种和艺徒共约九十人。

从上述组织结构可以看出，救护总队全面贯彻实施了林可胜总队长提出的流动救护理念，在急救、运输、材料供应方面实现有机配合与协调，构成比较完善的医疗救护保障体系，为实现战地救护功能提供了组织和物资保障。

以上组织和人员配置体系，各司其职，相互配合，团结协作，和衷共济，凝聚为一个以林可胜总队长为核心的有机整体，熔铸成一股巨大的爱国抗日力量。在前述"行动口号"和"救护信条"的鞭策、激励下，全体工作人员克艰度难，忘我奋斗，用实际行动履行着红会的人道天职，支撑起抗战最艰难时期战场救护的一片蓝天。

第二节　史沫特莱与救护总队

艾格尼斯·史沫特莱是以报道中国抗日战场为主的一位重要而颇负盛名的美国作家、进步民主人士和记者。她于 1928 年年底来到中国，亲历了九一八事变和七七事变，甚至目睹了日本入侵中国的许多场景。1937 年 12 月，史沫特莱女士来到汉口，以英国《曼彻斯特卫报》记者和中国红会志愿者的身份，一面亲临战场救护伤员和难民，为战地救护事业不遗余力地奔走呼号；一面报道中国军民的抗战实情，向世界性国际组织发出对中国抗战的援助呼吁。因此，她获得了"中国伤兵之母"的美誉，受到许多抗日志士的尊敬和爱戴。

全民族抗战爆发后，中国共产党在武汉成立了中共中央长江局和八路军驻武汉办事处。王明、周恩来、董必武、叶剑英等中共中央主要领导也都先后到了武汉。由周恩来直接领导的八路军驻武汉办事处，始终情系从事战地救护的华裔生理学家林可胜，并主动出面与之联系。

而满腔爱国情怀的林可胜也十分珍视这份关系，热切关心敌后战场的胜败得失，曾多次主动到八路军驻武汉办事处找周恩来、董必武、叶剑英等人商谈有关前线战场的救护事宜。

据曾担任中共驻红会救护总队总支书记的郭绍兴回忆：

"抗战之初，国际共产主义战士、美国女作家史沫特莱也在红会救护总队。1938 年夏，她曾向中共中央长江局要求派党员去红会救护总队做宣传教育工作。因此，党组织派了冯骥、毛华强和黄群三同志去红会，

史沫特莱与林可胜："伤兵之母"与她心中的"男神"

这是和她的努力分不开的。"

曾任八路军贵阳交通站站长的红会总支领导人袁超俊如是说：

"史沫特莱和林可胜比较熟悉，我就通过史沫特莱帮忙，做林可胜的工作。经过我们的工作，林可胜不仅反对国民党插手红会，而且帮助我们做了不少事。"

在整个抗战期间，史沫特莱可以说是与林可胜以及图云关接触最多、了解最全面、情感最笃厚的西方进步记者和国际友人了。正是在汉口，史沫特莱认识了林可胜。在她所著的《中国的赞歌》一书中，叙述了她与林可胜相识的过程：

"在武汉使我有幸同中国红会医疗队（救护总队）结下不解之缘，并且认识了医疗队创始人和队长林可胜博士，从此为伤兵服务的工作支配了我后来大部分的生活。"

那是 1938 年 1 月，史沫特莱刚到汉口不久，在汉口英租界，到处都是行进中的部队,通向码头的街道,挤满来自沦陷区的难民。此时,北平到汉口的铁路,仍在中国军队的控制下,且能畅通地与陇海路连接,汉口成为国民政府的战略要地。在交通路荣康瓷器店二楼,史沫特莱见到了刚上任不久的中国红会救护总队队长林可胜。那天,史沫特莱是去找国际联盟派驻国民政府的健康顾问、南斯拉夫公共健康专家博尔塞克博士时,巧遇正筹办战时卫生人员训练所的林可胜。在抗战救护一线与曾经听八路军驻武汉办事处的袁超俊多次提及、名声卓著的中国红会救护总队长林可胜不期而遇,两人一见如故,共叹相见太晚。

救护总队迁往长沙后,史沫特莱曾劝请林可胜关注一下敌后游击区,把医务人员和医药物品一视同仁地送给他们。由于对敌后游击区情况不了解,林可胜也曾要求史沫特莱把"《曼彻斯特卫报》同红会工作结合起来,多到敌后调查,随时给他们寄送报道"。

此后,史沫特莱频繁穿梭于新四军各战场,及时向救护总队部报告新四军在敌后抗日战场的作战以及伤兵和难民状况。在其中一篇针对武汉保卫战造成的大量伤员一时间未能获得医疗救护的惨状报道中,史沫特莱怀着深深的同情和无尽的担忧写道:

"当我们沿着泥泞的路径向小镇走去,两侧地面横躺竖卧着一长溜的伤兵,有数百人缠裹着肮脏、血污的绷带。有些人已经失去知觉,数以千计的伤兵死在路途中,伤口现已恶化的轻伤员在等待着运过河去,再上火车东行或西行。他们身边没有医生、护士,或者其他的护理人员。当我们从这些痛苦的垂死的伤员中间走过的时候,我对同行的伙伴说,我们的第一篇报道,应该就是有关伤员处境的。"

这段徒步穿越前线小镇的经历,深深触动了史沫特莱的心,于是,她开始加入中国红会救护总队,一面参与救护伤员和难民,一面报道中国的抗战实况,向世界性组织呼吁对中国施以援手。

是啊!在武汉保卫战激战正酣之时,伤员众多,惨不忍睹。但救治是要花钱的,也需要人力,可当时救护总队的经费却难以为继。情急之下,总队长林可胜托请史沫特莱帮助他游说各方,设法寻找力量分担一个或几个医疗队的费用。史沫特莱听后立即找到宋子文求助,宋子文当即答应"认领"11个医疗队一年的经费;接着又动员爪哇(今印度尼西亚)

的华侨和时任美国驻武汉领事馆的史迪威上校，史迪威也答应承担或寻求有关方面资助部分经费。

经过一段时间交流，史沫特莱十分敬佩本有望冲击诺贝尔奖的杰出生理学家林可胜，居然能为中国的抗战救护事业而停下了他在科学研究方面既有基础又轻车熟路的攀登脚步。深受感染的她遂加盟中国红会救护总队部，成为一名"宣传者"，利用她的记者的身份，向海外宣传，协助为红会筹款募捐，成为林可胜可以倚仗的得力干将。

对林可胜的为人处世，史沫特莱感知在行，铭记在心，撰写纸上，她在《中国的战歌》中这样写道：

"林博士的朋友们称他为'波比'。他讲一口流利的英语，略微带点苏格兰口音。通过他那低沉柔和的语调里，我能听得出一种令人警觉的金石之声，似乎透露出他的性格并不仅限于温柔敦厚。我几乎立即就觉察到在他身上有一种后来我在卢致德博士身上也感觉到的气质：那是一种所谓人间痛苦，那是我此后总能从那些走在时代前列的人们身上发现的一种气质。中国医务界的先进人物，事实上要比他们在这个国家所处的社会和政治环境先进了将近两三个世纪。"

1938年初夏，救护总队部从武汉迁到长沙不久，史沫特莱曾专程从江西新四军驻地来到长沙，初访救护总队部，向救护总队部详细介绍了新四军将士缺医少药的情况，请求林可胜向新四军提供前方奇缺且急需的治疗"打摆子"（疟疾）的奎宁丸与针剂及其他药品。林可胜不仅足额拨发药品，还接受史沫特莱的建议，派出两个医疗救护队长期驻在新四军战区从事医疗救护工作，公开支持新四军的抗战行动，让史沫特莱对他充满敬意。关于红会救护总队医疗队在新四军的工作情况，作为战地记者的史沫特莱，随后多有报道。

史沫特莱对八路军、新四军的特殊情感以及她在红会体系的活动，曾受到一些人的嫉恨和非议。1938年年底，红会总会救护总队在桂林时，她曾接到署名"铁血团"的恐吓信。但史沫特莱不顾个人安危得失，沿着自己选定的道路一如既往前进，充分体现出一位国际反法西斯战士的英勇和胆识。

1940年夏秋之交，史沫特莱再次从新四军军部驻地赶到图云关，目的主要是寻求林可胜总队长拨发前线奇缺的医药器械，特别是治疗"打摆子"的奎宁片和针剂，另外就是为了采访救护总队部迁到图云关后的有关情况。这是史沫特莱首次在图云关与林可胜的公开会面。这位身材高大、剪着短发、精神饱满、面色红润的西方女士，全然以新四军士兵的装扮出现在图云关的公众视野中。

正是这次在图云关，史沫特莱巧与刚到的"西班牙医生"们相识并进行了短暂交流。见面是在救护总队部为医生们举行的接风宴会上，作为林可胜的老朋友，又同是外国人，史沫特莱应邀出席作陪。

一位名叫白尔的医生，早就读过史沫特莱那些早年在中国的书籍和文章，因此对能在这样的场合见到这位大作家感到特别兴奋，并以史沫特莱的书为话题，与她谈了起来。

"很高兴，也很奇怪，怎么会在这儿遇到您？"白尔如是问。

"红会总部里的人们都认识我，我不是第一次来见他们，正在等待红会的先生们考虑我的建议。"史沫特莱的回答，显然不是针对早已成为老朋友的总队长林可胜，而是特指红会内部关于国共两党两军的不同政见者。有人不赞成救护总队向共产党方面派送救护队和物资药品，因此，她意有所指。

"您向他们提了什么建议，可以问一问吗？"富华德接口问。

"当然可以。"史沫特莱含笑回答后接着说：

"我试图感动先生们把医药用品送一些到中国北部去……八路军和新四军两支军队都有这方面的紧急需求，因为他们承担着十分艰巨的战争重担。"

接下来，史沫特莱向医生们介绍了随行的恽先生（即恽代英的胞弟、新四军军医，中法大学药科教授恽子强），并请他就有关方面问题向外籍医生们做解释性交流……

关于史沫特莱这次来到图云关的前前后后，当年救护总队部干事、英语翻译王春菁回忆道：

"一天，总队部来了一位西洋女性。她身穿灰布军装，头戴一顶陈旧的军帽，瘦长的身材，裹着绑腿，赤脚穿一双草鞋。原来，她就是久闻大名的艾格尼斯·史沫特莱女士……她瘦长的脸上透露出坚毅的神情，讲起话来，充满着自信。史沫特莱是从江西新四军方面来的，目的是要求林可胜拨发新四军前线奇缺的医药器材，'打摆子'的奎宁片和针剂。史沫特莱说，疟疾发作时，整团整团的人不得不躺下，然后，再起来参加一次又一次的战斗。在有些地方，电话联络常因电话员正在'打摆子'而中断。那时，疟疾在部队里肆虐，连军医署长卢致德博士上前线时，也总是把他所能找到的奎宁丸都装上车，拦住过路的军队，给每个军人散发十几片。史沫特莱知道，救护总队从海外的南洋、爪哇一带得到了由华侨捐助的大量奎宁，这是当时治疟特效药，对'打摆子'的战士们起着治疗和保健作用。"

　　有林可胜这位老朋友的大力支持，史沫特莱此次到来，还是满意而归了。在离开图云关前，史沫特莱去向林可胜告别时，颇有感悟地赞叹

史沫特莱（前排左四）到访图云关

在林博士领导的图云关上，不仅自然环境优美，气候凉爽宜人，更难能可贵的是，虽然房舍简陋，却营造了一片良好的环境氛围与和谐的人际关系，正孕育并成长着一批中国未来的希望之星，以至于她都不想离开了。在与林可胜多次接触交往后，史沫特莱发现，这位"矮而瘦小"，甚至被一些人攻击为"连中国话都不会说""自私小气"的林可胜所从事的抗战救护事业似乎并非一帆风顺。她曾一度替他，甚至替中国的整个抗战救护事业忧心如焚。史沫特莱将这一切看在眼里、存于方寸，开始更加密切关注这位华裔救护总队队长。

通过进一步接触了解，她逐渐发现，也许是林可胜感到救护总队和卫训所以及第167野战医院这三大摊子复杂而繁忙的工作对自己有所压力；也许是在国共两党所领导的正面抗日部队和敌后根据地之间如何派遣医护人员和配送医疗物资等方面，处于红会中立立场的他颇有些难言之隐；亦可能是因为在整个抗日战场上，来自国家层面所给予的物资和人员支持极为有限，而更多需要他亲自通过各种国际援华组织去募集所造成的窘境和压力等，以至于本来就身材矮小的林可胜，整日里显得紧张严肃有余，而团结活泼不足，这让人们给了他一个"警察"的称号。但是，这位小个子、知识型总队长非但根本不受这些流言蜚语的干扰，反而表现出毫不畏惧、一如既往、埋头干事、砥砺前行的大无畏精神。尤其是在谈到日军的暴行和救护总队部的职责时，他表现出的爱憎分明立场，往往令史沫特莱深受感动并铭记于心。于是，她坚定地把自己对林可胜发自内心的赞许和钦佩，每每用一种特殊的目光投给了他。在以后的岁月中，史沫特莱与林可胜有着更加频繁的交往，可以说到了患难与共的程度，结下了深厚友谊。这位虽然"矮而瘦小"、看似柔弱无力的知识型华裔男人，反而成为她心目中形象无比高大刚健的"巨人"。因为只有类似他这样的人，才是中国红会和中国人民正确选定的为抗战救护事业奉献而压不弯、累不垮的"中流砥柱"。

1940年夏末，林可胜到重庆中国红会总会述职，顺道看望病中的老朋友史沫特莱。她接受他的建议，成功做完胆囊切除手术后，随同他到图云关进行后续治疗并康养一段时间。因为图云关不仅仅是救护总队部驻地，还有良好的医疗资源以及安全优美静谧的自然生态环境，是病后初愈者康复疗养的最佳圣地。

此次相见，史沫特莱发现林可胜已经"锤炼成为钢铁式的人物"。她又一次发自内心地理解和钦佩他，虽然做亡国奴和低头屈服的巨大恐惧，依然时时刻刻在折磨着这位历经苦难社会的挣扎求生岁月、饱尝祖国人民奋斗求存艰辛的男子汉，但时势造英雄，烈火炼真金，岁月的坎坷磨砺，工作的千钧重担，使这个小个子华裔男人变得更加成熟练达、刚毅伟岸了。于是，她和他一同来到图云关。

林可胜把由南洋群岛爱国侨胞捐建用于救护总队部办公室兼他私人住所，设有会议室和类似招待所，被队员们称为"马来亚别墅"的两层南洋风格小楼，腾出一间供史沫特莱养病居住。

这是史沫特莱第二次被接待在此间短暂居住。她在图云关生活期间，每天"躺在床上"，阅读屋中"满架满架小而精的藏书"，"感到很幸福"。他对她关怀备至，照料周到。她也"把学习的点滴心得向他请教"。她发现，他除了繁忙的行政事务外，还正在"专心致志于写作一套供战地军医参考的医疗手册"，他"办公室里的灯光经常很晚很晚才熄灭"。更令她自豪的是，救护总队"在他的领导下正在成长壮大，情况喜人"。

在当年的七七事变抗战纪念日期间，林可胜特意安排史沫特莱在红会贵阳分会和贵阳地区陆军医务工作会上多次发表演讲。她的每次演讲都全场鸦雀无声，每个人都被她风趣而深邃的话语迷住了。

"汇报战区情况。大厅里挤满身穿蓝色制服的战时男女工作人员。场面热烈，激动人心。"这是史沫特莱在她的书中描绘的当时的场景。

史沫特莱在图云关一直住到9月初，边养病，边写作，日子过得很充实，两个月很快过去了，但她的病还是未能完全康复。史沫特莱提出要离开。林可胜安排汽车送她去桂林乘飞机转往香港继续治疗。临别前，林可胜先以西方礼节，在史沫特莱额上轻轻吻过，然后又用东方习惯，与她依依不舍地紧紧长时间握手。史沫特莱忍住即将滚落眼眶的泪珠，赶快转过身子，登上卡车，离开了图云关。

通过这段时间的朝夕相处，史沫特莱对林可胜的了解更深，评价也更高了。在她的《中国的战歌》中可以读到这样的句子：

"我对林博士的印象极其深刻，也深深佩服他的为人，品学兼优，献身医疗工作的精神和毅力。"

"敌机对准我们飞来时，我们才找地方隐蔽。林博士一直不停地说，如果为空袭而停步，中国就会一事无成。这位个子不高的医生，战前是一位温文尔雅的绅士，如今已经变得像钢铁一般强硬。如果他曾感到恐惧，对于被征服、被奴役的更大恐惧，已经克服了先前的恐惧。国家的辛酸与苦难，他尝得太多了。"

史沫特莱经常穿梭于新四军各战场，及时向救护总队部报告新四军战区伤兵难民状况。她这样做，一方面当然是为了能够为新四军争取到更多的医疗物资援助，另一方面则是为了尽可能多地让救护总队医护人员了解救护总队派驻新四军医疗队的工作情况，以激励大家的抗日斗志。

"第二天，又一场可怕的空袭刚过，我就穿过仍在冒烟的街道到第109后方医院去了。正好有一个红十字救护队在那里工作。甚至在炸弹落到医院四周的时刻，他们也不曾畏缩，依旧从容地穿上白罩衣，戴上白帽子，走进手术室……"

这是史沫特莱在一次随新四军经过南昌时，目睹救护总队派驻新四军所属战区的基层医疗队冒着敌人炮火，为伤员们实施紧急救护的情况而写的报道。这样的事例还有很多很多。

我们还能从抗日战争期间留下的历史影像中，看到史沫特莱与中国红会救护总队部外籍医生在图云关的多张合影。

第三节　希尔达与西班牙医生

1938年6月，在宋庆龄的倡导斡旋下，一批爱国志士在香港组建成立了"保卫中国同盟"（以下简称保盟）。保盟中央委员会由爱泼斯坦、宋庆龄、希尔达·沙尔文·克拉克、廖承志等七位中外人士组成。宋子文任会长，宋庆龄任主席，国际友人塞尔温·克拉克夫人任名誉秘书等。

创建保盟的目的主要是争取国际上对中国抗战的人力、财力、物力和道义等各方面援助。其中，人力是指国际友人以及加盟中国红会救护总队的国际援华医生；财力则是指吸收捐款；物力主要是指红会救护总

1938 年，"保卫中国同盟"中央委员会部分成员在香港合影
（左起：爱泼斯坦、邓文钊、廖梦醒、宋庆龄、希尔达、法朗士、廖承志）

队急需的药品及医疗器械；道义是希望中国的民族自卫战得到国际社会和一切爱好和平人士的声援与支持。

1937 年至 1943 年，被派任港英当局医务总监的是英国人泼西·塞尔温·克拉克（Percy Selwyn Clarke），中文名叫司徒永觉。他的夫人希尔达·沙尔文·克拉克（以下称希尔达）于 1938 年 6 月来到香港。这位夫人，正是保盟中央委员会七位成员之一。

希尔达到香港时，中国正弥漫在抗战的烽火硝烟中。她十分关注中日战况，同情中国被日寇践踏的遭遇，痛恨日军对中国人民的蹂躏和杀戮。到港不久的希尔达便巧遇保盟的发起人聚会，在丈夫的好友贝特兰推荐和宋庆龄的盛情相邀下，她乐意参加并主动承担起名誉秘书的重任，成为保盟最积极活跃的成员之一。从此，她义无反顾地投身于中国的抗战救护事业，甚至做到了鞠躬尽瘁，因而被在港的英国人士称为"红色希尔达"。

希尔达思维敏捷，为人正直，做事果断干练，工作质量和责任心堪称一流，还有着极强的组织能力和号召力。她对中国抗战的深切同情和倾心倾力帮助，令宋庆龄异常感动并发自内心赞赏，称她是"一位了不起的帮手和很有办法的组织者"。

一个月后，希尔达以"保盟"秘书身份从香港专程赴长沙考察中国战时救护情况，正遇到日军对长沙连续三天的狂轰滥炸，亲见大批伤兵和难民云集，中国红会救护总队总队长林可胜组织的各救护小分队马不停蹄进行战场救护的情景。

回港后，希尔达征得中国红会总会驻港办事处同意，牵头组建了"中国红会国外后援会"（以下简称"后援会"）并亲任秘书。加上原任的"保盟"秘书，身兼两职的希尔达被人们幽默但更显亲切且不无褒赞地称为"双料"秘书。随后，这位脑子灵活、认真负责、极富同情心的"双料"秘

中华民国外交部关于外籍医生援华案卷封面

书便把保盟、后援会和中国红会救护总队三者有机联系在一起，相互协作，共赴国难。

不久，希尔达以"后援会"为平台，组建起一个国际援华救助体系，形成了使国外援华医疗物资的运输能够穿越日军封锁线，甚至连中国人都难以理解的复杂人事关系网。通过她做工作，还把香港的中国难民收容所变成了中国红会的活动中心，让里面的妇女和姑娘们参与到为救护总队卷绷带、缝床单、制作医用围裙等工作中。

希尔达不仅是宋庆龄手下一员最得力干将，随后还将"后援会"办公地作为中国红会救护总队部的驻港办事处，使之成为与国际救援组织连接的桥梁和纽带。她本人也正式成为救护总队部驻香港办事处的核心人物，更成为林可胜总队长最信赖、最称职的帮手和好友，两人始终保持着密切联系。此后，大批国际援华物资、援华医务工作者，包括著名的"西班牙医生"群体，全都是通过"后援会"和"保盟"驻港机构，源源不断地输送到林可胜领导下的救护总队部，然后再按战场需要分派、配送到各大战区的抗日前线。在这一过程中，这位"双料"秘书发挥了无人可替代的特殊作用，为林可胜在图云关前期工作能顺利开展，为救护总队规模能快速发展壮大，为向国际社团组织募集资金物资等，提供了极大帮助。

战时的中国没有一所矫形医院，而由于战场残酷，伤员众多，运输困难，技术有限，野战医院往往除了急需药品和常规医疗器械补充外，还有不少迫于伤情，或转运途中因耗时太长，导致受伤部位组织坏死，不得不做截肢手术后，躺在医院极其简易的病床上，苦苦排队等候做后期矫形手术的残废伤员。伤员们那期待的眼神刺激着图云关上如张先林博士等一群外科医生的眼球，对林可胜这位高级医学专家当然也产生极大的刺激。他每每见到此状，犹如针尖刺着自己的心扉，其痛苦，并不亚于那些缺胳膊少腿的伤员们。所以，林可胜和同僚们都很希望能在图云关上，开办一所具有 250 ～ 300 张床位规模的矫形医院，以便及时解决被截肢伤患的问题，同时也作为卫训所的外科附属实习医院。

希尔达将此事视为己任，周密思考，奔走联络。1939 年年初，在林可胜赴香港募捐之际，希尔达积极主动出面，协调香港维多利亚教会和国际医疗救济会联合举办了一场关于筹办矫形医院的专题招待会。会议邀请宋庆龄参加，林可胜出席并发表演讲，当场募集到2750美元；几天后，希尔达在致友人的募捐信中谈到中国红会总会救护总队队长林可胜在香港的募捐情况时说：

"我们提请英国医药援华会作出安排，派遣一位矫形外科医师和技师来华，并请英国矫形外科学会帮助提供该医院的设备。"

另外，"保盟"也将相关方案提交国际和平运动诸委员会，一旦得到英国医药援华会答复，就将图云关矫形医院的相关问题列入日程。在希尔达的多方斡旋下，"保盟"也收到了海外的巨额捐赠，其中包括价值150万美元的五副卡车底盘。"保盟"又通过其他渠道购置了卡车引擎、车身、汽油，需要运载的物资，包括4大捆亚麻布、10万片奎宁、6箱敷料和绷带、400条毛毯以及部分食品、衣物、医疗器械等，足足装满了两卡车。希尔达协助开展了"为中国各地难民和伤兵筹措物品、使卡车满载"的活动，向各个团体协调求助，还得到了在港教会的热烈响应。最终，五辆卡车全部满载救援物资，陆续分别运往贵阳、西安、延安等地，支援了正面战场和敌后战场。

1936年7月17日，西班牙爆发了反对以弗朗西斯科·佛朗哥为首、受到德国希特勒和意大利墨索里尼法西斯政权支持的反动力量的大规模内战。共产国际牵头组建的"国际纵队"，号召全欧洲爱好自由和平的人们志愿加入，投身于西班牙战事。

1937年初春，五四运动的代表人之一，早年赴法国勤工俭学、时年32岁的中国共产党早期党员谢唯进，辗转经瑞士前往西班牙参加了反法西斯的国际纵队。

国际纵队战士作战顽强，用鲜血和生命维护正义火种。当年的《大公报》《新华日报》《救亡日报》等国内媒体，每天都在头条刊出西班牙内战消息。据称有百来名中国人参加了西班牙战争。

要知道西班牙战事如何惨烈，一是从"在两天中，就有三分之一的国际志愿者队员阵亡"的报道中感知一二；二是可以分别从西班牙画家毕加索《格尔尼卡》的画作上、在美国作家海明威《战地钟声》的文章里或智利诗人聂鲁达的诗行间寻觅真相。总之，西班牙内战以及国际纵队的惨败，成了世界文学艺术的永恒主题。

包括谢唯进在内的国际纵队幸存者撤出西班牙后，被收容关押在法国南部地中海边的圣西普瑞安和戈尔斯两个集中营里。没过多久，一位中国海员从上海辗转带给谢唯进一面特大锦旗，上面用中、英文写着："中西人民联合起来！打倒人类公敌法西斯蒂！"

随后，饶漱石以化名"赵建生"写信告诉谢唯进，这面锦旗，是毛泽东和王明为了表彰中国同志的英勇战绩和坚强勇敢，特意托人捎给他的贵重礼物。

谢唯进等人被关押在法国集中营期间，正是中国人民奋起反抗日本法西斯侵略的全面战争阶段。谢唯进与战友们在集中营创办了《中国抗战情报》，向被关押的国际纵队战友宣传中国的抗战实况。

在当年的国际纵队中，活跃着一批像谢唯进那样的各国年轻志愿医务工作者。这批热血青年，在战场上奋不顾身，敢于牺牲，充分发挥各自的专业特长，在烈日下设点救助伤员，在岩洞里建起战地医院救死扶伤。哪里有战火，他们就到哪里设立流动救护站，就地抢救战场上送下来的伤病员。

西班牙内战结束不久，第二次世界大战全面爆发，先后有 61 个国家和地区、20 亿以上人口卷入这场人类历史上前所未有的大战。中国不可避免地成为第二次世界大战的主战场。

自中国的全面抗战爆发后，世界反法西斯阵营人士开始在英国伦敦筹备成立"国际医药援华会"。一些其他欧洲国家也在国际医药援华会下，组建起相应的援华机构，通过征招和募集方式，向中国提供医师、医疗器械和医药用品等，援助中国的抗日战争。

国际医药援华会得知正关押在法国两所集中营里那些曾在西班牙内战中从事战地救护医生的消息后，便与法国政府商量达成一致，只要每位医生能跟国际医药援华会以"离开法国"为条件签约，便可获得保释，自由选择去向。就这样，有二十多位曾在西班牙战场从事战地救护、经受过血与火的危险和艰苦考验并被保释出来的医务工作者，先后漂洋过海前往中国，支援中国人民的抗日战争。

其中最多一批共 14 位曾参加西班牙内战的医生，乘船于 1939 年 9

月 13 日抵达香港。接到通知的国际医药援华会驻港代表希尔达率有关人员，同时邀请新闻记者前往港口迎候。

记者们不清楚这些外国大夫的国籍，只听说是来自西班牙战场，便在他们的报道中，把这批来自欧洲的援华志愿医生统称为"西班牙医生"。这就是后来在多处文献或史料记载中，几乎千篇一律地将他们称为"西班牙医生"的由来。但事实上，他们中，并没有一个人真正拥有西班牙国籍。

这批来自西班牙战场的援华志愿医生，在香港办理转往中国内地的手续大约需要两周时间，这期间受到了时任"保盟"主席的宋庆龄和名誉秘书希尔达的热情接待，为他们安排了很多有意义的活动，并告知他们还需要转乘其他交通工具，到达驻贵州省贵阳图云关的救护总队部报到后，才能被分配到具体的工作地点。由于广州沦陷，交通线被日军封锁，他们还将转道至越南的海防，再经广西，才能进入贵州。

不久，又陆续来了几批欧洲各国医生，他们也大都是曾参加过西班牙内战的国际纵队成员，人们依然习惯性称其为"西班牙医生"。

在一些资料上，通常所称的"国际援华医疗队"，主要就是指由"国际医药援华会"或各国的相应机构组织和资助来到中国，其中包含被称为"西班牙医生"的外籍医务工作者群体。但是，他们虽然有"国际援华医疗队"的名称，实际上并没有建立任何正式组织，只是自发相邀或巧遇，形成了若干批次，从不同地点，乘坐不同交通工具来到中国，最后会聚到图云关，参加中国抗战的医疗救护。

据中国驻德国使馆参赞、中国德国史研究会理事刘祺宝和贵州省学者李发耀等考证，除白乐夫医生的祖籍在西班牙外，在所有援华医生中，没有一个是真正的西班牙人。

关于援华的志愿医生，还有三点需要说明：一是大多数曾在西班牙战场从事过战地救护，被称为"西班牙医生"的医务工作者到中国后，当局颁发给他们的某些证件，在国籍一栏中，往往也写上了"西班牙"字样，而且还都写着英文名和中文名，永久住地则写的是"贵阳"；二是可以肯定，这些医生来到图云关救护总队部后，全都被统一吸收成为中国红会救护总队成员，与中国医务人员混编成队，大多数都被派到战场一线工作，没有为他们特设单独建制；三是他们的中文名字，全是为了到中国后，能适应中国的姓氏人名文化习惯和语言环境，便于融入人群，而自取的。

就这样，先后有数十位原本就具有反法西斯进步思想，又参加过国际纵队，在反法西斯的西班牙内战中取得丰富战场救护经验，曾经为共产主义殊死战斗过的"西班牙医生"，包括两位女护士，毫不犹豫地在国际医药援华会的保释书上签字后，绕过大半个地球，奔赴中国，决心再次为东方战场的反日本法西斯战争做出应有的贡献。

1939 年 9 月初，当最多一批 14 位来自西班牙战场的志愿援华医务工作者乘船抵达香港时，希尔达带着一群记者在码头热情迎接。因当时英、法已宣布对德、意法西斯宣战，被视为"敌国"人士的德籍医生白尔和奥地利籍医生富华德，在希尔达的面子和精心呵护下，不仅幸运地逃脱港英当局的逮捕，还通过她的周密安排，有幸与大家一起，与宋庆龄见面。

关于在港滞留的经历和感受，奥地利医生富华德多年后都没有忘记，他在《起来》一书中有详尽记述：

"克拉克夫人（希尔达）是一位精力充沛、招人喜欢的人，……是一位和各方面保持关系最多的妇女。她的影响可及于英国驻中国大使，甚至更远。……在日本入侵之前，可以从最近的广州乘火车取道汉口直接到达中国的心脏，……现在只剩下……通过印度支那到中国……最后一条路了……"

在除了白尔和富华德外的 12 位医生启程经越南进入广西的当晚，宋庆龄还特别为他们设宴饯别。对那个气氛热烈、充满爱意的夜晚，富华德在回忆中记述道：

"在我们朋友启程去河内那天，收到一份非常特殊而光荣的请束，是中国伟大革命家的遗孀孙逸仙夫人邀请我们……孙夫人对我们表示出的兴趣和从她身上四射出的热力使我们有一种真正的感受。她谈话中充满对难民陷入可怕困境的关心。"

宴请结束，启程时间快到了。宋庆龄邀请他们合唱一支《国际歌》，作为这个美好晚上的结束。临别，宋庆龄还向大家赠送了花束。在所有这些活动中，希尔达都是组织者和最活跃的参与者。

1939 年夏，在开往中国的海轮上（左起：甘扬道、白尔、杨固、富华德）

富华德（右一）、白尔（左二）、甘扬道（左三）、戎格曼（左四）
在图云关后方医院病房前留影

1940年6月，援华医生白乐夫和严斐德奉英国医药援华会之托，乘汽车取道重庆飞抵香港，联系并配合希尔达，设法将一批国外捐赠的紧缺医药物资秘密转运到内地的救护总队仓库。

当时除了经越南海防入云南或广西再到贵阳外，几乎没有其他途径可以进入中国内地了。两位医生抵港并顺利联系上希尔达后，为慎重起见，经希尔达联系各有关方面反复磋商，决定不再从越南海防入境，而通过特殊关系渠道，改为装船走水路，从香港维多利亚湾，经澳门海面，直接驶入珠江口，然后溯西江而上进入广西梧州起岸，再运抵相应的使用地或仓库。

方案确定后，希尔达随即安排人力，将几吨重的医药器材全都装上船。两位医生同船来到澳门外海，将货物转装到一位美国传教士承包的大帆船上。同船参加这趟旅行的还有一位也要到中国内地去的年轻英国女子和一位美国记者以及二十来位神秘的中国年轻女人。

一路上，曾七次遭遇"强人"，或是些背景莫测的"江洋大盗"，但都在同船这些特殊乘客的一次次眼神、一个个手势下化险为夷。这凸显在敌占区，各种社会关系的复杂程度。这些事件的发生，更使两位外籍医生思想一片混沌，分不清哪路人马是保护"自己人"，哪些是真正的"江洋盗贼"。

第三天，帆船终于到达属于中国守军实际控制区内的目的地。船长和两位外籍大夫一行受到军官们的热情友好接待。士兵们将箱子从船上卸下，改用汽车运输。

一路上，他们克服重重困难，历尽千辛万苦，躲过日本巡逻艇，巧妙地与窃贼周旋，一次一次闯关，终于化险为夷，把这批援华医药物资安全运抵中国守军控制的梧州地域起岸入仓。完成任务后，两位外籍医生一直在心里琢磨，同船来的那些女人中，一定潜伏着希尔达派来的能够驾驭整个行程复杂局面的高人。

第八章　医者仁心功高盛誉盈华夏

第一节　外籍医生的不同来源

全面抗日战争爆发后，不少具有国际人道主义和反法西斯正义思想的各国医务工作者，出于对日本法西斯侵略者践踏中国土地和蹂躏中国人民的义愤，主动报名，积极争取，心甘情愿，漂洋过海，克服困难，不计报酬，不顾安危，来到中国，与中国人民并肩投入反对日本法西斯的斗争中。甚至有一大批像白求恩那样的大夫，把自己的青春乃至生命无私地奉献给了中国人民。

如上节介绍的"西班牙医生"，就是由国际援华组织牵头招募，大都具有参加过西班牙内战背景的西方各国医生。他们来到贵阳图云关，由中国红会总会救护总队部接收入册，分配相应工作，支付薪资待遇，接受组织管理，按需派遣使用。他们是一个历史档案可查、参加正面战场救护工作的援华医务工作者群体。

不少专家学者一直在各级各类档案馆的故纸堆里寻寻觅觅，希望能厘清从 1939 年年中到 1941 年年末，在中国抗日战争最艰难困苦的时期，这支以"西班牙医生"为主的志愿者自发组成、习惯上被称为"国际援华医疗队"的成员到底包含哪些人，分属哪些国家，有几个批次，乘坐什么交通工具，何年何月何日来到图云关。目前都还是众说纷纭，莫衷一是，尚未得出口径一致的答案。

根据中国人民对外友好协会提供的资料，在图云关的"国际援华医疗队纪念碑"上所列 21 人，其中没有高田宜。

在《经霜的红叶——国际援华医疗队的故事》一书附录二中统计的名单，包含高田宜，共 22 人。但在该书《援华医疗队究竟有哪些人》一

1939年9月28日，"埃涅阿斯号"抵达香港

文中，重新列出的名单为 27 人，增加了几位非"西班牙医生"。

　　贵州学者史继忠根据贵阳市档案馆藏《救护总队档案》中的薪水津贴通知单以及申办护照报告等资料所得统计结果，认为应是 27 人。

　　贵州学者李发耀在《国际援华医疗队在贵州》一文中，依据贵州省档案馆藏《救护总队档案》第 2530 号资料统计，认为外籍医生应是 30 人，分别来自 12 个国家。

　　中国台湾学者张建俅先生研究认为，外籍医生共有 32 名。

　　戴斌武博士在《抗战时期中国红会救护总队研究之国际援华医疗队》中认为，截至 1942 年 1 月，救护总队共有 35 位外籍医护人员。

　　笔者将目前各方面的资料综合起来对照，包括当年美籍援华医生孟乐克之子，罗伯特·孟乐克（以下称小孟乐克）依据其父援华期间所做笔记和同事回忆文章及照片所著的《国际援华医疗队在战时的中国》一书中提到——

德国人共八位，分别是：

1. XB·H. Baer，中文名：白尔或贝尔，男，43岁，毕业于柏林大学，驻云南蒙自，任第8中队长兼卫生勤务指导员。

2. XB·R. Becker，中文名：白乐夫，男，34岁，毕业于汉堡大学，驻湖北老河口，任第11中队长兼卫生勤务指导员。

3. XB·E. Marcus，中文名：玛库斯（马绮迪），女，32岁，毕业于贝尔格莱德大学，驻湖南湘潭，先后任救护总队部和第322医务队医师，1944年5月参加第8手术队到云南前线，后担任第052医疗队医生，因患精神疾病回国。

4. XB·C. Coutelle，中文名：顾泰尔，男，33岁，毕业于弗莱堡大学，驻河南南阳，任第693医务队队长。

5. Mrs. Susanne Wantoch，中文名：王苏珊，女，奥地利人王道的夫人，29岁，毕业于雷吉姆拉星卫校，派驻第40队，驻褒城，任第1大队部医务助理。

6. Erioh Mamlok，中文名：孟乐克，男，28岁，毕业于贝斯里大学，驻湖南衡阳，任第82医务队队长。

7. Walter Lur jie，中文名：罗益，男，50岁，毕业于法兰克福大学医学院，工作地点和职务不详。

8. Wilhelm Mann，中文名：孟威廉，男，24岁，毕业于汉堡大学，驻贵阳图云关，任材料总库化验员。

波兰人共六位，分别是：

1. XB·S. Flato，中文名：傅拉都，男，31岁，毕业于巴黎大学，驻贵阳图云关，任691医务队队长和卫生勤务指导员。

2. XB·F. Kriegel，中文名：柯理格，男，33岁，毕业于布拉格大学，驻贵阳图云关，任卫生勤务指导员。

3. XB·W. Taubenfligel，中文名：陶维德，男，32岁，驻云南建水，毕业于帕多瓦大学，任第432队队长。

4. XB·L. Kamienecka，中文名：甘理安，男，29岁，驻湖北宜昌，

陶德维聘书

毕业于纳塞大学，任第 571 队队长。

5. XB·M. Kamienecka，中文名：甘曼妮，女，甘理安夫人，28 岁，驻湖北宜昌，毕业于纳塞大学，任检验技士，派第 3 中队工作。

6. XB·W. Jungermann，中文名：戎格曼，男，32 岁，驻广东曲江，毕业于贝尔格莱德大学，任卫生勤务视导员兼第 7 中队队长。

奥地利人共五位，分别是：

1. XB·W. Freudmann，中文名：富华德，男，30 岁，毕业于维也纳大学，驻广西田东，任第 171 医务队队长。

2. XB·H. Kent，中文名：肯德，男，32 岁，毕业于维也纳大学，驻湖南安乡，任第 731 医务队队长。

3. XB·F. Jenson，中文名：严斐德，男，37 岁，毕业于维也纳大学，先后在驻湖南第 9 大队第 4 中队和驻广西第 4 大队第 8 中队担任医生，具体职务不详。

4. XB·Wantoch，中文名：王道，男，28 岁，毕业于维也纳大学，德国人王苏珊的丈夫，任第 1 大队部医师，曾派驻第 40 队工作，驻陕西褒城（1945 年因病逝于重庆，葬于南岸墓地）。

5. Paul Dohan，中文名：杜翰，男，29 岁，毕业于维也纳大学，驻陕西，任第 121 医务队队长。

英国人共四位，分别是：

1. Barbara Guy Courtney，中文名：高田宜，女，30 岁，毕业于伦敦女子医学院，驻贵阳图云关，任本部医师。

2. Michael Sullivan，中文名：苏利文，男，24 岁，毕业于剑桥大学，驻贵阳图云关。

3. Joan Staniforth，中文名：唐莉华，女，26 岁，毕业于伦敦大学，在香港工作时，结识了途经香港的德国援华医生白乐夫，随后两人成婚。驻贵阳图云关，任总队部干事室英文秘书。

4. Arthur Brank，中文名：贝雅德，男，31 岁，毕业于剑桥大学，驻江西吉安，任外科指导员。

罗马尼亚人三位，分别是：

1. XB·J. Kranzdorf，中文名：柯列然或柯让道，男，37 岁，毕业于意大利博洛尼亚大学，先后驻广东乐昌和云南建水，任内科视导员先后兼任第 537、第 383 和第 031 医务队队长。

2. XB·Kransdorf，中文名：柯芝兰，女，柯列然夫人，36 岁，高中毕业，随丈夫柯列然一起，任本部服务员派第 383 队工作。

3. XB·D. Lancu，中文名：杨固，男，31 岁，毕业于亚斯大学，驻云南蒙自，任第 151 医务队队长。

美国人两位，分别是：

1. Karl G. Ayres，中文名：艾逸士，男，63 岁，毕业于俄亥俄大学，驻贵阳图云关，任材料股药剂师。

2. Adele Cohn，中文名：科恩，女，约 30 岁，毕业于哥伦比亚大学，疑似驻贵阳图云关，其余不详。

保加利亚、匈牙利、苏联、捷克斯洛伐克、（纽）新西兰等国各一位，分别是：

1. XB·保加利亚人 J. Kaneti，中文名：甘扬道，男，31 岁，毕业于索菲亚大学，先驻贵阳图云关，任卫生勤务指导员，后任第 3 中队队长。

2. XB·匈牙利人 G. Schoen，中文名：沈恩，男，29 岁，驻湖北宜昌，毕业于博洛尼亚大学，任第 573 医务队队长。

3. XB·苏联人 A. Volokhine，中文名：何乐经，男，34 岁，毕业于斯特拉堡大学，驻云南蒙自芷村，任第 172 医务队队长。

4. XB·捷克斯洛伐克人 F. Kisch，中文名：纪瑞德，男，47 岁，毕业于布拉格大学，驻贵阳图云关，任本部外科指导员，曾先后派驻第 322 队和第 40 队工作。

5.（纽）新西兰人 Katherine Hal，中文名：何明清，女，45 岁，毕业于本国女子学校，驻贵阳图云关，任总队部护士。

以上用"XB·"表示参加过西班牙战场救护的所谓"西班牙医生"，共 21 位，约占总人数的 62%。

上述 34 位外籍医生中，9 名女性，25 名男性；5 对夫妇；从年龄结构看，除美国人艾逸士时年 63 岁外，平均年龄约 31 岁；从教育背景看，约 90% 受过高等教育，多数毕业于世界著名医科学府，不少人具有高学历。

在专家学者们考证的名单中，有两人疑似重名。

一是同时出现了英国女医生"芭芭拉·高田宜"和"芭芭拉·考妮"，而"芭芭拉·高田宜"和"芭芭拉·考妮"的来华说法版本不同。将各种说法进行比对后发现，两人名字的英语拼读基本一致，都是 Barbara Guy Courtney，汉语"高田宜"和"考妮"可能都是依据英文名的谐音而来；但可以肯定，在图云关救护总队部，有"高田宜"这位英国女医生的记载，却查不到"考妮"的相关资料。以此推断，芭芭拉·高田宜和芭芭拉·考妮应为同一人。

二是根据多个史料比对发现，马库斯和马绮迪可能也为同一人。

外籍医生被派赴前线之前留影

这批归属救护总队管理、供养、调用的援华医生，全都是自发的个人行为；多数属于应国际医药援华会招募，自愿报名，签约被保释后，或互为相邀，或从各自当时所在地启程，来到海港登船；到中国香港弃船登岸，辗转来到位于贵阳图云关的救护总队部报到，再由救护总队参考他们的专业、学历、学位、经历和在西班牙战场的职务以及救护经验，分别派往前线各战区医务队或总队属下某一单位，成为救护总队的重要医务救援力量。史料中或平常所称的"国际援华医疗队"，只是一个便于称呼的代名词而已，并无实际意义。

此外，还有在自愿基础上，通过各国社团组织或党派等派遣，参与援助中国抗战，且与中共相应组织取得联系，到中国后直接参与中国共产党领导的敌后战场救护工作的援华医务工作者群体。

加拿大医生白求恩和印度医生柯棣华，就是接受各自党派派遣来到中国，成为服务于敌后战场救护的国际援华医务工作者主要代表。

毕业于加拿大多伦多大学，后深造于美国哥伦比亚大学医学院，师从刘易斯·戴维森学习普外科并获医学博士学位的诺尔曼·白求恩（Norman Bethune），与其祖父同名。白求恩的祖父曾于 1859 年与国际红十字运动创始人亨利·杜楠一起，参与索尔弗利诺战役伤兵救护。由此看来，人道精神在白求恩家族的代际传承，充分印证了红十字运动跨越时空的旺盛生命力。

白求恩于 1935 年加入加拿大共产党，在德、意法西斯武装干涉西班牙时，他毅然辞去在其国内享有的"胸外科专家"称号的工作，放弃了在蒙特利尔皇家维多利亚医院胸外科主任职位和优厚待遇，于 1936 年冬天，跟随加拿大志愿军，以满腔激情去到西班牙首都马德里，自己投资开设一个"输血服务站"。他在号召民众献血后，以最新保存方式，将血液分瓶放入改装卡车内的冰箱储存，然后并着车来回穿梭于前、后方之间，为从战场救下来的伤员输血。此举首创了人类历史上第一个战地流动血站，解决了因不能及时输血导致伤员死亡的难题。

谁知，白求恩的一片赤诚并没有得到好报，据称竟有个别小人诬陷他是间谍而举报到当局。战时的西班牙当局哪有精力辨别真伪，以"宁可少他一人，不可贻误大事"的简单方法，要求他离开西班牙。

中国九一八事变和"一·二八"事变相继发生后，白求恩结合参加西班牙内战的切身感受，继而听到发表的《致西班牙人民书》，预感到世界大战的暴风雨即将来临。接下来，白求恩又听到日本在中国制造卢沟桥事变的消息，更激起这位正宗"西班牙医生"的义愤。1937 年 7 月 30 日下午，他在美国洛杉矶应邀出席一个"医友晚餐会"，巧遇了中国著名教育家陶行知。

当时宴会尚未开始，白求恩看到有一位外表文质彬彬，但却器宇不凡、庄重体面的学者型亚洲人，或许就是中国人也在餐会现场，便主动走到此人面前，正准备自我介绍和问候时，机敏的餐会主人见状，立即上前，热情地介绍二人相识。

当白求恩得知陶行知的身份，知道他不久前刚从战火纷飞的中国抵美时，立即伸出赞扬的拇指，伸出手紧紧地握住了陶行知的手，随即进行了简短而亲切的交谈。陶行知向白求恩简要介绍了日本侵华的野蛮行径及中国人民正在遭受的非人蹂躏和浴血奋战的情况。

白求恩被陶行知的满腔爱国热情和他身上体现出的民族气节深深打动，他说：

"如果需要，我愿意到中国去，同你们一块儿战斗！"

陶行知听出这不是一句应景式的客套话，而是实实在在、斩钉截铁的庄严承诺！被这位加拿大医生的铿锵之声感动得两眼湿润的陶行知，除了连说两声"谢谢"外，竟没找到更合适的言辞表达自己心中的谢意，随即掏出手绢，摘下眼镜，拭去即将滚落的泪珠……

这一天，陶行知在记事簿上记下了这位外国医学专家的名字：加拿大医生亨利·诺尔曼·白求恩。

自从白求恩从陶行知那里了解到中国的抗日战争实况后，按照与陶行知的约定，白求恩立即返回加拿大邀约选调人员，准备物资，并决心尽量准备充分，等待时机成熟，便启程前往中国参与抗日战场的救护援助。

此后，白求恩非常关注有关中国抗日战争的新闻报道，尤其是美国女记者史沫特莱报道中国敌后战场的相关文章。然而，尽管中、美、加的各类援华组织积极奔走呼吁，北美地区愿意赴华支援的医生却寥寥无几。

从未去过中国的白求恩，为了到中国后能尽快顺利开展工作，迫切需要一名助手和翻译。说也凑巧，曾到过中国并能说一口流利汉语、时年 26 岁的加拿大女护士琼·尤恩（Jeanne Ewen）正好前来报名，要求与白求恩同行，作为志愿者援华。白求恩对琼·尤恩的热情参与和鼎力相助表示了由衷谢意。

同年 12 月，白求恩通过国际红十字会渠道，向美国国际医药援华会提出申请，获准组建一支医疗队到中国去参加抗日战场救护。1938 年 1 月 8 日，白求恩受加拿大共产党和美国和平民主同盟等进步组织派遣，与资助组织指定的带队人，美国医生查尔斯·爱德华·帕森斯和琼·尤恩组成美加医疗队，带着准备好的三卡车医疗救护用品，怀揣国际人道主义理想，乘坐"亚洲女王号"邮轮前往香港，再转乘飞机抵达汉口，成为首个前往战火纷飞中国的外国医疗队和首批援华医务工作者。

按照国际援华组织的计划，白求恩在汉口向刚成立的中国红会总会救护总队部报到后，一直向林可胜总队长提出请求，希望能派他去往山西的抗日前线。林可胜当时未置可否，只是在宋庆龄的协助下与八路军武汉办事处联络员王炳南取得联系。在王炳南的引荐下，林可胜带领白求恩与时任中共中央长江局负责人周恩来会面。

听了白求恩去山西抗日前线的理由，周恩来连连点头，却没有马上答应白求恩的请求，而是建议他先到延安，对根据地有了初步认识后再作安排。

在武汉停留期间，白求恩与琼·尤恩也曾受中国红会救护总队派遣，参与武汉外围的战场救护。大约5月初，在周恩来精心安排下，白求恩一行由八路军战士护送乘火车北上，打算经郑州转车西行，不料途中遭遇日机三次轰炸，数人受伤，不得不放弃火车，徒步前行。白求恩在日记中记载道："与紧跟在后面的日军间没有一点遮拦，实在使人毛骨悚然。"

他们设法避开日军，穿越战火纷飞的敌占区，绕道陕西潼关，从风陵渡过黄河，抵达西安时，受到八路军总司令朱德的热情欢迎。

"延安在等待你！前线在等待你！"朱德连连对他说。

就这样，白求恩如愿以偿，来到敌后抗战的总指挥部、革命圣地——延安。白求恩此后的故事家喻户晓，不再赘述。

1938年夏，印度国大党主席尼赫鲁应八路军总司令朱德的函请，向中国派出以安得华·阿尔特（Madan Mohhanlal Atal，中文名爱德华）医生为首的五人援华医疗队，携带54箱药品、器械，一辆救护车和一辆卡车来华支援抗战。队员分别有卓克华（M. R. Cholkal）、巴苏华（B. K. Basu）、柯棣华（P. S. Kotnis）和木克华（D. Mukeiji）。他们每个人中文名字最后的"华"字，都是为表示对中国人民的友好而特意加上的。

印度医疗队于9月29日到武汉救护总队部报到时，史沫特莱参与接待了他们。这个医疗队先后被分配在与救护总队协同工作的第64、第87陆军医院参加武汉会战战场救护一个月后，于11月1日抵达重庆，1939年2月离开重庆被派赴延安。其中的爱德华、柯棣华和巴苏华三人，被分配在八路军医院工作。卓克华和木克华在延安卫校任教。同年11月，爱德华、柯棣华、巴苏华和德国医生米勒一起去华北的太行山区前线从

国殇

抗战时期的红十字医疗救护

白求恩在手术中

事战场救护。一段时间后，爱德华被调回延安，任八路军医院五官科主任。

白求恩大夫牺牲后，柯棣华继任白求恩国际和平医院院长，其间加入了中国共产党。1942 年 12 月 9 日因积劳成疾，逝于晋察冀边区的唐县，时年 32 岁。

第二节　两位洋大夫奔赴前线

援华的外籍大夫们相继到来时，第一次长沙会战打响在即。第九战区司令长官薛岳指挥20万大军奋勇阻敌，曾一度挫败了日军进攻，但伤亡惨重，战场急需医疗救护力量。

在此前后，为更能适应瞬息万变的战场救护需要，红十字会救护总队总队长林可胜正在对救护总队进行重大改革，综合医疗、医护、医防、急救等各队别的工作特性，一律改编为医务队，并尽可能推进到战区一线，使之做到灵活机动，高效施治，战时救兵，平时防疫。

正值湖南地区最炎热的8月下旬，最先抵达图云关的三位援华医生，除纪瑞德暂留总队部医务股候用外，严斐德和白乐夫两位，受派参加救护总队部组织的一个三十来人的医疗小分队，乘坐两辆救护总队运输股自行改装的救护车奔赴湘北前线。总队部特别选派两个由曾参加过淞沪战场救护的上海童子军成长起来、能说一口流利英语的大学生作为随行翻译。

汽车一路向东，晓行夜宿，几天后抵达长沙郊外的第2大队第4中队部驻地。中队长林竟成热情迎接两位外籍医生和全体医务分队同仁的到来。连同新到的，共三支医务队成为分别配属于驻湘北的第15集团军下属第79军、第37军和第52军的全部救护力量。

长沙距战场前沿约150公里。去往前线的公路早已被第九战区为阻止敌军机械化部队前进而实施的"破路为田，坚壁清野"政策所破坏。

两位洋大夫被分配去的前线医务队，分别位于这样一种交通条件且成一定夹角的射线上，还得中途分道扬镳，去往不同驻地的村庄。不能乘车，如果仅仅只身徒步，也还能勉强忍受。但随车带来的医疗器械、药品及相关物资，都是前线急需且在当地无法购置、必须带去的。如果只身前往，完全无法负担。

为了"坚壁清野"，不给日军留下任何可用物资，附近村庄里能够驮载货物的牛马等大牲口也早已被赶进山。唯一的办法是寻找农民当挑

援华志士们在图云关合影

夫协助搬运物资。没过多久，一支身强力壮，由长沙郊野村寨农民组成的挑夫队顺利组织起来。队员们立即把需要带走的药品器材用油布包裹严密，捆扎结实，搭配成每包重四五十斤，以便挑夫既能承受重量，又要两端相对平衡的担子。队员们也不能空手，得把自己的急救箱、水壶和行李等用竹竿挑着走。人们只能排成单行，在身兼向导的挑夫带领下走上一条远看像粗麻绳样弯弯曲曲的田坎小道。

能面对并积极参与这一切，对于来自社会经济相对发达、生活条件相对富足、初来中国农村的欧洲医生来说，实在难能可贵。

前方，出现一个三岔道口。被分配服务于第 37 军第 195 师医务队的严斐德，就要与被分配服务于第 79 军第 82 师医务队的白乐夫，以及将随另一医务队赶往第 52 军驻地的林竟成队长分手，各自而去了。林队长与两位外籍医生一边握手，一边互致告别祝词后，跟随为各自分队挑物资的挑夫，继续迎着热风，顶着烈日，向不同的目标进发。

严斐德与白乐夫分手后，与自己服务的医务队一路观赏风景，踩着泥泞，擦着汗水，忍着脚底被磨出水泡的剧烈疼痛，继续坚持向北走去。经过几天步行后，医务队才终于来到由第37军所属第95师驻防的营田镇东塘村口停下脚步。严斐德所在的医务队，就要在第95师设在这个小山村的野战医院投入湘北战役开战后的战场救护。

9月23日凌晨，枪炮声突然铺天盖地，从四面八方传来。睡梦中被惊醒的严斐德下意识地自问："难道被包围了？"

原来是日军为了声东击西，在新墙河北岸吸引住第九战区长官部注意力的同时，派出一个支队从岳阳乘橡皮艇出发偷袭第95师，妄图打乱中国军队的作战部署。第95师所属第569、第570团两团发现后，拼死抵抗。没过多久，就有伤员从距离东塘村不远的前线送过来。

严斐德马上带领医务队员们开始投入紧张的伤患救治中。

枪炮声整天没有停歇，不时还有炮弹落在村子附近，爆炸声震耳欲聋，伤员越来越多。接着传来消息说，敌我双方已在东塘村外围成胶着状态。伴随着枪炮声，还有敌机低空盘旋和投弹的爆炸声传来。

严斐德全然不被这些所影响，静心埋头为伤员清创、裹伤、接骨，似乎战场上的一切均与他无关。

当天傍晚，突有师部干事急匆匆跑到野战医院，气喘吁吁喊道：

"医师们，赶紧离开！赶紧离开！日军就要包围过来了！"

大家这才赶紧收拾器械药品，安排民夫抬起伤员，紧跟师部南撤。第569团和第570团像两块坚实的盾牌，一直在前线阻击日军。但令严斐德痛心的是，战场上接下来产生的伤患，谁来施救？

蒙蒙夜色中，严斐德所在的医务队紧跟第95师师部人员急行军，力图以最快速度，在日军包围圈尚未形成之前冲出去。他紧紧跟随走在最前面的师部官兵，后面依次是随师部后撤部队、挑夫队、担架队和勉强能自己行走的伤兵队。

偏僻的小道狭窄坎坷，四周黑黝黝不见人影。行军速度越来越快。小腿肌腱早就被拉伤的严斐德感觉越来越痛，步伐也越来越跟不上，渐渐掉队，瘸着腿走在一群士兵中间。抬头看看，天上没有星光，更没有月亮，天地被一块无尽庞大的黑幕罩在一起，只能凭借前后的脚步声艰难跟进，并随时判断自己是否落在最后。他的腿肚子越来越疼，渐渐地，脚几乎不能着地，速度更慢了，眼看落在了最后。

直到这时，严斐德才发现，救护总队配给的翻译小伙不知何时已不在身边，估计是在慌忙撤离时，抑或在夜色茫茫中走散了。此时的这位外籍医生，才突然感到一阵恐慌。因为突围队伍虽然数百上千人，但没一个能听得懂他的话，自己已经落入自然天象和社会人际的双重昏暗之中，真正是两眼一抹黑了。大家都在紧张的突围撤退行程中，为了配合整个战局，非但没人会顾及他，瞬息万变的战情也不允许出现因为他一个人而导致部队被围歼的情况。

夜，越来越深沉了，周围是望不到边的黑暗，唯一还能给他唱和的，只有稻田里偶尔飞来飞去的几只萤火虫。人在危难时，往往会胡思乱想。

1939 年 10 月，西班牙医生在动身前往红会总部贵阳前，
在香港海边享受短暂的休闲时光

此时严斐德的思绪，一会儿回到西班牙战场的枪林弹雨里，一会儿想到了毫无人性可言、胜似杀人魔怪的日本鬼子。一旦自己跟部队失散，落入敌手，将会是怎样的命运？当日本人看到自己这样一副欧洲人面孔，便会第一时间想到香港报纸关于"西班牙医生"的援华报道。不用猜，这些法西斯分子，马上就会知道他这位反法西斯斗士的历史，其后果是可以想见的……

当年，严斐德从维也纳大学医学院获得医学博士学位，并加入了奥地利共产党。西班牙战争爆发后，出于反法西斯激情，他毅然加入"国际纵队"，以主治医生身份，不顾生死地奔波于前后方进行战地救护，最后几乎无一例外，全被关进了法国的集中营……

"先生，请问您是哪个国家人？"

正胡思乱想的严斐德，被黑暗中的询问声打断思绪。这个人的英语口语虽然不很流畅，更谈不上标准，但严斐德还是能听懂他的表达。

"抱歉，我是奥地利人！"严斐德赶紧回答。

"您贵姓？"

"我姓严！"

这位仅仅会说简单蹩脚英语的士兵来不及跟严斐德多说，一转身又向前跑去了。

严斐德生怕掉队太远，来不及思索，继续一瘸一拐地赶路。谁知不一会，一位战士牵着一匹马来到他面前。一切都尽在不言中，一定是部队长官发现严斐德掉队后，赶忙派战士倒回来找到他，让勤务兵牵马来相助。严斐德顾不得与士兵多说，一个纵身跃上马背……

骑在马背上的严斐德此时长吁一口气，心想，对于来到中国的西班牙医生来说，中文就犹如士兵在战场上的武器，不迅速学会，看来还是会打败仗的，一定要尽快学会说中文！否则，我这个所谓医学领域的佼佼者，确实是说不过去的！

严斐德哪里知道，自己骑的这匹马竟然是林竟成队长的坐骑。原来，林竟成所在的第52军第195师也正在连夜撤退。当两支撤退队伍相遇后，林队长听说援华医生、奥地利共产党员严斐德掉队了，便立马安排一位战士回头去找。当得知严医生已经找到，骑在马上的林竟成一阵欣喜后什么也没说，翻身下马，自己跟着部队和医务队徒步前进，让身边人赶紧牵马去接严斐德。而此时，除了他的勤务兵外，谁也不知道他正身患疟疾，发着高烧。

林竞成在迎接严斐德和白乐夫到来前，曾对医务队员们说过：

"一个外国人，为了帮助中国的抗日战争和我们走到了一起。我们就是生死与共、患难相依的战友。人家连家庭、父母、国籍都可以抛弃，来支持我们。我们彼此间，还有什么你我之分呢？"

在整个第一次湘北会战期间，严斐德一直在林竞成为队长的第4中队各医务队轮流协助工作。一天，林竞成和严斐德正在驻扎在罗内村的野战医院敷伤所为从前线送下来的伤员敷伤。勤务员背着一个身受重伤的营长到敷伤所，泣不成声地央求道：

"快救救他吧！这是我们营长！"

次日，师部下令医务队和师部卫生队尽快全部撤出罗内村，当地群众也匆忙携带粮食牲口往山上隐蔽处退去。大家刚来到一处住地，正准备埋锅造饭，又奉命连夜紧急开拔后撤。途中常常遭遇敌机低空扫射，如遇村寨，则以门板当床，稻草作被，抢时间短暂休息。晚间既不能发出亮光，也不能发出声响，否则，敌机瞬间就会低空飞来投弹轰炸，避之不及者，大都命丧黄泉。

偏偏此时又祸不单行，早染上疟疾的林竞成又高烧发作，连马也不能骑了，只能由队员扶着翻山。严斐德的脚严重扭伤未愈，也实在无法行走，于是向林竞成哀求说：

"队长，我实在不能走了，你让我留下来吧！"

林竞成有气无力地说：

"这怎么行！日军正往这个方向追来呢！"

情急之下，林竞成再次把自己的马让给严斐德骑上，继续紧急赶路。就这样，医务队冒着生命危险，连续行军17天，行程一千三百余里，终于由岳阳经平江、浏阳、醴陵，撤退到了攸县……

与严斐德和林竞成分手后，白乐夫随他所在的医务队继续走过一片被稻谷拥围的田埂路后，来到了河边小路。道路因被长时间水泡而变成了胶状泥泞，湿滑难行，有些路段，还会连鞋也陷进烂泥里难以拔出。

所有人员无不汗流浃背，气喘吁吁。此种路况于外籍医生来说，其感受到的艰难程度，与中国医生相比，更是有过之而无不及。

就这样，当天只走 20 多里路天就暗下来了。第二天早晨，接到前线传来日军抵达新墙河北岸，准备随时向南进犯的战报。又继续向东偏北方向走了七天后，白乐夫所在的医务队来到平江县域的青梅湾。接到疏散命令的当地民众已开始忙碌起来，随处可见背行李、挑担子、扶老携幼、匆忙赶路的人群。

就在这时，随行翻译笑指城门上的标语牌对白乐夫说：

"白大夫，您请看，牌上写着'欢迎伟大的医生和中国人民的援助者白乐夫先生！'"

原本就认得不少汉字的白乐夫听后，哭笑不得地解释说：

"'伟大'这个词，可不是对什么人都能随便乱用的，如果我能为中国的抗日战争做些让中国人民称赞的事，还差不多。如果不能，那么这个词用在这里，则会适得其反，成为对我的尖刻讽刺，使我变得更加渺小，被人鄙视。"

这位 1929 年就加入德国共产党的医生，对"伟大"一词使用范围的解释，充分体现出他思想觉悟的高度以及感到自己肩上的责任有多重。

行进着，议论着，思考着，医务队已经来到城外一个村子。翻译与来到村口迎候的人接上话茬儿，简单交换几句后回头告诉白乐夫，这里已临湖北和江西边界，是第 79 军第 82 师的师部驻地，离前线只有几里地。白乐夫站在村口举目远望，果然，就看到了中国军队构筑的弯弯曲曲的战壕和其他工事。

随后得知，第 79 军也是奉集团军之命，几天前才从湖北通城的九岭移师这一带，任务是阻击从江西窜侵到这里的日军；其属下的第 82 师，师长官在极其有限的条件下，安排伙房做了几道好菜，盛情而热烈地欢迎远道而来的白大夫一行，还选择一处较为宽敞坚固的民房作为医务队开设野战医院用房。

次日凌晨开始，白乐夫在现场边构思设计边指挥操作；担架兵和民夫一起，手持砍刀出村口，砍回数十棵斑竹；全体医务队员一起动手，因陋就简，因地制宜，仅几个小时的收拾打理，一所由竹子和木材搭建起来，看上去像模像样的野战医院建成了。门诊室、手术室、重伤室、重病室一应俱全。队员们打开包裹，把器材和药品按室别和类别摆设就绪，很快达到了正常开展伤患救治应具备的基本条件。与此同时，在医务队员指导下，竹制担架也很快制作完成，只等担架队去前线将伤病员运来即可开展工作。稍感遗憾的是，需要留观住院的伤兵病床难以解决，入院治疗的官兵，只能躺在仅铺了些稻草的木板上。

师部给白乐夫安排的宿舍，是村中相对较好，采用夯土筑墙建设的一家民房中的一间。虽是厚厚的泥墙，但由于受季节变换、温差作用的热胀冷缩，加之年久失修，墙体有多处裂缝。这样的房子，防小偷是没有问题的，但要防老鼠进出，就防不胜防了。不过，白乐夫没日没夜地泡在医院，根本无暇顾及这些。还好，他的住房不是集体宿舍，而是给他独自一人设置的，在四张长条木凳上放几块木板搭成的床，上面还铺了一层厚厚的稻草。不过屈指算来，白乐夫来到中国已经四十来天，早就习惯睡这样的板床了。

湖南农村的夏天，蚊子这小东西可恶得很，没有蚊帐是过不了夜的。部队长官特意交代给白乐夫准备了一笼网眼较密的蚊帐。白乐夫对个人独居的这个小天地很满意，至少比在图云关时，多人同住大房间的大通铺要自由、舒适，有尊严得多，也不至于相互影响。但有一点，与图云关有过之而无不及的是，老鼠时常闹翻天。白天不管它，晚上回房间点上菜油灯，时常能看见几只老鼠在地上兴奋地一会儿跑过去，一会儿跑过来，如入无人之境。最令白乐夫糟心的是，有一天，他中途因事回房间，居然看到好几只大老鼠竟大咧咧地睡在他的床上，被开门声惊动逃跑后，床单表面留下好几粒老鼠屎。晚上躺在床上，有时还在思考白天工作上遇到的一些事，也会常常遇到有东西在身上跑动。有一次，由于太累熟睡，老鼠居然把他的耳朵咬伤了，弄得鲜血直流。

就在第82师驻在村的野战医院刚建好不几天，第一次长沙会战正式打响了。日军第33师团从通城向南扑来，直插平江。第82师命令属下一个团在平江的献钟阻击日军先头部队。一仗下来，该团的第1营便伤亡过半。其余各营，仍坚守阵地，浴血奋战。

除了直接在战场阵亡的将士以外，很多被击中要害的重伤员从战场救下后，因得不到及时施治而牺牲。担架队穿梭似的不断将重伤员送到野战医院接受抢救性处置。也有些重伤员，虽然已撤下战场，躺在民夫们抬在肩膀上的竹担架里，但因经受不起五里多地运距才能到达野战医院的剧烈晃动和颠簸，等不及接受抢救便停止了呼吸。轻伤员则只能自己走来，消了毒，敷了药，裹了伤，或当天，或在稻草铺上休息半天一日，又急速奔回阵地，继续战斗。

面对大量伤员不断送来的情况，白乐夫和所有医护人员严阵以待，处于高度紧张的状态。野战医院里，高高低低的呻吟声不绝于耳。伤员们的脸上、身上，到处是血迹、泥浆和尘土；军服被石头或树枝剐破，或被子弹击穿烧损；脚上挂着磨坏的草鞋或赤脚。伤员多是手臂和腿部枪伤或炸伤，许多骨折伤员裸露着白生生的骨茬。

白乐夫不停地为伤员取弹片、接骨折、缝创口、敷药包扎，整日里不停，忙得不可开交，连水都顾不上喝一口。凡是送到白乐夫这个野战医院接受临时性抢救处置后，还需转往后方医院的重伤员，需要查看其身体状况能否坚持到担架队送他到几十公里外的后方医院，判断能送走，就让护士给他们填发伤票，尽快上路。如果伤情无法承受长途运送折腾，就只能留下继续治疗。当然，对于这个仅具备一般性紧急处置条件的野战医院来说，指望能将送来的每一位受伤将士都活着送出医院，无异于是对他们的苛求。

随着首次长沙会战结束，白乐夫接到救护总队部要他接受新任务的指令，决定尽快返回图云关。部队长官得知他奉命回撤的消息后，亲自牵来一匹马，不无关切地说：

"白大夫，你骑这匹马到长沙去吧！这样，路途会快些。"

第三节　援华医生在桂滇战场

战场情况瞬息万变。令白乐夫没有想到的是，就在他刚回图云关没几天，又与白尔大夫一起，被紧急派往第一次长沙会战的主要鏖战区域江西修水、武宁一带增援。此时，日军刚从修水退往武宁、靖安、奉新不久，队员们乘车到长沙后只能步行前往修水。

两位白大夫来到修水郊外一座用竹竿竹篾搭起来的新16师野战医院时，该院早已人满为患，加之军医人手不够，很多伤员因没有及时换药而导致伤口溃烂，他们不得不赶紧给伤员们清创、换药、裹伤。对那些骨折后接骨手术失败的伤员，还得重新矫正固定；不少伤员的受伤部位已出现坏疽征兆，为抢救他们的生命，得尽快为这样的伤员做截肢手术，因为类似事故已导致不少重伤员失去了生命。

医院里，药品、绷带、手术器材等全都短缺，最好的消炎药只有磺胺，血浆更是闻所未闻。按照伤情，有些本该做手术的伤患，因缺乏器材和药物只能放弃，而把器材留给伤情更重、更需要的伤员；治疗疟疾的特效药奎宁也已告罄，眼睁睁看着发烧病人在地铺上浑身颤抖。两位白医生每天都在伤员们痛苦凄惨的喊叫或呻吟声中度过，唯一能做的，就是给伤病员们多喝些水。有的士兵头一天还在嘶喊着、叫骂着、牢骚着，第二天就不再发出声音了……面对如此状况，医生们实在爱莫能助，除了安慰以外，只能是迎合着他们的叫骂声，多几句对国民政府或军方高层的抱怨和对日军侵略者的谴责，仅此而已。

为什么会出现如此被动的缺医少药境况呢？原因是日军为切断中国由南宁至越南河内的国际交通线，并在南宁地区开辟海军向内陆作战的航空基地，于1939年11月15日登陆钦州湾，16日、17日连陷防城、钦县后，分两路向南宁进犯，18日占领南宁，切断了陆上的中越运输线。因此，整个西南大后方，仅剩下从缅甸、越南进入云南昆明这条维系生命的通道。原先各国捐赠救护总队的油料和医药器材绝大多数都是经南宁转运入内地，现在只能改由昆明转运。救护总队虽有两百多辆汽车，但油料供应不上，运输线又突然改道延长，造成前方药品器材供应的严重缺失。

鉴于南宁的重要战略地位，桂系首领白崇禧调重兵支援，决心收复南宁。北路军由徐庭瑶指挥，从宾阳方面向昆仑关进攻；东路由蔡廷锴指挥，从灵山、陆屋向邕江南岸及邕钦公路进攻，阻止日军增援；西路由夏威指挥，向高峰隘攻击，阻击南宁出援敌军。

伴随着南宁失陷，内地粮价不停攀升，各医务队大都面临无米下锅的严重窘境；加之驻军增多，伤患量大，疫情严峻，器材紧缺，药品不足等，状况愈加严峻。险情重重，困难接踵而至，再加上稻草铺上又躺着几百号伤患无药可医……万般无奈之下，出于人道和医生良知，白乐夫直接向中国红会总会驻港办事处写了紧急求援报告：

"在这里，钱和医疗器材，一切都严重缺乏，尤其是手术器材。恳请帮助我们，收集各种手术仪器，不管是新的旧的……我们必须尽一切努力来帮助受难的中国，使她能够继续活下去。"

1940 年 1 月上旬，日军由粤北调兵到桂南反扑，1 月 27 日突破邕江，进占永淳；2 月 8 日，攻陷昆仑关，进占宾阳等地。此时，日军由于兵力分散，后方空虚，补给困难，遂于 2 月 9 日开始南撤。我军乘势追击，至 11 月 30 日，先后收复龙州、南宁、钦县、镇南关，历时一年的桂南（昆仑关）会战结束。

次年 3 月初，救护总队部接到驻广西第 4 大队大队长朱润深关于桂南会战中，造成大量伤兵云集，无力救治，要求增派医疗救护力量的报告后，决定将正在江西修水前线的德国共产党员、总队医疗顾问白尔调任第 4 大队第 8 中队中队长，再临时加派严斐德、纪瑞德和白乐夫三位外籍医生，赶赴广西，配合第 5 军的一所野战医院，救治从桂南会战中送来的伤病员。

白尔接到命令后，立即从修水直接赶赴广西，投入到紧张的救护工作中。他首先将第 8 中队的医务人员重新部署，把刚调到拉堡的第 41 医务队再向南推进到第 5 军野战医院；将协助全县第 115 后方医院的第 6 医务队调到桂林苏桥镇第 129 后方医院；将第 43 医务队分成三组，分别在柳州、大塘、迁江三地设立临时包扎站……

当天晚上，严斐德就发现，未经破伤风抗毒素注射的伤员一个紧挨一个躺着，势必会发生连锁交叉感染，立即指示护士赶紧补救。在逐一了解伤员们的伤情后，决定必须施行手术的要抓紧进行；尚能坚持的，尽快做好伤员登记，转送后方医院。在清创消毒液断档、手术器械严重缺乏的情况下，严斐德吩咐护士赶紧烧开水替代消毒水，将碗筷煮沸后做器械，在汽灯下，连夜对伤员进行消毒、取弹、缝合、接骨处置，甚至截肢等大型手术。伤员太多，能执刀施行手术的却只有严斐德一人。

等把必须紧急处置的重伤员处理完毕，天已经大亮了。

广西河汊众多、桥梁众多。白尔出师不利，在乘坐汽车过一座木桥时，因桥断坠河。幸好广西3月的天气已不算很冷，白尔从水中冒出头来，第一句话就是向队员们大喊："快抢救医药物资！"

大家顾不及伤痛，赶紧把正在下沉的箱包等拼命捞上岸，再请当地农民帮忙，绑上绳索把汽车从水里拽起来。还好，汽车没有大损伤，于是继续开车前进。

包扎站很快建立起来，蒸煮消毒器械的蒸锅冒着白汽。

一听说这里设了包扎站，受伤的士兵纷纷往站里涌，医务人员立即投入紧张的工作。这一干，就是一年多……

1942年年初，救护总队将白尔的第8中队下设第172、第431、第432、第151等医务队派去滇南协助滇缅战场伤员救治。其中，第172队配属第54军军部野战医院，驻长者村；第431队配属第60军第14师驻安宁；第432队配属第50师师部野战医院和第42、第52旅旅部野战医院，驻文山界碑和建水；第151队配属第60军军部野战医院驻蒙自。

当白尔来到蒙自视察时，第60军军部野战医院的景象让他吃惊。重病室没有一张床，地上随意丢几把稻草作床铺；大病房没有过道，连脚都落不下去；伤兵用作拐杖的木棍横七竖八丢在地上；病室没有看护兵的身影；虱子、跳蚤满地乱爬乱跳；轻病室甚至连稻草都没有，病兵们仅裹着一条毯子躺在潮湿的地上；医院里的隔离病房竟允许痢疾、结核病人住在一起，痢疾病人因没有便盆弄得浑身大便，却没有衣服和被单更换。看护兵对如何消毒一无所知；裹伤的纱布和灭虱衣服放在一起蒸煮；口痰和大便仅用漂白粉撒几下作为消毒；敷料不经蒸汽消毒就给伤员敷用；病员几天无水洗脸，个个萎靡不振。

自从医以来，白尔就是一位非常严谨的医生，面对医院这一切，令他难受至极也愤怒至极。经与院方交涉，才弄来一些新稻草。队员们一起动手，用砖头在地上有序围成地铺，病室里才有了立足之地。又动员当地农民砍竹编床，让病兵有了离开地面的床铺可睡。

最感头疼的已经不是缺少翻译，而是医护人员奇缺，工作推行艰难。比如，服务于长者村第54军野战医院的第172队，在册的只有三位医助，竟没有一位医生。三位医助中，一人患斑疹伤寒已经去世，一人正患回归热起不了床，能工作的只有尚未毕业的一个学生，而全部工作就压在这个年轻新手身上。

1942年5月，第36师在惠通桥正面阻敌，配合第88师从下游强渡怒江，猛攻龙陵，一场血战开始了。几场硬仗下来，营养不良的士兵开始浮肿。滇西又酷热潮湿，一些士兵的下肢、下体纷纷溃疡化脓。湿热的山区蚊虫密密麻麻，而部队无蚊帐配备，很多人都染上了疟疾。

第052医务队队长甘理安于6月受命带着妻子甘曼妮、德国女医生马绮迪和全体队员，来到保山的第88师野战医院增援。甘理安除安排大家的工作外，不辞劳苦，不分昼夜地为士兵诊治。在检验师岗位上的妻子甘曼妮除做好自己的工作外，还大力支持丈夫。因为她理解，丈夫曾立下誓言："要努力拯救中国人民。"女医生马绮迪则整天围着伤兵转，为他们做手术，裹伤敷药。

滇缅公路被切断后，所有物资运输全依赖驼峰航线。因此，云南境内的机场抢建和抢修工程成为当务之急。此前，为不让早已建成的保山机场完好沦入敌手，曾经大规模征用劳工对机场除跑道外的所有设施进行破坏；而一个多月后，为了滇西大反攻，机场又要再次修复。正是这样修修毁毁，毁毁修修，造成大量人员长期聚集，加上生活差，医疗条件落后，难免会发生各种疾病。因此，在保山的医务队担负着机场建筑工地的医疗救助服务。

甘理安和他的医疗队除了给军人治伤治病防疫外，还得给建造机场的大批民工提供医疗服务。他和队员们一起，因地制宜，不到七天时间，就建起了一个40张床位的重伤医院，开始接受工地上的伤员和病患，还创造性地开辟了"树下病区"和院落病区。灭虱、配药、换药、抬担架、给病人开刀等等，所有事情，他都和队员们一起干。

为配合滇缅大反攻，白乐夫随后受命回到图云关，担任第021区队队长，赶到云南楚雄的中国远征军司令长官部驻地，服务于一所陆军医院。此时的楚雄已成为滇缅抗战的中心，聚集了大量物资和人员，前线伤员都集中往这里运送。

该陆军医院设在一座金顶红墙但已残破不堪的大庙里。医院院长是师卫生处上校处长，对白乐夫一行的到来高兴不已，握住白乐夫的手说："您来了，我们医院的医疗力量就大大增强了！"

医院没有床，队员们在地上铺木板当床，尽快安顿下来后，开始在大殿佛坛上众多缺胳膊、少眼珠、掉鼻子的佛像面前，为伤员服务。

运送伤员的工具不仅有担架，还有汽车和飞机，形成立体运输系统。远征军空运总队还专门成立了救护机队，机上铺着稻草，通过海拔五千多米的驼峰航线，躲着日军飞机大炮的威胁，冒着擦过树梢的低空飞行危险，出入于浓云密雾和狂风暴雨，艰难地将一批又一批伤员送到这里。

伤员们大都营养状况欠佳，骨瘦如柴，身体浮肿，身上爬满虱子，长着疥疮；军装破烂不堪，穿着草鞋或直接赤脚。白乐夫等几位援华医生对这些憨厚老诚的士兵们充满了同情，不只是为伤员裹伤接骨，还要"管到底"，力争让伤员全面康复。

战场负伤兼患回归热和斑疹伤寒的伤员众多。而这两种病都是由虱子传播的，传染性很强。因此，伤员到来后，首先是要彻底灭除他们身上的虱子，治好疥疮，以免相互传染蔓延。

医生们利用庙里的闲置房间作为灭虱间，将一个方形木架放在盛满水的大铁锅里加热烧开，把士兵的衣服挂在木架上熏蒸灭虱。再把空汽油桶底部钻两个洞，穿上打通竹节钻上小孔洞的竹竿，做成简易淋浴器。伤病员送达后，第一件事就是把衣服脱光，对衣服做灭虱消毒处理，然后带其中能站起来的士兵去洗澡，之后给他们全身涂抹自配的硫磺药剂，穿上白大褂，才能睡到病"床"上。

痢疾病人最让人担忧。医生们别出心裁，想尽办法为痢疾病人特制了方便排便的、带圆孔的"床"。尽管医生们尽全力照顾和抢救，他们中的一些人还是被病魔夺去了年轻的生命。

一天，一个妇女抱着被狼咬伤的几岁儿子哭啼着赶来医院。白乐夫一看，已有部分肠子从伤口滑出，且伤口沾满尘土，估计孩子很难救活了。但白乐夫还是以医者仁心的执业品德，立即给孩子清创后将肠子复位缝合，安引流管，让母子回家疗养。几天后，这位年轻母亲居然带着已能走路的孩子来到医院，笑逐颜开地向白大夫深情致谢。

由于繁忙地穿行于伤病员中，劳累过度的白乐夫也染上了斑疹伤寒，终于病倒了。他整日高烧不断，昏昏沉沉，打针吃药终不见好转。这个讨厌的病魔，居然伴随白乐夫直到抗战胜利。

原第731医务队队长肯德，在湖南常德协助抗击日军的鼠疫细菌战后，调任第9手术队队长，赴云南服务于新调至滇西战场的第53军。其实，肯德所在的原第731医务队也一直在为驻防湖南安乡、桃源以及荆州监利的第53军配合工作，而且双方非常协调，关系和睦。肯德还曾受到第53军予以的两次请功嘉奖。

来到滇西的肯德第9手术队与周福成的第53军，依旧是服务和被服务的关系。第53军到哪里，手术队就跟到哪里，部队走什么路线，手术队就走什么路线。既是老关系，工作上的配合自然无须再有磨合过程，双方都感到得心应手，合作默契。

此时在滇缅战场上的医务队和手术队的设备比起湘赣战场大为改观，每个队都配有一个或两个压力蒸汽锅，不必再像以前那样用行军锅消毒；还配有一架显微镜，一部血压测量仪，全套能够开腹和截肢的外科器械，还有大量磺胺类消炎药以及石膏、绷带、胶布、消毒纱布和药棉、酒精等等。尤其是中印公路打通后，盘尼西林也在滇缅战场获得优先使用。

5月中旬，第53军迎来高黎贡山第一场恶战——大塘子战役。大塘子是日军第56师团第148联队在高黎贡山防线的前哨阵地，也是第53军夺取高黎贡山北斋公房关隘前必须拔掉的"硬钉子"。经过53天你死我活的拉锯拼杀战，在付出重大伤亡之后，我军终于击溃日军，为下一步收复腾冲的战役扫清了外围障碍。

肯德带领队员们紧随部队步伐，从唐习寨跟进到大塘子附近的塘西村，拉开帐篷，设立裹伤所，轻伤留治，重伤作临时性包扎止血处理后，迅速向后方医院送转。正因为手术队治疗时机抓得及时，轻伤员很快都能补充返回前线。

由于中国远征军反攻滇西的计划意外被日军获取，指挥官卫立煌立即改变原定计划，下令第53军率先攻打南斋公房一线。5月底，曾经在湖北监利攻打白螺矶机场的第53军第116师第346团克服困难，迅速被调抵南斋公房关隘下，对日攻坚战自此拉开序幕。

肯德的手术队紧跟部队推进，不停地为众多重伤员清创裹伤并施以手术，努力挽救战士们的生命。但谁曾想，这次战地救护，不仅要对付战场创伤，还要对付大自然造成的冷冻与饥饿。这是肯德医生未到达高黎贡山前所没有预料到的。

高黎贡山是中国西南部一道重要气候分界线，天一下雨，气温就会骤降。战场的特性常常需要部队在悄无声息中匍匐在布满腐枝败叶的地上一趴就是几天。再遇到不可避免的后勤保障滞后，肚里缺食物，饥饿难耐；衣服被雨露淋湿，彻骨的寒冷令人发寒噤；加上氤氲的腐臭气味，使战士们常常陷入饥寒交迫、头脑发胀的境地。

肯德的裹伤所常常会遇到没有任何战场创伤，却是双手冰凉、昏迷不醒的伤员，原来都是被冻坏或被饿坏了，只要赶紧端热汤喂下，一般都能较快恢复神志。当然，也有冻饿时间过长而挽救不过来的。他们还遇到过两名战士在6月的高黎贡山被冻饿而死的病例。

在当时的战况下，士兵们会因饥饿寒冷而失去生命，肯德和队员们也一样会遭遇难耐的饥饿和寒冷。遇到雨天，飞机空投补给发生困难时，手术队和伤员们只能用苞谷米充饥，甚至一连十几天如此。帐篷里外都是水，连睡袋都无法安放，根本不能入睡，只好坐在浸在水里的冰凉石头上熬过雨夜，往往也被冻成冰棍儿。

从8月4日到9月14日的整整40天里，第53军和第54军的五个师近三万兵力，一直在腾冲城里血战。直到9月14日上午10点，随着最后几声枪炮在李家巷北头响过，腾冲城的日军被彻底消灭，沦陷了28个月的腾冲城终于得以光复！

肯德的手术队受命靠近腾冲，为抬下来的受伤官兵治疗。这又是最为艰苦的七天。肯德连续七天下不了手术台。这七天，战士们没吃没喝，肯德和队员们也饿着肚子抬送伤员。在从保山到畹町的整条线路上，第9手术队一路紧随第53军，不畏艰险，跟着官兵在枪林弹雨中救治伤员。战士在伤病之后有了救治保障，因此士气高昂，有的士兵数次受伤，又数次重返前线继续英勇杀敌。这位自称"中国人"的肯德，为第53军取得胜利，为腾冲收复战做出了巨大贡献。

腾冲之战，是城内"找不到几片好瓦，连青树叶也一片无存"的极其惨烈的"焦土抗战"！历时四个多月触目惊心的浴血奋战，古城在战火中荡然无存，人民也遭受了痛失家园和亲人的巨大创伤。

在这样惨烈的战争前线从事医疗救护的肯德手术队，所面临的危险、遭遇的艰辛和经历的困难程度，是不言而喻的。

腾冲之战，我第 20 集团军九千多名将士血洒腾越大地，付出了惨重代价。于右任为腾冲抗战题词道：

"为世界卫正义，为祖国争自由，腾冲一战，碧血千秋。"

第九章　人性良知与医学道义之尺度

第一节　与博爱恤兵形成反差

　　就整体来说，救护总队部按照援华医生们各自的学历、专业、资历、资质、性别等个体差异因素，进行了全面的审查了解，周全思考后，决定给他们分配具体工作。或担任各中队基层医疗队队长；或担任战地救护顾问；或担任卫生勤务指导员和各科视导员；或担任医师、药师、检验师、护士等等。他们都能服从分配，愉快接受，及时到岗报到；或去往指定战场前线，从事医疗救护、传染病防疫、各种卫生勤务以及医疗技术演练；或以身示教、以老带新进行技术培训等等。实践证明，他们个个是好样的，最后都成为救护总队可以信赖和依靠的医疗技术骨干和战地救护力量。

　　除前述最先抵达图云关的三位援华医生中的严斐德和白乐夫，因第一次长沙会战开打在即，前线急需，情况紧急，到达报到后就被派往湘北前线执行医疗救护任务外，在最大一批共 14 位援华医生到来后，救护总队部却没有急于分派他们具体的工作。

　　总队长林可胜等领导们，是希望能留他们在相对安全稳定、生活条件较好的图云关多待些日子。一来是尽可能多一些时间融入当地，适应环境，尽快实现与中国人语言上的交流；二来是要依据他们带交的个人资料，尽可能人尽其才地安排他们相应的职务、待遇和工作岗位；其三，基于短时间内，不可能所有人都能攻破语言障碍，还得选挑几位既具有一定医学知识，又能熟练英语对话的青年人担任随行翻译，便于他们到相应的地方和部队开展工作。

　　在等待分配去往相应战区服务期间，总队长林可胜曾亲自为他们举行过两次宴会。第一次算是接风洗尘，这当然主要是为了向不远万里、漂洋过海前来援助中国抗战的国际主义精神和人道主义善举表示谢意和慰问；第二次算是心理安慰，是为了免除他们或为生活条件太差，或为接待过程疏漏，或为礼节礼貌不周，或为薪酬待遇太少等原因，可能产生的误会和不快表示歉意。总体来说，是出于总队长林可胜和医务股主任荣独山等领导和专家们对他们的关爱、照顾和寄予的厚望。

而大多数外籍医生哪里懂得，这些看似点滴细节的工作，对于指挥调度数千人规模的救护总队总队长林可胜来说，却不是小事，他都要缜密思考，周详布置，进而做到知人善任，最终实现百战不殆。而且，这早已成为这位华裔总队长的领导风格和习惯。

直到1940年元旦过后，救护总队才终于派出救护车，运送已抵达图云关一个多月的富华德等12位外籍医生到前线进行救护服务。

就在人们整装待发前夕，林可胜总队长派人来召集他们到礼堂，说是要为赴前线的这批医生开一个壮行会。

一个多月来，他们第一次看到林可胜一改往常那矮个头的高级知识分子形象，身着将军服，肩佩金五星，精神焕发地出现在他们面前。而且，林可胜是专为向他们发表告别讲话才特别举行这次庄重而严肃的盛会的。此时的外籍医生们也都穿上了缀有红会标志的蓝色制服和帽子，整齐列队，期待总队长发表演讲。

只听林可胜用熟练的英语慷慨激昂地说：

"朋友们！我首先对你们不远万里，漂洋过海，历尽艰辛，志愿而来支持中国的抗日战争表示亲切慰问和由衷感谢。我们对诸位计划的，是一次伟大的实验。诸位此次奔赴前线，将在中国红会总会的历史上建立起第一批驻扎在师部的工作分队，将代表中国红会，第一次直接在前线地区执行救护任务。战争时期，为阻止日军进犯，道路被破坏，而到后方医院又太远。远水救不了近火啊！有鉴于此，我们才组织起像你们这样的许多小型流动医疗队，配上担架人员和少数医疗器材，机动地随军移动，就地抢救前线伤兵。我们这样做，一定能大大减少负伤官兵的痛苦和死亡……"

总队长的壮行会以及对他们无比重视、充满尊重和敬意的讲话，终于解开了外籍医生们一个多月来的心中郁结。而且，他们还从中听出，中国红会总会以及救护总队部，包括林可胜总队长在内的领导们，对他们的高度信赖、寄予厚望和极端负责任。最令他们感动的是，这位将军总队长竟然把本来属于上级对下级的训词，化作一次壮行会的亲切讲话来表达，足可以看出其中肯诚意、良苦用心及工作方法和人格品性。在简短的告别致辞后，林可胜向他们引见介绍了六位被指定一起去前线的青年医生以及作为他们共享的五位翻译。

接着，也来为他们送行的医务股主任、X光专家荣独山说：

"各位外籍医生都是我们医务股成员，医务股全体医生在战场救护中的作用是显而易见的。……就国家生存而言，我们是为保卫国家生存

荣独山（右）在图云关检修 X 光设备

而救护；就人类生存而言，我们是为保卫人类生存而救护；对于每位战场负伤的年轻战士而言，我们是为保障他们的青春和生命而救护……你们此行将会去往中国中部的湖南和江西两省的北部，第一目标地，是湖南省的邵阳……"

也许当时，林可胜和荣独山尚未预测到，他们代表救护总队制定的"机动地随军移动，就地抢救前线伤兵"的政策和策略，在此后几年的战场救护中，取得了良好的救护效果，不仅挽救了大量伤患的生命，向抗日战场输送了数以万计的再生兵员，还激励着先后八千余名救护队员在血与火中忘我前行，并由此演绎出许许多多惊心动魄、英勇奉献、可歌可泣的故事。

壮行会结束后，12位外籍医生和11位中国医生以及翻译和其他人员登上两辆载重大卡车，挥着手，向前来送行的人告别。

林可胜以军人风姿，向他们挥手致意，祝他们旅途顺利，早日传来成绩卓著的喜报。

汽车发动了。外籍医生们用中文唱起了以《保卫马德里》模式改写的战歌：

> 拿起暴烈的手榴弹，
> 对准杀人放火的入侵者。
> 起来！起来！
> 全中华民族人民，
> 为了你们祖国的自由和独立，
> 快加入保家卫国的阵线。
> ……

汽车缓缓开动，一阵纱幔似的轻尘随之升腾，把医生们与住了两个月的营地和送行的人们分隔开来，逐渐模糊了双方的视线和表情。

车上既装人，又装行李，显得拥挤不堪。但司机只能这样向前开去。巍峨耸峙的图云关，逐渐被崇山峻岭所吞噬……

几天后，汽车终于安全翻越雪峰山来到湖南邵阳。医生们沿途所见的民众生活状况，与富华德从重庆到贵阳的一路所见，好不了多少。此时的邵阳和图云关相似，似乎还远离战争，相对平静。

因为汽车缺油需要在邵阳停留一周，于是在一个虽然晴朗，但毕竟已是12月，略感寒冷的上午，领队借机安排队员们去参观一处军队后方医院。据称，这所医院建得不错，有很长一排简易房子，已经置备约六百张病床，还可以增加一倍。可是，当队员们到里面一看，竟然空空如也，杳无人烟。院长看出他们的疑惑，忙解释说：

"困难无法克服啊！这里离前线500公里，而运送伤病员的汽车几乎没有。道路又遭到破坏，伤患只能由担架兵抬着送来，到这里，十人难有一人还活着，而前线是有很多很多伤病员的。"

队员们在院长带领下，在宽阔的长病房里巡回一圈，才在一个被竹篾席隔开的角落过道里，看见几个正在康复且仍显病态的病人。

面对这样的状况，白尔医生问道：

"院长先生！这么大，这么好，又配置这么多设备的医院，假如不考虑对病人发挥作用，那还设在这里有什么用呢？"

白尔太过直率的疑问，使院长深感尴尬，感觉受到了冒犯。看得出，一丝愤怒的表情瞬间从他脸上掠过。

加满油的汽车继续朝江西方向进发。但开出邵阳不久，依旧是为了"坚壁清野，阻挡敌人"，原本还算宽阔的汽车路，被破坏得根本不能通行。在当地征得民夫挑运医药器械后，医生们只得背着自己的油布行李包，徒步往前线行军。从当地请来的挑夫们熟悉情况，领着大家一次又一次或从古时留下的石板小径或从田间的劳作通道绕过，才又回到公路上来。

挑夫肩挑上百斤重物，却依旧在稻田间的羊肠小道上稳健而大步流星地行进，似乎不受任何影响，而医生们仅仅扛着自己的行李包袱，则个个歪歪斜斜、跌跌撞撞，其艰难程度可想而知。尤其是当得知需要在天黑前赶到最近的寄宿地时，挑夫们的速度更快了，即使医生们一路小跑，还是落下了很远的距离。

最令外籍医生们深感佩服，但也不理解的是，这些穿着破衣烂衫、赤着脚的挑夫们，为挣到仅够充饥的一点报酬，居然动力十足、心甘情愿地干这种苦差事？这是在富华德的回忆文章中提出的疑问。

在湘赣交界的大地上，几乎全布满着水淹稻田，又无公路可走。日本侵略者的现代化陆军无法补充军需物资，更不用说装甲车、坦克、汽车在这里能有用武之地了。

行军确实很累，但着实让这帮老外饱尝了中国农耕文化风光。那闪闪发光的稻田上的色彩，那田间星罗棋布的小片绿林，那远离尘嚣的村庄勾勒出的线条，共同构成一幅特殊情调的诗画。人们深深地呼吸着，整个自然风景都在散发着芬芳，让人感到一种完全无法用语言表达的轻松和释然，就像雷电里闪耀着的浮云那样诱人去向往新的风姿和希望。还不时能碰见背着农具的农民，挑着人畜粪便下地的农妇。当他们突然发现这么多张与自己完全不同的陌生面孔，而且还穿着他们早已熟悉的红十字制服时，眼里会立刻发散出惊异、好奇，但却饱含友好敬佩之光。他们的意识明显建立在善良、深含谢意的基础上，因为他们已经猜出，这是一群来帮助中国抗击日本侵略者的外国友人。

小道绕大道，大道归小道，虽然终于艰难地到达目的地，但不仅是欧洲人，包括全部中国医生在内，他们的脚，同样都磨出了一层水泡，痛得像火烧，再难忍也得坚忍。

医生们终于有机会带着担架队到最前线进行实地考察，以便就地与军官们讨论几天来他们发现的一些急待弄清和解决的救护问题。

可是走了很远也没有接近前线的感觉。

终于，有人发现隐藏在山坡上的工事了。医生们这才意识到：

"这些工事后面，不知有多少双眼睛正看着我们呢！"

医生们最想弄明白的是：伤员们现在是被安置在什么地方？为什么在最近发生的战斗里，没有一个一般伤情的伤员送来，而只有快死的伤员才送到这里？是什么原因使得伤员那么多而担架却那么少？为什么大部分伤员连一点包扎都没有？一连串的疑问都寄望在考察中得到符合情理的解释。

他们终于弄清了其中的秘密：当官的和分配给他的每个士兵都签有合同，并按合同人数领取兵饷，他也能从中获取些利益。从此，这个兵就被认为是这个官的个人财产。因此，当一个伤兵还没有肯定会死，还能保持员额并获得兵饷时，大多不会被送到医院治疗。

调查走访后还得知：

"部队医院的长官还有办法从那些不幸等死的士兵身上捞到好处。假如病人快死了，他就被送到一个更远的后方医院去。当院长肯定这个人已经死去，或者运输途中非死不可，他就可以向办公室申报棺材费和埋葬费。"

同时也乐得免于救护治疗，既节省时间和劳力，更能避免许多不愉快的事发生。当然，相关的办公室也会在这笔埋葬费上分到些好处，而没有任何人过问。

这就是医生们在医院里只会收到一些快要死的伤患的根本原因！这也就是把最宝贵、最积极、最不怕牺牲的负伤兵士放在地上，见死不救的最根本原因！

对发生在军队中，居然让军官以伤病员为商品做生意，赚取利益的这些事，当然不能全部归咎于基层官员。但军队的长官，实际主政的党政大员，是不能逃避责任的。这是赤裸裸地让他们把士兵的生命和健康当成一种谋取私利的交易。

医生们的视察寻访还在继续进行。这天，他们在一个村子找到了某团指挥部。指挥部里的医官长见到徒步远道而来的医生们，热情出来迎接，将大家带到一间简陋茅屋坐下，听医生们的建议和意见。

其中一位外籍医生根据几天参访的所见所闻指出：

"不行啊！上校先生！不能把那些只需及时进行肢体手术或截肢就能救活的人放在阴湿的地上不管，这说不过去！"

谁知对着他来的反问却是：

"难道您相信，那些只剩下一条胳臂或一条腿的人以后还能挣饭吃吗？"

这位医官长的潜台词已经非常明确。那就是，与其将他们救活，还不如让他们死去！免得给社会或他的家人留下负担。真没想到在战争中致残者的命运，原来是这样让人绝望！

这时大家才发现，这位医官长原来是个"光杆司令"，手下竟然没有一个医生和病患。但他的制服却很漂亮，按照他挂衔显示的级别，收入应该也不菲；办公室非常整洁，还配有好几个大都身材魁梧，挺着显示具有良好营养肚皮的勤务员。不过，这位因为多了些医学知识就得以做医官长的人，还算通情达理，在得知医生们将要到前线救护伤患，给士兵们灭虱、治疥、种痘、防疫后，他高兴地说：

"真是将士们的福音啊！"

然后，按照医生们的要求，医官长陪同顺小路往师指挥部走去。突然间，一阵可怕的呻吟如同从地狱发出，凄悲！惨然！绝望！

原来，在旁边一间竹篾当墙的小棚子里，竟然有二三十个重伤员被抬到这里堆在一起，横七竖八地扔在稻草上，不受打扰地等死！他们中，或肢体被炮火烧灼过，已经发黑腐烂；或经历过白刃战，肠子还挂在体外；或是拼刺刀时被挑伤……一个个面色蜡黄，多数已无生命体征。从一个尚未断气的人的肢体上还能见到流脓不止，两片灰白的嘴唇微微蠕动一下，好像是诉说着还能感受的痛楚。他们的身下，压着自己的粪便；他们的身上或身旁，压着或躺着已经死去的战友；一片白黄色的蛆虫在蠕动，苍蝇嗡嗡地满屋飞舞。

在医生们看来，其中一些人，如果能早点得到急救，可能会有一线生机，而现在，肯定是一个都活不成了……阵阵恶臭从棚子里向外散发。眼前的景象让医生们惊呆了，直气得脸色发青，咬牙切齿。

看到这一幕的富华德，难过至极、愤慨至极、悲切至极地喃喃道：

"我今天看到的已经不是战争，而是人类的罪行！是野蛮人向着黑暗残暴的过去的倒退！"

天哪！这与传说中的地狱有何区别？他们都是娘生父母养的肉体凡身！是曾经那么年轻活泼的一条条生命！是为国负伤的战士啊！

按照当时的医疗水平和急救条件，这些伤员，确实已经几乎无一能挽回生命了。野战医院没有血浆，没有磺胺类消炎药；最常用的手术台也仅仅是让士兵躺卧在稻草地铺上或民居的饭桌、门板上。但是，就这样眼睁睁地看着他们在如此痛苦的挣扎中死去，于心不忍啊！

富华德转身看着那个医官长气愤地说：

"你们！你们！你们怎么能这样！有些人还活着！"

医官长叹口气沉重地说：

"这些伤员，伤得太重了，已经没办法救治了。"

富华德接着说：

"那也不应该看着他们在痛苦中活活死去啊！这样做，不残忍么！"

医官长大声而无奈地回答道：

"那就请你们给我一个办法，我一定照着去做！"

西面山垭口，一轮将要下山的太阳，把红得如血的光芒，无情地投射到这片破碎不堪的山川、河流和村庄里；无奈地投射到几十个再也看不到明日光明的年轻士兵所在的棚屋上；怜悯地投射到未能战死沙场，却被冤死、屈死在后方棚屋里的一群孩子身上；当这轮太阳落下去再升上来，这棚屋里就不会再有垂死挣扎的声音了，连最轻微的丝丝呻吟也不会再被人听到……

看着这轮偌大的血盘，医生们的心，无一不在绞痛！他们在心底向天发问，这究竟是谁之罪孽？谁为这些惨死的年轻士兵负责？谁该为这群英魂，不！不！为远远不止类似这群惨死的英魂赎罪？这些中国青年如果还有来生，必将会举起愤怒的刀剑，砍向那些发动这场罪恶战争的法西斯！

因受到法西斯外强的凌辱，因个人利益的贪得无度，因医疗条件的落后简陋，因缺医少药的极端无奈，还不知道有多少这样年纪轻轻的重伤员躺在类似远离人群的地方，在没吃、没喝、没人管、没人救的状况下，挣扎着、呻吟着死去！悲哉！哀哉！

在惨无人道的战争机器面前，人性！良知！医学！竟然通通显得那样的苍白无力，虚幻缥缈！

第二节　细菌战与高田宜之死

抗日战争中，日本在主张"兵不血刃"的杀人魔狂石井四郎直接指挥下，在中国多地实行了惨无人道的细菌战。其中在 1940 年 7 月 27 日的宁波战役，1941 年 11 月的常德会战和 1942 年 7 月的浙赣战役中，用细菌毒杀和残害中国百姓，造成的死伤人数最多，后遗症最为严重。在北平协和医学院毕业的留美医防博士，救护总队医防工作指导员兼卫训总所防疫学组主任，后任国民政府卫生署防疫司司长容启荣撰写的《防治湘西鼠疫经过报告书》中称：

"这场罪恶战争给常德人民带来了深重灾难和无穷痛苦。"

1941年11月4日凌晨，常德县城发出空袭警报。一架日军飞机在浓雾弥漫的城区上空由东向西低空盘旋三周后，在市内的鸡鹅巷、关庙街、法院街、高山巷及东门外五铺街、水府庙一带，投下大量谷麦、豆子、高粱和烂棉絮块、碎布条、稻草屑及其他不明颗粒后离去。

空袭警报解除后，警察局从日机投掷物中取样分别送湖南省和常德广德医院检验。经广德医院副院长谭学华教授亲自主持化验，结合对病死者的尸检，疑为鼠疫病原体。

时任救护总队第2大队驻常德第2中队第731队队长的奥地利援华医生肯德正在安乡、桃源一带从事救护工作，得知日机投掷鼠疫细菌消息后，第一时间赶到驻常德的第2中队部，与中队长钱保康一同调查，并到广德医院听取了谭学华教授对检验过程的汇报：

"将谷麦等以无菌生理盐水浸洗，经15分钟以远沉淀器沉淀做涂抹标本，以革兰氏染色镜检，发现多数革兰氏阳性杆菌及少数两级染色杆菌……可疑为肺炎双球菌……"

此检验结果引起钱保康和肯德的高度重视，立即写报告说：

"且不问敌机大雾低飞之极大危险其用意何在，而所检验之细菌实有类似鼠疫之疑，虽细菌学不能以形态为凭，但祈未证明以前事先预防未致大错，乃派魏炳华视导员常驻常德卫生院做调查工作，并更期作进一步之研究……"

接着，常德城里有人高烧死亡；再接着，大街小巷到处都能见到死老鼠。12日，一位名叫蔡桃儿的高烧女孩被送进广德医院。钱保康和肯德闻讯赶来参与诊断，检查结果表明该女孩患急性败血症，并迅速将女孩隔离。翌日上午8时许，女孩病情恶化，全身出现紫斑，神志不清，静脉血液查到大量两级染色杆菌，与鼠疫杆菌图谱相同，不久便因心脏衰竭离世。该女孩从发病到死亡仅仅36小时。

肯德医生配合谭学华教授施行对女孩的尸检，结论是败血症鼠疫。同日下午，又对患者聂述生抽取淋巴液做涂抹片检查，发现同样的杆菌甚多，还来不及送医隔离，该病患就于当晚 7 点 40 分死去。

随后，肯德和钱保康配合广德医院，又先后发现多例死亡病患的尸检结果均为革兰氏染色阳性。由此，肯德和钱保康认定：常德流行鼠疫已不是可疑，而是板上钉钉的罪恶事实！于是马上电告大队部，要求派遣专员协助防疫，同时决定救护第 2 中队全员暂调常德，第 111 队置于北站，第 472 队置于西站，第 647 队置于南站，第 731 队置于东站，第 572 队协助隔离医院工作……常德的防疫工作很快全面铺开。

国民政府卫生部门获报后，立即组织当时国内顶级防疫专家队伍从重庆紧急赶往常德调查。与此同时，救护总队部也派出以卫训所检验组主任、细菌学教授，当时全国唯一的鼠疫专家陈文贵，率领卫训所教官、协和医学院毕业生薛庆煜、刘培等三位医生星夜抵达常德，配合多位专家学者开展流行病学调查。

在此前的 1940 年 12 月，卫生署在重庆召集防疫专家秘密讨论浙江宁波发生疑似鼠疫的会议上，陈文贵教授就根据当地汇报的情况，尖锐而肯定地指出：日军在我国进行了细菌战，从而成为我国揭露日军细菌战的第一人。但陈文贵当时的判断未得到会议支持。直到后来浙江省卫生厅从宁波一家居民的鱼缸中收集到的跳蚤被鉴定确认为人鼠共同蚤后，陈文贵的观点才被官方认可。

而此次常德疫情，经陈文贵再次亲自主刀，对另一病死者尸体解剖后进行一系列检验检查、细菌培养、动物试验，最终得出了科学准确的结论：

"病人确属感染真性腺鼠疫，死于鼠疫菌引起的败血性感染。"

调查组根据敌机空投地点与发病地点和从空投到发病时间与鼠疫菌感染潜伏期的双重一致性确认，常德的鼠疫流行，就是日机散布感染鼠疫性物体所致的传染性极强的腺鼠疫。

一时之间，常德笼罩在恐怖中。城里店铺大都关门歇业，人们纷纷逃离家园。随着瘟疫肆虐，死者尸体被强制送往火葬炉焚化。当时常德的三座焚尸炉居然被烧塌了两座。多少人家，家破人亡！多少百姓，众声哀号！多少老人，失去依靠！多少稚童，失去父母……

由日军空投鼠疫毒物引发的常德鼠疫被暂时扑灭后，肯德依旧难平愤怒，遂以中文撰文《鼠疫横行在常德》发表在 1942 年 4 月 22 日的《桃源民报》第 2 版上，谴责日军的无耻暴行：

"常德有鼠疫横行着！几许生命，曾经死了，医务专家检验市鼠的结果，早已千真万确地承认了，这最危险而使人心惊胆战的传染病，在常德竟成了铁的事实！如果我们想到这些不顾信义人道的东方强盗蓄意已久的最残忍手段之一招，那么我们怒发冲冠之余，不禁会更加振奋起来！日本敌人，不能用快枪利炮飞机大炮来如意地占领我们的常德，在失望之后，却甘冒举世所不欲为不忍为的毒菌战，加诸常德这前线数万居民的大都会！这前线唯一的宝库！意想用此毒菌来毁灭我们的民族！……"

文中字字铿锵，句句犀利，犹如支支利剑，发发炮弹，直击日本法西斯的要害。从短短的百来字中多处所用第一人称复数"我们"便可看出，这位来自奥地利的外籍医生，早把中国看成了自己的故乡；这位一身正气的二十多岁"中国人"，出于正义、出于人道、出于愤懑，为中国民众遭受并最终战胜细菌毒战而奔走呼号，其思想、行动、责任和义愤都证明，他早就与中国民众荣辱与共、生死相依。

1942 年 5 月，就在肯德文章发表后不到一个月，常德暂时缓解的鼠疫疫情又开始死灰复燃，桃源又发现鼠疫！经流行病学调查，是因为该县莫林乡李家湾村民李佑生在常德贩布时染上了鼠疫，从而导致疫情开始在桃源流行。在不到 20 天时间内，不仅李佑生一家六口全部病亡，就连背李佑生去看病的伯父李耀金一家五口也无一活口；甚至到死者家奔丧的亲人，为其做道场的道士也未能幸免，相继发病，其中又有多人遇难。

5 月 25 日，当地政府派军队封锁疫区，切断李家湾与外界的一切联系。然而到 7 月，鼠疫又传到离常德市 12 里的伍家坪朱家大院，短短半个月，致死 201 人。活人刚刚把死人抬上山，回来就发病；抬着别人走到半路上，自己就不能动弹了；前面死人未抬出，后面接着又死人；挖坑挖不快，只好在坟山预先挖好许多地穴备用；开始还有棺材用，后来棺材没了，就用门板抬去安葬；再后来连抬人的人都没有了……有的墓坑，一次埋两三具尸体，甚至七八具尸体合葬……

伍家坪鼠疫尚未扑灭，常德周边又有多点散发。双桥坪的蔡家湾，共 371 名居民除蔡印成因外出帮工幸免于难外，全部病亡；一条从常德通往湖北的运兵道经过长岗乡神寺山，附近的王家祠堂曾辟为军队鼠疫感染者的集中隔离点，先后有上千名壮丁死于此；常德东北 30 公里的石公桥镇几乎家家死人，户户举丧；还有附近的周家店、许家桥、草坪、黄土店、石门桥、三闾村、河洑镇等地，疫情也开始蔓延；邻近的汉寿县聂家桥也出现大量鼠疫病人；距常德几百公里的湘西吉首、湖北石首等地，也相继发现疫情……

虽然医生们全力以赴防疫治病，但鼠疫瘟神总是反反复复，死而再生，难以根绝。常德鼠疫，最后波及周边十个县三十个乡的一百五十多个村，有名有姓的亡者就达 7643 人！

在掌握了大量铁证基础上，陈文贵亲自执笔，写下近万字的《湖南常德鼠疫调查报告书》，第一次真实准确地揭露了日军在我国施行细菌战的无耻罪行。

尤其是时任第 2 中队第 731 队队长的援华医生肯德，冒着生命危险，挖坟开棺验尸，确定鼠疫流行，并与第六战区长官署军医处处长商讨防疫纲要，涉及管理、预防、隔离、检疫、治疗、宣传、器材等流程事项，经过不懈努力，终于扑灭了常德鼠疫。肯德医生除最先在媒体发表文章，向全世界揭露、谴责日本军国主义的无耻暴行外，还根据救护总队关于基层医务队需向上级定期进行书面汇报的制度规定，仅在常德鼠疫高发的八个月中，就向包括救护总队部在内的有关部门，写出两份专题书面报告，详尽而负责任地汇报了常德鼠疫的发生、调查、检验、扑救以及经验总结等过程，还以《军医业务简评及改进之我见》一文，指出鼠疫期间部队军医业务上存在和暴露的问题，提出了合理化改进意见。

1943 年 11 月 18 日，随着常德会战打响，久攻不下常德城的日军更是实施惨绝人寰的火攻。常德鼠疫终于在这场第二次导致万千国人死亡的更大毁灭性灾难中得到彻底控制，未见再现。

据日军 731 部队大本营参谋部作战科科员井本雄男在其《业务日记》中的记录：

"1941 年 11 月 4 日，731 部队航空班的增田美保操纵九七式轻型轰炸机，5 点 30 分从江西南昌机场起飞，6 点 30 分到达常德，从常德上空不到 1000 米的高度空投带鼠疫的跳蚤 36 公斤。同时投入的还有保护跳蚤的棉花、谷物等。投放时有一侧散布器开盖不充分，只好将整个容器连笼子投在西洞庭湖上。"

还有从缴获的日军"绝密"文件中获取的证据：

"中国军民极为缺乏化学战的准备，容易达成军事目的。"

另据日本陆军志野学校编辑的《"支那"事变中化学战例征集》（1942年底）一书说，日军认为，中国军队既可能没有报复能力，也没有鉴定毒气并将之公诉于世界舆论的力量，所以大量使用了毒气。

在1949年12月底开庭的军事法庭上，日本731部队的军医少将川岛清交代了在常德投放细菌的目的：

"常德是湘西的一个交通枢纽，如果鼠疫将常德变成一座死城，就切断了重庆和湖南、江西、浙江、福建之间的联系。常德又是中国军人粮食以及棉花的供给地，每年上交的公粮就有3000万担，棉花4000万担。如果鼠疫病菌随着这些棉花和粮食被运送出去，那就等于消灭了重庆政府……"

请看看，看看吧！何其歹毒残忍，毫无人性可言的侵略者！

中国人民永远不会忘记，日本法西斯带来的鼠疫灾难；也永远不会忘记，肯德、钱保康、陈文贵、薛庆煜、刘培等救护总队的众多医生，不顾个人安危，全力以赴投入到消灭常德鼠疫战斗中所做出的无私贡献。他们每天都奔走在疫区巡查、化验、治疗、记录，用行动谱写了一部扑灭常德鼠疫的战斗史诗。

就在日军空投毒菌导致湖南常德鼠疫尚在紧张扑救的1942年3月初，救护总队决定派一支医防队前往浙江调查摸底当时鼠疫爆发情况。

刚从第3大队部医生岗位奉调回图云关没几天的英国女医生高田宜，在得知救护总队部将组织医务队奔赴疫区后，自告奋勇，坚决要求参加，被批准成为该防疫医疗队为数不多的女成员之一。

总结常德抗疫经验，医生们提出了"注射疫苗、严密隔离、加强检疫、对症施治、扩大宣传"等切实可行的方案和措施。因此，将去疫区的头一天，每个被批准前往疫区的医务人员都必须接种疫苗。

正患感冒的高田宜，以自己的医学常识自我告诫，当前的身体状况是不适合接种疫苗的。但她又想，作为一名女医生，好不容易才得到批

高田宜之墓

准参加前线抗疫的机会，错过就不再有，小小感冒本常有之事，相信自己一定能承受接种疫苗带来的一点副作用。再加上出于对日军实施细菌战的强烈愤慨，她不顾总队领导和医生同事们的再三劝阻，还是坚持接种了预防鼠疫疫苗，以便能与同事们按时成行。

接种疫苗的当晚，发高烧的高田宜坚持从床上爬起来，将一片安乃近送进嘴里，就又倒在了床上，但心里还在想着，明天就要奔赴"疫区"，今晚一定要睡个好觉。然而，高烧非但没有退去，病情反而愈加严重，渐渐地，她陷入了昏迷……

第二天，时值"三八"妇女节，出发去疫区的队员们来到总队部集合，好久都见不到高田宜的身影。一位女队员急忙跑到高田宜住房敲门，却怎么也不开，待终于把门打开，才看到高田宜倒在房门前。大家闻讯跑来，七手八脚把她抬到第167后方医院抢救。然而，早已没有生命体征的高田宜已经不可能再苏醒过来。

令人痛心的是，这个聚集着当时全国顶级医疗防疫专家、位列最高水准的医疗机构，竟然未能挽救这位年轻的援华女医生的生命，让她壮志未酬身先死，遗憾地离开了人间。

出生于英国，在伦敦女子医学院接受过良好教育，时年30岁的女医生高田宜，在得知日本法西斯对中国人民的侵略暴行后，自愿放弃在印度热带病研究所的优厚待遇，于1941年申请来华支持中国抗战，被分配在贵阳图云关救护总队部工作。

中等身材的高田宜长得娟秀可人，瓜子脸上戴着一副近视眼镜，总是带着和蔼的微笑，给人以温顺亲切之感。到图云关报到不久，高田宜就背着行囊愉快地来到江西吉安，成为第 3 大队部的医生，在汤蠡舟大队长领导下工作。

救护总队部曾试图与高田宜家人取得联系告知其噩耗，但也许因为当时英国已陷入德国法西斯的狂轰滥炸中，在做了百般努力之后，还是没能联系上她的家人。

总队长林可胜心含悲愤和怜悯，亲自选择图云关上那个塑有大大红十字的山坡作为高田宜的墓地。救护总队部给她竖起一块雕刻着母腹中胎儿的墓碑，寓意高田宜在山花烂漫的图云关坡岭上，终将获得新生。就这样，这个远涉重洋，志愿援助中国人民抗日战争的年轻英籍女战士，为了国际人道主义事业，虽然长眠在了这片异国土地上，但却把国际人道主义精神永远播洒在中国人民心中，受到世世代代中国人崇敬。

直到今天，图云关抗战纪念馆的档案馆里依旧存藏着当年"兹聘高田宜为本部医师"的布告和中国红会救护总队队长林可胜博士签发的聘书、调令以及申请护照的报告等物品。高田宜医生和所有的外籍医生一样，同为来华支持中国抗战，同在中国红会救护总队部工作，同样秉承救死扶伤的崇高精神，他们的事迹，将永远留在中国人民的记忆中，为中国人民所称颂。

小孟乐克在其书中也曾这样评价：

"并非所有国际援华医疗队成员都是受到反犹太主义威胁才产生援华念头的，英国医生高田宜就是国际援华医疗队中唯一一位既非犹太人，也非共产党员的医生。……强烈的反法西斯信仰显然没有把科恩和高田宜这样的女医生同男性援华医生们区分开来。……与其他难民医生不同的是，科恩和高田宜的中国之行并非出于（被）迫害或拘禁的现实考虑，而是尊崇个人的信仰与信念。从这个意义上说，她们的选择更纯粹、更高尚……"

中国人民永远不会忘记，在中华民族到了最危险的时候，先后有数十位以"西班牙医生"为主的国际援华志愿医生，抛国弃家，离乡背井，或结队而行，或独自跋涉，漂洋过海，不远万里，来到中国，其中不乏高田宜这样，把自己宝贵的生命留在了这片当年正在遭受侵略者践踏和蹂躏的东方古老大地上的人。其精神难能可贵，其行为可钦可佩，其事迹感人至深。

这批志愿援华医生，多数是 1939 年到达中国，辗转来到图云关的。抗战时期的国统区，民生凋敝，物资匮乏，生活艰苦，收入低微，吏场腐败。但这些具有不同国别乡情、不同文化背景、不同生活习惯的外国人，都能坚持下来，经受了残酷战争的煎熬和艰苦条件的磨炼，与中国人民休戚与共，生死患难，与奋战在战争最前沿的中华儿女共同度过了最艰难、最严酷的六年，两千多个日日夜夜血与火的岁月，一直坚持到抗战胜利，为中国的抗战救护，为中华民族的解放事业，做出了卓越贡献。

第三节　柯氏夫妇与"华佗医生"

罗马尼亚籍医生柯列然（柯让道）1932 年加入该国共产党，在意大利主攻皮肤科六年，回国后开私人诊所。比他小一岁的邻居姑娘吉泽娜长得文静、漂亮、乐于助人，两人遂萌生爱意，结为伉俪。

西班牙内战爆发后，柯列然在妻子支持鼓励下，响应罗马尼亚共产党号召，变卖诊所，经法国去西班牙参加了"国际纵队"。临行前，两人难舍难分，第一次感受到生离死别之痛。

1938 年年初，柯列然来到西班牙，为自己取了个西班牙名字"扎库夫"加入国际纵队，在西班牙的一家医院，与同为罗马尼亚医生杨固共同出入于枪林弹雨，进行战场救护。

当通过国际纵队中的谢唯进等中国战友得知日本侵略者的铁蹄正在蹂躏中国，尤其听说在南京发生了惨绝人寰的大屠杀后，柯列然与战友们迅速发出"中国告急，紧急向中国人民支援"的号召。国际纵队战败后，柯列然同样没有逃脱被监禁的命运，直到挪威医药援华会到集中营招募援华医生，才与傅拉都等人一道获保释并来到中国，奋起抗击日本侵略者，奔赴战场前线救护伤员。

辗转到达图云关后，柯列然同样希望像白求恩一样去陕北帮助八路军从事战场救护，此外，还希望像在西班牙战斗时就地加入西班牙共产党那样，也加入中国共产党，但都未能如愿。

救护总队聘任柯列然先后担任第 537 和第 383 医务队队长，奔赴云南、广东、广西、湖南、湖北等地的野战或后方医院，以其精湛的医术，抢救与治疗负伤将士或染病民众；再加上高度的责任感和人道主义关爱，赢得所到之处军民的一致好评和赞扬。因此，救护总队核定他为所有外籍医生中的最高级别，月薪300 元。

1943 年，柯列然（右）与柯芝兰在云南

在中国的生活和工作安稳下来后，柯列然想到与爱妻吉泽娜分别在地球东西，天各一方，于 1940 年夏，写信给妻子说明情况，并动员妻子也来中国。

小夫妻婚后不久就开始分居，至今已近两年半，在整日的殷殷祈盼中，终于收到丈夫来信征求她是否愿意到中国去的意见。吉泽娜接信后欣喜若狂，当即决定前往中国，启程时间大约在 1940 年秋，仅拿着一张丈夫寄来的，写有"中国红会：柯列然"字样的纸条，便独自一人，开始了万里寻夫的艰辛历程。

吉泽娜通过正战火连天的陆路首先到达莫斯科后，再乘一辆破旧汽车，继续横跨欧亚大陆向东，向东，再向东，从当时早被日本人占领、位于中国东北角的满洲里入境，再历尽艰辛，终于辗转来到位于中国西南角的贵阳图云关。其时已是 1941 年年初。

当吉泽娜突然出现在丈夫面前时，正在治疗室忙碌的柯列然，一时间竟没有反应过来，与这位似曾相识的女人大声招呼道：

"这位夫人，您长得与我妻子简直太像了！"

吉泽娜用纯正的罗马尼亚语回答道：

"扎库夫同志，我不是你的妻子吉泽娜，还会是谁呢？"

她一边说，一边做了一个新婚时经常做给丈夫看的鬼脸。这个"鬼脸"对于柯列然来说，实在太熟悉不过了。

"难道真的是吉泽娜？我的吉泽娜？"

由于长途跋涉，风吹日晒，营养不良，再加上一路颠簸，历尽千辛万苦，吉泽娜看上去比实际年龄苍老了许多。突然反应过来的柯列然一把将妻子紧紧抱起。这对恩爱夫妻，终于在炮火硝烟的中国战场团聚了！为便于开展工作，吉泽娜起了个中国名字叫"柯芝兰"。

仔细想想柯芝兰的赴华之路，是多么的艰险曲折漫长。凡知道她此段经历的人，无不为这位坚忍不拔的女性深感心酸。

刚在中国的炮火硝烟中与丈夫团聚不久的柯芝兰，坚决要求去前线工作。林可胜被其精神感动，遂其心愿，安排她到卫训所参加短期护理培训后，于当年过完春节，下文将他们夫妇调到第 65 军驻地的第 383 医务队，分别担任队长和队员。

1941 年 3 月，日本欲图我滇桂。次年春，救护总队往滇南派去白尔为队长的第 8 中队增援。柯列然受命带领第 8 中队所属第 432 医务队，服务于驻建水第 1 集团军第 20 师的伤员救护。柯芝兰作为队员随队前往。

当中队长白尔在视察中发现野战医院管理混乱，人手短缺，条件简陋，操作不规范，受伤将士近乎被虐待的现状时，实在于心不忍，对着柯列然医生议论说：

"在这里做好工作，真不容易。"柯列然颇有同感地点头说：

"从医学角度讲，这里还是中世纪。"

经过第 8 中队医生们的辛苦努力，几个月后，才将滇南几所野战医院的工作理出头绪，渐渐趋于正常。

柯列然医术超群，成为这个临时野战医院主管。战斗打响后，伤员源源不断从前线送来。病房不够，柯列然动员士兵就地取材，砍竹子架病室，搭竹床架篾桌，以最快速度建成一所全竹制野战医院；为解决药品紧缺之难，他依旧就地取材，将到中国后学到的中草药方剂和盘托出，能代用的代用，可配制的配制；医疗器材坏了，自己动手维修或设法自制；医护人手紧张，一时间得不到补充，他就办战地培训班，亲自上课，日夜加班培训。

偏偏又祸不单行，军队驻地伤寒、霍乱、疟疾、疥疮、回归热等传染病、流行病猖獗。仅疥疮就感染成千上万战士，但当时却没有特效药防控和治疗，严重影响部队战斗力。

皮肤科专业的柯列然就地取材研制新药，经反复试验配比，成功探索出用10%的硫磺配以3%的生石灰混合溶液治疗疥疮的方剂。此法不仅取材容易，价格低廉，而且效果绝佳。把配好的硫磺石灰溶液装入大桶挂于高处，让士兵脱光衣服，用布条绑成擦把蘸着混合溶液涂抹，严重者可直接冲淋，每天一遍。大约两星期后，可将疥疮病源彻底根除。从此，"柯大夫方法"在部队推广传扬。

夫人柯芝兰经过卫训所专业训练，已熟练工作，跟随丈夫，在战地医院忙前忙后，指导看护兵给病人打针发药裹伤、清除医药垃圾等，样样都带头干，整天忙个不停。

起初，伤兵们好奇的目光随时跟着这位女洋大夫的身影转，觉得这个金发碧眼的女大夫脸上总是挂着微笑，耐心负责，细致温柔，和蔼可亲，渐渐与她缩短了距离。有个16岁小兵浮肿厉害，脚穿不进草鞋。柯芝兰给他洗脸时，小兵情不自禁脱口喊了一声"妈妈"！

尽管到中国时间不长，但"妈妈"二字柯芝兰却听懂了。她抚摸着小兵的头，用生硬的汉语说：

"是的，孩子，我就是你妈妈，你就是我的孩子。"

小战士顿时一股暖流涌遍全身，两行热泪涌出眼眶。

进入1943年，云南伤寒大流行。这种被当地称为"肠热病"的疫情，导致驻军和百姓不少人被感染甚至丧命。柯列然夫妇在为军人诊治之余，还经常有求必应，出诊到老百姓家。由于农村卫生条件更差，夫妇俩不幸先后感染上回归热。好在柯列然在经过半个多月的病痛折磨后扛了过来，得以治愈，恢复健康。

而对于回归热诱发并发症的妻子，尽管柯列然技术精湛，医道超群，且在整个救护总队的外籍医生中，无愧当享最高待遇，无奈使尽浑身解数，想尽一切办法，白天治疗军中伤患，夜间守护极度虚弱、奄奄一息的妻子……在天降灾祸面前，最终还是无力回天。柯芝兰始终不见好转，眼见每况愈下，心脏极度衰弱。

1943年3月14日，就在柯芝兰不远万里寻夫，来到中国夫妻团聚仅两年多，这位负责于婚姻家庭，忠实于信仰初心，坚强善良，无畏艰险，有着金子般闪亮之心的欧洲妇女，终因心力衰竭，不幸离开了人世，离开了她深爱的丈夫和为抗击法西斯而战的战士们。时年仅39岁的柯芝兰，为了奉行人道主义精神，为了中国人民的抗日战争，就这样将自己宝贵的年轻生命留在了云南建水。

噩耗很快传遍了夫妇二人所服务的第20师所有官兵和驻地建水镇的大街小巷。将士们像对待战死沙场上的英雄一般，全体出动为其厚葬；当地百姓像送亲人远行般，纷纷从四面八方赶来送她最后一程。人们从山上采回青枝绿叶鲜花，将她的灵堂装点得别样华盛。花圈里三层外三层拥围在灵柩四周。遗像两侧的挽联写着：

> 淋惠遽云亡，南国同声失慈母；
> 伤残未尽起，西方何处觅美人。

柯芝兰的遗体被安葬在建水城北门外普庵寺附近的荒丘上。从此，当地民众中开始流传、颂扬着这位"洋婆"的故事。

血雨腥风共战斗，倏忽之间生死别。就在柯芝兰去世后的第三天，柯列然的衣服掉了一颗纽扣。当他拿起针线打算缀上时，触景生情，突念爱妻，忍不住伤心地大哭一场。但紧张的战地救护，没有更多时间容得他为妻子悲恸，柯列然很快擦干眼泪，忍住巨大悲痛，继续投入军队救护工作。

其实谁都可以理解，在柯列然心底，不可避免地隐藏着如此这般失去爱妻那难以愈合的创痛。

波兰籍犹太人傅拉都最先接受挪威医药援华会赴中国参加抗日救护的保释条件，在担保书上签字，并带动另外九名同在西班牙战场结识的狱友也应招来到中国，成为事实上的带队人。

俄国十月革命成功后，法国巴黎一度成为共产主义左派组织的圣地。

傅拉都受欧洲风起云涌的革命思潮
影响，先后加入了波兰共产党和法
国共产党。留学巴黎医学院的傅拉
都，1935年大学刚毕业就赶上西班
牙内战，随即参加了国际纵队，奔
走于战场救死扶伤，不久又加入了
西班牙共产党，不仅成为一名有着
深厚西方医学功底的医务工作者，
而且坚定了他的共产党员初心、信
念和使命感。西班牙内战失败后，
傅拉都也未逃脱被法国当局因禁于
集中营的厄运，但也由此有缘参加
到支援中国抗日战争的队伍中。

傅拉都医生启程赴湖南

　　事实上，由各国共产党员组成
的援华医疗队员，早就与中国共产党有过联络。因此，傅拉都与甘扬道
一到贵阳，就设法与八路军贵阳交通站负责人袁超俊取得了联系，并通
过袁超俊，与重庆八路军办事处始终保持着紧密联系。

　　傅拉都和甘扬道还与袁超俊有过数次面谈，陈述他们绕过大半个地
球来到中国的初衷，就是想到抗日根据地去，能像同在西班牙参加过战
场救护的战友、加拿大医生白求恩那样，和根据地军民一起与日本侵略
者作斗争，希望袁超俊能协助他们实现这个愿望，并从此与袁超俊建立
了深厚的个人友谊。

　　随后不久，在袁超俊的介绍下，傅拉都与当时在八路军重庆办事处
工作的王炳南成为好朋友。再经王炳南介绍，傅拉都和甘扬道首次到重
庆会见了时任中共中央南方局书记周恩来，聆听了周恩来给他们讲述世
界形势、斯大林格勒战役对中国和世界命运的影响等。会见中，他俩当
面向周恩来提出想去根据地工作的请求，在周恩来的反复婉言规劝下，
才安心留在了图云关。

　　初到图云关，傅拉都和甘扬道都被林可胜聘为救护总队部顾问。随
后，甘扬道受命担任第3中队队长，先后在湖南长沙、平江等地和云南

部分"西班牙医生"合影（左起依次为甘扬道、白尔、杨固、富华德）

大理一带前线指挥战场救护。此外，甘扬道还积极参与训练中国医务人员，为当地老百姓治病，直到抗战胜利后，才带着他的中国妻子张荪芬以及在中国出生的儿子回到保加利亚。

傅拉都被聘为救护总队顾问后，负责卫生勤务指导工作；他刻苦学习中国话，来华不久，不仅能完全听懂汉语，还能进行简单交流；1939年底，受命担任第691医务队队长，率队转战湖南、湖北、广西、云南等战区，为前线救治伤员。其间，傅拉都受卫训所教学培训的启发，除了救治伤员外，还在湖南湘阴沙田坪办起了军医训练班，也就是史载"湘阴青狮桥军医训练班"，直接用汉语教学，为抗战培养了大量军医人才。

在国统区从事一段时间的战场救护后，傅拉都等人深深感到，尽管中国军队的正面抗日战场严重缺乏懂技术、有医德的医务人员，但由援华医生组成的医疗队却并不很受国民党当局和一些军队高层的欢迎，而且有些腐败现象他们也觉得难以容忍；加之国民党政府非但不拨给医疗队必要的经费，不给他们更多的行动自由，还切断了医疗队员与国际救援组织的联系。

1940 年夏，傅拉都陪同杨固、沈恩等人一起，再次到重庆八路军办事处会见周恩来，提出去陕北与八路军一起抗击日本法西斯。据贵阳市党史办原主任俸启鸣原载中国共产党历史资料丛书《南方局党史资料——大事记》文章披露：

"周恩来在重庆南方局住地接待罗马尼亚援华医疗队成员、罗马尼亚共产党员杨固大夫等。……皖南事变发生后，杨固和另外两个国际友人冲破国民党特务阻挠，从贵阳到达重庆，向周恩来报告工作，并要求到解放区去参加战斗。周恩来热情地接待了他们，并对他们说，你们今天的工作能够影响国民党的士兵抗日，希望能继续留下来在国民党军队中进行救护医疗工作。我现在不就在这里工作吗？这是党派遣我在这里工作的，是革命的需要。杨固等未能接受周恩来的意见，遂向罗共中央请示。不久，杨固等得到罗共中央的指示，要求按照周恩来的意见去做。杨固、沈恩等愉快地返回了岗位，为中国人民的民族解放事业做出了贡献。"

从内心说，周恩来是希望这些援华医生全部都去陕北和皖南的，以便协助八路军和新四军的战场救护工作。但他不能这样做，一是顾及当年费尽心力达成的第二次国共合作，应以大局为重，不能给国民党以破坏统一战线的口实；二是以林可胜为首的红会救护总队，在战场救护方面，对于国共两党抗日武装还是能够两相顾及，一视同仁，已经非常令人满意。如果他表态支持这些援华医生去敌后的要求，则会使林可胜陷于非常棘手的两难境地。因为当时在国民党内，已经有舆论指责林可胜有"亲共"倾向，因此决不能再给林可胜总队长增加心理负担。

因此，周恩来每次都耐心向他们解释国共合作的复杂形势和暂时去不了的原因，说服援华医生们继续留在国民党军队做救护工作，并代表中国人民，对他们的宝贵支持表示感谢。这样他们才留在国统区，继续担任救护总队的医生。

据杨固后来回忆：

"周恩来总理的指示使我终生难忘的，就是那些指示支撑我在国民党地区默默工作达六年之久。"

援华医生们听从周恩来的建议，作为中国红会救护总队的重要骨干留在图云关，率领医疗人员，先后辗转于华中、华南、西南和滇缅各抗日战场，救死扶伤，消灭鼠疫，应对日本军队的细菌战，与抗日军民一道抗击日本法西斯，为中国的抗战胜利做出了卓越贡献。

虽然傅拉都等加入过各国共产党的援华医生们几次找周恩来要求赴敌后开展工作都未获准，但也因此认识了当年在中共中央南方局工作的领导人，并与周恩来、董必武、邓颖超、王炳南、陈家康等人都很熟悉，特别与曾在救护总队工作并担任中共红会总支负责人之一兼运输股党支部书记的章文晋过从甚密。

此后几年中，傅拉都与重庆八路军办事处一直保持着密切联系，经常借到重庆公干的机会，去八路军办事处探望朋友、共叙情谊。据曾经为援华医生担任翻译的苏永甦先生回忆：

"他们不断地将通过各种途径募集到的药品和医疗器材设法运到重庆，交给中共办事处，以此作为这些不在册党员们的特殊党费。"

医术高超的傅拉都曾经给邓颖超看过病，治愈后得到邓颖超的感谢。消息传出后，他每次到重庆，都有八路军办事处的人请他看病。一次，主持南方局常务工作的董必武患病，经傅拉都治疗后迅速康复。董必武高兴地盛赞傅拉都为"华佗傅拉都"。

据傅拉都女儿克里斯蒂娜女士回忆，父亲的朋友曾给她讲过一段有关父亲与王炳南之间堪称"生死之交"的故事，充分说明援华医生与中国共产党之间的血肉联系。

1942年某天，国民党特务机关企图逮捕在嘉陵江南岸从事秘密抗日救亡活动的王炳南等人。几个特务在一个傅拉都也参加的社交场合，以为坐在不远处的这个外国人不懂中文，不小心透露了秘密。

傅拉都获悉如此重要情报后，以最快速度告诉周恩来。周恩来当机立断，决定再请傅拉都帮忙相救。

傅拉都立刻换穿红十字救护服，身带外籍医生证件，开着救护总队汽车，赶去搭载王炳南安全抵达八路军办事处，帮他脱离了危险。

　　1943年，美军参谋长史迪威将军要求选派一批优秀外籍医生到印度兰姆伽野战医院服务。傅拉都等10名外籍医生于同年12月30日从昆明飞抵加尔各答。傅拉都被安排任训练营教官，为中国远征军培训军医人员，直至日本投降后才返回中国。

第十章　救护总队的敌后战场救护

第一节　中共组织进驻图云关

以西安事变促成的第二次国共合作为基础的抗日民族统一战线形成和以七七事变为时间节点的全民族抗战爆发为标志，国共合作共同抗日的崭新时期开启。

随着国民政府迁都重庆，中共中央也在重庆设立了南方局，取代原驻武汉的长江局，原长江局书记周恩来依旧担任南方局书记，其下属的八路军驻武汉办事处暂时保留，归南方局领导，继续在武汉开展工作。常驻重庆的周恩来，仍始终如一地关注全国抗战局势变化，始终如一坚持"抗战、团结、进步"方针，始终如一重视统一战线工作。

周恩来对中国红会总会在武汉成立的"专负军事救护之机构"，以及由这个机构组织指挥、培养造就大量优秀医护人员，派遣多支医疗队，奔赴全国各大战区进行战地救护，成为战场主要救护力量，表示高度赞许和钦佩；尤其是对华侨出身、思想开明、热忱爱国、不分党派、真诚认同中国共产党倡导的全面抗战主张和抗日民族统一战线政策的林可胜高度赞赏；对由他来领导中国红会救护总队，表示出高度信任、极端重视和热忱支持。因此，周恩来曾指示由八路军驻武汉办事处出面，积极与救护总队，主要是与林可胜建立联系。而除了八路军办事处的几位领导同志外，在常规事务方面与林可胜的具体联系人，便是曾在周恩来身边担任副官的袁超俊。

自全面抗战开始后，林可胜也一直密切关注着八路军、新四军所开辟的敌后游击战场取得的骄人战绩和他们的医疗救援工作，不时给予力所能及的支持。救护总队部成立后，林可胜更加积极主动到当时的武汉办事处，要求中共派人到救护总队部进行政治宣传教育，并应周恩来请求，首批派出第 7、第 23、第 39 三支医疗队开赴西北，协助八路军开展医疗卫生救护。林可胜的所思所想、所作所为，与周恩来提出的"强化共产党在中国红会救护总队以及整个医疗卫生战线的地下组织中建设作用"的方针不谋而合。

1938 年 6 月，日军进逼武汉，红会救护总队部迁往长沙后，随即与卫生署合办起"卫训所"，招收社会医护人员及流亡青年，进行短期医疗卫生救护训练后，编成医疗救护队派赴全国各战区工作。

当年初夏，史沫特莱按照周恩来的党建部署，曾向中共武汉办事处建议派党员去红会救护总队做宣传教育工作，以发展壮大抗日力量。武汉办事处非常尊重这位外国友人的建设性建议，负责人之一的叶剑英亲自出面，介绍中共党员毛华强（又名"毛维如"）、冯骥（又名"方纪"）、黄群等三人，以"非党社会流亡青年"身份进入卫训所接受培训，四周学习毕业后，编入属于救护总队教导队、负责辅导参训学员学习的第 58 队任生活指导员。

毛、冯、黄三人以生活指导员身份在学员中进行抗日救国宣传，经常举行抗战形势演讲和时事座谈会，不定期开展读书、歌咏、体育赛事等抗日救亡活动，极大地调动了学员们的抗日热情。这些工作，全都得到了被称为"开明博士"的林可胜的大力支持。

1938 年夏，按照八路军驻湘代表徐特立的指示，开始在救护总队部筹备成立中国共产党红会支部（简称"红会支部"）。曾在南京首都医院担任环境卫生股股长，公开身份为卫训所教员兼救护总队视导员的中共党员郭绍兴受组织派遣，着手筹建红会支部。

在林可胜的支持或默许下，隶属于中共长沙市委北区委员会的红会支部很快在救护总队部组建，郭绍兴受命担任书记，高忻为组织干事，杨震为宣传干事，冯骥为青年干事，并继续由冯骥负责领导长沙的进步组织"抗日民族解放先锋队"（简称"民先队"）。

至此，在中国红会这段永载史册的抗战岁月中，开始隐藏着一个直接隶属于中共中央南方局书记周恩来领导、虽鲜为人知、但却异常活跃的中共秘密组织，并带领主要由进步知识分子组成的一班人马，为抗战胜利做出了重大贡献。

上级组织交给新成立的红会支部的任务是：在红会中公开宣传中共抗日民族统一战线政策；秘密发展党员及民先队队员，壮大党的力量；积极支持红会医务人员投入各大战区救护工作；组织和动员医务人员输送医药物资到抗日根据地。红会支部的宣传动员活动，为救护总队援助中共领导下的抗日武装提供了思想和组织保障。

10月下旬，武汉失守前夕，长沙受到震动。红会救护总队部及卫训所由长沙撤至桂林。从这时起，经徐特立与长沙市委研究决定，中共红会支部直接由中共中央南方局领导，随救护总队部后撤，到桂林后，由第18集团军驻桂林办事处负责联络。在叶剑英、李克农等领导下，继续开展工作，直到西迁贵阳图云关。

随着沦陷区大批机关、学校、工厂内迁，贵州境内聚集了不少具有工人运动及地下斗争经验的进步人士。他们拥护国共合作，用实际行动与民众携手共抗外侮，从而使处于相对封闭状态下的贵州人民对中国共产党及其抗日主张有了更广泛、更深刻的认识。

抵达贵阳后，支部书记郭绍兴持八路军桂林办事处吴奚如出具的组织介绍信，通过贵阳秘密联络站读新书店的沈静芷，与1939年1月3日刚组建不久，全称为"国民革命军第18集团军（即八路军）贵阳交通站"站长秘密接上关系，要求恢复组织关系。

这位八路军贵阳交通站站长，就是曾在武汉办事处担任周恩来随行副官、受命与林可胜进行日常联系的袁超俊。袁超俊不仅与林可胜早就认识，和史沫特莱女士也交情不浅，还曾是史沫特莱和林可胜相识的主要牵线人。

当时，救护总队所属医疗救护队已发展到六十余个，分散在西北、西南、华中各战区，同时也向中共领导的华北根据地，包括太行、太岳及延安等地派有医疗队。卫训所也先后在陕西褒城（汉中）、福建邵武、湖北均县（老河口）成立三个分所，主要轮训正面战场各战区部队和野战医院的军医。但凡有人群的地方，就有左中右不同的思想观点和行为表现。因此，红会支部的宣传工作，也做到了这些地方。

受中共中央南方局八路军办事处直接领导的贵阳交通站，除承担宣传中共的抗日主张、团结各阶层爱国人士的任务外，还负责与贵州地下党组织及全国红会总会、贵州企业界等秘密支部和有关党员的联系。袁超俊得悉以郭绍兴为首的红会支部抵达图云关的消息后，迅速向南方局汇报。周恩来收到报告后十分重视，迅速批准恢复红会支部的组织关系，并将其交由袁超俊直接领导，叮嘱不得与贵阳地方党组织发生横向联系，以确保安全。周恩来还指示袁超俊：

"红会党支部是有战斗力的党支部，从南京开始到湖南一直归长江局领导。现在由你直接负责联系，任务很重，要领导好。红会知识分子多，爱国华侨多，要做好统战工作。"

肩负着党组织和周恩来的重托，1939 年春夏之交，袁超俊以治疗胃病为由住进图云关第 167 陆军医院，秘密主持召开红会支部会议，并作出了两项重要决定。

一是关于党在红会的组织建设。会议决定改组红会支部，成立中国共产党红会特别总支委员会（简称"红会特支"），郭绍兴任特支书记；高忻、毛华强、章宏道（又名章文晋）分任特支委员；下分贵阳、桂林、运输股三个支部，由郭绍兴、高忻、章宏道分别兼任支部书记。"红会特支"报南方局批准后，与袁超俊保持单线联系。

二是关于党在红会的工作任务。会议决定：继续团结、争取林可胜博士；在卫训所设立组织科；毛华强、黄群、李普（又名李壬炼）、查立平等任教官，在学员中进行政治教育，主要学习毛泽东的《论持久战》和《论新阶段》政治报告；利用运输股汽车在大后方来往的有利条件，发起成立群众性的救亡组织"书报供应社"，向分散在各战区的医疗救护队输送进步书刊，如《新华日报》《群众周刊》等，向群众宣传马克思列宁主义及中共抗日主张；广泛动员大后方医务人员到抗日战争前线参加救护工作，特别注意动员医务人员及输送医药物资到中共开辟的各抗日根据地；积极发展中共党员及民先队队员。

上述各项工作，在中共中央南方局和八路军贵阳交通站的领导下，一直持续进行到 1940 年年初，虽在国民党的监视、干扰下，但仍取得了较大进展。中共的政治影响不断扩大，抗日救国主张为包括林可胜总队长在内的大多数专家、学者、医务人员和职工普遍接受，获得了他们从

活跃在红十字会救护总队中的共产党员

各方面不同程度给予的同情和支持。在此基础上，配合林可胜总队长，先后动员了一批进步青年和医务工作者及外国医生、国际反法西斯战士，或以个人身份，或组成医疗队到敌后战场及陕晋豫等敌后抗日根据地进行医疗、救护工作；还陆续运送了大批来自国际和国内的医药器材到抗日根据地和敌后战场。

正值救护总队运输股缺乏专业技术人才之际，在长沙临时大学中，曾经是清华大学机械工程系的机械、电机等专业学子，通过支部负责人章宏道介绍，也来到救护总队运输股工作。这就是红会特支成立后，为何要建立运输股支部，特支委员章宏道又是如何进入红会救护总队这段精彩故事的序章。

1937 年 8 月 28 日，国民政府教育部决定将南开、清华和北大三所大学迁长沙合并组建"长沙临时大学"。1938 年 2 月，驻湘潭的第 200 机械化师师长杜聿明派人到已开课一学期的长沙临时大学，商量为其下属也从南京迁长沙的"汽车交辎学校"即陆军机械化学校，招收第二期汽车修理技术短训班的学员。

而就在此间，由于日军咄咄逼近，长沙临时大学不得不再次转迁云南昆明，组建"西南联合大学"。原清华大学机电工程系主任庄前鼎积极动员同学们去报考汽车交辎学校，并转告清华大学的决定，承诺会为他们保留学籍，将来还可以择机复学。

既然校方给了可复学的保障政策，又有系主任出面号召，加之国家抗战急需人才，当即就有 81 人报名参考，其中清华 10 级、11 级机械系和电机系的 26 位同学中，就有 18 人考取了汽车交辎学校。半年学习很快结束后，章宏道等 12 人被分配到第 200 机械化师。

章宏道于 1914 年 7 月生于北京名门望族，父亲章以吴和周恩来为天津南开中学同学，母亲朱淇筠为北洋政府交通总长朱启钤之女。1927 年，13 岁的章宏道被父亲送往德国留学，回国后参加抗日救亡运动，1935 年以优异成绩考入清华大学机械系，1938 年加入中国共产党。由于章宏道的姨母朱淞筠与林可胜交往甚密，她不赞成外甥到军队服役，建议他到救护总队去做战场救护。章宏道立即将这一情况向组织做了汇报。党组织考虑有红会掩护能更好开展活动，于是同意他辞去第 200 机械化师队职务，来到当时还在长沙郊外丝茅冲的红会总会救护总队部。林可胜根据其专业特长，安排他到运输股工作。

那时，救护总队正急需大量会开汽车修汽车的驾驶员和技术员。经救护总队运输股主任胡会林出面斡旋，受章宏道的影响和亲自介绍，已经分配到第 200 机械化师的机电系 11 级的同窗，且在北平积极参与过中共领导的"抗日民族解放先锋队"和"一二·九"学生救亡运动，并加入了中国共产党的张世恩、宋镜瀛、李智汉（又名李汇川）、马廷声、苏哲文、丁振岐以及 10 级的张自清（原名张厚英，女，曾留汽车交辎学校任中共地下党支部书记）这七位同学也加入到救护总队运输股。另有 1935 年考入清华机电系，抗战爆发后去河南遂平嵖岈山任教，并在该地加入了中国共产党的张式埃，接到同学马廷声的来信后，很快离开嵫岈山到长沙，参加救护总队运输股。再加上同时考入汽车交辎学校学习汽车及坦克修理，结业后分配到第 200 机械化师的浙江大学电机系学生程华明等，共同构成了救护总队运输股的技术骨干力量。他们不仅有扎实的理论功底，极强的汽车维修技能，熟练的驾驶技术，更重要的是，全部是中共党员。

这些清华、浙大学子，正是救护总队迫切需要、求之不得的专业人才，因此，全都被林可胜委以重任。如张世恩担任运输股修理所所长。宋镜瀛、张式埃、程华明等分别任汽车队队长。

由于运输股党员人数众多，随即秘密成立了党小组，由章文晋任组长。图云关红会特支成立后，运输股支部也就应运而生。从此，这个群体，在中共的隐秘战线中，在救护总队运输股演绎出许许多多精彩感人的故事。

在武汉会战的炮火连天中，毫无人性的日军飞机沿着公路扫射或轰炸，不仅不放过配有红十字标志的汽车，反而把鲜明的红十字标志当作目标靶子来打，以至于救护总队的救护车损坏非常严重。所以到最后，救护总队不得不把救护车的红十字标志缩小到跟一般军用卡车一样，以便隐蔽自己的身份。

"每天都看见覆盖着厚厚灰尘的红十字卡车和救护车，在医院里卸下血肉模糊的伤员，听司机们说，日本飞机沿公路扫射和轰炸红会车辆，以至于没有伤员愿意上车了。"史沫特莱曾气愤地说。

一次，宋镜瀛中队的两台前线运输车遭日机扫射中弹毁坏，所幸包括宋镜瀛在内的司乘人员并无大碍。宋镜瀛和队员们只好弃车，狼狈愧疚地回到图云关。林可胜得知他们安全回来，立即前往亲切看望，非但没有半句责备，反而为他们的平安归来大喜过望，在为他们隆重举办的压惊宴会上，林可胜举杯敬酒并连声安慰说："人回来就好！人比东西贵重！"

红会特支成立后，在以下四方面都取得了骄人成绩：一是继续团结、争取林可胜总队长，在卫训所设立组织科，由高级教官、民主爱国人士马家骥任主任，在学员中广泛开展政治教育；二是完成了"书报供应站"

的组建并开展起一系列群众性抗日救亡活动；三是动员大后方医务人员到抗战前线参加救护工作，特别是注意动员医务人员及输送医药物资到中共新开辟的各抗日根据地；四是党的抗日主张得到广泛宣传，进步力量不断壮大，新发展中共党员十余人、民先队员二十余人，增强了党的战斗力。

中共红会特支的上述系列活动，一直顺利持续到1940年春，这是推动救护总队援助八路军、新四军最活跃的时期。其间，虽受到国民党的监视、干扰，甚至破坏，但仍然取得了辉煌成绩，使中共的政治影响不断扩大，抗日救国主张获得救护总队的专家学者、医务人员和广大职工更广泛的接受和支持。党员也发展到二十多人，在陕西、山西、湖南、广西桂林、救护总队运输部门、图云关总部和卫训总所，都分布着新发展的中共党员。

在以周恩来为书记的中共中央南方局和八路军贵阳交通站的正确领导下，在红会特支书记郭绍兴的直接指挥下，在当时尚处于国共合作大环境和统战工作氛围相对浓郁的政治生态中，中共倡导的团结协作、抗日救亡主张为红会大多数专家、学者、医务人员及职工所认同和理解。

这一切，除了扩大红会救护总队在全国乃至在国际社会的正面影响外，也从侧面助力了林可胜开创出救护总队工作新局面。

1939年冬，郭绍兴受中共南方局指示，并征得贵阳交通站站长袁超俊同意，将所担负的红会特支领导工作交由毛华强、高忻、章宏道三人负责后，接受林可胜总队长的委派，担任驻西北视导员兼救护总队第70医疗队队长。

当时，第70医疗队驻地在洛阳，却要为分布在陕、晋、豫三省的第一、第二、第十战区前线军队进行卫生医疗救护服务，其工作难度可以想象。郭绍兴告别图云关救护总队部，带着医疗队员二十余人，其中五名党员到洛阳后，迅速将工作铺向三个战区，带领队员们先后设立了二十多个灭虱站，每个站每天能为六百多名官兵展开灭虱服务，受到部队官兵的深情赞扬。他们不仅到国民党军部队，也到八路军部队中，还协助当地卫生防疫部门扑灭疫情，开展环境和个人卫生工作，开设门诊部为平民服务等等。

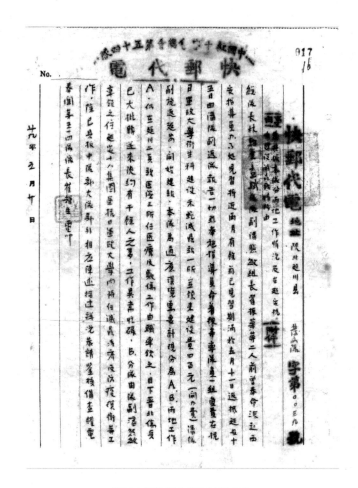

第五十四队报告在延安的工作

　　第 70 医疗队的忘我奉献精神和创造性工作业绩，不仅使部队和一些地方的环境卫生局面大为改观，还受到前来考察的国际卫生专家们，尤其是英国救护队队长巴义华（Dr. Bayihua）的充分肯定和高度褒扬，巴义华还写信给救护总队部，建议给予嘉奖，从而使郭绍兴获得了总队长林可胜颁发的嘉奖令。

第二节 新四军敌后战场救护

在整个抗日战争期间，在共产党领导下的各个根据地和大片敌后战场上，红十字旗帜始终在猎猎飘扬。

中国红会救护总队对中共领导下的新四军和八路军等敌后武装的伤病员，始终如一地给予高度重视和尽心尽力的医疗救助。尤其是林可胜在担任救护总队长的数年间，遵循人道、公正、中立、独立的红十字精神，秉持身为中华后裔的拳拳爱国情怀，对于国外援华机构和爱国华侨捐赠的医药物资，出以公心，一概纳入抗日所用，不分党派政见，以救死扶伤、烽火仁心为最高遵循；坚持国家至上，凡是抗战军队，无论归属哪个党派领导和指挥，均可享用，一视同仁地对国共两党抗日武装给予密切关注和力所能及的支持；分配并协助转运大量医药物资，派出多支医疗队赴延安、太行、太岳、皖南等根据地，帮助八路军、新四军救治伤病员。

1937 年 10 月，新四军筹备处成立时，周恩来向叶挺力荐从日本东京帝国大学毕业回国的医学博士沈其震，建议由他出任新四军军医处处长。原因是沈其震于 1931 年从日本学成归来后，在北平协和医学院担任研究员期间，林可胜曾是他的导师。随后，沈其震先后受聘为《大公报》医学顾问，主办《医学周刊》和《医学知识》杂志；淞沪会战爆发后，他将自己创办的"健康保障会"改为伤兵医院，无偿收容抗战伤员。因此，沈其震当年虽然还未加入任一党派，但却是一位具有较高医学水准和战场救护经验的爱国进步高级知识分子。

叶挺采纳周恩来的意见，一个月后，诚聘沈其震就任新四军军医处处长。沈其震上任后，遇到的最大困难就是缺医少药，他第一个想到的，就是赶紧去武汉找自己的恩师林可胜想办法。

正在紧锣密鼓筹组救护总队的林可胜得知沈其震的来意后，尽管自己正在从全国各地、四面八方罗致医务贤士，且还在为人手不够而绞尽脑汁向各方发函致电联系动员，但他还是随手将桌上一份近期报名志愿参加战地救护工作的医生名单交给沈其震挑选，同时还按照沈其震开列的急需医疗物资清单，全数照单批准，并拨出专用火车，将调拨新四军的医疗器械和药品从长沙运往江西的新四军军部，解了沈其震的燃眉之急，使新四军获得了第一批医疗人才和医药物资，为新四军医疗卫生工作的起步和战场医疗救护奠定了坚实基础。

当年曾被沈其震选中的崔义田医师在后来所写的《新四军的卫生工作》一文中曾写道：

"沈其震于 11 月开始，从汉口、长沙八路军办事处和中国红会林可胜教授推荐的医务人员名单中挑选辽宁医学院的宫乃泉、王聿先、齐仲桓、吴之理、郑乃光、章映芬和我等医师，南京中央高级护士学校毕业的郑素文、唐求、薛和、赵国宝、程凤琴、朱士云；还有南京中央医院的郑学文，长沙仁术医院护校毕业的刘求、潘代青，镇江弘仁医院护校的曹家庆、倪介斌、苏醒，以及南京鼓楼医院的化验技师李启林等同志。"

正是有了这样一批资深医务人员的加盟，创造了人才条件，才奠定了新四军早期的医疗救护基础。

淞沪会战爆发后，上海随即成立了四十多个各类抗日救亡团体，其中人数最多、实力最强、影响最大的当数上海煤业公会救护队。中共在上海煤业公会救护队早已秘密成立了地下党支部。与此同时，上海商业公会、商业童子军救亡第一团等社团组织积极参与救护活动。为顾全大局，便于统一指挥，统一步调，上海煤业公会救护队归属红会上海救护委员会旗下，改称"红会上煤救护队"，组织救护车约五十辆。其中乐时鸣自带卡车一辆，参加红会上煤救护队赶赴前线，连夜转送伤兵至昆山、苏州等地后方医院救治。红会上煤救护队经登记，确认愿意上前线担任战地救护的职工多至 500 人。

原上海华东烟厂青年女职工梁洁莲和梁钧铤姐妹俩，因工厂和住家遭破坏，流离失所，来到"卿云"难民所暂时栖身。侵华日军给国家和人民带来的苦难和屈辱，激发了梁氏姊妹的爱国热忱，她们遂接受难民收容所孟燕堂介绍，加入上海救护委员会第 19 救护医院担任助理护士，立志为祖国的抗日战争贡献一份力量。

红会上煤救护队队员们无论距离远近，昼伏夜行，风餐露宿，都不畏艰险，奔走于枪林弹雨之中，不惜任何牺牲，保持密切合作，抱定一个宗旨，就是把从战场前线救下来的伤病员以最快速度送往后方医院接受救治，尽可能让他们重返前线，杀敌立功。在为期三个月的淞沪会战中，坚持参与战地救护的红会上煤救护队员一直保持超过 100 人，救护汽车不少于 30 辆，冒着日军炮火，终日奔波在救护一线，抢运和转移伤病员。

为便于集中统一救护和运送伤病员，红会总会在上海专门设立了交通股，由毕业于德国史都格航空学校的胡会林担任主任。为加强伤病员向后方的转运力量，决定将红会上煤救护队和当时的伤员难民接运站合并到交通股。交通股下设两个组，以原接运站人员为第一组，由中共地下党员乐时鸣任组长，杨梦雁、孟雁堂为副组长，主要负责伤员转运工作。原救护队为第二组，由忻元锡任组长，地下党员叶进明及陈昌吉为副组长，主要负责伤患护理工作。为便于协调统一战时救护，第二组对外仍沿用"红会上煤救护队"名称。两组成员除每组正副组长外，还有徐若冰、侯蔚文、郭步洲、梁钧铤、梁洁莲、施奇、周惠成、蒋传源、张文彬等和医生汤蠡舟、马仁源，护士戴婉芝、谢丽华等数十人。

1937 年 12 月 6 日，红会上海救护委员会决定在宁波设 500 张床位，"收容沪地伤兵"，同时在宁波和温州两地设立伤兵接转站。受红会委托，以交通股第一组为主，由组长乐时鸣带领蒋传源等五人先后赴宁波，负责筹设伤兵接运站事宜。第二组则留上海负责伤患护理，将随后产生或收容的掉队伤员转送宁波。

上海沦陷后，1938 年 1 月初，原本归入红会第 19 救护医院的医师马仁源、护士戴婉芝，以及谢丽华、梁洁莲、梁钧铤、朱文奎、施奇等，在第一组副组长孟燕堂带领下到宁波参与伤员救护。第一组另一副组长杨梦雁和中共地下党员杨志华以及黄豪、徐汇鑫、周惠成等进步青年也来加盟。连同已在宁波的乐时鸣、蒋传源、张文彬、张文焕、杜柏青以及行政管理、器材保管和近三十辆汽车的驾驶员、修理工等组成的近百人救护队伍，在宁波西郊龙华寺组建起伤兵接运救护站。

在宁波期间，救护队实行军事化管理，每天起床出操、跑步，由黄豪教唱救亡歌曲，郭步洲教步枪射击，蒋传源写标语，梁洁莲绘制漫画，施奇主演街头剧《放下你的鞭子》等，宣传抗日。

原本滞留上海租界的伤兵通过水路陆续先转运到宁波，再用卡车转送到后方医院接受治疗。宁波港口被日军关闭后，救护队迁转到温州，继续为从前线运来的伤员实施简单救护处理后，再向浙西、皖南方向的医院转送。

在宁波、温州的交通股第一组近一百人，带着近三十辆救护车，陆续随部队向浙西、皖南方向撤退，途中，经常遭遇日机狂轰滥炸。救护队员们戴上钢盔到作战现场救护伤员。为避空袭，救护队常常把汽车隐蔽到郊外的树林中，日夜轮班守护。队员们一边西撤，一边收治沿途伤患。男队员长途跋涉，护送伤兵去赣、皖、湘等地的后方医院；女队员则为伤病员清洗、消毒、换药、打针作护理，逐步向皖南、赣北一带靠近。行至宣城火车站时，遭遇日机空袭，周惠成等受重伤，三辆救护运输车被毁。郭步洲奉命护送伤员徐汇鑫和周惠成到屯溪医院救治。周惠成由于伤势过重，无法保全左腿。左腿截肢的周惠成，尚未痊愈，便拄着拐棍归队了。

拥有几十辆汽车的红会上煤救护队交通股第一组，受到时任江西省政府主席熊式辉的青睐。熊式辉极力想把他们留下，划归省府管辖。

随着战事变化，原留上海的第二组部分成员，在完成上海及其周边地区的伤员搜救任务后，在副组长、地下党员叶进明和王公道带领下从上海撤出，经昆山、宜兴，也向皖南撤退，寻找新四军。其中曾在红会第19救护医院工作的队员，则要求到延安参加八路军。

得知上述情况后，时任八路军驻湘通讯处兼新四军驻湘办事处主任王凌波迅速赶来约见救护队中共党员王公道；新四军也派相应领导对救护队表达了积极争取其加入的意愿：

"新四军、八路军都是共产党领导的人民军队。新四军就在皖南、赣北一带，没必要舍近求远。你们都是来自上海的工人阶级队伍，又有文化，到新四军可以充分发挥骨干作用。新四军会为你们作出妥当安排，应尽快就近到新四军军部报到，不要再耽搁了。"

在中共党员叶进明、乐时鸣和王公道等人的耐心宣传说服下，救护队多数成员决定就地参加新四军。

为顾全大局，尊重各人意愿，第一组组长乐时鸣将不愿意参军的，以及准备去延安的队员，一起带到南昌，将他们安排妥当后，才重回皖南加入新四军。

新四军驻南昌办事处主任黄道接见了前来接洽的救护队地下党员叶进明、乐时鸣和王公道等人，表达了新四军对他们集体参军革命行为的欢迎和鼓励。办事处领导极为关心他们的政治成长，分别为他们做了关于游击战争、毛泽东《论持久战》等辅导报告，以提高其思想觉悟。

1月下旬，除两小组中去延安的和不愿参军的外，原红会上煤救护队队员共108人，汽车25辆，抵达皖南歙县岩寺的新四军军部。

叶挺等人对上煤救护队集体参军之事十分重视，接见了全体队员，并在军部举行了隆重的欢迎大会，对他们的工作和生活做出妥善安排，并交代了具体任务。为便于继续争取上海红会和煤业界的物资援助，按照新四军领导的意见，对外仍然保留"红会上煤救护队"称号。

叶进明、乐时鸣代表红会上煤救护队全体参军人员，表示将无条件为新四军服务，并乐意承担起新四军几位首长交代的把分布在闽、浙、粤、赣、湘、鄂、豫、皖八省十多个地区的游击队队员接运到皖南岩寺总部一带集中的任务。

到4月，红会上煤救护队便冲破各种阻力，提前完成了新四军各部队的接运工作。5月，救护队充分发挥队伍中聚集着大量几乎全是曾经在淞沪会战中出生入死参与过战场一线救护，具有丰富医疗护理经验的医生和护理人员的优势，在皖南岩寺附近的古关，开设了"中国红会总会交通股门诊所"。

不久，由红会上煤救护队地下党领导人叶进明牵头建立了党组织。侯若隐第一个申请加入中国共产党。在侯若隐的动员、鼓励和帮助下，青年骨干队员郭步洲和梁洁莲、梁钧铤姐妹也准备写自传和入党申请书，请侯大姐转交给党组织。

根据新四军军部指示，红会上煤救护队专事运输的人员和车辆被分配到各兵站，依旧担负新四军与大后方的交通运输任务。这条新四军的后勤保障大通道，东起宁波至温州沿海，向西经金华、南昌、株洲、衡阳、桂林、贵阳，直到重庆，通过贵阳图云关救护总队部与广西和云南两个方向的国际水陆通道相联系。诸如国际捐赠的大量医疗物资，红会救护总队部派发给新四军的药品和器械，海外华侨和爱国人士购赠的军械和药品，包括路易·艾黎、史沫特莱等国际友人的采访等等，都是通过这条交通线实现的。

红会上海煤业救护队带着 25 辆汽车的集体加入，对于建军初期的新四军来说，无疑是雪中送炭，为新四军的后勤建设做出了历史性贡献。这支由叶进明、乐时鸣等地下党员率领的救护队绝大多数成员，后来都成为新四军后勤战线上的骨干力量。

正是有了救护总队派给的人员技术基础和大批医疗救护物资以及红会上煤救护队的集体加入，1938 年夏，新四军军部移驻安徽泾县云岭村后，首先在该村和邻近的太平县小河口两地分别创办了前线、后方两家医院，及时解决了战场伤病员和当地百姓的医疗服务问题。

1938 年秋，在八路军驻长沙办事处的安排下，史沫特莱携带一批医药物资乘新四军的救护车前往长江下游的敌后游击区，探查红会救护总队未来援助新四军物资的具体运输线路。她对此回忆说：

"救护车和载重车所载医药物品是我为长江下游敌后游击区新四军收集起来的东西。这些药物是红会和人民的捐献，还有我用自己的钱买的大捆洗脸毛巾、绷带纱包、防护手套、肥皂和奎宁丸。"

史沫特莱此次抵达敌后游击区停留一年多，不但帮助新四军救护伤员，还对新四军在云岭村和小河口山区农村建立这样好的后方医院和高质量的服务感到震惊，并将在上海认识的一位英国上层人士介绍给沈其震。沈其震又通过这些国际友人向国外有关机构为新四军募集到一批药品器材。接着，又通过宋庆龄引荐，在香港和上海再次为新四军募捐到一批药品器材。从此，新四军的医务人才和医药器械家底得以奠定，医疗救护整体局面得以完全打开。

1939 年春，跟随白求恩一起援华，原在延安白求恩大夫医疗队工作的加拿大护士琼·尤恩，不畏艰险，从上海把国际友人捐赠的一批医疗物资转运给皖南的新四军，并从此留在新四军工作。

入夏，沈其震再次来到图云关，向林可胜请领医药卫生器材，尤其表示对抗疟疾的奎宁丸需求量大。林可胜依然慷慨解囊，按申请单加倍赠予。是年秋，已升任新四军卫生部部长的沈其震陪同军长叶挺赴重庆同蒋介石交涉经费问题，途经图云关救护总队部时，再次请求林可胜派遣医疗队和拨发较大量的抗疟疾药支持新四军。林可胜不但依旧按单发药，还当即表示同意选派两支医疗队支持新四军。

据时任新四军军医处药材科科长的吴之理说，1939年，红会救护总队曾一次调给新四军抗疟疾的奎宁丸200万粒。

当时，红会救护总队派往新四军的医疗队确实较少，原因之一是沈其震首次找到林可胜求援时，救护总队已经向新四军派去了诸如崔义田等一批高层次、专家型人员，这些人到达后，已建起新四军自己的后方医院；原因之二是，新四军所在的皖浙地区，距离医务人才聚集的上海较近，随后又通过宋庆龄等社会贤达介绍来一些，因此在该军中，已有不少资历甚深且富有英勇牺牲精神的医师。

如经沈其震从其他渠道动员来的还有化学教授恽子强、孙芳琪和药剂师阮学珂等十多人；通过上海地下党动员来的公共卫生专家江上峰、生理学教授沈霁春、有机化学教授邢其毅、生物学讲师钱存柔等。其中，恽子强教授是恽代英的胞弟，曾在中法大学药科任教，其助手阮学珂也在沈其震的动员下来根据地参加药厂筹备。沈其震还从上海动员了国际友人、奥地利著名泌尿科专家罗生特到新四军工作。刘少奇和陈毅不仅亲自热情接待罗生特，还特别为他创造了较好的工作条件，使他能充分发挥技术优势，开展泌尿科和妇产科工作，治愈了不少伤病员，受到新四军全军上下的一致好评。

另外，中共中央也给新四军派遣来一批医疗卫生干部。周恩来亲自出面，动员从延安回江西探亲、经历过长征的老医生戴济民到新四军军医处任副处长；又从延安派总部卫生部部长吉洛（姬鹏飞）前往新四军任留守处主任兼军医处协理员。

11月初，红会救护总队驻浙江金华大队大队长何鸣九教授接到林可胜总队长电令，派出第31医疗队和第67医防队，携带医疗器械、药品，由田增基和刘宗歆医师率领到皖南敌后支持工作。两支医疗队于月底到达新四军军部医院后，迅速奔波于附近战地，积极救护伤员，协助建立伤兵医院。有鉴于此，第67医防队除派一组随第32医疗队至新四军野战医院从事例行诊疗外，余部再一分为二，一部分开设门诊，为附近百姓和士兵诊病；一部分在泾县南20公里、太平北40公里处的小河口后方医院工作。同时，在刘宗猷医师带领下，迅速展开灭虱治疗等防疫工作。

毕业于同济大学的刘宗猷到新四军战区的次年，由于医术高超，工作积极，表现突出，提拔为第312医防队队长。不久，却不幸在东阳巍山堵防日军投放的鼠疫细菌中被感染，于1941年元旦不幸殉职，献出了年仅28岁的生命，丢下堂前父母和四个孩子无人照管。更令人哀怜涕下的是，当时，刘妻去沪省亲未归，小儿尚在襁褓。刘之父母二位白发老人背负襁褓，手牵三孙，来为黑发的儿子送别，在场目睹者无不声泪俱下！

在随后发生的"皖南事变"中，两支医疗队冒险掩护新四军将士突围，并设法帮助他们回到苏北。

第三节　八路军敌后战场救护

1938年6月，新四军卫生部接红会救护总队通知，要求派队员到长沙，参加卫训班学习。红会上煤救护队队员郭步洲、梁洁莲、梁钧铤、朱文奎、谢丽华和西撤途中因被日机击伤左腿而截肢的周惠成等13名队员，奉派参加。党组织负责人叶进明专程到长沙，联系八路军长沙办事处主任徐特立，介绍郭步洲、梁洁莲和梁钧铤的情况，由长沙地下党南区区委接收他们正式加入中国共产党。

从未上过学的梁洁莲、梁钧铤仅有曾经在淞沪会战中参与战场救护学得的一些简单伤病护理操作技能，这种基础要马上掌握现代医护卫生知识，确实困难重重。但功夫不负有心人，8月底，在卫训班结业典礼上，姊妹俩都领到了林可胜主任签发的优良成绩证书。

学习结业后，原交通股队员因熟悉交通运输业务而被救护总队留下，参加总队运输股。其余学员联名写信给总队长林可胜，坚决要求回皖南敌后游击区或派他们前往陕北，为八路军服务。

可巧，1938年9月，救护总队部接到八路军总司令朱德来电，请求派医疗队前往山西五台山一带开展医疗救护和卫生防疫。林可胜答应朱德的请求，决定新筹组隶属第1大队第10中队的第13医疗队和第61医防队，由墨树屏中队长亲自率领，前往八路军战区开展救护服务。队员们得知这个结果，满心欢喜，纷纷报名。两支队伍共五十余人。

考虑到山西游击区生活艰苦，又即将进入冬季，气候寒冷，救护总队拨出特别经费，为每人做棉衣、皮大衣，购置行军床等。出发前，林可胜设北方特色宴为队员们饯行。与上煤救护队在淞沪会战救护中结下不解之缘的时任第3大队大队长汤蠡舟正好在图云关，于是应邀参加。马家骥为林可胜的英语讲话做翻译：

"你们去那里，生活、工作条件都很艰苦，今天特备北方饭菜，窝窝头，给你们送行，做个思想准备，要去克服困难。"

据时任环卫技师赵兴让在《一段美好回忆——记在太行山医护八路军伤病员》中写道，在总队部启程前，汤蠡舟勉励大家不辞劳苦去完成光荣使命。他指着一幅中国地图对大家说：

"此次前往太行山区八路军根据地，生活艰苦，途中需要经过'夜闯潼关''偷渡黄河''翻越中条'三道难关，才能到达目的地晋东南八路军总部。大家都是中华儿女、不甘做亡国奴的青年医务工作者，正是报效祖国的大好机会，愿与诸位共勉之。"

9月底，第61医防队从长沙出发前，郭步洲、梁洁莲、梁钧铤和新入党的朱文奎四人去办理组织关系结转手续时，长沙地下党区委指定郭步洲任第61医防队地下党特别小组组长。队员们本来是先乘火车到汉口，再由平汉路经郑州转西安，可途中遇到武胜关失守，交通中断，只得返回汉口。八路军办事处主任叶剑英为队员们举行了欢迎会，分析了抗战形势，激励队员们不畏艰难，勇往直前，并派出徐光庭副官做向导，陪同他们换乘救护总队卡车，于10月10日再出发去西安。到西安后，因山西游击区不通火车和汽车，经请示西安红会同意，另外购买30匹骡马，成立了一个运输队，三队随行。

郭步洲代表秘密党小组来到八路军驻西安办事处驻地七贤庄与党组织取得联系，受到办事处主任伍云甫及原中共红会特支书记、西北区域视导员兼第70医疗队队长郭绍兴的热情接待，办理了组织关系登记和迁转给八路军政治部主任杨尚昆的有关手续。

正准备从西安启程之际，原红会上煤救护队因受伤左腿截肢的周惠成突发大量吐血，不得不留在西安红十字医院接受治疗。

时已初冬，中队长墨树屏率领三支队伍，携带医药器材，从西安出发，过潼关，经过河南渑池时，受到刘少奇的亲切接见，几位新党员备受鼓舞。接着，队伍进入日军封锁区，只能弃车徒步从渑池以北渡黄河，顶着凛冽寒风，蹚着厚厚积雪，翻越中条山，克服重重困难，于12月中旬一个大雪纷飞的晚上，抵达驻晋南垣曲县的八路军留守处。在垣曲稍做休整后，队伍继续踏上艰难而漫长的500里征程，沿中条山继续东进，翻越并穿行太行山区，于1939年1月，在历经近四个月的艰难跋涉后，终于辗转抵达晋东南潞城县西部文王山脚下漳水河畔的八路军总司令部，受到朱德总司令及杨尚昆、康克清等中共领导和广大指战员的热烈欢迎和盛情款待。

郭步洲将党组织介绍信秘密交给杨尚昆主任。又是几天的徒步跋涉之后，医疗队抵达南仁村八路军野战医院，顾不上休息，便开始配合野战医院，对大都分散住在附近村民家里的六百余名伤病兵展开救治，同时对驻地开展环境卫生清理，以防疫情传播，并开设诊疗所，以平均每日百余名患者的速度为部队和当地民众疗伤治病。队员们兢兢业业、任劳任怨的工作，受到八路军广大指战员的高度赞扬。

令队员们万万没有想到的是，留在西安治疗的左腿残疾队员周惠成，在病情稍有缓解后，便偷偷溜出医院，冒着天寒地冻、纷飞大雪，用仅有的一条右腿，在拐棍支撑下，一路讨饭充饥，夜宿雪窝，竟然也赶来了。当队员们第一时间见到他时，一阵惊呼之后，除了流泪，没有一个人能说出话来。

当时，正值日军一个师团从多路进袭太行山中段西侧，以辽县，也就是后来更名为左权县为中心的地区。中队长墨树屏根据当地战事激烈，伤员聚集量大，急需增派手术组救治的战场实际，亲率一个手术组前往辽县从事抢救性救护。该组抵达后，短短几天内，就为八路军伤兵施行手术88次。这几支队伍在八路军中一直工作到1939年年底，才奉命返回西安大队部短暂休整。

早在救护总队部成立之前，林可胜就十分关注陕晋抗日战场的救护工作。在当时红会救护委员会仅仅只有三个救护大队的情况下，就将第1大队大队长兼第1中队中队长万福恩所辖的第7、第10、第23、第25、

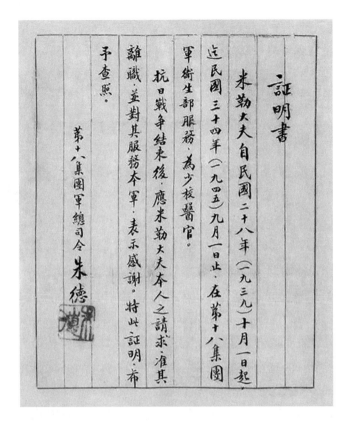

米勒大夫的证明书

第 39 五个区队和第 1 大队第 10 中队中队长墨树屏所辖的第 26、第 27 等三个区队的救护力量派到了敌后战场，随后又根据战场需要增编医疗队，派布于八路军领导的陕晋抗日前线。

最先是 1937 年年底，林可胜应周恩来请求，首批派出第 7、第 23、第 39 三支医疗队奔赴西北，协助八路军开展医疗卫生救护。当年 12 月 20 日，三支医疗队由汉口乘火车北上郑州，几经周折，月底抵达西安。八路军驻西安办事处代表林伯渠在七贤庄驻地接见了三支医疗队全体队员。随后，由外科医师侯道之率领，乘卡车于 1938 年 1 月 13 日抵达延安，受到陕甘宁边区领导和军民的热烈欢迎。

当晚，八路军在医疗队住处附近一个礼堂召开欢迎大会。毛泽东、朱德亲临大会并致辞，欢迎医疗队的到来。边区医院院长傅连暲设宴盛情款待，使队员们深受鼓舞。

鉴于第23医疗队总体实力较强，时任中央联络员姬鹏飞及卫生部两位部长与侯道之商定，将第23医疗队派到距离前线最近，位于延安东北约80里的甘谷驿八路军第二后方兵站医院协助工作，负责为该院重伤员实施手术治疗；该队的妇产科医师金茂岳、内科医师谢景奎及第7、第39医疗队则留在边区医院协助工作。

甘谷驿的第二后方兵站医院设在依山坡、傍洞穴的一座旧天主堂内，因此被称为"山洞医院"。第23医疗队入驻后，将手术室、药房、消毒室、办公室、食宿等全都安排在"山洞医院"里。药品器械仓库、住院病区则设在院部后面的山坡上，条件相对简陋。医院除院部外，还设有四个医疗所，分布于方圆100里范围延水边上的杨家湾，延川县的禹居镇，延长县的交口镇和院部西北数十里处的村子里，担负着八路军第129师、第115师、第120师和薄一波领导的山西新军对同蒲路、石太路沿线日军作战的伤兵医疗救护工作，任务异常繁重。加之该院救护力量原本就非常薄弱，又分布在方圆百里范围，首尾难以顾及，技术力量不易互补，因此，医护人员长期处于超负荷状态。

第23医疗队到来后，受命服务的对象主要是八路军和山西新军的伤病员。面对如此状况，医疗队先后抽调两个手术组，分别由侯道之和谢景奎率领到延长县交口镇第3医疗所和延川县禹居镇第2医疗所为伤员实施手术。直到1940年年初，在国共两党摩擦加剧的政治背景下，救护总队被迫将其调至李宗仁指挥的第五战区湖北老河口前线。第23医疗队在陕北的近八百天中，完成各类大小手术三千余例，无一死亡病例，创造了红会史上鲜见的辉煌业绩。临别时，周恩来、朱德等各级领导以及后勤部、卫生部、边区医院、第2兵站医院等为他们赠送锦旗，隆重召开欢送会，表达边区军民对医疗队的由衷谢意。

随郭步洲和梁氏姊妹同来的地下党员朱文奎，随后也加入了救护总队第23医疗队。

按照中国红会救护总队的制度规定，凡是派往各战区实施战场救护工作的医疗队及其成员，在完成事前商定的救护计划或任务后，都必须全员返回总队，或由总队部下令直接就近派往他处执行新任务。即使是派到缺医少药的敌后战场的 20 个医疗队，也都是按照这项制度严格执行的。

但金茂岳是经过请示，并得到林可胜首肯的一个特例。

随红会救护总队第 23 医疗队来到延安的妇产科医师金茂岳，看到八路军积极抗日，边区一派兴旺气象，面对源源不断的伤兵和边区亟待解决的医疗卫生问题无法做到撒手不管，认为自己的使命尚未完成，加之受国际友人马海德、白求恩等的感人事迹激励，以及宝塔山边区医院院长傅连暲提出为保证边区 150 万名群众的身体健康，希望能把医疗队的专科技术人员继续留下工作的请求，当医疗队接到救护总队调动命令时，他便毅然决定留在延安，为根据地军民服务。直到中华人民共和国成立，他都没有离开过。

1935 年自齐鲁大学妇产科毕业后加入中国红会的山东泰安回族医生金茂岳，全面抗战爆发后，没有随校西迁成都，而是到南京参加了老齐鲁毕业生、学长王禹昌组建的战地救护组织，并在该组织旗下成立了一个手术队，前往安徽安庆的重伤医院救治伤兵。南京陷落后，金茂岳率手术队撤往汉口，于 1937 年年底加入中国红会救护总队，被改编为第 23 医疗队，1938 年初随队到达延安。

1939 年 9 月，延安成立中央医院，金茂岳调任该院医务科副主任，主持妇产科业务。不久，组织上调黎平与魏洁到妇产科担任助产士，构成了妇产科的基本班底。1942 年，金茂岳与黎平结为伉俪。

在延安期间，金茂岳一直主持中央医院妇产科工作，兼任外科主任，同时负责毛泽东和中央领导同志的医疗保健工作。经他接生的婴儿除了 1940 年江青所生的李讷外，还有林彪的女儿林豆豆、贺龙的儿子贺鹏飞等，他被延安军民称为"红都名医"。

1941 年，毛泽东、朱德和周恩来先后题词，鼓励和表彰金茂岳。

1938 年年初，救护总队派出两个医疗队、一个医护队和一个两台 X 光机的检验诊断队到延安八路军战区服务。据时任救护总队西北区 X 光机负责人姚浩然回忆：

当时负责边区医院 X 光机的山东齐鲁医学院毕业生刘筠是该队优秀队员，工作细心、认真负责。另一台派驻甘谷驿后方医院的 X 光机负责人是山东医专毕业生于保良，工作也很出色。自从 X 线诊断在延安的两家边区医院展开后，无论手术还是门诊，医疗队医生们均能与所在院医的医师们共同研究，取长补短，协调配合，主动工作，对病员极度负责，悉心诊治，解决了许多诊断上的难题，大大提高了诊断准确率，提升了医疗质量。医疗队和医护队做出的卓越成绩，得到了中共中央各位首长的高度赞扬和医疗单位的由衷谢忱。

就在墨树屏率领的三支医疗队伍尚在漫漫长路上向着晋南的抗日前线艰难跋涉之时，延安连续间歇性遭到日机轰炸。为缓解陕北医疗救护任务持续繁重的状况，救护总队又令第 1 大队大队长兼任第 1 中队中队长万福恩派出力量向陕北增援。于是，第 1 中队所辖第 10 医疗队奉命除紧急派遣外科医师至延安协助治疗外，还抽调部分医护人员直接前往八路军第 115 师医院协助工作；其余力量，则迅速抵达延川、三源等地的边区医院第 3 分院，为转运至该地的八路军伤员实施医疗救护服务。

1939 年夏秋之间，细菌学家江涛声留学回国，途经香港时，与宋庆龄不期而遇。宋庆龄以"保盟"名义向国外募集的由数百箱药品、医疗器械和一辆大型先进装备的救护车组成的一大批医药物资，委托新西兰友好人士詹姆斯·贝特兰从香港护送至西安，再由西安转运延安的国际和平医院，安排江涛声及妻子希尔达·江随同护送前往。他们一行途中多人感染疟疾，在经过贵阳图云关时，不得不停下来接受治疗，抵达西安红会救护总队第 1 大队部时，已近年底。

随医疗队从太行山区撤回西安休整后，郭步洲和梁钧铤等几名地下党员，坚决要求大队另派医疗队为八路军服务，并决心长期留在陕晋敌后战场。刚到西安几天的江涛声受这些地下党员思想影响，向第 1 大队部提出申请，要求派他夫妇到山西五台山为白求恩医院服务。第 1 大队在表示诚挚欢迎的同时，立即向救护总队请示，很快得到林可胜总队长的回电嘉许。

就这样，第 1 大队将坚决要求为八路军服务的包括郭步洲、梁钧铤、赵春霞、周惠成等和救护总队部外科指导员，曾派驻第 322 医疗队工作，因公滞留西安的捷克籍"西班牙"外科医师纪瑞德，以及江涛声的夫人希尔达·江等不到十人，新编成第 40 医疗队，任命江涛声为队长，带队出发前往山西敌后战场。

这期间，梁洁莲被调到位于陕南褒城的卫训分所工作。

时值隆冬，江涛声率领第 40 医疗队冒着严寒离开西安，踏上奔赴五台山白求恩医院的漫漫征途。当医疗队过黄河北上，在经过山西新军"抗日决死队"独立第 3 旅驻地时，应邀在该军后方医院为重伤病员施行手术，还为院方开办短期培训班，培训在职医务人员。

在继续前进途中，医疗队被国民党反动派对山西新军的进攻所困，几经交涉，反复声明是去往抗日前线为伤员救护服务的，方准放行。但随后不久，医疗队又遭国民党第 27 军范汉杰部围困。范汉杰坚持要求医疗队留在第 27 军后方医院工作，受到全体队员的坚决抵制。在多次强烈要求和寻找关系斡旋下，医疗队才终于被放行，但不是准予继续前往五台山，而是由第 27 军派员，反向押送回西安大队部。

第 40 医疗队回西安后，江涛声、郭步洲分别向中国红会第 1 大队部和西安八路军办事处汇报情况。救护总队最后决定，将该医疗队重新整编，扩增奥地利籍医生王道和其夫人苏珊等，于 1940 年秋，改派至湖北李宗仁领导的第五战区，编入救护总队驻老河口的一个中队，去郧阳后方医院工作。随后，梁钧链、郭步洲重新回到新四军。

还有，据八路军贵阳交通站站长袁超俊回忆：

1939 年冬，英国牛津大学教授巴吉尔（Dr. Bagier）率"英国援华团"，捐赠一批重约十吨的贵重医疗器械和药品给图云关。总队长林可胜当即决定，就把这批物资直接捐赠给八路军，但考虑到这些东西要躲过国民党检查站顺利运到延安并非易事，于是，想到了曾经在图云关工作的郭绍兴。林可胜以红会救护总队长名义指令郭绍兴以驻西北视导员身份在汉中负责接待，并帮助该团经宝鸡把物品运抵西安八路军办事处。

郭绍兴接令后，秘密与八路军驻西安办事处处长伍云甫联系，和巴吉尔团长共同想办法。他们在与国民党第十战区司令官蒋鼎文、胡宗南及兵站少将卫生处长姚典进行大量谈判斡旋，并给第十战区留下少量急需药品后，最终将这批重要医药物资的绝大部分安全运抵延安。

除以上所列的若干事例外，还可以从几份发黄的历史档案中整理出来自陕北战区救护队员的工作报告。随着时间流逝，一些史实被湮没在了故纸堆里。重拾一份份战地报告，从零零碎碎的记录中，可以清晰看到救护总队队员在八路军战场的工作身影和质朴忠贞的工作态度。他们的形象，在中华民族的抗战丰碑上，显得尤为矫健而伟岸。

令人扼腕和痛心的是，长期在陕晋豫战场出生入死为八路军服务的协和毕业生、救护总队第 1 大队副大队长兼第 10 中队队长墨树屏，1942 年 10 月 18 日在河南林县出诊救护途中，不幸失足坠下危崖致脑部重伤，经救治无效殉职，为抗战救护玉碎沙场。

第十一章 抗战时期贵阳小城故事多

第一节 风雨骤难挡百川汇流

近代以来，在中华民族屡遭列强侵略和欺侮时，先辈们都曾在民族生死存亡的紧要关头，挺身而出，同仇敌忾，英勇奋斗，前赴后继，进行了长期的、不屈不挠的艰苦斗争，谱写下可歌可泣的悲壮篇章。我们更看到，抗日战争期间，中国共产党对民众的动员是中国历史上前所未有的。只有中国共产党，才具备把"一盘散沙"的中国民众空前动员、凝聚和组织起来的伟大智慧和力量。中华民族的巨大潜能，就像熔岩和地火一样，被长期藏压在普通民众心底，一旦使之溢出并将其点燃，就会焕发出无穷能量。

以郭绍兴为首的中共红会特支在图云关的工作取得了巨大的历史性成就。能取得这些成绩，与以下三大因素分不开：一是与在林可胜主导下，初到图云关的红会救护总队部，对国共两党抗日军队不分彼此地进行人员物资支援分不开；二是中共在救护总队部开展宣传教育并成功顺利建立组织，与美国左翼记者、作家史沫特莱的努力斡旋分不开；三是与中共地下党员在救护总队内部进行的思想工作和组织动员活动分不开。因为那个阶段，国共两党基本和谐相处，抗日民族统一战线处于较好时期。尤其是救护总队部及其相应机构来到图云关后的一年多时间内，呈现出不分种族、不问党派、无论宗教信仰，都努力以医学报国、一致抗日的积极氛围。中共红会特支也不用十分隐蔽。虽说郭绍兴等二十多位共产党员的身份没有公开，但队员们大多都心知肚明，相互和睦相处，工作开展比较顺利。尤其是有着强烈爱国主义思想、政治倾向相对开明、对中共态度比较友好的林可胜，对于红会的中共组织开展各项活动，非

图云关时期的林可胜

但从不干预，而且还在某些问题上不避嫌，甚至默许或暗中支持。

因此，在中共红会特支推动下，救护总队先后派出数十支医疗队前往八路军、新四军服务，陆续运送大批来自国际和国内捐赠的医药器材到敌后根据地。由于先后向山西派出多支医疗救护力量，因此，山西一度被八路军赞誉为中国红会的"另一个医疗救护中心"。

但自 1941 年 1 月以后，时局发生重大变化，震惊中外的"皖南事变"发生了。本就属于军队卫生部门主管的卫训总所，里面必然混杂着反动分子，他们眼看着从国外运来的大批医疗物资源源不断地被运到八路军和新四军部队，耳闻史沫特莱经常在林可胜别墅发表有关共产党敌后战场述评而无可奈何；而成批"亲共"的外国志愿者在救护总队部进进出出，谁也不敢对他们说不。图云关上的"小协和"居然被培育成为大后方一块充满抗战激情的圣地，反动分子心里能好受吗？只是碍于国共合作不便活动。但随着政治气候的快速逆转，危险来了。

随即，八路军贵阳交通站被国民党查封；很受青年人喜欢的图云关"书报供应社"被查封；阅览室的十来个店员和正在看书阅报的进步学生被当成"嫌犯"抓起来；运输股修理所所长张世恩更被视为转移隐匿红色书籍的现行罪犯抓捕关押在贵阳城里……

紧接着就发生几位援华医生在图云关的集体宿舍被盗事件。外籍医生们听说宿舍被盗，飞奔回宿舍检查各自的物品损失情况后发现，除了他们曾在国外加入共产党的党员证被盗走外，其余物品，包括本就不多的现金和个人的饰品，均安然无恙。不过就在发生盗窃案的次日下午，贵阳的国民党公安机关来到图云关，宣布他们的破案情况，并还回了几位外籍医生的外国共产党员证。原来，这是驻救护总队部的国民党政治部和"中统"特务们为了查清外籍医生们的政治面貌特别安排的"监守自盗"。其卑鄙行径十分明显，无非是想精准摸清外籍医生们的政治面貌，掌握他们的思想动态并记录在案，以便严加监视、发现问题、严厉打击而已。

由于张世恩平时工作积极，任劳任怨，和工人情同手足，图云关员工，尤其是回国参加抗战的修理所华侨职工对国民党当局随意抓人义愤填膺，公开提出要求无条件释放张世恩等人。大家自发组成队伍，连续几天在图云关罢工、游行，并提出"如不放出张世恩，就要组织更大队伍进城游行示威"。中共地下党组织更多方设法营救，最后由章宏道通过林可胜的关系，向特务组织提出保释，张世恩才终于获释。

鉴于形势急剧恶化，为保存力量，中共红会特支贯彻执行中共中央"隐蔽精干，长期埋伏，积蓄力量，以待时机"的方针，在八路军贵阳交通站站长袁超俊指挥下，安排总部各单位和各战区的共产党员立即撤离所在岗位。从此，中共在整个救护体系的活动销声匿迹。

抗战时期，大西南成为相对安全的大后方。当时的贵阳小城可谓海纳百川，群英荟萃，才俊聚集，繁荣兴盛。

首先是集中于图云关的整个红会救护、培训和医疗体系。

因为有林可胜亲自培养出道的诸如卢致德、李文铭、荣启荣、郑家栋、彭达谋、俞焕文、张先林、周寿恺、黄家驷、汪凯熙、周美玉等一大批优秀青年才俊在此会聚，当年的图云关有"小协和"美称，成为一个规格颇高的战场救护和医疗卫生教育单位。一些来到图云关的协和医学院毕业生，随后又到国外知名医学院校深造，获得更高学位、积累更深造诣后归国，担任了国内医学界重要行政或学术职务。还有不少出于敬重林可胜的才能学识、人格魅力和国际威望，慕名而来的其他医学卫生院校人士。

在贵阳周边，从内地迁入了大量文化教育和医疗卫生机构。除了浙江大学等成建制迁入贵州的八所高等学府外，据不完全统计，军事和其他门类院校分别还有陆军大学、陆军步兵学校、陆军辎重学校、陆军通信兵学校、陆军军官学校四分校、空军防空学校、南京炮兵学校、军官外语训练班、福州海军学校、中央陆地测量学校、华北乡政学院11所；医学和护理门类有湖南湘雅医学院、南京中央医院、国立中央高级护士职校、陆军军医学校、陆军兽医学校 5 所。

由于沦陷区学生大量失学，流离失所，国民政府教育部为给流亡学生提供继续就学机会，也为西南地区医学文化教育奠定了基础，决定在相对落后的贵州建立国立贵阳医学院、国立贵阳师范学院和国立贵州大学等高等学府，从而结束了贵州无高等学校的历史。

1937 年 12 月末，教育部聘请北平协和医学院教授、热带病学专家和医学教育家李宗恩为筹备委员会主任，教育部医教委常委兼秘书、卫生署公共卫生人员训练所所长朱章赓和北平协和医学院妇产科毕业的专家杨崇瑞为委员，于 1938 年元旦在汉口组建了"国立贵阳医学院"筹委会。会后，教育部又加聘原贵州省教育厅厅长张志韩和在教育部任职的杭立武为筹备委员，移用国立武昌医学院筹备经费，在武汉大学生物化学教授汤佩松和贵州省立医院院长朱懋根的协助下，国立贵阳医学院筹备工作紧锣密鼓地展开。仅半个月后的 1 月中旬，贵阳医学院筹备处分别在汉口、重庆、西安、长沙、贵阳五处设点招收原本已经进入医、护院校学习，但仍在流亡的学生共约三百人到贵阳续读。3 月 1 日，国立贵阳医学院正式宣告成立，李宗恩博士被任命为首任院长。新组建的贵阳医学院，成为全国仅有的九所国立医学院校之一。从此，许多学者、教授呕心沥血，为国育人；莘莘学子含辛茹苦，集中于贵阳，为国家民族勤奋求学。

南京中央医院是组建于 1929 年的中国首所公办西医医院，其中专家云集，几乎都是各学科的创始或奠基人。当时，新成立的贵阳医学院正急盼技术支援。南京中央医院、湖南湘雅医学院、国立中央高级护士职业学校、陆军兽医学校相继迁到贵阳，对国立贵阳医学院来说，犹如久旱逢甘露，得到了及时而强有力的人才和技术支援。

陆军军医学校迁到距贵阳仅 100 公里的安顺，该校源自创办于 1902 年的北洋军医学堂，历史悠久，日本入侵后迁南京，改称军医学校，由时任军医署长刘瑞恒兼任校长。

1935 年，广州建立了另一所军医学校。次年，蒋介石见学校已颇具规模，将其改隶中央直属，命名为"军医学校广州分校"，由张建出任分校校长。1937 年，因战事吃紧，军医学校迁至广州与分校合并，改称"陆军军医学校"。随着日军南侵，该校辗转先后迁桂林、安顺。

按照德日体式办学的安顺陆军军医学校虽与图云关卫训总所同为军医教育单位，但由张建主持的安顺陆军军医学校，认为卫训所并非正统医学院校，加之与林可胜所习惯的英美体式格格不入，因此相互交流不多。即便如此，还是借鉴并有选择地效仿林可胜的做法，招收部队服役三年的军医约五十人，入校学习两年，返回部队服务两年，再回校就读两年后，视为医学专科毕业生。

据周美玉回忆，时任陆军军医学校校长张建对中国军医之成就，在军医史上，应有赞誉之记录；他早年学医，留学德国，行事严谨，秉性忠直，酷爱军医，念念不忘开创中国军医新篇章，战前曾继任军医署署长数月。学校迁安顺后，在人力、物力、财力极其困难境况下，竟能将该校扩大为大学部与专科部，并筹设附属医院与数个研究所，更于西安、昆明两地增设分校。

正因为有湘雅医学院、贵阳医学院、中央医院、中央护士学校、贵州省立医院及安顺军医学校等大型医疗教育机构相互协作，再加上图云关卫训总所和第167陆军医院等云集于贵阳周边，因此，贵阳被誉为战时的中国医药卫生教育大本营与最重要的医学科研和医疗中心。在这里，训练修业人员达两万余，不仅满足了战时救护需求，亦为新中国医疗卫生事业奠定了坚实的科技和人才基础。

鉴于包括主要由协和人牵头创建的贵阳医学院在内，由协和校友构成可谓全国一流的医学师资力量，为抗战期间医疗和军护人员培养以及战后高层医务工作者的锤炼造就做出了巨大贡献，加之1939年以后的协和医学院处于关闭时期，因此，人们便将当年的贵阳视为中国的"协和第二"。

其次是在文化艺术领域形成了众星汇聚现象。

抗战前的贵阳，是一个仅有12万人口的内陆小城，文化艺术相对落后。全面抗战爆发后，沦陷区许多文化教育科研机构、大批文化艺术界人士纷纷迁来贵阳。加之省主席吴鼎昌重视"文化兴黔"，贵阳文化教育界乘此东风，主动联系，加强合作，兴办、成立了包括众多学科门类的学校和社团，开展科教和文艺活动，使贵阳成为抗战后方的新兴文化重镇。

随着全国多个著名高等院校内迁入黔，大量高层次专家学者汇聚贵阳，为全省培养了大批人才，带来了空前活跃的学术氛围。作为省会贵阳，自然是近水楼台先得月。特别是私立大夏大学，更是开创了贵州少数民族调查研究之先河。

据不完全统计，当年汇集贵州的专家学者、正副教授近三百人，代表并承载着中国的工业、农业、航空、医学、数学、物理、化学、经济、法律、文学、哲学、历史、外语等各学科的最高水平。

当年的中缅公路不仅是重要的战略物资运输通道，还成为一条源源不断的文化通道。西迁途中，在"地无三尺平"的贵州坎坷山道上，走来众多文学艺术界名流聚集贵阳乃至全省。茅盾、巴金、田汉、郭沫若、丰子恺、张恨水、闻一多、刘海粟、徐悲鸿、叶圣陶、臧克家、欧阳予倩、端木蕻良等一大批著名文学家、艺术家、舞蹈家、音乐家、诗人、画家、导演、演员、记者、编辑先后驻足贵阳。

如此众多文化名人的出现，极大地推动了贵州文学艺术发展，尤其使贵阳出现了前所未有的文化繁荣景象。

贵阳老牌出版机构文通书局，抓住人才汇聚的千载良机，先后出版了数百种书籍，其涉及范围之广、学术水平之高、刊印质量之优、社会影响之大史无前例，成为贵阳战时文化出版界的带头人和生力军，为贵州文化留下辉煌篇章。

由著名黔籍文学家谢六逸担任主编的《文讯》月刊，成为文通书局的刊出数量之最，除在贵阳总局销售外，还远销北平、天津、上海、广州、成都等大城市；先后发表了茅盾、郭沫若、叶圣陶、朱自清、冯雪峰、李健吾、陈白尘、蹇先艾等数十位名家作品。除《文讯》外，文艺性刊物还有《西南风》《十日旬刊》《中国诗艺》《新年代》等约七十种。

代表当时全国最高文艺成就的电影、京剧、川剧、评剧、越剧、相声等纷纷落户贵阳。戏剧名家通过导演、编剧、讲座、展览等方式开展戏剧创作和展演，其中最突出的是熊佛西和田汉。熊佛西分别在贵阳师院、遵义师范举办"戏剧知识"讲座。田汉除在贵阳师院举办系列戏剧讲座外，还普及和改进了贵州戏剧，先后在贵阳、都匀排演由他改编的抗日新戏《江汉渔歌》《新雁门关》《新儿女英雄传》等，对贵州戏剧创作产生了巨大影响。

浙大校长竺可桢教授在贵阳做了《宇宙与人生》的科普学术报告；美国进步作家史沫特莱用汉语生动演讲了抗日根据地及全国各战场的有关情况；著名画家徐悲鸿将先后三次画展的门票、义卖收入捐献给抗战组织；著名舞蹈艺术家吴晓邦，在贵阳开发"新舞蹈园地"，演出了《饥火》《生之哀歌》《思凡》等节目，为贵阳民众开辟出一片崭新的文艺百花园，不仅传播了"不做亡国奴"的民族气节，丰富了民众的文化生活，还带来了文化种子、科学知识和民主精神。

当地有识之士在各界文化名人带动下，积极参与各种文化活动，组织文艺社团、增设文化设施、建立高等学府、兴办文化实体、创作文艺作品，推动了贵阳地区文化事业的全面发展。

比如：贵阳、神光、贵州等电影院，上映最时髦的彩色影片；社会团体经常举办戏剧展演、音乐会、球类比赛；新增书店或书局 15 个，上海的开明书店、生活书店等，均在贵阳开设分店，为读者提供了丰富的精神食粮；增设省立科学馆、省立艺术馆、广播电台等科普文教机构；尤其是徐悲鸿、关良、黄尧漫、赵子昂、丰子恺、沈莫衰、尹瘦石等代表中国顶级水准的知名画家，轮番举办个人画展，成为一大文化热点。

正是由于大量医疗卫生机构和大批著名文学家、艺术家、舞蹈家、音乐家、书画家等，随着西迁大势，纷纷入黔，汇聚贵阳，给这座小城带来了无限生机和繁花似锦的文化艺术奇葩，将仅有 12 万人口的小镇烘托得盛况空前。这座原本十分落后的西南山区小镇，在大半个中国都早已沦陷或处于战争前沿的特殊历史时期，反而成为一个安全岛，成了大西南的繁华都市。

1940 年年中，著名爱国侨领、南洋橡胶大王陈嘉庚亲率慰问团来到贵阳参访图云关，会见林可胜等相关领导，对红会救护总队全体员工表示了亲切慰问，向救护总队部捐赠了华侨同胞集资来的巨款，以表达爱国华侨决心支持祖国人民坚持抗战到底的爱国情怀。同时，对哪里有抗日战场，哪里就有红会救护队员在抢救伤病员、在释放救亡图存的爱国激情、在与死神搏斗的身影表示由衷钦佩，对林可胜的专心任职、领导有方及"努力之精神"表示高度赞许。

陈嘉庚 17 岁闯南洋，到新加坡创建橡胶企业，加入同盟会，积极支持孙中山的革命活动；曾数次回家乡，先后创办集美小学、集美中学和集美学校，1920 年又斥资百万创办厦门大学；抗战全面爆发后，组建"南洋华侨筹赈祖国难民总会"（以下简称"南侨总会"）并担任主席，组织各类活动并带头捐款，极大地支持了祖国抗战。

1939 年 2 月，南侨总会发出《通告》，招募司机和修理工（俗称"南侨机工"或"华侨机工"）。广大华侨青年热烈响应，其中多人参加到救护总队运输股当司机或修理工。陈嘉庚还购买大量汽车和军需物品捐助祖国抗战，就在本次到图云关考察时又承诺，由南侨总会继续逐月向救护总队捐助 1 万美元。

林可胜祖籍也在福建厦门，祖上出国后一直定居新加坡。林可胜生母去世后，其父林文庆再婚，回鼓浪屿当上门女婿期间，正遇厦门大学首任校长邓萃英因故辞职，即被陈嘉庚邀请出任校长。正是基于这样的历史渊源，陈嘉庚与林可胜一见如故，异常亲切。

被誉为"华侨旗帜，民族光辉"的陈嘉庚和林可胜总队长两人对祖国抗战事业的贡献，将青史永流芳。

华侨领袖陈嘉庚参观图云关后曾如是说：

"盖此项职责，非有经验之西医不能办，而经验西医，亦当有忠诚、义勇及才干，乃能收效，求如林君者实非容易。"

第二节 图云关人的精神风貌

在图云关地下党员们日常言行示范的循循善诱下，1939 年 5 月的一个休息日，运输股十数位青年男女相邀游览踏青图云关山野，在聚会中，大家你言我语，天南地北，从总队的医药物资运输，各大战场的伤员救护，谈到贵阳的文化兴盛以及新书籍、新电影、新戏剧、新画展、街头的抗日宣传演出等。当谈到当前时局和各战区的战场救护时，有人提议，利用运输股两百多部各式车辆，随时派往包括八路军和新四军在内的各大战区来往运行的有利条件，成立一个公开的群众性抗日救亡组织，并建议将其定名为"红十字工作者书报供应社"（以下简称"书社"）。

"书社"可以在组织大家聚会娱乐、讨论学习的基础上，征订或募集进步书籍报刊，通过执行运输任务的汽车向分散在各大战区的数十个基层救护队输送，让在各地战场辛苦工作的同事们，都能看到新的书报杂志，感受到救护总队部所在的贵阳这座文化小镇释放出去的新文化氛围，同时起到广泛开展抗日宣传，动员社会各界，树立起抗战到底的坚定信心和必胜信念的作用。

众人听后，顿时响起支持和赞扬的鼓掌喝彩声，认为这个倡议提得好，提得及时，得到了在场人员的一致拥护。大家劲头十足，说干就干，立即就有人拿出笔记本，记下七嘴八舌的意见或建议，确定了办社宗旨、加入条件、活动编组、各组任务、人员分工、书籍来源等，并依据平时表现、人品、威望和各自的爱好、特长，推选出站务干事和各活动小组负责人。还有人开始自报家门，捐献图书。

大家随即又冷静下来，虽然万事俱备，还是觉得稍欠东风，于是又商议如何向总队部领导呈报，如何筹集经费，物色哪里作为活动场所及今后工作如何开展、书籍来源渠道等事宜。就在当天，一切都基本思考规划成熟，只待相关准备工作就绪，便可宣布成立。

此次活动，促进了中共红会特支在图云关"发起成立群众性抗日救亡组织'书报供应社'"这项重要任务的完成。

"书社"从筹组到成立的整个过程中，始终得到了救护总队部各位干事和林可胜总队长的大力支持。5月下旬的一个晴朗的午后，红会特支留在图云关的支委之一，时任救护总队运输股支部书记、运输大队队长章宏道，以不公开政治身份的方式牵头，主持由当时在图云关总部全体员工自愿参加的成立大会。大会在第167后方医院外的广场上举行，到会者居然有千余人。

会议通过了由地下党员孟燕堂起草的书社章程，选举出社务委员会成员，林可胜的翻译汪犹春，红会特支支委、卫训所职员毛华强，运输股职员黄洪年（原名：黄豪）等当选为社委会成员。从社委会成员中，推选出黄洪年、沈经农、蔡书祥、汪犹春、周新初、李波、王学明七人为社务干事。具体分工为：黄洪年担任社委会主任，周新初负责财务，蔡书祥负责总务，王学明负责宣传。经过大家充分讨论，最后确定的

"书社"宗旨是：加强时事政治学习，关心国家大事，自觉提高政治思想觉悟；通过向员工提供进步书刊，组织传阅和学习讨论活动，宣传抗日民族统一战线；提倡正当高雅的文化体育和娱乐活动，教育全体员工发扬团结友爱精神；激励大家做好前线将士的救死扶伤工作；为坚持团结、坚持进步、坚持抗战到最后胜利贡献自己的力量。

"书社"不收取社员会费，为了不给总队长林可胜增加麻烦，也不向救护总队部申请任何经费津贴。一切会务活动开支，全都由会员们自愿捐助，或通过社会募集筹措。

大会推举各活动小组负责人分别为——时事组：沈经农、蔡书祥（兼）；歌咏组：李波；话剧组：汪犹春；图书管理组：伍骏、周哲。

诸事齐备后，鞭炮齐鸣，敲锣打鼓，热烈庆祝"书社"正式成立。

首先开门迎客的是图书馆和阅览室。总队部将一间闲置木板房提供给书社做图书馆和阅览室。一开始得到地下党贵阳联络处读新书店经理沈静芷的大力帮助，捐赠了一批书籍，其中有《共产党宣言》《资本论》《大众哲学》《辩证唯物论入门》《西行漫记》等，有报刊《解放》《新华日报》《群众周刊》《中国青年》《中国妇女》等，有《静静的顿河》《莎士比亚全集》《短篇英语背诵文选》等文学、科技类书籍，还有当时贵阳原有和新办的报纸和副刊，如《革命日报》《贵州晨报》《民报》《大刚报·阵地》《贵州日报·新垒》等，还有刊载着茅盾、艾芜、郭沫若、叶圣陶、朱自清、冯雪峰、陈白尘、蹇先艾等数十位名家作品的文艺刊物《文讯》以及《西南风》《十日旬刊》《中国诗艺》等文学杂志，为读者提供了丰富的精神食粮。

后来新添的书刊、报纸，是由几个社务委员自己出钱购买捐献的，各类书报杂志达五六千册存量。运输股的伍骏和周哲两位女士，积极细心地把上千本书籍杂志进行归类编号登记，整理得井井有条，还设计制作了借书证。办公的文具用品和阅览室的桌椅板凳等，由社员设法与自己所在部门领导商量，从富余的部分中调剂支持。书柜、报架及话剧队专用的幕布、道具、灯光等必备器材装置，则通过制服厂、木工房、电工房的社员们，因陋就简制作提供。

"书社"成立后，按照社委会的安排，逐步开展一系列活动。图书馆除对总队部员工直接开放外，还在章宏道大队长的统一指挥下，定期或不定期向分布在全国各战区的几十个医疗队寄送或由汽车顺便捎送各类进步书籍和报纸杂志，向红会救护总队的广大队员宣传马克思列宁主义及中共的抗日主张，以争取群众。

歌咏队组织青年学唱抗日救亡和其他革命歌曲，大都是由音乐教员李波教唱诸如《枪口对外，齐步前进》《游击队员之歌》《在太行山上》等，还组织有各部门参加的歌咏比赛；话剧队排演抗日救亡话剧，不定期演出；还在青年中举办英语、世界语夜校班，促进与援华医疗队医生们的语言交流；办板报期刊，每周一期，刊登书社同仁撰写的时事评论、抒情小品、诗词歌赋、战情通报、总队动态、员工生活等内容。通过各种进步活动，教育团结救护总队、卫训总所和第167后方医院广大员工和当地民众。

"书社"工作人员都是义务兼职，个别需要专业技能的，如话剧导演、歌咏教员，则向贵阳文艺团体物色，聘请到运输股担任名誉职员。

李波教唱抗日歌曲特别卖力，几乎每天至少教大家学唱一首新歌，边教新歌，边复习老歌，还编排出表演形式，便于参加比赛。

比如前天是："暴敌欺凌，破坏远东和平，连天炮火，遍地血腥……"昨天换成："谁愿意做奴隶？！谁愿意做马牛？！人道的烽火燃遍了整个欧洲……"今天再改为："流浪，流浪，……哪年、哪月才能够回到我那可爱的故乡……"

或者是这边唱来那边和。

这边唱："枪口对外，齐步前进！不伤老百姓，不打自己人！"

那边和："装好子弹，瞄准敌人！一枪打一个，一步一前进！"

然后合唱："我们是铁的队伍，我们是铁的心，维护中华民族，永做自由人！"

在图云关的密林深处，抗日救亡歌声此起彼伏，响彻云霄！

话剧组组长汪犹春不甘示弱。但鉴于人力、物力有限，特别是男女演员搭配有困难，常常只能排演独幕剧，先后编排演出过《放下你的鞭子》《夜光杯》《抽水马桶》《当汉奸的下场》等。由于女演员较少，只有运输股的伍骏、材料股的李卓忱和教导队的女护士金小姐较有文娱天赋和演出激情。

据救护总队编发的半月刊《救护通讯》记载，时年在秘书室工作的江海鸣，被公认为抗战文化宣传骨干，话剧组上演的以敌后渔民与敌伪斗争为主题的话剧《新打渔杀家》以及鼓励青年从军为主题的话剧《新鸿禧》等，便都出自他的手笔，受到救护总队部广大文娱爱好者的一致好评，反响热烈。

时事组的沈经农、蔡书祥两位组长，每周末都要轮班组织并主持时事座谈会。两位组长擅长循循善诱，引导启发，又预备有广泛充足的时事政论素材，受到社员们的欢迎。

书社在其他方面的工作也做得十分出色。

社委会主任黄洪年，积极争取主管领导支持，拨一栋房屋作为书社的活动场所。为了支持话剧演出，他四处奔走，设法聘请演员、准备道具等，做出了一般人难以胜任的积极贡献。

财务干事周新初不仅账目清楚，还想方设法节省开支，凡能临时借用的道具等物资，绝不花钱添购。周新初与护士李智珊结婚后，在山上自建一间可容纳二十来人的木房，为了保守秘密，曾选定他们家作为与史沫特莱座谈的地点。

宣传干事王学明的工作非常值得一提。1940年年底，经他大张旗鼓宣传号召，救护总队部和卫训总所有八对青年男女，响应号召，参加定于1941年元旦佳节举行的集体婚礼。王学明居然还请来了图云关最大的"山寨主"，大家非常崇敬的救护总队队长兼卫训总所主任林可胜前来主持大会，发表祝词；当时，正好第3大队大队长汤蠡舟教授在图云关，于是被请来做证婚人。又由书社代办大众化酒席以示热

图云关救护总队队员喜结良缘

烈庆祝，酒席每桌八人，菜肴八大碗，大家喜气洋洋，向新郎新娘祝贺，热闹非凡，起到了团结和教育广大青年的作用。尤其是那些二十来岁的青年，都来自五湖四海，在外敌欺凌之际走到一起，热爱并加入红会，于国家危难之中，献身战场，从事救死扶伤事业，参加抗日救亡；再利用业余时间努力学习，你帮我助，情同手足，相互促进，生活既有严肃紧张，情绪更觉欢心舒畅，相互间结成了深厚的战友、社友之情。因此，集体婚礼活动，深受大家的推崇和欢迎。

红会特支广泛联系群众，通过书社开展的各项活动，在救护总队部和卫训总所产生了很大反响。常有许多救护总队员工，除了来书社阅览室看书读报外，互相交流信息更成为大家必不可少的生活需要。尤其是出车执行任务后从各战区回来的司机师傅们，往往是回到图云关稍事休息，就会来到书社阅览室，会会久不相见的熟人和朋友，相互交流各战区的战况和敌后抗日情况。

据史闳言医生回忆，他和图云关疫苗厂的技术生严汉南常去参加书社阅览室举办的时事座谈会，听取驾驶员们从各地带回来的最新消息以及敌我态势分析等，既增长知识，又能坚定抗战必胜信心；他还和疫苗室同事参加书社举办的世界语学习班学习，几乎每期不缺。

书社成立后，即使国民党反动派对林可胜施加压力，他也从来不讲一句对书社不利的话，最多只是不闻不问而已。许许多多进步青年都曾因此受到潜移默化的影响。当这种"润物细无声"的思想影响因素聚集到一定的量，总有一天，就会在人脑中产生飞跃性的质变，就会犹如精神原子弹发生爆炸裂变一样，产生无与伦比的巨大威力。

比如前述那位原上煤救护队队员，曾被敌机炸伤导致左腿截肢的16岁青年周惠成，在与队员们一起抵达西安后，因急性大吐血留西安治病，待病情稍微稳定，他便独自一人溜出医院，拄着拐棍，穿过敌人封锁线，翻越中条山、太行山，徒步近千里，居然也赶到了八路军野战医院。此后他与其他人一样，穿行于敌后抗日战场救死扶伤，忘我工作。后来，周惠成被调到陕西襄城不久，便因旧病复发不治身亡，时年未满18岁，成为千万个抗日传奇英烈之一，其精神永远值得后人尊敬和牢记。

图云关"书社"成立后，史沫特莱到过一次图云关。"书社"领导

图云关医院的骨科病房

得知史沫特莱到来的消息后，通过林可胜的英文秘书沈经农，私下与之联系，希望她能在周末晚上出席书社组织的青年座谈会，介绍八路军、新四军的有关情况。为保守秘密，"书社"把座谈会地点选在了周新初家的独立木屋里。

周末晚上，沈经农和"书社"领导黄洪年一起去"马来亚"别墅，接史沫特莱下山来到公路边，刚巧遇到正从外地回来的林可胜下车。史沫特莱高兴地上前一步握着林可胜的手说：

"波比，您回来得正好。他们请我去参加一下他们的座谈会。"

"抱歉啊！这几天我不在家，怠慢您了！天黑了，路不好走，就请大家来我客厅里开吧，我也正好想听听。"林可胜摇了摇与史沫特莱紧握的手，微笑着说。

于是，沈经农陪同总队长和史沫特莱返回北山别墅。黄洪年飞跑到周新初家通知参会人员到总队长家的客厅开会。

当时，图云关的青年人大都久仰史沫特莱大名，或从中外报刊上看到过她向全世界的报道，揭露日本法西斯残杀无辜中国老百姓，虐待俘虏，破坏国际公约，狂轰滥炸红十字医院等暴行，知道她是一位积极伸张正义、援助中国抗战的杰出国际民主人士，是中国人民的好朋友、老朋友，听到有这么难得的好机会，纷纷蜂拥而来。

参会人有章宏道、沈经农、高忻、毛华强、丁绥梅等人。林可胜家的小客厅座无虚席。一会儿，里屋的打字机声停了，走出一位身材高大、剪着短发、面色红润、精神饱满的外国女士，含着笑迎上来和大家一一握手问好，爽朗地用北京话说：

"请坐，请坐，大家都不要客气。"

沈经农考虑到林可胜的汉语听说能力有限，首先用英语自说自译，代表与会者讲了几句开场白：

"这次史沫特莱女士从皖南新四军驻地远道而来，我代表大家首先向您慰问！致敬！……大家都具有一定的英语水平，可不必翻译，请您直接用英语讲话，以节省时间。"

史沫特莱比沈经农更了解林可胜。为了能让在座的青年人都能听懂，她还是让沈经农为林可胜做翻译，直接用中文演讲起来：

"新四军在皖南对日、伪军作战是很艰苦的。主要原因是，国民党第三战区司令顾祝同明里一套、暗里一套，实质上还是奉行的'攘外必先安内'这一套……"

接着，她又谈了新四军官兵一致，民主生活，与当地老百姓亲密往来，帮助贫苦农民做好事等事。最后，有人要求她给留个临别赠言，以作纪念。她欣然道：

"你们是中国红十字工作者，除了做好本职工作外，要关心国家大事，要认清形势，宣传抗战到底。中国人民只要能够接受毛泽东提出的抗日主张，团结一致，反对投降，同心协力，坚持到底，就一定能够打败日本帝国主义。"

就这样，一个原本秘密的座谈会，变成了由林可胜总队长亲自参加的公开聚会。史沫特莱的中文讲话由沈经农为林可胜翻译。林可胜一直很认真听，不时提出问题，有时还纠正一两句沈经农的译文。

散会后，史沫特莱专门留下红会特支委员毛华强，进一步了解救护总队中的中共组织以及书社有关抗战宣传情况。可见，史沫特莱对中共在红会救护总队中的工作十分了解并高度重视。

据贵阳市档案馆整理的抗战时期红会救护总队名单共有近 8500 人，其中运输股分别有司机 711 人、机工 460 人、技师 199 人，共 1370 人，占比 16% 还要多。

武汉会战期间，由于伤患太多，每辆车往往要拉 50～60 人。为避开日机轰炸，车队时常昼伏夜行，夜间往前线装载伤员，拂晓返回后方医院。司机们不顾个人安危，发现敌机，就把汽车开到隐蔽处，常常眼看着炸弹就在身边爆炸。

史料记载，1939 年 9 月进口战略物资共 14700 吨，经由越桂线运入境内的就达 12500 吨，占比高达 85%。日军为了切断越南海防至黔桂这条生命运输线，于 1939 年 11 月 15 日在北部湾登陆。于是，抢运积压在海防的进口汽车、药品等重要战略物资，只能绕道临时修筑的便道公路上夜间行驶。

一次，宋镜瀛率车队到越南海防接运国外捐助的一批汽车，从越南高平省重庆府边界进入广西靖西境内后，白天躲避敌机，只能夜间在蜿蜒于高山深谷间的临时便道上开行，险象环生，随时都可能发生事故。宋镜瀛乘坐的是刚从印度尼西亚回国支援抗战的华侨机工驾驶的一辆新车，在一段陡坡急弯路上，不幸车翻了，滚下深谷。不知过了多久，他才慢慢苏醒过来，发现自己躺在山坡乱草丛中，有人正在给他包扎头部。在被送回重庆府治疗途中，他依稀听到有人议论：

"好好一个脑瓜子啊，可惜了！不知还能不能治好！"

宋镜瀛伤势稍微好转后，起程回贵阳途经出事地点时，往下一瞧，汽车残骸还在谷底，随车的人不禁惊呼：

"好深的沟谷啊！老天保佑，没死算是万幸啦！"

第三节　于细微处见贤良高光

在洛克菲勒档案中心，藏有一封林可胜于 1937 年 11 月 13 日写给洛克菲勒基金会负责人 J. B. Grant 的信，充分证明林可胜对祖国人民的挚爱和抗日的决心。那是在七七事变后不久，日军占领华北，北平协和岌岌可危的关键时刻，林可胜迫不及待地写信问清楚，如果教员们离开学院去战区服务，是否会开除他们呢？还是在国难当头，给他们一年的有薪假期去为国服务？林可胜在信中晓以大义地写道："应该不会希望人民不应国家的号召去为自己的国家服务吧！"可见，林可胜爱国之情实堪感天动地。

随着抗日战场日趋严酷，在林可胜发出电报、信件的诚邀和品高德厚的爱国行为感召下，越来越多的医护人员离开沦陷区，参加到以林可胜为总队长的救护总队，力争用自己的医疗技术挽回更多抗日将士的生命。

从救护总队和卫训所组建以及到图云关后的相关负责人构成可看出，林可胜在北平协和医学院辛勤浇灌成长怒放的桃花李卉，不少已是医学界小有名气的优秀分子和医学专家，正是他们构成了救护总队战场救护中最经受得起考验和在卫训所最具声望的专业队伍和最可信赖、造诣最卓著、成果最丰硕的核心力量。

自幼生长在异域，接受西方文化教育，成人后专攻医学，甚至连中文读写都相当困难的华裔生理学家林可胜，却对中华文化"尊德性而道问学，致广大而尽精微，极高明而道中庸"的基本精髓理解透彻，发挥至极，自觉践行。这当然是他在父亲的深厚国学素养和中华文化熏陶下，随着自身学识的积累和阅历的丰富，逐渐养成的。

尤其是"致广大而尽精微"一句，原意为善问好学，达到宽广博大的宏观境界，同时又能深入精细之处的内在追求和微观境界。其综合大意为：既要重视品德行止，又要讲求修养博学，理智自律；既要具备前人总结的真理性知识，又要善于认知和接受新鲜事物；既要有广阔视野和海量胸襟，又要于细微处见精神；既要思维敏捷、决断高明，又要能兼听、善协商；既要笃实厚道，又要娴习礼仪，平易近人。这一切对人的要求与做事的尺度，身为总队长的林可胜，不但理解了，还全都做到了，而且总能以自身之模范，示教于人，感染于众。

不谋全局者，不足谋一域。林可胜深深懂得，指挥整个抗日战场的救护工作，只有"致广大"，才能在纷繁复杂的乱象中洞悉战场救护的规律，找准救护工作的重点，辨明力量布局的方位，在大局中找准救护事业的定位，在细节里寻求真知灼见。因此，他想问题、作决策，总是从抗战的全局出发，做到大局在胸，心中有数，打大算盘、算全局账，将中华民族的整体利益置于政党和派系间利益和矛盾之上，尽力做到既为两面都争光、更为全局添亮色。

细节既能决定成败，也可看出人品。这方面，我们从早期的林可胜，以及他担任救护总队总队长和卫训总所主任后的若干工作事例以及日常生活细节中，随时都感受得到，并能窥视出他对细节的留意和重视，对民众的关爱和体恤。诸如：

一个生长在国外，基本"西化"的华裔林可胜，却具有强烈的民族意识和爱国热情，回国的次年，就与协和医学院学生一道参加游行示威，抗议"五卅惨案"，声援受伤的市民和学生。

当规模最大一批援华医生来华抵达图云关后，从林可胜迟迟没有安排他们的具体工作，到最后为他们奔赴前线开会送行的所思所说、所作所为，既能深切感到，又能明显看出他的思考精细入微。比如让援华医生们多一些对环境、语言和膳食的适应时间，并且为他们安排了既懂业务又善英文的翻译人员等。

一方面，他秉持身为战场救护总指挥的全局站位，善于用广阔视野来观察和分析与战场救护相关的各种问题。这些问题从小到大，从生活到工作，从政治到战争，从人的思想到队伍建设，从技术层面到迎来送往，包括国共两党之间，领导与员工之间，正面战场和敌后战场之间，医药器械与伤患救护之间，以及各个不同战区所面临的不同现实状况，进行系统思维，重视多方因素，做好科学谋划，进行综合考虑。实现愿望的过程从来都不是风和日丽、一路鲜花的，奋斗者总是要在披荆斩棘中探路前行，在闯关夺隘中勇向前方。这一切，林可胜都具有充分的思想准备和酝酿构思，从而创造出相对完备的基础条件。正所谓"不经一番寒彻骨，怎得梅花扑鼻香"？

以下用若干事例来说明，"致广大而尽精微"理念在林可胜的救护生涯中的具体体现。

在小孟乐克书中提到，生于美国，曾在白求恩之后师从普外科专家刘易斯·R·戴维森教授，堪称当年攻克肺结核病一枝独秀的国际援华医生阿黛尔·科恩为什么要来中国，又是怎样到来的。

1941年某月，在科恩产生援华念头后，曾写信到中国红会救护总队部咨询。林可胜接到科恩医生来信要求援华抗战时，为打消这位年轻女子可能抱有的美好幻想，为慎重起见，给她回了一封看似近乎冷淡并附加苛刻条件，非常实际，却极富人性关怀的信：

"男性，身体健康，最好不超过40岁；政治上亲华……由主管部门官方推荐，技术合格的外科医生；愿接受中国的工资，吃中国食物，能在中国有限的条件下生活和工作；随时准备去任何地方工作，遵守中国红会的规章制度……"

科恩于1941年秋乘船抵达香港后，希尔达安排她从香港飞到重庆，与当时正好在重庆的林可胜一起骑马，两天两夜赶到距她家12231公里的异国他乡——图云关，加入了中国红会救护总队，成为最后一位抵达中国的美籍援华医生。

1939年3月4日，林可胜因公到香港期间，一位名叫利瞬英的外国小姐打电话给他，希望能为抗日战争做些文字方面的工作。他随即函复如下：

"……很高兴你愿来我总部志愿担任秘书工作，但我只能给你低微的薪金，仅够维持生活，而要做的工作很多……请你到我们的香港办事处去见庞京周秘书长，他会给你一切必要证件。林可胜。"

当郭步洲、梁洁莲、梁钧链等人出发去陕晋豫游击区前，林可胜考虑到那边生活艰苦，气候寒冷，饮食与南方区别大，指示救护总队部拨经费为每人做棉衣、皮衣，并亲自设北方特色宴饯行，向队员们预示去北方的艰苦生活状况。

曾在美国哈佛和英国研修军阵环境卫生的卫训所刘永懋在《抗战八年追随林可胜先生的回忆》中透露：

1940年夏，林可胜这位从小受西方文化熏陶的富贵家庭子弟，平时衣冠楚楚，雪茄烟斗成天不离嘴，连中文都讲不顺当的英籍华裔博士，却能亲自率领七八位医师，持续70天，深入各战区考察军医设施。他像农民一样，在盛夏的炎炎烈日下，赤身裸臂，头裹白布，日行百里，步行在队伍最前面；在泥泞坎坷、沟壑纵横的羊肠山路上，纵横南北，详尽考察军医力量、救援设施、环境卫生、防疫效果和队伍士气。每天午饭后，就在村里的长凳上歇息一会儿，训练自己该睡就睡、要醒即醒的能力和毅力。回贵阳后，很快拟订一个"水与污物管制计划"，在长沙前线试行后推广到各战区，减少了军队的传染病，提高了官兵的健康状况，增强了部队的战斗力。

关于此节，林竟成也在回忆文章中提及：

"……途中，当看到彭达谋大队长坐滑竿时，严加批评，令其立即辞去滑竿步行；每到住宿地，总是自己动手铺床，挂蚊帐等。……队员们普遍认为，身教重于言教，能在这样一位带头身体力行的领导手下工作，深感荣幸，无不奋力而为。"

图云关时期，经常会突然接到通知，说载有数十位伤兵的车只能停留20分钟，换药后继续赶路。于是立刻全体动员，把募捐来的白布裁成绷带，学生也被喊来帮忙叠纱布。纱布用蒸锅消毒来不及，就用别人赠送的高压锅替代。换好药，送走伤兵，才松一口气。

这种情况的频率非常高，还有一桩令人感动至深的类似故事。1940年圣诞夜，常住图云关的五六百员工连同家属近千人，集中在操场上尽情欢快过节。正在进行中的联欢晚会盛大而隆重。

时近夜半，刘永懋医生的儿子疲倦，要求回家。当刘医生携子返家途经医院不远处时，听见一阵痛苦呻吟。近前一看，原来是一批伤兵正哆嗦着身子，躺在医院门口。经问询，方知是刚从前方转送来的。因是下班时间，加上过节，又有联欢晚会，有的人还要准备参加演出，所以医生们都回家准备晚餐后参加晚会，未能收容伤患。司机便把伤员扶下车，躺在医院外等候，导致伤员处于饥寒交迫、伤痛难忍中。

刘永懋赶紧跑到林可胜住处向他汇报，当看到林可胜正在和家人、朋友欢笑言谈，不便打扰，便写张纸条递进去。林可胜看后，立刻起身穿衣出门下山，找到医院负责人，大发雷霆，命令晚会立即停止，全体医务人员紧急集合，打开医院病房，收容全部伤员，并安排人尽快给伤患煮稀饭送来，一直忙到天亮。

据时任救护总队队部秘书陈学深后来回忆：1942年，贵阳驻有大批美国官兵，见到漂亮女郎，即大吹口哨，显出一副"色鬼"丑态；上酒楼餐馆，对女招待毛手毛脚，举止无礼，弄得市民怨声载道。正在外地战场考察的林可胜听到汇报后，专为教训这帮美国大兵回到贵阳。林可胜穿起将军装，威严地将所有在贵阳的美国官兵招到卫训所集合，严加训教。他英语比汉语好，加上在学术界的声望以及在军中的高位阶，美国大兵对他很敬畏。他严肃地告诫他们：

"中西文化不同，思想观念不同。你们到中国来协助中国抗战，意义重大；但千万要记住，不能损害中国人民的尊严。否则，你们的行为，将破坏你们国家协助中国抗战的意义。"

美国大兵们经他一训，从此在贵阳乖多了，再无类似事情发生。

林可胜对事对人抱科学态度，不分党派和级别，无论是自己的学生，还是其他院校毕业生；无论是医师、护士、工程师，还是各科专家学者，他都一视同仁。他常说，我们每个人，都必须忘记自己的身份。因为抗战期间，大家都是救护战场的斗士。

另有资料显示，1942 年年初某日，林可胜在图云关大操场上，亲自组织学员们进行篮球比赛以及和同事们欣赏赛事。由此可见，这位在工作上一丝不苟，严肃紧张的总队长，能与群众打成一片，展现出团结活泼、与民同乐的精神风貌。

救护总队规定，基层救护队须定期向总队长呈送书面报告。现将 1941 年 7 月 26 日，驻江西上高第 2 大队第 12 中队队长周知礼的《视察各队工作情形的报告》摘要如下：

"本月 13 日，由吉安至高塘墟第 043 队视察。……患者每日近二百余名，均系缺少营养，憔悴不堪，除少数患疟疾外，余均患痢疾，因抵抗力薄弱，死者颇多……因工作人员过少，而留治患者颇多，致护理方面欠周到。职已转知钱队长于最短期内完成太平间、厕所及各种防蝇设备……"

18 日至江东 581 队、583 队视察。病室清洁整齐，并备有蚊帐、席子、被单、淋状洗面处、开水桶。病室分为内外科重病、皮肤花柳及隔离病室，内部均井井有条，且每病室四周之环境卫生，均时加注意，且备有病者淋浴室。改进民间所有厕所，配冲水设备，加盖，管理有方，致苍蝇绝迹，臭味毫无……"

周知礼队长按照行程和时间顺序，依次视察的是第043、第041、第581、第583、第482、第582、第481七个队。从周队长"谨呈总队长：林"的报告中选摘上述三队部分内容，既能让读者于细微处窥视林可胜博士所修成的大家风范、广阔胸襟和以小见大的精神境界，又可了解当年基层救护队艰辛工作和生活实况的真实情景。在林可胜善思善为、践行古训、以身示教带领下，从总队长到普通工作人员，从医疗专家到一般医务工作者，无不克艰度难，兢兢业业，细致入微，任劳任怨，全身心投入抗战救护工作中。由此可见，那无数具有爱国奉献、不惧牺牲精神的民族栋梁，正是在这样的熔炉里锻造出来的。

1939年夏，英国记者詹姆斯·贝特兰和德国医生汉斯·米勒、中国细菌学家江晴恩（江涛声）共同受宋庆龄之托，从香港出发，为"保盟"护送12辆卡车和600箱医药用品到西北国际和平医院，同时将英国工业家约翰·桑尼克罗夫特捐助的一辆附设手术间的大型救护车送抵延安。他们一路不畏艰险，艰难跋涉，颠沛辗转，不幸大都感染了疟疾，频繁发冷发热，难以自控，在途经图云关时，不得不停下来接受治疗。林可胜不仅热情地接待了贝特兰一行十数人，还对几位较重患者施以最优质最耐心的治疗。

时值"西班牙医生"们正陆续到达图云关，当林可胜与先期到达的白乐夫、严斐德、纪瑞德三位来自西班牙战场的医生讨论军医及战地救护等问题时，贝兰特一直怀着好奇之心"奉陪"到深夜。林可胜的言谈举止给贝兰特留下了深刻印象。

通过几天接触，贝兰特对救护总队及其总队长林可胜充满了好感、好奇和信任。林可胜为人谦逊，总是不慌不忙，带着悦耳的苏格兰口音说话，轻而易举便以权威身份成为主宰讨论的主角等等感受，永远烙印在贝兰特的记忆深处。他从心底断言：

"凡是参观过林博士的医疗救援团队的人，都对这位领导者的见解和人品，留有美好的印象。他对中国军医的培训，他的战地服务团队的工作，将彪炳于中国救死扶伤史册。良好的战地救护等于一个师。"

多年以后，林可胜的声音，似乎还在贝兰特耳边响起：

"我们在这里从事的卫生保健工作，其作用等于是让一个军有十二个师，只有我们能够说服司令官把这件工作抓起来。"

因此他坚定地认为，中国的抗战救护工作，在林可胜的领导下，必将取得最伟大的成功。

曾任救护总队预备大队大队长的马玉汝，曾以切身体会，对员工们说过一番推心置腹的话，令人感动。他说：

"我们的待遇，比较上特别少；我们的生活，比较上特别苦；我们出入枪林弹雨而工作的情绪，事实上特别强。这正如吃不饱穿不暖的士兵，勇敢再加上勇敢，艰辛重叠着艰辛，在不顾一切地打硬仗。因为我们，眼看见成千成万伤病的士兵和民众在苦难里呻吟，更看见轻病变为重病，重病即将死亡而草草被葬的残酷。在我们愤慨、怜恤交织的情绪之下，想到了我们学的是医药护理，怎能不挺身而出，来担当这'救死扶伤'的任务？"

"抗战以后，经不起穷的同志，很多人为自己的幸福着想而开业发财！在我们衣食住乐的各方面，做公务员的和开业的相比，那真是自惭形秽。所以，有时候我们的薪水发不下而吃饭困难；或衣履已破，妻子叫苦的时候；除长长叹口气以外，也会想马上掼掉这一顶纱帽。但是一回想，我不入地狱，谁入地狱，岂况我们的任务这样的重大，红十字宗旨这样的神圣呢！同志们，当我们在某一战场救护下来多少伤兵让他们不死，或当一个垂危的患者被我们救护复活而在他们含着眼泪又自然地笑着来道谢我们的时候，我们是多么被视为崇高伟大而自觉心理上的安慰，更岂况我们尽到了国民的天职呢！同志们！一切，我们都不要灰心；一切，我们都要忍受；一切，我们都要站在红十字的旗下仰起头来！"

"我们的待遇特别低。我们的工作特别忙。有时候，我们的薪水发不下而走投无路；有时候，枪林弹雨在侧，危险万分；但我们都崇尚红十字精神，看重救护事业而咬着牙在工作！我们没有派别，没有地域，没有你争我夺和'官大一级压死人'的习气；客观地说，我们很自由，也很和谐地耕耘着我们的园地，有很好的收获！但我们主观的检讨，确实认为设备还不够完善，工作还不够满意，情绪还不够紧张，计划还没有完全做到。我们要加倍地努力，努力地耕耘！同时更需要中外人士的教正！说到这里，我很伤感地悼念我们前方殉职的几位同志，更由衷地感谢源源接济我们医药的盟邦，尤其是美国的友人与英国的友人。"

通过以上事例，我们更能感受到林可胜深知只有"尽精微"，才能消除可能存在的风险隐患，确保工作取得实效。如果对工作、对事业仅满足于差不多、过得去，仅停留在一般化层面，只会把问题掩盖，让结果事与愿违。多些对困难的预测和精益求精的执着，方能稳扎稳打、善作善成，积小胜为大胜，达到既定目标。因此，他随时随事不忘"尽小者大，慎微者著"的道理。

第十二章　三贤士谋良策竟全无善终

第一节　"战时三合一"步履维艰

到此，我们不妨重温一下前面曾述及的关于淞沪战场失利、红会总会西迁武汉那段时间，庞京周在推行"战时三合一"政策方面的有关工作经历和所遇到的非难。

从小学医，成年行医，且在上海医疗卫生界一帆风顺的庞京周，早在 1930 年一本精装彩色铜版纸照片的《上海名人传》中赫赫在列，时年 33 岁。庞京周对公共卫生领域情有独钟，曾结合自身长期行医经历和诸多从业感受，撰写出《上海十年来医药鸟瞰》在《申报》连载，并于 1932 年出版单行本。因此，抗战前夕的庞京周在上海医药卫生界就人旺位高。

1937 年 1 月，颇具社会影响力的庞京周，受到以刘瑞恒为首的卫生和军医当局以及社会名流杜月笙等的共同支持举荐，接任中国红会总会秘书长后，随即被刘瑞恒请准任命兼职卫生署简任技正，这样他既是中国红会高层职员，又是国家公职官员，标志着他已经成为贯彻落实"战时三合一"政策的主要人选。

半年后的 6 月 21 日，庞京周以中国红会总会秘书长身份前往庐山，与蒋介石会面，报告中国红会的有关工作情况，并指出其功过得失，蒋介石赞扬其能识大体，顾大局。由此可见，庞京周早已成为自觉践行"战时三合一"政策的得力干将和主要推手。

尤其是此次甘冒违背"组织程序"和"越级汇报"的官场禁忌，直接面见蒋介石的出格行为，被红会总会高层理解为庞京周已经使出浑身解数，在不遗余力地推进刘瑞恒的"战时三合一"政策，并从此对他有所戒备。后来的事实充分证明，庞京周在积极配合推动刘瑞恒构想的"战时三合一"政策过程中，非但始终未获得红会总会大部分理事、监事的认同和理解，甚至有不少人非难身为红会秘书长的庞京周兼职出任卫生署"官职"，与红会民间社团的性质相矛盾，因而对庞京周集才、集资、集物等积极而具体有力且卓有成效的救护工作"掣肘殊甚"。

然而相对于刘瑞恒来说，遗憾的是"战时三合一"构想往往一经庞京周在救护策略上稍有体现，就会遭遇阻力，立即被红会高层群起而攻之，将其扼杀在摇篮中。究其原因主要有三：一是当年的国民政府实力太弱，在战场救护这个问题上无能为力，不得不依赖中国红会在国际上的关系获得援助；二是国民党正面战场在军事上失利过于迅速，正常工作秩序常常因此被打乱；三是当局各部门间利害关系很难协调。

再加上这期间，鉴于战争日趋激烈，主持工作的中国红会副会长杜月笙及若干理事监事先后转移至香港办公，会长王正廷及监事许世英也分别到香港留住，共同商议在港组建红会总会办事处事宜，以便接收侨胞及国际援助，转供抗战之需。庞京周应正副会长王正廷和杜月笙的一再要求，不得不于救护总队成立前夕的1937年年末离汉飞港，专任红会总会秘书长之职，主持日常会务，从此，基本上脱离了一直以来都亲自积极参与的战场救护工作。

再从政府方面看，1938年2月，救护总队成立之初，国民政府军事当局就意图强行接管中国红会救护总队，并曾致函中国红会总会副会长林康侯，邀请他参加在汉口召开的后方勤务部会议，暗示将讨论救护总队的归属等问题。2月21日，在武汉的后勤部会议上，国民政府军事委员会提出，值此抗战期间，为运用迅捷，实施普遍救护起见，应将红会救护总队所属各医疗队、手术队、绷扎队、防疫队等基层组织，尽皆拨归后勤部指挥，同时发文要求红会总会照办，并饬令后勤部对于救护总队运输上尽量予以便利。

此决定给红会总会造成很大压力。红会总会接到军委会电报后，立即作出否定反应。回电大意是，自红会总会从南京迁汉口后，为适应战争环境需要，也为求得运用迅捷起见，已陆续将以前所属的各救护队员、医师、护士暨一切医疗器械改编为四十余个医疗队，以便视战场需要派往各战区军医院协助救护工作。救护委员会自组建以来，主动与各军事机关取得联络，得到了后勤部卫生处各位官佐对本会随时指导，工作颇获成效。各军医院纷纷请求派队支援，形成供不应求之势。故总会希望能够继续扩充各类医疗队，尽可能达到运用迅速和救护普遍之目的，因此不赞成按照军委的命令将救护总队改隶军委后勤部。同时还婉转地解释称，救护总队各医疗队名义上未拨交后勤部支配运用，而实际上已充分发挥其战场救护效能。如救护总队各医疗队一旦拨归后勤部指挥，则容易引起各界误会，以为各队失去了社会慈善团体组织性质，会造成外来捐赠物品以及各慈善家指捐本会某队之经常费用受到影响，进而停止。因此，红会总会建议军事委员会准将救护总队所属各医疗队维持原状，不必改隶，继续由红会总会联络各战区兵站卫生处等开展工作，以便更好地发挥其能动性，使战场救护工作取得更好成效。

军委后勤部提议将救护总队拨归其指挥的主张，正是从抗战实际需要的角度，贯彻前述"战时三合一"政策的具体行动，不过暂时被红会总会婉拒，没有达到预期目的。由此看来，救护总队各医疗队改隶军管只不过是时间问题，一旦时机成熟，救护总队必将成为贯彻"战时三合一"政策的产物被收编在国民政府军事委员会属下管理。

就在庞京周离汉赴港以后，客观上造成了红会总会与救护总队之间疏远分隔、鞭长莫及、各自为政的局面。遥控指挥的力不从心和软弱无力，使得红会总会驻港办事处与救护总队之间渐行渐远。救护总队则犹如失去爹娘的孤儿，陷入无援无助的境地。在此情况下，总队长林可胜不得不借助民间爱国人士的多重社会关系和宋庆龄所领导的"保盟"，接上了与克拉克夫人，即"红色希尔达"的关系，并在克拉克夫人的热心关注和多方斡旋下，在香港另设了救护总队办事处，直接接收海外援助款物。此举，就连红会总会会长王正廷也无可奈何，除了赞赏林可胜的国际威望、工作成效和对国家民族的忠贞不贰以及赤子之心外，别无他法。

在庞京周的女儿庞曾漱所写《忆先父庞京周医师》和池子华先生于2019年5月所撰《"慈善人生"——庞京周医师的生平与事业》中都有披露，1939年夏，红会总会驻港办事处收到爪哇华侨指名捐助给八路军的一大批药械及食品，曾指令时任红会总会秘书长庞京周由香港亲自押运到武汉，交救护总队部设法转送延安。为了对捐赠者和受捐者双方负责，庞京周领命押运到武汉后，经与林可胜反复商议，最后决定由他俩一道，代表中国红会总会，组织车队，亲自将这批医疗救护物资安全送达延安。

毛泽东得知中国红会总会秘书长和红会救护总队队长亲自押运送来海外华侨捐赠给八路军的医疗物资，非常高兴，当日就会见了庞京周、林可胜二人，并与他们进行了以"抗战形势分析与持久必胜"为主题的长时间谈话。二人也曾与傅连暲以及在延安的白求恩大夫等人进行了会晤，获知了八路军敌后战场的医疗救护工作现状。

红会总会香港办事处所收受的外来捐赠款物无定数，内转救护总队或其他各单位时，又极难适情适时遥控联络，导致其供需矛盾日益突出。而身为总会秘书长的庞京周，必须亲自与总会各直属单位打交道，不仅上受正副会长的节制，还要接受驻香港理事、监事的监督甚至挑剔掣肘，时常被搞得无所适从，左右为难。

在此种种原因之下，1939年8月，常驻香港的庞京周终因无法协调红会总会内部与国民政府卫生、军医主管部门的矛盾，以及与救护总队之间微妙的上下级关系，更无法化解那些集于他一身、令其左右为难的责难和抱怨，深感周旋不暇，非但往往劳而无功，还时常为此背过、受责，以至于终萌退志，遂提出辞去红会总会秘书长职务。同年冬，庞京周受命担任重庆空袭救济委员会主任。

其实，以刘瑞恒为首的卫生当局并不会将推行"战时三合一"政策这件关乎抗战救护的重大战略，仅寄托在庞京周个人身上。如前所述，为加强"战时三合一"政策的推行力度，刘瑞恒早在若干年前就开始寻找、发现、罗致、培养大批人才，尤其注重发现和遴选领袖类人物，使其能顺利推进，达到成功，不至于因某个个体的夭折而被扼杀。

曾长时间在协和医学院配合刘瑞恒工作，且在长城一线战场救护中有着身先士卒杰出表现的新加坡华裔生理学家林可胜，在庞京周积极配合实施"战时三合一"政策过程中，早已成为刘瑞恒眼中继庞京周之后贯彻"战时三合一"政策的不二人选。

出生于新加坡，时年27岁的华裔生理学家林可胜，1924年回国受聘于北京协和医学院，成为该院最年轻的教授和生理系主任。刘瑞恒离开协和，升任卫生署署长以后，林可胜随即受卫生署之命兼任中华医学会会长，从而开始站上更高平台，视野投向更广阔空间，对中国医学教育体制和如何发展国家医疗卫生事业进行全面的调查和思考，并有机会参与到国民政府卫生现代化推进工作中。

据协和毕业生周美玉回忆，1937 年 6 月初，林可胜向校方提出休假一年赴欧洲进行学术考察的申请并获得批准。月底，林可胜带着校方预支半年的工资和赴英往返旅费离开北平，据称是带着一双儿女在北戴河短暂度假期间，卢沟桥事件爆发了。于是林可胜父子三人立即乘火车赶到天津，准备乘海轮经香港前往英国考察兼避难。

上海沦陷后，还滞留在香港九龙的林可胜接到时任南京政府卫生署署长兼军事委员会卫生勤务部部长刘瑞恒的长信，告知前线军队军医力量薄弱，大量伤兵急需救护，敦促他速到武汉帮助建立战时医疗卫生救护组织。于是林可胜决定，放弃欧洲学习之旅，将孩子们送回老家新加坡，然后立即兼程赶回北平，向校长胡恒德提出辞去协和医学院教职，去参加战地救护工作，同时建议派协和医疗队南下首都待命，以便在战争爆发时为前线将士提供救护服务。

胡校长考虑到北平协和是教会外资开办的医教机构，涉及美国及校方的各自利益，更不便得罪日方，但在拒绝林可胜提议的同时，却建议林可胜前往英国休假，暗示其远离北平，去办他该办的事。离开协和前，林可胜向胡恒德表明，他有可能去参加抗战。

刘瑞恒之所以物色林可胜参与筹组救护组织，就是因为他早已对林可胜十分了解。除了他俩在北平协和时的私交很好外，还熟知他曾在国外参与过战场救护，又曾在长城会战期间组织领导协和和华北医疗救护队进行战场救护，具有丰富的实战经验；此外还看中他在国际医疗卫生领域的威望和人脉资源，使之容易获得南洋和欧美的华人华侨圈子对中国抗战的捐赠支持。

据史料记载，1937 年 11 月底，林可胜到达南京，与刘瑞恒"经漏夜之研讨"，共谋抗战救护事宜，随即被任命为卫生署实验处副处长，负责规划中国红会的抗日前线救援工作。

刘瑞恒最感欣慰的是，曾经参加过 1931 年武汉洪灾期间卫生防疫的北平协和医学院周寿恺等 15 位男生，以及抗战开始时，接受林可胜亲自实施的战场救护训练包括他的助教卢致德在内的那帮学子，在 1933 年的长城抗战中，大都参加了协和学生救护队，开展战场救护并取得丰富经验。这批优秀青年才俊，当年一边坚持课堂学业，一边参加医疗救护训练，无论在课堂上还是在训练场，甚至在枪林弹雨的早期抗日战场救护中学到的技能和摸索的经验，在随后的持久抗战中都派上了大用场。

庞京周和林可胜都具备 1931 年开始组织领导医疗救护队分赴不同战场救护的实践经验，因此当淞沪军事失利、南京沦陷、大量医护人员集聚汉口时，刘瑞恒一度寻思委派林可胜前往接受中国红会总会驻武汉办事处主任。此事虽未能成功，但林可胜仍然凭借个人威望，抑或兼有与在医疗卫生界资历长、地位高，大权在握的刘瑞恒长期交好的社会影响，顺利出任中国红会总干事，先在汉口组织红会救护委员会，着手组织各专业医疗队，后来更主动牵头成立救护总队，并出任总队长。这就是刘瑞恒极力举荐林可胜担任救护委员会理事，进而任职救护总队的一系列故事发生的大致过程。从此，延续下林可胜以其长达 12 年的战场救护生涯，成为继庞京周去职之后，孤军奋战实施刘瑞恒"战时三合一"政策的唯一得力干将。

救护总队的成立，不仅是中国红会自身的问题，其中更牵涉整个医疗救护资源的整合与分派使用。因此可以说，救护总队其实就已经是贯彻"战时三合一"政策的产物和体现"战时三合一"政策成效的载体。因为实践已经证明，以林可胜为首的医界精英，除了从事与救护总队相关的战地救护工作外，实际上也和卫生署、军医署有着密切的人事、业务联系。换句话说，"战时三合一"政策以救护总队为核心载体，透过林可胜的人事安排、业务分工和医疗资源配置，构建成了事实上的抗日战场救护体系。

尤其是南京沦陷后，辗转来到武汉的诸如荣独山、张先林、周寿恺、李文铭、荣启容、郑家栋、彭达谋、俞焕文、黄家驷、汪凯熙、墨树屏等高层次医疗专家，包括随后到来的协和高级护理专业毕业的周美玉等具有人生理想和战场救护实战经验的骄子爱徒，都纷纷加入了红会救护总队，参加到抗战救护的人道主义事业中，并成为救护总队先驱者、带头人和中坚力量。

刘瑞恒与庞京周过从甚密，相交笃厚，且对庞京周有过栽培提携之恩，更与林可胜为协和故旧，双方有约十五年的上下级关系。因此，在他们相互共事交往过程中，尤其是在指挥调度早期的战场救护工作中，自然形成了刘瑞恒手持中节，舞动由庞、林二人为梢节的贯彻"战时三合一"政策，配合紧密的"三节棍"组合。而且，刘瑞恒必然会分别与庞、林二人，就他构思的"战时三合一"政策进行直接或间接沟通、交流、解释和前景预测，并明确，所谓"战时三合一"，就是将军医署、卫生署与中国红会三个体系的人权、物权与事权进行统筹管理的运作模式。

正因为刘瑞恒、庞京周和林可胜三人英雄所见略同，工作配合默契，并都早就预见到中日间难免一战，所以才有了刘瑞恒一面推荐庞京周进入中国红会总会接任秘书长，一面进一步提携他为卫生署官员，再加上对林可胜的举荐等，其用意无不在于推动"战时三合一"政策的落地实施。庞京周后来积极推动"战时三合一"政策，其动机既出于抗战救护工作的全面考量，当然也可能有回报刘瑞恒知遇之恩的个人因素。个中缘由，确实很耐人寻味，只能留给后人去评说。

1938 年以前，国民政府是将军医与卫生两署合二为一的。身兼国民政府军医、卫生两署署长的刘瑞恒是"战时三合一"政策的首倡人物，其盘根错节的人事关系，构成了此项构想的组织人事基础。但随后，从卫训所首创时的"军政部战时卫生人员训练所"，更名为"军政部、内政部战时联合卫生人员训练所"，再到复用原名，谁都能看出，背后的症结是军医与卫生两署分分合合所致，进而反映出政府的政策和人事不稳。刘瑞恒在绞尽脑汁、费尽艰辛完成组织和人事两方面的部署和铺垫之后，随着庞京周辞去中国红会总会秘书长，多重因素使他预感到今后还会有许多不可预测的变数，仅凭林可胜一人，最终还是难以实现其宏图大略。眼看着谋划数年的"战时三合一"政策因种种原因叠加而可能导致失败，刘瑞恒灰心至极，感到已经无力回天，遂下决心辞卸国民政府职务，转赴香港从事医药器材的筹储运济等工作，从此再未过问战场救护事宜。

刘瑞恒虽然因赌气泄气离职，但他与林可胜两人，早已通过数年共事中所形成的故旧门生，进行了长时间、一系列、全方位人事安排，从

1945 年初，图云关的战时军用卫生人员训练所

而使其倡导的"战时三合一"政策还存在一线成功希望，不至于因他的去职而彻底废止。从此，以救护总队诞生为标志，林可胜成为中国红会救护总队和卫训总所卓有成效的核心领导人物，担负起全面抗战救护工作和这段特殊历史时期医疗卫生人员培训教育的历史重任，成为刘瑞恒"战时三合一"政策的忠实实践者。

第二节　林可胜辞职的必然性

自从刘瑞恒和庞京周先后离开医疗卫生和战场救护领域后，曾参与"战时三合一"政策早期的构思策划、鼎力实施者仅剩下林可胜一人，他还在以他自身的人格魅力、爱国热情和宽阔胸怀，带领着众多门生故旧和广大爱国医务工作者，在左右为难的夹缝中苦苦支撑着继续奋战。因为此时的林可胜，也早就因为极力推行"战时三合一"政策而饱受诟病。红会总会中不时有人以"红会乃民间社团"为由，非难甚至攻讦，说他既担任政府卫生署"官职"，又出任红会总会救护总队队长，与红会的民间社团及其中立性相矛盾。

此种非议所指，正是前述由国民政府训练委员会牵头组建、投资运行并任命领导班子的"军政部、内政部战时联合卫生人员训练所"。因为仅从名称看，卫训所确属一个纯粹的政府属下战时事业性教育培训机构，加上作为卫训所教学实习医院的第167后方医院，也是政府军医署配属给卫训所的军队医疗事业单位。从体制上看，这二者与中国红会的性质、任务和责任确实完全不同。而救护总队，则是一个地地道道附属于中国红会总会之下的民间机构。但在现实管理、人员配置和具体工作中，这三者之间又不能不形成你中有我、我中有你，并长期保持着割不断、理还乱的千丝万缕紧密联系。国民政府和中国红会乃至国际红会之间，本身就有着各自不同的价值取向、政策规定、管理体系和服务宗旨，因此，受命领导指挥，驾驭救护总队、卫训总所和实习医院这"三驾马车"的林可胜，能够始终如一地在极其艰难的夹缝中协调并摆平这三者间的关系，使之朝着以抗战为共同目标的方向奔去吗？

但是，"战时三合一"思想的创立人刘瑞恒和全力以赴贯彻推行者庞京周虽然相继辞去国民政府卫生署和中国红会总会的职务，尤其是刘瑞恒，在战前对政府体系的军医领域和卫生勤务的构思和所做的人事安排，此时已初见成效。特别是以林可胜为首的协和医学院许多师生故旧，已在卫生署、军医署、中国红会等部门担任要职，已然形成了盘根错节的坚固堡垒，要想撼动它，已经并非易事。

综上所述，在抗日战争的特殊历史背景下，救护总队队长兼卫训总所主任林可胜，不得不通过人事渗透、组织交互、业务合作等方式来维系和把控救护工作这盘大棋，并在他的主持下，与卫生、军医和红会以及社会各界进行多方协调，精诚合作，因应全国抗战救护事业实际和迫切需要，致力于整个救护工作。以林可胜为首的医界精英们，利用其在协和的学缘关系和在医疗卫生界学术权威的影响力，号召有志于献身抗战救护事业的医疗卫生人士，投身于红会救死扶伤行列。因此，客观上就已经，也不得不将救护总队和卫训总所统筹到"战时三合一"的框架之下，将其打造成贯彻实施"战时三合一"政策的中坚力量，使之成为整个中国战场救护体系的核心，拧成一股绳，以抗战胜利、赶走侵略者为大局，为终极目标而努力，别无他法。

在人事渗透方面，协和医学院师生不负众望，无论是在军医署、卫生署从事医疗行政管理，还是在救护总队、卫训总所担负战场救护或医疗卫生培训教育，甚至在第167医院治疗伤患，都能恪尽职守，尽责尽忠，配合相关部门，为贯彻"战时三合一"政策铺设基础。在组织交互方面，救护总队各医疗队、医防队、医护队、卫生队的组织程序与结构，成为林可胜战时流动救护理念的载体，也是在当时国情下，唯一合乎实际规律的组织运作模式。

此种模式，一方面，为卫生、军医等部门组织相关防疫、救护等运行机构提供了可能；另一方面，也为卫生、军医和红会救护总队，在医疗单位配置、基层救护队建设等方面提供了保障，更有利于在战地救护工作中达成业务上的无缝衔接。在业务合作方面，卫训所名义上是由国民政府下属的内政部、军政部主管，实质上则是为救护总队训练培育战时救护力量的机构，除林可胜身兼救护总队长和卫训总所主任外，救护总队绝大多数医疗卫生骨干也都在卫生训总所或分所兼任着要职，形成了你中有我、我中有你的业务合作机制，既相互融为一体，更鱼水不能分离。综合人事、组织和业务相互交织渗透合作这三方面，从大处看，除表现在包括林可胜的任职外，诸如救护总队的各位股长、指导员、视导员，卫训所的科长、组长、教授和第167后方医院的相应专业职务，几乎全都是兼职担任。从小处看，比如救护总队的血清疫苗厂，离开有关专家的无私兼职，坐镇指导，根本无法实现正常生产。林可胜一班人，正是绞尽脑汁，通过以上种种措施，才使整个救护工作像一台由若干独具功能的部件组装在一起的整机，以较为理想的运转规律来推进救护工作的完成。当然与此同时，客观上也使"战时三合一"政策朝着既定目标逐步推进并最终得以实现。

事实虽然如此，但面对不时飞进耳朵的流言蜚语，伴随着在许多事情上来自红会总会高层的责问和掣肘，林可胜不能不以刘瑞恒和庞京周的结局来镜鉴自己的未来，在尽量修正自己以适应非议但仍无法消除各方的责难之后，开始产生兔死狐悲，甚至树倒猢狲散的悲观想法。

世上许多事情，当还在坎坷不断、历尽艰辛之时，大家都睁一只眼闭一只眼，甚至等着看当事人的笑话。而但凡到了做出成绩、显出成就的阶段，街谈巷议者有之，非议攻讦者有之，争功窃誉者有之，令当事者难以抵御野心家们的嫉妒和诽谤。此类事情，政治如此，事业亦如此，在抗战救护这件大事上，同样表现得淋漓尽致。

刘瑞恒和庞京周的先后去职，当然是令人十分惋惜之事。当年集公共卫生与军队医疗双重事业于一身，倡导公医与军医革新、齐头猛进的刘瑞恒，就曾遭到部分朝野人士的围攻。其实，刘瑞恒无非学人秉性使然，完全出以公心，并无丝毫个人所图，却为无聊人事所困扰，索性采取了"既然你认为不可为，我不为就是了"的态度，于是毅然辞去职务，远离这潭污水。庞京周自然也是与之类似。

现在，事情轮到林可胜头上，思昔抚今，前车之鉴，虽崇敬刘瑞恒与庞京周人品之光磊，为他们的去职而深感痛惜，但对于国民政府之无法信赖，对于红会总会的众多非议，尤其是对于各持政见的国共两党矛盾之越来越不可调和，加之自己对始终主张并呼吁全民族团结抗战的共产党寄寓同情以及在救护力量上给予支持，林可胜开始预感到山雨欲来，前途未卜。

自林可胜从 1937 年年底在汉口任临时救护委员会总干事，筹组救护总队，执掌战地救护工作以来，人们，特别是他的门生故旧、同事好友们，越来越担心他前途堪忧。其一，他的声望与所掌握的物权确实会遭人嫉妒；其二，从筹组救护总队开始，就不遗余力地贯彻所谓"战时三合一"政策而导致与红会总会关系长期不睦；其三，他向共产党领导的八路军和新四军派遣救护队、分拨医疗救护物资，使国民党高层对其产生怀疑。

先从红会总会方面来看，在 1940 年的全体理事、监事联席会议上，就有人抱怨称：

"本会救护总队部在此非常时期，工作重要，惟自该队部成立以来，迄未呈报总会。"

为了防范林可胜专权独揽，有人建议总会"函请临时救护委员会令饬该总队部具报"，并要求救护总队"嗣后并应将工作情形，及所属各队部的调动、人员进退各项，随时分呈总会及总会办事处以便查核"。

而捐赠问题更是林可胜引人猜忌的主要方面。随着抗战深入持久，救护总队机构日臻完善，救护事业迅速发展，救护总队对战地救护责任越大，贡献越大，非议也随之越大。与此同时，林可胜在国内外的声望日益高涨，国际社会和海外华侨捐购的大量医药用品、运输设备和物资器材，甚至现款等，都直接指定由救护总队林可胜收，使红会总会非常难堪，从而引起大量批评非议，在所难免。特别是林可胜一人掌握着全部国内外捐款捐物的分发使用权，更使得某些人眼红，以至于红会总会一帮安居香港和重庆，身居高位的理、监事们深感不悦，必欲除之而后快。

1940年的《救护与救济》9月与10月合刊第一卷第二期，记载了红会总会常务理事王晓籁携潘小萼秘书长一行于当年6月10日至11日，亲临图云关救护总队部视察，召开谈话会的过程。

王晓籁一行7日下午抵贵阳，8日上午先拜访时任贵州省政府主席吴鼎昌及省府各机关，下午至图云关视察救护总队部时，不巧，林可胜总队长赴长沙公干未返。王晓籁一行出席该队部举行的欢迎大会，表明此次视察目的，会后走马观花视察图云关全域，包括救护总队部、卫训总所和第167后方医院以及与这三个方面相关联的若干分支机构。

10日，林可胜急速赶返后，陪同检视总务、医务、材料、运输各部门，分别由总务股张祖荣、医务股荣独山、材料股陈国信、运输股祝远等人汇报各股工作情况。运输股股长胡会林因自仰光赴昆明未及赶返而缺席。听完各部门汇报后召开座谈会。

林可胜首先发问："红会总会迁驻重庆后，本总队系受辖临时救护委员会，请示今后行文手续如何办理？"

从发问的口气可以感到，林可胜对总会高层有不满情绪。

王晓籁答："临时救护委员会图章移渝，救护总队行文需先呈临时救委会转呈送主席委员所在地核办；紧急请示可直接电呈会长兼主席核夺，同时呈报临时救委会……"

为消除总会对自己的猜忌，林可胜就有关问题予以当面澄清，首先是对国际社会捐款捐物直接指定他亲收等事做出声明："本人常接国外友朋或同学等来函来电问询红会所需，以及关于款项、车辆等协助意向，虽难却各方善意，但从未直接收受任何物品及款项。"

其次是以建议美国医药援华会许先生代购机器设备拟建疫苗制造厂募捐的函件，被许先生将所发原函影印编成通告发表，故被总会指责越权事为例作出解释说："向国外劝募药械或捐款，均函请美国医药援华会许先生代洽，所发函件均抄寄红会总会驻港办事处存查；至于在香港和美国宣传红会救护事业，间或刊登本人相片，事前实未征得本人同意，不但总会认有未妥，本人亦为诧异，虽屡经函请纠正，各方未予接受，实感无可奈何；许先生将本人所发劝募物品或捐款函件印送美国医药团体或个人，本是好意，因美国人士与本人交谊较多，比较能引起同情或起到宣传作用。"

之后，林可胜近乎质问道："本人对外函请各界捐助本会款物并送交本会手续，是否合法，敬祈指示？"

王晓籁答："红会总会正是由向外劝捐收入来维持业务，此系根本。本会人员大家都向外劝捐，欢迎都来不及，哪有拒绝可言，多多益善。但对外接洽得以'经募人'名义募捐款物，不论为数巨细，其接受唯一机关为总会，并以总会会长名义填发收据。林总干事与许先生函件有关会务，如议及捐款捐物者，当抄寄香港备查，该项文件，当予留卷以便查核。"

潘小萼秘书长插话："向外劝募物品捐款，随时呈报，当以会长名义出面接洽决定。"

林可胜当即表示："极愿遵办。"

从以上几个回合的问答，已经明显可以看出，林可胜对于此前的各种非议深表反感和委屈，并对自己的清白作了申辩性说明，对工作中遇到的违背本人意愿的无奈之举做了业已尽到责任的澄清。

向国际社会劝募，本属低三下四的求人之事，但为了抗战救护事业，林可胜可算是做到了鞠躬尽瘁。怎想到红会总会的高层却搬出如此这般繁杂条例严加限制，疑神疑鬼，绝无见谅。作为当事人，在遭受这样带侮辱性不信任的责备之后，其内心委屈可想而知。

对于林可胜的不悦，王晓籁听在耳里，看在眼里，记在心里，在离开之前，他还是对林可胜进行了一番安抚："与许先生时通函件，皆系答复其关于技术上之一切问题，及提供有关之建议，以资参考。"并一再声明"总会职权,可胜知之正稔,绝无侵犯之意"云云。

随后,考察组与救护总队又针对经费预算问题交换了意见。在谈到林可胜的兼职问题时,王晓籁如是说:"本会希望林总干事专任本会救护工作,以示专一,近兼行卫生实验处处长职务,希加解释。俾回港提出报告。"

林可胜申辩道:"本人在未参加本会工作以前,即任卫生实验处副处长职,得卫生署署长之谅解,专事本会工作。今年一月间,颜前署长(福庆)辞去卫生实验处处长兼职,庶举本人继任,直至三月间,为协助颜前署长工作起见,暂时受命,现颜署长已经辞职,本人亦已函电金署长辞去本职。但恐引起金署长之误会,尚希本会代为说项,准本人辞去处长一职,是所至盼。"

潘小萼秘书长插话表态:"林总干事服务本会,向在卫生署支薪,本会未支薪金,现即函辞卫生署职务,此后关于林总干事薪金,当由本会支付。"

参会的指导员过祖源、医务股主任荣独山、财务课陈课长、材料股陈代主任,各自代表本部门作了相关问题的汇报发言。

最后,林可胜就救护总队部对外通讯未经呈奉会长及常务理事、监事核准,任何重要事件不得直接分发,对政府机关行文须由秘书长核转;救护总队委派各队队长应先呈报救护委员会主任亦即会长核准;救护总队任何支出,须经会计部门审核是否合乎预算范围,再呈请签准;总会及其分办事处对于救护总队运输人员、车辆有监督指挥权等制度律令,向各位参会干部作了进一步强调。

而就在1938年2月,救护总队成立之初军委后勤部主张将救护总队拨归其指挥两年半左右,贯彻"战时三合一"政策的呼声再现,救护总队再次处于是否军管的旋涡中心。但此次提出救护总队改隶军管的却不是军委后勤部,而是身为救护总队总队长的林可胜。

资料显示,1940年9月7日,林可胜曾经被蒋介石召到重庆,由宋美龄担任翻译面谈,接受了责问:

"为什么派医疗队,送药品器械给八路军和新四军?"

"红会是国际组织。"林可胜答。

"这是在中国！"蒋介石厉声说。

据林可胜随同人员回忆，蒋介石与林可胜谈话内容大致有以下三点：

1. 对林可胜以其社会关系和国际声望，给红会争取到大量国外捐赠医疗救护物资大加赞赏；

2. 由于林可胜缺乏中国行政经验，加之人事管理制度不健全，难免导致"乱党分子"混入，表示恨铁不成钢；

3. 要林可胜回去好好整顿，并告知他会在近期内，令有关部门派能干的人来贵阳成立政治部协助工作。

谈话中，林可胜基于抗战大局的思考，明确建议蒋介石调整救护总队指挥系统："就三年来之经验所得，深觉救护总队部及所属各队，虽已尽力谋与各级军医机关取得联络，然以指挥系统之不同，或组织机构之各异，似未能尽合作之能事，尚需加以调整，以期与军医机关作进一步之联系，以宏救护。"

蒋介石听完汇报，要求林可胜写书面报告呈送军委会。10月1日，林可胜向蒋介石书面提出四项救护总队的调整意见。大意是，救护总队及其所属各队应受军政部及后方勤务部指挥。由于救护总队医务队兼有防疫和治疗工作，因此各队的组织、编制亦应比照军政部防疫大队予以改组，以便在军医主管机关指挥下，每一战区及后方都能建立一个训练、治疗中心。

根据林可胜的书面建议，蒋介石令军政部部长何应钦召集后方勤务部与红会总会开会，讨论该建议中有关战时卫生机关调整问题。

驻重庆的红会总会收到军政部开会通知后，决定派员参会。但由于与会代表事前毫无思想准备，秘书长潘小萼又在病中，不敢擅自作主，只声明此等重要原则问题需请示会长和理、监事集体讨论方可决定。谁知将此事向驻港总办事处报告后，立即引起总会高层的强烈震动。会长王正廷与常务理事林康侯、王晓籁等联名致电正在重庆的副会长杜月笙和刘鸿生，强调总会改隶军管之事，"事先既未具报，又违定章，请就近查明实情，应即设法制止"。

第三节 "战时三合一"最终实现

杜月笙接到香港来电，立即主张总会应直接致电蒋介石，呈请原则同意红会总会"维持现状，以正国际视听"。与此同时，香港总办事处立即致电林可胜，痛斥其"擅自条陈"是严重的越级违规。

红会总会会长王正廷得悉林可胜对共产党的暧昧态度引起不满并被约谈后，曾把林可胜叫到重庆质问。林可胜从重庆回到贵阳，即被"军统"的人带走，后来由陈诚说情并保释出来。

林可胜自幼生活、受教于新加坡和英国，中文读写能力欠佳，且从言谈举止就能看出，是个非常"西化"的人。然而，林可胜却具有强烈的民族意识和爱国热情。他回国的次年，得知上海发生了震惊全国的"五卅惨案"后非常气愤，毅然两次与协和医学院学生一道上街参加游行示威，还积极策划、支持学生成立救护队，援救在示威活动中受伤的市民和医学院学生。为此，1925年7月，英国驻华公使曾派人去协和医学院，向校方表示了对林可胜的不满，并威胁说：

"我们不希望看到林失去他的英国护照。"

但林可胜并未被吓倒，1927年，他再次悄然带领协和医学院助教卢致德上街，四处张贴由他亲笔画的反对英国人在租界对华人施暴的宣传画。抗日战争爆发后，在林可胜的带领下，在民族救亡战争的硝烟中，协和医学院这所中国顶级医学院校的师生队伍，积极参与战场救护的精彩故事，也随之同步上演，并逐渐进入高潮，为中国抗战作出了举国翘首之丰功伟业。

实践证明，林可胜组织的学生救护训练，成为中国红会救护总队的一次小规模预演。其意义，不仅在当时具有非同一般的现实性，更在中国抗战史上留下非凡的历史性。而在他领导下取得的战场救护成果，不单从数字层面体现，最重要也最有价值的是林可胜将自己在第一次世界大战战场上所获得的战地救护经验，首次应用于中国抗日战场，并尝试组织训练各医学院校学生，配合医护人员组成流动救护队，以弥补军医之不足，将红会救护工作发展到前所未有的规模。而他创造的战地医疗工作经验，更给此后全面抗战时期的医疗救护和培训提供了宝贵经验。尤其是，通过战场救护实践锻炼造就出的部分青年学生骨干，后来都成为战场救护和医学训教的重要人才。

然而，红会总会高层非但不对林可胜的爱国思想，对受他影响而汇聚起来的大批救护骨干力量以及募集的大量援华物资和现款，对在他领导下在战场救护、医护培训等各方面所创造的丰功伟绩，予以充分肯定，认真总结和鼓励表彰，却热衷于吹毛求疵，甚至以他"亲共"为借口，极尽打击诋毁之能事，实在令人心寒。

1940 年 12 月 17 日，红会总会办事处在香港召开第 55 次常务理事、监事会专题讨论此事，与会代表一致认为林可胜未经总会核准，擅自呈报救护总队改隶军管之事"手续上殊有未合"，然既已造成事实，总会应设法与政府高层沟通协调，并力求获得比较圆满的解决。

12 月 23 日，军医署再度召集会议。秘书长潘小萼出席并发言：

图云关的协和部分师生 1942 年留影：前左四卢致德，左六周寿恺；
中部排除两位外籍专家，依次是周美玉、刘瑞恒、林可胜和容启荣

"所有各出席代表，均无异议，咸知本会拟称组织，乃有变更，恐国际各方视听，颇多妨碍，影响捐输。"

此外，潘小萼认为今后当随即与军方各医护机关"切实联系，应当随时商洽"。至此，救护总队改隶军管之事暂告一段落。

传统中国官场长期以来存在着"在职权范围"发声、"按组织程序"行事的"规矩"，一旦有人敢于张扬"个性"，强行"出头"，敢越"雷池"，去碰撞这个"规矩"，便会被看作是对整个体系的挑战，代价往往会无法预料，后果必然会头破血流。正是由于林可胜的越级汇报，构成对红会总会权威的严重挑战，以致遭到"枪打出头鸟"的无情惩戒，被红会总会视为"眼中钉，肉中刺"，必欲除之而后快。

林可胜擅自越级上报事件之所以会发生，从受教育背景来看，是他对传统中国根深蒂固的官场文化缺乏了解，对中国官场太过陌生所致；从思想出发点来看，是受红会总会一些人长期对其议论纷纷、指手画脚所累积的抵触情绪所致；此外，林可胜的中文表达能力不佳，甚至更可能成为个中的关键因素。

因为林可胜曾表示，报告原为英文，在令属下译成中文再请时任救护总队国民党政治部主任王治民带往重庆过程中，可能在收发之间出现先后程序的颠倒，以至于在驻渝红会总会、驻港总办事处都没有收到报告的情况下，就直接呈递给了蒋介石。而林可胜中文说写能力的先天不足，导致他无法以其他形式与总会高层直接沟通或申辩说明予以补救，结果造成红会总会与林可胜之间的更大嫌隙，在国家机关层面更被视为"另类"，从而引发了与红会总会的正面冲突，遭受更多的非议和责难。

但据研究者称，林可胜最终去职的原因，应该还是蒋介石当面严厉指责他有"亲共"倾向。

因为一直以来，林可胜始终秉持"救死扶伤，博爱恤兵"的红会宗旨，在对待抗日这个大是大非问题上，始终将国外捐赠的救护物资，一律看成专为抗日所用，应一视同仁，不分彼此，不分政党，凡是积极抗战的军队，均可享用。因此，救护总队组建之初，林可胜便与八路军驻汉口办事处有所联系和来往，并应共产党方面的请求，新组建了第13医疗队和第61医防队，交由第10中队队长墨树屏率领前往西北八路军根据地实施救护防疫服务；后来又派两个医疗救护队到江西新四军根据地工作，还多次调拨医疗物资给敌后根据地，并派车护送抵达。

此外，史沫特莱与林可胜过从甚密，前者除帮助在美国为救护总队募集医药卫生器材和资金外，曾三次访问救护总队，还在图云关救护总队部发表过"警惕蒋介石破坏统一战线"的言论，这使国民党反动派当局怀恨在心。然而林可胜从不避讳自己与史沫特莱的友谊，甚至将她寄信讲述红会救护队员张英在沦陷区被敌人残害后死里逃生，最终加入新四军的奋斗事迹刊发在救护总队的工作简报上。

此外，林可胜接收并重用的以"西班牙医生"为主的三十几位援华医生，被国民党情报部门认定大都具备欧洲各国共产党员身份，于是提出许多证据，指控林可胜与共产党"勾结"；加上发生在图云关的诸如"书报供应社"等一系列事件，早就被安插在救护总队的"眼睛"看得一清二楚，汇报得明明白白。这些，都成为蒋介石严厉质问林可胜的原因。

有研究者指出："如果说援助共产党的问题使林可胜的政治立场受到质疑，那么林氏与左派乃至共产党人的交往，以及共产党员在救护总队内部的活动，更加深了林氏'亲共'罪名的成立。"

据荣独山教授回忆，林可胜曾因到香港接受一批国外左翼人士捐赠的药品、器械，直接运交了延安的白求恩医院。为此也曾受到国民党上层的"亲共指控"。但林可胜曾据理反驳说："这是指名要交给白求恩医院的，我不能违背国外友人的委托。"

基于红会总会的多方责难，加上国民党当局及蒋介石亲自出面的严厉指责，林可胜内外交困，难以正常开展工作，遂于1941年1月，在香港召开的红会总会第一届理事、监事会第24次联席会议上，正式提出了辞呈。

在讨论林可胜辞职申请时，时任红会总会理事刘瑞恒曾极力设法为其圆场，并商请常务理事朱恒璧出面协调，提议拟提交会长、副会长和常务理事、监事会商讨，表决通过后方能准予辞职。会议最后决定，驳回林可胜的辞职申请。

林可胜辞职的消息传出后，立即引起中外一片哗然，特别是引起了美国红会的高度关注。1941年2月7日，时任中国驻美大使胡适收到美国红会电告林可胜因中国红会内部风波被迫辞职事，立即致电国民政府军事委员会侍从室第二处主任陈布雷，摘要如下：

"机密。乞呈介公（指蒋介石）。今日美国红会副会长 Swift 告适（注：胡适自称），谓得香港讯，中国红会救护总队总队长林可胜因内部风潮，被迫辞职……Swift 并云，此实乃中国最大之不幸之消息……中国红会近年在国外之信用与声誉，实由林可胜在科学医学界素负重望，又其办理救护事业勤劳清慎，实足令人敬服。美国红会本已决定陆续运送医药救济材料，其总额由罗斯福总统内定为 500 万至 750 万美元，其主任 Normandavis 与 Swift 两君及其派遣赴华人员等，皆对林可胜绝对信任。故适不敢缄默，特电请公留意此事，勿令群小把此破坏我国红会在海内外辛苦造成之荣誉，国家幸甚。……"

蒋介石于一周后复电胡适：

"并无更调之说，即有此事，亦必嘱令该会慰留也。"

红会总会针对林可胜辞职事电复蒋介石加以说明：

1. 林可胜"纯出自动，红会绝无迫使事情。现值该会举行年会，林君来港出席，当即一致恳留，请其继续服务"。

2. "但近据密报，林左倾颇甚，且有利用交通工具，阴助延安情事。最近美红会代表贝克向索车辆，林竟以破车搪塞，致贝不满，电美停止接济云，亦可注意。特并知照"。

从以上两条电报内容明显可以看出，红会总会在蒋介石面前，非但并无真心"慰留"之意，还告了林可胜一状。于是，蒋介石于当月 21 日再次致电胡适，称林可胜"左倾颇甚"。

胡适认为林可胜人才难得，为中外人士所器重，于 24 日再致电陈布雷转呈，为林可胜辩白，大意是：

密报林可胜"左倾颇甚"之说，足证有人故意制造排挤谗毁氛围。尤其是说林可胜调破车给贝克致不满而电美停止接济之说，最可证其有意谗毁。美国红会收到贝克的报告，均无不满林可胜之语。他们所需车辆，原定由政府运输机关派给，本不该由林可胜提供。

胡适盼蒋介石电召贝克与林可胜来渝报告情况，辨明真相，以图改善关系，并指出此事关系美国红会 500 万至 750 万美元救济的大事。

经胡适等国民政府高层人士出面说情，蒋介石慨然表示：

"必嘱令该会慰留。"

可喜的是，当时身为红会总会理事的刘瑞恒还具有一定的地位和话语权，曾极力为林可胜申明辩白。总会理事、监事也深知刘瑞恒与林可胜关系匪浅，而刘瑞恒与宋子文乃至宋美龄也保持着密切交往，因此会后经过协调挽留，使林可胜一度打消去意。于是，常务理事、监事会第60次常会决定，"林总干事既已打消辞意"，乃将辞呈退回。林可胜见总会基于多种因素未接受辞呈，所以决定收回辞呈，继续率救护总队从事战地救护，并受命以"军医视察总监"身份随中国远征军出征缅印战场。

哪知道1942年7月底，林可胜自印度归国后，从多渠道得知，尽管自己身居国外，但国内，尤其是红会总会中个别人对他的怨恨诽谤并未消停，依旧流言四起，遂于1942年8月坚决要求辞职。红会总会担心他的辞职将影响海外捐款，乃再次召开常务理事、监事会议，决定给其放假六个月，虽为"以资休息"，实是思想安抚。总队长职务暂由红会总会秘书长潘小萼兼代。

同年9月5日，林可胜第三度电请辞职。红会总会看到已无挽留余地，不得不选派人员接替林可胜的工作。于是，时任红会总会医务处处长汤蠡舟被调任救护总队副总队长，专职主持救护工作，提任卫训总所防疫学组主任教官兼救护总队医防工作指导员施正信兼任副总队长，协助主持日常工作，并派常务理事王晓籁自昆明赶往图云关监交。同时决定卫训总所和救护总队分家，各自独立。

至此，林可胜终于离开自己一手创建的救护总队，把卫训所暂时托付给严智钟代理，轻身履职远征军军医视察总监。从此，盛极一时的救护总队逐渐陷入外援骤减、人心不稳的困境；而医疗卫生教学和培训依旧循着林可胜开创的大好局面继续推进。

林可胜虽然辞去救护总队长职务，但红会改隶军管的趋势，并没有随林的去职而停下。1942年12月初，国民政府军事委员会以军需紧急为由，对中国红会总会发布五条训令，限于同年12月上旬，将原救护总队所属材料总库和各地分库，所有医疗器械和各类药品，悉数清点造册送审，交由中央统筹分配，并严令今后国内外捐赠，一律由军医当局接洽收受派用。同时派出时任军政部军医署署长卢致德前往安排接管工作。

红会总会接令后认为，如果将卫生材料及药品悉数交出，其战地救护工作必全面停顿。于是，急派秘书长潘小萼代表总会，上呈蒋介石称，如将救护物资移交军管，将引起海内外各捐助人误会，影响后续捐献，后果直接有碍红会救护事业，增加国家抗战负担。

林可胜去职后，红会总会高层固然从此除去了眼中钉，但亦无法阻止刘瑞恒等人所力倡的红会救护总队移归军管的趋势。关于此次军医署接管事件，潘小萼怀疑与林可胜的去职有关。他曾表示："查林前总队长可胜与军医署卢署长致德关系素密，是否有所默契，欲将本会材料移转管辖，借以掩盖其未清手续，未敢臆断。"

蒋介石一时无法否定潘小萼的这一推理性告状事实，决定暂时收回成命，但仍指出，军医署可以暂不接管，但以后红会工作与药品使用，均应经军医署查核监督并统筹支配。军医署的接管虽未成功，但从此可以监督并支配红会的工作与物资，意味着红会改隶军管的趋势已经无法挽回。

1943 年 2 月，立法院通过《中华民国红会战时组织条例》并于 4 月 1 日由国民政府公布，规定"派赴战区救护队，应受各战区司令长官指挥"。4 月 8 日，军委会公布了《国民政府军事委员会战时监督红会暂行办法》，进一步明确"红会救护总队部派驻各战区、兵站区服务之救护单位应分别受所在地区内最高军事机关之监督"。至此，红会救护总队完全隶属军事管制，"战时三合一"政策终于得以实现。

自抗日战争开始，以刘瑞恒为代表的卫生当局就一直构思如何直接控制中国红会，统一执掌战地救护工作，而林可胜正好成为国民政府力量介入的理想代表。最初，林可胜以医界精英及具有丰富战地救护经验的优势参与到红会，组织适合全面抗战救护需要的救护总队，推行流动救护理念；以其在医疗卫生界的广泛影响，号召医护人员参与战地救护；组织大量医务队，派往各战区从事战地救护；数以万计的救护队员与全国抗战将士团结一致，融汇成抗击日本侵略者的巨大力量，不畏牺牲，随时准备为国家民族竭诚奉献，以求胜利早日到来，曾获得包括宋美龄在内的国民政府高层人士翘首称赞。

但红会总会对实施"战时三合一"政策，自始至终持坚决反对态度，在两种尖锐对立意见碰撞下，催生出"救护总队"这个先天不足的产物。因此，自在汉口设立救护总队，开始贯彻"战时三合一"政策之初，林可胜便与红会总会相处不愉快，之后关系越来越紧张。特别是由卫生署出面与红会总会副会长杜月笙、常务监事钱新之签订的《红会总会救护事业办法》中规定，由林可胜代理救护委员会总干事，等于是强迫红会总会承认林可胜在红会的职务。但从红会总会随后调整该办法，在聘请林可胜的第四条中，加入"先聘林可胜代理救护委员会总干事职务，秉承总会办理一切救护工作"即可看出，红会总会任命林可胜时，是有顾虑的、勉强的、设防的。这也预埋下"如果林可胜不能秉承总会意志，随时都可能取消其'代理'资格"的潜台词。

总之，除上述造成与红会总会先天不睦的因素外，还有以下四条导致林可胜最终唯有选择辞职的因素：

一是红会总会认为林可胜严重违背红会独立和中立宗旨，一以贯之、不遗余力地贯彻"战时三合一"政策；二是林可胜单纯，不懂政界游戏规则，越级呈文建议将救护总队改隶军管，严重触碰了官场禁忌；三是基于林可胜在救护总队的领导地位和国际威望，对外募集大量款物，并掌握着使用分发权，不乏眼红之人，致红会高层对其不满与猜忌加剧；四是在林可胜因援共问题受到高层严厉指责时，红会总会借机落井下石，必欲驱之而后快。

在各方绞索越勒越紧、令人窒息的情势下，一身正气的林可胜以淡然磊落之心态，辞去了救护总队队长的职务，用最好的方式，将人生最辉煌的几年镌刻在图云关，把对与错都交给历史和后人去评判。

第十三章　为抗战全面胜利鞠躬尽瘁

第一节　魅力感友邦力助抗战

抗战时期，刚从清王朝脱胎出来，且又经历北伐讨袁，几经政权更迭后的国民政府，财力极度羸弱，不仅战场上医疗卫生人员严重不足，医疗物资更是捉襟见肘。因此，国际组织对于中国抗日的援助显得尤为重要。外援力量参与抗战，主要是物资和人力两类。有关国际援华人员，已在前面章节做过介绍。

红会是国际性组织，世界各国红会有互相援助的义务。再加上红会较强的社会公信力，使得各国公众和民间组织，乐于以红会作为援助对象。因此，抗战期间，国际红会给予中国红会以积极援助。许多海外华侨也借由红会渠道，向祖国捐赠钱物，支持抗战。

整个抗战时期，救护总队的医药资源大部分来自欧洲国家及海外侨胞的捐赠，少数在国内自制、购买或与其他机关互换。但防疫药品的供应，每年除按时拨发各种疫苗及血清外，大多数依靠自制或自购。

物资援助是指资金、药品、器械和车辆等的捐助。救护总队在整个抗战期间，获得的医疗物资捐助，构成战地救护工作的主要资源，是无法用现行货币价值来衡量的。海外各团体除向救护总队捐助医药器材外，还向红会及国内其他团体汇寄巨额捐款。如英国、美国、苏联、南非等国红会以及这些国家的其他团体都有对华捐款。

据不完全统计，仅从 1937 年年底开始到 1940 年的近三年中，中国红会获得海内外捐款、救护车和医药器材等，全部折合港币计算，超过600 万元。其中港币现款 300 万元；救护车 205 辆，折合港币 85 万元；奎宁丸 6500 万粒，折合港币 100 万元；医药器材、衣物食品等共计 4.2 万包，折合港币 1.15 万元。其中主要来自荷属东印度一带侨胞捐助。各项援助钱物，遍及世界各国。上述捐款中，数目最大的是荷属东印度，即印度尼西亚华侨捐款，折合当时国内法定货币 854.49 万元，占总捐款的 95%。

而仅 1939 年 1 至 6 月，不含香港办事处所收捐款，林可胜名下在贵阳收到的国外捐款以当时法定货币计共约 15 万元。1940 年，中国红会总会收到捐款以当时法定货币计共 911.69 万元、港币 27.2 万元。

太平洋战争爆发前，82% 的医药物资来自国外捐赠，而其中 70% 来自美国医药援华会；4.4% 在国外购买物资，9.6% 在国内自购。此时期，救护总队供应给各医疗单位的医药器材约占总数的 66.4%，补助各部队及军事机关约占 16.4%，补助各民众团体约占 17.2%；发出药品占总金额的 88%，敷料占 5.6%，医疗器械占 6.4%。

太平洋战争爆发后，西方国家红会等慈善团体对中国红会捐款大为增加。中国红会自 1942 年至 1945 年的收入，除政府补助一部分，仍以海外团体及国内外人士捐款为主，其国外捐款又占全部捐款数的 95% 以上。据统计，来自国外捐款占中国红会总会收入的一半左右。这些费用，绝大部分用于救护总队的医护事业费，其次是运输业；管理费仅占 0.4%。

但太平洋战争爆发后，由于水陆交通几乎被日军阻断，医疗器材来源由于运输困难而濒于断绝，救护总队为解决材料来源困难，决定自力更生，在材料总库附设制备组，自制各种注射制剂，基本可满足救护总队各基层医疗救护单位耗用。

林可胜既是华侨，又是生理医学博士；既是救护总队队长，又是卫训总所主任；既是一位坚定的爱国者，更是乐善好施的大好人。其人格魅力，使他具备在中国国内一呼百应，召华夏英才聚于麾下，为抗日救国竭尽全力，克艰度难，虽死不惧。

国民政府之所以器重林可胜，主要是看上他的国际威望，获得世界各国各地华侨和洋人的充分信赖，凡是他出面提出的要求，几乎无不积极支持并给予满足。而林可胜的磁场效应，更助其在国际上形成向心力，无论在美欧各国的上层之间，还是在普通百姓大众心中，唤无数贤达慷慨布施，募万千资财用于战场，救死扶伤，青史留名。一方面，得益于林可胜曾就读于美国芝加哥大学医学院，又到过美国西点军校受训，对战时卫生勤务和战场救护工作极为熟悉；另一方面，更基于他的人格魅力和在生理学领域的学术造诣。

当时，最主要的海外援华团体是"美国医药援华会"。林可胜在受命担任救护总队队长兼卫训总所主任后，立即获得美国医药援华会的高度认可、充分信赖和全力支持。

美国医药援华会于 1937 年 11 月，由留美华侨许肇堆医师、朱医师和魏博士三人牵头，在美国纽约的中国驻美总领事于俊吉的办公室宣告成立，英文简称"ABMAC"。

ABMAC 提出的"人性高于一切"的信条，获得全美各界的广泛赞同、响应和支持。他们以募捐医疗物资为主，伴以介绍推荐援华医生，通过中国红会来承接执行，支援中国抗战；同时，还在香港成立办事处出版了宣传刊物《ABMAC 公报》。ABMAC 甚至把驻香港办事处直接交给"红色希尔达"，即英国人克拉克夫人负责，直接受林可胜遥控指挥；将在美国募集到的大量战时急需物资及药品，包活运输车辆等，源源不断地运到香港，再经滇、桂两条陆路通道运入中国内地的救护总队部总仓库或分布在各地的分库待用。

林可胜和美国医药援华会主席唐纳德·苑斯利克博士（Dr. Donald D. Van Slyke）在纽约会晤（1944 年）

美国宣布参战以后，来自美国民间的捐款量更加充沛。ABMAC 依然不停地募集款物，但多作为协助培育中国医护人才，提供基本医疗训练等的资助，支持中国军护学校发展。

随着抗战的持续和战场的扩大，林可胜每年都要安排一至二次，携带救护总队的工作成果、图表、照片以及影像资料，自中国香港飞往美国，在向 ABMAC 报告工作的同时，也向医药界和社会友好人士广泛宣传中国的抗日战争形势以及战场救护成绩。目的当然是基于他在国际医药界所享有的地位和在民众中的声望，加上因红会救护总队和卫训总所的管理有序和卓著成效而深得人心的有利舆情，以博得更广泛的支持和援助，为祖国抗战募集到更多急需的物资和资金。在这方面，史沫特莱女士予以全力配合，以大量关于中国抗战的宣传报道，助力林可胜进行义务宣传。

荷属东印度差不多每一城市，每一村镇，只要有华侨的地方，无不踊跃捐款捐物，其热忱救国表现，值得钦佩，感人至深。

据周美玉教授回忆，战时的军医和护理教育，之所以能在连天的炮火中得以延续发展，还得益于美国职业妇女社的帮助，尤以护理教育获得的捐赠最多。正因为有这些援助，护理科才能在图云关建造一幢令众人羡慕不已的像样房子。大家诙谐地对周美玉说："你那儿成了'皇宫'了。"周美玉还记得贵阳多梅花，她曾请人上山找了五株粗干梅树移植在护理科的新"皇宫"前。冬天，梅花绽放，清香扑鼻。

自救护总队成立以来的几年中，在林可胜的声誉影响、广为宣传和百般努力下，中国红会得到海内外各团体和个人的援助巨大。

据红十字研究专家从档案记载统计，抗战期间，在林可胜的苦心游说和不懈努力下，共为中国抗战募集价值6600万美元的药品、器械、车辆及现款，有力推动了抗日战场救死扶伤工作的顺利开展。

七七事变后，居住在美国的华人团体便开展了轰轰烈烈的捐助国内抗战活动。ABMAC便是其中对华捐助规模较大、时间较长的团体。可以说，没有ABMAC的捐助，就没有中国红会总会救护总队的顺利运行和卓越贡献。

关于ABMAC的资料，国内太少，仅从有关档案资料中查到陈泽渊先生翻译的几则《ABMAC月刊》报道，其中有林可胜、周美玉、周寿恺、屠开元等救护总队人员访美期间的活动和关于ABMAC援助中国的报道以及图云关疫苗工厂、图云关建筑物遭遇火灾等记载。现将这些原始资料摘要引述供参考。

第一，林可胜访问美国。

1944年4月4日，林可胜中将从印度出发，飞60个小时后，时差尚未倒过来，就走进了 ABMAC 总部。……

抗战爆发时，北平协和医学院的生理学教授林可胜奉命为军队组织医务人员的培训。这不是他第一次开展军医培训。第一次世界大战期间，他中断了在爱丁堡大学的学业，在法国的英国罗伊斯陆军医疗队服役两年。……

5 月 25 日至 6 月 10 日，在美国陆军的赞助下，林可胜视察了美国各地医院的设施，还参观了位于华盛顿的陆军医疗中心，并成为罗斯福太太在白宫午餐会的客人。

林可胜因行程紧凑无法接受所有组织的邀请。他做过许多宣传，在医学机构做过演讲，他还是电台节目《向全国报告》的嘉宾，在林语堂主持的午餐会上向一群顶尖的广播节目主持人和作家发表演讲。〔原载《ABMAC 月刊》（Vol. Ⅵ，No.5-5，May–June，1944）。〕

第二，美国医药助华会庆祝服务第七年。

1944 年 5 月 16 日，近 300 位中国友人出席在纽约大使酒店举行的 ABMAC 董事会第七届年会。财务主管提交的审计报表显示，1943 年年初，有 2569567 美元和医疗用品汇往中国……

林可胜对美国医药助华会在过去七年中向中国军队和医疗部门提供的援助表示感谢，并介绍了中国培训大批医务人员以应对合格医生短缺造成的紧急情况的方法。（原载《ABMAC 月刊》，时间不详。）

第三，周寿恺在美国 ABMAC 总部讨论中国医学情况，略。（原载《ABMAC 月刊》，时间不详。）

第四，美国护士欢迎中国军队护士主管。

中国军队护理学校主管周美玉于 10 月 17 日作为 ABMAC 的客人抵美，访问了军事和民间医院，在护理学校、

周美玉

妇女俱乐部与中国爱国人士进行了交谈。战争爆发后，她带领她的护士队伍从河北定县步行去湖南长沙，于 1938 年成为救护总队护理部门的负责人。11 月 2 日，周美玉讲述了中国为数不多的军队护士在照顾他们的病人和伤兵时遇到的困难，感谢大家对中国护士的慷慨帮助。〔原载《ABMAC 月刊》（Vol. Ⅷ，No.1，January，1946）。〕

第五，大火席卷图云关 AMFSS，略。

第六，图云关疫苗工厂，略。

第七，图云关卫训所的疫苗实验室，略。

关于上述的第五、第六和第七项，史料都有详尽记载。尤其是对大量从战场抢救下来，历尽艰难送到野战医院的危重伤患，在经过救护总队医生就当时条件下全力救治后，最终还是无力回天，眼看着他们慢慢闭上了那充满殷切祈盼的双眼，无论是亲临现场所见，还是每当看到军人死亡数量的报告，林可胜都心如刀绞，痛苦难释，充满愧疚之情。为了挽救更多生命，林可胜多次向 ABMAC 提议，在美国建立一个中国血库。经过两年多的奔走呼吁，中国血库于 1943 年 6 月在美建立，在试运行无误后，采集爱心之士无偿捐献的血浆制成干血浆装瓶运回中国，以最大限度地挽救受伤将士们的生命。与此同时，ABMAC 还派技师协助训练中国血库人员。

抗战伊始，国内各种类型的疫苗与血清，大多是由国民政府卫生署中央防疫处和西北防疫处研发，由京沪地区的工厂制造。且救护总队初期采用的霍乱疫苗是分三次注射，每周一次。由于战时的伤兵和难民流动性大，许多人都是注射一次即变换地方，无法继续注射第二、第三剂，造成第一次的注射效果无法巩固而白白浪费。

救护总队部迁到图云关后，爱国人士黄月远先生为满足卫训总所检验医学部实验医学课需要捐建了一座实验室，初衷是为教学培训提供诊断实验。1941 年年初，卫生署下令中央卫生实验处迁重庆，改组为卫生试验院。一直兼任卫生实验处负责人的林可胜，早就琢磨把卫生实验处属下以细菌研究专家陈文贵为主的从事防疫检验的人员迁到图云关，加大对疫苗的研发力度，使之形成一定规模。重庆方面批复同意林可胜的报告，并鼓励卫生实验处防疫检验科的职员们去图云关助力疫苗研发。

1945 年在 Dr. John Scudder 来华评估美国医药助华会援建的中国血库工作，到访贵阳图云关，林可胜（左一）、Dr. John Scudder（左二）、周寿恺（左四）

　　曾在常德鼠疫发生后，确认日军施放"鼠疫罪证"的陈文贵博士是林可胜的老相识，他来到图云关后，任职卫训总所检验医学组组长，同时兼任疫苗工厂的技术负责人，领导研制和生产血清疫苗。

　　不久，在林可胜的斡旋下，美国 ABMAC 为实验室贡献了仪器、化学药品和玻璃器皿等。救护总队部为实验室配备了五位医生、五位技术员和同等数量的生产工人，在图云关创办起一个附设在卫训所检验医学组内，展开对各种疫苗深入研究和试验性生产的血清疫苗厂。

　　陈文贵夜以继日地亲自组织人员，指导设备安装，开始创办血清疫苗制造厂。没过多久，一座约四百平方米的简易平房矗立在图云关望云山下一块平地上，将血清疫苗厂和卫训所两个单位的工作用房融为一体，附近还设有疫苗厂的实验动物喂养区。

　　建厂不到一个月，就试验生产出含 60 万万单位的霍乱弧菌疫苗，经测试，预防效果良好；头三个月，生产了 2 万剂水痘和天花疫苗；之后开始量产伤寒和副伤寒疫苗以及破伤风类毒素，接下来又在五个月内，试产了 500 万剂每毫升含 30 万万单位有机混合物的霍乱疫苗。这些疫苗的投用，有效解决了各抗日部队之急需。

随陈文贵从卫生实验处同到图云关的史闵言和叶天星两人，既是卫训所检验医学组教员，又是血清疫苗厂主任技术员。史闵言还兼任红会救护总队细菌检验队医生。

检验医学组列入卫训所编制，由军队拨给经费，主业是为学员授课和做实验，同时兼做医院送来的细菌学和血清学实验，现在又增加了疫苗厂的工作。血清疫苗厂属于自负盈亏，用厂里的产品创收作为工作人员薪水来源；工作上，两个单位却是合二为一，既负责卫训所的培训教学和来自第167后方医院的检验诊断，同时也参加完成疫苗厂的生产任务。另有多名技术人员和技工，负责疫苗室和检验室共同需要的各种准备工作，如制作培养基、配置试剂、消毒灭菌、饲养实验动物等，所有人员，不分彼此，都以高昂的士气，轮班抢着干。

细菌学专家、卫训所检验医学组教授兼救护总队细菌检验队队长林飞卿是放射医学专家、医务股主任荣独山教授的妻子，受聘负责血清疫苗厂的技术攻关。在血清疫苗厂工作时，陈文贵、林飞卿、史闵言和叶天星四人共用一个办公室，而平时则在各自的实验室工作。

疫苗室有三间无菌室和一间10平方米且保持37摄氏度的细菌培养室。无菌实验操作和疫苗分装两个环节要求十分严格。以史闵言和叶天星为主，有时林飞卿、陈文贵也参加，在技术员配合下轮流在无菌室接种、收集和分装菌苗。细菌血清检验室由林飞卿教授负责，每天送来的标本都不少，主要是血、尿、粪便的检验和脑脊液培养，也有少量脓液和各种分泌物培养。检验设备虽然相对简陋，但工作程序和责任心却分毫不减。

由于战时的中国尚无一座假肢工厂和相应配套的矫形医院，大量因伤致残患者所需的假肢，都需要在国外量身定做后运回安装使用。林可胜每每见到那些为祖国免受外辱，为人民免遭苦难，与敌人拼死战斗而导致身残的战士们那期待的眼神，犹如针尖刺着自己的软肋，其钻心之痛，难以忍受。

前面曾交代，林可胜早就寄望借助"红色希尔达"向海外求援，建一座假肢工厂。此后不久，在希尔达夫人努力下，得到国际社团和友好人士的支持，终于获得援助，如愿以偿地在图云关建起了一个假肢工厂附设矫形中心，从而为伤后截肢而导致行为能力丧失的残疾将士部分恢复生活自理创造了条件、提供了可能。

但由于种种原因，有关图云关假肢工厂和矫形中心的历史记载不多，影像资料更少见。为了获取相关信息，一位名叫"刘希虎"的图云关工作人员后裔的后裔，通过数月的海外网站搜寻，终于有了收获。

在美国地理学会图书馆收藏的"亚洲和中东数字化照片档案"中，存储着一位外国友人摄于1942年，配有简略介绍的近百张珍贵照片，其中有数张是图云关上一个相当先进的假肢工厂的照片。

照片显示，在假肢工厂库房的货架上，整齐摆放着数量巨大的木质和金属假肢，长短各不相同，其脚掌有各种鞋码的大小区分。

第二节　林可胜奉命远征缅印

日军于1939年11月15日在北部湾登陆，次年5月由镇南关入侵越南，切断了从越南进入中国的交通运输线。滇缅公路成为中国抗战国际援华物资的唯一"输血管道"。随即，蒋介石直接指令林可胜，派救护总队运输股股长胡会林作为军医署特派员，指挥抢运堆积在滇缅公路起点缅甸腊戍镇的援华战略物资。

同时，救护总队也把运输力量几乎全部集中在滇缅公路上。通过滇缅公路入境的如汽油、医药用品等重要战略物资，还要受到贵州境内"24道拐"这个滇黔公路要塞险段的制约，才能进入内地。缅、滇、黔整条公路，成为往返贵阳、昆明、缅甸腊戍之间，最最重要的交通命脉。

同年10月，英国开始酝酿建立中英军事同盟。美国也决定援助中国

参加远征军时期的林可胜

抗战，阻止日本扩大战争，以维护其国家利益。是年年底，美国时任总统罗斯福同意组织美国空军志愿队来华参战，并派军事代表团来华研究军事援助问题，并积极促进国共两党加强合作，一致抗日。

1942 年 2 月初，国民政府决定组建远征军，前往缅甸配合驻印英军以及从菲律宾等地撤退来的美军共同阻止日军攻占缅甸，以确保国际援华生命线不致被截断。3 月 12 日，新组建的"中国远征军第 1 路司令长官部"在昆明成立，需要匹配医疗救护力量

抗战时期的滇缅公路——贵州晴隆"二十四道拐"一度仅剩下这条唯一国际通道

支持。与此前后，印度医疗服务总干事向美军史迪威将军建议，邀请中国时任军医署署长卢致德和红会救护总队队长林可胜赴缅考察远征军医疗设施。当时的国防部应史迪威将军要求批准卢致德和林可胜赴缅甸后，中国远征军司令部随即委任林可胜为军医视察总监，负责组织、训练入缅甸救护队，为中国远征军提供战场救护服务。

林可胜接令后，尽速抽调医护人员，新编第 071、第 072、第 073 三个医疗队，分别指定计苏华、严家贵和龚念慈为队长；由救护总队运输股汽车修理所所长张世恩带领一个五辆车组成的救护车队以及运输股主任胡会林、外科医生王贵恒、英文秘书汪犹春和相应的车辆维修人员，经过短期训练，满载大批医疗器械和救护队员及随员，由林可胜亲自率领，于 3 月 21 日由贵阳出发，到达昆明稍做停留，会见时任军医署署长卢致德，商议确定有关事宜后，从畹町出国境到达缅甸腊戌，协调制定在缅中国远征军的医疗救护方案。

林可胜将救护队人员以及医疗物资安顿好，向远征军参谋长史迪威将军报到汇报后，受命在曼德勒和密支那两个主要军队集结地组织医疗

救护总队医护人员在滇缅战场的荒野间抢救伤员

救护，并在曼德勒和腊戌中间的昔卜、萨坎沙、眉苗、标贝等地搭建临时医院和救护站，部署伤员后运以及医疗供给分发等事宜。

随即，林可胜指挥一行人推进至华侨集中地的西保，开设第一个收容所、手术室，筹建简易病院，同时又在距曼德勒较近的眉苗设办公室。车辆、人员、医药用品等由当地英军兵站负责补给。

缅北重镇腊戌是国际援华物资集散地。救护队当前的任务是将缅甸战场的伤员尽可能运送到腊戌，做简单医疗处理后，迅速转运回国。可谁知，林可胜一行刚到眉苗，便得知日军已突破中国军队第55师在垒固的防线，中国军队伤亡惨重，急需医疗救护。于是，林可胜一方面处理眼前事务，一方面又急电救护总队部，增派医疗队急赴缅北支援。

救护总队部密切配合，又新组第14医务队，加上原编号第192、第193、第531队，共四支救护队伍，由中队长贾宦舆，区队长熊荣超、施善堃、贺擒舆等分别率领；另派外籍援华医师四人，由外科指导员汪凯熙率领；再派第253汽车队，配救护车五辆，由杨开保率领；携带X光器材两套、检验器具一套以及各项医疗器材，于3月29日进入缅甸腊戍，为中国远征军提供战地救护服务。

4月21日，林可胜奉令抵眉苗面见史迪威，得到指示尽快离开眉苗，向西行至曼德勒（瓦城）。23日，还在眉苗紧张往返于各救护站点间组织安排伤员救护和撤退的林可胜接到通报，日军机械化第18师团快速增援部队由首都仰光迂回北上，已突破中国军队第55师在垒固的防线，目

1944—1945年，卢致德（左二）、周寿恺（右一）与援华抗日美军上校Powell

标直指曼德勒、眉苗、腊戌、畹町，且原本驻守腊戌的中国军队已撤退到滇西保山，回国路线有可能被切断。林可胜预感到战事不容乐观，当即命三个医疗队即刻带伤病员回国。运输股主任胡会林检查完红会物资后，也已先期回国。4月23日，救护车队满载伤员尽速起程经腊戌回国。

随后的一周，仍然滞留在眉苗的林可胜继续组织救护力量，全力设法将缅甸南部运送到曼德勒的伤员转运至腊戌，尽快抢运回国。4月30日，林可胜接到史迪威将军的命令，尽快带队前往卡萨，转移未能撤回中国的伤员北去密支那，与先期到那里的队伍会合，再考虑东出缅甸，前往云南腾冲。

但由于遭遇日机轰炸，林可胜一行与大部队失去联系，而此时，他们已是最后一批离开眉苗的中国队伍。情况不容乐观，林可胜只能带领救护队剩余人员以及第177收容所的40名轻伤员共约160人，开始了漫长而艰险的独自撤退之路。

一路上，隆隆炮声不断从曼德勒方向传来。伊洛瓦底江大桥已被日机炸毁。大家见状，都傻眼了。

突然，听到有人喊："江边有条大轮船！请张世恩工程师上船检查一下吧！"

张世恩飞快顺江岸跑到轮船停靠处，上船进舱检查后大声说："总队长，此船是以木柴做燃料为动力的，好像刚停机不久，轮机尚有余温，也许是木柴没有了，船老板暂时停靠在这里，躲避敌人去了。叫大家赶快上岸多找些木料来就可以开走啦！"

林可胜问："谁来开啊？"

张世恩回答："当然是我啦！"

看到有救了，众人异常兴奋，急忙四处散开，沿河岸寻找可做燃料的木材，不一会儿，就找来一大堆。搬上船后，大家自发组成一条燃料输送线。没想到救护总队运输股汽车修理厂厂长、清华电机系学子、陆军交辎学校学习汽车修理驾驶技术的张世恩，在这关键时刻又发挥了重要作用。

江轮启动了。具有丰富战场经验的林可胜时刻保持高度警惕，密切注意天空和两岸动静。张世恩把稳舵，正打算拨转船头朝对岸开去。突然，远处传来飞机轰鸣声。接着，十几架敌机朝江轮方向飞来。林可胜下令江轮赶快靠岸，人员迅速下船，匍匐在岸边草丛中。

还好，敌机并未发现人的活动，盲目扔下几枚燃烧弹便飞走了。所幸岸边无助燃物，没有造成人员伤亡，江轮也无损失，于是渡过伊洛瓦底江。此时传来消息，日军已占领曼德勒。

林可胜一行先是尝试步行到铁路线上的那巴，再改乘火车，经英多向密支那撤退。一路上还有不少掉队的中、英、缅、印士兵和伤病员加入同行，队伍一度增加到近三百人。

来到铁路线，乘上一列首节车厢装有我军弹药的火车。行至中途，突然发生撞车事故，军火车厢爆炸，押车官兵遇难。林可胜一行上的是末节车厢，幸免于难。

后来得知，这是一起日军收买缅甸敌对势力故意设置的撞车破坏事件。经检查发现，被撞列车的上行车头被炸出轨，但下行车头还在轨道上，尚可开行，只是没有司机。

佩戴着少将军衔的林可胜问道："谁会开火车？"

一个戴红头巾的黑脸大汉用英语回答说："我会！"

得到许可后，大汉试着倒开一段，又开回原处停下，很有礼貌地请林长官下令叫大家上车。

由于沿途车站遍传日军即将到达密支那的消息，所以列车未在密支那停留，径直开到孟拱（莫岗）。

5月6日，日军将很快逼近密支那。考虑到铁路两端都被日军占领，归路已被彻底截断，还担心日军沿滇缅公路追击，林可胜只得彻底放弃回国想法，果断决定，带领队伍往西北移转，进入胡康河谷，经野人山去印度，再考虑回国的问题。

所幸在孟拱铁路工作的中方人员派卡车送林可胜一行到孟关办事处后得知，凡去印度的部队，可先到新平洋的英军补给站，领取军粮后，再行爬山。

胡康河谷缅语意为"魔鬼居住的地方"。当地人将胡康河谷至那加山这片纵深两百余公里、方圆万余平方公里的无人区统称为"野人山"。岭高林密，瘴气、毒蛇、蚂蟥等横行肆虐。周边村庄的疟疾发病率高达

50%，雨季会达到100%，且多系恶性黑水热和脑型疟疾。

5月13日，林可胜一行抵达新平洋，在英军补给站领到20袋空投来的军粮，又买了10匹骡子，雇请十几个印度劳力运行李、抬伤员并带路，开始进入野人山。

野人山道路极为崎岖险峻，森林茂密、遮天蔽日，有的路段泥泞难行，队伍常常走在齐膝深的沼泽淤泥中，更不要说本来就有很多是伤病员，一天走不了几里地；路上又遇到第177收容所所长吴凤荪等人用担架抬着的重伤员队伍一起同行。

一行人日复一日艰难跋涉在海拔高差在2600米起伏的野人山区那遮天蔽日的茂密森林和藤葛荆棘丛中，重峦叠嶂，林海苍茫，沼泽绵延，猛兽横行，瘴疠疟疾蔓延，不时还有群猴挡道。不几日，骡子已摔死五匹，民工也仅剩下两人。林可胜带着人马，风餐露宿，相互搀扶，一天又一天穿行在山山岭岭中。在新平洋补充的食物已近告罄，只得集中起来统一分配；原本就受伤、生病，再加上饥饿，不少队友和战士失去了生命。

一行人早将生死置之度外，唯有信念支撑着。但行军速度还是越来越慢，人越走越少，情绪越来越低落，生的希望越来越渺茫。

又经过10天的艰苦跋涉，队伍终于在5月22日穿过既被日军封锁又无路可循的缅北丛林，在雨季到来之前，越过被称为"鬼门关"的潘哨山口，走出了野人山，于5月25日下午到达英军设在印度阿萨姆省列多车站的接待站。

就这样，林可胜凭着他的坚定信念、丰富经验和智慧勇气，带着六十多个救护总队队友和近四百名远征军伤员士兵，安全脱险。

次日，一行人从列多车站乘火车到玛格列塔站，算是结束了此次缅北逃亡之旅。玛格列塔驻着当地的军区司令部，设有数不清的白色帐篷，专为从缅甸撤退来印度的中国军人设有短期休养所。在这里，撤退来的救护队员和伤病员经治疗休整后，被陆续安排回国。

在休养所休息几天，基本恢复体能后，林可胜收到来自印度军医署长和红十字负责人高登少将的邀请，于6月2日前往新德里商议安排在印盟军的救护、医疗物资配备以及空投物资救援仍然滞留在缅北的第5军等亟待解决的问题。于是，林可胜乘火车南下到迪布尼加尔的北区边防司令部驻地，被一架小型飞机接到新德里的总督府，受到当年在爱丁堡大学医学院就读的林可胜的学生、时任印度军医署署长的热情迎接。从新德里回到迪布尼加尔，林可胜受到边防军司令官的礼节性隆重欢迎，并陪同检阅了边防部队；随后前往设在加尔各答的蓝姆伽的中美合办的新兵训练中心、筹备卫生处，准备向还在缅北丛林中挣扎前进的第5军空投救援物资等相关事宜。

此后，林可胜一直在蓝姆伽工作到6月中旬，直到没有人再到利多车站，接待工作才算结束。6月下旬某日，驻重庆的国军后勤部部长俞飞鹏特别向林可胜传达蒋介石密电："杜聿明部在撤退进印度深山老林时，被疟疾与痢疾感染者众，急需特效注射液和药品。"

刚从缅北丛林脱险出来不久的林可胜，当然能体会杜聿明将军带领的这支已约两个月还未走出"死亡之地"的官兵们的困难。他立即亲自去丁江机场附近的物资仓库，找周处长提出五箱特效针药，交美国空军尽快投送，以帮助杜聿明第5军官兵摆脱丛林困境。

一天午后，远征军第6军新编第38师师长，曾与林可胜在美国西点军校有过短暂接触，也是林可胜首次入缅考察的邀请人孙立人前来拜访。两人用英语谈及此次远征出战失利和付出惨重代价的原因主要是：英军首领在中国远征军入缅的时间上犹豫不决，一拖再拖，导致中国大军在入缅道路上走走停停，迟迟不能布防到位；浩浩荡荡的中国军队到缅还没来得及展开，毫无斗志的英军却已弃守仰光，战争颓势显露，失败结果在所难免。

他俩随后又谈到，从日军攻占腊戌开始，便彻底截断了远征军的后路，将入缅作战的中国远征军逼上一条惨败之路。5月1日，三万多人的大部队撤退时，受蒋介石之命统一指挥第5和第6两军的杜聿明命令孙立人的新编第38师断后掩护。当发现密支那被日军占领后，杜聿明没有按计划从密支那强行突围，经腾冲回国，也拒绝了史迪威、罗卓英要他们从缅甸洪马林进入印度的撤退命令，而是选择了穿越整个缅北到印度阿萨姆雷多小镇的撤退路线。

孙立人审时度势，冷静分析各方面情况后，明智地决定跟随英军和史迪威小队，向印度边境撤退。做出这个决定需要巨大的胆识和魄力，因为违抗军令可能会遭杀身之祸。但为了保全全师官兵性命，孙立人在所不辞，当机立断，于5月中旬，带领新38师摆脱日军追击，巧妙支走杜聿明派来监督撤退的军官，毅然与第5军分道扬镳，率师在缅甸榜宾渡过亲敦江进入印度，抵达印缅边境的洪马林，于5月27日到达英帕尔附近，徒步行军18天便完成撤退，基本保住了全师7000人队伍和辎重装备，与已经行走两个多月还被困在缅北丛林中的杜聿明部形成了鲜明对比。

两人边谈论边叹息，不胜唏嘘。庆幸的是，林可胜的队伍虽然与杜聿明部的路线大致相同，但好在雨季前夕已走出崇山峻岭。而此时正值雨季，行走更加艰难，且早就缺粮，不知杜聿明的队伍中，已有多少将士丧命于那暗无天日的缅北密林和荒山野岭中……

林可胜的这次胜利大转移，成为他数年战地救护生涯中最艰险难危的经历之一，更创造了抗战救护史上一大传奇。虽然在林可胜留下的报告中，并没有对行程中的艰险有过多说明，但是比以往任何时候都清晰、密集的时间和地理记录便反映出林可胜一行"度日如年"和"惊心动魄"的撤退历程。

据林可胜的同行人员回忆，尽管携带伤员，一行人撤退途中的死亡人数却不超十人。然而，从胡康河谷到野人山一线，后来被证明是远征军撤退途中所经历的最艰苦、最漫长、死亡最多、最令人谈之色变的一条"吃人"之路。

林可胜之所以能较其他队伍顺利撤退的原因，总结起来主要有两方面：一方面，撤退时间稍微靠前，在雨季到来前已经穿过胡康河谷，走出缅北丛林，到达印度。另一方面，同行人中有较多医务工作者，除自我保护能力比普通战士要强外，还可以指导示范随行人的自我保护，并且携带有一定量的药物；还有不少南洋华人，生理上较能适应气候，地理方位上较为熟悉环境等。

1942年7月底，林可胜接令回国汇报工作，遂与美国医药助华会代表郑宝南以及英文秘书汪犹春和陈姓华侨司机三人，一同从加尔各答丁江机场乘坐满载弹药的大型运输机经驼峰航线回昆明。一路上有惊无险，安全降落在昆明机场。

当日下午，林可胜去向江南兵站总监陈劲节汇报工作时被告之，重庆方面来电要他即日飞渝述职，并交给他已买好的机票。

重庆述职后返回的林可胜好像突然从天而降，顿时惊动了整个图云关的每一个角落。人们欢呼雀跃，奔走相告。林可胜一行自 3 月底随军入缅，已整四个月杳无音讯，一直牵动着救护总队部和卫训总所每个人的心。今天，他自印度经昆明、重庆平安归来的喜讯传开，都认为是救护总队与卫训总所之大福。

在随后举办的欢迎会上，时任中文秘书詹汝嘉即兴赋"欢迎林总队长回国"的藏头诗，代表众人抒发对总队长林可胜的敬佩、厚爱之情。诗曰：

> 欢跃声中发浩歌，迎来缅印异闻多。
> 林林壮志赛诸葛，总总雄心迈伏波。
> 队伍伤残退道苦，长官慈爱醉颜酡。
> 回春妙手除膏肓，国无双才一笑呵！

据战后中、美、日三国的资料以及老兵、缅甸老人回忆，远征军撤退路线大体为以下五条：野人山线、英帕尔线、葡萄福贡线、滇缅公路线及景栋线。据付出"九死一生"惨重代价、耗时 114 天才走出这片"死亡之地"的第 5 军军长杜聿明粗略计算：远征军十万人，战斗牺牲一万多，生还者仅四万。也就是说，有四万多将士是在撤退途中的非战斗条件下牺牲的，这是中国抗日战争史上最惨烈的一段，也是中国军事史上最黑暗的一页。

第三节　国衰世乱显英雄本色

1942 年 8 月，为打通中国西南国际通道，中、美、英三国军事当局共同协商制订了反攻北缅的军事战略计划，决定将退入印度的中国第一次远征军新 20、新 30、新 38 三个师共约 3.2 万名官兵，整编为代号 X 部队的中国驻印军。另外，中、美两军商定，用美援装备在云南另外编组代号 Y 部队的中国第二次远征军共 6 个军约 20 万人收复缅北和滇西，打通和重建中缅印公路，摧毁日军对中国的交通封锁。

对于如此大规模的对日反击作战，滇缅战场的救护工作自然也须配足力量，跟随部队共进退。

林可胜于 1942 年 7 月底从缅甸回图云关，9 月 5 日再度请辞救护总队长获准，仅保留卫训总所主任身份。请辞后，林可胜虽感到数年来从未有过的轻松和释然，但其爱国热情和贡献国家民族之雄心从未有丝毫稍减，决心重返印缅，再创佳绩。

档案记载，1943 年 11 月 20 日，美国军事代表团中国战区参谋长史迪威将军致函中国军方："请派在华中国红会外援志愿医师 8 人至 10 人至印度蓝姆伽医院服务。"

鉴于林可胜已不在红会任职，军医署电令中国红会总会，要求救护总队执行指令。救护总队部接电后，决定派傅拉都等十名外籍医生前往印度，直接"听候史迪威将军及罗卓英副总指挥分配工作"。

外籍医生们于 1942 年 12 月 26 日抵达云南，30 日从昆明乘驼峰航线飞机抵达印度加尔各答。1943 年 1 月 4 日，救护总队忽接中国驻加尔各答总领事馆函电称，赴印 10 名外籍医生中的白尔、杨固、富华德、顾泰尔、孟乐克五人系"敌国人士"，被英当局扣留，要求查明这批外籍医生的身份，否则不许入境。只有傅拉都、陶维德、纪瑞德、何乐经、柯理格五人属于同盟国人士，得顺利通过边境查验，于 2 月 1 日抵达蓝姆伽。救护总队接电后迅速将上述被扣人员身份履历寄往印度。英方查明其身份来历后遂予放行。他们于 1 月 22 日抵达蓝姆伽，共同投入医院工作一年零八个月，直至日本投降。

为提高和加强中国军队及其救护力量的素质，配合驻印中国军队的医疗救护训练，1943 年春，林可胜受命带部分卫训所教官，前往云南和印度两地协助美军中国战区参谋长史迪威将军，在印度加尔各答的蓝姆伽建立中国军队及医疗救护训练营，从而有了二度与史迪威共事于缅甸战场的经历。

为充实蓝姆伽训练中心，加强印、缅战场的医疗救护力量，身在印度的林可胜依然以卫训所主任身份，电令抽调富有经验的，时任图云关卫训所工程师马安权和戴根法等人率医疗环境卫生工程队二十多人飞往蓝姆伽的中国驻印军总部开设短期军医训练班，以补充美英教官的不足。具体任务是培训中方驻印军医护卫人员，尤其是传授丛林作战救护和卫生防疫知识。为尽快出人才，经验丰富的林可胜，组织卫训所专业人士，将原定的六个月卫生勤务课程压缩至六周，除派指导员教学外，还组建示范卫生大队进行直观教学演示。同时从中选派成熟、有经验的医务人员直接到作战部队担任军医负责人。

同年5月，林可胜再次被远征军司令长官陈诚聘为军医监卫生总视察，分别在印度蓝姆伽和云南昆明两方面指导远征军训练。入夏，林可胜推荐卫训所防疫学组代理主任薛庆煜到印度阿萨姆邦的雷多，出任驻印军新38师军医处处长，自己则赴任蓝姆伽和昆明两地的专职远征军军医监卫生总视察。

为指导和培训远征军军医，使之成为深山丛林中防蚊抗疟的忠勇将士，以保障战斗员身体健康，林可胜建议卫训所选派杨文达、虞松庭、刘庆东、孔庆德等三十多位医护和环境卫生工程专业人士，在昆明黑林铺成立第6军医训练所，再增派汪凯熙、李庆杰以及从印度蓝姆伽完成任务回国的戴根法等多人，充实黑林铺训练所师资，重点组训卫立煌的远征军医疗救护人员。

为配合部队作战，救护总队成立的第10大队所辖第011、第012、第121、第022、第031、第032、第041、第042、第051等九个支队及附属英国公谊第3队、第4队，新运第6队第1分队和新运第7队以及英国红会云南队等医疗救护力量，分别到达指定位置。卫生署派遣协助远征军的六个手术队也全部集结贵阳，候令随时赴滇参加远征军的前线救护。

1943年底，时任美国总统罗斯福向林可胜颁发了高级军官荣誉勋章，以表彰他为中缅印战区组织和训练军队医护所做的贡献。

1944年8月，鉴于在收复密支那几个重要战役中的杰出表现，薛庆煜从驻印军新38师军医处处长提任为新1军军医处处长。随后，林可胜又派卫训总所外科学组教官张涤生去密支那接替新38师军医处处长之职。该两位医生均不负林可胜厚望，出色地完成了战地救护工作，保持部队高度健康水平，直到收复缅北、新辟中印国际通道这一艰巨任务圆满完成后才回到图云关。

10月，中国驻印军，即代号X部队由卡拉奇一线向西挺进，攻击拉班、沙都苏、虎关盆地等，并取得重要进展。由救护总队派出的第1至第6手术队及新组建的第7手术队和由第021队改编的第8手术队全部到达前线指定位置。至此，按照远征军的预定计划，医疗救护队总数达64队，其行动之迅速，执行力之坚定，令军方称道。

在滇缅战场最紧张阶段，以救护总队所派医疗队为主的救护力量，全力投入战场救护，承担起特别繁重的任务，为滇缅战场抗击日军的最终胜利做出了特别贡献，立下了汗马功劳。

之所以能如此为中国红会救护总队争取荣誉，是因为在林可胜总队长的教育、示范和领导下，这支能打硬仗、善打胜仗、不怕牺牲、竭诚奉献的救护队伍，始终如一、坚持不懈地贯彻林可胜提出的八条服务宗旨。

在整个滇缅反击战中，由林可胜一手组织起十数个军医培训和医疗救护单位，全力以赴开展对远征军的培训和救护作业。而且，由于中国教官的参加，大大提高了教学质量和培训效率，弥补了西方教官的不足，为中国军队在缅北、滇西的反攻作战准备了必要而充足的医疗救护力量。尤其是第6军医训练所组建后没过多久，便成为远征军的医疗卫生中心，展示出中国军医疗救护体系的全新风貌。

在先后随军到缅甸工作的两年多时间中，由于战况紧张，林可胜经常每日工作16个小时。更由于他的未雨绸缪，军医培训质量过硬，中国驻印军战场救护得以有条不紊地展开。救护总队积极配合远征军部署，在昆明设立办事处，并增设第10大队，联络卫生署、军医署、卫训所、新运医疗队、公谊救护队、英国红会医疗队等各方救护力量，合力共谋滇缅两线战场救护作业的完善与发展。

救护总队赴印缅的医疗救护队，在滇西、缅北反攻作战的战地救护中大放异彩，对远征军的战地救护工作持续到1945年滇缅战场反攻完全胜利为止。与此同时，被派赴战场前线训练营担任教官，负责培训中国军队的10名外籍援华医生医护人员也一直在印、缅前线工作直至日本投降，才陆续踏上归途，回到各自的祖国或返回中国。

林可胜医学根基深厚，见地卓识，气质非凡，精神可嘉，一直为英美两国军政高层人士推崇；尤其是他在滇缅战场表现出的睿智和卓越才能，在国际上赢得了极高赞誉，也受到国民政府高度重视；加之他对中国军医培训的建树、战地医疗卫生服务的贡献，因而在抗日战争救护史上，彪炳千秋，名垂青史。

中外将领以滇缅战场救护工作为例，对林可胜创建和领导的中国红会救护总队给予了高度评价："在缅甸反攻战事中，救护工作的迅速和医疗装置的完善是颇令人满意的，那与当时国内战场上任何部队相去何止霄壤。"

对中国抗战援助最大的美国医药助华会主席泛·史莱克指出："……林先生为中国军队提供了几乎所有的医疗服务；直至战局稳定后，林博士再度改善中国军队的卫生勤务；如果无此项卫生改革，我怀疑中国军队能否继续维持其战力。"

"林可胜博士在战时的中国贵阳，建立最大的医学训练中心，前后训练 1.5 万名医务及卫生人员，促进了中国的军队卫生与战力。"

美国军医署署长乔治·阿姆斯特朗如是说："没有林可胜，我怀疑中国的军队，如何能打赢这场中日战争。"

是啊！中国自古就有"国难兴邦，殷忧启明"之先贤训诲。有"儒释哲一代宗师"之称的马一浮先生面对九一八日寇犯华、国难临头的紧要关口曾断言："中国方今遭夷狄侵凌，举国之人动心忍性，乃多难兴邦之会。"

在遭遇敌国入侵，外辱强加，甚至亡国灭种之灾降临之时，在国人心目中，上自政党领袖，中至军队将领，下到黎民百姓，有良知者，负血性者，敢于逆潮流而动者，公开针砭时弊、不计得失者，甚至勇于奉献、不怕牺牲的志士仁人大量存在，且为当时社会之主流。而当年的中国，国家蒙羞，山河破碎，人民罹难，民不聊生！在那个灾难多多、忧患频频的年代，虽然造就了无数的民族英豪，但也不知扭曲了多少人性，埋没了多少精英，贻误了多少贤达，演绎了多少故事，留下了多少遗恨！使原本聪颖睿智的社会中高层人士，都难以把握自身的爱、恨、情、仇尺度。

在此，不妨以当年不同社会界别，但均颇具社会影响力的典型人物为例，来看看当国家罹难、民族受辱、社会动荡发生后，给人们的思想和行为带来的潜在影响和深刻变化。

先说张学良先生。历史早已证明，当年东北的军事力量面对日军的侵略不是没有胜算可能，但他们根本没有阻止，反而主动陆续退入关内，致使日军三天占领沈阳，一周拿下辽宁，三个月控制整个东三省。

何以发生如此后果？唐德刚先生在《张学良口述历史》中披露："我当时判断日本人不会占领全中国，没认清他们的侵略意图，所以尽量避免刺激日本人，不给他们扩大战事的借口。"

但到了1936年西安事变爆发前，由于蒋介石始终没有发出抵抗侵略者的任何声音，更谈不上行动，追悔莫及的张学良联手西北军将领杨虎城，领导所部在西安骊山以"兵谏"方式迫使蒋介石接受停止内战、一致抗日的要求，从而引发了著名的西安事变。

西安事变促成了以第二次国共合作作为基础的抗日民族统一战线形成，也彰显了张学良袒露无尘心迹的"君子坦荡荡"之举。在贵州修文阳明洞期间，被允许读《明史》的张学良联想到自身处境，感触颇深，写下一诗：

犯上已是祸当头，作乱原非愿所求。
心存广宇壮山河，意挽中流助君舟。
春秋褒贬分内事，明史鞭策固所由。
龙场愿学王阳明，权把贵州当荆州。

再说与张学良生活在同时代、同时期先后留学日本的李叔同。李叔同曾对康有为、梁启超的维新变法表示支持；22岁考入上海南洋公学"特长班"师从蔡元培，与黄炎培、邵力子等同窗共读，常将爱国宏愿寄于诗词之中，目睹家国破败，悲愤难收，曾挥毫写下抒发真挚爱国情怀诗篇十余首。

1905年，蔡元培遭迫害被通缉，作为同党，李叔同在劫难逃，无奈之下，留学日本。音乐、诗词、歌赋、篆刻、书法、绘画、表演几乎样样精通的文艺天才李叔同在日本求学期间，与房东女儿结为伉俪，相依相伴六年后，迎来了辛亥革命成功。李叔同再也无法在日本的温柔乡里销蚀大好青春年华，决计回国报效桑梓，于1911年3月携妻定居上海。

1914年冬天，李叔同受儿时好友许幻园处境影响，写下"长亭外，古道边，芳草碧连天……"的传世佳作《送别》；面对军阀割据的残酷现实，在培养了诸如丰子恺等一代文化名人后，他终于抛却红尘，舍弃爱妻，转心向佛，遁入空门，法号弘一，时年38岁；在随后的时日里，亲历了"九一八"事变、卢沟桥事变及淞沪抗战和国民政府迁都等历史大事。而此时的弘一法师，早已超然尘外，于1942年农历九月初四，圆寂于福建泉州，享年62岁。

接下来说说30岁佩戴少将军衔、出任当时中国最高军事学府保定陆军军官学校校长的中国近代著名军事理论家蒋百里。自幼受到良好教育的蒋百里，被《辛丑条约》签订的奇耻大辱深深刺痛，从此决心弃文从武，考入日本士官学校留学；1905年毕业回国，到当时的国防前线东北培养新式军队；其间，再被选送德国深造军事科学。

袁世凯当上大总统后，接受幕僚建议，任命蒋百里为保定军校校长。在到校第一天给全校师生训话时，蒋百里说："……将来治军，能训练出最精锐良好之军队。我当献身这一任务，实践斯言！万一不效，当自戕以谢天下！"

但是，蒋百里大力整改军校的作为却不被旧派军人认可，在受到百般掣肘后，1913年6月18日凌晨5点，他召集全校两千多名教职学员紧急训话，用低沉的语调说："我曾经教导你们，我要你们做的事，你们必须办到。你们希望我做的事，我也必须办到。你们办不到，我要责罚你们。我办不到，我也要责罚自己……"

说到此，他拔出腰间手枪，对准自己的胸膛，扣动了扳机……

都说时势造英雄。所谓英雄，一般理解是指在普通人中间有超常能力，能够带领人们做出对社会产生巨大影响的意义非凡的事情，或者指做出了不平凡事情的人。正因为时势能够造就英雄，那么，有可能被造就成英雄的某个社会成员，就不仅仅只受自身素质、教育程度、家庭背景、思想认识、知识积累等因素的制约和影响，更与他所处的时代、生活、工作甚至人事圈子有着紧密联系。

以上三位历史名人，都不愧为那个时代的英雄豪杰。但相比甘愿将自己的血肉筑成保家护国长城的千百万仁人志士来说，总不免遭当时社会以至后人褒贬不一的评价。

我们再把话题拉回到救护总队队长兼卫训所主任林可胜身上。

1942年，林可胜以现代生理学主要奠基人的身份和声誉，入选美国科学院外籍院士；1956年，当选为该院首位华人院士。继他之后，华人、华侨当选为美国科学院院士的还有：在关键环节上助力原子弹研制成功的实验物理学家吴健雄（1958）、数学家陈省身（1961）、应用数学家林家翘（1962）、物理学家李政道（1964）和杨振宁（1965）。其中李政道、杨振宁、丁肇中和李远哲四位，先后成为诺贝尔奖得主。

在以上几位科学家中，陈省身正是在1943年7月，"二战"正酣，林可胜在滇缅战场出生入死、指挥医疗救护期间，离开西南联大，从昆明乘美国飞虎队军用飞机经印度辗转前往美国学习并取得惊人成果的。在包括以上几位在内的最早被国际科学界推崇的众多华裔科学家中，林可胜回中国工作的时间最长，做出的努力最多，付出的牺牲最大。更耐人寻味的是，就在吴健雄等一批华人科学家在国外从事尖端科学研究、奋力摘取皇冠明珠的时候，林可胜却承受着极大委屈、悲痛和牺牲，甘愿埋头于昆明黑林铺的医训所中，全心全意为滇西反攻作战积极培训、组织救护队伍。

借用史沫特莱的话说，林可胜是"放弃了获诺贝尔奖而投身抗日救护"的。事实正是，就在林可胜摸爬滚打在抗日前线期间，前述的几位中国科学家，却有幸在科技先进的安全环境中埋头钻研拼搏，从事科研和发明创造，并取得巨大成绩。因此，他们的学术造诣和科研成果高出林可胜一筹，是非常正常，也是令国人欣慰的。

笔者将林可胜与这批造诣卓著的顶级华人科学家放在一起谈论，并非为诋毁他们而抬高林可胜，只是想用以说明，如果林可胜没有在中国抗日战争中做出12年的艰苦奉献，不曾荒废，而是一直持续不间断从事科学研究，那么，他的科研造诣将会是何等辉煌灿烂？

第十四章　团结调动各方力量赴国难

第一节　各界英杰同心谋救护

抗战开始后，中国红会总会的领导者，责无旁贷地迅速做出反应，遵循"人道、公正、中立、独立"等基本原则，以"博爱恤兵，救死扶伤"为宗旨，积极履行各项人道义务，组织指挥各路人马，成立救护委员会，组织救护总队，参加到各个战场的救护工作中。

尤其是救护总队成立后，先后有大量医务工作者，为着抗击日本侵略者的共同目标战斗在一起。救护总队部迁到图云关后，在林可胜的苦心经营和人格魅力感召下，呈现出前所未有的繁荣景象，进入最鼎盛的"林可胜时期"。

在 14 年抗战的战场救护中，主要先驱者和领导人不但大都是当年中国医疗卫生界学贯中西的元老或红会总会的最高领导者，更是在教育、医疗、卫生领域颇负盛名，颇具建树的领袖式人物或声望卓著的社会名流。为着让读者了解整个抗战时期，或参与组织、指挥、领导战场救护的各位领导者，或屈居于图云关这片荒山僻野，或奔走于全国九大战区，作出特殊历史贡献的各位医务工作者，作者将从众多历史黄卷中查找到的一些相关人士简要情况，在进行梳理后，呈现给读者。以下介绍除注明女性者外，均为男性。

第一部分，中国红会总会相关领导人、救护委员会组织者以及国民政府军医、卫生部门官员。

王正廷（1882—1961），浙江奉化人；天津北洋西学堂毕业后赴美国耶鲁大学法律系留学，毕业后留该校研究生院深造。青年时代起，王正廷积极倡导"体育救国"，对全国运动会、远东运动会、奥林匹克运动会等中外体育赛事投注极大热忱，被誉为"中国体育领袖"和"奥运之父"。中华民国成立后，王正廷历任孙中山时期南京临时政府、袁世凯时期北京政府、蒋介石时期南京政府的重要职务，成为老资格的"三朝元老"。"九一八"事变后，身为国民政府外交部部长的王正廷为蒋介石"不抵抗政策"背锅，被迫辞职下台后，兼任中国红会会长、中华全国体育协进会会长等职，1936 年 8 月出任驻美大使；1949 年去香港，1961 年 5 月 21 日在港病逝，享年 79 岁。

蒋梦麟（1886—1964），浙江余姚人，先后赴美国加州大学伯克利分校和纽约哥伦比亚大学留学获博士学位；回国后任商务印书馆《教育》杂志编辑和《新教育》杂志主编，协助制订实业计划，受聘为北京大学教育系教授；五四运动爆发后，受蔡元培委托代理北大校长，后出任国立浙江大学校长和中华民国首任教育部部长；1930 年 12 月任北大校长。全面抗战开始后，北大与清华、南开合并西迁组成长沙临时大学以及再迁昆明改为"西南联大"期间，蒋梦麟与梅贻琦、张伯苓共同主持校务；1943 年出任中国红会会长，曾到图云关救护总队指导工作并赴日本战俘营视察；1949 年随"国民政府"赴台湾，1964 年 6 月 19 日因肝癌病逝，享年 78 岁。

颜惠庆（1877—1950），出生于上海虹口，赴美留学回上海，成为圣约翰大学最年轻华人教授；历任清廷驻美二等参赞、英文版《北京日报》主编、清华学堂总办、翰林院编修、巴黎和会中国代表团顾问、北京政府外交总长等；南京政府成立后，任驻英、苏大使，国联首席代表；"九一八"事变后，任驻美公使和中国驻国联代表团团长、驻苏大使；抗战全面爆发后，主持淞沪抗战难民救济与伤兵救护，任上海国际救济委员会主席；赴美协助胡适外长拓展对美外交；抗战胜利后，反对内战，和章士钊、邵力子等与中共商谈和平；中华人民共和国成立后，历任全国政协委员、政务院委员和中苏友协会长等；1950 年 5 月 24 日病逝于上海，享年 73 岁。

刘瑞恒（1890—1961），籍贯不详；略去前面已述内容，抗战胜利后任善后救济总署卫生委员会主委；1949 年随"国民政府"赴台湾地区后曾协助医学教育，后定居美国，1961 年在纽约逝世，享年 71 岁。

史量才（1880—1934），浙江人，清末秀才，创办上海女子蚕桑学校；

先后任教于南洋中学、育才学堂、江南制造局兵工学堂、务本女校等；与黄炎培等参加收回路权运动；辛亥革命爆发后，把精力转向新闻事业，出任《申报》总经理，敢于抨击时弊；"九一八"事变后，将《申报》办成抗日进步力量喉舌；1932年1月，在上海哈同路寓所成立"壬申俱乐部"，倡组并出任会长，成立"上海各界抗敌后援会"；创办社会文化事业，为抗日救亡培养进步青年；1934年11月13日晚，在海宁附近遭国民党特务暗杀去世，享年54岁。

当时的《申报》刊登了《史总经理遇难始末记》。章太炎先生题写了"史量才之墓"墓碑，并在墓志铭中赞道："史氏之直，肇自子鱼。子承其流，奋笔不纡。""唯夫白刃交胸，而神气自如。"

杜月笙（1888—1951），原名杜月生，上海浦东人，青帮首领；1931年开始，先后创办宁波时疫医院、仁济医院，获国民政府内政部颁发一等金质奖章；"一·二八"抗战中，率先为坚持抗战的第十九路军募捐；1933年5月，参与创设虹口平民时疫医院；1934年11月当选中国红会副会长；淞沪会战爆发，联合各团体组织上海救护委员会，参与成立多支救护队，创立24所临时救护医院和16所特约公、私医院，收容受伤军民；南京沦陷后，促成中国红会总会救护委员会在汉口成立；1939年4月1日，任中国红会总会香港总办事处主任；1949年后避居香港，1951年8月16日病逝，享年63岁。

刘鸿生（1888—1956），浙江定海人，有上海"煤炭大王"之称；1934年10月当选中国红会总会副会长；淞沪会战期间，先后任伤兵救济委员会会长、抗日救国物资供应委员会总干事，以中国红会和伤兵救济委员会名义，联合世界红会在上海租界设立三十多所伤兵医院，病床增至5000张；组织煤业救护队将大批药品和物资运往前线支援抗战；促成中国红会总会救护委员会成立；在抗战大后方投资创办火柴厂、毛织厂、水泥厂等实业，为稳定后方军民生活、补充抗战物资做出积极贡献。

庞京周（1897—1966），出生于江苏吴江；自幼立志学医，悬壶济世，治病救人；15岁入读同济医专，毕业后开设西医诊疗所，践行幼志，济世救人；随着诊疗所条件从简陋到全面再到奢华，添置起当时最先进的X光机和紫外线理疗仪等设备，声名鹊起，日进斗金，享誉上海医学界；

1923 年受聘东亚医科大学任教，后改至同德医专任教，出任教务长，随后接管同德医专，改造升格为医学院，自任院长；抗战开始后，任中国红会总会秘书长，成为"战时三合一"政策构想的主要实践者和推动者，这已在前面章节作详尽介绍，此处略。著有大量医学专著，1966 年病逝于上海，享年 69 岁。

胡兰生（1890—1961），安徽歙县人，先后毕业于上海圣约翰大学医科和美国哈佛大学医学院矫形外科，医学博士；1921 年归国任上海圣约翰大学医学院骨科教授；1927 年后，历任国民革命军军医司副司长、第二集团军军医学校校长、军医总监部训练处处长等职；全面抗战开始后，先后任军政部军医署署长和西同运输处医务管理处处长；1943 年 3 月至 1945 年 11 月，任中国红会总会秘书长兼任林可胜辞职调离后的救护总队总队长；中华人民共和国成立后历任红会副会长兼秘书长和第二、第三届全国政协委员，1961 年病逝，享年 71 岁。

金宝善（1893—1984），浙江绍兴人，先后留学日本千叶医专校与东京帝国大学医学内科，后赴美国约翰·霍普金斯大学公共卫生学院进修获硕士学位；先后任国民政府中央防疫处处长、卫生部保健司司长、中央卫生实验处处长兼军医监理委员会委员、卫生署署长、卫生部部长等职；连任两届中华医学会会长，多次代表中国出席世界卫生会议；促成中国红会总会救护委员会成立；中华人民共和国成立后先后任卫生部技术室主任、参事室主任、北京医学院卫生系主任兼教授，中国红会常务理事，中华医学会常务理事，第二届全国政协委员等；1984 年 11 月 11 日在北京逝世，享年 91 岁。

第二部分，救护总队总队长、副总队长和总部干事，各组、室主任；卫训总所副主任和各学科组长以及第 167 野战医院有关职务。

汤蠡舟，见后面专章介绍，此处略。

倪葆春，浙江诸暨人，自北京清华学堂毕业后留学美国，先后在芝加哥大学和约翰斯·霍普金斯大学医学院就读，获医学博士和洛氏奖学金，师从整形外科专家约翰·大卫斯教授进修整形外科后回国；1928 年任上海圣约翰大学整形外科教授；1941 年参加中国红会救护总队，任副总队长兼昆明办事处主任，主管滇西战场救护。

陈璞，浙江绍兴人，毕业于浙江公立医药专科学校，赴日本帝国大学医学部药科进修；历任中国红会总会救护委员会干事兼材料总库库长、救护总队材料股主任、国民政府卫生署《中华药典》编委，军医署秘书、技正、司长，陆军军医学校药科主任、南京药学讲习所所长、国立药学专科学校教授、中法大学药科教授和中国药学会第九、第十、第十一届理事长；中华人民共和国成立后任卫生部《中华人民共和国药典》编委会委员、副总干事；被誉为"中国药学家"。

屠开元，上海人，1922年入德国柏林大学医学院学习获博士学位；1933年再赴奥地利维也纳大学专修矫形外科，回国后追随林可胜投身抗战救护，历任中国红会总会救护委员会北路大队第3队副队长，后任总队部外科指导员、卫训总所矫形外科学组主任；中国骨科学与创伤外科学奠基人之一。

过祖源，江苏无锡人，1934年赴美国北卡罗来纳大学研究生院进修，获工学硕士；回国后任卫生署中央卫生实验院卫生工程系主任；抗战期间，任中国红会救护总队环境卫生工程指导员兼卫训所教授；创建中国卫生工程学会，任会长；1944年再赴美国考察卫生工程；中国给排水与环境科学开拓人之一。

杨崇祺，吉林梨树人，1934年毕业于沈阳盛京医学院，1937年受航空委员会医务科派驻重庆沙坪坝航空站从事战地救护，1939年加入中国红会救护总队，任医务股社会视导员，派驻重庆伤兵之友社，负责协调伤兵救治转运等；1941年年底从事伤兵及难民治疗救助工作；1945年任卫训所少校医学教官；为徐维廉先生的得力助手。

顾菊珍，女，籍贯不详，民国外交家顾维钧之女，钱家琪夫人；1940年留英回国后参加抗战，赴图云关卫训总所任X射线物理学组高级教官；抗战胜利后进入联合国秘书处政治托管非殖民部非洲司司长，后成为联合国"争取妇女平等权利组织"首任主席。

钱家琪，籍贯不详，1934年毕业于上海交通大学，抗战爆发后赴图云关卫训总所任X射线物理学组高级教官。

叶天星，安徽合肥人，上海东南医学院毕业后转上海自然科学研究所细菌学部读研；1940年4月到图云关，任防疫检验技士、中国红会救护总队部检验医学视导员兼卫训总所微生物学组高级教官。

史闵言，浙江南浔人，上海东南医学院毕业后入南京中央医院任医师；1939年春考入卫生署公共卫生人员训练所，结业后任防疫检验技士，后任检验医学组讲师兼血清疫苗厂技正。

林绍先，福建漳州人，就读于北平燕京大学生物系及研究院，获生物学硕士学位；留学美国康奈尔大学获生物学博士，回厦门大学任教；抗战爆发后，在图云关卫训总所任军医科主任兼生物学组主任。

胡会林，籍贯不详，淞沪会战期间，任中国红会总会交通股、运输股主任；1938年初任中国红会救护委员会干事兼运输股主任，后改任救护总队运输股主任；参与创办图云关小学。

张祖棻，籍贯不详，浙江医专毕业；1938年年初任救护委员会干事兼总务股主任，后改任救护总队总务主任；参与创办图云关小学；抗战胜利后去台湾；著名眼科专家。

刘永懋，籍贯不详，留学美国哈佛大学获工学博士；曾任卫生署卫生工程师；抗战爆发后追随林可胜参加中国红会救护总队任环境卫生指导员；著名卫生工程专家。

何鸣九，山东人，毕业于上海同济大学医学院，后赴德国深造；全面抗战爆发后，参加中国红会救护委员会医疗队，历任第6中队队长、第3大队副大队长、第2大队大队长；曾派出第31、第67医疗队为新四军服务。

严智钟，浙江慈溪人，毕业于日本东京帝国大学医学院，先后任北平医学专科学校细菌学讲师、北平传染病院院长、国民政府卫生部医政司司长、军医署军医监参议；抗战期间，协助林可胜管理卫训总所。

刘经邦，籍贯不详，毕业于湖南湘雅医学专科学校，曾任南京陆军总医院院长、北平陆军总医院院长、卫训总所第3训练组主任等。

陶桓乐，湖南岳阳人，上海同济大学医学院毕业，在南京中央医院工作；抗战全面爆发后，在卫训总所和第167后方医院担任内科医生及教学工作。

陶湺，女，江苏人，陶桓乐夫人，上海同济大学医学院儿科毕业；抗战爆发后到图云关任卫训总所儿科学组高级教官。

马玉汝，籍贯不详，南通医学院毕业，抗战期间参加中国红会救护总队，任医务科科长、预备大队大队长。

舒道隆，江苏江宁人，1934年毕业于私立南通学院医科，1944年任第4大队第二任大队长。

曾享能，广东揭阳人，毕业于上海沪江大学，后入读湖南湘雅医学院获医学博士学位和金钥匙奖；抗战爆发后，参加红会救护总队，先后任第3大队第1中队队长和卫训总所内科学组高级教官。

吴国兴，山东寿光人，同济大学医学院毕业，抗战爆发后参加救护总队，先后任卫训总所第5分所军医正主任教官和卫训总所内科学组高级教官。

林传骧，湖北鄂城人，1943年毕业于广州岭南大学孙逸仙博士纪念医学院，赴图云关卫训总所，任内科学组高级教官。

马安权，广东中山人，毕业于上海圣约翰大学医学院，获医学博士；抗战爆发后，投身抗战救护，任中国红会救护总队外科医师，先后赴缅北战场救护，赴印度蓝姆伽参与军医培训。

戴根法，籍贯不详，毕业于唐山交通大学，抗战爆发后参加救护总队，任医疗环境卫生工程师；先后赴印度蓝姆伽和昆明参加中国远征军军医培训。

洪民，浙江宁波人，1941年南京中央大学医学院牙医班毕业后即往图云关，任卫训总所和第167后方医院外科学组高级教官。

周继林，女，湖南长沙人，1935年考入南京中央大学医学院牙医班，后随迁成都，毕业后留校任教；后往第167后方医院外科学组，与后来成为其丈夫的洪民共事。

龙名扬，湖北汉阳人，1942年安顺军医学校毕业，赴图云关卫训总所任X射线学组高级教官。

李泰钧，曾任第167后方医院第二任院长，其他情况不详。

林寿梧，籍贯不详，毕业于广东中山大学工学院，抗战期间到卫训总所第5分所任少校教官，后任卫训总所环境卫生学组高级教官。

孙秀德，女，山东人，齐鲁大学医学院护理系毕业，任卫训总所护理学组高级教官。

施正信，浙江宁波人，香港大学医科毕业，赴伦敦热带病及卫生学院学习，后转美国约翰·霍普金斯大学公共卫生学院学习并获公共卫生博士；参加红会总会救护总队，任卫训总所防疫学组主任教官兼医防指导员；后来调贵阳医学院任教，为著名流行病学专家。

王春菁，女，山西太原人，从小酷爱网球，并多次获得全国性奖项；抗战爆发后，在长沙参加红会救护总队，精通英语和德语，在干事室任林可胜的外文秘书。

蒋旭东，干事室主任，其他情况不详。

汪犹春，籍贯不详，林可胜的英文秘书，参与创办图云关书报供应社；1942年，陪同林可胜总队长前往缅北部署中国远征军战场救护，历尽艰难，翻越野人山去往印度。

江涛声，湖北荆门人，1928年考入清华大学经济系，1930年留学柏林大学医学院，加入中国共产党，在德共中国语言组工作；后入读瑞士巴塞尔大学医学院获病理学博士学位；1939年回国参加救护总队，任第40医务队队长，先后赴陕、晋、鄂等地从事战场救护；主编《病理学大纲》一书。

陶天白，安徽长丰人，1938年到长沙卫训班受训后参加救护；1942年调任卫训第5分所副官室主任；1944年调卫训总所，主编校刊《卫训周刊》《卫生导报》等；1945年受聘为张治中私人秘书；中华人民共和国成立后供职于新疆政协。

林竟成，略去第六章的相关叙述，任第9大队大队长期间，兼卫训总所第5分所主任，培养了数以千计医务人员；中华人民共和国成立后曾任上海国防医学院副院长，武汉医学院教授、附属第二医院院长等职；1987年逝世，享年81岁。

第二节　致敬协和的医学领袖

海外华侨对近代中国的贡献常常成为国民称颂的话题，但重点多是因为他们为革命或抗战捐输财物。但是，华侨以学识和才干来推动中国现代化的不乏其人。林可胜就是其中的杰出代表之一。

我们可将林可胜学有所成后的前半生，即从 1924 年回国至 1949 年离开台湾的 24 年时间的个人事业分为前后两个 12 年来看。

1924 年至 1936 年，在北平协和任教的 12 年，天资聪慧、才华横溢的林可胜是一位颇具造诣的学者、专家，在科研、教学、育人等诸方面都卓有建树，培养和造就了中国当时最优秀的一批医生和生命科学家，推动了中国生理学教育与研究的快速发展，被誉为中国现代生理学奠基人，蜚声国际医学界，尤其是在消化生理学与痛觉生理学两个领域，创造了学界公认的卓越成果。据林可胜的儿子回忆，那时"家中有花园凉亭，雇有司机、保姆、管家和曾在法国大使馆工作的厨师"。

1937 年至 1949 年的 12 年，因抗战军兴和解放战争爆发，林可胜把自己的人生角色从杰出学者转变为爱国主义者。在整个抗战时期，林可胜抛弃优渥生活，义无反顾地挑起领导中国抗战救护事业的重担，奔走在前线和后方，为救治伤员和民众竭尽全力。

首先是卢沟桥的炮火，打破了更适合当教授、做科研的林可胜的平静生活。在国家危难，民族陷于水深火热之中，由不得须臾犹豫，正是"欲饮琵琶马上催"的紧急情势下，林可胜以常人难以理解的紧迫感和自觉性，毅然放弃自己所钟爱的，且已经造诣高深的医学科研事业和优越的工作与生活条件，奔赴抗战前线，组织战地救护队，竭尽全力献身抗战救护事业。

在十四年的抗战中，林可胜撸起袖子，卷起裤腿，排除万难，找米下锅，团结各方爱国志士，艰辛主持着救护总队的战场救护工作；同时兼任卫训总所主任，在战时的特定环境下，既为战争需要，更为避免出现战后祖国的医疗科技人才青黄不接而培养人才。事实充分证明，战时军队的整个医疗救护体系，基本上是由他一脑构思、一手创建、一人主管、一统实施的。其中包括前线六百余所临时医院和后方两百余所伤兵医院，还有由他主导训练出来的数以万计医疗卫生人员，为中华民族的解放事业做出了极大的贡献。

林可胜之所以能在救护总队和卫训总所的组织管理上做到有条不紊，在医学科研上超越前人，取得战场救护和医学教育双丰收的卓越成就，与他甘为民族解放和医学事业贡献聪明才智的精神和一以贯之的严谨治学、勤奋刻苦、钻研不辍及以身示教是分不开的。

以救护总队和卫训总所的先后成立为标志，战场救护和医护培训工作，在林可胜的精心策划、身体力行领导下，逐步进入规范化轨道。慕名主动投在他麾下的医护人员和师资力量，大都出身于北平协和。

据不完全统计，在整个抗战时期，继刘瑞恒出任卫生署署长的颜福庆，曾任卫生署副署长的沈克非等，都曾在北平协和任教任职；军医署署长兼军委会后勤部卫生处处长卢致德曾师从林可胜，且一直在抗战救护的战壕中与之并肩指挥作战。截止到抗战胜利，曾在军医署、卫生署及救护总队和卫训所等相关部门任过职的北平协和人还有：刘绍光、刘书万、姚寻源、严智钟、李士伟、李延安、贾魁、方颐积、袁贻瑾、柳安昌、陈宝书、程玉麟、朱章赓、荣独山、陈志潜、张先林、查良钟、容启荣、过祖源、江兆菊、何碧辉、严镜清、颜春辉、彭达谋、范日新、黄仁若、马家骥、杨文达、陶荣锦、周寿恺、周美玉、陈文贵、墨树屏、汪凯熙、黄家驷等近四十人。

在救护总队早期的 10 位高级职员中，北平协和出身的占 50%。总队长林可胜除曾在北平协和任职外，还兼任中央卫生实验处处长；副总干事彭达谋为北平协和以及美国耶鲁大学双博士，并先后担任北平和南京某卫生事务处处长；干事马家骥是北平协和的医学博士，曾任中国农村建设协进会社会医学组副主任；干事周美玉，北平协和护士学校毕业，曾任中华平民教育促进会农村公共卫生护士研究班主任；干事兼医务主任荣独山为北平协和医学博士等。

在医务股的指导员中，北平协和出身的有杨济时、周寿恺、张先林、容启荣、周美玉、龚棣珍，也占 50%。在大队长及中队长一级干部中，北平协和出身的有万福恩、墨树屏、彭达谋、汪凯熙、朱润深等，占总数的 30%。而在救护总队中，除林可胜在卫生署有兼职外，其余北平协和出身的人，有不少也兼着卫训所各部门负责人或教官，同时又是第 167 后方医院，后改称贵阳陆军总医院的科室负责人。如杨文达任贵阳陆军总医院院长，荣独山任医务主任，张先林任外科主任，熊荣超任妇产科主任，周美玉任护理部主任等。

当时的卫训总所虽隶属军政部，但在培训和管理等方面，均与救护总队和第 167 后方医院有着无法分割的密切关系，与同一单位无二；其主要教学培训计划安排，大都出自北平协和系学子的苦心筹划。因此，有必要将抗战期间协助、追随林可胜在战场救护或医学教育培训中做出卓越贡献的北平协和体系的医学专家的情况作简要介绍。本介绍除注明女性者外，均为男性。

颜福庆，出生于上海江湾一个基督教牧师家庭；幼年丧父，母亲多病，七岁起寄养于时任上海圣约翰大学校长的伯父颜永京家；在伯父资助下，先后就读于上海圣约翰中学和圣约翰大学医学院；1904 年赴美国留学，1909 年成为美国耶鲁大学医学院首位获医学博士学位的亚洲人；同年，赴英国利物浦热带病学院研读，次年回国，任长沙雅礼医院外科医师。1914 年，颜福庆再次赴美国哈佛大学公共卫生学院深造，回国后创办长沙湘雅医学专门学校，任校长；1915 年与伍连德等发起组建中华医学会，当选为首届会长；1926 年，任北京协和医学院副院长；1927 年 10 月创建第四中山大学医学院任首任院长等。

全面抗战开始后，颜福庆任上海市救护委员会主任委员，组织医疗救护队投入战场救护；1938 年至 1939 年，任国民政府卫生署署长；中华人民共和国成立后，先后任上海医学院临时管委会副主任、副院长。他一生治学谨严，医德高尚，言传身教，桃李天下，为我国早期的医学教育事业作出了卓越贡献。1970 年 11 月 29 日，在上海逝世，享年 88 岁。

卢致德，广东珠海人，先后入读新学书院与北平协和，后往美国纽约大学医学院深造，获医学博士后留校任教；1932 年归国，受聘为北平协和助教、教授；同年 8 月任中央军校少将处长；1933 年至 1934 年，兼任国民政府军委会南昌行营军医处处长、重庆行营军医处处长等职；1936 年奉派入英国皇家陆军医学院进修军医教育及军队卫生勤务；全面抗战时期，历任国民政府军委会后勤部卫生处处长、军政部陆军中将军医署署长，追随林可胜参加抗战救护，曾担任卫训总所主任；1949 年去台湾，先后任台湾"国防医学院"代院长、院长。

沈克非，浙江嵊县（现嵊州市）人，美国克利夫兰西储大学医学院医学博士，1925 年担任北京协和医院住院医师、总医师；协助刘瑞恒筹建南京中央医院，任外科主任、副院长和院长；抗战期间，带领中央医院先后西撤至长沙、贵阳、重庆，兼任长沙湘雅医学院、贵阳医学院和重庆上海医学院名誉教授；1941年任国民政府卫生署副署长兼陆海空军总司令部医监；1942年赴缅、印战场配合救护总队救治伤病员并授课；1946年任国立上海医学院外科教授兼附属中山医院院长；中华人民共和国成立后，先后任中国人民解放军医学科学院副院长、上海第一医学院副院长和中山医院院长；1972年逝世于上海。

朱润深，海南万宁人，湖南湘雅医学院毕业后考入美国耶鲁大学，获医学博士学位；1926年应聘北京协和教授；1927年辞职筹建海南医院，担任院长兼外科和妇产科主任医师；全面抗战爆发后，任全国救济总署柳州伤兵医院院长，后参加红会救护总队，任第4大队队长，主持第四战区战场救护；1942年升任救护总队副总队长。

杨崇瑞，女，北京通州人，1917年毕业于北京协和，获医学博士学位后留协和医院妇产科工作；1925年赴美国约翰·霍普金斯大学进修妇产科；1933年创办南京中央助产学校并亲任校长，在全国相继建设六十余所助产学校，培养了大批妇幼卫生人才，是我国最先提出"限制人口数量，提高人口质量"主张、倡导计划生育的先驱；抗战爆发后，任红会救护委员会干事，参与筹建贵阳医学院；1941年再度赴美进修，归国后任卫生署实验处妇婴卫生组主任。

彭达谋，籍贯不详，北平协和医学博士、美国耶鲁大学公共卫生博士，红会救护委员会干事兼医务股主任，先后任北平第三卫生事务所所长、南京四牌楼卫生事务处处长；1940年后担任救护总队第2大队大队长、第6大队大队长，兼任卫训总所第4分所主任和救护总队指导员，领导湖南、湖北等战区救护工作。

柳安昌，山西代县人，北平协和毕业后赴美国纽约大学医学院留学，获博士学位后回北平协和任教授，随后再受派赴美国哈佛大学进修，致力于交感神经及交感素的化学与药理作用研究；1936年学成归国，入南京军医大学任生理系主任教官；抗战爆发后，随校南迁至广州，在汉口参加红会救护总队任指导员；1938年入卫训所，任教务组组长，次年调任贵阳医学院生理系主任；1941年任卫训总所生理科主任，兼教务主任；抗战胜利后，在上海国防医学院任生理系主任兼教务处处长；1949年随校迁台湾，任台湾"国防"医学院生物物理学系主任兼生理学教授，为海峡两岸生理学育人无数，成绩卓然。

马家骥，籍贯不详，1935年毕业于北平协和获医学博士学位，任协和公共卫生系助教、中国农村建设协进会社会医学组副主任。1937年年末，任红会救护委员会干事；先后担任卫训总所组织科主任、救护总队第5大队大队长，领导第五战区救护工作。

荣独山和林飞卿夫妇，见第二十章第一节相关介绍，此处略。

周寿恺，见第十九章第一节相关介绍，此处略。

周美玉，女，浙江慈溪人，毕业于北平协和护理学校护理科，赴美国留学，获麻省理工学院公共卫生及卫生教育和哥伦比亚大学护理教育双硕士学位；回国后任北平协和医院护士长、中华平民教育促进会农村卫生及护理教育负责人；1938年年初，任红会救护委员会中路大队第37队队长，后任救护总队护理专业指导员，参与创建卫训所，任卫训总所护理学组主任。

容启荣，安徽黟县人，先后毕业于燕京大学与北平协和，抗战时期留学美国，获博士学位；后以国际联盟卫生代表身份回国，任救护总队医防工作指导员、卫训总所防疫学组主任，后任贵阳战时医药服务职业训练学校防务系主任、卫生署防疫司司长。

汪凯熙，江苏苏州人，1934年毕业于北平协和，外科专家。1937年追随林可胜投身抗战救护；先后任红会救护委员会北路大队第1队队长、第2大队第12中队中队长、救护总队部外科指导员、卫训总所组织学组主任。

陈文贵，四川永川人，1929年毕业于成都华西协和大学（现华西医科大学），获医学博士学位后，入北平协和医院任病理科助教，再入北平协和细菌系从事细菌学研究和疫苗血清研制；抗战期间受聘为国际卫生组织公共卫生视察员；投身抗战救护，先后任红会救护总队部检验医学指导员、卫训总所微生物学组主任，主持图云关疫苗厂生产；确认常德鼠疫流行系日寇军机抛撒鼠疫病菌垃圾所致，并撰写《湖南常德鼠疫报告书》，揭露了日军细菌战事实。

万福恩，河北盐山人，1927年毕业于北平协和，获医学博士学位；

曾任河北医学院外科主任、红会救护总队第 1 大队大队长兼第 1 中队队长，向中共领导的陕北敌后根据地派出多个医疗队，改善提高了敌后武装部队的战场救护和医防工作质量。

墨树屏，孤儿，幼年被美籍牧师收养，送美国初级学校读书；回国后入北京协和学习，获博士学位，任河北定县平民教育促进会医师和保健院院长；抗战期间加入红会救护总队，历任中路西线副大队长、医防队长、中队长、第 1 大队副大队长、第 10 中队队长等职，奋力开展西北战区救护工作，到延安考察和实施敌后救护；1942 年 10 月 18 日，骑马由临淇新 5 军军部前往驻扎于将军墓的游击队出诊途中，过危崖失足身亡，是救护总队殉职人员中职务最高者。

杨文达，籍贯不详，1937 年北平协和毕业后到南京找时任卫生署署长刘瑞恒，自荐参加救护工作，任第 167 后方医院第一任院长；1942 年随林可胜前往昆明黑林铺为中国远征军培训军医。

虞颂庭，浙江慈溪人，高中毕业考取燕京大学医学预科，继而考入北平协和，获医学博士学位，留校任外科助理住院医师；抗战期间任卫训总所外科组高级教官；1942 年随林可胜往昆明黑林铺为中国远征军训练军医，1944 年赴重庆中央医院任外科主治医师。

薛庆煜，又名薛阴奎，河北滦县人，燕京大学医预科考入北平协和获医学博士，1940 年毕业，参加救护总队，在卫训总所和第 167 后方医院任防疫学组代理主任；1941 年参与湖南常德日军细菌战调研，写出调查报告刊于《国际法庭审判日本战犯罪行资料汇编》中，为 1953 年在沈阳国际法庭审判侵华日军进行细菌战的罪行提供了历史依据。1943 年 8 月起，任中国远征军新 1 军军医处长。

方怀时，毕业于北平协和，抗战时期参加卫训所，随柳安昌教授兼任生理学教务，参与配合林可胜对狗做科学试验，将狗大量失血后，以食盐制成的盐水静脉注射，观察其血压变动及有否其他不良反应。1949 年随"国防医学院"赴台，1978 年当选为台湾"中央研究院"院士。

张天民，女，浙江永康人；1923 年毕业于上海同仁医院护士学校，后在北京协和医院任护士长。1931 年入北平协和进修；1941 年参加救护总队，配合第 167 后方医院创建外伤后的理疗、体疗专业科，任卫训总所理疗学组主任。

潘作新，山东掖县（现已撤销）人，1930年毕业于北平协和后留校任教，1936年去奥地利维也纳大学研习；1938年至1942年任红会救护总队中队长，卫训总所驻褒城第1分所眼科学组主任，曾受到朱德总司令接见；1943年至1947年先后任西北医学院教授、南京中央医院眼科主任。

范乐成，湖北武汉人，1936年毕业于北平协和，获医学博士学位；抗战爆发后，任卫训总所外科学组高级教官。

朱文思，女，范乐成妻，与范乐成经历相同。

熊荣超，广东梅县人，1937年毕业于北平协和，获医学博士学位；1940年任卫训总所医疗教官、妇产科学组主任。

吕运明，籍贯不详，20世纪30年代曾在北平协和进修，抗战爆发后到卫训总所任生理学组高级教官。

龚棣珍，女，籍贯不详，北平协和护士学校毕业，曾任南昌医院护士主任，红会救护总队医视导员、卫训总所护理学组高级教官。

邹玉阶，籍贯不详，美国纽约大学教育学院硕士，曾任北平协和社会部干事；抗战期间任卫训总所复健学组主任。

岁月无情！前辈们早已离我们远去。虽然历史只遗憾地记录下谢世英雄的名录，但他们的伟业将永世长存，英名将被后辈铭记。

第三节　多侧面透析协和精神

在前面的章节中，反复多次提及北京协和医学院。那么，北京协和到底有何故事，又是怎样发展成为中国顶级医学教育机构的？有必要简要介绍一下北京协和的前世今生。

现在的北京协和医学院，原是一座佛教寺院。1862年，英国传教士医生约翰·德贞买下这座佛教寺院，建起一个名叫"施医院"的西式医院，门前保留寺院两根旗杆，被京城百姓称为"双旗杆医院"。施医院毁于义和团运动后，又一位英国传教士医生托马斯·柯克仁接手，于1906年将其重建为唯一获当时的清政府批准的"北京协和医学堂"。

随后，北京协和医学堂改由长老会、美以美会、内地会、伦敦教会医学会和英国国教会等五家合办。1915年，由美国石油大亨资助的洛克菲勒基金会以20万美元买下北京协和医学堂地产，增购豫王府约十公顷土地，于1921年9月，建成包含医院和医学院在内，按照20世纪初美国最流行的"乡村别墅式"花园洋楼外观，内部偏中式宫殿设计装潢，由16幢校舍建筑组成的北京新协和。

全面抗战开始后，在战场越来越宽、战事越来越烈、医疗队伍力量严重不足的严峻形势下，林可胜教授以大无畏的爱国主义精神，毅然带头走出协和，走出实验室，临危受命，领头组建中国红会救护总队，奔赴抗战前线救护伤患；组建卫训所，训教医疗卫生知识，带领协和医学精英，团结了中国一大批医学界同仁，胼手胝足，在原本荒寂的图云关上，辛勤开创出独具特色且永垂青史的抗战救护人文景观。

尤其是由林可胜集中统一领导的包括救护总队、卫训总所和第167野战医院共同组成的整个救护体系，在从1939年春到1945年日本投降的长达七年驻扎图云关期间，不仅共同铸就了战场前线抢救负伤将士、医疗卫生训教、伤病兵民收治三大方面的辉煌业绩，还通过他们工作和生活中的点点滴滴，透过他们在人文、思想、精神、道德、文化等多侧面、多层次的若干闪光点，折射出中华民族的优秀人文光辉，汇聚成一笔宝贵而巨大的精神文化财富，世世代代传承下去。

当时的图云关总部，拥有图书馆、陈列室、实验室以及从国内外订购、收集的医学期刊、书籍和缩微胶卷等，鼓励师生开展研究，如营养调查、研究磺胺药物在治疗杆菌痢疾方面的效果、干血浆对营养性浮肿的疗效、肺结核的发病机理、治疗和尸体解剖等。这些科研成果刊登在卫训所定期出版的周报和期刊上。高级教员们还经常深入战区，实地调查研究，随时调整教学，设计发掘出各种设备和药物治疗方案。除了前述在战场救护方面的建树外，还编写了大量颇具价值的专业教材，培养出成千上万的医护工作者。因此，抗战时的图云关，被称为战时的"国际医科大学"。

据已故中国科学院院士、国际著名神经生理学家、获得国际小行星命名委员会批准将国际编号为316450小行星命名为"张香桐星"的张香桐先生回忆，当年的图云关成为他科学人生的起跑线。

1933 年毕业于北京大学心理学系的张香桐，于 1941 年夏，经人介绍，受聘于迁到贵州安顺的陆军军医学校任教。安顺军医学校由于几次迁移，藏书大量损失，有关医学方面的书籍更少，不能满足其阅读和研究之需。于是，他常常抽空，往返约两百公里到图云关救护总队部图书馆，查阅有关医学生物学方面的书籍杂志。图书馆新购回的美国著名神经生理学家、享誉国际的约翰·福尔顿所著原版《神经系统生理学》专著，非一朝一夕可以读完，又不允许外借，他只得往返跑了好几次，才认真读完该书并做下大量笔记。这对张香桐随后的生理学研究生涯，起到了至关重要的作用。

卫训所护理组主任周美玉的几个回忆片段，颇能说明问题。

一次，周美玉带领护士到广西迁江兵战医院巡查伤兵救治情况。初到广西，无柴煮饭，周美玉让曾在冯玉祥军队待过的战士颜世训去买柴生火。不一会儿他便扛着两捆柴回来了。问他多少钱，他说：

"还能要钱？就拿他们两捆来！咋啦？"

"这样不可以！这会让老百姓说我们红会救护队抢人东西！"

周美玉的批评非常认真，口气严肃，她一定要带这位战士去跟人家道歉并付钱。战士扭捏着不肯去，觉得丢脸。周美玉要他跟在自己后面指引道路。那家人一看，以为当兵的又来抢东西了，赶忙防备。哪知周美玉满脸微笑，深表歉意地说：

"老乡别怕，我们的工友初来乍到，言语不通，拿了你们两捆柴。你们的要价，或许我们付不起，手边只有这么多钱，请收下吧！我们是红会救护队员，不能让民众见了我们就讨厌。"

那家人听到这话，顿时显得客气起来。

在兵站医院，巡察组看到病人睡在只铺一层稻草的地上，还听院长和准尉看护长汇报说，每天都有百多名病人死亡，死因多为痢疾、伤寒。周美玉深感吃惊，待查找原因后发现，有两个重要环节必须尽快加以改善，才能减少伤患死亡率。

一个细节是，由于这种病患，泻肚时来不及上茅房，都拉在了床上，而许多病人居然就躺在粪便中。由于卫生状况极糟，造成死亡率升高。针对此种情况，周美玉要他们把轻症和重症病人分开，加强卫生管理；

把重病人交给以她为首的红会救护队员亲自照管，采取措施改良病患床铺，找来砖头，将逃难离乡的老乡家空房门板拆下做床板，铺上干净稻草，虽然没有床单，但总比直接躺在潮湿地上好。再一个细节是，经询问伤寒病人的饮食情况后发现，居然是医院把许多病人给撑死了，原因是病人多因肠穿孔死亡。伤寒菌会造成肠子里的淋巴腺部分溃烂，第一周病人体温不高，第二周升高，第三周开始下降，此时肚子虽然感到很饿，但也只能吃流食，且必须多餐少量，以保障营养，至少一日四餐。如果直接给病人吃干饭，自然不行，且后果不堪设想。

周美玉向兵站医院解释清楚后，随即改善卫生，伴之以科学饮食，严格按照一天四顿，病人死亡率立刻大幅下降。

仅就医疗护理方面而言，救护总队各基层队都对伤兵医院帮助很大，主要是提供医院工作人员的见习机会，指导他们提高护理质量，学会心理疏导。伤员们作战负伤，心情自然不好，加上缺乏卫生常识，有时候闹起情绪来，不易安抚。而由训练有素的护士们去处理，情况就比较好，其中除了技术性因素外，还因为女性温和。伤员多半为男性，发起脾气来，女护士在一旁不吭声，他们就凶不起来了。因此，每逢有病人伤愈归队时，院方就会要求红会护理队多派人去为他们热情送行、慰问安抚。护士前去好言劝慰一番，能平抚一下他们的心境，缓解一下他们的思想情绪，工作就好做多了。

这些护理工作细节，仅仅是追随林可胜投身抗战军旅的周美玉创造性工作经历的一部分。因此，周美玉成为中国女性获授少将军阶的第一人，被誉为"中国军护的先驱开拓者""中国护理学之母"和"中国的南丁格尔"。

在周美玉的回忆中还提到一件事。部队长期处于前线，没有条件洗浴。由刘永懋先生首创，利用空汽油桶，加上水管、莲蓬头做成淋浴器，四周再用竹子、草帘子当屏风挡起来。这种全套洗浴设施，成为救护总队对前线将士的极大帮助。因为这项设施不仅改善了战士个人卫生，提高了部队战斗力，还是一项必要的人文关怀。该沐浴设施随即便被推广到各兵站医院，用于伤病员洗浴，利于他们的健康恢复。

在图云关期间，各单位的金属医疗护理用具差不多都是就地取材，因陋就简制作而成。譬如医院的便盆，就是利用废弃的五加仑煤油桶斜着剪开成差不多大小的三角形，磨去边缘的金属毛刺，放在自制的木架上制成。由于有些病人水肿体重加大，怕木架承受不了，因此，制作好以后，得先请体重两百多磅的荣独山大夫试试看，坐上去木架不垮，说明病人应该也没问题。于是，队员们诙谐地称荣独山教授为"义务坐便器检验员"，逗得大家哈哈大笑。

病人躺在床上喝东西，没吸管，玻璃用品和金属用品同样缺乏。大家商量着买些毛笔回来，利用空心的笔管，将一头接上可以任意弯曲的橡皮管，塞入病人口中来解决吸食的难题。

图云关的茅草屋，屋顶用茅草覆盖，墙壁用竹子泥巴糊成。当地盛产桐油，桐油纸干后既可防雨，还呈透明状，可当玻璃。后来更进步些，两层纸中间夹棉线，再涂桐油，更经久耐用。

茅草屋易着火，尤其是冬天用木炭火盆取暖，火星会四散迸溅，极容易引起火灾。加之山里取水困难，每回失火，大家忙作一团，先全力抢救伤兵，能走的自己走，不能走的大家抬，总要折腾好几小时。

前述《ABMAC月刊》（Vol. Ⅷ，No.1，January 1946）以"大火席卷图云关AMFSS"为题的记载，就是一个真实例子。那是1942年9月24日下午1点50分，医院、培训学校发生火灾并殃及库房、生活区、除虱站、部分教职工住宅。……行政大楼被毁坏，所有学员的档案被烧毁。火灾发生在生理学大楼西南角。大风一吹，火焰迅速吞噬了用稻草覆盖的木结构房屋。贵阳陆军总医院的大部分建筑都毁于这场大火。

时过境迁，事更人换；一方之词，或难以置信。不妨再举几个实例，相互佐证，以加深读者印象，形成对当年图云关各部门全体人员艰苦卓绝的精神风貌和无私奉献的整体概念，其中包括华人华侨的海外募捐，用以支援图云关人坚持抗战到底的感人事迹。

救护总队运输股指挥调度着两百多辆各类运输车奔走在全国各大战场，其中许多职员都是从东南亚志愿回国支援抗战的南洋华侨机工和各方来的爱国人士。每当敌机来袭时，胡会林主任和资深汽车工程师杨成德等领导，依旧带领修理队照常工作，敌机在头顶盘旋，工作人员就钻在车底下继续修理；有时为了抢时间进行救护队员及物资运输，司机需要彻夜行车，汽车需要赶修抢修。这种以工作为重、国家为先的热忱和无私精神，着实令人敬佩感动。

那时卫训所和医院的学生，由于尚未正式参加工作，只领取有限的生活费，日子过得非常艰苦，粮食更是不够吃。总队部分配给每位学员一块荒地，让他们自力更生，种瓜种菜，或养猪养羊，补充营养。

美国医药援华会的刘孔乐先生及王小姐非常热心向旅美爱国华侨募捐。据王小姐说，华侨们爱国心之热切，连她也为之感动；甚至有人当场就把身上所有的钱掏出来捐献。纽约有位从事古董生意的艺术家卢老先生倾囊相助，捐出自己的所有积蓄。许多美国医生与药厂都慷慨解囊。珍珠港事件后，国际捐赠热情愈加高涨，捐款和捐物源源运到。民间捐款加上美、英红会援助，使图云关一些部门茅屋变瓦房，第167实习医院也得以旧貌换新颜。

1944年初，第167陆军后方医院改为贵阳陆军总医院，依旧归军医署管辖，继续作为卫训总所的实习医院。据贵阳市政协原副主席杨永楦女士介绍，其已故父亲杨锡寿先生，1945年1月毕业于国立中正医学院，应聘到才由茅草房迁入新建"飞机形"砖瓦平房内的贵阳陆军医院，师从周寿恺教授任内科助理住院医师。

所谓的"飞机形房"，就是从高处俯瞰，外形颇像一架停在机坪上的飞机而得名。据民国三十二年（1943年）6月1日的两块奠基石照片证实，该"飞机形房"是由美、英两国援华组织捐建的。

1945年1月，贵阳陆军总医院从茅草房迁入新落成的飞机形砖瓦结构大型平房不久，即与新来的美军第27野战医院紧密协作。全院共6个病房，每个病房设40张床位。护理办公室设在病房正中，护理人员可透过大玻璃窗观察四周所有病人情况。办公室一侧是临床检验室，供实习医师作三大常规检验及脊髓液和胃液分析、血沉检验等特殊检查使用；另一侧是医师工作室，供住院医师写病历或学习使用，相互联系便利。就这样，第167陆军医院与美军第27野战医院在图云关为中国抗日战争合作共事，直至日本投降。

杨锡寿先生曾深深感叹：

"可惜这个'飞机形瓦房'，似乎没有留下任何影像资料。我所能看到的救护总队部，周寿恺一家在图云关以及外国医生的合影等影像资

1945年新建砖瓦结构的贵阳陆军医院和美军第27野战医院

料，背景都是茅草房。"

在杨锡寿老人生前所作《回忆贵阳陆军医院》一文中写道：

"……在图云关关上关下，浓绿的树林里，形成了一个战时卫生机构的小'城镇'。在这里工作和生活着不下四五千人，有中国人、美国人、犹太人，还有印尼、菲律宾、新加坡、马来西亚等地的爱国华侨。在我到图云关之前，据说还有国际援华医疗队的各国专家。因此，这里不但有抗日战争期间祖国医疗卫生界的一部分精华，也是民主爱国力量的荟萃之地。"

仅在图云关的第167后方医院，就直接让数以千计的伤患得到良好医疗和护理，其中不少人治愈康复，重返战场。救护总队不仅在战场上救护抗日将士，还协助驻地卫生防疫部门扑灭疫情，并在各地开设门诊部为平民提供医疗服务，惠及百姓。从1942年年初开始，救护总队在贵阳图云关和大西门的社会服务处内开设两个诊疗所，为贵阳市民治病疗伤，因收费低廉，就诊人数众多。同年夏季，贵阳流行霍乱，医疗队及时采取相应措施，有效控制住了疫情流行。同时，分别在桂林、赣州、曲江、成都、昆明、柳州、衡阳、恩施、福州等地，由驻当地医疗队开设诊疗所，为民众提供医疗救济和空袭救护。

在抗战时期极其艰难困苦的环境下，通过图云关救护总队部这个中心，指挥调度着分布在全国各大战区一百五十余支由林可胜创建训练的精干、高效、灵活、分散的流动医疗救护队伍；再配以担架人员和医疗器材，机动地随军移动，就地抢救前线伤兵，坚持不懈从事着系统的战场救护服务。这样做，虽然可能会让医护人员直面战火，甚至付出生命代价，但却让千千万万战场伤员得到及时抢救或很快伤愈重返战场。实践证明，救护队员们用汗水与鲜血，兑现了他们发出的"中国部队所能到的地方，中国红会救护队员也应该能到！你们到哪儿，我们也跟到哪儿"这句千斤承诺和铿锵誓言。

总之，数千名救护队员，用仁心仁术，铸就了中国抗日战争和世界反法西斯战争不可忘却的传奇丰碑。由他们书写出的那个大大红十字，始终折射着人道主义光辉，永远矗立在民众心中！

2021年9月，北京协和迎来了风风雨雨一百年，物是人非一百年，沧海桑田一百年！同时，也是协和医学院生理学系建系100周年和中国医学科学院建院65周年。中国医学科学院和北京协和医学院举办了系列纪念活动。

9月10日，北京协和基础学院为新命名的"可胜大楼"举行揭牌仪式。人们共同回顾协和生理学系的百年历程，致敬首位华人教授、系主任，中国生理学奠基人，为我国生理学研究与人才培养做出杰出贡献的爱国华侨林可胜先生。

时任协和医学院校长王辰院士在纪念大会上指出：

"回眸百年，缅怀先贤，展望未来，赓续华章。林可胜先生是中国科学界、医学界巨匠和中华民族爱国主义英雄，他在科研、学科、爱国三个方面都有着巨大贡献。在科研方面，林可胜发现了'肠抑胃素'，其学术研究领国际科学之先，堪称'中国生命科学之父'；在学科建设发展方面，林可胜是协和生理学系首位华人系主任，协和医学院行政'三人组'成员，抗战后创建国防医学院，其贡献远远超越协和生理学系本身；在爱国方面，林可胜堪称伟大的爱国者和民族英雄，抗战中担任中国红会总会救护总队长，以救死扶伤为职志，建成中国战争救护和防疫体系，以其人格魅力募得巨额捐赠，吸引一大批协和人追随其英勇奋战，忘我工作，体现了协和人的爱国情愫和民族气节。"

林可胜先生无愧为中国生理学界一代宗师，不仅培养了协和史上最负盛名的一代医学生，还为国家培养了第一代生理学才俊，如冯德培、卢致德、柳安昌、徐丰彦、沈其震、贾国藩、易见龙、李茂之、王世浚、沈诗章、徐庆祥、陈梅伯、黄仁若、李落英、汪堃仁、李宗汉、谢维铭、孟昭威、吕运明、周宗琦、刘曾复、丁延介、王志均等。这些人在全国各地医学院校与综合性大学里，从事着现代生理学教学与研究，都取得举世瞩目的成果。

透过历史脉络，我们应当铭记，一个世纪以来，协和引领了中国现代医学方向，绘就了中国现代医学的主线。"一部协和史，半部中国现代医学史。"协和的三次停办，三次复校，虽然命途多舛，但恰恰是这颠沛磨难，使协和命运与中华国运共兴衰，使协和更具真实性、坚韧性。

林可胜先生的照片及题词——为天地立心　为生民主命

第十五章　华裔林氏父子功高盖华夏

第一节　厥功至伟永续佳绩

1944 年年底，一向钦慕夙仰林可胜学识和贤名，新任国民政府军政部部长的陈诚，恳请林可胜出任军医署署长，执掌全国军医事业。而此时的中国红会救护总队已属军管，自然是军医事业的重要组成部分。陈诚之意，就是将救护总队的管理权从更高层面交还给林可胜。林可胜虽然感到为难，但看在陈诚一向与自己交好，并大力支持的份儿上，接受了军医署署长职务，而将卫训总所主任之职交由他最信赖的学生卢致德继任。

1945 年 1 月初，美军第 27 野战医院的一支分队来到贵阳图云关。不久，美军野战医院总指挥阿姆斯特朗上校再带两支医疗队来到图云关，同时在卫训所增设两个手术室，不分昼夜进行人员培训。国军第 13 军团的 20名军级医官，也被送来接受为期四周的高级专业培训。这批高阶军医官训练班结业时，诸如李宗仁、冯玉祥、陈诚、汤恩伯等高级将领均亲临参加结业式。汤恩伯主持结业式并致辞勉励学员。这件事情和这个阵势，除表示对美方的合作诚意外，无疑更是对林可胜长期执掌救护总队和卫训总所的功绩予以充分肯定，也喻示着对继任卫训总所主任卢致德的强有力支持。

宋美龄对抗日战争中，林可胜组建并领导的中国红会救护总队给予了中肯的评价，其中提到的"平均主义"和"人道主义"，明显是指救护总队对共产党的部队也一视同仁：

"救护总队也已经历练成为一支意志坚强、中西医结合、不计个人得失的团结队伍。他们大无畏地将平均主义和人道主义放在了心中的首位。"

"冰冻三尺，非一日之寒。"世界观的形成，绝非短时之功！前面举出的多例，充分说明林可胜虽已是第四代华裔，但自幼接受博大精深的传统国学教育，逐步养成严于律己、审慎做人、修品树德、天下为公的崇高思想境界；在东方民族历史文化和西方先进科学思想的双重熏陶下，几十年如一日寒窗苦读，勤学深研，建树造诣，广积精发，于细微处见精神，沉积出深邃而崇高的人格魅力和拼搏实干精神。在抗战的关键时刻，其品行德操和深厚学养，感召满天下，凝聚众苍生，绽开花千树，收获满园春，势必转换成巨大的吸引力和向心力，其部属莫不感而奋发，效死以从。

作为后人，我们有理由相信，在林可胜的心中，始终在思忖着：既然选定了人生的前进道路，就必须风雨兼程，阔步向前，成绩才会一天天累积，奇迹才能一点点创造，辉煌才会一丝丝闪现。艰难险阻既是压力，也是动力；既是挑战，更是机遇。面对凶残的侵略军，要取得抗战的最后胜利，就必须怀揣大局，迎危难而上，踏坎坷而行；面对艰难困苦，只能努力奉献，不惧牺牲。奋斗的目标一经确定，就以攻坚克难开路，用艰苦努力拼搏；把辛勤汗水浇灌，用学识智慧布局，构建起一个凝心聚力、团结互助、协调奋进的强大阵容，才能获取战胜困难的能量，演绎走向成功的喜悦，博得大众首肯的勋绩，铸就名垂千秋的盛誉。林可胜一直在心里这样想！在行动上始终如一地这样做！

战场救护是救护总队的中心工作。无论在任何时候，在各大战役、各大会战乃至远征缅印的诸战役中，在后方各大城市及交通要道的空袭救护中，在对广大民众病患和医药救济中，救护总队无一不是派队参加、鼎力相救，为解除伤兵病员痛苦，维持国家抗战力量，争取抗战到最后胜利做出了积极、重大和不朽的贡献。

1945年8月6日8时许和8月9日11时30分，美国飞机先后在日本广岛和长崎两地上空各投下一枚原子弹。骇人听闻的杀伤力，在导致日本悲剧上演的同时，也对曾经狂妄无忌、凶残至极、毫无人性的侵略者形成了巨大威慑，日本的侵华战争终于以失败告终。

抗战胜利后，林可胜代表中国政府参加了在广州举行的日军投降受降式……十四年抗战，国家百废待举，为集中人力物力，紧锣密鼓地进行建设恢复，中国社会各地区、各领域、各方面，都迫切需要专家人才来支撑。抗战期间迁到西南各地的有关单位，都开始研究战后复建或思考未来去向。当年绝大多数西迁的医护人员也纷纷从各地回到北平、上海等原迁出地，尤其是通过出生入死的战场救护，已在医疗卫生领域成熟有经验的医护人员，便成为各医疗卫生单位争抢的香饽饽。

一方面，鉴于全面抗战期间，举国医疗救护力量都投入到战场救护中，医学知识和临床经验则停滞在战前水准，早已落后于时代潮流和科技前进步伐，时任军政部军医署长的林可胜，考虑到国家未来医疗卫生事业的需要，决定将过去在红会救护总队工作，包括卫训总所及6个分所及相关部门中，具备一定学历和医护管理基础、表现优良的医务人员，依其个人志愿，加入所编之大约百人团队，选送美国军医院进修见习，了解国外医务、护理、检验、行政等各方面的发展趋势，为时一年。

另一方面，林可胜也在思考，如何逐渐恢复、调整和构建国家军医制度体系。因此，利用整个医疗救护体系中原有的师资力量，重启和加强军队医疗卫生教育体系建设，使之成为拨乱反正的前提和孵化载体，便成为当务之急。实施教育培养，务必人才为先。在集思广益，广泛征询意见和建议，开始着手规划战后军医教育蓝图过程中，林可胜收集到来自各方的，将抗战期间在贵州境内的两个主要军队医疗卫生教学单位合并重建的建议。其中，有不少人提出，将以林可胜为主任的图云关卫训总所与以张建为校长的安顺陆军军医学校合并，在上海选址建设一座具有一定规模的综合性军队医科大学。

军医署采纳各方意见，在实施两大单位合并整编之前，先在上海召开了一次有关方面人员会议，商讨相应的实施程序和物色建校地址。会议最后形成决议，将卫训所的六个分所人员编制纳入图云关总所；安顺军医学校亦然，先将西安、昆明两分校人员编制并入总校。最后将两大系统包括在校学生在内的全部人、财、物，一起迁至上海原市立医院所在地的江湾，合并重建一所综合性军队医科大学。

关于合并重建的决定，各方基本上能统一意见。而且在中国，原来分为德日派与英美派的西医同仁们，也都能求同存异，跟随大势。但在关于合并后的机构名称和科系设置问题上，却产生了重大分歧，尤其是在院长人选方面，歧见更大，分成了支持与反对的两派，甚至还引起了一些风波。

关于机构名称。出身于欧美医疗教育体系的林可胜，主张参考欧美制度，以"国防医学中心"（National Defence Medical Center，NDMC）来命名，意思是"中心"之下还可以囊括许多独立的教学单位和学术科研分支。针对林可胜的主张，有专家指出：

"军医署署长林可胜，以其经历八载抗战之艰苦经验，体察军队卫生业务症结之所在及国际医学教育之趋势，针对国家需要创立军医教育中心制度，分为六级八类。此一教育纲领所见深刻，所虑深远，形成纵横联系的完整体系，切合时代需要，不独为国内之创举，即国际间亦莫不公认为新颖之军医教育制度。"

根据现存"国防医学院"第一号与第二号公报，"国防医学院"最初设计确实为医学中心，上承"中央研究院"医学研究所，下接各级医学院、医学专科、卫勤学校等，成为一个结合基础与临床医学之高阶研究与训练中心。林可胜是希望这些人战时为优秀军医，平时则成医学发展先驱，颇符合他自1937年以来的一贯主张，亦足见在NDMC成立之初，他确有一番雄心壮志，不仅仅只是建设一所训练军医的一般医学院校，而是期许更高、更全面、更长远。

简言之，林可胜的思考初衷并不在于仅仅建一所普通医学院，而是建设一个兼具临床、实验及医学教育的高阶医学教育综合体。它可置于一般医学院之上，具有较强的进行实验性治疗与研究的能力，却又比单纯的实验医学中心如中研院医学所更具贴近临床医学的实用价值。但也有人认为，NDMC之名，多为欧美国家使用，国内尚无先例。

后经国民政府国防部诚邀有关专业人士再次开会讨论并投票表决，最后还是将名称确定为"国防医学院"，否定了林可胜提出的"中心"说。关于最后以少数服从多数作出的决定，林可胜表示尊重多数同仁的意见，接受上级的最终决定。

关于机构设置。国防医学院成立后，其教育主旨是设置各种教育班次，以养成军事卫生之各种专门人才为目的，依学术范围可分为医学科、牙医学科、护理学科、药学科、卫生工程学科、卫生检验学科、卫生装备学科、卫生行政学科等八类。其教育水平则分为六级：特科进修、大学本科、专科及职教、技术准尉、技术军士、卫生士兵。各教育班次除遵照国防教育法规外，皆符合教育部规定。其中护理科招收高中毕业女生，授业年限为四年半。

在周美玉的回忆中指出，两种不同意见争执的焦点似乎主要是关于牙科和药科。安顺军医学校原设有医科、牙科、药科及一个护理训练所，无护理科。卫训总所则只设有牙科和药科。护理方面，卫训所成立前五年招收初中毕业男女青年，施以四年半训练，其中半年为入伍训练，三年为正规教育，一年实习，毕业后分派军中服务。

关于院长人选。以张建为校长的军医学校自广州迁安顺以后，为因应抗战需要，在人力、物力、财力极其困难的情况下，竟能将该校扩大为医学教学的本科与专科两部，并附设医院与研究所数个，更于西安、昆明增设分校、诊所，培养出大量战场急需、国家殷望的医护人才，这充分说明，张建为抗战时期我国的军医事业做出了巨大贡献。由于抗战之前的军医学校设于广州，在当地和驻军中有着重要影响，因此，广东地区的将军们鼎力支持张建担任院长并赞同他提出的科系设置主张，形成了对张建的支持群体。

但曾任国民政府军政部部长、时任国防部参谋总长的陈诚，则全力支持林可胜出任院长并赞成他的科系设置思路。周美玉还依稀记得，在陈诚的一次演讲中，大意提道：

"你们谁要推倒林可胜先生，先得推倒我，推不倒我，就推不倒林先生。我们觉得林先生是一个人才，他不但在医学方面有扎实根底，并且非常爱国。在他的号召之下，必能请到优秀的教学及工作人员，共同发展国家的军医制度。"

虽然陈诚倾向于由林可胜担任校长，但在批复过程中，国民政府国防部还是十分慎重，经过反复对比后，认为林可胜对中国贡献大大超出科学范围，在世界科技领域享有厥功至伟盛誉。最终，林可胜众望所归，成为国防医学院兼职院长。两位副院长分别由前军医学校校长张建与前卫训总所主任卢致德担任。高级行政长官、科长及系主任多由卫训所资深专家担任。面对这个结果，双方只能求大同、存小异，取得一致意见，最终实现了两校合并。

但在合并宣布之后，发现军医学校的牙科资深教授没有过来，而是自己到外面开业去了。林可胜只得在上海请到黄子濂担任牙医学系主任，药学系主任郑寿也未到任，临时指派李承佑代理。于是，国防医学院紧锣密鼓地在上海江湾开始筹建。

周美玉曾对此结果表示：

"这不能不归功于当事的林可胜与张建两位先生都能顾全大局，摒弃个人意见，以国家为重。"

尽管在抗战期间，张建在出任军医学校校长前，也曾担任过军医署署长，与救护总队总队长兼卫训总所主任林可胜都为国家、为民族、为军医、为医学科学、为百姓大众做出了杰出贡献，树立了丰功伟绩；尤其对军医人才培养，可以说都尽忠职守，披肝沥胆，不遗余力，成绩斐然；对战场救死扶伤，亦都有特殊贡献，军中医护制度基础，亦由此奠定。然综观林可胜一生，无论在国际生理医学界、抗战期间为国家建立国防军阵医学体系、战后中国现代医学的整合发展等三方面的贡献，均史无前人，堪称一代伟人、奇人，而相比林可胜在抗战期间所承受的历史重负和所创造的丰功伟绩，张建终归还是略逊一筹。因此，国防医学院院长最终选定由林可胜担任，其实正是众望所归。

就这样，建设国防医学院的报告呈国防部核准后，图云关卫训总所和安顺军医学校于1947年6月1日正式分别完成移交，迁往上海江湾，合并组建为国防医学院，并通过投票表决，沿用原军医学校成立日11月24日作为校庆日。

据上海市档案馆现藏1946年上海市社会局的档案显示，在国防医学院于上海江湾成立之前，或有一段时间，安顺军医学校在校长张建带领下，原本计划在上海市区觅地迁徙，在沪独立延续旧制，但合并终成大势之定局，不得不服从。

初期组建完成的国防医学院是一个极其庞大的医疗卫生组织机构，实行的是林可胜主张的医学教育中心制，主要任务为训练技术生员、组织医疗卫生单位和从事医学科教与发展。除教学单位外，还有卫生营、实习总医院、卫生器材库等业务示范单位，以及图书馆、博览馆、卫生实验院之生物化学、细菌病理等实验室，血库及无热原液室和装备试验所等研究与发展单位。总编制八千余人，军官1414人，学员5000人，士兵1780人；校区总占地近550亩；营舍多为日军占领时修建，且多为曾设置过医院及与医务有关机构的旧址。

国防医学院组建完成后，分别在上海、广州、武汉、西安招考大学医、牙、药学员及新设大学护理科，开办牙医、牙艺、药学、营养、射放等各专科职业班。同时仿照美国军医教育的职前训练"初级班""高级班"，授予军医人员基本训练。其高职教育决定延续图云关卫训总所的护理职业班，续招新生。

为确保毕业生质量，决定延续安顺军医学校各期、班教育，召集军医学校专科部尚未毕业或因抗战中途辍学的原医专第4至第13期学员进行补训，以实现质量上的填平补齐。图云关卫训所第一期高级护理职业班的3年在校课业完成时，抗战已结束，进入最后一年医院护理实习期，正逢合并迁校到上海，该班转移到江湾陆军医院实习至9月，成为国防医学院创校史上有记载的第一届四年制毕业护士生。该班共毕业九人。

与此同时，招考高中毕业女生入读四年制大学护理班，此为国内举办大学程度护理教育之创始。一个毕业，一个进校，成为国防医学院建成后有记载的双喜临门之事。同时，第一、第二届军医分期教育班，因抗战胜利而暂时停办，迁到上海江湾时，该班已完成第一阶段训练，正该进入第二阶段的回校再教育。

在时任军医署署长林可胜尽心尽力对战后医疗教育机构的重建和人才培养机制的恢复初步完

林可胜与第一任妻子

成、暂告一段落后，在人们通过本书和有关史料了解到林可胜这十余年抗战救护所经历的风风雨雨和所作所为之后，我们再来关注和回顾一下，在整个抗战期间，他的家庭状况和个人生活。

林可胜于 1920 年结婚，次年，长子爱德华兹·林（Edwards Lim）出生；两年后，长女艾菲娅·林（Effie Lim）出生。1927 年 2 月，未满周岁的次女死于肺炎；同年 10 月，7 岁的长子死于脑膜炎；1934 年，幼女因肿瘤夭折；两年后的 6 月，妻子因脑血管瘤破裂离世！

一个男人，一家之长，面对家庭遭遇如此接二连三重大灾祸，感受怎样？而之所以会发生这一连串痛彻心扉的人生大不幸，皆因当时国内生活环境和医疗技术的落后。

第二节　积德善之家必有余庆

林可胜祖籍厦门海沧，是新加坡豪门望族，颇具声望的华侨领袖，知名政治家、教育家，厦门大学首任校长林文庆的长子，1897 年 10 月 15 日出生于新加坡。由于家学渊源、父亲的苦心栽培及母亲的不幸离世等多重原因，林可胜 8 岁便被送往英国爱丁堡沃森学校学习。

1913 年，16 岁的林可胜中学毕业，考入爱丁堡大学医学院生理学系。学习期间，第一次世界大战爆发。林可胜于 1914—1916 年应征服兵役，受派到美国西点军校接受短期培训后，被分配在英国南部一个军医院任准尉外科助理，从事对新兵的战场救护训练。

战争结束，林可胜回爱丁堡大学医学院续读，以优异成绩毕业后留校任生理学讲师；此后分别于 1920 年、1921 年先后获得哲学、医学双博士学位。其间，林可胜在课业和学术之外非常活跃，被推举为学生领袖和社群领导者。

此时的林可胜已成婚并有了可爱的儿子，生活优渥，事业顺利，于 1923 年当选为英国皇家学会爱丁堡分会会员、美国生理学会会员，获得洛克菲勒基金会简称"洛氏基金"资助，前往美国芝加哥大学深造，师从卡尔森（A. J. Carlson）教授从事胃液分泌调节机制研究，在国际生理学界名声日隆。

在洛克菲勒档案中心的同卷档案中，还有 1924 年 2 月 4 日，芝加哥大学生理系教授、消化生理学著名学者卡尔森写给正在北京协和医学院任职的顾临的信。卡尔森认为，林可胜不但有足够资历，还聪敏刻苦，无论教学、科研都是一流人才，因此极力推荐林可胜到北京协和医学院任职。卡尔森在信中还特别强调，上述赞誉不仅是他个人看法，也是许多资深同僚的一致意见。由此，林可胜得以于 1925 年回国到北京协和任职，从而肇启精彩故事的序章。

幸运的是，通过对浩如烟海的黄纸残卷的翻寻，我们获取到林可胜所受家庭教育的蛛丝马迹，并能感受他从中汲取的文化滋养和民族精神力量。因为曾有一位华侨老人，在花甲之年仍殚精竭虑，苦学深研，将屈原的《离骚》译为英文，以期向世界展示中国千年的民族文化精髓：

"当今世界时局动荡不安，人们处于对政治拯救近乎绝望的边缘，拙译借屈原这位终生为真理和正义而奋斗的伟大爱国者的高洁感情和抱负，希望能使懦弱者获得一点自信，能不记个人名利，无畏大众的误解、批评和抨击，为社会福利贡献自己的力量。"

这就是华侨老人林文庆先生所著《离骚》英译本 1929 年版序言中的一段话。

我们不妨将林可胜博士自从 1925 年回国受聘到北京协和医学院担任生理学教授、系主任开始，到 1942 年 8 月辞去中国红会救护总队总队长为止的约 17 年时间，尤其是抗日战争开始后的所作所为、所经所历、所言所行来对照林文庆先生写在《离骚》英译本序言中的这段话，看看有什么本质区别，进而判断林可胜是否循着这段话的指向，认真践行了这段话所表达的深刻意涵。

笔者深信，所有的读者一定都会给出肯定的回答。

原因很简单，林可胜正是《离骚》英译本作者林文庆先生的长子。从小在这样的家教和家庭文化氛围熏陶下，秉承父亲的衣钵，按照父亲的思想理念和文化传承去身体力行，去发扬光大，是非常顺理成章的事。

林文庆，字梦琴，祖籍今厦门市海沧区鳌冠村；其祖父林玛彭于 1839 年由海澄到马来亚槟榔屿谋生，娶当地土生华人姑娘为妻，生下独

厦大首任校长、林可胜父亲林文庆先生

子林天尧；其母亲也是一位贤淑的马来亚土生华人。

林文庆不但是英国爱丁堡大学医学院造就出来的南洋名医，还是英国殖民时期到马来亚的第三代华裔中，参与新加坡开发、建设的早期贡献者，并逐渐发展成为在英国管理的海峡殖民地最受瞩目的风云人物。凭借自己的聪颖才智与勤学苦干，林文庆先后担任孙中山的随行医生、机要秘书和南京临时政府内务部卫生司司长，晚年更拥有众多显赫的社会地位，集一代名医生、国家议员、新马富商、科学家、教育家、哲学家、社会改革家和中华儒学运动的首倡者和领头羊等桂冠于一身。作为一个早先对中华文化和中文发音茫然无知的英语院校学生，林文庆后来不但成长为能够翻译国学经典《离骚》的大学者，还成为带领厦门大学走过创校艰难岁月，演绎出 16 年精彩故事的鹭岛知名贤达。

林文庆的祖父和父亲对中华历史文化皆有不同程度的了解，也能熟练说写华语华文。幼年的林文庆曾在当地福建会馆的书院读过几年"四书""五经"一类国文，但中华文化与祖籍地风土民情对于他来说却是遥远而陌生的，与他生活关联更多的则是英属殖民地文化。

林文庆 10 岁进入马来亚莱佛士书院学习，18 岁成为第一位获得英国女皇奖学金，被保送赴苏格兰爱丁堡大学医学院专修医学的华裔青年并加入英国籍。在英国求学期间，伴随着年龄增长，视野开阔，学识增多，以及受到西方文化冲击，林文庆开始意识到自己虽是一位华人，却几乎完全不懂中国历史、不识中文的悲哀，遂萌发了对宗祖的情感认同，对民族文化的渴望，于是一边学习医学知识，一边开始自修研习中华文化。获得医学内科荣誉学士和外科硕士学位后，林文庆于 1893 年返回新加坡，在行医兼经商的同时，积极投身社会事业，逐渐成为华人精英代表和身着长衫马褂的儒学倡导人。

1896 年 12 月 29 日，27 岁的林文庆迎娶马来亚著名福州籍侨领、同盟会员黄乃棠的千金黄端琼为妻，定居新加坡，生养了可胜、可明、可能、可聊（料）四个儿子，夫人却不幸于 1905 年因病不治而早逝。对于一个多子家庭来说，母亲的早逝给孩子们带来的创伤可想而知。也因为这个不幸，林文庆重整思绪，开启了与鼓浪屿近半个世纪的情缘伟业。

1908 年 4 月，即将迈入不惑之年的林文庆，在事业挚友、医院合伙人、厦门鼓浪屿籍殷雪村医生介绍下，迎娶其胞妹殷碧霞为第二任妻子，从此成为鼓浪屿的乘龙快婿。

婚后，殷碧霞以林文庆夫人身份频频出现在新、闽两地的社会活动中，先后在厦门倡办养老院奉养孤寡老人，成立保良所解救婢女，被推选为新加坡华人妇女协会会长，并发起创办华人孤儿院亲任首任院长；同年，受海峡殖民地政府委任，担任监狱视察员和青年犯罪法庭顾问。

远居新加坡的殷碧霞常回乡省亲，并在鼓浪屿产下儿子林炳汉和长女林月卿；祖居鼓浪屿的老母亲一直是婚后殷碧霞心中的牵挂，总希望回到病母身边，为她养老送终；因此，是殷雪村、殷碧霞兄妹影响了林文庆的后半生，牵引着他最终回到祖籍福建厦门，定居鼓浪屿。

林文庆与殷碧霞成婚时正值壮年，不仅是海外的华人精英，也热情效力于中华民国政府。那时的鼓浪屿不仅是殷碧霞娘家，更是子女出生成长的衣胞之地。因此，婚后六年间林文庆曾经频繁进出中国，除为国事奔忙外，也因家事不断造访厦门。

据林家人回忆，林文庆夫妇在鼓浪屿的最重要一宗产业，当数建于 1922 年，位于笔架山麓、会审公堂后的笔山路 5 号宅邸。该宅邸由两层主楼和副楼组成，巧妙利用地形地貌，依山就势而建，功能区分清晰，强调景观视角，颇具恢宏气势。主入口设在较隐蔽的东南侧笔山路上，后门则位于西侧笔山路上，暗含旧时私宅建造"歪门邪道，财不露白"的世俗建筑文化理念。即使用当今的视角来看，林文庆宅邸的历史价值也远不止其建筑本身。

自从与殷碧霞成婚后，林文庆在厦门活动日渐频繁，常与朋友饮酒喝茶，谈古论今，说中道西，也为人看病问诊，逐渐在笔架山 5 号的家中藏书万卷。

新加坡著名爱国华侨领袖陈嘉庚于 1920 年出资创办厦门大学，在首任校长邓萃英因赴任教育部公职于次年辞职后，随即诚请时年已 52 岁的林文庆出任校长。林文庆念及祖籍故交之情，决定出任厦门大学校长。

这位居住在笔山路 5 号的长须长者林文庆，在随后的 16 年间，搁置在新马等地的产业经营，全身心扑在对厦大的教学管理和学科发展上，日复一日乘舢板渡海去厦大办公；并以老迈之躯，怀揣"兴国兴校、鞠躬尽瘁"的"嘉庚精神"，三次奔波于新、马、闽三地，呕心沥血，为厦大筹款募捐，甚至将自己的薪金也捐了出来。

了解了林文庆续弦另娶、回祖籍地鼓浪屿定居并出任厦门大学校长的背景，再回过头来看林可胜 1925 年秋受聘回国到北京协和医学院任职，就明晰其原委了。原本已经学业、科研双丰收，完全可以选择在世界最舒适且顶级的大学继续攀登科技高峰，争取更大功名和丰硕报酬的林可胜，却在上述家庭背景、导师推荐和父亲爱国思想影响下，选择了逆行，毅然抛弃在西方一帆风顺、条件优越的教育科研事业，于 1924 年 8 月回到饱受列强欺凌、异常苦难、贫穷滞后的母邦，协助父亲筹备厦门大学医学院。此后，父子俩见面的机会相对多了。

为着看望离别多年的父亲和继母，也为了协助父亲规划筹建厦大医学院，林可胜到北京协和任职的当年便回了一趟鼓浪屿，住在鹭江千顷在眼前、笔山苍翠矗身后、有着五万卷藏书的父亲家中，不时能听见慕名前来探望的嘉宾名士窃窃私语，讨论着林家的显赫家世。然而，规划筹建厦大医学院的事，终因资金筹措困难而停摆。

据称 1926 年 4 月，被北洋政府通缉的林语堂曾躲进林可胜父亲家。经林可胜向父亲推荐，林语堂随后任职厦大国学院，从而演绎了"半个北大在厦大"的幽默佳话。而那时，包括鼓浪屿在内，厦门就读于北京协和的学子如林巧稚、钟世藩、周寿恺等不在少数。

抗战爆发后，厦门大学由私立改为国立，卸任校长的林文庆携家眷回新加坡养老，从此未能重返鼓浪屿。1957 年辞世，享年 88 岁。林文庆在遗嘱中，将笔山路 5 号宅邸捐献给了厦门大学。

2017 年 7 月 8 日，经世界遗产组织审议通过，鼓浪屿成为中国第 52

处世界文化遗产。林文庆作为英籍知名华裔，在有生之年回国，建构起以自己宅邸为代表的相应建筑，并在临终时，将其奉献给祖国的教育事业，其精神行为，其远见卓识，令后辈感佩。

人们或许早已淡忘了殷雪村、殷碧霞兄妹，但这兄妹俩的侄儿殷承宗——这位 20 世纪 80 年代国际乐坛知名的中国钢琴家，依旧留在音乐爱好者们的记忆中，成为鼓浪屿曾经的亮点和骄傲。即使在今天，鼓浪屿的殷家仍是声名卓著、享誉海内外的显赫家族。

回国的次年春，林可胜与吴宪等 16 人发起创立"中国生理学会"，被推举为首任会长；1927 年发起创办《中国生理学杂志》并亲任主编。学会的成立和杂志的创办，促进了世界生理学交流，推动了我国生理学发展和人才培养。

林可胜就职北京协和生理学系后，不仅与相关科系相处愉快，而且其学术研究的热情和旺盛精力也给人们留下了深刻印象；在教学上，他鼓励学生独立思考，率先建立了现代化的生理学实验室，使协和生理学系成为当时中国生理学研究中心。国内老一辈生命科学家如张锡钧、冯德培等，大都师出林门。继他们之后，几代生理学系学子为中国医学科学事业发展都做出了杰出贡献。

林可胜在北京协和的开创性研究引起国内外同行的高度重视，并因发现"肠抑胃素"而著称于国际医学界。世界各地研究机构和学术团体争相聘请他为成员。1928 年，林可胜当选为中华医学会会长。

由于北京协和环境优美，服务精良，费用合理，逐渐被民众认可接受，甚至成为社会名流最满意的疗养医院。据称，孙中山选北京协和作为"人生的最后一站"；张学良也在这里吃过病号餐；宋氏三姐妹都有病例保存在北京协和……

在北京协和制定的严控质量、

林可胜教授在办公室

宁缺毋滥的治学方针下，林可胜严肃认真，循循善诱，深入浅出，不拘一格，非常重视实验和实用技术训练等教学方式，令学生钦佩不已。

1935 年至 1937 年，林可胜升任北平协和三人领导小组成员和执行院长，先后受聘为华北农业复兴会主席和中央研究院咨询委员。他常常废寝忘食地从早到晚做教学实验工作。他家虽然离医院很近，且条件优越，但他总是求得夫人谅解，以便在实验室和大家一起就着咸菜啃大饼。林可胜以他的锲而不舍、恪尽职守、刻苦钻研、忘我奉献精神，赢得了师生们的尊敬和景仰。比如，为了研究阿司匹林的镇痛作用，林可胜先把缓激肽注入自己的动脉，使身体产生剧烈疼痛，然后再服用阿司匹林镇痛，来确认其治疗效果。

从执教北京协和到抗日战争爆发的 12 年，正是北京协和医学院被誉为"中国现代医学摇篮"的黄金 12 年。在这个比照欧美最先进医学院为蓝本的研究型大学里，一流的设施与一流的管理理念，让林可胜如鱼得水，科学成就如涌泉般喷薄而出，其中尤以"肠抑胃素"最为著名。林可胜刻苦钻研、锐意创新，在生理学研究领域重大突破，在科研、教学、育人等方面都有重大突出建树，中国的生理学研究达到世界级水平，北平协和成为中国生理学研究中心。

抗战时期，日军铁蹄下的中国医疗卫生教育体系遭到毁灭性破坏。北平协和的时任院长、总务长悉数被日方监禁，大批医护人员，包含在校学生，或不得不跟随南下队伍，穿过层层封锁线，逃往西南地区谋生；或受林可胜德艺双馨人格魅力的吸引，投其麾下从事抗战救护或医护培训。

正是以这批医生为主，再经林可胜数年鞠躬尽瘁，励精图治，织成了战时军医教育训练体系。从北平协和走出的医务工作者们，带着在图云关熏陶、涵养和造就出的忠贞爱国精神，再依靠救护总队各医务队的成熟救护经验，形成一股巨大的新生医护力量，国家挑起战场救护的大半壁江山，承载着最大重负，创造出历史性丰功伟业，做出了不可磨灭的贡献。

第三节　生理学造诣百世流芳

林可胜服务于北京协和期间，虽在学术方面达到高峰，但个人生活却落入低谷，一次又一次地遭到妻子儿女先后病亡的沉重打击。因此，在整个抗战期间，林可胜都孑然一身，沉浸在巨大的悲痛中；以常人难以承受的毅力和坚韧，奔走于抗日战场，忘我地消磨着一个个寒来暑往。

岁月流逝，时光滤尽所有的枪林弹雨和腥风血雨，却留下那个叼着烟斗、静默微笑的经典瞬间。看上去，林可胜是如此的泰然自若，轻松惬意。纵然丧亲别故，天崩地裂，他依旧大义凛然，力挽救护大队之航船于巨浪狂澜之中，颠簸着破浪前行。

就在林可胜担任国防医学院兼职院长的 1946 年 7 月 2 日，他续弦再娶，与张静江之小女张倩英重组家庭。

为尽快将抗战耽误的时间夺回来，国防医学院组建基本完成后的 1947 年下半年，林可胜开始筹建中央研究院医学研究所。1948 年，林可胜获得中研院院士的称号。

同时，蒋介石签署命令，任命林可胜为国民政府卫生部部长。但当得知此项任命后，林可胜无论如何，坚辞不受。

因为整个抗战时期，林可胜始终秉持只要是为抗击日本侵略者，无论是国民党指挥的正面战场，还是共产党领导的敌后武装，均以民族大义为重，一碗水端平地予以人、财、物各方面积极支持的原则立场，绝不以政治倾向论忠奸，不介入国共两党的政治纷争。

1949 年，就在"国防医学院"组建完成，逐渐步入正轨时，国民党政府下令"国防医学院"的新兴措施和基本建设立即停止，缩小编制，裁减人员，于 1949 年 2 月至 5 月，从上海分三批乘船迁往台湾。随去台湾的师生、员工、军人、眷属共计四千余人，其中有协和系林可胜、卢致德、张先林、王师揆、周美玉、许织云、梁序穆、柳安昌、杨文达、许雨阶、李巨、彭达谋、马家骥以及曾任协和医学院首位华人院长、"战时三合一"政策的最初谋划者和强力推动者刘瑞恒等医学界领袖人物。

这批迁台的教授、专家，对台湾早期公共卫生与医学发展的影响与贡献至深且广，为台湾后来数十年的医学人才培养打下了深厚而坚实的根基。但是，林可胜在迁台不久，为何将"国防医学院"留给卢致德经营而自己却悄然赴美？至今，海峡两岸有关人士还在议论其原委。

林可胜离开大陆赴台时，曾对其弟子、后来的中国科学院生命科学主要创立者冯德培博士如是说：

"本人由于种种原因要走，你们没有理由要走，应留在大陆发展。"

冯德培听从林可胜忠告，坚持留在大陆，领导生理生化研究所，后来衍生为中科院在上海的生理、生化、有机化学和大脑等四个研究所，成为中国生命科学的主要研究中心，还被聘为美国科学院外籍院士、第三世界科学院院士、印度国家科学院外籍院士。

据台湾"国防医学院"《源远季刊》披露，学者李选任认为：

"林可胜眼见'国防医学院'奉命紧急撤迁台湾，对国民政府完全失去信心的他，遂决定挂冠求去。当时陈诚是台湾省主席兼东南公署长官，'国防医学院'迁台获得陈诚的大力支持，一听说林可胜辞职不干，非常生气。但林可胜是国际知名学者，又是张静江的女婿，陈诚只好忍气，亲自召见林可胜恳谈。林可胜不为所动，辞意甚坚，陈诚最后认允，但要求必须负责把撤迁任务完成，方可离职。林可胜勉为同意，把国防医学院全部顺利迁到台北后，获得国防部批准辞呈。"

也有议论说，林可胜虽然中文读写能力不佳，但其爱国热情却不落人后。抗战胜利后，希望返回研究领域，无疑是他当时的真实心迹。还有评论说，他已担任过许多重要职务，对于权位并不留恋，所以将院长职务交由他的学生卢致德接手后离去。

是啊！无论何种猜测议论，事实是，1949年6月，林可胜将在台湾重建"国防医学院"校务的艰巨责任交给卢致德后，携夫人张倩英默然离台，远渡重洋，移居美国，开启了他精彩人生中的最后历程，回归自己非常挚爱的纯粹科研领域，继续致力于痛觉生理学研究，再次活跃在国际生理学舞台。

在中国现代医学史上，林可胜可谓"前无古人，后无来者"。甚至可以这样评价，没有一个人能在行政管理、医学教学、科学研究以及周到服务、体恤民众等方方面面，企及林可胜对国家和民族所做出的贡献。

林可胜受聘北京协和的次年春，便聘请国际著名学者组成编审委，自任主编，开始发行英文版的《中国生理学杂志》（简称 CJP）。该杂志成为早期国际医学界的一份著名学术期刊，起到了推动国际生理学研究、交流和发展，促进我国生理学人才培养的关键作用。因此，除了为抗战鞠躬尽瘁的 12 年，林可胜生命的前后两个阶段，在生理学领域的研究成果和学术造诣，包括了创办这份《中国生理学杂志》，他之所以被后人尊为"中国生理学之父"，其根基是坚实的。

史料记载，在林可胜的"学术出版清单"中，包含有逐年记载的学术研究论文共 149 篇。从 1918 年的第一篇到 1970 年的最后一篇，全部用英文撰写，没有中文著述。通过"学术出版清单"的论文落款时间，可将林可胜的学术人生分为四个阶段：

从 1918 年发表首篇论文到 1926 年的 8 年，为第一阶段，共发表论文三十多篇，均刊登在英美的著名医学杂志上。这一阶段是林可胜的青年时期，风华正茂，教育和科研事业均一帆风顺。

1927 年至 1939 年的 12 年为第二阶段，发表六十多篇论文，全都刊登在《中国生理学杂志》上。这一阶段是他的青壮年时期，虽然儿子和两个女儿以及妻子都先后病亡，使之遭受巨大打击，但依旧成就丰硕。从 1925 年到 1935 年 10 年间，林可胜与协和学子卢致德先后合作发表论文 10 篇，可见他们在协和的师生关系至少维持了十年之久，由此也可看出林可胜离开"国防医学院"赴美，为什么把院长之职交给第二副院长卢致德而未交给第一副院长张建。

之后，林可胜的论文发表中断了 11 年，这时他步入了人生的第三个阶段，即壮年时期；对于一位科学家来说，这是最能出成果的黄金时期。但由于林可胜投笔从戎，全心全意、呕心沥血服务于抗战救护，没有发表过一篇论文，但他在抗战期间所创造的丰功伟业，在抗日战场到处留下印记，在中国军队内更是传为佳话，在中华民族历史上必将永载史册。

直到 1950 年，才见到林可胜发表第 101 篇论文，从此时起到直他的收官之作第 149 篇论文于 1970 年出版的 20 年间，构成他的人生第四阶段，即中老年时期，也是林可胜偕夫人张倩英女士赴美，重回生理学研究领域的时期。他这一时期的 49 篇论文，全部发表在美国的相应生理学杂志上。

在林可胜去世的次年，他的第 149 篇生理学论文才发表。可见，已经罹患食道癌，深知生命不能持续太久的林可胜临终前，还在思考毕其一生都在穷究的生理科学。

林可胜因患食道癌从美国退休后，曾回台北与卢致德商讨创设台北"荣明医学院"（现为荣明大学）等事宜，并将其私人实验室的科研设备与器材运到荣民总医院成立"疼痛学"实验室。卢致德感念师生之情，特为恩师林可胜选派李选任和陈辛一这两位生理学助教相协助，继续致力于"疼痛学"研究，这两位就是学界所称的所谓"关门弟子"。

专家评论螺旋菌的发现意义在于，因为传统学术认定，胃里有强酸分泌，应该是无菌的；然而从 19 世纪后半叶开始，陆续有人在动物及人的胃中发现细菌的踪影，只是未引起学术界重视。直到 20 世纪 80 年代，在动物及人的胃中存在细菌这项发现才被澳洲两位病理学家证实，华伦（J. R. Warren）与马歇尔（B. J. Marshall）的深入研究，不但鉴定出广泛分布于胃里的幽门螺旋杆菌，还证实了该菌与胃及十二指肠溃疡的成因关系密切，从而开启了抗生素治疗的新阶段。华伦与马歇尔也因此登上了 2005 年诺贝尔生物医学奖的领奖台。

可见，林可胜当年利用"组织染色法"在猫的胃里发现螺旋状生物菌的科研成果，比华伦与马歇尔的发现要早六十多年。只因为林可胜的家国情结，为参加抗战救护，拯救处于水深火热中的父老乡亲而搁置了该课题的深入研究十数年，以致与诺贝尔生物医学奖擦肩而过。

林可胜于 1924 年来到北京协和后，在不到 15 年时间里，共发表 56 篇论文，其中 47 篇都发表在他创办的《中国生理学杂志》上。

如果将林可胜在北京协和的研究成果进行分类，大致集中在以下几个主题：有 23 篇关于胃液的分泌及控制、8 篇关于胃代谢、7 篇关于延脑的交感神经中枢、7 篇关于中枢神经突触的体液传递、8 篇关于迷走神经与脑下腺后叶反射、3 篇关于子宫与卵细胞输送。其中消化系统与神经系统是林可胜的主要研究对象，前者成果多发表在 1925 年至 1934 年，后者则集中发表在 1935 年至 1939 年。

林可胜自 1952 年开始，主要是受聘于美国印第安纳州的一家迈尔斯小药厂从事科研工作。他用功最深的课题，依然是痛觉生理及止痛机制方面的生理、药理及医学研究。他在年近 60 岁时，在痛觉研究领域再次闯出世界性声誉。

林可胜在这个领域的最大贡献，是利用活体交互灌流脾脏的方法，显示阿司匹林作用于周边的痛觉化学接收器，而吗啡类的麻醉止痛药，则作用于中枢的痛觉神经通路。他为此项目于 1964 年设计了狗的脾脏交互灌流实验，这是迄今为止被学界公认为全世界华人设计最成功的生理学实验，被誉为镇痛与阿司匹林研究的里程碑。

林可胜的此项精彩实验，被英国药理学家维恩（John R.Vane）爵士称为镇痛研究的经典。维恩正是在林可胜逝世后不久的 1971 年，发现了阿司匹林的镇痛机理在于抑制前列腺素的生成，并因此获颁 1982 年诺贝尔生物医学奖。

抗战胜利后，林可胜又将亲手创建的国防医学院部分留在大陆，部分迁到台湾，然后飘然赴美，适时离开是非圈子，可谓真君子也！他不涉党派，不恋权位，急流勇退，回归学术，重回讲台和实验室，继续自己因参加抗战而荒搁置了 12 年的科学人生，重操教育科研旧业，再为华人争光，为世人造福！

2018 年 6 月出任首都医科大学校长的生物学家饶毅博士曾撰文指出：

"林可胜在中国的工作不仅限于学术研究领域，他以自己的身体力行作出示范，其贡献远远超出了科学范围。尤其是他创办的《中国生理学杂志》，不仅是中国科学刊物史上的创纪录突破，还成为当年在澳大利亚的英国神经生理学家，1963 年诺贝尔奖获得者埃科斯（John Eccles）翘首以盼的一份学术杂志。北京协和是医学和研究并重的唯一学校。林可胜在这个平台上，直接和间接为中国培养造就了一大批高水平的医生、医学科学家和生命科学家。"

抗战胜利后，林可胜创办的国防医学院，分蘖成后来的上海第二军医学院和台湾"国防医学院"。而由协和医学院衍生出的中国医学科学院和军事医学科学院，都成为中国生命科学的主要支柱。

直至去世前，林可胜一直关心着中国的生命科学发展。20 世纪五六十年代，中国科学院上海药物所的邹冈和上海第一医学院的张昌绍发现了吗啡镇痛的脑内作用部位，成为领先于世界的新发现。林可胜在自己的论文里引用他们的文章，把中国人的科研成果介绍给国际科学界，使这项成就被国际医学界广泛认可。

据林可胜的关门弟子之一陈辛一博士透露：

晚年林可胜虽然身在海外，却依旧心系台湾，深爱母校。1969年年初，他将个人的研究仪器、设备及图书等运回台湾，在"国防医学院"院长卢致德协助下，在柯柏馆及荣民总医院开展发烧与疼痛等神经生理学实验，训练生理与解剖领域的年轻学者，犹如为台湾地区一直昏沉低迷的医学研究开启了一盏明灯，在仅仅数月中，便建立了三个研究室，同时遴选两位"国防医学院"毕业生跟随做研究，培养出包括陈辛一在内的两位关门弟子。

林可胜此次离台之前，已知自己罹患食道癌，但他却拒绝手术，仅在吞咽困难时，做一下食道扩张术，在台作短暂停留之后，返回次子林国仁在牙买加首府金斯敦的家中，于1969年7月8日病逝，享年72岁。

林可胜病逝后，他在美的家属整理其遗物，并接洽"中研院"蔡作雍院士以及台湾"近代史研究所"的熊秉真教授，于1997年将遗物运抵台湾，移交"近代史研究所"存藏。经该所档案馆人员为时近一年整编，分为19类，263宗，四万余页，由隋皓昀发表《林可胜院士个人档案整理概述》，为后人留下了一份珍贵遗产。

在林可胜的遗物中，林可胜所获代表其一生功业的若干勋奖章异常抢眼，每一枚都饱含着特殊意义。其中，有两枚美国政府勋章，"功绩勋章"为1943年5月7日由罗斯福总统对军官颁授，以表彰他入缅作战勋绩；"自由勋章"为1946年9月7日由杜鲁门总统颁授，以表彰他在"二战"中对盟军卫勤作业的勋绩。抗战胜利后，国民政府于1946年1月，曾颁给林可胜"干城甲种一等奖章"，执照号为：2588，奖章号为：1092，以表彰其对国家民族所做贡献，亦是对获授人一生功业的评价。抗战胜利70周年之际，为感念先贤，中国政府为林可胜颁发了"胜利纪念章"，由其后人代为领取。

回溯已远去八十多年的抗日战争史，由于历史和人为的原因，导致两岸骨肉同胞的数十年分离。随着世易时移，林文庆和林可胜父子的善良、成就和伟业，大都被淹没在时间的风尘里，林可胜的英名与伟绩，一度销声匿迹，无人问津，令人遗憾之至！

然而，对国家和民族做出特殊贡献的人，总会被历史铭记。总有一天，会构成中华文化珍贵的篇章，被写进历史，公诸于众。随着历史翻开崭新一页，他们划时代的奉献和释放于民间的伟大精神，终将激励一代又一代步其后尘，赓续前行。

今天，终于看到这位伟大爱国主义者的历史功绩受到国家和社会各界的重视和肯定，有关部门为林可胜修史建馆，作为爱国主义教育基地，以供后人追念。如此善举，不但能聚收全球华人之心，更能慰藉两岸人民，并得到全世界爱好和平的人们的翘首称赞。

第十六章　汤蠡舟逆境受命统领救护

第一节　守家业施新政稳军心

1942 年 9 月 5 日，鉴于林可胜第三次坚决请辞中国红会救护总队总队长职务，中国红会总会作出决定，暂由红会秘书长潘小萼兼任总队长；命时任红会总会医务处处长汤蠡舟和时任救护总队第 4 大队大队长朱润深二人为救护总队副总队长，分别从当时的工作地前往贵阳办理交接。红会总会常务理事王晓籁自昆明至图云关监交。

由于救护总队长由红会秘书长潘小萼兼任，他只能在重庆红会总部遥控指挥。而坐镇救护总队部主持日常管理工作的汤蠡舟，则可谓受命于危难之时，艰难地开启了救护总队守家承业保救护的新时期。

1932 年春，汤蠡舟于苏州第七队伤兵医院门口的留影

之所以说汤蠡舟是受命于危难之时，是因为：

第一，自 1941 年冬季开始，由于日军侵占中国香港、越南之后，中国的国际交通线几乎全部被切断，只剩下滇缅公路，即史迪威公路作为国内与国际接轨的唯一陆上通道，外援物资的运进异常困难。1942 年 5 月，滇缅公路也被日军切断，更是雪上加霜，运力只有以前的大约十分之一，救护总队部的医药器材供应出现严重供不应求。

第二，由于救护总队含卫训总所等整个图云关的广大员工敬服林可胜的能力、人品、德行和学识，许多人当初很大程度都是冲他而来的，甘愿聚于他的麾下参加战场救护。因此，林可胜的离去，犹如急流涌浪中的小船，顿时失去了"压舱石"，人心随之变得动荡起来。

第三，自从红会救护总队成立后，所用医药救护物资和钱款，很大部分都有赖林可胜在国际社会的威望募集而来。随着林可胜的辞职，这种优势大为缩水。因此，经费日趋捉襟见肘，陷入窘境，严重影响正常工作开展。

第四，两方面因素困扰救护总队人员的思想：一是救护总队服务的时间不计算为国家服务年资，即不计算为国家服务工龄，因此会严重影响救护队员战后的生活来源和事业前途；二是由于经费欠缺，救护总队不得不靠压低员工待遇勉强维持运转，红会救护体系人员与军队和政府部门员工的收入无法相比，造成大量人才流失。

抗战全面爆发后，大批具有忧国忧民、爱国爱家觉悟和崇高思想境界的医务工作者和爱国华侨、港澳同胞，激于民族义愤，冒着生命危险，忍艰克难，不计待遇，同仇敌忾，共赴国难，甘愿放弃民间开业的优厚收入和稳定的生活，奋起投入抗日救国行列，志愿集于林可胜麾下，从事救护工作。这些医护人员都成为战地救护的骨干和基层医疗的顶梁柱。但这些舍生忘死从事战地救护的医护人员的身份，却始终没有得到政府认可，待遇也没能获得切实合理的保障和改善。

据有关学者研究，红会工作人员原本并不存在身份争议。抗战爆发后，红会总会驻汉办事处曾行文军事委员会卫生勤务部，请求将红会所属救护人员分级加委专科军医职衔，以利与各军医院接洽医疗事项和救护工作开展。而此时，由于后方勤务部正在提议将红会所属各医疗队拨归其属下指挥与支配，故未及时回应。

早在 1938 年，红会总会曾呈请国民政府内政部将随军救护人员的待遇比照军官执行。当年 9 月 7 日，国民政府内政部同意总会请示，并转各省市政府遵办。但由于种种原因，只给予适当的经济待遇，政治待遇，即身份问题仍未解决。随着战场扩大，救护总队医护人员日益增多，身份问题成为大家关注的热点。医师、护士及其他专业人员的身份问题无法解决，其工作资历便无法获得承认。

针对以上如一团乱麻般的历史遗留问题，有必要就救护总队自成立以后的医护人员待遇进行回顾和剖析，才能体会汤蠡舟副总队长主政救护总队后的工作难度以及他所付出的艰辛努力。

抗战前，红会救护人员参与战地救护全为志愿，带有义务性质，不支取任何薪俸或津贴。全面抗战爆发后，红会总会与上海各界联合组织各种伤兵医院、救护队、急救队、运输队等，此时参与救护的人员仍以志愿义务为主，只有少数需要维持生活的救护人员，才支领薪酬，但数额极低。同时，救护人员只是在完成任务遣散时，才由总会发给适当数额的遣散安置费。

红会总会前秘书长庞京周筹组南京首都伤兵医院时，对救护人员是发薪的。当时各类医护人员每月的薪酬待遇情况大致是医师80元、五年级医学生35元至40元、有经验的男女护士25元至30元、护士长助理75元至80元。该伤兵医院医务人员的薪酬由红会总会负责，伤兵的给养由政府负责，虽然分灶吃饭，但却分工协作。

据北平协和毕业参加救护工作，后来担任第167后方医院第一任院长的杨文达对当时薪酬的回忆，他的月薪是80元，仅相当于南京伤兵医院时期医师的待遇，战时还要打八折，只发64元。

1937年12月底成立临时救护委员会时，将医护人员的待遇列入每月预算中。医师每月最高200元，平均每人120元；护理人员每月最高40元，平均每人29元；医护助理每月最高30元，平均每人23.4元；事务人员每月15.6元。

各医防队员一开始的月薪相对更少，队长及医师通常仅为60至140元；医护员、医科高年生、护士、助产士，月薪25至50元；卫生助理员、卫生稽查及曾受相当训练者，月薪25至35元；医护助理员、助产士、医科低年级生及医护班毕业生等，月薪15至25元。后来，救护总队将医防队人员纳入一体化管理，分别改称护士、医护员、卫生员和技术助理员，将各类人员月薪进行了相应调整和填平补齐。

据时为医护指导员的周美玉回忆，她那时月薪只有36.66元，吃饭都成问题。然而就在这样的条件下，绝大多数医护人员依旧坚守岗位，任劳任怨，加班加点工作，为救护总队获得了国内外舆论的赞扬。

1940年年初，虽然救护队员的薪金比组建初期有所提高，但因战争影响，各地物价高涨，工资增幅远低于物价上涨水平，各级医护人员生活依旧非常困难。鉴于此，救护总队认为各级人员有适当加薪的必要，尤以低级人员为甚，遂在该年预算中把加薪计划列入。

同年6月，总会常务理事王晓籁与秘书长潘小蕚至贵阳视察时，救护总队长林可胜在汇报医护人员的年资问题时曾指出：

"本会系民众团体，参加工作同志虽经数载之辛苦，然往往在资格上不能以年资铨叙（政府部门审查官员资历，以确定级别、职位的行为）。譬如医学院毕业生在本会服务，固亦能学到许多知识，但不经住院医师学习，医师阶段资格上颇成问题，往往同期毕业生，参加本会工作者同至医院服务，反觉吃亏，其他如工程师等各种人员，困难相同。"

这些问题对当时救护总队士气造成很大冲击，林可胜曾特别为此请求总会予以补救，否则，很难希望本会工作人员长期坚持服务。

当王晓籁与潘小蕚从林可胜口中得知各国红会工作人员在战时服务年资可作为铨叙资格时，潘小蕚认为首先应将卫训所毕业资格获得教育部承认，其他各级人员铨叙资格，再向各主管机关"拟具报告廷呈"确定。王晓籁也认为"此案应早日呈请"，承诺由秘书长回重庆后先与内政部部长、卫生署署长、教育部部长接洽呈请手续，如能先行呈请蒋介石"批示核准更佳"。

然而，王晓籁与潘小蕚的现场承诺并未兑现，甚至根本没有将此事列入总会的议事日程，这样的拖延与忽视，使得救护总队基层工作愈益困难。另据称，各救护队在与地方政府交涉如交通工具、粮食等问题时，也屡受刁难，政府各单位人员表示未得军事委员会命令，不便给予办理，甚至还时有歧视的情况发生。

同年10月，救护总队再度行文，呈请红会总会转呈卫生署，请求对于救护总队各级人员准照一般公务员铨叙办法，一律予以审核。而总会在香港召开的第68次常务理事、监事会，却认为救护总队所请，"自未便转呈"。其理由是红会为"国际慈善法团，非政府机关"，认为救护总队"各级出力人员，应俟战后专案核呈请予奖励"。

其实，第 68 次会议实际出席者仅为会长王正廷、副会长杜月笙和常务理事林康侯三人，王晓籁的表决权由林康侯代理。

救护总队的呈请被驳回后，基层反响强烈，许多医护人员无法忍受现实处境，其收入无以养家糊口，于是纷纷离职而去。各队工作效能低下，社会各界对救护总队的表现开始出现微词。总会也感觉到此事关系到基层人事稳定，迫于各方压力，于同年 11 月 21 日首次在重庆召开的常务理事、监事会上，再度将此案提交会议讨论，不过将提法修正为："为本会各级各部分工作人员在前线后方工作便利计，似应仿照各国战时惯例，由会拟定办法，呈请军事委员会予本会工作人员以军衔之佩用。"经决议"照案通过，即行呈请军委会核示办理"。

随后，红会总会以会长王正廷的名义直接上呈蒋介石，陈述各国红会工作人员在战时多有给予军衔的先例，而红会所属人员未经铨叙，"以是同一出身之技术人员，或曾任普通公务员者，参加本会工作越数年后，与服务其他机关之人员比较，资历悬殊，历时愈久，相差愈长，将来转入其他机关服务，铨叙职级与向在政府机关服务者不免大相径庭。而在抗战期中，驰骋前线后方，所任工作与军队大致相同，且平时与部队接触频繁，独无职级，多感不便。本会职员往往因此而不能安心工作"，恳求蒋介石"逾格一体授予军衔，俾资激励而利事功，爰按军属技术人员铨叙通例，拟具本会各级人员请叙浅级"。但此文仍如石沉大海，始终未见回音。

1942 年 4 月 14 日，总会秘书长潘小萼直接面呈蒋介石，终于获得蒋氏首肯。蒋介石于 4 月 29 日正式回电潘氏，表示总会"所请将该会所属各级工作人员按照军属技术人员铨叙通则授给军衔一节原则可行，已交本会铨叙厅核办"，希望总会直接向军事委员会铨叙厅商称办理。但当总会与铨叙厅接洽时，却遭到铨叙厅驳斥：

"查中国红会职员既非政府官吏，格于法令，未便转铨叙部铨叙。"

总会仍不气馁，再次向蒋介石呈请：

"此次入缅入印随军人员与同盟友军往返，尤感需要之切，按本会所属各级人员请授者，系属军衔，并非军职，似可不涉铨叙范围。"

然而，红会总会自始至终与军委会铨叙厅的交涉都不愉快，就连名不副实的军衔，军事委员会铨叙厅都不与通融。可见当时救护队员的政治身份环境之不尽人意，引发大家产生情绪亦可理解。

汤蠡舟于1942年9月主政救护总队工作后，面对这个不得不尽快加以解决的问题，于1942年10月，立即着手统计各级救护人员的薪资和津贴状况，经过调查研究后查明：

救护总队部含各基层救护队的医师月平均为490.8元，护士352.2元，医护员与卫生员211.2元，其他技术人员245元。

经请示，上级按照一定程序决策后反馈回来，救护总队于1943年元旦开始，调整各类人员薪资和津贴。医师平均增加337.2元，达828元；护士增加140.5元，达497.2元；医护员与卫生员增加172.4元，达383.7元；其他人员增加125.5元，达370.5元。从档案资料看，救护总队各级医护人员的薪资和津贴，似乎已接近公务员水准，或相差不大。

1943年2月，经立法院通过的《中华民国红会战时组织条例》公布实施。重要领导人员由军事委员会委派；秘书长胡兰生兼任救护总队总队长，汤蠡舟、倪葆春、朱润深等担任副总队长；救护总队在昆明设办事处，增设医疗大队，配合远征军作战等。这些演变，无异于刘瑞恒、庞京周和林可胜当年主张的"战时三合一"政策完全落到实处，成为现实，甚至比最初构想还要彻底和完善。从此，中国红会完全改变了"民间社团"的性质，转变成国家机器的一部分。

虽然救护总队的隶属关系发生重大改变，但工作人员身份却依旧未能明确，也未取得公务员资格甚至名义上的军衔。平心而论，许多红会工作人员出入战地治疗伤患，其作为完全与军医无异，而其他国家亦不乏战时授予军衔的先例，而所谓军衔不过是空名而已，实际薪资福利仍由红会负责，并未增加政府任何负担。但是，国民政府坚持拒绝授予红会工作人员军衔，实在令人费解。而对红会工作人员身份待遇上的暧昧和严管，必然挫伤士气，对救护工作形成极大障碍。

同年10月，工作人员薪酬再作大幅调整。如果仅从货币数字看，各类人员薪酬调整幅度确实不小，但加薪幅度远不及物价上涨幅度。据学者研究，抗战后期的通货膨胀，对于各行业人口的冲击程度不尽相同，犹以军公职人员受影响最大，每月所领薪酬依旧令医护人员的生活捉襟见肘。随着物价飞涨，"钞票变成了花蝴蝶"，医务人员大都"觉着生活的重压使人喘不过气来"。更为严重的是，救护总队因经费不足或交通受战事影响常遭阻隔，使得医护人员连本来就少得可怜的薪津也无法按时领到，加上黑市猖獗，原本的微薄收入，根本无法维持基本生计。

在前线身强力壮的救护总队队员生活更为艰苦，每日粮食仅能勉强果腹。据第1中队报告，西北各队队员无不衣衫褴褛，薪酬微薄。在贵阳市档案馆所藏救护总队档案中，可见队员因战事瞬息万变，在匆忙撤退中遗失掉日常生活用品而感到愧疚难过的报告，实因当时生活用品奇缺，一衣一被都弥足珍贵。定居在图云关的饭量较大的青年医护人员，粮食不够吃，不少人利用空闲时间，就近上山挖地，栽种农作物，以瓜菜代主粮；或在林中放养些家禽，以补充营养。

在这样严峻的境况下，不仅救护总队医护人员士气低落，工作效率低下，而且各种弊端丛生。甚至在一些基层单位出现贪污、吃空缺、假公济私或拿药品换食物等五花八门的违纪问题，更严重的是长假不归或弃职逃离案例越来越多。即便是坚守岗位人员，也因生活窘困而不安于位。大部分青壮年队员拖家带口，上有老，下有小，但其薪俸只能勉强维持个人生存，难以养家糊口。在累累重负长时间无法获得缓释的情况下，时有队员逃走；或队员逃走后，队长隐匿不报，照领薪水来私分或独吞。

救护队员间纷纷流传着这样的怨言：

"我们的待遇，比较上特别少；我们的生活，比较上特别苦。"

救护总队工作人员享有的唯一优越待遇，是一年四季都能免费发放服装。这是救护总队部迁到贵阳图云关后，以林可胜为首的总队部召开会议决定的：

"所有本部工作人员制服，由总队部统筹购置分发。计每人每年发给上衣两件，长裤三条，短裤两条，裹腿两副。"

后来，每年又增发棉大衣一件，船形帽一顶，选用黄、蓝卡其布料，缀特制红十字铜纽扣，穿戴在身，颇有精神，很令局外人羡慕，从而给大家带来些许安慰。但随着经费紧缺，服装也不能按时发放了。

从救护总队第1中队队长兼代第10中队队长薛培基于1942年10月23日在西安东大街向潘总队长并汤副总队长报告西北各队状况中，可见当时基层干部职工是如何艰难度日，并引起思想波动的：

"……此间各机关待遇均随物价指数而增高，独本部员工薪津饷项均甚微薄，毫未增加待遇。如斯如何可使其不各存敷衍之心理，因而见机思动，以致各队形同瓦解；又查近两年来卫生材料从未得到补充，不但库等虚设，而各队工作将如何使其推进与展开。因之协助工作之军医院及总队，过去对我欢迎之心理一变而为憎恶之态，再查各队人员因公出差或调队旅费均系先行自垫，至今有垫支达一年之久尚未见审核发下，其困苦之状可以概见。又如各队人员应领制服已历时两年之久尚未发下半套，职曾具呈钧部，酌易制服代金以解决运输困难，亦未蒙批准，至今各队员工无不衣服褴褛，怨声载道，凡此种种即可想见西北各队之一切困苦状况。……以久病之躯，在此情况之下实难使各队工作略有起色，且职服务本部瞬将四载，日常工作均属行政范围，对于个人所学日感荒芜，思维再四，唯有仍恳准予长假另选贤能速予接替……谨呈。"

中队长都是如此这般心态，可见一般队员之愤懑。

为推动救护总队内部改革，以汤蠡舟为首的救护总队部，首先申请红会总会，将原任后方城市空袭救济及民众医药救济的医防服务队，悉数调拨救护总队部改编。虽然依旧是每一战区设一医疗大队，但每个大队只配属5个医疗中队，10个区队，总计设10个大队，50个中队，100个区队，与此前相比，大约缩减了三分之一。此次改组，实际上是一次大规模的机构和人员裁减，人员编制较过去缩减一半以上。而这次裁减，使救护总队的工作效能大打折扣。

第二节　新四军与红十字周

汤蠡舟于1896年出生于上海，1917年从上海南洋中学毕业后留学日本千叶医科大学，1925年毕业回广州参加北伐，任国民革命军第一医院医务主任；次年秋，应邀参与创办东南医学院，任校董、外科教授、医务长兼附属东南医院院长。

从前述上海《申报》1932年2月初到3月12日的数篇报道可看出，

自"一·二八"事变开始，海归医学专家汤蠡舟便义无反顾地全身心投入到抗战救护的行列；1932 年春摄于苏州"中国红会救护队第七队伤兵医院"门口的照片足以证明，汤蠡舟不愧为中国抗战救护的早期重要领军人物之一。

1936 年 6 月，在汤蠡舟担任救护委员会执委期间，为战场救护培训需要，编写了《救护与防毒》一书。该书分急救、绷带、担架、防毒等四部分，详尽讲述了战场环境下，伤员和救护人员都可能遇到的常见情况以及所能和应该具备的基本技能，对军民自我伤病保护和战场伤员救护提供了技术指导，受到普遍好评。

淞沪会战打响后，时任上海红会救护队副队长兼第一重伤医院院长汤蠡舟以救死扶伤为己任，置家庭孩子于不顾，亲自带领原设在租界内的上海第十一救护医院的医护和伤患，撤往市郊，驻扎在昆山一所小学内。在日军狂轰滥炸的危急情势下，伤患每日抵院无数，伤情惨不忍睹，疼痛呼号声此起彼伏。汤蠡舟整日埋头于灰暗灯光下，躬身于病榻前，不嫌脏臭，悉心轻询患者伤势，重者施以手术，轻者抚慰包扎后转送后方。

随着战局急转直下，第一重伤医院的医务人员在院长汤蠡舟带领下，开始从松江向武汉撤退。他们途经苏、浙、皖、赣、鄂五省的松江、震泽、吴兴、泗安、宣城、歙县、祁门、景德、吴城、湖口、九江等地，艰难行程约两千公里，历时两个多月到达汉口。

到汉口后，全体医务人员受到林可胜博士代表救护委员会的热烈欢迎，随即被编为中路西线第 14 医疗队。汤蠡舟任队长，林熊飞任副队长。队员大都是汤蠡舟任东南医学院院长时毕业的男性医师。

1938 年初春，中国红会总会救护总队部成立，辖四个大队，林可胜任总队长。救护总队部迁到长沙后，汤蠡舟提升为第 3 大队大队长兼第 9 中队中队长，下辖桂林的第 4、衡阳的第 5、祁阳的第 6 和吉安的第 9 等四个中队共 29 个基层队，负责浙、皖、赣、鄂、湘、桂等大片战区的战地救护工作。

在带领第 9 中队驻江西弋阳、吉安等地期间，汤蠡舟与新四军总部有过密切往来，还受救护总队部指令，派第 6 中队第 67 医疗队协助驻扎在安徽云岭的新四军军部医院工作。

1939 年 9 月 14 日，汤蠡舟率队驻湖南祁阳期间，曾给总队长林可胜写了一封长达两千四百余字，注明请"代为密存"的报告。在这份珍贵史料中，汤蠡舟系统地汇报了他在新四军中亲自了解到的军医建设和卫生勤务等情况，以及在新四军总部所受到的教育和感受。

　　该报告分三个方面作了翔实的陈述：

　　第一个方面，新四军的建立和组织、作战区域和方式、经费来源和使用、政治工作和效果。

　　报告开头介绍了新四军的整编组建，由中共领导，属国民政府军队编制，奋战于敌后战场；描述了敌后游击作战的艰难处境，对新四军开展灵活机动的敌后游击战给予了充分肯定。报告称：

　　"该军由六个支队组成，支队下有团、营、连、排，为正规编制，……每月中央拨费 13.8 万元，不及正规军一师之经费，人员已由万人增至 2.7 万余人，故经费非常拮据。然新四军在部队规模不断扩大的情况下，照样能够保证供给。其特殊办法是：官长士兵均吃军米，菜钱每人每日 8 分，因有合作社饲养猪鸡鸭及种植蔬菜等，故 8 分之给养较普遍队伍为好。此外，月饷自 1.5 元至 5 元，即叶挺军长、项英副军长亦月饷 5 元而已……"

　　报告客观反映了新四军虽然经费拮据，但在确保"军米"之外，由于分配合理，再加上合作社饲养猪、鸡、鸭及自种蔬菜补充，依然能实现国民政府同等规模军队的后勤保障。

　　报告还称：新四军以连为单位，每次作战均以优势兵力消灭敌人，故伤亡极少，有卫生员和小鬼二人即能应付。所谓小鬼，收养十三四岁之男孩分发各处半工半读，授以文化、卫生、政治三课，一两年后均有相当知识，并有特殊认识，工作努力，实为共产党军一大特色……对俘虏奖励归营返国，惟均不愿回去而随军服务……

　　第二个方面，反映了新四军在艰苦环境下的自力更生精神及和谐的官兵关系，军中政治、军事和文化教育等情况。

　　坚持自力更生，发展生产，是新四军在艰难险恶环境中得以生存的法宝：

　　"该军经费如此拮据而尚能设立修械厂一所，不但能修理更能自造步枪，全用手工，每月能制数十支，外表较粗而能连射 80 发，甚耐用，而射击亦准确，不亚于机器制品；印刷所一所，能铝印、石印更能铸字，制纸板，所缺者铜板而已；该军宣传品周刊、月刊及各种教本等均自行排印……合作社有家畜园艺等，更利用难民垦荒……洋烛厂、肥皂厂已有出品。总之，一面抗战一面致力于生产建设也。"

报告描述新四军官兵平等，同志相称，体现了在中共领导的部队中人人平等，和睦相处，亲如一家的氛围：报告用若干事实，将新四军积极抗战救国、顽强不屈的民族精神体现得淋漓尽致，指出：

"新四军之口号为一面抗战一面建军，故于教育特别注意……文化课包括自然科学及历史、地理、生理、卫生等；政治课不限于共产主义，包涵一切社会科学及其他政治问题；军事则侧重于步兵作战，教育方法为启发式……提倡自动研究。"

第三个方面，新四军的军医结构、医护训练、医疗设备、官兵健康和实际困难等。

作为留日归国的医学专家，汤蠡舟自然更加关注新四军的医疗卫生状况。因而，这部分工作成为报告描述的重点：

军医处处长沈其震月薪约160元，还兼野战医院院长；医务科科长、后方医院院长、材料科科长一人兼任，后方医院医师兼卫生科长。每一支队有医师一人。每一医院也只有医师一人，女护士数人，其他均为该军训练之卫生员与小鬼而已，军队以连为单位，连、营都有卫生员，掌理各该单位医务及卫生事宜。

从报告看，新四军的医卫专才奇缺，很多部门科室都是兼职，但医卫体系建设却非常规范，特别重视和保障医卫人才待遇。在军长月饷仅5元

20世纪40年代中期的汤蠡舟夫妇

情况下，军医处处长则可达 160 元。报告还说：

"军医处内有卫生员训练班，由军医处之医师护士为教官，学员由各部队选送及招考而来，训练六个月；前三个月专授解剖、生理、病理、药物、细菌、内科、外科、护病、环境卫生等，后三个月分发各医院半工半读，毕业后派至各部队为卫生员……总之，该军之医师极度缺乏，虽能在如此环境之下自己训练卫生员专为该军所用，已属难能可贵者也。"

面对医疗救护人才缺乏，新四军一方面向救护总队等外部力量寻求帮助，另一方面发扬自力更生精神，在军医处设卫生员训练班，自己培养，以解燃眉之急。

汤蠡舟对新四军在军医人才极度匮乏情况下所开创和坚持的人才培养方法表示认同。尤其对采用扫盲式、启发式和课外活动等多种教学方式，以及课程设置的合理性，人才培养颇有成效等深表敬佩。

汤蠡舟的这份报告，至少可以给后人四个方面的启示：

启示一，以一位医学专家的视角和客观态度，全面、真实叙述了在新四军的所见所闻，对新四军充满崇敬和钦佩之情；启示二，说明新四军是民族抗战中的一支重要武装力量，从根本上驳斥和抨击了对新四军"游而不击"的指责和错误史观；启示三，从中感悟出什么叫"中流砥柱"和人民最终选择跟随中国共产党走复兴之路的内在原因；启示四，充分证明了汤蠡舟与林可胜总队长配合默契和对他的极端信赖，对后人分析了解林可胜的战后政治倾向形成有力佐证。

汤蠡舟的这份报告，不但能从字里行间看出他的"亲共"倾向，如果再结合当年众多史实来深思，则会让读者产生"他很可能已经是一名地下革命者"的并不牵强的猜想。其理由是：

第一，有史料证明，汤蠡舟与共产党早有接触。尤其是在皖南事变前夕，他居然敢于冒着政治风险，派出数支医疗救护队，队员数十名，与新四军医护人员共同战斗在抗日一线；并代表救护总队亲自为新四军总部送去药械，协助训练医务人员等，并受到新四军首长热情接待，以缴获的日军军刀等战利品相赠。

第二，据有关文章披露，受汤蠡舟派遣，带队前往新四军工作的刘宗歆医师在与新四军并肩战斗中壮烈殉职，年仅 28 岁；到新四军工作的队员，在共产党的教育影响下，诸如郑岗、程贤家、谢芝瑞等红会救护队员都加入了新四军。

第三，即使当时不能认定林可胜"亲共"，但他至少是对积极抗日的国共两党坚持做到一视同仁，甚至暗中同情或帮助相较而言处于弱势的共产党武装力量。而汤蠡舟在当时的政治生态环境下，居然敢于将这份赞赏新四军的报告寄送林可胜存藏，至少他感到是安全的，不可能被出卖。

历史充分证明，林可胜非但没有出卖汤蠡舟，还严格信守着汤蠡舟请他"代为密存"的要求，将这份极其珍贵的文字史料妥为入档保存至今，不但让后人看到了林可胜和汤蠡舟的真实政治面貌，还为这段历史的研究提供了可信赖的佐证。

另外，在《救护与救济》第一卷第二期中，记载了王晓籁视察中对汤蠡舟的中肯评价：

1945年抗战胜利，中国红十字会救护总队在贵阳图云关总部前的合影。第一排右四为汤蠡舟

"汤蠡舟大队长为人中正和平，其所辖各队，人事纠纷尚少。""各大队以第三大队为最佳，第四大队次之……"

　　1941年，汤蠡舟曾受命兼任卫训总所第2分所外科指导员和军阵外科学组主任，训练战地救护人员，同年9月，调任驻重庆的中国红会总会医务处处长。

　　1942年9月，汤蠡舟承接林可胜总队长主持救护总队工作后，最难能可贵，也是最展现其领导智慧和胸襟品德的，是来自于红会总会机关的他，能顾全以国家利益为最高遵循的滇缅抗战大局，不跟风视被红会总会高层众口指斥为"左倾颇甚""涉嫌亲共""个人募捐""越级汇报"的前任总队长为眼中钉，进而落井下石。而是对调任远征军军医视察总监的林可胜，给予密切配合和全力支持。在整个缅北、滇西会战中，救护总队承诺增派的医务队以及外籍医生，全部按要求派达指定任务地点，与此前派去的医疗队密切配合，开展战场救护，受到中美两军首长高度赞扬。

　　众所周知，国际红会决定，从1948年开始，将红十字会创始人亨利·杜楠先生的生日，即5月8日确定为"世界红十字日"。每年这天，国际红会根据人道工作不分种族、宗教及政治见解的特性，开展纪念活动。各国红会也根据本国实际，有针对性地组织开展各种形式的纪念活动。与此同时，自"世界红十字日"确定起，中国红会各地方分会，都把每年的5月1日至5月8日确定为"红十字博爱周"，提出不同主题，因地制宜举办纪念活动并沿袭至今。

　　然而，从救护总队档案存藏的《救护通讯》获悉，图云关救护总队部早在抗日战争中期就开始举办"中国红十字周"活动了，比起"世界红十字日"和中国"红十字博爱周"的确定和开展，至少提前了七八年。

　　现在仅查到救护总队部在贵阳开展的第三、第四、第五届中国红十字周，举办时间是每年10月1日至7日；还在救护总队编辑的《护士节特辑·1944年》中，查到汤蠡舟于1943年10月所作的题为《抗战中之救护总队部——第三届中国红十字周救护工作报告》；在救护总队部1944年10月1日和10月15日出版的《救护通讯》第二十三期和第二十四期中，还查到在第四届红十字周开幕式上，救护总队医务科科长、预备大队大队长马玉汝所作的题为《关于第三届红十字周一年来医务工作概况总结》。

既然历史档案记载，1944 年的中国红十字周是第四届，那么可推断，首届应该是 1941 年。第三届即为 1943 年，以此类推。由此可以理解为：第一届属于初创，经验不足，忽略了相关信息存档。第二届的既定举办期间，又恰好处于林可胜和汤蠡舟的交接，精力和时间都无暇顾及，因此，第二届可能根本就没有举办。

从现存第三和第四届红十字周举办期间，救护总队部有关领导的工作报告可见，他们对红十字人道博爱精神的至诚崇尚和抗战救护宣传的高度重视；同时也可从这些文字中，了解到汤蠡舟当年的工作成效、思路和思想境界。

关于救护总队部举办的中国红十字周，还有两个问题需要厘清：第一，它因何诞生，指向何意，举办时间为何是在每年 10 月 1 日至 7 日？第二，这是否可以推论，中国持续至今的"红十字博爱周"就发端于此，或成为后来中国红会举办红十字周的历史借鉴？这两大问题至今还是未解之谜，尚待进一步考证。但有一点可以肯定，救护总队部之所以创办红十字周，其宗旨无非是宣传红会人道博爱精神；激励民众的爱国热情；动员募集资材，支持战场救护；培训救护技能，提高自救互救能力等等。

关于这个问题，长期从事红会宣传工作，先后负责《中国红会月刊》《红十字月刊》编辑工作的江晦鸣先生，在《为何举办红十字周？》一文中开宗明义地指出：

"开展红十字周的最大效用是宣传，使每个人都知道红十字是什么、做什么、怎么做、为什么做，以引起大家的注意和同情，推进筹款、募捐工作的顺利开展。"

江晦鸣的这些文字，至少已部分回答了创设红十字周的意义。通过几届红十字周的工作总结或报告，确实能较全面真实地了解举办红十字周的意义及汤蠡舟主政救护总队后的基本情况和工作业绩。

1944 年的《救护通讯》第二十三期对第四届红十字周作了开幕简介和总结性报道：

"贵阳区第四届红十字周，假贵阳招待所，茶话招待黔垣各界首长，到会的政治、军事、党务、经济、文化、社会机关领袖、耆绅等八十余人。由总会监事周诒春，兼总队长胡兰生，副总队长汤蠡舟等亲任招待。席间有贵阳市府主席何辑五，黔省主席吴鼎昌致辞……汤副总队长致答词，报告八年来救护工作……"

在第二十四期《救护通讯》的活动纪要栏中，对第四届红十字周做了总结和评价：

"贵阳区第四届红十字周，于10月1日至7日，假贵州省科学馆举办'救护活动展览'，平均每日参观人数在1500人以上……每晚由本部女青年同仁，在贵阳市中心区大十字街头举行'红十字小姐'广播，分英语、国语、粤语、沪语，说明红十字周意义，并扩大难胞救济宣传，引起社会人士及过路盟军之重视，情况空前。"

汤蠡舟在第三届红十字周报告中回顾了救护总队自成立以来的艰苦历程、奋斗精神和所获成就。他说：

"中华民国红会……秉博爱恤兵之宗旨，以救死扶伤为天职……抗战军兴，懔于民族存亡，更奋全力，从事救护。八一三淞沪战起，既任战地救护，犹筹后方收容，幸赖工作同仁，出生入死，夙夜不辍，于炮声机影之下，辗转曲达所负任务，厥功之伟，博海同情。荷承盟邦人士及国内外同胞热心襄助，输财捐物，益宏设施。嗣以京沪撤收，战略变更，军事乃渐转至山岳地带。

自京沪退集汉口后……为求医药技术设备之充实，以辅军医所不达，遂聘林可胜为救护委员会总干事，兼救护总队部总队长。

……本诸工作经验，深以病兵多于伤兵，尤以传染病之流行，影响战斗，最为可虑：而军医之作业，又以野战卫生勤务，为须加强，乃综合医疗、医护、医防、急救各队之性能，一律改编为医务队，尽其可能推进至野战区，协助部队卫生机构，从事手术、绑带、检伤、急救、防疫；指导灭虱、治疗、抗疟，改进环境卫生及兵食营养等军阵卫生工作。我工作人员驰骋前线，历经徐州、南浔、武汉、昆仑山、中条山、粤北、湘北、浙赣等会战，与战斗部队一般无殊。……协同盟军作战，亦经派队随军远征……"

第三节　献身抗战历家事艰辛

汤蠡舟在第三届红十字周报告中对其主政救护总队工作总结道：

"……总会鉴于抗战愈久，物力愈艰，乃告所设医防服务队，原任后方城市之空袭救护及民众医药救济者，悉归救护总队部改编，以期紧缩行政度支，充实救护力量，经编医疗中队 50 个、医疗区队 100 个组成之，并定每一战区设置一个医疗大队为原则，观其需要配属医疗队、运输站队、材料分库，以任战地之救护……"

最后，汤蠡舟针对下一步"工作目标""工作统计"和"工作展望"三个方面作了周密部署。总体要求依旧是确定"救死扶伤，博爱恤兵"为战时救护工作的最高准绳；强调平时有备，战时有能，保持救护能力适应国防及一切非常灾变之所用。

工作目标：……订战时救护纲领 17 条，以资遵守。

医务方面：协助作战部队做好医疗防疫工作，推行示范示教，提高部队医疗防疫技术水准，以促进并展示部队卫生勤务；对于共同作战之盟军救护工作，当益求增进。在战斗期间，应以急救、检伤、紧急治疗及检送为主；非战斗期间，应以推行部队诊疗工作，改善部队环境卫生、兵食营养，灭虱治疥，防治疫患为中心……办理俘虏营之卫生，以伸张世界和平与正义。

材料方面：争取盟邦同情，积极劝募卫生器材，充实医药设备，发展救护力量，并做预储之准备；全力发展制药事业，增进生产，以谋常用药品之自给；改善各种卫生器材之制式包装，使之简单化、合理化，以提高救护效率……

运输方面：尽力协助公路线上之伤运，适时办理卫生器材补给；加强汽车修理，制造燃料装置，保护救护车运，维护救护输力；以回空车辆，辅助政府运输公用物资，发展战时经济。

工作统计：有关系军事机密者，不能详为发表……

工作展望：……千里之行，始于足下，红十字周之运动，盖本嘤鸣求友之意，爱护红十字事业之人士，幸辱教焉。

预备大队大队长马玉汝在《关于第三届红十字周一年来医务工作概况总结》中，从四个方面总结如下：

关于工作对象：……做清道夫、泥水匠，改良环境卫生；士兵满身虱子，我们来扑灭；疥疮患者，我们去扫治……还担任诊断治疗责任以及俘虏收容所的医疗卫生工作……

关于队务配备：大队番号概以战区数字为定，除第一、第二两战区交通困难，补给不便，在扼要地区设几个中队外，尚无大队，其他各战区，都有大队配置。……镇远俘虏收容所派两个区队……在筑之两个诊疗所，一个疗养室，三六九战区的三个战区医院，均各调一个中队参加。医务方面，增加9个手术队、9个医疗区队，撤销21个区队，合并调整12个区队。

关于人事管理：……一年来，按照层层考绩结果，得优等晋二级者31人，甲等晋一级者108人，乙等而具特殊功绩奖励者4人……因公殉命医师分别有韩正义、王裕华（英籍）等二人，医护员柯芝兰（罗马尼亚籍）、刘传玉、王文英等三人在红十字纪念碑上永留芳名。

关于工作收获：……九战区部队，经美国红会代表柯尔北氏视察，有"愈走到前方，环境卫生工作愈好"的满意评语。西南战区手术队获得不少奖旗和奖牌；鄂北战役，6大队表现很好；湘北会战，9大队成绩脍炙人口……

马玉汝最后略带诙谐口吻道：……我们每日门诊人数，恒在四五百以上……在"阎王爷"的"生死簿"上，少了不少冤死的鬼魂！……

汤蠡舟和马玉汝的报告，既充分肯定救护总队前任领导所创造的业绩，又全面总结了新班子两年来的工作成效，从字里行间透视出以汤蠡舟为首的新班子的智慧、胸襟、态度、信心、思路以及政策取向和务实作风，受到广大员工翘首称赞。

此外，汤蠡舟还亲自撰写了《一年来的救护工作》的报告，分别从"加强救护设施""派遣医生入印""成立战区医院""发展俘虏卫生""辅助军阵防疫""普遍保健示范""检诊出国军人"和"协办社会福利"八个方面概括总结了到任救护总队一年来所取得的成绩。

1943 年 10 月立 "救护总队部殉职员工纪念碑"

报告强调指出：综过去一年，对于前线医疗队之配备，仍照三十一年度（1942年）之计划，赓续进行……对于俘虏之救护，亦当锲而不舍……展望来年，提出要"充实材料储备""努力制药生产""提高运输效率""力谋燃料自给"等。

报告最后说："吾人对于一年来之救护工作，只能言其简明之轮廓，而于工作数字，以限于军事机密，未能一一列举。际兹胜利益近，责任益难，唯我同仁更矢惕厉，倍加奋发，以期中华民国红会之救护事业，得于抗战建国之历史中而留光荣灿烂。"

汤蠡舟主政图云关救护总队期间，从 1943 年 10 月开始，至 1945 年 6 月为止，连续编撰《救护通讯》共 40 期，除每期开篇都设"救护设施"专栏外，主要是报道战局变化及各医疗大队、中队和区队的适时调配和工作情况。

这些来自抗战时期救护总队的珍贵历史遗存，随着时间的流逝，一些史实早已被湮没在了故纸堆里，研究者或有心人通过辛勤劳作，不惜花费大量时间和精力，从一卷卷发黄的历史档案中，一页页地整理汇总出来。重拾一份份战地救护记载，从零零碎碎的记录中，我们似乎清晰地看到了镌刻在中华民族的历史丰碑上，救护总队的前后各级领导以及队员们辛勤劳作、矫健伟岸的身影。

汤蠡舟在《救护工作第八年》中，全面总结了自淞沪会战至滇缅大捷，救护工作所走过的艰苦历程，以最早参加战场救护的深切感受和胜利欣喜，如数家珍般述说八年来的艰辛曲折和伟绩丰功。其语言之豪迈、情感之真挚、体会之深邃、声频之铿锵，非亲力亲为者难以如此。他如是说：

八年来的红会救护工作，最可纪念的地方，就是真能照着"博爱恤兵""救死扶伤"的宗旨，去解放人类的伤病和痛苦。抗战的要求在什么地方，救护的重心也转移到什么地方。当着"八一三"的炮声响自淞沪，红会首先在上海组织救护队，勇敢地担起战地救护工作。那时战事的重心集中在淞沪，国际的视线集中在淞沪，而救护队工作重心也集中在淞沪。自从京沪撤守以后，战线的延伸，已从长江流域，而黄河流域，而珠江流域；军事的形势，已渐渐吸引敌人到山岳地带；中国统帅部决定了持久抗战的战略，红会审时度势，为配合该战略，在 1937 年的冬天，把救护重心配合到长期抗战上。因此，于汉口成立了救护总队部，组织了机动性的医疗、医防、医护、急救、X 光等队，遍设于全国各战区，并设汽车队、材料库，运输补给……

八年来的红会救护工作，分外科手术、骨折复位和敷伤，内科分住院人数、门诊军人、门诊平民、预防注射以及 X 光照相、X 光透视、灭虱人数、灭衣物数、检验工作、特别营养等各方面做出了精确到个位的统计。这个统计，为了关系军事机密，不能完全表达，然而，我们是真真实实为了抗战做了这点工作。就救护的一般影响来分析，已大体可以发现，救护对于慈善观念的影响，对于抗战建国的影响；现在也许尚未明显，但势必产生历史性显著影响。

八年来的救护实践告诉大家，这不是施舍和行善，是有技术、有计划、有责任的为同胞服务，解放人类疾苦。这个影响，将延展到千百年后的慈善家们，不再固执"个人为善，与人为善"，以个人的乐善好施而做慈善事业，去修个人善缘；而是要破除个人的乐善好施观念，做社会事业，谋大家福利，所以说救护影响了慈善观念。

汤蠡舟最后说，红会的救护工作，在目前等于传播种子，大的收获要待将来。他提出三点预言：第一，红会最终的希望，是以征求会员来做发展事业的基干，极可能创立"健康保险"制度，成为实施"社会安全计划"的重要一环；第二，红会依据万国公约，是要尽情护养俘虏，极可能开展民胞物与的精神，成为奠定"世界和平基础"的重要基石；第三，就最低估计，必足以依其事业之扩大，加速实现"中国之命运"的卫生建设。

……

全面抗战以来，红会救护工作的重心虽时时有变，但大方向始终未变。它正朝着"社会安全""世界和平""国家建设"的道路上走，向着最后的目标努力迈进，共同完成保卫人类生存之使命！

汤蠡舟主政救护总队期间，除红十字周报告中所披露的工作思路、工作业绩和工作智慧以及与滇缅战场的密切配合外，还有几个亮点值得后人铭记于心。

1938 年 2 月，成立于湖南常德盐关，主要关押中国南方日军战俘的军政部第二战俘收容所先迁至湖南辰溪，随着战场南推，于当年 12 月迁至贵州镇远县城。在镇远五年多时间内，先后收容日军俘虏六百余人。1941 年，在周恩来、郭沫若等人推动下，日本反战作家鹿地亘、池田幸子夫妇组织其中有觉悟的日俘成立了"在华日本人民反战革命同盟训练班"，教育日本战俘认识侵略本性，珍惜和平，对中国抗战胜利起到了积极作用。从此，日本战俘收容所被称为"和平村"。

救护总队部基于人道主义和日内瓦国际公约，派出医疗队常驻"和平村"，为收容的战俘施以医疗和防疫服务。

1944 年 6 月 15 日，时任中国红会会长蒋梦麟来到图云关救护总队部视察工作，在听取汇报、提出指导意见后，由汤蠡舟主陪并亲任翻译，医务科主任马玉汝和总队部技术室视察袁松人等中层领导随行，前往"和平村"视察卫生医疗情况。

"和平村"专为蒋梦麟一行举行了欢迎会和游艺晚会。日俘代表村上在欢迎会上致词，表达了参与对中国侵略的悔恨，对中国政府和人民的友好之情由衷感谢以及对侵略暴行的谴责。蒋梦麟还与一位名叫安田的战俘做了深入长谈。游艺上，演出了表现日本军阀压榨百姓及派遣军厌战情绪的话剧《自由远东》。

回筑后，马玉汝和袁松人分别撰文《蒋会长访视和平村心影记》和《蒋会长随员日记之一》，详细介绍了本次视察过程。

据救护总队部《救护通讯》1943 年 10 月第一期记载，汤蠡舟和卫生员糜雪亭因工作成绩突出，每人获颁"中比庚款委员会"奖金 1000 元。他俩将该笔奖金全部捐出，为殉职员工立纪念碑。时任红会总会秘书长兼救护总队队长胡兰生，为纪念碑撰写如下碑记：

"丁丑之秋，倭寇荐侵神州，妄蓄开疆辟土之谋，阴使盗窃掠夺之事，狼烟所起，万姓成墟。中华民国红十字会，本博爱恤兵之怀，当救死扶伤之任，左袒一呼，裂裳千里。墨君树屏等，天与拳勇，闻义能涉，或沙场救护或挽车引辐，未睹功靖，身已先死，芳徽倬烈，足多矜式。爰有救护总队部汤副总队长蠡舟，糜卫生员雪亭，撮（捐）资建碑，永立兹丘，用崇彰德报功之盛，益励同仇敌忾之风。于戏，急病攘夷，为义之先，图国忘身，乃贞之大，愿矸坚珉，假辞纪美，英风永在，望慕无穷！"

碑记中提及的墨树屏等仅是殉职者的代表。抗战期间，中国红会救护总队共有 47 人殉职，67 人积劳成疾病故，为中国抗日战争的艰苦历史，谱写下光辉乐章。

日军侵入独山期间，逃抵贵阳的难民约二十万，有40%死于斑疹伤寒、回归热和严寒饥饿，数千难民严重虚弱，濒临死亡，掩埋尸体都应接不暇。救护总队部在图云关和贵阳市区设立多处诊疗所，为整天川流不息的难民提供医疗服务；还从预备大队派出医疗中队到黔桂线上的都匀、独山、遵义、桐梓以及贵阳难民收容所，为难民诊治疾病和防治传染病。

1945 年 7 月 11 日，汤蠡舟前往被日军践踏后的独山、南丹一线视察各医疗队情况，所到之处，只剩残壁瓦砾……抵独山，住本部第 43 医疗中队部，得悉日军入侵期间，医药救济大半由本部各队担任，深表欣慰。第 43 医疗中队队长王夫谷汇报，该队每日门诊四百余人……第 45 医疗中队长李丙昌汇报，该队每日门诊三百余人。

汤蠡舟曾以《踏上济善之路》为题，回顾此行见闻和体会：

"统观本部各队，均能在破屋陋巷中工作……在居处不若人，生活不若人，待遇更不若人之下，凡能视察实际工作者莫不为其工作热忱所感动，而受惠者之感戴，更非吾人想象中所能道者……"

汤蠡舟与夫人许雅南共育有五个子女。一家人前后五年多，分三次颠沛流离，在不同时间，经不同途径，历千辛万苦，才汇集到图云关救护总队部，其中的艰辛和苦涩，可想而知。

1937年夏，随着淞沪抗战开启，汤蠡舟将伤员救护当作第一职责，把国家民族利益置于个人家庭利益之上，放弃丰厚收入，离开儿女绕膝的温馨之家和熟悉的工作环境，奔波于各抗日战场间，将一女三男四个嗷嗷待哺幼子的抚养重担交给独自坚撑在上海法租界内的妻子许雅南，大女儿当年仅10岁。

约在1939年隆冬，当许雅南得知丈夫带领的救护队驻扎在江西之后，便将还需一个学期才毕业的大女儿暂时留下，托付给老人和亲戚照顾，自己带着三个男孩和从浙江嘉善老家来的养女，踏上妻寻夫、子寻父的漫长"逃难"途程。

母子五人先随着红会工作人员探知的通道，在救护委员会交通股帮助下，从上海乘船抵达宁波，再一路辗转来到江西弋阳，首次实现与丈夫汤蠡舟的短暂团聚。他们的第五个孩子出生在弋阳。

1941年8月，汤蠡舟调任红会总会医务处处长，由于办公地在重庆，一家人乘汽车一路西行，经过战火纷飞的衡阳、祁阳辗转到达柳州。当晚，所住小旅馆发生火灾，一家人逃到街上坐等天亮后换乘火车到桂林。在时任国军后勤桂林兵站主持人、汤蠡舟二哥的协助下，从桂林搭乘汽车于1942年初春终于抵达重庆。

1942年9月，汤蠡舟奉命任职救护总队，又是一个人先到贵阳。就在汤蠡舟到图云关不久，留在上海的大女儿小学毕业后，在红会交通员带领下，随其他撤离家眷，开始了寻父之旅。他们先走海路，由于日军封锁浙江沿海，船只被迫停留海上月余不能成行，不得不折返上海继续上初中一年级。一年后，她再次在交通员带领下，改走陆路，险闯封锁线，从浙江金华爬火车顶，冒着生命危险来到鹰潭改乘汽车，日夜兼程，历时约三个月，于1942年秋，比母亲和弟弟们先期赶到贵阳。当汤蠡舟突然见到女儿出现在眼前，兴奋与酸楚交织。在那兵荒马乱的战争年代，一个十几岁小女孩，独自一人，几个月风尘颠簸，居然安全赶来了。而此前，她却一直杳无音讯，令父亲寝食难安。因此当看到女儿的一刹那，

汤蠡舟一家在图云关，被称为"一群瘦人"

这位钢铁男儿，难止泪如泉涌。

直到 1942 年年底，许雅南才带着四个男孩来到图云关。一家人终于团聚。几个孩子开始在图云关小学上学或恢复小学、中学学业。半年后，许雅南的外甥沈新路也来到贵阳，成为一名救护队员。

汤蠡舟一家在图云关期间，虽然住的是茅草屋，但无疑是温馨愉快的。由于生活极端艰困，以至于全家都营养不良。因此，汤蠡舟为一家人在茅草房前所拍的一张全家福照片背面，提写下"一群瘦人"四字。该照片成为汤家当年艰苦生活以及温馨和睦家庭的真实写照。

1945 年 10 月，由于抗战胜利，救护总队部为全体员工制作了纪念册。汤蠡舟为纪念册题词道：

"抗战军兴，本部全体工作同仁，从事救护，慷慨英发，蓬勃奋发，靡役不从，已为中国红会写下光荣史诗，观兹河山永奠，日月重光，本部而随胜利结束。特辑斯册以志其乃为血汗所集成也。"

抗战胜利后，大约 1945 年底，救护总队部受命从图云关迁往重庆，与中国红会总会合署办公。汤蠡舟一家也结束了在图云关三年零八个月的既艰苦又难忘的日子，随之搬往重庆。

1946 年 11 月——12 月，汤蠡舟先后被提任为救护总队第三任总队长和中国红会总会副秘书长。直到处理完救护总队部解散和回迁的一系列善后事务，他才从重庆顺长江回迁南京。

1947 年 1 月到 1948 年 12 月，汤蠡舟任国民政府卫生部医政司司长期间，作为中国代表，参加国际红会联合会讨论战争者保护公约专家会议和国际联合会执行委员会会议；作为中国红会代表，参加《日内瓦国际红十字公约》的修改和巴黎红会联盟理事会，会后撰写了《欧美游踪》一文。

国民党撤离大陆前夕，汤蠡舟辞去职务，参与在东南医学院基础上创建安徽医科大学的任务。1952 年 12 月，汤蠡舟被任命为安徽省卫生厅副厅长，兼安徽医学院副院长、附属医院院长。1957 年 10 月病逝，享年61 岁。

第十七章　梅国桢博士与新运六队

第一节　传奇幼童与救护队长

梅国桢，祖籍湖北黄梅，1906 年 5 月 21 日出生于江西九江。三个月后，便不幸遭遇父亲患肺结核故去的悲剧。

梅母石云英是出生于秀才之家的独生女，婚后生二子一女，长子夭折，带着女儿梅白玉和小儿梅国桢，在九江由外国人开办的诺立书院任教。为一双儿女不失母爱温暖，或免遭再婚家庭可能的冷遇或虐待，石云英决心独身守寡，全身心将姐弟俩抚养成人。

石云英的堂姐石美玉看妹妹年轻好学且拒绝再婚，承诺照顾好两个孩子，资助她出国学习幼儿教育。于是，石云英将小姐弟俩寄养在石美玉创办的但福德教会妇幼医院，赴美深造六年，回国后受聘任江西美以美教会创办的初、高两级共 52 所小学教育总监。

石云英原来任教的诺立书院校长胡遵理是一位美国女传教士，也是石美玉的好朋友，人称"胡洋人"。被姐弟俩称为"胡洋阿姨"的这位洋校长非常喜欢幼年的国桢，经常亲他抱他，逗他玩耍，陪他睡觉吃饭，教他说洋话，吃洋饭，唱洋歌，弹洋琴，打洋字，穿洋衣，进美国教会属下的洋学校读洋书等等。因此，小国桢成了诺立书院和但福德医院的"展览品"和"小玩具"。学校小朋友给他取了个外号叫"小洋人"。长辈们也跟着亲切地呼唤他"小洋人"。

在母亲出国学习长达六年中，小国桢在姨母和胡洋阿姨两位不是母亲却胜似母亲的殷切关爱和悉心教育下，度过了幼年生活。她们非但没有让这个丧父离母的幼童挨冻受饿，还供养他从婴到幼，继而进教会小学读书受教，健康成长，渐渐养成信仰坚定、性格开朗、胸怀大志、知恩图报的优良品德。

母亲回来后，由于工作所需，经常奔波于各校，尽管很忙，还是尽量抽时间照顾孩子，给姐弟俩良好教育。小国桢在姨母和胡洋阿姨的热心关爱和长期教育下，英文极好，中文却稍有欠缺。但母亲认为，中国人还是要打好国文基础，于是为孩子请来一位秀才，教研墨习字，诵背孔孟之书，接受中华传统文化教育。

新运六队队长梅国桢

母亲、姨母和胡洋阿姨都非常喜欢活泼可爱的小国桢，给他做西装，教他讲英文，无论三位中谁的国外朋友来造访，她们都会把孩子打扮得像小绅士一样，为客人表演各种才艺。小国桢也从来不分彼此，将生母、姨母和胡洋阿姨都当成自己的"妈妈"。自从小国桢开始记事起，他就是在这样的环境中幸福生活、健康成长的，是这三位女性，给予他充分的爱和无微不至的眷顾。

与三位母亲往来的客人大多是美国人。他们常对幼年国桢说：

"好好学习，将来到美国去念书。"

自幼在这种环境长大，受到西方文化熏陶的梅国桢，朝思暮想快些长大成人，好到美国去念书。

1920年，姨母和胡洋阿姨同到上海创办伯特利教会。次年，母亲也带领儿女来到上海，创办了中国首家孤儿院"中华基督教抚育孤儿院"。这位自己曾是孤儿，有着失却温暖体会和受人歧视遭遇的知识女性，决心把自己后半生献给救助贫困儿童的慈善事业，让孩子们走好自己人生道路。

到上海后，步入青年的梅国桢凭借流利的英语免试进入美国浸礼会开办的沪江大学附中住读。由于从小喜爱音乐、体育，更擅长球类，因此入选学校棒球队，并随队获得过第三届全国运动会冠军。是体育，培养造就了他的不畏艰难和积极进取精神；是三位母亲的尽心培育，使其像个真正的绅士；是从小所受西化教育，既使他豪迈自信，也使他固执孤傲。

1923 年 6 月，梅国桢考入沪江大学社会学系。在沪江大学，除了中文，主课都用英文讲述。母亲见梅国桢中文写作常常白字连篇，甚至语不成文，便批评道：

"英文要紧，中文更要紧。你是中国人，不能忘本啊！"

1926 年 2 月，石美玉和胡洋阿姨带着她们共同抚养的白玉、国桢姐弟和石道生、蓝如溪、胡美林五个孩子赴美国留学。时年 20 岁的梅国桢肇启于幼年的留美梦终于得以实现。石美玉委托好朋友艾德蒙博士在一所大学为梅国桢争取到免费名额，就读该校艺术系。

多次到中国游历的教会杂志主编南亚伯博士曾承诺资助梅国桢赴美留学。他兑现承诺，每月供给梅国桢 50 美元生活费，使这个自幼丧父的孩子实现进入美国大学深造的愿望。

1928 年 6 月取得学士学位时，梅国桢获颁优异学绩标志的金钥匙，同时被推选为中国留美基督教学生会副会长，次年轮值会长。

1929 年，梅国桢报考在 2000 个报名者中只取 75 人的约翰·霍普金斯大学。学校教务长在对他口试外文后说：

"我们决定录取你，9 月 4 日带 600 美元来上课。"

梅国桢一听僵住了，回答说：

"我家穷，大学三年获得免学金，没花一分钱。"

教授却说：

"这里是专科大学，没有免费制度，有钱就来，没钱不能报到。你有什么想法，可以去见校长。"

两周后，校长告诉梅国桢：

"有个匿名人士答应担负你的全部学费。条件是要求你取得好成绩，毕业后用所学知识服务需要的人。你 9 月 4 日去报名吧。"

就这样，梅国桢正式入读约翰·霍普金斯大学。

该校当时最强的两个专业学院，分别是政治和医学。此时的梅国桢突然想起姨母石美玉曾说过："记住，要学好知识，回国用于自己的国家和民族。"还说过："政治是肮脏的，也是危险的。今天上台明天下台，还可能上断头台……你看我，朝代换了三个，还是稳稳地做医生。"

约翰·霍普金斯大学医学院世界闻名，效仿它的大学很多。梅国桢反复思忖，认为姨母说得很有道理，于是他选择了"做良医，造福社会"作为自己的终极目标。

"九一八"事变激起梅国桢等一批中国留学生的极大愤慨。同学们编写了剧本，演出义卖三百多美元票款，全部寄回捐给祖国，表达支援抗战的爱国激情。

医学院学习很快结束，获得医学博士学位的梅国桢再次去会见了老校长，要求知道是谁资助了自己的学习，希望能当面致谢并在今后的工作中给予回报。谁知老校长却对他说：

"他不想让你知道。但我可以告诉你，他以前也是个穷孩子。你回国后，可将你所得帮助的这种精神继续下去，多为社会做好事。"

究竟是谁担负了自己大学期间的学费，梅国桢始终也没有得到确切答案，这成了他终身的遗憾和难忘的大事。但这件事，包括校长一直对他的保密，使他感动之余，更深深触动着他的灵魂深处，对他的震动和启发很大。他暗暗发誓，今后一定要让站在幕后资助他的这位贵人看到自己今后怎样做人，一定要用自己的良知和学识回报社会。

1933年6月，梅国桢在宾夕法尼亚州伯利恒圣路克（St.Luke）医院做住院医生时，与美国护士威尔玛相识相爱并结婚成家。次年，姨母石美玉来信要求梅国桢回国服务。于是，梅国桢带着自己的洋夫人和长子梅运鸿回国，经考试合格，就职于姨母的伯特利医院，任住院总医生，不久升任主治医生。夫人威尔玛也就职于该医院，任护士兼任护校揉捏术和记录学教师。

1935年7月17日，梅国桢全家去青岛避暑途中，次子梅运青出生在他们乘坐的上海到青岛的英国轮船上。

梅国桢特别关注当时国内盛行的结核病治疗。教会中患结核病的人也很多，每年送出医治的开销很大。于是他建议医院设立肺科病房，收治患病教友，可以大大节约教会经费，并预测一年节省的钱可以买回一架先进的 X 光机。但姨母石美玉却认为，治疗结核病疗程太长，而在医院的妇女和孩子多，怕结核病传染给孩子们而未予采纳。

可巧此时，安徽芜湖弋矶山一家美国教会医院有建肺科医院的计划，正苦于无医生牵头，梅国桢得知后对姨母说：

"您不肯，我就到其他医院去办。"

"可以！万一搞不好，欢迎你再回来。"姨母对他说。

"好马不吃回头草。我属马，您哪天改变看法，我就哪天再回来报答您对我的养育之恩。"他坚定地对姨母说。

就这样，1937 年 4 月，梅国桢带着夫人、孩子和一个收养的孤儿，来到芜湖这家由美国教会办的设备先进齐全、且还有两位老同学的弋矶山医院，创办专门的结核病医院，并征得美籍院长布朗先生同意，由夫人威尔玛担任他的秘书和打字员。

七七事变引发了全面抗战和随后的淞沪会战，战火很快蔓延至芜湖。眼见得长江被染成了血红色，漂在水面上的人不停地向下移动，满江都是呼救声，伤亡者不断被送来。日军对中华民族和中国大地的蹂躏践踏，彻底打碎了梅国桢的事业梦。

弋矶山医院收治的恶性疟疾患者死亡率高达 8% 以上；仅有 20 张床位的肺科，因送来的战场伤员激增而扩充到 80 张床位。梅国桢悲愤万分，他这位肺科医师只得随机应变，夜以继日地抢救伤员，在手术室不停工作长达 36 小时，直到消毒敷料用完为止，他的创建结核病医院的计划因此彻底落空。1938 年 5 月，在并未听到更多枪声的情况下，芜湖便落入敌手。

战争的血腥和残酷远超过梅国桢夫妇的想象。眼看形势不容乐观，为了孩子们的安全，妻子威尔玛坚决要求全家回美国继续行医，这样可以避开战争带来的危险。梅国桢一边安抚妻子一边说：

"你的心情可以理解，你不是中国人，没有义务，可以回去。而我除了有家更有国，在国家罹难之时，岂能一走了之，我必须留下来，参与到保家卫国的行列中，尽一个国民的职责。"

好说歹说，妻子同意梅国桢到后方去工作，但她自己却执意要回美国。为消除后顾之忧，梅国桢征得夫人同意，让她带着两个儿子和养子一同回美国。几天后，在布朗院长协助下办好返美手续后，梅国桢陪同妻儿一起回到上海，送母子登上轮船。

不久，弋矶山医院布朗院长到上海对梅国桢说：

"江西前线战事激烈，南昌的教会医院院长吴绍青生病到上海休养，其他医师不是去参加抗战就是因战乱离职，医院工作陷于停顿。你曾说想到前方工作，现在南昌就是前方。医院也有与芜湖医院同样先进的设备，正好缺医生，将要关门。请你去救急，愿意就留在南昌，不愿意还可以考虑去重庆。"

"去南昌可以！但有个条件，若南昌沦陷，一定要保证设法送我回上海，我绝不会在沦陷区为日本人工作。"梅国桢坚定地回答。

1938 年 12 月，梅国桢和布朗院长以及德籍犹太医师 Karl Fisher 夫妇启程经温州沿浙赣铁路到南昌。当看见南昌医院设备相对完善，尽管城内已转入战时状态，老百姓大都已南迁，留下的伤患无处就医，梅国桢的怜悯之心促使他不得不同意暂时留下工作一段时间。医院的医师有了，病人多了，护士却又少了。梅国桢托朋友在上海找到陈琇瑾和徐兴彤两位护士前来协助。

不久，日军进攻南昌，赣江大桥被炸断，南昌失守，但相较芜湖的沦陷，稍感慰藉的是，中国军队好歹还放了几枪、打了几炮才"撤退"。芜湖医院的局面再次重演：枪伤的，刀杀的，被强奸的，患病的，都到医院求治，梅国桢等医护们天天忙得不可开交。

芜湖与南昌相继不战沦陷，令梅国桢的民族气节大受挫伤，感到万念俱灰。好在当时，日军对待美侨还过得去，常送来报纸邮件。令梅国桢没想到的是，在日军占领南昌后不久，从美国领事馆转来的第一批来信中，居然有一封是妻子威尔玛从美国寄来要求离婚的信。真好似晴天霹雳！梅国桢无法回信置以可否，但心里却在想，牺牲自己的家庭幸福与和美，到底为了谁？不过，至少要使两个儿子不以他们的父亲在抗战中的表现为耻辱。事已至此，别无他法，只得听之任之，顺其自然。

一天，日军带着美国领事馆信函来南昌医院的美籍院长勒朗·霍兰（Leland Holland）办公室寻找梅国桢，说他在美国的妻子打听丈夫的死活。院长借此机会向日本人交涉，说梅医生正需要经上海回美国。于是，日军将梅国桢送到九江乘商船回到上海。

当时在坊间，正流传着印度国大党派遣以柯棣华为首的援华医疗队已抵达武汉；加拿大和美国共产党派出以白求恩为首的医疗队也已到达延安；还有来自西班牙国际纵队的几十名外籍医生，都不远万里来到中国帮助抗战，从而激发了中国人民的抗战热情。

国难当头，已成"孤岛"的上海各界爱国人士不甘落后，誓死不做亡国奴，纷纷放弃安逸生活，奔赴战场，勇敢奉献，挽救生命。大批富有经验的医疗救护人员，正等待有关组织和专家医生牵头组队赴前线参加战场救护。

1939年10月，由上海各界有识之士夏少平、陆梅僧、朱有渔、余新安、倪葆春医生等牵头成立了救护组织，号召广大爱国志士有钱出钱，有力出力，组建、派遣医疗队赴前线参加战场救护，并已先后组建派出了五个医疗救护队分奔赴太行山区、湖北、湖南、云南等地。梅国桢回上海后，听母亲的一位在上海女中任校长的好友说，上海的救护组织正在物色人才，筹组医疗队随军开展救护工作。

此时的梅国桢面临两种选项：一是当一名局外人，赴美与妻儿团聚，行医挣钱；二是发挥自己的医学专长，留在国内抗战，报效祖国。在与救护委员会几次接触后，他毅然决定加入上海华人纱厂联合会出资组建的"纱厂救护队"并出任队长。救护队由医生徐肇彤任副队长，加上刘惠霖共三名医生；陈琇瑾任护士长，包括王淑真、赵国粹等九名护士，以及秘书兼会计和事务员共14人。

梅国桢"放弃赴美与妻儿团聚，临危受命组建救护队"的决定，自然也得到了母亲的理解和鼎力支持。

1940年年初，梅国桢率"纱厂救护队"经宁波转至江西吉安，在第14军后方医院内配置80张病床、分设4个病房及手术室和化验室，正式开展救护工作。救护队除抢救医治伤兵外，还有求必应，组织小分队为吉安附近的乡村、学校、难民和保育院义诊。全部器材、药品和敷料，都由林可胜领导的红会救护总队派驻江西吉安的汤蠡舟大队长所辖第3大队按月、按需拨发。

由于上海早已沦陷，与内地联系不便，来到吉安的救护队，改由重庆的"新生活运动促进总会医务委员会战地服务团"代上海执行职权，称为"新运医疗救护队第6队"，简称"新运六队"，总负责人由新生活运动促进总会总干事黄仁霖中将兼任，具体工作由红会总会秘书长潘小萼负责。

"新生活运动"源于蒋介石发起并推行以"规矩和清洁"为目标的"社会风气革新运动"。全面抗战开始后，新生活运动促进总会下属的相应机构和人员，大都积极支持并参与战场救护，如宋美龄领导的"新运妇女指导委员会"以及"新运总会医务委员会"等。

新运六队工作就此迅速开展起来。年底，赣县伤兵管理处张处长要求梅国桢到赣县为赣南五个后方医院合办一个重伤医院。当时正值冬季，不单缺医少药，还缺御寒衣被，同时还需招募加强医护力量。经梅国桢回上海提出扩队计划请示，夏少平博士全力支持说：

"要钱有钱，要布有布，要人你找，我们都找，成立多少分队，工作如何进行都由你定，没有框框，但最好是征得潘小萼同意。"

当时的后方医院实际上就是伤患收容所，并不具备住院条件和治疗技术，加上部队长期坚守阵地，吃住大都在壕沟掩体内，普遍营养不良，卫生条件差，虱子盛行，疥疮患者无以计数。

新运六队到来后，眼看住院伤病员常常在太阳下捉虱子，梅国桢心里难过极了，除应对一般治疗外，将士兵营养补充和灭虱防疫两项工作作为重点来开展，同时积极寻求汤蠡舟大队长的支持，建造灭虱站和洗浴室，迅速抑制传染病的大面积传播，使现状大为改观。

1940 年中后期，为募集救护队经费和医药物资，梅国桢来到香港，通过在内地的姨母，联系香港伯特利学校的两位校长胡美林和蓝如溪，协助从菲律宾的"华侨抗日后援会"获得几千美元捐款，用于购买了 X 光机、发电机、电疗机及其他医药器材约三十件套，准备从沙渔涌转运至江西吉安。当时，由于广州早已沦陷，日军封锁了进入内地的陆路交通，航运成为唯一入境通道，但运输手续极其复杂，查验异常严格，且还需要长时间排队等待。

第二节　新运六队与赣南战场

就在梅国桢等待船只装运物资期间，宋庆龄以"保盟"名义，邀请他在香港饭店举行的、主讲人为中国红会救护总队长林可胜的演讲会上发表演讲。梅国桢认真准备了一个长篇讲稿，但大会主席却只给他安排了五分钟，让他简要介绍新运六队的创建过程和工作情况及遇到的困难，尤其是医务人员不敷使用等窘况。

让梅国桢终生难忘并受到爱国情怀激励而在心里产生最强烈激荡的，是他在这个演讲会上，结识了放弃比自己更优渥的生活条件，全力以赴投入抗战救护的新加坡华裔林可胜博士。

演讲会结束后，林可胜当即答应"借"给新运六队一位骨科专家。散会后不久，林可胜便带着一位英籍男士找到梅国桢用英语说：

新运第八医疗队全体队员合影

"梅医生，我给新运六队推荐这位英籍骨科专家名叫贝雅德，是英国皇家外科学会会员，也是前不久才到香港的'中国通'。你手边正缺医生，贝雅德就算是我'借'给你们医务队的医务指导员，借期一年，你们只管贝医生的伙食就行，月薪由救护总队发。"

梅国桢一听，心中难以抑制地高兴，连声表示感谢。于是，这位毕业于世界顶尖学府英国剑桥大学医学院的著名骨科专家贝雅德医生，随后跟梅国桢来到江西吉安。

贝雅德医生也是在中国抗战爆发后，受英国援华医药会派遣，于1940年年初来到香港的，正是他的到来，使梅国桢实现了本次赴港的全部扩队计划。对此，他事后不无感慨地说：

"这是我那五分钟演讲获得的最大收获。"

在港等待物资装运期间，梅国桢听说抗日后援会华侨捐款是由宋美龄亲自掌握，当时，恰好宋美龄在香港。聪明的梅国桢立即想到，自己手下带着"新运"二字头衔的医疗救护队的领导不就是她么？作为她的属下，为什么不可以向她求助些事情呢？于是，梅国桢立即提笔给宋美龄写信说明身份，陈述困境。没想到仅仅两天后，在港的新运医务委员会委员张蔼贞便约见梅国桢说：

"蒋夫人同意拨款，让你到中航公司去办理物资转运手续。"

真是破天荒啊！梅国桢第一次直接联系上"第一夫人"，并如愿以偿，宋美龄快速及时地满足了所提要求。于是，他将器材药品集中到一起送交中航公司办理转运手续，自己带着第二批医务人员，包括贝雅德、高生道、方步云、金畅怀、李文儒等几员大将，接过张蔼贞受命于宋美龄，从抗日捐款专户拨出的经费汇票和替他们一行买好的飞机票，由香港飞回广东南雄，再乘汽车转道吉安。

回到吉安，安排好救护队有关工作后，梅国桢回了一次上海，协调上海医务委员会先后为新运六队送来了协和医学院的沈天爵及朱志峰、徐如冕三位医生，另外又招募了许燕卿、吕淑芝、谭英兰、李可珍、梅国尊、周淑、丁翠珍、丁惠应和周某、涂某十位护士，壮大了医疗救护力量，丰富了此前奇缺的医疗物资，使新运六队的救护工作从此驶入正轨。

梅国桢离沪回队前夕，上海女中校长聂灵瑜和中西女塾校长陆梅僧这两个妇女俭德小组组长，给了他几百元钱说：

"这些钱，是上海的家庭主妇们在日常生活开支中节省捐出来的，想着你们救护队能用得着。你带去吧！"

这是梅国桢第一次收取捐赠人没有指定用途的钱款。回队后，护士们提议将这些钱用于补贴对伤患开展营养餐。她们主动轮班磨豆浆，对个别重伤病员还做更好的"特别营养"。钱用完后，吉安群众通过该市青年会号召组建的"伤兵之友"社，协助继续开展营养和灭虱这两项不能或缺的重要工作。

新运六队在不妨碍为抗日战场及驻地民众伤患服务这个主要任务基础上，积极主动参加当地举办的各种社会活动。

吉安青年会举办运动会，从小酷爱体育的梅队长被邀请担任总裁判，并要求医疗队作为一个参赛单位。一开始，梅队长怕吃鸭蛋，不敢答应，以工作忙推辞了。哪知道，人家早在他背后做了地下工作。男女队员们借早上起床后上班前的一段时间，跳的跳，跑的跑，其实是在进行赛前训练，因为他们已经报名参加运动会。为了不挫伤群众积极性，梅国桢接受邀请去做总裁判。令他没想到的是，在此次运动会上，新运六队居然冒出一匹大黑马，护士王淑真报名参加四个项目，居然将四项冠军全部收入囊中，令梅国桢和队员们刮目相看。

经了解，方知王淑真在就读中学时，曾是全国有名的短跑名将。她平时少言寡语，踏实工作，苦活累活从不计较，特别主动、勇敢、坚强、简朴，特别能吃苦耐劳，更是队里每月存钱最多的人之一，从而引起梅国桢的注意和好感。

1941年年初，救护队员迅速增加到四十余人，应战场救护需要，梅国桢奉命将新运六队分成两队，由沈天爵带领新命名的第7队留吉安，他自带保留原名的第6队从吉安来到赣县筹组建立重伤医院，手术由贝雅德医师负责，王淑真任护士长。

重伤医院刚建立不久，同年3月15日凌晨，上高战役打响。我第19集团军及江西保安队近十万将士，与装备精良的日军展开一次又一次拉锯战，主阵地在敌我间几易其手。战壕挖好又炸平，炸平又重挖。正在发芽的树桠上，挂着碎衣破布和残肢断臂。春天的上高，万木枯焦，满目疮痍，血染河溪……

一批又一批受伤官兵被转运到三百多公里外新运六队建于赣县塔下寺的重伤医院。梅国桢、贝雅德和护士们看到伤兵们满脸被炮火熏得漆黑，头部未受伤者，尚能见到眼珠子转动；每个人身上的军服几乎都被撕成了一条一缕，而且沾满了鲜血和尘土。伤员们的痛犹如痛在救护队员身上，大家心里很难受，无论是队长、大夫还是护士，全都迅速投入到紧张的救治中。

医护队员们在梅国桢指挥下，临危不惧，亲临前线抢救伤员，面对大量伤患从火线送来，克服险苦繁重累，有条不紊，积极施救。贝雅德大夫则集中力量处理骨科外伤所引发的一切问题。

由于上高战役持续时间长，投入兵力多，战斗异常惨烈，骨折官兵太多，贝雅德医生身着白大褂没日没夜地待在手术室，借助 X 线片默默地认真诊断，以判断施以接骨还是截肢手术；然后站在手术台前，一台接着一台地做手术，为伤员们复位、接骨、打石膏。如果只是骨折，接骨不但单纯许多，也大都能保障术后肢体健全；要是遇上骨折造成的内脏损伤，诸如肋骨骨折刺破胸膜，尾骨骨折导致直肠破裂等等，救治难度会大增，导致残疾可能性更大，更难保障伤员术后能自理。很多骨折还会造成并发症，如血管伤、神经伤以及缺血性挛缩等。这些，在当时条件下都成为棘手难题。

一个名叫黄华山的年轻士兵从战场被救下送来。当护士解开他被医务兵包扎过的伤口，贝雅德医生发现，他的胫骨呈开放性骨折，软组织压伤和撕脱程度非常大，足部与小腿基本断离，只剩些皮肉连接，如果施行接骨手术，就要先将所有的血管修复，而黄华山的伤口由于一路长时间颠簸耽误，加之医务兵为他止血包扎过紧，已经出现坏疽征兆。为了保全他的生命，贝医生只能截肢，虽然最后保住了他的生命，但贝医生却负疚地对翻译说：

"要是我们的手术室再靠近前线一些，要是我们具备更好的医疗器械，要是把他的血管都接起来，这个小战士的腿，是可以保住的。"

一个名叫张老五的士兵被送到医院来时，由于难忍剧痛，哼叫声已经嘶哑，用 X 光机检查后发现，他的肋骨断了五根，裂了两根，肋骨刺破胸膜，造成血气胸。贝医生赶紧把他扶着反坐在椅子上，给他抽取胸腔积液，又和护士将他抬起，平放在床上，嘱咐护士不要随意搬动，让他的肋骨自然愈合。两个多月后，这位伤员基本得以痊愈。

一个年轻民夫上前线抢救伤员时被日军炮弹击伤，造成左肩胛骨粉碎性骨折，经贝医生给他治疗后很快痊愈，再去第 74 军参军，因手臂力量不够，只能当马夫。贝医生不仅在这所医院救治伤员，不远处的第 109 兵站医院院长刘任涛也时常来请他去给伤病员会诊。

面对来自前线负伤战士的满身虱子和疥疮，医护队员们非但无所畏惧，反而竟以接触感染者，被染上虱子和疥疮为荣，足见他们的心态之健康、精神之可嘉。为了增强伤病员的体质，队里增设了营养室，供给伤病员以豆浆为主的特别营养餐。他们还因地制宜，采用木材和竹子代替金属，按需要制作了轻巧廉价的多马氏夹，抢救骨折病人，受到前来视察的苏联专家和红会救护总队队长林可胜的高度赞扬，从而开启了梅国桢和林可胜之间的战地情谊。

谁知，因为这些救治伤病员而不计得失、尽心尽力、细致入微的繁杂劳累，梅国桢却被国民党暗探盯梢，怀疑他是共产党。更有部队长官亲口询问他是不是共产党，其理由是：一个留美回国的医学博士，如何能这样身先士卒，不怕苦、累、脏、烦，成天和伤兵、百姓、流亡学生打成一片？梅国桢不屑一顾地回答说：

"我是个虔诚的基督徒，只懂得救死扶伤，为病人解除痛苦，从不过问政治。"

事后，梅国桢叹道：

"我们抱着爱国热情，凭良心想减少人们在国难时所遭受的痛苦，他们不帮忙搞好工作，反倒在暗地里找谁是红、谁是白。其实我并不注意政治，若是共产党在做我所希望的事，恰恰说明共产党并不是像国民党所宣传的那样。我队给伤病员的帮助是微乎其微的，他们对我们的爱戴却是一天深似一天。"

不久，这些莫须有的指控、猜疑甚至罪名，随着队员们的工作成效和伤患们发自内心的认可和谢忱不攻自破、烟消云散。

1941 年 9 月初，第二次长沙会战以后，湖南聚集着大量伤员，尤以收住在邵阳者最多，军方要求增派医疗队前往支援。

其时，为支持美国空军计划于年底在昆明组建志愿"飞虎队"，红会总会秘书长潘小萼经请示宋美龄，决定调新运六队去为美军服务。宋美龄同意并指示，新运六队从赣赴滇途中，可暂驻湖南一段时间，协助军方的医疗救助服务。

新运六队离开吉安时，尚能撑着拐杖、跛着脚走动的伤员们，燃放爆竹，一路抹泪送医疗队到江边。不能走的伤员则写信，送锦旗，场面极其感人，令队员们动容！

面对这样依依不舍的送别场景，梅国桢颇为感动地说：

"弟兄们，谢谢，回去养好身体吧！这样的离别我们忘不了，胜利后我们再会！医疗队救治伤患原本就是分内事，是应该的，也是微不足道的。你们的真情实意让我们终生难忘。这种兄弟般友爱和热情是金钱买不到、物质换不来的。医疗队日夜工作虽然辛苦，但远不够偿还伤员们对保卫祖国所作出的牺牲。难过的是我们就要离别，可喜的是在湖南的战场上，还有更多伤病员正期盼着我们。"

9 月底，新运六队抵达湖南邵阳，在军政部第 41 后方医院协助抢救伤员。当抵达这所医院时，突然听到几个伤病员大叫起来：

"我们就是盼望着新运六队到这里来呀！"

原来，这几位伤员都曾在上高战役中负伤，接受过当时驻吉安新运六队的救治。此次湘北会战，他们不幸再度负伤，被转到第 41 后方医院。伤患与曾经的救命医生异地重逢，人生四大喜事之一便是"他乡遇故知"，他们的心情能不欢畅喜悦吗？

队员们在治疗中了解到，一位名叫罗成均的伤员曾经三次负伤。第一次是在武汉会战中负伤后治愈归队；后被编入第 57 师，在高安战役中左手负伤并留下残疾；本已被编入江西兴国的疗养院，但因他父亲和妻子都被敌机炸死，集国难家仇于一身，义愤填膺，非要请缨回原部队重上前线；谁知在浏阳又第三次负伤，被送到这里。讲述人越是慷慨激昂，队员们听着，越是字字如箭穿心，心疼和感动交织，泪水不住滚落下来。

正因为不少伤员都是多次负伤，队员们特别注重给他们细语慰藉和精神鼓励。救护队将财政部部长孔祥熙个人捐赠的 2000 元除用作购置医疗设备外，其余全都用在伤员身上，为他们赶制骨折床架 10 张；见伤员以洗脸盆盛饭吃，立即购置瓷瓦钵 1000 个分送伤员作饭碗；还在病室中增设茶缸，保障饮用水卫生和充足；平日里，还教伤员们唱歌娱乐，代写书信，会同院方举行文娱会演或游艺会，实现医患同乐；每次游艺会结束，还分赠果点，尽可能让他们的心灵得到抚慰。队长梅国桢还会同院长一道谒见驻邵阳的司令长官，陈述伤患们的迫切需求和思想情绪，建议发动邵阳民众团体轮流赴各个后方医院慰劳，增进军民情感，激励伤员抗战热情。医疗队还约请当地教会派员与伤员促膝谈心，使伤员精神得到慰藉。队员与伤员亲若兄弟姊妹。

10 月，新运六队接红会总会秘书长潘小萼来电通知他们到昆明集合，迎接 1942 年的新任务。当时，正在第 58 师前线巡回救护的梅队长刚接完出生于前线的小生命，获师长将缴获的日本指挥刀送做纪念，赶回队部后，依照上级指示再次对医疗队进行改编，又从新运六队分出第 8、第9 两个队，由沈天爵续任第 7 队队长留守吉安；胡成任第 8 队队长留赣县；苗秀成任第 9 队队长派往广东曲江；梅国桢依然带领老第 6 队。至此，从创始初期逐渐发展起来的新运六队已分蘖成四个队，医药器材分光了，只得重新领取或设法添置。

前述诸项，在《新运六队 1941 年 10 月工作报告》中都有记载。此外，该报告还记载着以下内容：

"梅大队长奉命赴渝述职，敬蒙黄总干事面示本队今后进行大计，并承召集新运医务委员会，审查本队工作总报告，荷蒙传令嘉奖。在渝时，梅队长晋谒军医署长卢致德，承其面示……并蒙孔部长捐款 2000 元，为本队医疗设备及慰劳伤胞之用。在渝公毕，梅队长即飞昆明，谒张秘书长，承指示第 6 队调驻云南事宜……道经贵阳，谒中国红会总会救护总队林总队长暨荣医务主任……"

梅国桢按照宋美龄的指令带领新的新运六队来到湖南邵阳，安排好各项工作后，即去重庆见"新运总会"黄仁霖总干事和红会总会潘小萼秘书长，同时，向军医署署长卢致德述职。在重庆期间，梅国桢得知红会总会下令调新运六队到昆明，目的是为正在组建的美国志愿空军"飞虎队"服务。

1941年10月初，从林可胜总队长处"借"来的英籍医师贝雅德大夫借期已满，于8日送其飞返香港。此后，贝雅德时常给朋友们说他参加上高战役的战场救护体会，并在回忆录中这样说：

"我被'借'到新运第六医疗队，参加了中国一次重要的抗战活动，我的伤员们都很勇敢，他们中的一些人因我没有能力去救治而死去，但我永远怀念他们。"

这一时期，梅国桢产生两个感想："一是通过国民党的所作所为，初步接触认识了共产党；二是通过救护队的工作，体会到伤病员们那发自内心、朴实无华的热情。"

11月底，新运六队由邵阳出发开赴云南昆明时，曾在吉安上演的那一幕又重现了。伤员们痛哭流涕，鸣炮相送，并赠送绣有"惠我仁术"的锦旗。

在前往昆明途中，梅国桢顺道先到贵阳图云关救护总队部，会见总队长林可胜博士和医务股主任荣独山以及相关部门领导人，接洽去云南后的医疗救护工作和药品材料供应、领取、运输等事宜。

能在图云关见到梅国桢，总队长林可胜自然是要尽地主之谊，热情招待一番的。鉴于梅国桢出色的组织领导才能和在赣湘战场救护中的创造性工作成就，带领新运体系救护队从无到有，从小到大，不断发展，林可胜委任他为救护总队名誉大队队长，并拨给在当年极其昂贵珍稀的X光机一台、显微镜一架及手术箱、消毒器、药品、敷料等共十大件。荣独山也委任梅国桢为总队部外科指导员。

对于林可胜总队长赐予的名誉大队队长，梅国桢非但没有推辞，反而认为是一种荣耀；对于救护总队部拨给新运六队的医疗器械，以及林可胜总队长借给新运六队使用一年的贝雅德医生精湛的医疗技术和救死扶伤的人道思想品质，给予了高度赞扬，并表示深深致谢。由于梅国桢是从美国医学名校约翰·霍普金斯医学院毕业的医学博士，且其人生也颇具传奇色彩，同样是放弃优厚收入和舒适生活，为挽救国家民族于水火而参加到抗战救护队伍中来，因此，梅国桢在图云关救护总队部的这次停留和现身，开始被人们关注，并从此亲切地称呼他为"小林可胜"。

第三节　滇缅告捷赴美理家事

1941 年 12 月 2 日，梅国桢带领新运六队首批队员在昆明停留期间，参与了对在永平飞行中失事的美国志愿空军飞行员的救助。两批队员在昆明会合后，全队奉命到达云南驿，用在昆明领取的 3 万元建设费，将已搬走的航空学校医务部旧址作为队部，筹建空军医院；从楚雄定制病床 30 张和桌椅，设门诊部；病室衣被、门窗帘、洗诊衣、开刀巾等共计大小 200 件，均由该队护士利用美国红会供给的布料自己缝制。医护们分组到各村种痘及防疫注射，深入附近村中为民众进行沙眼防治；还设立了"新运义务学校"，让失学儿童接受教育。

1942 年 2 月，中国远征军赴缅抗日。新运六队应第 5 军军医处长曾济仁之邀，随该军野战医院赴缅前夕，恰遇蒋介石夫妇访问印度归来经停昆明。黄仁霖主任和潘小萼秘书长邀梅国桢随同前往会面，请示新运六队随远征军赴缅甸事宜并获得嘉许。潘小萼从红会总会拨给新运六队救护车一辆。

3 月 8 日，梅国桢和第 5 军军医处长曾济仁搭乘该救护车由昆明出发赴缅。此时，敌我两军已开始接触。滇缅公路上尘土飞扬，车轮滚滚；坦克车、救护车、通信车、辎重车相继隆隆驶过；10 万远征官兵唱着雄壮军歌，沿滇缅公路徒步直奔畹町。边民和缅侨聚集畹町桥头，敲锣打鼓，夹道迎送。

梅国桢与曾济仁等途经眉苗时，随访了英军驻缅少将军医处处长，商讨药品敷料供给等事宜。由于大部分医疗队员和医疗器材尚在云南驿的空军医院，梅国桢立即致电命医疗队部分队员开始前移。入缅队伍路过腊戌时，车多人杂，颇有战时氛围。

3 月 20 日，戴安澜指挥的第 200 师与日军第 55 师团在同古城外激战，每天都免不了肉搏战发生。21 日，梅国桢与曾济仁处长一行抵达瓢贝，受到军长杜聿明的接见。为工作方便，杜军长授予梅国桢"上校医药顾问"衔，并明确新运六队在军部野战医院协同工作。其时鉴于东瓜战事紧张，杜聿明对梅国桢说：

"我军与敌正在前方火车站附近展开刺刀遭遇战，伤亡极大，建议你队及时前往，敷伤换药或施行急救。"

医疗物资领取和工作地点落实后，梅国桢安排护士们暂留标贝工作，即随美军上校医官威廉同赴曼德勒转回腊戍，与有关方面协商扩大新运医疗队在缅工作事宜。

新运六队第二批人员携带 X 光机等器械，于 3 月 24 日由云南驿乘中缅运输总局卡车行至畹町时遭遇火灾，人员、车辆被疏散郊外，几经交涉，得转车抵腊戍，又在公谊救护队帮助下，于 4 月 4 日，经眉苗抵达标贝，与先到的队员会合。

标贝在东瓜和瓦城之间，新运六队的任务是，军医卫生列车从 200 英里外的前线运伤员到车站，再由队里救护车转运至军部野战医院救治，待伤势见愈，转后方疗养康复后，复由救护车运至火车站，如此迎来送往。一次，列车遭敌暗算，途中出轨，使伤员伤上加伤。女护士亦常参与抬担架，清早而去，夜半而归，终日奔驰，汗流浃背，途中以歌咏自娱，兼以慰劳伤员，令伤员感动不已。

军部野战医院距标贝约一英里，收容伤患常达 300 人以上，且半数系重伤。每当警报声响起，伤员们同声劝照常工作的护士暂避：

"小姐们，你们应留着有用之身，为今后无数伤者服务，不要做无谓牺牲。"

护士们答道：

"将士们的创伤早得一分钟治疗，即为国家早增一分钟战力，警报整日有，整日躲警报，如何工作？"

时有敌机临空，伤员安慰队员道：

"小姐们，不要怕，万一敌机投弹，病榻之下亦可暂避！"

其实护士们并不害怕，更不躲避，知道伤员们是在感激和安慰。

标贝时常被敌机轰炸，伤员不能安居，不得不改为黎明换药。日出时，队员们将 X 光机及重要器材随同伤员疏散至乡村，傍晚归来，又开始工作。手术室中，汽灯明亮；X 光室外，发动机轰鸣；伤员躺在担架上，依次等候手术。

在入缅途经畹町时，梅国桢曾遇拦车人以石击眼，虽一目肿痛，仍奋力工作，每晚施行手术四至八人，X光透视均在十人次以上，全队人员往往通宵不眠。

三名护士被派往距曼德勒不远的第164兵站医院协助，发现伤员肉搏伤占三成以上，其余为炸伤及弹片伤，创口大都已化脓，苍蝇麇集，驱之不散，生蛆者达90%。护士们努力工作，尽力让伤员减轻痛苦……

东瓜前线，敌众我寡，敌人火力强盛，飞机大炮轮番轰炸，我军伤损严重。但白天所失阵地，常于黑夜肉搏战中夺回。

一次，标贝被敌机轰炸，变成一座火窟，队员们穿行于火海，寻遍全镇，施救伤者，令缅英殖民当局十分感动，特来函说：

"在战局紧张中，带领女护士远赴前线，且救及当地民众，贵队具如此精神，此地公立医院足堪付托，请即接收。"

新运六队接收该医院后，即将在院病人移治于野战医院，其中有印度人、缅甸各国人，有在东瓜负伤者，更有在仰光负伤者。此外，对并肩作战的英美盟军，亦有所救治。

4月21日，同古激战结束，英军在未通知友军的情况下自行撤退。队员们连夜将329名负伤官兵送上军医卫生列车，一直坚持到标贝野战医院空无一人，才随第5军野战医院转移至知莫。

新运六队后撤经过曼德勒时，这座原本称为"瓦城"的城市，已经成为一座真正的"瓦城"——瓦砾之城，还是一座死城，四处陈尸露天，臭味刺鼻，鬼哭狗哀。队员们无处寻食，忍饥挨饿，待到达第200师师部驻地知莫时，听说由他们亲手送上火车的伤员，在他希遭日机轰炸，死者无数。而就在此时，又有大批伤患送来，急需处置。梅队长与缅英当局交涉，得勉强答应让难民住进皇宫，重伤员随医疗队分住学校或公立医院，轻伤员随第180后方医院住在戏院，还从英军撤退后准备烧毁的仓库中抢运出大量食品供给伤员和民众。

把伤员安顿在第180后方医院后，再去眉苗接运伤员时，又遭日机轰炸，炸弹、燃烧弹纷如雨下。新运六队所住的学校中弹八枚。标有红十字符号的救护车中弹六十多处，不能行驶。可见，红十字标记反成为日军的瞄准目标。日机飞走后，队员们立即赶去已成一片瓦砾的伤兵医院，尽力抢救伤员后，立即奔向市区给三百多名伤员包扎，还在医院救治六十多人，处理重伤不治六人。一个母亲被炸死、会说粤语的小女孩被护士们集体收养，为她取名叫"知莫"。

在知莫，梅国桢曾会晤林可胜及卫生署副署长沈克非。新运六队的救护车被炸后，将药品、粮食等移交给第180后方医院，于4月26日傍晚将车送腊戍修理。此时郊外防备森严，公路桥下，储满炸药，但闻炮声隆隆，枪声密集，城内居民早已撤尽，不但无处可修车，且无处可觅食。打听到公谊救护队所在的柯克可以修车。待车修竣，拟回腊戍时，公路桥已炸断，欲行不得，兼之电讯不通，无从请示，只得会同公谊救护队于柯克设伤兵换药站。随着局势更见恶化，腊戍已不能久留，立即退驻遮放医院，仍设伤兵换药站，每日换药三百余人，伤重者还设法给予特别营养。

即便形势如此严峻，梅国桢仍未放弃返滇计划，遂改道八莫，得遇俞飞鹏供给汽油。于是，新运六队十分幸运地安全返回滇西保山，没有被困在那茫茫无际、吃人要命的野人山。

就这样，在入缅52天的奋战中，新运六队亲历了以中国远征军彻底失败的第一次入缅作战。

1942年5月初，新运六队受命主持位于板桥的第2伤兵收容所，规定容量300人，实际常超过500人，多系第5军部属。5月4日、5日，日军由缅甸侵入云南，保山惨遭轰炸，死伤过千。新运六队在板桥包扎二十余人后，紧急赶至城区急救。公路上，撤退的车群、人群如潮涌，交通阻塞，10分钟不能蠕动几米，叱喝声、啼哭声混响一片。有司机因伤不能驾驶而将车遗弃者，有伤兵被车主遗弃而躺卧路边者，有难民因翻车而伤卧沟壑者，其情其状，惨不忍睹，新运六队沿途施行急救……直到5月9日，全队才返抵原住地云南驿。

驻守怒江天险的第71军军医处长和医院院长希望新运六队和他们一道工作。当时，霍乱、疟疾肆虐，沿途每个车站死于霍乱的乘客不断增加，仅下关一站，每天就有几十具尸体，只能挖地窖集体掩埋。为防止霍乱流行，新运六队展开防治工作，静脉注射液用完了，就用盐开水作为防疫针，在路上分设防疫注射站，强制注射。

在此期间，梅国桢也不幸感染疟疾，但始终带病坚持工作。

1943年春，新运六队继续扩大队伍，在重庆和昆明招募医护人员。2月、3月间，滇西战事趋紧，新运六队除在怒江之滨和高黎贡山之麓开展巡回医疗外，还分别在保山野战医院、永平兵站医院和云南驿空军医院服务伤病员；两次随军渡过怒江，翻越高黎贡山，来到腾冲界头等地，成立巡回医院，协助救助伤员，并在漕涧为某师部实施救护。在一个多月中，队员们在怒江两岸奔走了一千二百多公里，诊病2823例，施行手术363次，检验402次，种痘6008人。

工作中，梅国桢虽然感到很累，但他认为这是"一个有意思的过程"。他们还利用来自美国的药品救活了空军医院的飞行员，利用磺胺吡啶挽救了许多人的生命，在空军医院附近建立一所新医院……还至保山城区的沙贝街、马王屯、航空站、滇缅公路局修理所等处，会同院方至诸葛营、板桥等处，前后共种痘三千余人等。首次见到梅国桢的宋记者在保山采访后的报道中这样介绍他：

"湖北人，美国留学生，医学博士。在军队春季演习时，拿着电影机拍照，好像是一位摄影记者，但是却挂着少将领章，而举动却又不像科班出身的军人。"

该记者在参观医院的内科、外科、市民三大病房后写道：

"为骨伤特备的病床，通归新运医疗队负责。每间病房都收拾得很干净，每一病床都有草垫、军托。时有伤病两百多人，脸上露着满意和感激的神情……每一病人有一张表，按照病人需要，规定时间，给予不同的营养物品。"手术室"特别清洁宽敞。实施手术的器械和麻醉药品齐全。医院中还建有灭菌室和洗衣室，为伤兵们服务"。

扩充"伤兵之友"社也是新运六队的重要工作之一。伤友社的主要工作是管理灭菌站、洗衣室和营养室等。

自从缅甸回国后，新运六队因艰苦卓绝、不怕牺牲的医疗救护成绩和伤患们的有口皆碑，第5、第70和第11集团军在两周内先后分别授予梅国桢"少将军医顾问"衔，虽说是为着工作方便，但更是对他工作的高度肯定和赞许。

前面已对梅国桢的个人家庭组建和妻离子散的不幸有过交代。而这一切，皆因日本侵略以及他坚持留在国内全心全意参加抗战救护。但从1943年10月21日开始，一座新生活里程碑矗立在梅国桢的人生旅途中。他牵着与他共事的一位护士小姐，在云南驿的新运六队队部，重新步入婚姻殿堂，开启了他和这位护士的一段人生辉煌之旅。而这位护士，正是自1939年年底，梅国桢正式领命上海救护委员会组建的第6支救护队即"纱厂救护队"时，首批自愿加入救护队的护士之一，而且她在新运6队随后参加江西吉安青年会举办的运动会上将四项冠军全部收入囊中，令梅国桢和队员们刮目相看的那匹"大黑马"王淑真。

王淑真平时少言寡语，工作踏实肯干，接触伤病患者多，对伤患体贴入微，苦活累活从不计较，特别吃苦耐劳，特别勇敢坚强；还因为接触伤患最多，所以身上虱子也比其他护士多，从而成为梅国桢眼中最具良好职业道德，最忠于医疗救护事业的"南丁格尔式"护士。

用梅国桢的话说，在新运六队四年中，她为人忠诚老实，待人和蔼谦虚，工作勤劳能干，引起了他的注意和器重；她性情耿直，说到做到，连他都害怕惹她；她大公无私，助人为乐，勇敢认真执行任务，受到他的由衷尊重。在滇缅工作中，她敢做人家不敢做的工作，屡次都主动随上前线，独立、主动完成工作；沉着冷静，不慌不忙地从炸毁起火的医院中抢救伤兵，以忘我的精神在枪林弹雨中一天为三百多位伤员换药；在队里起到积极带头作用，成为他最好的帮手。

也许是情人眼里出西施，他觉得她比他所认识的一切中外护士都好，于是他俩开始拉起了家常，相互关心体贴，逐渐有了感情。他告诉她，自己为国忘家，以至于也是一名护士的美籍前妻威尔玛带着他们的孩子离他而去，并于1939年南昌沦陷后，来信要求离婚。美国法院作出判决，两个儿子都归她，而且还判定他要为两个儿子支付教养费。之后，威尔玛还改嫁了。

王淑真了解这一切后，对他表达了同情和爱意。于是，他俩一起从保山回到云南驿结婚，几天后，双双回保山照常工作。

1943年秋，在滇西战场反攻前夕，驻保山的美军医院与新运六队因互争伤员发生矛盾。为维护与盟军的友谊，梅国桢给队员做工作，答应将美军医院指定的伤员转给他们。但因语言不通，对病情的处置方式存在观念上的差异等因素，伤员们坚决不肯转往。反过来，美军医院却认为这是梅国桢从中作梗，向中方提出要求将新运六队调离滇西战场。中方上级不问是非，一连三道命令召梅国桢去昆明听令："撤第6队到云南驿待命。"反攻在即，却要将医疗队调回后方待命的消息使梅国桢颇为惊讶！由此，梅国桢认为，新运六队的命运不是掌握在中国人手里。不甘做"洋奴才"的他，一气之下于1944年3月提交请辞报告，于8月获得批准。

梅国桢离队后，时值妻子临产在即，他们夫妇在云南驿附近的龙洞村租房暂住。其间，听闻英国正在吸收一批中国医生参加战地服务，等到9月21日出生的长女梅运滇满月后，梅国桢去重庆办理出国护照，准备报名出国参加英军继续抗战。梅国桢离去不久，新运六队因没有合适的队长人选而宣告解散。

此后，梅国桢让妻女留住原地，独自一人再次离开祖国，于1944年12月25日，到印度报到入伍后，乘船抵达澳大利亚墨尔本，转到英属北婆罗洲的敌后，从事抗日救护。1945年3月，梅国桢受命飞往菲律宾棉兰老岛，继续从事战场医疗救护，直到日本投降。

日本投降一周后，梅国桢收到妻子的电报说，她已经带女儿离开云南驿乘飞机回到了上海。

免除后顾之忧的梅国桢此时开始考虑自己的医学职业前途。抗战期间，只是从事一般伤病救护和治疗，专业知识落后了，极想学习世界先进的医学知识。经新结交的英军少校康帕斯协助联系，允许梅国桢以抗日退伍军医身份，由英国军方出资到英国医学院校进修。梅国桢对自己出国继续抗日所获得的意外收获喜出望外。

1945年9月，梅国桢乘船赴伦敦，在一年时间内，先后在几家专门为战后复员军医开设的短期进修班深造，又在两家医院进修外科及胸外科；1946年9月开始去欧洲游学，分别在法国、比利时、荷兰和瑞士参观考察结核病医学。

尽管在滇西抗日时，梅国桢因不甘忍受美国人的歧视愤而离开，远赴南洋、澳大利亚等地继续抗日，但一想到姨母和两个儿子均在美国，自己在国内抗战时感染的疟疾还不时发作，并寄望能提高一下自己的肺科医术，于是，梅国桢于 1946 年 10 月离英赴美，联系上前妻后，带着在瑞士为两个儿子各买的手表去见前妻及儿子。

能与前妻和一双娇儿在美国重逢，是悲？是喜？抑或是悲喜交集，五味杂陈，其心情难以言表。前妻要求与梅国桢复婚，当然已经没有可能。但他们最后通过友好协商，妥善地解决了儿子的赡养问题。

1947 年 2 月，经以前的美国老师推荐，梅国桢在纽约州著名的特鲁多肺科医院担任了一段时间住院医生，一边为了解决生活来源问题，一边方便在附近的萨让纳克湖医院进修胸外科。结束后，才去拜见对其有养育之恩的姨母和胡洋阿姨。两位老人一致同意把战时受损的上海伯特利医院的复兴之事全权交由梅国桢处理。

1947 年 11 月，梅国桢带着大儿子运鸿乘船回到上海。妻子王淑真陪着老母亲，带着三岁的女儿运滇前来港口迎接，一家人终于在抗日战火中奔波十来年后团圆。

中华人民共和国成立后，梅国桢曾因复杂的人生经历受到政治冲击，被下放到宁夏回族自治区。落实政策后，历任宁夏九三学社名誉主委、自治区政协常委。1978 年，作为特邀代表参加全国科学大会。1990 年 12月在银川逝世，享年 84 岁。

第十八章 徐维廉创建"伤兵之友社"

第一节 工合、新运与"伤友社"

在宋庆龄的倡导和美国友人埃德加·斯诺夫妇等出谋划策及国内外众多友好人士的大力支持下，1927年来到中国、扎根上海的新西兰人路易·艾黎在抗战爆发后，面对沿海工业发达城市先后沦陷，根据地及大后方工业品严重匮乏的状况，于1937年11月，秉笔拟订了在非敌占区建立工业合作社的计划，以应军需民用，支援抗战。

该计划获得国民政府有关方面同意后，于1938年8月5日在武汉正式成立了"中国工业合作协会总会"，简称"工合"，直隶行政院领导，由孔祥熙任理事长。中共领导人林伯渠、董必武、邓颖超，国民政府高级官员王世杰、张治中、邵力子及爱国民主人士沈钧儒、黄炎培等任理事。艾黎被聘为工合总会技术顾问。1938年底，该会随国民政府迁重庆，并先后在西北、川康、东南、西南等地区设办事处，下设事务所，组建各种工业生产合作社和联合社。

就在工合总会成立后第10天，宋庆龄对在美国纽约召开的世界青年大会发表广播演讲说：

"中国人民和政府决心在战争中，将日本所毁灭的生产力重建起来。

1940年摄于燕京学堂的徐维廉

建立工合，能够维持经济稳定和内地市场，避免乡村紊乱与匪患。即令日本完全占领了一切大都市，工合能够利用所有失业工人，使士兵获得衣食，并免除民众饥荒……"

这段话可谓宋庆龄对工合的性质和作用的透辟阐述。她还呼吁出席大会的52个国家的青年向他们的政府陈情，将机器和原料赊卖给工合，派遣技术人员到中国来，帮助中国人民实行生产自救，并吁请银行家们贷款给工合。

在宋庆龄以后所写的文章、函札和所作的报告、演讲中，都对工合作了类似介绍和呼吁。由宋庆龄邀请中外著名人士在香港共同发起建立并由她亲任主席的"保盟"，在其《新闻通讯》和每年工作报告中，无不详尽介绍"工合运动"的开展情况和取得的成绩。

为了筹集工合事业发展基金，争取海外捐款、物资和技术援助，工合的有识之士深感有必要成立一个国际委员会。

武汉失陷后，艾黎在宋庆龄帮助下开始筹建"中国工合国际委员会"，简称"工合国际或 ICCIC"。1939年1月，工合国际在香港成立，宋庆龄任名誉主席，并迅即着手推动各国建立援助中国工合的促进委员会。此后，工合国际在支援中国抗战、争取海外援助等方面，建立了不朽功绩。

1939年至1942年，艾黎全力投入工合工作，奔走于中国西北、滇黔、湘桂、浙皖、晋豫和赣闽粤等抗战后方的城镇农村，组织和发展当地工业合作社，为支援八路军、新四军抗日和向前线临时工厂输送技工做了许多有益工作。

"保盟"和"工合"两个国际机构，利用各种方式向世界各国朋友和海外华侨宣传中国抗战，争取各国人民和海外华侨的同情和支持，从世界各地募集医疗器材、营养品、御寒物资及大量资金支援抗日根据地，吸引和团结了无数国际友人、海外侨胞投身到世界反法西斯斗争的东方战线。包括白求恩、柯棣华、马海德等来自十多个国家的一百二十多位医生、护士、药剂师、化验师和其他技术人员参加到援华抗战队伍行列，对中国的战场救护和战后医疗事业给予了重大援助。

工合的自力更生、团结奉献精神被当时美国驻华使馆武官卡尔逊介绍回美国，并将"Gung Ho"（工合）一词作为美国海军陆战队卡尔逊突击队鼓舞士气的口号。如今，翻开美国出版的英文词典，会发现有这样一个词条"GUNG HO"，解释为团结、合作、勇敢、开拓的象征。这正是对艾黎在中国创办工合事业的极大肯定。"艾黎"的名字也因此在人们心中成了"工合"的同义语，并被尊为"工合之父"，列为中国十大国际友人之一。

工合组织兴办的主要是一些规模较小、技术含量较低，不至于引起日军重视的化工、面粉、制衣、鞋业、造纸、小手工制品等企业。这些行业具有投资小、见效快的特点，既能避开敌人轰炸，又能吹糠见米，收到实效。事实证明，艾黎的选择是完全正确的，其理念正好适应战时的工业生产需要，从而使工合事业得到迅速发展，在短短两年中，已在全国16个省建立了二千四百多个各类以轻工业为主的生产合作社，从业人口约2万人，产品有力地支援和满足了前线需要。

据统计，整个抗战期间，英国、美国、菲律宾、新西兰、澳大利亚，连同港澳在内，对工合的捐款总额达500万美元以上。截至1945年年底，上述各国还有许多工程技术人员来华无偿援助。工合国际在促进中国的工业合作事业、支援中国抗战和发展中国人民与各国人民友谊等方面所作出的重要贡献，受到如毛泽东、周恩来、叶剑英、叶挺等中共高层的高度赞扬。

1942年3月，艾黎开始组建"工合培黎学校"。之所以用"培黎"二字命名，一方面是为纪念使艾黎深受感动和启发，提倡独立思考和创造性劳动的美国朋友约瑟夫·培黎老人；另一方面也有"为中国的黎明而培训新人"之意，寄望能为中国培养出更多、更优秀、更急需的技术人才，并将其确定为培黎学校的教育方向和培养目标。

同年9月，国民政府指责艾黎"亲共"，撤销他所担任的工合技术顾问职务。艾黎索性把重点转移到从事技术工人的培养教育事业中。

1944年12月至1945年3月，艾黎把培黎学校迁至甘肃山丹县，尝试在全国各地开办分校。山丹培黎学校设有近二十个供学生实习的生产组，实行"半工半读、学做合一、手脑并用、理论结合实际"的教学方针，在为合作社徒工或逃难工农子弟提供学习和就业机会的同时，生产出当地或抗战前线所需的物品，深受群众欢迎，一度发展到近六百人规模。

艾黎学校给时局动荡中的孩子们提供了安全舒适的容身之地，既使他们免于流落街头，又为他们提供学习成长的有益环境。在"努力干，一起干"和"我为人人，人人为我"的工合精神指导下，培养出大批具有高度事业心、强烈责任感，不怕困难、吃苦耐劳的优秀人才。茁壮成长的孩子们，一个个都成了祖国的栋梁。

"新生活运动"源于1934年2月19日，蒋介石在南昌发起并推行以"规矩和清洁"为目标的"社会风气革新运动"，简称"新生活运动"，并随之组建了"新生活运动总会"，简称"新运总会"。1937年2月，新生活运动推行三周年之际，蒋介石发表书面文告，强调"新生活运动"的重要意义在于"提高国民道德与精神，增进国民知识和技能，以强固复兴民族之基础"，同时提出五项具体要求：

"切实推行，勿事铺张；集中力量，贯彻到底；以身作则，推己及人；简朴勤俭，表里一致；精诚热烈，自强不息。"

全面抗战爆发后，在新运总会属下，由宋美龄发起成立并领导的"新运妇女指导委员会"演变为全国妇女抗敌的指导机关。包括邓颖超、孟庆树、康克清、曹孟君等中共党员也积极参加其中并担任委员；史良、沈兹九、刘清扬分别任联络委员会主任、文化事业组组长和训练组组长；宣传动员妇女群众参加诸如战地服务、慰问伤兵、救济难民、童婴保育、空袭救难、征募物品和募捐款项等活动。

1940年2月18日，在"新生活运动"开展六周年纪念日之际，蒋介石在演讲词中特别昭告国人，希望积极参加"伤兵之友"运动。次日，在新运总会诞生六周年庆典上，为着扩大宣传和扩大慰劳负伤将士的工作范围，唤起全国同胞关注伤患，新运总会发起扩大征招"伤兵之友"。为有组织地推进此项运动，在新运总会之下，迅速组建起"伤兵之友总队"，宋美龄任名誉总队长，孔祥熙任总队长，黄仁霖任总干事，并分别成立了党务、政务、军警、教育、农工、商业、妇女、实业、青年、国际等几乎涵盖整个社会生活层面的10个分队。党、政、军、妇各界名流分别担任各分队正副队长及干事等，并通电全国，鼓励大家积极踊跃参加。之后，国内外各地的"伤友运动"快速展开。

随着社会各界捐款的增加，伤兵之友总队需要成立一个总理事务之机构，将收到的捐款捐物，用于伤兵身上，为负伤将士谋福利。经黄仁霖总干事与各方多次商讨，决定在重庆的新运总会属下成立"伤兵之友社总社"，简称"伤友总社"。

伤友总社理事会聘请宋美龄、宋庆龄、宋蔼龄、孔祥熙、何应钦、叶楚伧、张群、朱家骅、陈立夫、王宠惠、张公权、陈谭详、张伯苓、于斌、谷正纲、吴国桢、康心如、李德全、王文湘、卢作孚、康兆民、黄仁霖、徐维廉等为理事，公推孔祥熙为理事长，指定黄仁霖为总干事，徐维廉为副总干事，负责执行具体事项。理事会下除设总干事、副总干事总揽社务外，另设秘书、视导两室及总务、推行、训练、财务四组，分掌各项事宜。此外，还设有经济审查委员会，负责经费审核。

伤友总社成立后，拟定了《伤兵之友社总社社章》。《社章》中包含《伤兵之友信条》，要求入社伤友在实际工作中自觉遵守并践行。其内容可归纳为八个"我愿意"：尊敬伤兵，慰问伤兵，为伤兵出钱，为伤兵出力，为伤兵服务，扶助伤兵家属，改进伤兵生活，永做伤兵之友。《新华日报》《新运导报》《中央日报》《国民公报》和《时事新报》等媒体相继发表社论或短评，呼吁全社会支持伤友总社。

伤友总社为自己设计的工作内容大致可归纳如下：

（一）伤兵服务：特别营养、烧水送餐、沐浴灭虱、涂药治疗，普通养赡，服务过境伤兵，建筑荣军墓地，战地担架救护，开设辅助医院，设置换药站。

（二）残而不废：助力荣军开店自救和识字技能教育；荣军事业、就业介绍；荣军生产合作社；荣军垦殖区；荣军子弟生产教育。

（三）新兵服务：开设服务和救护站、队及落伍病兵收养所。

（四）其他服务：组织俱乐部，代写书信，募款及宣传，组织季节性慰劳，赠阅书报文章，赠送常用器具、衣物等，慰劳过境新兵。

伤友社考虑周到，工作细致，照顾到位，顾及面广，每项都是对伤兵或新兵的人性化关怀。受益者发自内心深表欢迎、支持、接受和感激，因此，迅速推广、发展、壮大。

在伤友总社的年度工作计划中明确规定"普遍筹设省市县分社"。伤友总社对各地分社规定的任务是："交换经验，互通信息，推动并协助各分社工作"。因此，伤友总社成立后，随即发出号召，呼吁各地尽快成立分社，并大力推动和协助各地的分社成立。各地分社的纷纷成立，大大推动了此项运动的开展。

例如，成都市党政军各界均纷纷响应并加紧推进伤兵之友运动。1940年5月30日，伤友总社在蓉设立临时办事处，派励志社主任陈维屏为主任，徐维廉为副主任，外籍人士文幼章任顾问。

伤友总社规定，各地伤友分社必须解决派往各医院服务的义务服务人员的生活费。该项费用有赖于当地各界人士特别赞助解决。

比如，成都伤友分社在当年2月19日首次常务理事会上就议决服务员生活费分摊办法，分别由商会、川康盐务局、省府、绥署、边署、行辕、军校、航委会、公路局、省党部、电政局、市警局及各位理事承担；同时，还拟定了征求接济单位或个人办法。该办法规定无论团体或个人，每接济一位服务人员一年之生活费600元者，由伤友总社颁发蓝边奖状；接济五位服务人员一年生活费3000元者，颁发红边奖状；接济10位服务人员一年生活费6000元者，颁发银边奖状；接济20位服务人员一年生活费12000元者，颁发金边奖状，并由国民政府林森主席或蒋介石委员长题字。该办法公布后，各方捐款纷至沓来。

伤友总社本着涓滴归公原则，将所有募集来的款、物，纯粹用作伤友事业费和"全部用在伤兵身上"。在广大伤兵之友的鼎力支持下，大量伤兵得到及时救治，伤愈过程大大缩短。

1940年6月，为推行"虽残不废"运动，伤友总社与中国工合协会、农产促进会、中国红会矫形外科中心、荣誉军人职业协导会四个团体，会商合组成立荣誉军人生产事业委员会。该委员会推荐确定徐维廉为主任委员。

荣誉军人生产事业委员会的组织概况简述如下：

议事机关为：主要包括中国工合协会、中国农产促进会、荣军职业协导会、红会总会矫形外科中心及社会热心赞助人士三至五位委员。

执行机关由主任委员、副主任委员、执行干事、秘书、出纳、视导、稽核、技师、会计、专员和经费筹备执行干事等组成。

设立宗旨：主导训练因伤致残荣誉军人参加生产，使之能恢复到人伍前之日常生活水准。

工作分工：伤友总社负责经费筹募、荣军福利、贷款，主办合作社和工厂、农场等，为伤兵提供就业机会和创造自力更生条件；荣军职业协导会负责技能训练、职业介绍、工作接洽；中国工合协会负责工业技术训练、基层合作社组织；中国农促会负责农业技术训练、农场经营；中国红会负责假肢安装、矫形医疗等。

同年11月，基于中国工合与中国红会曾在贵阳合办荣誉军人职业训练班，施以技术及文化训练，为后来组织合作社，从事生产试验，总结出前所未有的成功经验。因此，伤友总社、中国工合及中国红会三家再次协商该训练的续办事项，决定由伤友总社推荐三人，中国红会和中国工合各二人，负责办理荣誉军人的训练组社等事宜。

为选拔优秀的伤兵义务服务员，伤友总社制定了严格的程序和登记事项，对服务人员予以必要的服务训练后，派往各地服务。由于工作需要，伤友总社不断健全相应组织机构。如1944年2月，伤友社举行第四次理事会议，决定成立征募委员会，以扩大伤兵与新兵服务工作；1945年2月，伤友总社举行第五次理事会，增设工作设计指导委员会，聘请陆京士、林可胜、陈立楷、张蔼真、徐维廉等为委员，以决定伤友总社的规划设计等事项，指导工作推进的方法和策略。

自新运总会成立之后，随着日本入侵，全社会处于战乱笼罩、长期动荡不安、内外交困之中，民众陷入温饱无保、哀鸿遍地的境地，更难以奢谈什么"新生活"。而发起"新运"的初衷，又是蒋介石为了增进精神层面改观而推进社会大众活动的一项顶层设计，因此，就精神层面来说，其运动发展情况和社会收效肯定不尽如人意。

因此，1945年2月，在新生活运动开展11周年之际，蒋介石在日记中留下"成效未著，推行不力，徒增惭惶"12个字，以表达对"新生活运动"的失望和不愿意看到却又不得不承认的失败。但是，在整个抗战期间，新运总会作为一个全国性群众社团组织，积极带领、号召、鼓励、拓展、引导非沦陷区民众做了大量卓有成效的支援抗战的具体工作，为抗战的最后胜利做出了不可磨灭的历史性贡献。

据黄仁霖先生回忆，抗战结束时，全国登记的伤兵之友逾200万人，正好与全面抗战八年间的伤兵总人数相同，完全实现了"为每个伤兵提供一位朋友"的初衷，由此，得深深感谢徐维廉先生的创举。这是黄仁霖先生发自肺腑地对徐维廉先生的感激之声。

本节之所以从工合运动开始谈到"新生活运动"，再到"伤兵之友"运动，主要是想向读者阐明，这三者之间诞生、发展、归宿的内在关联，及其在抗战期间所产生的社会影响和实际收效。在三者间联动效应作用下，促进了战场救护、伤残人员归宿这两大领域工作的开展。其意义，甚至对战后全国的经济恢复起到了基础性和推动性作用。通过全面了解这三者间的相互联系，能够加深对战场救护工作中若干细节的理解。因为战场救护并不是中国红会总会救护总队一家的事情，而是一个相互联系、相互支持的战斗整体。通过对这个整体的简要介绍，进而引出伤兵之友社创始人徐维廉先生。

第二节　徐维廉首创伤友运动

我们应该真诚感谢徐维廉先生，更应该永远牢记这个名字！徐维廉先生首创了"伤兵之友社"，倾注心血智慧，调动全社会参与并推动其发展，使之成为战场救护的重要辅助力量，不仅在抗战中发挥了无与伦比的作用，取得了伟大的历史功绩，更为战后经济发展奠定了重要基础，做出了巨大贡献。

在《黄仁霖回忆录》中，较为详尽地讲述了徐维廉先生首创伤兵之友社的过程。笔者在此将新运总会总干事黄仁霖的回忆略做删节，改为第三人称引述于后。

在抗战时期，湖南长沙曾经历了几次拉锯式会战，国军与日军在该城此进彼出，经过三度易手。当国军必须放弃长沙时，采取了"焦土政策"，将其付诸一炬，以使敌人一无所获。这场拉锯战非常可怕，受伤士兵逾万，所有野战医院都无法收容全部伤患，只能依赖于民间志愿者帮助。于是，黄总干事的一位美国底特律福特汽车学校校友徐维廉先生牵头，把一些民众组织起来，成为伤兵的朋友，并用这个名称组成"伤兵之友社"，简称"伤友社"。此举迅速引起社会共鸣，许多社团都以此为名参与对伤员的救助。

这些原来都应该由军队医院完成的工作其实非常简单。但在那时候，军医院却无法一一做到。伤友社就是尽量设法减轻军医院的负担，能够使医生和护士们腾出时间和精力，尽量多地为重伤官兵服务。伤友社创办初期，大致提供五项基本服务：

第一，用医院的大铁锅煮饭、烧水供伤兵饮用，以减少胃肠疾病。

第二，用医院的蒸汽设备为伤兵灭除身上的虱子。这件事看起来似乎可笑，但士兵们在战壕中不便更衣，天长日久、雨淋日晒，虱子大量滋生，以至于常看到兵士们脱衣捕掐虱子。用简单的蒸汽法，一次可以消灭多套军衣的虱子。

第三，为伤兵治疥疮。因沐浴困难，虱子传播，极少有人不患疥疮。伤友社用硫磺和凡士林调制药膏，为士兵涂抹数次，疥癣可愈。

第四，改善士兵伙食。因伙食不佳，缺乏维生素 B_1，导致很多士兵患有脚气病。黄豆富含维生素 B_1。伤友社将做豆腐剩下的豆渣收集起来，添面粉、食盐制成豆饼，鼓励伤员食用，脚气很快痊愈。

第五，士兵们远离家乡，不免思乡念故，又多是文盲，不能书写和阅读。伤友们到医院替伤兵写信或念信，给予他们很大安慰。

这些看起来虽然都是极为琐碎的小事，但广泛推广，一一做到，使士兵感受到由衷的人文关怀，在感激之余，却起到鼓励他们勇往直前、杀敌制胜的巨大作用。

长沙会战后，徐维廉回重庆，向老校友黄仁霖建议，把伤友社划归新运总会督导，以便在全国大规模开展。身为新运总干事的黄仁霖一听，既是如此好事，自然乐意接受。于是，新运总会将这几个既能减轻伤兵痛苦，做起来又简单易行的服务项目，加以强调，努力推展完善，立即迎来后方民众的热情支持和踊跃参加。如此一来，无论何人，都可以到附近的军医院里去说"我愿意做一个伤兵之友"，然后就可以开始工作了。此项工作，在各地都获得巨大成功。

通过黄仁霖的回忆，我们得知了伤友社的创始人徐维廉先生。那么，徐维廉究竟何许人也？竟能带头身体力行，以身示教，动员团结起大后方数以千万计民众，心向伤员救护想，劲往抗战胜利使，共同做出如此平凡中见伟大、细微中显真情的惊天伟业来呢？

徐维廉原名徐万良，字维亨，1894年10月出生在直隶省临榆县永安堡一户农民家庭。本因家境贫寒，没条件上学，所幸信奉基督教的徐父自愿在美国教会的山海关教区看门，由此受到教会里好心人的怜悯，照顾其子免费入读教会学校。自幼聪明好学的徐维廉中学毕业后，以优异成绩考入燕京大学；1917年毕业后，又因品学兼优，留校任教一段时间，被保送到美国密歇根大学深造。密歇根州的最大城市底特律被称为"世界汽车之都"，徐维廉借助在底特律福特汽车学校勤工俭学，维持学业和生活。

徐维廉虽留洋美国，学有所成，但从没忘记自己的炎黄子孙身份和灾难深重的家国故土，尤其始终挂牵着家乡落后的教育事业。1925年获硕士学位载誉归来后，不少大学重金聘其任教，全都被他婉谢了。他不图名，不图利，一心只想回报乡梓，为当地教育事业发展做点实事。次年，徐维廉受美国基督教华北"美以美会"委派，到昌黎汇文中学，接替回国的美国牧师康敦瑞出任校长，月薪仅78元。

七七事变不久，华北沦陷，徐维廉不愿在侵略者的奴役下工作和生活，于1938年离开昌黎，到南方参加抗日救亡，辗转来到湖南衡阳，参加军委战地服务团协助伤员救护，其间见到大批伤兵散落街头痛苦呻吟却无人过问。经了解，才知道原来是因武汉会战、长沙大火，受伤将士逾万退集衡阳一带，导致野战医院人满为患，无法容纳，也无力收治如此众多伤员。徐维廉看到这些为保家卫国而身负伤残的同胞露宿街头，忍饥挨饿，实在于心不忍，于是思考如何帮助医院做些原本该医院所做，而现在却无暇顾及的服务事项，以便让医生、护士们能腾出更多精力来，多多收治负伤将士。

1938年年底，徐维廉邀约一帮热心人士，首先在衡阳发起捐款七千余元，制备寒衣，选择圣诞节期间，分赠伤兵，同时协助医院开展为伤兵的服务工作。1939年年初，徐维廉来到湖北，正式倡导"伤兵之友"运动，促成首家"伤兵之友社"在宜昌成立。

此举很快得到舆论界和海内外爱国人士的积极支持，也引起一些政

1940 年 6 月，宜昌伤兵之友社，女服务员与伤患们合影

界要员的关注和重视，大家纷纷行动起来，本着"有钱出钱，有力出力"原则争做"伤兵之友"，慷慨解囊，捐钱捐物，为受伤官兵解决医疗和生活困难，以实际行动支援祖国的抗战事业。

当时，徐维廉得知在美国底特律福特汽车学校打工时结识的校友黄仁霖正担任新运总会总干事，于是他专程赴重庆找到黄仁霖，建议他出面将伤友社并入国民政府新运总会，借助其广泛的社会影响力发展为伤兵的服务工作。黄仁霖听到老校友的介绍后，当即欣然接受，表示要积极支持，经与各方商讨，并得到宋美龄及其姊妹们的鼎力相助，决定在重庆的新运总会属下成立"伤友总社"。

黄仁霖被新运总社推荐担任伤友总社总干事。徐维廉被指任为副总干事，负责日常工作，成为伤友总社的实际负责人。之后，在蒋介石的亲自倡导下，在国民政府要员们的积极参与和支持下，伤友运动被快速推向全国，发展成为波澜壮阔的群众运动，起到了尽快让伤员伤愈归队、形成巨大的再生兵员的作用，激励并凝聚起潜藏于人民大众之中的一股伟大力量，为抗战的最终胜利立下了不朽功勋。

当年新兵大都通过抓壮丁形式入伍。据时任中国红会会长蒋梦麟关于贵阳壮丁收容所的壮丁们生活境况的考察回忆，有好多极其残酷的事，使他心悸神伤，终生难忘。壮丁们说：

"我们从曲江动身时有 700 人，可是现在只剩下 17 个人了！"

"怎会只剩下 17 个人呢？是不是在路上逃跑了？"蒋梦麟问。

"没有人逃跑啊！老实说，能逃跑到哪里去呢？路上好多地方荒凉极了，不但没有东西吃，连水都没有得喝。我们沿途来，根本没有准备伙食，有的地方有得吃，吃一点；没吃的，就只好挨饿。可是路却不能不走。而且好多地方的水啊，喝了之后，就拉肚子，患痢疾，又没有药，所以沿途大部分人都死了。"壮丁们哭诉着。

听了这些话，蒋先生不禁为之悚然！而当时那 17 人中，还有几个人仍患痢疾。在贵阳城外，蒋先生还看到，有一块壮丁经过的地方，因为弃尸太多，空气中充满了浓烈臭气，令人窒息欲呕。

好多壮丁被绳子拴在营地里，为的是怕他们逃跑，壮丁们没有丝毫行动自由，动一动就得挨打，至于吃的东西，更是少而粗劣，仅能维持活命，不令他们饿死而已。在这种残酷境遇下，好多壮丁还没有到达前线就死了。因为长途跋涉，累乏过度，饮食粗劣而不洁，体力已感不支的幸存未死壮丁在兵营受训，大都东倒西歪地站立不稳。加之西南地方恶性痢疾流行，壮丁的健康情形都差极！

在湘西至广西的路上，蒋梦麟还屡次看见野狗争食那些因死亡而被丢掉的壮丁尸体。野狗常因抢夺一条新鲜人腿，而红着眼睛发出极其恐怖的叫声，令人毛骨悚然！有的地方，壮丁们死后被草率埋起来，往往还露出一条腿或一只脚在地面，有的似乎还在抽搐着，可能还没有完全断气，便被埋进土里了！

平心而论，兵役办得这样糟糕，并非完全由于人事关系。即使主持人认真办理，好多缺陷也没法补救。比如交通梗阻，徒步远行，体力消耗过甚；食物不够，卫生太差，易起疾病；饮水含有毒微生物，饮之易致腹泻；蚊虫肆虐，疟疾成灾。

伤友总社成立后，首先在四川内江试办壮丁新兵健康服务 12 项：特别营养、普通营养、供应豆浆、护目医疗、供应开水、沐浴灭虱、治疗疥疮、洗缝衣被、补充用品、代理家事、书报娱乐、特别医疗。另外，还设有难胞救济、伤友运动、盲残福利等，具体事项从略。

以特别营养为例：先摸清壮丁士兵患病原因，如为营养不良，由改进营养入手。根据医师意见，患者需要，由伤友服务队制作特别营养，分流质、半流质、脚气病、忌盐四种，每人每日五餐。再以代理家事为例：新兵入伍，念家甚切，服务队设代写书信及代为解决家事两种，代写书信所用信封、信纸及邮票均由服务队备置，每月为每位士兵免费代写书信一封；或有士兵入伍后，土地房屋有受豪强侵凌之事，由服务队代向其家乡保甲长查询，设法解决，以安士兵之心等。

以上12项工作自开展以来，据各队负责人报告与各补训处来函，壮丁新兵死亡率与逃亡率较前减半，体格亦逐渐健壮起来。

据内江军政部第一补充兵训练总处内总医字第 X 号公函称：

"查贵会于1943年元月派齐志通、曹侃诸同来本总处创办健康服务工作，改良全体官兵卫生营养。如开水、豆浆、沐浴，灭虱、治疗，病兵特别营养，供给衬衣、短裤、毛巾、肥皂等物，已逐条实行，数月来士兵疾病及逃亡已感减少，健康日渐良好，足见该工作效力宏大，亦系齐、曹二同志热心服务，努力实干之结果。本总处全体官兵，异常感激，设能普遍全国部队，则建国可期，即系贵会能长期协办，则本总处官兵幸甚矣！"

其次是规定行军患病官兵的八项救护服务：收容重病，治疗轻病，招待茶饭，供给寄宿，补缝衣被，辅助用品，理发、沐浴、代书，死者掩埋等等。根据当年的工作分布情况，在贵州设第101、第102服务分队，在四川设第3、第4服务分队，并明确分队负责人。

例如重庆璧山救护站针对行军过往患病官兵的八项工作开展如下：收容重病：官兵患病，确不能随军行动者，由服务站负责收容，转送其他卫生机关住院治疗；轻伤治疗：轻病官兵，由站中代为医疗；招待茶饭：除由救护站负责收容外，酌量供茶饭；提供寄宿：不能追随部队时，救护站设有临时寄宿处所；补缝衣服：如有衣服破坏，由站里代雇女工缝补；补充用品：如有草鞋破烂，不堪使用或需用其他零星必用物品时，由站里代为购置赠给；理发沐浴代书：服务站设有理发部、沐浴部及代写书信部，如患病官兵停留时间较长，均得免费享受；死者掩埋：官兵因病死亡时，由站代为置棺雇工掩埋。

1943年8月，身兼工合总干事和伤友总社主持工作副总干事的徐维廉带队赴西北开展对救济计划实施、伤兵难民扶助和新兵服务等项工作的视察，最后写出了内容翔实、措施可行的长篇视察报告，并附若干具体可操作的意见或建议：

"获睹若干人类惨痛之事项，即使余等竭尽智能，几亦难辅于万一，同时更使余等获得若干启示，深觉应作为刻不容缓之举，并认为在此等地区，以工代赈同时以救济配合地方建设，使之成为地方长期有价值福利事业，实为最切实有效之救济办法。"

此行先后视察了山西、陕西、甘肃等省，徐维廉目睹民众疾苦，感同身受，在视察报告中，尤其针对陕、甘两省，写出观感道：

"……抗战以来，沿公路若干城市骤趋畸形繁荣，使部分市民非正常致富，加以兵役与征工日盛，适龄壮丁，非被征役，即已逃避，留农村者，大都系老弱残废，生产能力低微，农村生活，穷苦极盛。公路旁乡镇疾病丛生，无医药救治；零度左右时，儿童亦乏完整衣着，死亡常闻；女童尤多缠足，成人难得一饱，牲畜死亡达半，人民在饿亡线上挣扎。情势极度严重，迫切待拯，不容稍缓。"

针对此种状况，徐维廉提出六项救济建议，简述如下：

1. 救济原则：救济工作须配合各地经济建设始见收效。初步范围拟暂以陕、甘二省为主。若干水利工程，亟待兴建；若干荒原，亟待开垦；极具经济价值之公路，亟待修筑；若干物资，可为工合事业之发展；缺衣乏食，毫无工作之豫籍难民，亟待救济；本会之经济力量，正宜向此发展，以工代赈，俾使自食其力，兼以繁荣地方经济。

2. 救济方案：豫籍难民和荣军及难童救济，不容稍缓，本会必须于河南之镇坪，陕西之咸阳、宝鸡、双石铺，甘肃之徽县、天水、兰州及其他交通冲要地方，分别设立站所，接运难民伤兵及难童，所有地方救济机关，需立即筹设，协同照料。……根据需要，依照所拟计划，拨款1.7亿元，作为此项经费。

3. 工合建业的加强与扩充：将现有各种工业合作社予以加强，大量扩充。尤须使工业与农业两者建立密切联系，谋取旧的中国工业生产方式现代化，提高生产力，以解决供应亟需。……前途展望，至为远大，俾达救济之旨，除本年度已拨发 1.34 亿元，鉴于事实需要，建议再加拨 1 亿元。

4. 西北的羊、农、水利及铺沙贷款。畜牧贷款：在原有基础上，拟在海原、固原等县筹组畜牧生产合作社，计划以八千万元贷款，预期在五年至十年后使品质改良，同步发展毛纺与皮革工业。水利贷款：……中央已拨款大修小型水利工程，收效实大，该省曾组织水利合作社 102 所，贷款五百三十余万元，受益两千三百余亩，农民获益甚多。拟请本会增拨四千万元，择定靖远、天水、武山、民勤、甘谷等二十县举办水利生产合作社，进行三百余处小型水利工程，对粮食增产收益实大……

5. 安排避难工人垦殖移民灌区：难民之移民垦殖可先在西北示范，一旦日寇被驱出黄河下游，则在河南、山东、安徽、江苏等省国际善后救济总署中国分署，必将大量推动此项工作。……工人技术由本会责成地方救济机关招集，与本会捐助者相对接。

6. 医药救济：西北区域广大，疾疠丛生，缺医少药，坐视农民相继死亡；而重庆一隅，即有近两百名以上开业医师，余等诚不禁感慨系之，应力竭声嘶，代为呼吁。药品用具请卫生署及红会相助，至于服务人员薪金旅费，余等建议拨款 600 万元备用。

徐维廉等人对地方所送计划详加研究后认为，其中可行者有：陕西沣惠渠开凿计划，高桥水土保持筑坝计划，渭南灌溉计划；甘肃有平丰渠灌溉计划，天水水土保持计划等。这些计划如能完成，可灌溉 35.3 万亩农田，更可部分解决防洪问题，为抗战，为救济难民，为将来大规模生产，作一示范，值得试办。

第三节　徐氏兄妹与救护总队

1939 年 2 月 4 日，红会救护总队属下林竟成队长受命率第 49 医防队至衡阳第 8 收容所服务，协助第 53 及第 55 卫生队在第 171 及第 5 后方医院治疗伤兵。有资料记载，该线伤病兵得到了当时正在军委战地服务团的徐维廉热忱援助。据此推断，徐维廉正是在衡阳助力林竟成队长救护防疫工作期间，受到林氏首创的"酒灶式灭虱器"思路启发，进而坚定了创建"伤友社"的思想。之后，徐维廉离开衡阳去往湖北，正式倡导"伤兵之友"运动，并促成首家"伤友社"在宜昌成立。关于此节，戴斌武先生有下面一段论述：

"在各方援助下，救护总队在衡阳各队除负责内科治疗外，还兼推行防疫计划。防疫计划共分五项，第一为治疗斑疹伤寒、回归热及疥疮；第二为治疗疟疾；第三为治疗霍乱、痢疾和伤寒；第四为治疗天花；第五为治疗营养不良症。此项计划，规模宏大，如果没有徐维廉先生的臂助之功，收效恐未必若是之大也。"

由此可见，徐维廉从 1939 年年初开始，就与红会救护总队建立联系，并最先成为林竟成的合作伙伴。人们还发现，在救护总队档案中存藏着徐维廉在救护总队的诸多工作记载，尤其有不少与林可胜总队长的工作往来信件，从中可见他俩以及两大体系间的合作。例如：

1. 1940 年 7 月 2 日，《关于转杨崇琪、沈茂盈证帽章致徐维廉的函》：

"发给杨崇琪证帽章 2864 号各一枚；沈茂盈证帽章 2865 号各一枚；函重庆第五陆军医院徐维廉指导员。林（可胜）。"

2. 1940 年 7 月 5 日，《关于回复伤兵之友社徐维廉转来之棉背心业已收到，并请转制服证章业已寄出的函》：

"大函悉，前承转来棉背心 844 件业经照数收到，相应检目第 5166 号库拨一份，备函送达请烦查收转交妇女会，代致谢忱为荷。此致，重庆伤兵之友社徐指导员。"落款为总队长林可胜。

3. 1940 年 10 月，时任伤友社医生杨崇琪在万县第 10 重伤医院工作期间，万县发生痢疾，赴重庆市请求徐维廉为万县伤友社派医疗队和药品一事。徐维廉函复如下：

"可胜队长兄鉴，久未晤。教至以为念前承允许发赠痢疾药品，现实尚未接见。尽由万县来人云，该地入秋以来，痢疾盛行，死亡枕藉，亟需药品治疗，敬祈转知驻万县医务队速赴医院救护，并盼大量拨赠痢疾药品，以便专发，现拟具。台端得机晤谈，不知何时有暇，尚请将尊址及会晤日期，见告为盼。专此即候。台安！徐维廉上，1940年10月1日。"

林可胜接函后，即函复徐维廉，拨药品并派人赴万县治疗。

以上第一、第二例可见，林可胜当时对徐维廉以"指导员"相称，说明林可胜已经于此前聘任徐维廉为救护总队部指导员。后经查档案，在救护总队名录中，救护总队部医务股社会服务指导员共三人，分别为徐维廉、邹玉阶、刘良绍（女）。

当时，救护总队为了有效开展战地救护，指导各医务队实施急救、防疫和公共卫生工作，在医务股建立指导员制度，聘请各领域的著名专家担任指导员。另外，救护总队医务股规定了指导员的任职资格和条件：

"凡曾服务于总队部，具有以下专门学识及技能，而热忱爱护红会救护事业者，得由总队部聘任为指导员。指导员条件之五：长于行政管理及军事管理者；之六：研究荣誉军人管理者。"

由上述例证可见，自1940年2月起，徐维廉与救护总队第49医防队建立联系开始，即受聘为救护总队部医务股社会服务指导员，继而创办伤友社，以及筹建荣誉军人生产事业委员会并担任主席等经历，对抗战军心士气给予了极大鼓舞，同时也为解决伤残军人就业就养所衍生的一系列社会问题做出了卓越贡献。

在徐维廉与林可胜，即各自所代表的伤友总社与救护总队两大体系之间的合作中，还有一个互为渗透、唇齿相依、相互交织的关系。那就是，双方合办伤兵救护或相应组织。尤其是伤友总社成立后，徐维廉曾牵头创办《伤兵之友》半月刊，每期必向救护总队寄赠，并附函请求救护总队为该杂志赐稿。

据资料记载，徐维廉曾说，战时的伤友总社对每一个伤兵医院都派出一个服务队，对全部受伤将士，都举办营养、医疗、灭虱、沐浴、治疗及洗缝等细致入微的服务工作。伤友总社与其他涉伤机构先后共合办了 175 个服务队，其中仅在 1940 年内，就与中国红会救护总队合建了 30 个队，服务地点均为前线各野战医院。

关于伤友总社与救护总队合作建队之事，还可从新运总会属下梅国桢的新运六队若干报告中得到佐证。由此看出，徐维廉与梅国桢也是较早就开始携手并成为紧密合作伙伴的。

如新运六队 1941 年 1 月份的工作报告称：

医疗：……特别营养由江西"伤友社"每月拨给本队及院方各 100 元，供全院伤病官兵特别营养，由本队合办，本月共发 3433 餐，重庆总会拨款供本队伤员的豆浆，本月共发 2770 餐。

还有新运六队 1941 年 10 月份工作报告称：

人事方面，本队护士吴雪贞、许燕卿二员奉派赴渝入妇女政治训练班受训……因吴、许二护士前曾兼任新运总会伤友总社江西服务队训练班教官，故其受训往返旅费，伤友总社允予承担。

在新运六队 1943 年 1 月至 4 月工作报告中还有记载：

1943 年春，本队于重庆、昆明新征得人员与领到药物，于怒江之滨、高黎贡山之麓展开巡回医疗，于保山野战医院、永平兵站医院、云南驿空军医院仍继续伤员服务。兹谨分别报告于下：

一、昆渝之行：1 月底，梅队长飞渝晋谒黄总干事、潘主任委员述职，奔走月余……2. 新运妇女指导委员会张总干事蔼真，黄组长翠峰调派其荣誉军人服务队来滇缅区服务，计两队共 6 人……13. 伤友总社徐副总干事维廉允拨伤胞拖鞋；14. 伤友总社全国服务总队杨主任帝泽准滇西四伤友社服务队每月经常费各为 4500 元。

二、伤友社服务队：扩充伤友服务，为新运本年度四项中心工作之一。除原有本队兼办驻永平第 450 服务队及驻保山第 451 服务队外，更商得新运妇女指导委员会调派伤友服务队二队共六员，由鄂来滇缅区工作。其中一为伤友社第 452 服务队，即随巡回医院赴蒲漂野战医院为伤员服务；另一为伤友社第 453 服务队暂驻保山，会同原驻保之第 451 服务队，扩大伤员服务范畴……保山伤兵之友分社于 2 月初成立，钟军长、李专员任名誉理事长，杜县长任理事长，曾于春节来野战医院慰劳，馈赠伤员牛肉、毛巾。4月，保山李专员发动保山殷富士绅捐助款项，组织伤兵之友服务队拟成四队，分驻保山各伤兵医院服务部，捐募得全年经费20万元，现与本队会同筹划组队事宜。

更有资料显示，徐维廉与林可胜早已经通过若干形式的合作与交流成为挚友。因为当年的林可胜与徐维廉具备成为挚友的内在原因和外部条件。一、他俩一位是旅外华裔，一位是中国人，具有同宗同种同源同文化的根脉联系；二、他俩都曾在国外留学，有着回国服务的共同生活学习经历，且英语交流顺畅；三、在国家遭遇外敌入侵，中华民族受到外辱时，具有感同身受的切肤之痛和救国悯民的爱国情怀；四、志趣相投，都先后加入伤员救护行列中，成为同一战壕的战友，对同胞施以极大同情和关爱；五、都受到中华传统文化教育和熏陶，具有伸张正义、同仇敌忾、吃苦耐劳、不怕牺牲、忘我奉献的精神；六、工作性质、内容、形式、对象等相同或相近，具备心往一处想、劲往一处使的基本条件，结成对工作不遗余力、将困难视为泥丸的志同道合伙伴关系，以诚相交，配合默契。

正因为徐维廉与林可胜成为志同道合的挚友，因此，对公方面，徐维廉与林可胜相互邀请在对方单位兼职，你中有我、我中有你，配合协调。徐维廉于1940年4月起，在红会救护总队部医务股兼任社会服务指导员。林可胜自缅北野人山回图云关后，在伤友总社举行的第五次理事会上，受聘为工作设计指导委员会委员，参加决策全社工作设计，指导工作推进。

而于私方面，则相互关心、照顾。在救护总队档案中，有一份1941年5月16日《关于指导员徐维廉携眷属抵韶时请第七中队代中队长戎格曼妥为照料》的电报，很能说明林、徐二人的友谊之深：

"曲江，兼代第七中队长戎格曼，兹有伤友总社副总干事兼本部社会服务部指导员徐维廉先生及其眷属，由港航粤经桂来筑抵韶时希妥为照料一切。林可胜。"

据卫训总所护理部主任周美玉回忆：

"当时河北省昌黎汇文中学校长徐维廉也加入了红会，他妹妹徐美丽也在大队部任护理督导，我们都跟着她喊徐二哥。徐二哥对我们护理工作有很大帮助，解决了伤患的饮水、洗衣、营养、清洁等问题。徐二哥是个非常热心的义工，四处想办法，与黄仁霖先生发起募捐，组织了伤友社。任何地方只要有红会救护队，就会有伤友社服务队，供给我们上述四项需要。饮水方面，他们建造了北方燃煤的老虎灶，用风箱煽火，一排火眼，上面可以搁一排水壶，开水烧开后，等凉了给病人喝，解决了以前无水可喝的烦恼。另外，还出钱找人替病人洗衣服。营养方面，以往配给的糙米完全不符合病人的营养及实际需要，譬如说许多病人根本不能吃那么硬的饭，他们需要的是豆腐、豆浆、蛋、稀饭等易消化又富营养的食物。伤友社替我们解决了这些问题。我们依照病人及重病伤患所需要的营养，列出单子，每个月由他们拨付营养费。……当时物力普遍匮乏，病人盖的棉被，一天踢来踢去，把棉花都给踢得乱七八糟，等于盖着两层布。于是，我写信给徐二哥，请他想办法。……我的意思是把旧被子拆开，把旧棉花请人重新弹过，每条棉被加入新花一斤半，新旧棉花掺和，缝成新被，数量是一千条。徐二哥说，等所需款项筹齐，我们就买好棉花，准备好一间空房，请工人来弹就是了。"

自从伤友总社成立后，与"荣军职业协导会"和"荣军生产事业委员会"两个团体，开展"虽残不废"运动。其主旨是希望因伤致残者"残而不废"，希望他们虽不能继续上前线杀敌，却能在后方参加生产，成家立业，教子持家。

有了伤兵之友社创建和《伤兵之友》半月刊创办的经验和社会影响，抗战胜利后，徐维廉依旧以伤友总社和"荣誉军人生产事业委员会"负责人身份，创办了一份月刊，称为《残不废》。该刊主要研讨伤残军人生计、教育及善后安排，以及有关伤残服

《残不废月刊》封面

务问题，提倡荣誉军人虽残不废，仍可为国家服务的精神，并教授生产技术，使其达到自给自足、自治自理。

常驻重庆的中共中央南方局书记周恩来，对徐维廉创建的伤兵之友社以及开展的伤友运动自始至终予以了特别关注，曾建议把伤友社有关服务工作文件送转延安参考。据不完全统计，由周恩来直接领导的重庆《新华日报》，自1939年至1944年，曾发表关于伤友社工作报道文章近50篇，体现了中国共产党对伤兵之友运动的充分肯定和积极支持。

徐维廉胞妹徐美丽女士原在北平协和医院当护士。1938年年初，中国红会救护总队在武汉成立后，总队长林可胜深感人手奇缺，于是四处写信邀请。徐美丽接到邀请后，即离开北平前往贵阳，因江汉一带战事趋紧，不得不辗转从天津乘船，经上海、广州、香港地区、越南海防、河内，从镇南关入境广西，于1939年夏，独自一人赶到贵阳，与有着"军护之母"之称的周美玉，共同成为林可胜在护理方面的左膀右臂，担任救护总队部护士甄选与培训工作。由于工作表现出色，半年后徐美丽升任医务股驻第37医务队视导员，曾随第373医务队和第8中队参加战场救护与护士组训等工作。

徐美丽熟悉业务，工作勤奋，吃苦耐劳，秉公办事，长期坚持以南丁格尔为楷模，与周美玉同被尊称为"巾帼英雄、中华人凤"。每次到基层队推动护病及营养工作，徐美丽都会深入了解实际情况，主动发现问题以及人与人之间或部门与部门之间影响

红十字会总会救护员工资单

工作的矛盾梗阻。而每次遇到相关问题，她都会动脑筋解决，化解矛盾，增进团结，圆满完成任务。最后写出报告，向有关上级或总队部提出知无不言、言无不尽的中肯意见或建议。通过这些对基层情况的详细报告，可见徐美丽与周美玉、医务股主任荣独山以及总队长林可胜之间，建立起密切和谐、坦诚相对、尽职尽责、一丝不苟的工作关系。徐美丽报告中提出的许多意见或建议，都得到了周美玉、荣独山的采纳，对总队长了解基层情况、处理重大问题、提高决策的科学性起到了重要的参考作用。

据红会救护总队档案记载，徐美丽于1940年7月3日赴广西第8、第9两中队视导护病工作并推动师部训练，至1941年2月2日自柳州返筑，共计在外奔走七个月，所历地点及队部计七处，分别为驻柳州的第36队和第44队，驻双潭圩的第45队，驻苏桥的第6队，驻宾阳新桥镇和乐村的第751队，驻宾阳丝柳村的第752队和驻迁江的第72队，并写出详尽的书面报告，汇总递送总队部。

例如，到驻宾阳新桥镇和乐村第751队的视导报告摘要如下：

甲、关于救护工作：敌人在南宁未退前两礼拜，常有飞机轰炸，宾阳及左近村镇亦在敌人接触地，故有伤兵后送到156师野战医院，751队所驻该院。职等正由第6队来柳，得此消息，即前往该队协助工作。每日有伤兵由前线送来，一切伤者及重病均归该队负责。病人及伤者有三四十位，随治随转，每日由6时至9时全在病室工作，如换药、发药、试体温、打针、灌洗等，饭后即预备手术室或上石膏绷带及注射盐水等。下午，部分队员随队长施行手术，另一部分在病室工作。每日4时至5时为老百姓门诊。特别营养每日三次，费用亦由伤友社帮助。……

再如，第36队驻柳州第156兵站医院后搬第167收容所之协调工作：

甲、工作情形：在156队工作时，因队长及护士主任不负责任，致工作大受影响，日上班不按时刻，纪律不整齐，与院方亦未打通，看护兵不听队员指挥，队员、队长彼此不满，致使红会名誉很受影响。职等遵大队长周主任之命到该队协助详查细情。

乙、队中实情：到队观察数日后，商同队长召开工作讨论会，大家检讨各项事务，加以改善。如工作之分配，人员之更动，工作之时间，饮食之管理，队中之纪律，药品敷料及器械之保管等，均经讨论，由队长指定工作，派专人负责……

总结：此次视导各队，关于护病工作：竭力推动，有的做到，有的很难完善。如洗衣、灭虱、开水、特别营养等。其中原因，有因院方不合作或经济困难，或因前方买不到食物，亦因人员缺乏也。特别营养办得较完善有44队及第6队。技术方面如消毒、灭菌、开刀等工作，数第44、第72、第45、第751队较好。余者因环境及所学者稍差，现调大批人员来总会受训，对将来工作定有进展。关于师部工作：此次到156师、751队工作地，感觉非常重要，因事关士兵整个健康问题。如环境卫生，个人卫理，公共卫生，预防工作，早期治疗及卫生教育等，均为该师亟待解决之问题。可惜因该师与751队不甚合作，上几项工作，做得不尽如人意……医护视导员徐美丽报告，1941年2月27日。

由以上报告可以看出，徐美丽工作认真肯干，踏实努力，且每次都能出色完成任务，因此薪资提升也较快。自1940年7月1日始，一年之间，其薪资由80元连续实现三级跳，翻了一番。这个三级跳过程，报经林可胜总队长签署批准后，分别以第4472号和第4842号文，存卷及送会计课付诸执行。

1942年9月30日，为表达对林可胜被迫辞职的不满，徐美丽以请长假方式终止了在救护总队的工作，随同哥哥徐维廉和乡友杨崇琪继续在中国战时服务委员会做新兵救护工作，直至抗战胜利。

第十九章　统帅麾下尽皆悍将强兵

第一节　周寿恺夫妇节亮风高

周寿恺于 1933 年获北平协和医学院医学博士学位后留校任副教授，在就读北平协和期间，有关他的爱国忧民善举见诸史籍的有两次。

1931 年夏，长江流域连降暴雨，整个湖北境内江河湖泊几乎全部溃堤，武汉三镇遭遇了有史以来最大洪灾。上海《申报》、天津《大公报》等媒体连篇累牍地刊登武汉赈灾启事，号召全国支援。当时中国最先进的北平协和医学院先后派遣两批医护人员前往参加灾后疫病防治。正在协和攻读医学博士的青年学子周寿恺，成为第二批奔赴武汉救灾的 15 位学生医护之一。

"九一八"事变后，中日间局部战事不断，时任协和医学院生理学系主任、华裔教授林可胜组建起"军医官救护训练队"。周寿恺不仅积极参加，还成为其中的主要骨干，并在随后的长城抗战中，积极配合林可胜密赴长城古北口、喜峰口等前线参与战场救护。

七七事变后，抗日战争全面爆发，时年 32 岁，原本已留校任住院医师及主治医师的周寿恺博士，与同事或校友张先林、汪凯熙、周美玉、荣独山、墨树屏等医护专家，主动放弃原职和相应报酬，纷纷先期赶赴南京，投到林可胜麾下。尤其是

周寿恺先生

已具有灾后防疫和战场救护经验的周寿恺，带着不足周岁的长女周萼，将已身怀六甲的妻子黄萱从北平送回厦门老家待产。之后，前往南京待命，以满腔热情投身到抗战救护之中。

为全力支持周寿恺参加抗战救护，妻子黄萱积极配合，毫无怨言地带着刚满周岁的幼女回到娘家，直到周寿恺随队来到图云关，有了相对安稳的生活条件，才又带女携儿回到周寿恺身边，在图云关度过了对黄萱来说无异于炼狱地火般的艰苦日子。

周寿恺下决心追随林可胜投身抗战救护，舍弃的不仅仅是协和医学院令人羡慕的工作条件、丰厚报酬和美好前程。有三件事可以充分体现他是一位民族尊严感极强、爱国情结深厚、抗战意志笃坚、誓死不做亡国奴的高级医学知识分子。

一是早在与黄萱结为伉俪之前，面对日军入侵给国家和民族带来深重灾难的情况下，他曾谢绝岳父黄奕住承诺在鼓浪屿建一所医院，让他当院长的建议；二是黄奕住为女儿准备好一栋小楼作为新婚用房，但因他早已下决心为国家民族献身，追随林可胜走抗战救护之路，而为了对妻子负责，婚前必须让黄萱知情并认同自己的选择，因此他没有如约前去完婚；三是在与黄萱举行婚礼时，岳父黄奕住曾当着众位社会名流之面，建议他改行，邀他出任中南银行副总经理，也被他婉言谢绝。而在当年，经营银行金融产业，回报之丰厚，是不言而喻的。

以上三件事，虽因周寿恺和黄萱的来往书信由于战乱大都丢失而无从考证，但完全可以依据情理推测，在他们的鱼雁往来中，一定相互传递过共同的爱国情操和永远厮守、白头偕老的海誓山盟，从而奠定了周寿恺敢于几次三番，甚至当众违背岳父善意，但却均未影响他和黄萱最终走到一起并终身相爱厮守的坚实感情基础。

黄奕住不失为厦门富甲一方的名人大亨，他乐善好施，心系民族，爱国情怀志笃意坚。厦门沦陷后，他坚决不与日本侵略者合作，并公开表示，你们可以拿走我的财产，但不要想我能为你们工作。当周寿恺落脚在贵阳图云关后，写信要黄萱母子前去团聚时，黄父曾规劝爱女说，"那里太苦了，还是不去吧！你们大人受得了，两个孩子怎么受得了！"但黄萱始终不为父亲的规劝所动，坚定地向父亲表示，一定要带着一双儿女去贵阳与丈夫生活在一起。

但当时，从厦门到贵阳的交通早已被日军截断，只有从香港地区转道越南海防经广西到贵阳这条唯一通道。于是，黄萱回信告知周寿恺，她会在父亲帮助下，设法带着一双儿女先去香港，请丈夫到香港来接她母子去贵阳。1939年夏，周寿恺由贵阳去香港接到夫人和儿女后，再取道越南海防，经广西南宁，搭乘救护总队运输股转运海外捐赠医疗器材的大卡车，辗转抵达图云关。

就这样，黄萱女士克服旅途艰难和可能发生的危险，带着两个孩子，毅然来到图云关，与丈夫同甘共苦，相濡以沫。

由于黄父有条件给周寿恺夫妇足够的经济支持，所以他夫妇在图云关建起一幢相对于其他职员来说，颇具规模、漂亮讲究、草房木构的楼院"别墅"。房内设施虽然不如在北平的小家陈设，却同样安宁整洁，宽敞舒适，富有情趣；随着留声机的旋转，周寿恺最喜欢的古典乐曲悠扬委婉，少不了与爱妻舞上几步；漂亮的瓷瓶中，随时换插着黄萱带孩子从山上采来的山花绿草，总显出生机盎然。有爱妻陪伴，儿女绕膝，周末节假，工作之余，周寿恺会浪漫地挽着夫人，带着儿女，漫步在林蹊草径。在那个动乱的战争年代，一家四口，居然能在图云关的山窝密林间，享受到别具韵味、与众不同的天伦之乐，令人庆幸、羡慕。

这个小家，既成为周寿恺待人接物和从事研究的办公室，更是每周一次内科医生读书报告会的专用场所。周夫人每周都亲手制作新鲜蛋糕，热情招待丈夫的同事和学生，给集体伙食欠佳的年轻医生改善生活，使他们终生难忘。黄萱对待丈夫的同事如大姐一般关怀备至。尤其令婚礼临近还未找到落脚之处的屠开元、韩瑶仙夫妇终生难忘的是，周寿恺夫妇居然把自家阳台改造成他们的新房，从而解了他俩之难。黄萱还亲自为新娘子韩瑶仙梳妆打扮。

一次，协和校友墨树屏率八路军一批医护人员从遥远的西北到图云关学习。一帮老协和师生都为墨树屏的到来而高兴。与墨树屏颇有交情的周寿恺和妻子黄萱商量邀他来家吃顿饭，喝杯酒，聊聊天。

周寿恺平常工作忙，顾不上夫人和孩子。黄萱除了带孩子逛逛山坡树林外，大多时候无所事事，憋闷得慌，听说要请客，高兴地说：

"家里还有从南洋带来的咖啡呢！我在家煮咖啡，你去请墨树屏，也顺便把熟悉的协和老友都请来见见面，开个家庭大 PARTY！"

周寿恺见妻子情绪如此高昂，取笑道：

"你看看你，还像小孩子似的爱热闹！"

"我整天没事儿无聊，多请几位朋友聚一聚何妨！"黄萱回说。

"我没说不赞成！但不能分协和不协和，把在图云关的老同事们都请到，愿来、能来的都来！光请协和校友，总队长会批评。他常说，'千万别抱协和小团团，让其他同僚感到心凉。'"周寿恺解释。

这位曾经接受贵族式淑女教育，女校当年的"舞皇后"，正一心想开 PARTY 的周夫人听后高兴地说：

"好啊，只要你不怕麻烦，我倒是韩信将兵，多多益善呢！"

于是，周寿恺照妻子扳着指头口述的姓名，逐个记下，用英文发请柬，请来了林可胜、张先林、汤蠡舟、周美玉、王媛媛、荣独山和林飞卿夫妇、陈文贵夫妇、屠开元、汪凯熙以及柯让道和柯芝兰夫妇、高田宜小姐等等。黄萱更是不辞劳苦，专门进城，到最热闹的大十字，买来蛋糕、甜点及各种菜品，再将家里收拾布置一新，为儿女换上新衣，像过年一样，耐心等着她精心设计的"咖啡夜 PARTY"开始。

正是周寿恺和黄萱这样的为人处世，在图云关交了许多终身好友，如周美玉、林飞卿等，直到晚年，他们都一直和黄萱保持着书信往来。

看似大家闺秀的黄萱，却能在危急关头舍己助人。"黔南事变"发生后，总队部决定先用卡车将家属撤往桐梓规避。黄萱本已带儿女上了车，且车上人满为患。这时，她见林绍文教授带着母亲、岳母及妻子等匆匆赶来，难抑怜悯之心，主动和站在车边送行的丈夫小声商量，带孩子和行李下车，把位置让给林教授一家人。这可不是平常的一般人情往来呀！要知道一旦日军侵入贵阳，她一家将可能面临生命危险。

当年的周寿恺人称 S.K，Chow 或简呼 S.K 博士，是最先追随导师林可胜教授投身战场救护的协和学子之一，1938 年年初，他曾担任红会总会救护委员会北路大队第 1 队副队长，赴湘北前线指导战场救护。救护总队部成立后，他先后任医务股内科指导员、卫训总所内科主任，深入战区指导工作，制定病房管理制度并带头实施，对各级医生进行医德和临床教育，提高他们的医疗水平；他撰写的《内科学教程》，诊疗步骤简单明了，可操作性强；重视吸收世界先进成果，引进医学期刊，提高青年医生专业素养；建议为士兵提供大豆及其制品以增加营养；兼任财务委员会主席，协助管理援华账目，经手巨款却财清账明，一尘不染；以民族大义为重，帮助中共地下党员章文晋安全撤离；对同事一视同仁，不偏袒协和校友，不搞帮派，选贤任能；在内科学领域的基础学识非常渊博，更擅长内分泌学；对教学管理、人才使用等方面也有独到之处，为战场救护、卫生防疫和军医培养等都做出了杰出贡献。

1944 年年底，中正医学院毕业生杨锡寿从衡阳、桂林、独山，辗转来到贵阳，过完元旦即到卫训总所内科报道。时任总队内科指导员、卫训总所和第 167 野战医院内科主任的周寿恺，即刻安排他去做准备，一周后主讲一场题为"脊神经解剖"的学术报告，作为对其业务素质的考核。在当时条件下，杨锡寿用木箱当凳，床铺当桌，顶着严寒，认真准备，一周后，在教学查房过程中，面对国内外二十多位专家学者，针对一位脊柱截瘫病人，用英语一个半小时报告完毕后，得到周主任"相当完美"的评价。

从此，杨锡寿与周寿恺结下深厚的师生情谊。抗战胜利后，在从贵阳图云关迁上海江湾的前后两个时段、朝夕相处的四年中，受周教授人品、医德、学术造诣和教育方法的楷模熏陶，感悟深邃的杨先生，在生前的回忆文章中，从若干侧面对周寿恺作出中肯评价：

关于内科管理。每周必须亲自主持至少一次教学查房。病例由住院总医师选定，由住院医师报告病历，主治医师讲解诊疗经过，系统阐述发病机理及诊疗原则，然后由其他主治医师提问补充，主任做最后总结。这种查房方式，既能达到教学目的，又可突击检查各级医师的工作和学识水平，还能对病人明确诊断，决定治疗方案。

关于病历讨论会。每月上旬举行一次上月全部出院病人的病历讨论，由住院总医师作出全面总结，计出各项基本指标，将有特殊教学意义的病案或诊疗工作中存在问题的病案提出讨论，学习特殊病案经验；总结一个月的成绩、缺点和存在问题；开展面对面批评探讨；全面了解一个月的工作和各级医务人员的业务水平。

关于读书报告会。每周一次的读书报告会铁定在周三晚 7 点至 9 点举行，题目一般先由周主任指定，主治医师以上可自由选题，主讲人必须广泛收集国内外有关文献，进行综述，其他人提问或补充，以提高医学基础知识和了解新科学概念。

关于临床病理讨论会。由内科主办，每月一次，全院各科都参加。选择死者尸检病历，或内科诊断不明后经手术证实的病例，开展临床分析和病理讨论。

关于不定期查房。根据每天上午住院总医师的汇报，亲自不定期突击抽查危重病人及疑难病例，主治医师及住院医师、实习医师必须全部陪同参加，作为对各级医师业务和责任心的考核。

关于严格规章制度。成文的规章制度虽然不多，但上述五条就是铁律，也是制度检查的方法。在周主任以身作则、一丝不苟地坚持下，主治医师一样严格要求住院医师和实习医师。如发现有不遵守制度现象，主治医师也会受批评。

关于病人病历书写。包括三大常规的所有新入院病人病历，必须在次日上午主治医师查房前完成；重危病每天或随时要完成病历记录，绝不能拖延和打折扣。

关于对住院医师和总医师的要求。住院医师每晚包括周六，必须巡视所管病床病人的病情变化；周日上午 10 时前，必须在病房工作。任何时间离开病房，都必须向护士长或值班护士说明。

住院总医师必须巡查各个病房，了解全科病人病情，指导重病治疗。次日上午八时，住院总医师必须汇报全科重点病人情况和科内发生的行政事务及人员工作情况。

各种业务活动和会议，全科人员必须准时参加，不准中途离开，更不能无故缺席。住院医师及实习医师实行 24 小时负责制，轮流负责门诊部的急诊值班。周主任会随时突击巡视病房。

周寿恺在培养、教育、使用、引进、辞退这些关乎人的前途命运大事中，从来不会掺杂任何私念，更谈不上"走后门""拉关系"，全凭他在日常工作中对下属深入了解，亲自观察其表现来处理。无论在图云关，还是后来到上海江湾，医院各科的用人权，完全交给科主任，院领导基本不过问。在内科，也就是周主任与陶桓乐主任共同商量，通过主治医师会议研究决定，报医院任、免、升、留。每年内科人事稍有更迭，包括各级医师的去留，住院总医师的更迭、提拔，实习医师的考核等，在办理过程中，从来没有诸如求情、送礼、请客等现象。业务好的就留、就提，业务差的该降就降、该走就走。在林可胜博士领导下，周寿恺主任始终秉持这样的用人方式，充分彰显一位真正学者、真正专家，在人事工作上的无私作风。

对患者，要求一视同仁。无论是对当官的还是对当兵的，也无论是中国士兵或是美国官员，只要住进医院，周主任都会要求属下按病情需要施治，按诊断结果服务，务须一视同仁。他常告诫属下，医生对病人是职业关系，要讲究职业道德和责任心；诊断治疗不容许有半点差错或拖延，视病情而论，不因职位而别。

国民党将领、大员来国防医学院体检或看病，周寿恺最多指定住院总医师上阵，按常规门诊病人对待。来找周寿恺看病的兵团级（中将）以上要员，除何应钦是当时的军政部长，由国防医学院副院长卢致德亲自陪同来找周主任外，其余都按门诊挂号后，只可适当提前诊断，但不容给予更多特殊照顾。

参谋总长陈诚生病，住在指定的别墅小楼病房。蒋介石亲自过问，指定周寿恺负责治疗。在周主任眼里，参谋总长与普通士兵都是自己的病人，诊断治疗必须按原则办事，服务态度要基本一致，看病要穿白大褂，戴口罩，以示与病员是职业性接触。

周寿恺是林可胜最亲近、最信赖、最感自豪的爱徒，长期在导师的循循教导、行事作风和职业德品熏陶下，自然更是秉承这样的医德和责任心。在他们师徒心中，只装着抗战、事业、学问、工作、良知和病人，受到青年医务工作者的普遍崇敬和爱戴。因此，周寿恺身上所体现的职业风格和操守，其基因自然是源于始终保持学者风范的林可胜。无论在北平协和、贵阳图云关还是到了上海江湾，林可胜都是追随者们的总领导人，一切规章制度，都是他指导制定并严格执行的；他既是爱国华侨、国际著名专家、中将军医总监，更是一名严守职业道德规范、治病救人的医者。因此，来医院求医的一切大小官员，在他们师徒眼里，都只是一个普通病人。他师徒手下的人，也必须承袭其工作作风。

1949 年，国民党政府决定将"国防医学院"迁往台湾。周寿恺受命负责搬迁事宜并先到台湾选址。由于其爱国情深，不久便借口处理搬迁善后事务返回厦门。台湾方面多次派人找他谈，要他去台湾，并为他买好了机票。可周寿恺决心已定，不但表示自己不回去，还劝说来人也留在大陆。由于周寿恺展现的人格魅力，送机票的人被他的爱国风范所感动，最后也决定留在了大陆。

周寿恺的一生，在人品德操方面，热忱爱国，体恤民众，修品砺为，心地崇善，为人真诚，作风正派，治学严谨，事业执着，知识渊博，竭诚奉献。他在自然科学和社会科学领域造诣高深，对立体电影、血白细胞计算器等都有创造性研究成果；他深研中国文字，提倡并推行简化汉字，并出版专著；他在政治生活方面，先后当选为全国人大代表、广东省人大代表和广东省政协常务委员。不幸的是，他在"文革"中遭受严重冲击，1970 年在广州逝世，享年 64 岁。

第二节　朱氏五豪杰投身救护

从抗战救护行列中走出，晚年定居美国、已近期颐之岁的陈符德女士，在收到国内子女寄送的贵阳市档案馆根据馆藏史料汇编的《战地红十字——中国红十字会救护总队抗战实录》一书后，亲自提笔向贵阳市档案馆写了一封感谢信，摘抄如下：

"我今年已是 94 岁的老人了……尘封七十余年的历史勾起我的岁月回忆。……热爱祖国，为国尽力是每一个中国人应尽的义务，我对祖国的贡献是微不足道的，但祖国母亲没有忘记我们，令我们这些已是风烛残年，从抗日战场走过来的老人感到特别温暖和安慰，同样令那些为国牺牲的英烈们的在天之灵同感荣耀。感谢祖国！感谢贵阳市档案馆……2013 年 5 月 12 日于美国洛杉矶寓所。"

陈符德女士在抗战时期曾是中国红会总会救护总队第 72 医疗中队一名护士，她在读过贵阳市档案馆的赠书后，联想到当年的经历，感慨万分，难抑激动，秉笔写下《参加抗日红十字救护队的回忆》一文。文中充满了老人爱国爱家的赤诚情怀与抗敌御辱的豪迈和荣耀，向读者揭示了那段感人至深的战斗经历和值得永远铭记的救护故事。

陈符德15岁小学毕业后当了三年代课教师，于1938年由教会资助，到广州的普惠护士学校学习三年半，获进阶护士证书，1941年5月就职于香港林球璋医务所。日军占领香港后，毫无人性地滥杀无辜，视中国百姓命如草芥。全港被炸得满目疮痍，人民被奴役，妇女遭奸淫，惨不忍睹，苦不堪言。随着林球璋医务所被迫停业，陈符德不甘让自己年轻的生命任由鬼子摆弄和欺侮，宁可战死，也不能卑躬屈膝地苟活在侵略者的铁蹄下，决心把学到的医学知识应用到为战场伤胞的服务中。

陈符德和几名同学，在好友马励贞赠送的一百多元港币资助下，秘密去到当时的澳门中立区，再潜入中山县（注：时名）石岐镇。此时的广州已经沦陷，陈符德与同行的谭道坚、杨玉枝同学来到收容难民的基督教堂，设法联络到中国红会，准备投身到抗战洪流中。

1942年5月初，她们经基督教青年会熊真沛牧师介绍，冲破日军封锁，辗转清远、英德，抵达广东抗日大本营——粤北曲江，加入中国红会总会救护大队，分别被分配到驻曲江大坑口的第382、第091医疗队，成为红十字救护的队员，从此，走上了抗战救护之路。

不久，陈符德被调到朱伯寅医师任中队长的第72医疗中队第711医务队，协助陆军第二野战医院，转战英德、曲江、南雄等地，随军开展战地救护工作。

中队长朱伯寅是山东人，齐鲁医学院毕业，为家中兄弟五人之长兄。1937年，山东沦陷后，身为津浦铁路工程师的朱父景康，将120块大洋的辛苦积蓄分给年长的四个儿子，嘱咐四兄弟设法去投奔抗日队伍，扛枪打鬼子，保家卫国。

面对民族危难，朱伯寅别无选择，第一想法是利用自己学有所成的医学知识，参加战场救护，尽己所能，为更多伤员治伤疗疾，促其康复，重返战场。1938年春，他经人指点，来到长沙，加入刚成立不久的救护总队，走上救死扶伤之路。8月4日，朱伯寅奉命从祁阳转战曲江野战医院，由于出色工作和良好技术，很快晋升为第72医疗中队队长，配合当地野战医院，负责重伤员救治。

至陈符德分配到第 72 中队第 711 队任护士前，朱伯寅已经四年如一日坚守岗位，废寝忘食地为伤病员服务。陈符德女士在回忆文章中讲述了她来到朱伯寅中队后的亲历和所见：

朱伯寅是中队长兼全队唯一的随队医生，包括陈符德才两名护士，另有助理卫生员和勤杂工各一人，共五人为一个小队，专门负责战地医院抢救危重伤病员。

由于战事激烈，从前线转运到战地医院的伤员常常有二三百人。朱伯寅每天一清早就去查房，决定当天需要做手术的伤员名单，并通知病房负责人做准备。每天都有四五个人需要做截肢手术。朱伯寅一进手术室，就开始拟订手术实施计划，护士也紧张地准备手术所需器械和耗材。那时候，所有的手术器具都是在贵阳图云关救护总队部，按一定标准制作消毒包装好的战地急救包，运送到大队部仓库存放，再根据需要分运至各医疗队，开启即可使用，十分方便。

战地医疗设备非常简陋，灯光由燃油发电机临时发电供给；搭建的临时手术室中央，放一张简易手术床，旁边两张木台桌用于摆放手术器具。除了每天计划内的手术台数必须完成外，还常有临时送来取弹头、弹片或做应急手术处置的伤员。朱伯寅往往连续工作七八个小时不能休息，有时甚至白天夜晚连轴转，手术一台接着一台，一天只吃一顿饭是常事。通常是当天的手术完毕，还需要去病房探望做完手术的伤病员，了解他们的病情和手术效果。闲暇时，还要自己动手制作外科手术用的夹板等器具，以备急需。

陈符德老人还谈到了救护美军第 14 航空队飞行员的过程：

那是 1943 年 7 月 7 日下午，中队长朱伯寅突然接到广东清远第 156 师刘其宽师长电话，说美军第 14 航空队在执行轰炸广州日寇军事基地后返航途中，因机械故障，飞行员弃机跳伞降落在清远桃源乡山谷一带，要求红会救护大队医务人员立即前往参与搜寻救治。

朱伯寅接令后，立即组织救护队员，携必要医疗药械星夜赶到出事现场展开搜索。在山谷深处寻找到跳伞飞行员后，立即施以现场紧急处置，然后用担架将昏迷中的飞行员护送到当地驻军兵站医院实施抢救。朱伯寅医生负责医治，陈符德为主要护理人员之一。

飞行员依然处于昏迷状态，无法和我方人员交谈。经过紧张的急救和静心等待，飞行员慢慢恢复神志，苏醒过来，开始与朱伯寅用英语沟通。飞行员叫皮亚斯，美军上尉，时年不到30岁，表示非常感谢中国救护人员对他的搜寻和抢救，感谢朱伯寅医师的精心治疗。大约一周后，皮亚斯伤情趋于稳定，遵照红会救护总队第7大队钱惠伦大队长命令，由中队长朱伯寅亲自护送，于7月14日抵达粤北抗战总指挥部医院继续康复疗伤。

此次对盟军失事飞行员皮亚斯的搜寻、抢救、治疗和关爱，包括钱惠伦大队长、朱伯寅中队长在内的相关人员均全力以赴，广东省防空司令部长官特致电红会救护总队部，表示由衷感谢，尤其对朱伯寅医师的救死扶伤精神和精湛医德医术给予特别嘉奖。

正是由于朱伯寅医生在战场救护中持之以恒的认真负责，高负荷连续不断工作，其工作热忱、精湛医术和对伤病员的满腔仁爱之心，受到近千伤病员的由衷爱戴。中国红会总会救护总队部在1944年1月31日的《救护通讯》第七期的人事公告栏中，对第72医疗中队中队长朱伯寅传令嘉奖。这不仅是汤蠡舟主持的红会总会救护总队部对朱伯寅医生个人的表彰和肯定，更是对全体医护工作者的激励和鞭策。医务人员受他的精神所鼓舞，更加全心全意投入到抗战救护中。

最令陈符德骄傲的是，此生最青春最充实最激昂的时光，便是投身抗战救护、为国家为民族做应该做的事情那段日子。也正是在救护总队第72中队，陈符德从认识到相知到钦佩到爱慕朱伯寅的能力与人品而与之相爱。不久，朱伯寅和陈符德在救护战场上结为伉俪。

就在长兄朱伯寅从山东齐鲁医学院毕业参加到红会救护总队不久，先后就读于齐鲁医学院的二弟朱伯平、三弟朱伯烈，因日军的轰炸破坏导致学校无法继续教学而关门停课。兄弟俩不负父亲厚望，在长兄的示范带动下，也先后追随大哥加入中国红会总会救护总队，成为战场救护工作者，担任X光队检查技师，协助伤病诊断与治疗。

1938年年底，时年未满16岁的四弟朱伯旭，受三位长兄影响，加之沦陷区的学校早就不能正常上课，亦决心投笔从戎，随哥哥来到红会救护总队，经过卫训所培训，成为一名医务工作者。

至此，朱伯寅、朱伯平、朱伯烈、朱伯旭一家四弟兄共赴国难，全都投身于红十字救护事业，开始"救死扶伤、博爱恤兵"的抗战救护生涯，成为抗日救国队伍中，被人们翘首以赞的一门忠勇志士。再加上随后嫁入朱家的大嫂陈符德，朱氏一门四弟兄五豪杰，成为在国破山河碎、民悲众罹难期间，全国同胞上下一条心抗击日本侵略者的生动而典型事例。

兄弟四人先后都曾受训于卫训总所，奉林可胜调令先后被派至第77医疗队、第53医疗队、第533医疗队、第532医疗队，分别服务于贵阳陆军总医院、联勤第41后方医院、后勤总司令部第14后勤医院、第120陆军医院，并获授一等佐（上尉）军医衔；主要随第58军鲁道源将军的战地医院赴湖南平江沿线，参与湘北会战、二次长沙会战、常德会战等重要战事，在前线出生入死抢救受伤将士。

朱伯旭从卫训所毕业后，即被分配到救护总队第532医疗队。长沙会战期间，该队被派往湘北战区随部队开展救护工作，临出发前，林可胜、荣独山会见了医疗队全体队员并作了热情洋溢的讲话。

"……为阻止日军进犯，许多道路被破坏，后方医院又太远，远水救不了近火。组织起像你们这样的许多小型医疗队随军移动，就地抢救前线伤兵，定能大大减少负伤官兵的死亡，祝你们取得好成绩。"

总队长这番讲话，在此后几年的战地救护工作中，始终激励着全体医疗救护队员在血与火中出生入死。

当时军队的患病死亡率远高于战场死亡率，原因是地方病疫情高发，而虱子又成为疥疮、斑疹伤寒等疫病的主要传播媒介。医疗队员们来到战场附近，有时甚至直接到掩体或壕沟内，安排官兵们轮流洗浴，然后施以治疗并彻底杀灭衣服和卧具上的虱子，阻断病菌传播。朱伯旭参与绘制湘北战区卫生防疫路线图，规划建立多处灭虱工作站。

战地洗澡设施是医护队员们的创举。他们用空汽油桶装水，用竹子打通竹节作引水管，帮战士们洗干净后，再用"柯大夫方法"治疗。灭虱方法则是采用救护总队第9大队林竟成大队长发明的"酒灶式蒸汽灭虱器"，也称"砖砌灭虱炉"。这些因陋就简的小发明、小创造，既简单实用，灭虱效果非常好。由于积极防疫治疗和改善个人、环境卫生，军队患病率大大降低。

大约 1944 年初春，朱伯旭被调到图云关救护总队部工作。当年的贵阳图云关，聚集着救护总队部、卫训总所、第 167 野战医院三大体系，含家属共数千人口，形成了颇具规模的城郊医疗集镇，每天需要消耗大量各种生活物资。而图云关周边，分布着大大小小的苗族和布依族山寨。有消费需求，就会有市场。附近的少数民族群众，纷纷将自产的粮食、蔬菜、瓜果等农副土特产品挑到图云关销售。每逢节假日，图云关还会安排文艺联欢，并邀请附近的布村、苗寨村民参加演出民族歌舞。

附近小碧乡营盘大寨时年 17 岁的布依族姑娘岑仕英，除经常独自或陪家人到图云关做些农副土特产品小买卖外，凭借早就远近闻名的天籁般的歌喉和天仙般的舞步，经常受邀带领村里姐妹们参加图云关的联欢演出。而每次她演唱谈情说爱的"双调"情歌和布衣"小调"，或高亢嘹亮，引人入胜；或柔和委婉，怡情动心。那身着布依族盛装翩翩起舞的成熟少女风姿，引起许多青年医生的关注。

朱伯旭就是被岑仕英的动听山歌和婀娜舞姿牢牢吸引的一位医生。而岑仕英或许也早已将成天身着威武救护装，阳刚健美、高挑英俊、年轻潇洒且有技术的朱伯旭医生列为"捕捉对象"。他俩一来二往，从相识到相爱以至于恋恋不舍了。

一天，岑仕英随父亲到图云关赶场卖菜。离家时，她偷偷带上自己亲手做的一双鞋垫，打算找机会送给朱医生，却不慎被父亲发现，引起了老人的警觉。当父亲的哪能不懂女儿心事？他心想，这分明是姑娘拿去送小伙子的信物。卖菜过程中，仕英藏了鞋垫借故离开去与男友幽会的蛛丝马迹又被细心的父亲看在眼里。父亲非但没有责备女儿，反倒暗示她邀请小伙子到家做客，分明是表达对女儿的支持。

两天后，满心欢喜的仕英姑娘再到图云关，把父亲的意思告诉了朱伯旭。这等好事，朱伯旭正求之不得，欣然接受邀请，也不懂得带点什么伴手礼，空着两手就随她来到约十里之遥的小碧乡坐落于营盘山半坡的营盘大寨。

仕英家在布依族聚居的石墙石板房大寨中，算是相对殷实富有的人家。石块砌墙，石板盖顶的木构半楼房依山就势，后半部是平房，前半部是楼房，楼房上层空间稍高，住人；下层空间略低，养着水牛一头，白马一匹。石头墙围成的小院显得整洁而富有韵味，几株李树已开始谢花，几株桃树正含苞待放，为农家小院增添了几分生机。

朱伯旭随仕英走进家门，岑母看有客人到来，忙向火塘加几块木柴，拿吹火筒把火吹燃，将茶罐放上三脚架，瞬间烧开后，为客人和丈夫倒上茶，一手端着针线篮，一手牵着姑娘，离开了。

生活在省城附近的岑父，小有文化，虽一介农夫，却有开明、豁达、豪爽的气质，问过朱伯旭姓名、籍贯后开门见山地说：

"本来嘛！我们布依人家女孩一般不外嫁。不过，既然你和仕英已经相好，我当父亲的，还是通情达理，不会拆散你们。婚事也可以从简，诸如问亲、认亲、更该、卡交、接亲、畅饮、坐家、报日子等等我们民族那些几回几转的程序，都可以不讲究，一概省了。但有一点，你如果不答应，我就不会答应。那就是，这兵荒马乱年景，今后你要是离开图云关，无论走到哪里，就要把她带到哪里，好好过日子。"

朱伯旭哪有不答应之理，立即山盟海誓地保证，绝对会与仕英姑娘永结同心，不离不弃。

当天下午，岑家以丰盛晚餐招待朱伯旭这位未过门女婿。刚过完年不久，腊肉、香肠、糍粑，应有尽有；还蒸了糯米饭，炖了一锅狗肉汤，请来村里几位亲戚好友，打开自酿的米酒坛，划拳猜码，尽情畅饮，好不高兴，就算是给他俩订婚了。

抗战胜利后，救护总队部解散。

朱伯寅和陈符德夫妇转入军队某部战地医院，后改编为中国人民解放军广州部队第177医院，朱伯寅任院长。

朱伯旭与更名为"岑琴"的仕英姑娘喜结连理后，一直在图云关住到1948年生下长子，取名"联贵"，才告别营盘大寨和父母双亲，一家三口定居上海。顾"联贵"之名而思其义，即是表达这颗爱情结晶与贵州贵阳有着密不可分的联系。

在纪念抗战胜利70周年前夕，已近古稀的朱联贵萌发"追寻抗战救护足迹，重走父辈当年之路"的想法。2015年8月16日，他带着几张父亲留下的发黄老照片，只身从上海出发，赴当年朱伯旭曾在红会救护总队第532医疗队从事战地救护的湘北地区相关县、市、镇、村考察调研，搜寻父辈的抗战救护足迹。

朱联贵父母

在一张八位身着救护队制服、戴着红十字徽章的青年男女在战地医院门前台阶上的留影中，清晰可见门楣上贴着红十字，两边贴着隶书对联："科学医日新月异，唯新药起死回生"，题图是救护总队第532医务队同仁湘北合影。在另一张集体照上，还发现有董以惠护士的身影。根据落款日期以及朱伯旭当年手绘地图所列，这一带正是1941年的湘鄂赣抗日战场。

在采访多地档案馆和抗战纪念馆后，朱联贵先生终于追寻到父亲当年服务的第532医疗队战地医院。医院驻扎在湘鄂边界平江县上塔镇黄桥村大山里的一座名叫黄泥湾大屋的清代建筑内。

村支书叶老伯告诉朱联贵，这个战地医院前后运营四年，最多时有一百多位医护人员，收治伤病员常常逾200人。墙上至今完好保存着"保健军民""战胜倭寇、病魔""病中须整作形态，病愈要端肃仪容"等标语，仿佛走进了当年金戈铁马、炮火纷飞的岁月。

离开上塔镇的黄泥湾大屋，朱联贵又来到背靠幕阜山、面对汨罗江支流的南江镇青峰村。该村一座百年王家老宅，也曾是第532医疗队所在的战地医院。据当地老人介绍，这栋作为伤兵医院的老宅，最多时住过几百名伤病员，当年从九岭战场运回的伤兵均收治于此，不免有大量负伤将士在这里牺牲后，掩埋在医院后面的山坡上。宅院后的两个山坡，如今一个叫"伤兵坡"，一个叫"勇坡"，"勇"即"士兵""兵勇"之意。据称，坡上安葬了上千位死难官兵的遗骸。

一位年轻村民带朱联贵到山上找到一块保存较好的墓碑，碑上刻着：陆军第九十八师二九一团一营副营长陈经之墓，中华民国二十八年十二月十一日。即于1939年在第一次长沙会战中负伤牺牲。

每到一地，朱联贵先生不忘宣传中国红会救护总队的辉煌抗战史，并向当地政府捐赠了相关历史图片和资料册。

第三节 从淞沪西撤的医护们

淞沪会战正式打响在即，刚从汤蠡舟任校董兼附属医院院长的东南医学院及附属医院护士班毕业、已在上海市周边各地医疗卫生单位就业的诸如陈鸿泽、董以惠、张怀瑾、秦之芳、李智珊、林剑华、李帼英等人，当年这群年仅十六七岁，最大也没超过20岁的年轻护士，眼看日军就要攻进上海，个个义愤填膺，抱着"宁做枪下鬼，不做亡国奴"的坚定决

时年20岁左右的东南医院护士班毕业生陈泽鸿、秦之芳、张怀瑾、李智珊等人
1936年摄于上海英士路

1938 年 3 月西撤到衡阳，编入救护总队部的东南医学院护士班学员，
左一为朱毓雯、左二为陈鸿泽、左三为秦之芳

心，纷纷响应红会号召，积极报名参加救护队，投身于战场救护。很快，
这批医务工作者，陆续汇聚在"红十字"旗下，争相赶赴前沿阵地，自
觉主动服从原东南医院院长汤蠡舟老师指挥，担负起战场救死扶伤之责。

其中参加上海第 11 救护医院，时年 16 岁的绍兴姑娘，至今仍健在
的百岁老人董以惠晚年回忆了那段血与火的战场救护经历：

随着时局一天比一天紧张，热血也越来越沸腾。董以惠和张怀瑾几
位同学受命，于"八一三"当晚 9 时许开始后撤。卡车满载救护物品和
队员迅速离开松江，由时任上海红会救护总队副总队长汤蠡舟亲自带领，
开赴昆山，驻扎在一所小学内的红会兵站后方医院。在急需医疗专业人
手的地方，到处都能见到同学们身穿白大褂，穿梭在前线与医院间，那
紧张而富有生气的身影。

护士们的工作是直接收容从战场上抢救下来的伤病员，在施以止血包扎等急救性处置后，尽快送往后方医院。在昆山停留的约两个月间，该小学内的兵站医院被日机多次轰炸，造成不少人员受伤和房屋毁损，也不免有人殉职。这段工作，使董以惠、张怀瑾及同学们第一次目睹战争的残酷、负伤的痛苦和为国捐躯的英勇。

眼看上海即将沦陷，为避免伤员落入敌手，红会开始组织向昆山转运伤兵。伤病员太多，白天怕被敌机轰炸，大都是晚上送来。人手不够，医护们日夜不停地连轴转。

大约 11 月底，由于日军快速推进，董以惠等所在的救护医院，不得不开始向苏州转移。到苏州不久，董以惠等所在团队，被改称为第二重伤医院，由时任副院长袁松人带领；其余团队，被改称为第一重伤医院，由时任院长汤蠡舟带领，分两路继续向西撤离。

一路有惊无险，到苏州河上船，次日到达董以惠的家乡长兴县城。年仅 16 岁的女孩子，虽然非常想家，但却不敢回，唯恐被家人阻拦，不准再离开，于是只能忍痛割爱，"过家门而不入"。

离开长兴到安徽宣城，住在据说是李白作诗的古北楼上，本可以借机欣赏一下风景和文化古迹，但想到祖国大好河山不久将要沦陷，小青年们万分痛恨，无心观景，赶路要紧。

自上海沦陷后，就听说红会总会已迁至汉口筹备成立救护总队。因此，第二重伤医院奉命撤往汉口，参加红会救护组织整编。可由于战争原因，途中与上级失去联系，断了经济来源，连一日三餐都难以保障，改为一日两餐勉强渡过难关，于 1937 年年底抵达汉口。

几乎就在同时，第一重伤医院在院长汤蠡舟带领下，途经苏、浙、皖、赣、鄂五省，艰难行程约两千公里，历时两个多月到达汉口。

到汉口后，两路人马全体受到林可胜代表救护委员会的热烈欢迎。第一重伤医院被编为中路西线第 14 医疗队，汤蠡舟任队长。第二重伤医院的男医生，被编为北路东线第 26 医疗队，不具备医科教授或副教授资质的袁松人被破格提拔为队长，侯嵩生任副队长，女护士被编为中路西线第 27 医护队，朱毓雯任队长，薛芝芳任副队长，队员有董以惠、张怀瑾、周凤琳、陈鸿泽、李幅英、何连芬、李英、蒋淑贤、雷秋圉、秦之芳、林剑华、李智珊、陈志芳等 15 人，且大都是同班同学；另增加两个男生负责行政，包括后勤共 26 人，配合第 14 和第 26 医疗队工作。

整编后，队员们有了月薪，但姑娘们都怀着"国家兴亡，匹夫有责"的爱国之心，谁也不计较待遇多少，还乐得有机会和条件去看看电影，逛逛大街，过几天"神仙日子"。队长朱毓雯，常在半夜来给几位小妹盖被子，使她们感到"母爱"常在身边。不久，第 27 医护队和第 26 医疗队奉命乘船从洞庭湖经岳阳开往衡阳，两队配合，协同工作。

为使护士们更具战场救护技能，第 27 医护队奉命到长沙总队部接受培训一月后，返回衡阳驻扎约半年。

除百岁老人董以惠对当年的抗战救护经历写出的回忆录外，已故张怀瑾女士，生前也曾是提着颤抖的笔，蘸着灼热的泪，写下她历尽人间劫难、饱含辛酸悲楚的人生历程。其中以全景实录方式，向后人展现了参加抗战救护所遇到的惊险，回顾了她和运输队长朱志均的浪漫婚史，

秦之芳所在的救护总队第 27 医疗队的白衣天使

读来感人肺腑，令人百感交集。

张怀瑾于 1919 年农历八月出生在江苏宜兴县一个忠厚的小学教师家庭，母亲本就身体不好，又生育过多，在产下第八个孩子后，因产后失调兼结核病复发离开人世。八姊妹最后只剩下她和姐姐。

张怀瑾因小时候患麻疹并发肺炎，不但身材矮小，还遗留下时常咳嗽的养身病。1935 年 3 月，不满 16 岁的她离家来到上海东南医学院附属东南医院护士班学习。淞沪会战开始后，怀着一颗爱国之心的张怀瑾，受同窗好友李帼英写信邀请，于当年 10 月初辞去原工作，来到苏州昆山第一重伤医院参加战场救护。这位天真活泼的农村姑娘虽然矮小多病，但自幼爱唱爱跳，喜欢篮球、乒乓球、长跑等运动，她虽个头矮小，在乒乓球赛场上，却总是勇夺第一。

东南医院护士班的同学们到汉口加入救护总队后，被编入第 27 医护队。1938 年 8 月，第 27 医护队到江西南昌待命，9 月初开往新淦换防，接替梅国桢领导的新运医疗队。为适应战场需要，10 月，第 27 医护队被打散，那群如花芳龄、娇嫩如水的白衣姑娘接受改编。张怀瑾和林剑华被调到第 71 医疗队换防到广西桂林，从此，她和董以惠这对姐妹，天各一方。

在第 71 医疗队，张怀瑾新结识了一位名叫叶顺妹的姐妹，时年二十来岁，是从南洋回国参加抗战的华侨女学生。11 月 30 日上午，她俩在桂林街头不幸遭遇敌机轰炸。

当小叶先看到张怀瑾流血后，吓得带着哭腔说：

"啊！你受伤了，我替你用手帕包一下。"

张怀瑾（左）与林剑华（右）摄于 1943 年

就在张怀瑾转头的瞬间，却看到小叶的脚下地上有一摊血，随即惊叫起来：

"啊呀！你的腿！"

原本还站着的小叶向脚下看一眼，马上跌倒在地。敌机还在天空盘旋。张怀瑾抱着小叶，连声哭喊道：

"小叶！小叶！"

小叶终因伤势过重，眼看就不行了。临终前，她断断续续告诉张怀瑾，通知 ×× 路 59 号的 ×× 人，将她的遗物设法寄回南洋家中……等到救护人员赶来抢救时，小叶因流血过多，已经停止了呼吸。

张怀瑾的左前胸和左小腿两处负伤，幸得及时救治，接受两次手术。在住院治疗期间，上级特派她的同窗好友林剑华照顾。林剑华几乎天天在医院陪伴照料张怀瑾，一听到空袭警报声，就背着张怀瑾躲入防空洞。于是，她俩成了贴身知心的终身朋友，以至于分开两地工作后，总是相互写信，互致问候，关心着对方。

在红会救护总队部的《战地通报》里，有这样的记载：

"第 71 医疗队护士张怀瑾在广西桂林工作时遭敌机轰炸负伤。"

张怀瑾每每向同事们提起受伤这件事，都会深深地感慨说：

"小叶本是南洋华侨，听到祖国被日本帝国主义侵略，毅然回国，共赴国难，参加战场救护伤员，却不幸在日寇的铁蹄蹂躏下献出了宝贵的青春和生命。她！永远值得我们怀念。"

1939 年年初，张怀瑾所在的第 71 医疗队奉命调防到救护总队部驻扎的湖南祁阳。从此，与继续留在广西的密友林剑华天各一方，只能保持书信往来。一个月后，第 71 队再次奉命与专门负责手术的第 36 医疗队互调，来到汤蠡舟老院长所领导的第 3 大队，队长李庆杰是北京协和毕业生，技术很好，威信极高，工作认真负责。

这期间，张怀瑾与从上海撤退到汉口不久就认识的驾驶员朱志均再次有了往来。十几岁就加入童子军，学会修车、开车技术的朱志均曾去张怀瑾所在的第 27 医疗队看望她的副队长薛芝芳。因为在淞沪会战期间，朱志均随上海童子军救亡一团战地服务车队，会同上煤救护车队转运伤员到第 11 救护医院第一重伤医院过程中，与同是江苏无锡钱桥的老乡薛芝芳结识，并相互认作姐弟。后来，朱志均被整编到救护总队运输股，任第14汽车队队长为汤蠡舟的第3大队服务。由于当时的外援物资多从广西入境，朱志均的车队仍驻扎在柳州执行运输任务。

朱志均在广西期间，与也被调到柳州的张怀瑾常见面，友谊日渐加深。张怀瑾了解到，朱志均所在的运输股工作辛苦，经常夜间担任运输任务，而且他工作负责，从不私自带客，私自收费，是一位廉洁奉公、勤奋尽职、任劳任怨的车队队长。人之常情，青春期男女间难免多有想法和埋于心底那份既不便启齿又难以抑制的微妙之情。

四个多月后，朱志均的车队随大队来到江西吉安。吉安有张怀瑾许多老同学，每当她请假去看望同窗，也能合情合理地去看望朱志均，从而满足心中难掩的隐隐牵挂。不料有一天，朱志均突然把张怀瑾的亲姐姐接到了吉安，还诡谲地带她来与张怀瑾相见。多年不见的姐妹俩在这种特殊情况下相会，格外亲切却又满心狐疑：姐姐和朱志均并不认识，怎么会走到了一起，而且还带着姐姐来找自己呢？

说起来真是上天在冥冥中早已安排了这对鸳鸯之缘。张怀瑾家乡被日军占领后，原本在小学当教师的姐姐逃难出来，打算去广西全州寻找

抱着女儿朱黔云的张怀瑾

也是逃难出来做生意的未婚夫，在路上碰巧搭上了朱志均的车。两人在车上认识并互相自我介绍。于是，朱志均就把姐姐直接拉来与妹妹相见，确实给了张怀瑾一个意想不到的惊喜。几天后，姐妹俩一起随朱志均的车到长沙，才分开。

救护总队部迁到图云关后，正好姐姐和姐夫也已定居贵阳。姐夫继续往来做生意，姐姐被聘为图云关小学教员。

救护总队部入驻图云关后，在总队长的亲自过问和关心下，

1938 年，中国红十字会救护总队迁往贵阳，提供战时医疗服务。该救护总队每年都把从国外募捐到的医疗器械及来自全国各地的医护人员输送到各主要地区

在教授学者们的精神和物质支持下，由总务股主任张祖荣等牵头，投入大量精力、时间、财力，发起创办了图云关小学。

小学采取校董会管理形式。林可胜出任名誉董事长，张祖荣担任主席董事长，运输股主任胡会林等 18 人担任名誉校董或校董，采用募捐办法筹措建设资金。在《为创设图云关小学募捐宣言》中写道：

"望机关同仁及各界热心人士，慷慨解囊，以襄义举，则民族精神之发扬，科学意识之提倡，伟大创造之毅力，抗战建国之重负，有所期望也。"

募捐活动非常成功，学校得以顺利建成开办。例如，当年总队材料股总库库长、校董之一陈璞先生，承诺每个月向小学的捐款，都是从其工资扣除的。据称，当时图云关除南洋华侨捐建的可胜楼外，只有图云关小学是砖盖的两间平房，其他全是茅草房。

校董会在制定校舍建筑标准时，详细而严格，所有教学功能房、辅助设施、运动场所和器具等等，一应俱全。

教育的重要性，毋庸多叙。校董们写下了相关文字：

"子弟弦歌久辍……而图云关乃一极小市集，距城遥远，向无小学校之设立……发起设立图云关小学校之创议，期于立国百年大计，有所靖献，使失学儿童有所救济，义务教育得以普及……"

这些话不仅表现了知识分子对教育的重视，也表现出他们所具有的强烈民族意识和忧国忧民的赤子之心。校董会各位仁人志士的无私助教热忱，从中体现得淋漓尽致、可敬可佩。

图云关小学选聘的老师全都毕业于高中或师范以上，曾担任过小学校长或从教多年的优秀老师。一批与国家一起受难的少年儿童由此得以进入知识的殿堂，汲取营养，开发身心，培养智慧与力量。

1940年年底，张怀瑾和朱志均商量着到柳州结婚，谁知正好遇到图云关书报社策划为几对新人举办集体婚礼。这个想法是基于抗战期间，兵荒马乱，大家忙于战场救护，蹉跎了岁月，耽误了婚期，又没有物质条件。为给大家节约，也为鼓励大家勤奋工作，所以谋划了这场集体婚礼，时间定为1941年元旦佳节下午三时。

张怀瑾商得姐姐同意后，与朱志均一起报名。一共八对新人参加集体婚礼。

集体婚礼由公家出面办酒席，考虑到有些新组建家庭没有住房，还在贵阳城内的一家酒店为大家买单定新房。赴宴者只需缴纳6元钱，一对新人12元。公家还特别为每位新郎官定做一件毛料西服，为新娘子准备了白色婚纱和礼服。虽然都是自掏腰包，但因是批量定制，既相对便宜，又整齐划一；既为婚礼增添氛围，更能留下难忘瞬间。这样的婚礼，既省钱，又热闹；既简约，还气派，对于抗战特殊时期来说，别具意义。

婚礼前夜，张怀瑾抑制不住兴奋之情，也为了有利于次日整装打扮，她在姐姐的小学宿舍里，烧热水用木盆洗了个澡。正值寒冬腊月，竟不幸患了重感冒，高烧不退。眼看婚礼仪式就要开始，可把朱志均急坏了。张怀瑾也着急得不行，勉强起床打起精神化好妆，连步行到大礼堂都十分吃力。

八对新人总算到齐，双双排好队，手牵手步入婚礼殿堂。大厅内张灯结彩，气氛隆重，布置精美，盛况空前。几乎所有图云关人都来参加，气氛热烈。

婚礼即将开始。原本是总队长林可胜自告奋勇为大家当证婚人，但由于忽略了如此隆重的集体婚礼，需要一位重量级人物主持这个环节，于是，临时改成总队长主持大会，发表祝词。由当时正好回总队部汇报工作的第3大队大队长汤蠡舟做证婚人。

婚礼完毕，开始入席，六十几桌盛宴，每桌八人八大碗，热闹非凡。散席后，总队部用汽车将新人们送到市区，入住总队部为新人们包租的富丽堂皇大酒店。战火中结下的情缘，弥足珍贵。集体婚礼更成为一支爱的奏鸣曲，一首催人奋进、激励士气的战地欢歌。

朱志均夫妇在酒店度过了三天的"蜜月"后回到图云关，又在姐姐家住了几天。

从此，张怀瑾结束姑娘生活，正式成为朱志均的妻子。整个婚礼没花多少钱，由于没房子，也就没添家具，只自己动手绣了一条床单，一对枕头套，一副窗帘和一块桌子搭布。几样东西都是果绿色，绣上一对喇叭花，看上去既喜庆又素净。张怀瑾从小喜欢绿色。绿色象征着春天的树木青草，欣欣向荣，富有生命力。花了二十几块钱，定制了一对三钱重的金戒指，上面刻着两个人的名字，算是夫妻间的永久纪念。从此，这对算是抱被子搭伙的新婚夫妻，开始了见面时拼铺过几天夫妻生活的艰难日子。

几天后，张怀瑾回柳州，抽空把结婚的事写信告诉了父亲。父亲为姐妹俩寄来了结婚礼物——每人一条花哗叽被面，一块绸子旗袍衣料，算是娘家给她俩的陪嫁礼物。

一段时间的新婚宴尔和喜悦激动心情平静下来之后，开始受到妊娠反应"捉弄"的张怀瑾，不时回忆起母亲当年产后去世的往事，才感到有几丝后悔。自己才23岁，这婚，是不是结得早了些？但想归想，生米早已煮成熟饭，只能安心等待当妈妈了。

当年9月，怀孕后的张怀瑾被调到救护总队部，安排在图云关诊疗所当护士。不久，第一个儿子降生在图云关的一间半草顶泥墙茅屋内。

这是夫妇俩花350元钱，在名叫"上林村"的地方买下的。孩子取名朱黔谷，小名建国，以纪念贵阳图云关这片大山沟谷，也隐含着期盼抗日战争早日取得胜利，能在和平安宁环境下，为祖国的战后复兴而尽力。

黔谷出生时，朱志均不在家。他带车队到云南缅甸边境一带执行任务，不能常回贵阳。张怀瑾在姐姐照料下，在贵州省医院住了八天。这时，姐姐也结婚了，还先于妹妹一个月生了个男孩。姐夫当时也不在家。姐妹两个坐月婆，产假期间，只能住在图云关张怀瑾的家中，相互安慰，相依为命。

在同学和同事中，张怀瑾夫妇结婚算比较早的。朱志均平时出车在外，顾不上家，有时回来住几天，他家成了聚会点。书报社的朋友们来看望玩耍，尤其是宋镜瀛等运输股同事更是他家常客。他夫妇每次都请到家来的朋友们吃顿便饭，喝杯土酒，谈工作，谈未来。想着这兵荒马乱，还不知意外和明天哪个先到，所以大家都很珍惜这份友谊和在图云关的这段时光。书报社被查封后，汪犹春等人受到审查，修理所所长张世恩被逮捕。幸好那段时间朱志均不在图云关，没有受到牵连，但事发后，不少人离开了图云关。

第二十章　图云关救护大业圆满收官

第一节　枪炮声中结战地情缘

当年的图云关救护总队部，成为热血青年向往的地方。在这个最多时集聚着三千四百余人的庞大机构中，众多情侣，无数家庭，都有被划开战火的手术刀和挽救生命的听诊器连接起来的情感经历，从而在图云关这片大山里，奏响了一曲曲感天动地的爱情乐章。

据不完全的统计，自1939年至1945年，就职于图云关救护总队部、卫训总所和第167野战医院以及相应的外派机构职员中，包括汤蠡舟、周寿恺等老夫妻和其他新结伉俪，共有33个家庭，除有个别在外地生活，绝大多数都先后定居图云关，还有几对是中外合璧的跨国夫妻。尤其是新婚伉俪，在婚礼的神圣殿堂上，没有牧师的虔诚祷告，不见父母、兄妹、亲朋的身影，唯有与自己同生死、共患难，情同手足的战友们那一张张欣喜的笑脸，热烈的掌声和真诚的祝福，伴着远远近近传来的声声炮火，向他们表达新婚的庆贺。

他们的故事不仅在图云关传为佳话，随着时间推移和空间转换，演绎为发端于这一特殊时代背景和特别地域环境下别具沧桑韵味的"鸳鸯蝴蝶梦"。在抗日战争中播撒的这些至真至纯的情爱之种，在烽火硝烟里谱写的一曲曲救护赞歌，无不起源于一桩桩刻骨铭心的战场情缘。随着抗战的延续、发展和最终胜利，全都绽放出一丛丛异香扑鼻的爱情之花并成为脍炙人口的感人故事，共同汇聚成振奋民心士气的抗战进行曲，一直传唱至今。

除前述朱伯寅和陈符德、朱伯旭和岑仕英、张怀瑾和朱志均三对夫妇外，还有许多对夫妻。首先，介绍来自上海东南医学院医护演绎出的多个爱情故事、结成的多对战地伉俪。

袁松人与陈鸿泽夫妇

袁松人,湖南邵阳人,1937年毕业于上海东南医学院,淞沪战场救护期间,被派驻昆山的第二重伤医院任副院长;西撤途中,带着数十位医护人员和大量医疗器材,艰难跋涉抵达汉口,入编红会救护总队北路东线第26医疗队,被提任为第26医疗队队长。

陈鸿泽,江苏海门人,1937年毕业于上海东南医学院附属医院护士班,留医院外科手术室工作;淞沪会战期间,参加中国红会组织的战场救护,受派驻昆山的第二重伤兵医院任护士长;上海失守后西撤至汉口,被编入红会救护总队中路西线第27医护队。

袁松人与陈鸿泽一直在救护一线各尽其职,相互认识时间久,知根知底了解深,互敬互爱基础牢,救死扶伤意志坚。在1939年的救护总队调整中,陈鸿泽调入袁松人任队长的第26医疗队手术室工作,两人的足迹遍及江西、安徽、浙江等省。1943年,汤蠡舟的长子汤卫城突发急性阑尾炎,紧急情况下,此时已调到图云关的陈鸿泽,为汤蠡舟当助手,成功为汤卫城做了胆囊切除手术。

陈鸿泽和袁松人始终不愿将宝贵的时间浪费在私人感情上,而是全身心奉献给了战场救护,不是她来了,就是他又走了,连几天的婚期都无法掌控。因此,他俩一直到抗战胜利,随救护总队部从图云关迁到重庆后,才于1946年年初结为伉俪。

姬庸男与秦之芳夫妇

姬庸男是河北秦皇岛人,在襁褓时丧母,淞沪会战爆发后,参加中国红会第3医务队从事战场救护;随队撤退到汉口,被编入救护总队北路东线由著名外科专家张先林、屠开元任正、副队长的第3医疗队。

秦之芳,出生于浦东一个名医世家,三岁丧母,中学毕业考入东南医学院附属医院医护班,毕业后就职于上海医院。淞沪会战爆发,该院率先举旗加入救护行列,秦之芳与学友们汇聚在红十字大旗下,辗转到达汉口,被编入救护总队中路西线第27医疗队。

同为苦命人的姬庸男和秦之芳从相识相知到相恋相爱,并肩为抗战做贡献,最终结为伉俪,先后生养了国庆、和平和大同三个子女。从孩

女医疗救护队员们在出发前

子们的名字可看出，夫妇俩打心眼里祈望国家欢庆、人类和平、世界大同、民族昌盛的美好愿景；从一张抱着长女国庆与次女和平在图云关的全家福可见，尽管生活艰苦，但他们从未对胜利失去信心，一家人苦中有乐，相亲相爱。由于姬父和秦父都先后另娶，抗战胜利后他们无家可归，只能带着三个孩子定居贵阳。

周新初和李智珊夫妇

周新初是救护总队会计室股长，兼图云关"书社"社务委员。李智珊也与秦之芳等一样，从东南医学院附属医院护士班毕业后，参加淞沪战场救护，西撤到汉口成为第 27 医护队队员。

周新初与李智珊相恋并结为伉俪后，曾在图云关山坡上，自建一座可容纳二十来人的木板新房，常作为"书社"的活动场所。李智珊自然也是积极向上的护士，她的护士节感言令人为之动容：

"我们知道，战时的护理工作当百倍于战前，这是艰难与困苦并存的。我们愿忍苦负重，我们要以此为荣。"

江晦鸣、王宝珊夫妇

江晦鸣，安徽旌德人，1937年上海东南医学院毕业后留校任教；淞沪会战开始，随东南医学院郭琦元、汤蠡舟等人加入红会上海救护委员会医务组；1941年年初来到图云关，任救护总队部秘书室秘书、主任；他因文字功底深厚，成为总队文宣骨干，创作多部抗日剧作。

王宝珊，浙江义乌人，早先在广州银行工作；全面抗战爆发后，银行遣散，亲人身亡，经已在救护总队工作的表妹楼占梅介绍来到图云关，因写得一手好字，被录用在总队部任文书。

江晦鸣、王宝珊夫妇在图云关结婚照

江晦鸣与王宝珊在抗战救护中心的图云关相识相爱，1945年2月27日晚，在救护总队部博爱堂举行"春节联欢晚会"的同时，专为江晦鸣、王宝珊夫妇和刘孟芬夫妇两对新人举办了集体婚礼。

新婚的江晦鸣夫妇在图云关上几棵凋零树丛下的木板茅屋门前新开出的泥土梯坎上，新娘穿旗袍和高跟鞋，左手执鲜花，右臂挽着西装革履的新郎左臂，留下一张照片，颇具时代色彩。但在几分喜庆之中，不免透出更多心酸，从而见证了当年图云关的艰苦生活。

抗战胜利后，夫妻俩随红会总会到南京。江晦鸣任红会刊物《中国红会月刊》编辑部主任；中华人民共和国成立后，夫妇俩随汤蠡舟参与安徽医学院建设并留校任职。

接下来，再介绍总队运输股的几对战地伉俪。

宋镜瀛、张聿丽夫妇

宋镜瀛，江苏崇明人，图云关中共地下党员；其加入中国红会总会救护总队运输股的过程，见本书第十章第一节。

张聿丽，浙江绍兴人。抗战爆发后，年仅 16 岁的她带着弟弟及多个十几岁孩子从上海沦陷区辗转来到昆明，加入中国红会总会下属的战地医院，与常到滇缅公路运送物资的宋镜瀛相识、相爱并结为伉俪。皖南事变后，宋镜瀛离开图云关到"西南联大"复学，1945 年到英国伦敦帝国理工学院机械工程系攻读研究生，1948 年回国后，任清华大学教授，兼汽车教研组组长、实验室和研究室主任等职，终身从事汽车工程的教学与科研，获得多项国家荣誉。

张世恩、伍骏夫妇

张世恩，辽宁兴城人，图云关中共地下党员；其加入运输股的过程，与宋镜瀛类似。在运输股修理所任所长期间，修理所成了进步力量的荟萃之地。鉴于其地下党员身份，除与几个同学小有交往外，横向纵向几乎没有与任何人联系。

1942 年 3 月 29 日，林可胜以中国远征军军医视察总监名义，率领三个医疗队和一个救护车队，随远征军入缅。张世恩作为救护车队队长一同前往，历经翻越野人山的艰险，终于安全回国。

伍骏，江苏南京人，1939 年夏考入救护总队运输股修理所零件库担任保管员，时年 17 岁，对运输股中几位清华学子敬佩有加，喜欢上修理所所长张世恩。当伍骏得知张世恩从缅甸辗转印度安全回国的消息后，喜出望外，立即赶去见面，正式建立恋爱关系。1945 年 9 月抗战胜利后，在上海结成伉俪。

苏哲文、张自清夫妇

苏哲文，又名苏有威，图云关中共地下党员；其加运输股的过程，与宋镜瀛类似。

张自清又名张厚英，图云关中共地下党员；曾任中共交辎学校地下党支部书记，与苏哲文一道加入运输股并结为伉俪。皖南事变发生后，两人离开图云关到昆明"西南联大"继续学习；1943 年毕业后，进入中共重庆办事处工作；1946 年，受中共组织派往东北解放区工作至中华人民共和国成立。

张式垓、梁洁莲夫妇

张式垓，图云关中共地下党员，其加入救护总队运输股的过程，见本书第十章第一节。

梁洁莲，广东顺德人，与妹妹梁钧铤于淞沪会战期间加入中国红会交通股救护队，随后经历参见本书前文章节。张式垿和梁洁莲在战场救护中相识相爱，在战火中结为伉俪。

程华明、桑继霖夫妇

程华明，原名程羽翔，湖北大冶人，图云关中共地下党员；1935年考入浙江大学电机系，西迁途中参加诸暨新宁游击总队，1938年8月考入陆军机械化学校学习，其加入救护总队运输股的过程，见本书第十章第一节，担任运输股汽车队长。

桑继霖，据中国红会救护总队名录第244页记载，曾任救护总队运输股零件库库长，柳州修理所副所长。

程华明夫妇资料不详，但有照片证明他俩在图云关结为伉俪。

此外，还有分布在各基层单位的新婚伉俪。

郭步洲、梁钧铤夫妇

郭步洲，原上海元生泰煤号学徒。梁钧铤，广东顺德人，梁洁莲的胞妹。郭步洲和梁钧铤于淞沪会战期间加入红会救护队交通股，其经历参见本书前面有关章节。他俩于1942年7月，在老河口的野战医院结为伉俪。

洪民、周继林夫妇

他们夫妇的经历已在本书第十四章第一节中做介绍，在贵阳图云关第167后方医院外科学组工作期间结为伉俪。

中华人民共和国成立后，洪民任第二军医大学、解放军总医院、军医进修学院口腔科主任等职，后调军事医学科学院，是我国著名口腔医学专家、口腔医学教育家、中国口腔颌面外科学奠基人之一。

江涛声、希尔达夫妇

江涛声，原名江晴恩，湖北荆门人，1928年考入清华大学经济系，1930年留学德国柏林大学医学院，翌年在柏林加入中国共产党。他一面学医，一面为德共中央中国语言组做信息翻译等工作，期间认识德籍姑娘希尔达（Mrs.Hilda），不久成婚。江涛声夫妇回国后的经历已在本书第十四章第一节做介绍。

钱家琪、顾菊珍夫妇

他们夫妇的经历已在本书第十四章第一节做了介绍。抗战胜利后，钱家琪曾在联合国设在维也纳的国际原子能总署工作。

顾菊珍是著名外交家顾维钧的女儿，1940年留英回国后参加抗战救护，任卫训总所X射线物理学组高级教官，期间与钱家琪成婚。1971年，中国恢复在联合国的合法席位后，在联合国"争取妇女平等权利组织"主席任上的顾菊珍，多次为中国代表团出面协调各方面工作。

荣独山、林飞卿夫妇

荣独山，江苏无锡人，1920年9月考入北京协和医学院，1929年毕业，获博士学位，留任协和医院放射科住院医师。1933年先后到美国圣路易市华盛顿大学医学院和康奈尔大学医学院深造，回国后任协和医院放射科主治医师和南京中央医院放射科主任；1937年12月，在汉口参加红会救护委员会医疗队，先后任X光队长、总队部医务股主任；1942年专任卫训所和第167陆军后方医院医务主任，从事X线诊断学教学至抗战胜利。

林飞卿，女，浙江宁波人，北平燕京大学生物系医预科毕业后，入北平协和获博士学位，留任协和细菌学系助教；1936年调南京中央大学医学院细菌科任教；抗战全面爆发后，参加救护总队，先后担任救护总队部检验技术视导员、卫训总所微生物学组高级教官，成为中国免疫学创始人之一。

在图云关期间，荣独山与林飞卿相识、相恋，结为伉俪，1949年9月上海解放后，夫妇俩受聘于上海医学院，分别任放射学教研室主任兼附属中山医院放射科主任和微生物学与免疫学教授，博士生导师。夫妇俩在"文革"中受到冲击。1981年，林飞卿将落实政策发还她夫妇在"文化大革命"期间扣发的工资，全部捐献给上海医科大学设立"荣林氏奖学基金"，至今已有两百多位优秀学生获此奖学金。

施正信、王春菁夫妇

施正信，浙江宁波人。前面在第十四章第一节有所介绍，现作如下补充：施正信于1942年到贵阳医学院任教；抗战胜利后，先后任贵州省卫生处处长等职，1948年任香港大学社会医学教授。1952年赴瑞士日内瓦，任世界卫生组织社会及职业卫生组官员。

王春菁，山西太原人。前面在第十四章第一节有所介绍，现作如下补充：其父是留英学生，曾任山西大学工学院院长；母亲是英国人。王春菁自幼受父母熏陶，谙熟英文；抗战爆发后随父母南下避难，在长沙参加救护总队，任林可胜秘书，其间，与施正信相识相爱，结为伉俪。1952年，王春菁随丈夫赴日内瓦。1966年，夫妇俩回北京定居。

史闵言、谈谊筠夫妇

史闵言，前面在第十四章第一节有所介绍，现作以下补充：抗战爆发后，史闵言随中央医院西撤，辗转至贵阳，供职于卫生署卫生实验处。1941年春，随卫生实验处检验医学组到图云关卫训总所血清疫苗厂工作。

谈谊筠，浙江南浔人，1934年在家乡与史闵言结婚后，留在老家照顾老人孩子，抗战爆发后，到上海寻夫避难，暂居上海；1941年5月带着大儿子来到图云关参加卫训所疫苗室工作，实现一家三口离别四年后的团聚。

史闵言夫妇在图云关先后生下儿子"斌黔"和女儿"望云"。一双儿女的名字中，蕴含着纪念贵州和图云关之意。1944年冬的黔南事变后，一家人回到上海。中华人民共和国成立后，史闵言参与创建安徽医学院并在该院任职；先后任中华医学会安徽分会副会长、《中华医学》杂志编委、《中国免疫杂志》编委、《中国病理生理学》杂志顾问等。

屠开元、韩瑶仙夫妇

屠开元，前面在第十四章第一节有所介绍，现作以下补充：20世纪60年代初，屠开元成功进行离断肢体再植动物实验研究；1979年任第二军医大学副院长；1987年创办中国人民解放军创伤研究所，为我军培养大量矫形外科人才，被誉为中国骨科与创伤外科的奠基人之一。

韩瑶仙是救护总队护士，与屠开元在工作中相识相恋，1940年在图云关结为伉俪。

陶桓乐、陶涤夫妇

陶桓乐、陶涤在图云关卫训总所任职期间结为伉俪。抗战胜利后，陶桓乐于1946年赴美国科罗拉多州丹佛市裴士西门医院进修内科，回国后任上海同济大学医学院内科教授；中华人民共和国成立后，任同济大学医学院、武汉医学院教授及中华医学会理事等职；1960 年，陶桓乐调至北京医院，担负党和国家领导人的医疗保健任务，是我国著名的老年病学专家。陶桓乐病故后，夫人陶溓教授遵照丈夫遗愿，设立"陶桓乐教授奖学基金"，奖励在北京医院工作的成绩优秀的青年内科医师。

王从炎、卢筱庵夫妇

王从炎，安徽合肥人，南通医学院毕业后，于 1943 年加入红会救护总队工作。

卢筱庵，江苏南京人，与王从炎同届同学，同时加入救护总队工作。1944 年，王从炎、卢筱庵结为伉俪。

王从炎继荣独山后任救护总队医务股主任。卢筱庵则在贵阳大西门诊所工作。黔南事变发生时，王从炎陪同副总队长汤蠡舟和医务科科长、预备大队大队长马玉汝等留守图云关。中华人民共和国成立后，夫妇二人定居贵阳，分别在贵阳防疫站和贵州省人民医院工作。

梅国桢、王淑真夫妇

他们夫妇的事迹已在第十七章专文介绍。

张先林、聂重恩夫妇

张先林，安徽合肥人，1929 年获美国纽约大学医学博士学位，回国后受聘北平协和外科副教授；全面抗战爆发后，追随林可胜投身抗战救护，任红会救护总队北路东线副大队长、第 3 队队长，后任救护总队部外科指导员、卫训总所外科学组主任。

聂重恩，籍贯不详，1936 年北平协和儿科毕业。全面抗战爆发后到贵阳图云关，任卫训总所儿科学组负责人。

1949 年，张先林和聂重恩夫妇随"国防医学院"迁往台湾。

梁序穆、许织云夫妇

梁序穆，福建福州人，山东大学理学学士，福建省立医学院助教，奉派北平协和进修。

许织云，浙江温州人，燕京大学硕士，奉派北平协和进修。

梁序穆、许织云同在北平协和进修、研究、相恋；协和关闭后，结为伉俪，1942 年进入卫训总所。梁序穆任生物学组解剖学科主任教官，获授中校军阶；许织云任生物学组解剖学科教官，获授少校军阶。抗战胜利后，夫妻俩就职于上海国防医学院，随后迁往台湾。夫妇俩晚年成立"梁序穆暨许织云教授基金会"，资助出版了何邦立和施彦等人所著关于图云关抗战救护题材的图书。

第二节　中西合璧结抗战情缘

在抗日战争的烽火硝烟里，援华医生中，或原配夫妻，或新结成的几对中西战地情侣，非常值得给读者介绍。

柯让道和柯芝兰夫妇

在本书第九章第三节中，详细介绍了柯列然或称柯让道夫妇在救护总队的工作生活状况，以及原配妻子柯芝兰来华后，于 1944 年 3 月 14 日，因感染回归热久病不愈，病逝于云南建水的情况。

抗战胜利后，柯列然加入联合国善后救济署郑州办事处工作期间，结识一道工作的中国护士赵婧璞，并与之萌生感情，再婚。关于他俩婚后的故事，将在本节最后交代。

柯棣华和郭庆兰夫妇

1910 年出生于印度孟买的柯棣华医生全名德瓦纳特·桑塔拉姆·柯棣尼斯（Dwarkanth S. Kotnis），1938 年 9 月随印度援华医疗队到中国协助抗战，参加武汉会战战场救护工作一段时间后到延安，其间与白求恩卫生学校教师郭庆兰相识，于 1941 年 11 月 25 日结为伉俪。1942 年 12 月 9 日，柯棣华因病逝世。

郭庆兰出生在山西汾阳，从一所护理学校毕业后，受聘到北平协和医院工作；抗战爆发后，在教会医院护士、新西兰传教士凯瑟琳·霍尔（中文名何明清）女士帮助下，毅然辞去协和医院工作，于 1939 年 5 月抵达晋察冀根据地，受聘白求恩卫生学校任教。

杜翰和江兆菊夫妇

毕业于维也纳大学的奥地利援华医生杜翰加入中国红会救护总队后，任第 121 医务队队长，驻陕西；曾于 1939 年 3 月帮助"保盟"将医疗用品从香港运至贵阳，随后转运西北，离开救护总队到西安的英国浸会医院工作，与曾担任救护总队第 1 大队第 10 中队队长，由救护总队派往延安八路军根据地医院工作的加拿大籍华裔产科主任江兆菊结识、相爱并结婚。

原籍同为波兰的西班牙医生甘理安与甘曼妮夫妇

甘理安和甘曼妮都毕业于波兰迪兰什大学，1936 年一起参加"国际纵队"到西班牙从事战场救护，并在西班牙战场相恋成婚。1939 年秋，甘理安、甘曼妮作为援华医生来到中国。甘理安先后任救护总队预备大队队员、第 571 和第 051 医务队队长，带队分别在湖北宜昌、云南等地从事前线军民医疗和中国远征军滇缅战场救护。夫妇俩不畏艰险，在华勤恳工作六年。甘曼妮在图云关救护总队部任病菌检验技师，后随丈夫到云南前线从事医学检验工作。

抗战胜利后，甘理安曾在联合国善后救济署昆明办事处工作，回国前一直致力于为衡阳地区缺医少药的孤儿和难民提供医疗服务。1947 年，夫妇俩离开中国去往立陶宛。甘理安、甘曼妮夫妇来图云关前是波兰籍，后因原居地划归苏联，变成了苏联人。1947 年，曾向白乐夫分享他们的第一个孩子出生喜讯。资料记载，1960 年，沈恩曾去拜访过他们。此后，再没有关于他夫妇的消息。

王道和王苏珊夫妇

在援华医生中，西班牙医生王道和王苏珊也是来华之前于 1938 年成婚的。他们夫妇虽不属于中外结合，但却是在中国抗战的烽火硝烟中一路走来的，是为特例。王道夫妇到中国后，先是在图云关第 167 后方医院、第 1 大队队部等处工作，1939 年秋参加第 40 医务队，到湖北郧阳后方医院工作。两人工作勤恳，感情很好，深受中国队员敬重和喜爱。后来，王道因工作劳累罹患肺结核，于 1945 年 12 月 12 日在重庆加拿大教会医院去世，年仅 33 岁，安葬在重庆南岸。

王苏珊一直在华工作到 1946 年 11 月，才乘英国邮轮"云雀湾"号返回奥地利。1957 年，她独自来到她和王道结婚的阿尔卑斯山。次年春暖花开时，在阿尔卑斯山脚发现她的遗体，死因不明。

德籍医生白乐夫与英籍翻译唐莉华夫妇

白乐夫于 1906 年 12 月 12 日生于德国柏林附近埃伯斯瓦尔德一个药

剂师家庭，1926 年考入汉堡大学医学院，1929 年加入德国共产党，投身反法西斯地下斗争。1936 年参加国际纵队在西班牙战场救护伤员，1939 年秋来到中国红会总会救护总队部。

1914 年生于英国的唐莉华，伦敦大学历史系毕业后到香港，在"红色希尔达"手下工作，结识援华医生白乐夫不久，被调到救护总队部担任林可胜总队长的英文秘书。

1940 年 9 月 20 日，白乐夫与唐莉华经救护总队两位中层领导张祖棻、彭达谋介绍结为伉俪，并在图云关举行了别开生面的结婚典礼，成为在救护总队部举行的最具历史意义的一场婚礼。这个结论，可从白乐夫与唐莉华的结婚证书上窥见端详。

白乐夫与唐莉华的结婚证书这样写道：

"白乐夫，民国纪元前五年 12 月 12 日未时生，德国省媄本华县人。唐莉华，民国三年 6 月 12 日午时生，英国省凡林汉县人。今由张祖棻、彭达谋先生介绍，谨詹于中华民国二十九年 9 月 20 日下午 6 时，在贵阳图云关中国红会总会救护总队部举行婚礼。恭请林可胜先生证婚。看此日桃花灼灼，宜室宜家；卜他年瓜瓞绵绵，尔昌尔炽。谨以白头之约，书向鸿笺；好将红叶之盟，载明鸳谱。此证。结婚人：白乐夫、唐莉华；介绍人：张祖棻、彭达谋；主婚人：傅拉都、甘曼妮；中华民国二十九年 9 月 20 日订。"

就在白乐夫第一次赴湖南前线回到图云关约一周后，传来了被派往陕北为八路军服务的白求恩大夫于 11 月 12 日凌晨，在河北省唐县黄石口村不幸殉职的消息。曾经与白乐夫颇有交情，一起奋战在西班牙战场的外科大夫白求恩，是最早参加中国抗日战争的"西班牙医生"。闻此噩耗，白乐夫几天都处于悲痛之中，多次默默地眺望着西北方向，向这位英年早逝、至真至诚的老战友老大哥致敬、为他祈祷。在白求恩精神激励下，整个抗战期间，白乐夫辗转奔走于湖北、湖南、江西、云南等地的各个战场救护伤病员，其间，还冒着生命危险，与严斐德携手，从香港转运医药物资到内地。

抗战胜利后，白乐夫、唐莉华夫妇暂居上海期间，生育女儿约瑟芬（Josephine）和儿子贝纳德（Benard）。后在宋庆龄、董必武的帮助下，白乐夫任联合国善后救济总署华北分署卫生组主任。

1946 年，白乐夫从上海抵胶东解放区，在烟台市工作两年。其间，正遇流行严重危害人民身体健康的地方性"黑热病"。白乐夫立即建起传染病院，培训医务人员，开展"黑热病"防治工作，逐渐使流行疫病得到控制并最终被扑灭。在一张白乐夫与胶东医学进修班全体教职员和学员合影照片上方，写着这样的说明：

"山东牙前县榆山区楼底村全村 82 户，人口 269 人，患黑热病死亡23 人，已治愈 30 人，尚在治疗中 49 人。"

1947 年，白乐夫返回德国，继续从事医学研究。1948 年，唐莉华随白乐夫定居民主德国并加入德国共产党，后在中国新华通讯社、柏林洪堡大学、德国科学院等单位从事翻译和教学工作。

1952 年，白乐夫在民主德国发表《黑热病在中国的流行与防治》论文，获医学博士学位；1959 年回中国访问时，获"中国红会荣誉会员"称号。在中苏关系紧张时期，民主德国的报刊上充斥着大量攻击中国的文章，白乐夫因与中国的关系而处于逆境。但他并没有因此低头或颓废，毅然完成并发表了他的回忆录《我在中国做医生》，表达了他对中国人民的同情和热爱，讴歌了中国共产党领导下的解放区。

中国驻德大使馆柏林办事处原主任刘祺宝在驻德使馆工作期间，结识了国际援华医生白乐夫和孟威廉等国际友人，与他们有不少友好往来，因此曾为《经霜的红叶》一书的编撰，提供了大量珍贵史料，并将白乐夫的回忆录翻译成中文，收录在《经霜的红叶》中。

刘祺宝主任退休后，一直在夫人协助下研究这段历史。白乐夫与唐莉华的那张结婚证书，就是刘祺宝捐给贵阳市对外友协的珍贵文物之一。另外，他还捐出了白乐夫送给他的，当年宋庆龄在自己的"孙中山夫人"英文名片上，用英文写下的"祝白乐夫医生夫妇新年快乐！"的贺卡等历史物件。

1985 年 5 月，白乐夫再次到访中国期间，重登图云关。

1999 年 5 月初，北约轰炸中国驻南斯拉夫大使馆。白乐夫此时虽已重病在身，但仍然义愤填膺，与夫人一起给中国驻柏林办事处主任刘祺宝写信，严厉谴责北约违反国际法的野蛮行径。看到他用颤抖的手郑重签下的名字，刘祺宝夫妇深受感动。

冥冥中的奇缘不知应该作何解释。1999 年 12 月 12 日，白乐夫在 93 岁生日的当天与世长辞。中国对外友协发去讣电。从此，我们永远失去了这位对中国一往情深的国际友人！

甘扬道和张荪芬夫妇

据《中国红十字》1984 年第 5 期载，1940 年，燕京大学护理系毕业的张荪芬只身由北平绕道香港，乘船经越南海防转至昆明，继而搭乘卡车来到图云关救护总队部，被分配在第 8 中队担任医护视导员。在张荪芬的记忆中，当时的图云关是这样的：

"公路两边山坡上有一排排草房，左边最前面的一幢门前挂着一块很长的牌子，写着：中国红会总会救护总队部。我们当天就见到了总队长林可胜和其他一些负责人，领到了一套灰色制服和一枚中国红会徽章。公路右边山坡上也有很多幢草房，是运输大队的。那里有很多卡车和救护车，都是海外爱国华侨捐赠的……山坡的更高处还有食堂和医务人员、职工宿舍。"

几个月后，张荪芬被编入驻在广东韶关的第 8 中队作医护视导员，

保加利亚的甘扬道大夫与中国姑娘张荪芬结为伉俪

中队长是波兰籍医生戎格曼。中队部留驻韶关，四个小队分散到粤北驻军的几个野战医院协助军医工作。

10月的一天，张苏芬与小分队来到一个设在一家农舍的野战医院驻地。农舍四周都是水田，房屋破旧，墙壁和梁柱被烟熏得漆黑。东家指了指牛舍旁边一间有窗户有门的小屋说：

"队长请住这间屋子！"

这间屋子显然是这家最好的一间。张苏芬和一位女护士被安置在屋顶下堆着谷草的地方居住。接着，她们砍竹子、建竹房，搭建起一大间明亮的手术室。手术台和其他设备都用竹子制作；用纱布挡起墙壁和门窗，创造出基本的消毒条件，以便进行手术。竹房的另一头是其他队员的宿舍和敷料室、储藏室。就这样，医疗队开始每天上午煮藕粉或者挂面汤给伤患增加营养。

11月初，张苏芬陪同戎格曼队长到住在乐昌的由罗马尼亚医生柯列然任队长的小队视察。柯列然专为戎格曼和张医生作了一盘凉拌土豆丝以示欢迎，同时庆祝十月革命节。

张苏芬的这段回忆，足可从一个侧面窥见当年前线基层医疗救护队及外籍援华医生们的工作和生活状况。

滇缅战役爆发后，张苏芬与时任救护总队部卫生勤务指导员兼第012队队长的援华"西班牙医生"甘扬道同时被派配属第54军到滇西，视察指导战地救护，在炮火中救治伤病员。

一次，能歌善舞、会说一口流利英语的张苏芬带领队员们唱歌，突然听到里面夹着一个不和谐的男声，原来正是队长甘扬道。张苏芬来到甘扬道面前纠正他说：

"我还是先教您学说中文吧。中文说对了，歌就自然会唱了。"

当时由于缺乏翻译，援华医生们学习中文主要靠自己。一个正在以极大毅力学中国话的外国人，能有这么一位漂亮姑娘自告奋勇教说中国话，正是甘扬道求之不得的。于是他试探着关切地问：

"你还有妈妈吗？"

"有！她在沦陷了的北平。你呢？"张苏芬回问一句。

"我也有，妈妈在德国法西斯统治下的欧洲。"甘扬道答。

之后，两人又几乎同时说道：

"只有打败法西斯，我们才能回到母亲怀抱。"

正应了中国那句名言"有情人终成眷属"。正是有了这次见面，不但使这位外国大夫不再因语言不通而有交流障碍，反而方便了他俩的语言沟通，拉近了心灵距离。甘扬道慢慢可以和病人交谈，独自上街购物，甚至唱中国歌、听京戏，他还特别喜欢吃中国臭豆腐和贵阳的恋爱豆腐果。于是，一段中西结合的恋情确定下来。

甘扬道是这位外国医生的中国名字，原名叫扬托·卡内蒂，是保加利亚籍"西班牙大夫"，保加利亚共产党员。

1942 年，出生于北京一个书香门第的张荪芬与甘扬道结为伉俪，次年大儿子降生，取名"保中"。"保中"之名蕴含着两层深义：一是，保加利亚父亲与中国母亲结合的产物；二是，甘扬道不远万里来到中国参加抗战，就是为保卫中国不至沦为日本殖民地。

1945 年年底，甘扬道带着妻子张荪芬回到保加利亚不久，次子出生，取名"保华"。弟兄二人的名字合起来就是"保卫中华"，正应了援华医生们当年赴华参加抗战救护的初衷。

回到保加利亚的甘扬道获保加利亚政府颁发的"共和国勋章"，出任保中友协主席。张荪芬担任大学中文教授，还编写了《保汉分类词典》一书。1983 年，甘道扬夫妇访问中国，向中国人民对外友好协会捐赠一批大部分是有关图云关的珍贵历史影像，受到时任外交部部长黄华的热情接待，时任对外友协主席王炳南与他们夫妇合影留念。

1989 年 11 月，甘道扬夫妇携大儿子保中再次访问中国，来到图云关寻找当年的抗战记忆，在高田宜墓前凭吊、献花。2004 年 6 月 15 日，甘扬道成为援华"西班牙医生"中最后一位离世者，享年 94 岁。

柯烈然的第二次婚姻

抗战胜利后，为表彰柯列然所做的卓越贡献，中国红会授予他"杰出成员"荣誉称号。此后，柯列然并没有立即回国，而是转到联合国善后救济总署河南分署，为战后中国的恢复继续工作。在奔波于郑州、开封等地期间，结识了在郑州红十字医院和善后救济总署郑州办事处从事医护工作的中国姑娘赵婧璞。

柯列然与赵婧璞第一次见面，是在郑州红十字医院李院长家中的午餐席上。随着相识日深，赵婧璞的和善、开朗、热情、勤奋、积极工作表现，给柯列然留下深刻印象。

1946年初夏，河南流行霍乱。柯列然组织防疫队到各地医院增设霍乱病房，到收容所为难民治病。每次从外地回来，总是感到疲乏与憔悴，但得到了诚实善良、谦虚乐观的赵婧璞的照顾。赵婧璞经常帮助柯列然翻译文件和病历，写报告，填报表，其善解人意与助人为乐精神，被柯列然看

柯列然与中国夫人赵婧璞

在眼里，记在心中；而柯列然的诚实善良、谦虚乐观、渊博学识、高超医术，以及对灾民和病人的真诚同情和无微不至关怀，深深打动了赵婧璞的心。

就这样，随着时间推移，他俩逐渐产生感情，从相知，到相爱，到相恋，到结婚。1946年12月25日，在西方的圣诞节时结为伉俪，成为中罗史上第一对跨国婚姻。

对于结婚的日子，婚后按西方习俗改称"柯婧璞"的新娘这样回忆道：

"这一天外面大雪纷飞，一间简陋的房里却热闹非凡。这是一场半新半旧、半中半洋、中西结合的婚礼。"

1947年年底，柯列然决定带着中国夫人回罗马尼亚。12月4日下午，夫妇俩来到上海新亚饭店出席饯别酒会时，巧遇宋庆龄女士。柯列然和宋庆龄共同回忆起1939年秋，援华医生们初到香港，曾应邀到宋庆龄家中赴宴的那个美好夜晚……

"是啊！已经过了七八年。我代表中国人民，谢谢你这些年来给予我们的帮助和为我们作出的牺牲。你是中国人民真诚的朋友。中国人民永远不会忘记，所有志愿帮助我们的同志。以后有机会，请你们再来中

国访问。"宋庆龄热情和蔼地对柯列然说。

"谢谢您,若有机会再来中国,一定要来拜望您。"柯列然说完,小心翼翼掏出笔记本请宋庆龄签名留念。

1948 年 3 月 16 日,柯列然夫妇登上"飞云号"货轮离开上海,回到阔别十余年的罗马尼亚。柯列然先在罗马尼亚卫生部任职,此后担任罗马尼亚内务部卫生司司长、国家监察署署长等职。

1949 年 10 月 5 日,中罗建交。为增进中罗两国相互了解和友谊,柯列然夫妇积极奔走,为中国在布加勒斯特建立大使馆做了许多工作。由于使馆缺少罗马尼亚语翻译,已学会罗马尼亚语的柯婧璞,为使馆人员和我国去罗访问的代表团做翻译。

1972 年 10 月,已退休的柯列然夫妇受当年在重庆结识的老朋友、中国友协会长王炳南邀请到访中国,参观了曾经工作过的地方,目睹了发生的巨大变化。

1975 年 1 月 13 日,柯列然在布加勒斯特辞世。10 年后,步入晚年的柯婧璞向祖国有关部门提出"叶落归根"的请求。1986 年,在中国政府安排下,柯婧璞保留罗马尼亚国籍回到上海定居。

2008 年 12 月 26 日,国际共产主义战士柯列然 104 周年诞辰之际,按他生前意愿,将他的骨灰转葬到中国上海的宋庆龄陵园中,回到了他对"生命、自由、爱情"魂牵梦萦的地方……

在庆祝抗日战争胜利 65 周年之际,柯婧璞被罗马尼亚国防部授予"反法西斯战争英雄"的光荣称号。2014 年 9 月 3 日,柯婧璞走过了人生 95 个春秋,在上海离世,其塑像以站姿守护在柯列然墓旁。

第三节　各路人马辞别图云关

1945 年的"八一五"之夜,注定成为所有中国人的不眠之夜。不少人喝醉了,拼着命大喊:"日本龟儿子投降了!"

消息传到图云关,生活在这座特殊医疗小城的各国籍居民们,如被惊醒的一群雄狮,一下振奋起来。人们冲到户外,欢呼雀跃,奔走相告,欣喜若狂，热泪涌流，激动得相拥成团。没有锣鼓以脸盆代替，没有喇叭用嗓子呼喊，还有人把洋铁桶搬到空地或挂在树枝上猛烈敲击。简易茅屋的灰墙上，很快贴出了"日本投降了！""抗战胜利了！"的巨幅横标。整个图云关，处处燃起篝火，人们欢歌唱跳，直到天亮。在狂喜的同时，也有人想起在这场战争中牺牲的亲人和战友，不免默默地流下眼泪……

此时，国际援华医生们，早已忘记了这是在中国，在贵阳，在图云关。他们不顾中外礼仪之别，见人就拥抱，就亲吻，蹦跳之余，逐渐意识到随着中国抗战的胜利，分别的时间已经不再久远，于是开始拍照留念，签名互赠留言，以纪念这难忘的一刻和建立起六年战斗友谊的见证地图云关。

9月中旬，各国援华的医生们，除了在完成印缅战场的救护工作后直接从印度回国的几位以外，整体上结束了他们的神圣使命，开始陆续离开图云关回国或去往他处。

援华医生们毕竟都只是医生，不是政治家。当世界还未从法西斯扩张的噩梦中惊醒时，他们便以大无畏精神，以自己的良知和责任感，毅然决然远离家乡和亲人，漂洋过海，不远万里，来到非常陌生的东方中国。在援华抗战的两千多天里，他们忍受着思乡念故之苦，承担着极大的人生风险，历尽各种艰辛危难，都在所不辞；无论被分配到什么岗位，无论被派遣到什么地方，无论生活条件如何艰苦，甚至连吃饱肚子都难以保障；也无论工作多么紧张繁忙，成天身穿红十字制服，肩披白大褂，常常通宵达旦抢救生命；下最大决心，做不懈努力，为了自由、和平，为了反法西斯的中国抗战，许多青年人谈不上对象，耽误了婚期，但他们义无反顾，全心全意为救死扶伤贡献自己的力量，直到最后胜利。

抗战胜利后，在图云关救护总队部名册上的34位国际援华医生，或前或后，或早或晚，虽然因战场救护需要而来去，却始终固定围绕"图云关"这个圆点生活和工作，在完成神圣使命后，陆续离开图云关，告别中国。这里，笔者尽量将在图云关"国际援华医疗队纪念碑"上所列的21位"西班牙医生"的战后去向或归宿，通过查阅有限史料，进行梳理，给读者

众多救护人员

一个相对圆满的交代：

德籍医生玛库斯（马绮迪）女士，在1944年5月参加第8手术队到云南前线，配合第052医疗队工作期间，罹患精神疾病被提前护送回国。

继玛库斯之后，第一批踏上归途的是受救护总队派遣，赴印缅战场医疗卫生训练营担任教官，圆满完成任务后归国的10位中除了"西班牙医生"孟洛克外的9位，即：柯理格、富华德、纪瑞德、杨固、顾泰尔、何乐经、傅拉都、陶维德、白尔。

波兰籍医生柯理格，离开中国后回到捷克斯洛伐克，曾担任该国卫生部副部长，1968年1月，因在西方称之为"布拉格之春"的改革运动中担任领导职务而被解职，退休后继续行医。

德国医生顾泰尔赴华时，妻子因健康原因未能同行，直到"二战"结束后，顾泰尔回到德国，全家才得以团聚，但不久被迫移民到苏联定居。

苏联医生何乐经，曾经不惜与他的白俄罗斯家庭断绝关系，毅然到西班牙参战，之后又辗转来到中国。直到顾泰尔移民到苏联后，才帮助他修复了家庭关系。

奥地利医生富华德回国后，撰写了描述国际援华医生在华事迹的回忆录《起来》一书，于1947年完成并发表。

捷克斯洛伐克医生纪瑞德回到布拉格，20世纪50年代初因病辞世。

罗马尼亚医生杨固，回国后在布加勒斯特从事公共卫生工作。

波兰医生傅拉都，1957年出任波兰驻中国使馆公使衔参赞，曾带着妻子和儿女重返曾经战斗过的"第二故乡"，直到1964年，又在中国工作了整整七年。任期届满回波兰后，傅拉都出任该国外交部主管中国事务的副司长，在中苏关系恶化，影响到中波关系时，傅拉都依然尽其所能维护中波关系，充分体现了他对中国的深情厚谊。

2016年11月22日，"纪念西班牙国际纵队成立80周年：缅怀中国人民的伟大朋友傅拉都医生"学术报告会在上海社会科学院举行。会上透露，有关部门组织的拍摄团队正在筹拍关于傅拉都的纪录片和故事片各一部。

此外，奥地利医生肯德回国后，在维也纳开店行医，于20世纪60年代去世；匈牙利医生沈恩回国后，在布达佩斯做公共卫生工作。有关罗马尼亚医生柯列然、柯芝兰夫妇，保加利亚医生甘扬道，德国医生白乐夫，波兰医生甘理安和甘曼妮夫妇以及奥地利医生王道的情况，上文已有交代。

在21位"西班牙医生"中，只有德国医生白尔、波兰医生陶维德和戎格曼，离开图云关后没有消息记载。

1945年7月后，奥地利医生严斐德受联合国善后救济总署雇请，赴江苏省工作，此后几年中，曾在国统区的"中国工合"和"伤兵之友社"当医生。回国后，撰写了《中国胜利了》一书，与富华德的《起来》异曲同工。甘扬道夫人张荪芬的弟弟张至善先生，将上述两书分别译出，然后合二为一，以《起来，中国胜利了》为题付梓成书并写序。

1953年，严斐德被奥地利《人民之声报》派驻中国，1955年4月11日，作为赴印尼采访万隆会议的特派记者，乘印度包机"克什米尔公主号"，途中遭遇敌人安置定时炸弹爆炸不幸牺牲。如今，在北京八宝山革命公墓内高耸的"4·11"事件烈士纪念碑上，镌刻着国际主义战士严斐德的名字。

抗战胜利后不久，救护总队部接到上级命令，要求按照国民政府和军方有关伤残将士安置的政策精神，尽快疏散现有伤病员，逐步裁编减政，最迟于1945年年底或1946年上半年，整个救护体系必须全部撤离图云关。道理很简单，如果这些人员得不到妥善安置，图云关各部门的医生们则没办法脱身，更不可能扔下他们而先期撤离，那么究竟将伤残人员送往哪里呢？

1945年9月底，救护总队部依据红会总会指示，按照当时军政部门的政策规定，对尚在图云关各医疗单位就医或康复疗养的伤病残官兵，按照当时的身体状况，具备回归部队条件，且原所在部队还在的，原则上送交原部队接收，并尽快联系回归原来部队医院继续治疗；已经确定致残或尚需继续就医待康复的，以及原部队番号被取消，无法送回原部队的，原则上全部联系送往西南地区各地的临时疗养机构；同时组织车辆，确保在短期内陆续将他们安全送达目的地。

资料记载，抗战十四年，仅国军正面战场的伤亡人数总计就达约320万人。如何救治和安置众多的负伤将士，对国民政府来说，无疑是一个棘手难题。

追溯至1938年冬，军政部首先在湖南晃县首善镇长滩坪设立"荣誉军人临时教育休养院"，简称"临教院"。次年2月，又在沅陵、泸溪等地建制鞋厂和纺织厂等，训练临教院伤残官兵的自立技能，以便开展生产自救。随着伤兵越来越多，驻地越来越广，军政部不得不相继在各地组建"临教院"。为加以区别，临教院之前被冠以序号。为安抚并尊重伤残将士，国民政府下文将"伤残军人"改称"荣誉军人"。

从1939年秋开始，军委后勤部等单位发起荣誉军人职业运动，成立伤残军人生产合作社，进行简单的手工业品制作，如纺织、印染等，倡导"集体生产，合理分配，共同生活，自由发展"的自救理念。为配合国民政府对于荣誉军人的治疗和康复，中国红会总会会同军政部创设了"矫形外科中心"，聘请优秀外科专家为荣军治疗，为肢体残损的荣军装配假肢，帮助该等荣军通过各种职业训练，达到残而不废、自力更生的目标。

抗战期间，大量伤病员和残疾将士被转移到了西南大后方。因此，抗战胜利后，遗留在西南三省各地，尚未痊愈的伤病员以及残废军人为数众多。而做好这方面的工作，关乎政府声誉、社会稳定、伤残军人的生活保障以及无数家庭的存亡大事。

抗战后期，国防部联勤总部先后将三家荣军临教院迁到贵州。其中第4临教院驻镇远县，第14临教院驻绥阳县，第17临教院驻息烽（湄潭）县。因此，当时尚在图云关进行治疗或康复中的荣誉军人，大都被送去了这些机构。

抗战后受命担任军政部军医署长的原救护总队长林可胜，对于战场受伤或致残军人的后续治疗和安置情况十分关心，尤其是对那些直接在他领导下的救护总队各大队不得不动员离开的伤病员们，更是时时牵挂在心。1945年12月，在林可胜的亲自部署下，军政部军医署下令筹建并及时派出由内、外科专家组成的几个医务督导组，分赴西南、西北各地，考察调研后方医院及疗养院荣誉军人的治疗和生活情况，希望取得第一手可靠资料，以便部署加强荣军治疗、善后安置和生活出路等事宜。此举旨在尊敬、关怀抗战负伤将士，关乎伤残军人及无数家庭的生活保障，因此受到社会各界的高度评价。

据杨锡寿先生回忆，贵阳陆军总医院接到军医署要求组织"军政部军医署第四医务督导组"的命令后，迅速指定内科主任陶桓乐、骨科主任屠开元两位专家负责牵头组队实施此项工作。但因他俩随后受命到上海国防医学院任教，遂改派外科主任、协和医学院毕业的外科专家周京华负责。杨锡寿作为内科医师参加督导组。

杨锡寿所在的第四军医督导组负责贵州、广西两省各地后方医院及荣军疗养院的督导工作，1946年春节刚过，即整装出发，配备专用救护车一辆以及各种医疗器械和常用药品，既帮助各地医院处理遗留的疑难重症病人，还负责各地荣军疗养院初步鉴定伤残等级工作。督导组先后到了贵阳、清镇、息烽、遵义、绥阳、桂林、南宁、梧州等8个城市共14个医疗单位和荣军疗养院。为方便检查督促，上级特为周京华临时挂少将衔，杨锡寿临时挂中校衔。

1943年11月下旬，已调到总队部诊疗室内科工作的张怀瑾生下了第二个孩子，是个女孩，取名朱黔云，意为纪念贵州图云关。老大黔谷是男孩，纪念山谷关口；老二黔云是女孩，纪念云雾锁关。又因为是黔谷的妹妹，所以都叫她"妹子"，后来演变称为"梅子"。妹子出生时，朱志均仍出车在外。

尽管张怀瑾身体欠佳，但一谈到她所钟爱的护士职业和她所崇敬的偶像南丁格尔，精神顿时振奋起来。在救护总队部编撰的1944年4月30日版《救护通讯》第13期中，登有张怀瑾、林剑华、朱毓文、李智珊等窗友针对当年护士节发表的感言。张怀瑾如是说：

"是战士们的鲜血，灌溉了民族奇葩。所以，我们要流汗，要用珍珠般的汗滴儿，尽心尽力看护伤员，去恢复他们的健康。使世界人类只有青春，永恒的青春。笑声一样的爽朗，康乐！"

张怀瑾的好友林剑华当年发出的感悟和誓愿也是同样感人：

"现在我要问，当着国家十分缺乏医事人员的时候，我们会放弃我们的神圣工作吗？谁敢再说一声，妇女的工作范围不过是家园呢？我们的生命，比得过那些受过创伤的战士们获得的新生命吗？"

是啊！特别令张怀瑾感动，也特别值得留墨书章的，是张怀瑾在桂林被炸伤住院期间，一直无微不至护理照顾她的林剑华。

林剑华是浙江定海人，系东南医学院第五届医科毕业生林熊飞的堂妹。1937年前，林熊飞在上海贵州路39号开诊所，时年林剑华正就读于东南医院护士班。兄妹俩一直盘算着，待林剑华毕业后，共同悬壶济世，从事医疗经营。但事与愿违，眼看着日军的入侵，兄妹俩毅然放弃收益不菲的医疗诊所，积极响应红会号召，一道投身于抗日战地救护队伍中。

西撤到武汉后，林熊飞被编入红会总会救护总队中路西线第14医疗队，给汤蠡舟做副手。张怀瑾调至图云关后，还和林剑华在上林新村的家门前有过合影，图云关撤离时都分散了。

1944年下半年，战争形势越发紧张，一度谣言四起，众说纷纭，说鬼子快到贵阳了。救护总队部一边研究人员疏散，一边出台了裁减人员的优惠政策。凡愿意主动报名接受遣散者，可领三个月工资，去向自定。当时，朱志均又出车去了云南，不知何时才能回来。张怀瑾为了两个孩子的安全，决定丢弃买来的房子、充足的米粮和简单的家具，接受遣散去重庆等待丈夫，另谋生路。

东南医学院护士班同窗好友，多年的老同事李帼英，也许是由于长期过度劳累，加之婚后孕期严重营养不良，生了个软骨痴呆儿子，三岁还不能坐，更不要说走路了。她丈夫是在江西工作的救护总队员工，因患肺结核来不了贵阳。于是，张怀瑾将自己和朱志均艰苦创业赚下的这个房子和家具，全部无偿送给了她，以解她母子之难。

大约11月中下旬，张怀瑾带着孩子离开图云关时还在想，只要鬼子来不了，我就还要回来，必须自立养活孩子。

这时，女儿妹子才一周岁，刚会走路。当张怀瑾母子乘坐的车快到綦江时，居然遇上朱志均从重庆乘车去贵阳接她母子，相遇后，一家人来到重庆。朱志均在重庆南岸的公共汽车保养场找到一份保管员的工作，权且安下身来。

1946年1月28日，张怀瑾和朱志均的第三个孩子出生在重庆南岸。半年后，朱志均突然接到任务，说国民党炮兵部队有十几辆车需要尽快开到江阴协防，急需驾驶员。军方得知保养场的人大都会开汽车，给出的条件是，愿意回江苏老家的，每人开一辆车，不给报酬，但可搭乘家属子女走，路上管生活；行驶路线是经贵阳、湘西、衡阳、长沙，到武汉听从安排。

朱志均接过车，经过几天检修后开始出发，途经图云关，打算去看看原来的家和李帼英等老同事们。谁知这时的图云关早已人去房空，一片狼藉。夫妇俩原来的家门大开着，只剩一张双人床，房内的木隔板，早被人撬起拿走了。回一趟曾经住过几年的家，居然什么都没有了，心想，都已经在回老家的路上了，只要能回家，还要这些破烂干吗？留得青山在，不怕没柴烧！

所幸见到了留守人员，原材料总库第三库库长刘仲民留他一家吃了顿饭。南京人老刘一家老少七口，因无钱回老家，只好暂作留守人员，混口饭吃，再做打算。于是，张怀瑾夫妇告别老同事，依依惜别图云关，继续赶路，盼望能早日安全到家。

回到上海的张怀瑾，第一时间前往林熊飞在贵州路开设的诊所找老同学、老战友林剑华。然而从林熊飞夫人处得到的却是令张怀瑾悲痛欲绝的不幸消息：林剑华回上海后，因患紫斑病离世，年仅 34 岁，终生未嫁。这个晴天霹雳般的消息，顿时将张怀瑾劈得晕头转向。

通过以上亲历抗日战场救护那段艰险岁月，出生入死幸运走来的两位百岁老人董以惠和陈符德那些满怀深情的回忆，以及后来尝尽人间悲苦、含屈故去的张怀瑾留在白纸黑字间那些用泪写成的倾诉，让我辈了解到，在汤蠡舟和袁松人带领下撤退到武汉的医务人员所组成的救护总队第 14、第 26、第 27 这三队独具特殊缘分，共同奋战的医疗救护工作者群体，不仅在抗日战场救护中作出了卓越贡献，而且彼此间还建立起终身的战斗情谊。此类事例不胜枚举。

参考文献

一、贵阳市档案馆藏档案

救护总队档案：《调整中国红会救护事业办法》，抄呈卫生署，1937年11月29日；《总会救护总队部工作简报》第4期，1940年1月，40-3-56；《民国27年某月救护总队各队分布地点表》，40-3-60；救护总队部总报告、总队部摘录各种工作报告，40-3-58；《红会总会救护委员会第一次报告》，40-3-60；《总会救护委员会第二次报告》，40-3-60；《总会救护总队汽车修理厂组织规程》，40-1-2；《救护总会发救护委员会总干事林可胜电报》，1938年9月29日，40-3-164；《总会救护总队部医事人员国外进修及考察选送暂行办法》；《红会职员缓役办法》，原载《会务通讯》第1期，1941年1月；《总会驻汉办事处发卫生勤务部呈文》，1937年12月26日；《第一中队长薛培基呈总队部报告》，1942年1月11日；救护总队文件：《总会救护总队部任用工作人员暂行办法》、《总会救护总队部工作人员任免规则》、《总会救护总队部工作人员考核办法》、《总会救护总队部工作人员奖惩规则》、《总会救护总队部各级医事人员进修暂行办法》；红会有关文件：《中华民国红会战时组织大纲》、《国民政府军事委员会战时监督红十字会暂行办法》、《总会救护委员会救护总队部组织系统表》、《总会救护委员会总队部组织规程》、《总会救护总队部办事处组织规程》；《救护总队部通知》，1940年5月7日；《救护总队部发尹亦声医师电报》1940年6月9日；《总会昆明办事处发救护总队部电报》，1943年2月2日；《傅拉都发救护总队部电报》，1943年2月4日；《军医署发救护总队部代电》，1943年3月1日；肯德著，温新华译：《军医业务简评及改进之我见》、《鼠疫横行在常德》；《总会救护委员会代电》，1942年11月22日；《军医署发救护总队电报》，1942年12月11日；《救护总队部第二中队三十年十一月份工作报告》；《总会救护委员会训令第 32 次第 7 号》，1942 年 12 月 17 日；《总会救护委员会训令第 32 字第 8 号》，1943 年 1 月 4 日；《总会救护委员会第三次报告》、《总会救护总队部第四次报告》、《总会救护总队部第五次报告》，1940 年《救护与救济》9 月与 10 月合刊第一卷第二期；《内政部卫生署组织医疗防疫队办法》，1938 年 6 月 9 日公布；《内政部卫生署医疗防疫队总队部处务规则》、《内政部卫生署医疗防疫队各队组织细则》、《医疗防疫队各队暂定组织表》；《中国红会总会救护委员会救字公告第壹号》、《汉口首都办事处发总会呈文》附件，1938 年 1 月 9 日；《内政部卫生署训令第 0001081 号》；《王常务理事潘秘书长郭主任秘书有关部务各点谈话记录》，1940 年 6 月 11 日；《林可胜收卫生署长金宝善电报》，1940 年 7 月 10 日；《第 60 次常会记录》，1941 年 2 月 18 日；《总会第 1 届理、监事第 23 次联席会议记录》，1940 年 1 月 14、15 日；王晓籁《视察报告》，原载《赈济与救护》1 卷 2 期，1940 年 9 月 10 月合刊；《王常务理事潘秘书长郭主任秘书有关部务各点谈话记录》，1940 年 6 月，《总会救护总队部工作简报》，第 2 期，1939 年 11 月；《救护总队林可胜发会长王正廷呈文》，1940 年 6 月 15 日；《林可胜收卫生署长金宝善电报》、《第 143 队队长赵梦华发总队长林可胜电报》，40-2-200。

红十字会档案：《第 101 队刘世逊发总队部电报》，1942 年 7 月 20 日；《总会发首都办事处主任庞京周公函》，1937 年 10 月 29 日；《调整中国红会总会救护事业办法》之《首都办事处主任庞京周发总会呈文》，1937 年 12 月 14 日；《救护总队部工作简报》第七期，1940 年 4 月。

二、贵州省档案馆藏档案

总会救护委员会第三次报告、武汉区域运送伤兵数日统计表、湖南区域运送伤兵人数统计表，M116-14；《总会救护总队部第四次报告》，M116-15；总会救护总队部第五次报告，M116-6；黄仁霖：《黄仁霖回忆录》；蒋梦麟：《蒋梦麟回忆录》；《关于呈送赴第四大队推动护理工作的报告》，M116-1-13-16，1941 年 2 月 27 日；《总会驻汉办事处发卫生勤务部呈文》，1938 年 5 月 22 日；《总会救护总队部第四次报告》；《救护总队部领款通知单》，1939 年 12 月；《内政部、军政部战时卫生人员联合训练所组织概况》;《救护总队各队分布地点表》、《总队部摘录各种工作报告》、《救护总队部总报告》、《第十中队长墨树屏报告》。

三、中国第二历史档案馆

《红会总会救护总队部业务报告》1942 年 11 月，476-2000;《救护总队部发杜翰等人工资通知单》，1940 年 9 月 1 日;林可胜:《中国红会总会临时救护委员会救护总队部组织及其任务概略》、《呈蒋委员长报告书》附件，1940 年 10 月 1 日;《林可胜呈蒋委员长报告书》，1940 年 10 月;《林可胜呈蒋委员长报告书附件》，1940 年 10 月;《军事委员会发军政部电报》，1940 年 10 月;《中国红会临时救护委员会救护总队组织及其任务概略》、《军政部军医署发总会电报》，1940 年 12 月;《重庆总会发会长王正廷电报》，1940 年 12 月;《重庆总会发香港总办事处电报》，1940 年 12 月;《香港王正廷等发重庆杜副会长月笙、刘副会长鸿生电报》，1940 年 12 月;《重庆杜月笙发香港王正廷电报》，1940 年 12 月;《救护总队长林可胜发总会潘秘书长电报》，1940 年 12 月;《香港总办事处发重庆总会潘秘书长电报》，1940 年 12 月;《重庆总会潘秘书长呈香港王会长报告》，1940 年 12 月;《总会第 60 次常会记录》，1941 年 2 月;《总会第 1 届理、监事会第 24 次联席会议记录》、《会务通讯》第 3 期，1941 年 4 月;《总会总办事处简报》第 34 期，1940 年 10 月;《军事委员会发总会林康侯电报》，1938年 2 月;《军事委员会发红会总会电报》，1938 年 5 月;《林总队长可胜休假半载》、《会务通讯》，第 11 期，1942 年 10 月;《总会琐事纪要》，1942 年 7—9 月;《会务通讯》，第 12 期，1942 年 11 月;《总会收军事委员会训令》，1942 年 12 月;《总会发蒋委员长签呈》和《军事委员会蒋委员长发总会潘秘书长电报》、《救护总队发总会呈文》，1941 年 9 月;476-2020;1942 年 12 月，476-3088。

四、贵阳市有关部门编汇

贵阳文史资料选辑第 22 辑，1987 年:施正信:《回忆图云关》;沈新路:

《回忆抗战时期的救护总队部》；王春菁：《参加中国红会工作的回忆》；中国对外友协：《国际援华医疗队名单》；侯道之、朱朝政、朱朝成：《中国红会第23医疗队在延安》，1992年；梁钧铤：《抗战时期我在"红会"医疗队的一段经历》；姚仁里：《红会救护总队与卫训所的培训关系》；杨锡寿：《回忆贵阳陆军医院》；朱崇演、张建军：《荣独山教授谈红会救护总队》；汪犹春：《在红会救护总队部的回忆》《林总队长载誉归来》《难忘的岁月——记中国红会贵阳医疗队在缅甸》《追思"逆行者"林可胜先生》《欢迎林总队长纪实》，1949年7月，《中国红会务通讯》，1942年第10期；薛庆煜：《记中国红会救护总队与战时卫生人员训练所》；于怀卿：《红会救护总队在贵阳》；郭绍兴：《回忆抗战时期党在中国红会救护总队部的工作》；林竟成：《我们老爷车的故事》《湘桂前线通讯——别了大溶江》《参加红会救护总队部工作的回忆》。

　　贵阳市档案馆编《战地红十字——中国红十字会救护总队抗战实录》；龚积刚：《1941年常德细菌战始末》；《追忆抗日战争时期的中国红会救护总队》；张怀瑾：《负重悲壮历程的心路》；朱联贵：《纪念抗日战争胜利，追寻救护总队足迹》《闪耀红十字光芒的南江战地医院》《一个沉积着厚重抗战文化的村庄》，2007年3月；贾宗兴：《第531队队长贾宗兴工作视察报告》；许信刚：《千山万水到贵阳》；《军事委员会战地服务团新运医疗队工作报告》；《中国红十字会总会工作概况报告》，《中国红十字会月刊》，第57期，1940年6月；《庞氏出发》，《申报》，1936年12月2日；《各方纷纷援绥劳军》，《申报》，1936年12月8日；《红会前方电告需要救护药品》，《申报》，1936年12月14日；《中国红十字会总会制服处理规则》，《会务通讯》第17期，1943年6月；《会务通讯》：《中国红会月刊》，第32、40、44期；《曹秘书长云祥来函》和《总会第1届理事会及监事会第18次联席会议记录》，1937年1月，《中国红会月刊》第21期；《第十大队在远征军服务工作统计》，《会务通讯》第27期，1944年4月；《王晓籁视察报告》，《振济与救护》第1卷第2期，1940年9、10月合刊；《改进医疗队服务地点》，会务通讯24期，1944年1月；王正廷，《二十九年度本会工作检讨》，《会务通讯》第3期，1941年4月；《医事消息一束》，《战时医政旬刊》，

498

第 20 期，1938 年 9 月；《第 68 次常会记录》，《会务通讯》第 7 期，1942 年 4 月；《中华民国红十字会战时工作概要》，中华民国红会总会编，1946 年 5 月；《中华民国红会战时工作概要》，中华民国红会总会编，1946 年 5 月内部印行，1987 年；《冯玉祥考察图云关》，《中国红十字报》"史海钩沉"栏目，2019 年 3 月；《史沫特莱与林可胜："伤兵之母"与她心中的"男神"》，《中国红十字报》"史海钩沉"，2019 年 4 月；《救护总队与图云关》，《中国红会 110 年》，2021 年 5 月。

五、与协和医学院和林可胜有关的文献

中国生理学会编辑小组：《中国近代生理学六十年（1926—1986）》；张锡钧：《回忆中国生理学先驱林可胜教授》，《中国近代生理学 60 年（1926—1986）》；荣独山：《怀念爱国教授林可胜》；王志均：《我在林可胜教授指导下当进修生》，政协北京市委文史委，《话说老协和》，中国文史出版社，1987 年，《既开风气又为师表：林可胜先生传》，《中国生理学史》，中国协和医科大学出版社，1993 年；刘学礼，《中国近代生物学领袖》，《科学中国人》1999 年 3 期；孟昭威、吕运明、王志均：《纪卓念越的生理学家林可胜》；言尘语：《追思"逆行者"林可胜先生》，网络文章，2021 年 12 月 21 日；医学界：《北京协和医学院用他的名字命名了一栋楼》，网络文章；陈方正、冯德培、吴阶平、邹冈，在香港《二十一世纪》杂志和《生理学报》等发表的文章或评论；冯德培：《60 年的回顾与前瞻》，《中国近代生理学 60 年（1926—1986）》，中国生理学会编辑组，湖南教育出版社，1986 年；闻佳：《我国现代生理学的奠基人：林可胜》，《生物学通报》1986 年第 1 期；汪日新：《1931 年协和派医疗队赴武汉救灾情况》和《协和往事三则》，《话说老协和》，政协北京市文史资料研究会编，中国文史出版社 1987 年版；远川研究所：《无问西东——中国顶级医院的前世今生》，中国台湾《源远》季刊《校史补遗》栏目，2020 年 4 月 27 日；曹育：《中国现代生理学奠基人林可胜博士》，《中国科技史料》，第 19 卷第 1 期，1998 年；沈庆林：《中国抗战时期的国际援助》，上海人民出版社 2000 年版；詹姆斯·贝特兰《战争的影子——中国的红会》，1947 年；乔治·阿姆斯特朗《医师、战士、

爱国者——林可胜》，1970年。

六、中国台湾方面的有关文献

陈韬：《领导战时救护的林可胜先生》《近五十年来几位军医先进》，中国台湾《传记文学》第40卷，第2期，1982年；刘绍唐主编：《民国人物小传—林可胜》，《传记文学丛刊》第33期，台北传记文学出版社，1989年版；熊秉真：《林可胜传》，《国史拟传第六辑》，台北"国史馆"，1996年版；熊秉真、杨文达先生访问记录：《军医改革的功臣》，1991年；"国史馆"编印：《林可胜先生事略》，《中华民国人物传记史料汇编》，第12辑，1994年；（美）包华德主编，沈自敏译：《林可胜》，《中华民国史资料丛稿》之《民国名人传记辞典》，第6、7、8分册（下）；《林可胜先生事略》，"国史馆"《中华民国人物传记史料汇编》第12辑，"国史馆"编印，1994年；黄贤强：《洛克菲勒档案中心有关林可胜的几则档案记录》；《林可胜的缅甸撤退路线》、《林可胜档案》，1942年7月第14卷；《国民政府训令》，"国史馆"藏，国民政府档案，微卷，1943年4月；张建俅：《中国红十字会华北救护委员会报告》、《抗战时期救护总队外籍医护人员名单考证》，台湾"中央研究院"近代史研究所编，《近代中国史研究通讯》第32期，2001年9月；《印度医药队抵汉开始救护工作》，《红会月刊》第41期，1938年11月；《抗战时期战地救护体系的建构及其运作·以中国红会救护总队为中心的探讨》，台湾《"中央研究院"近代史研究所集刊》，第36期，2007年12月；《总会驻汉办事处主任庞京周发总会呈文（附件）》，1938年1月；周美玉：《关于卫训所的回忆》；文理：《湖南抗日战争时期的军队医务与防疫》，《文史拾遗》，2020年8月16日；台湾"中央研究院"近代史研究所编：《近代中国史研究通讯》第32期，2001年9月；周谷《胡适为林可胜辩冤白谤》，中国台湾《传记文学》，第75卷第3期，1999年9月；张朋园访问，罗久蓉记录：《周美玉先生访问记录》《记林可胜先生》，1993年；何邦立整理，邹传恺、赵馨辉夫妇口述：《战时卫生人员训练所忆往兼记林可胜医学教育理念》，中国台湾《传记文学》第111卷第一期，2017年7月；汪忠甲、何邦立：《林可胜滇缅历险记》；何邦立，

《林可胜·民国医学史上第一人》之《不负恩师林可胜——周寿恺献身祖国医学教育事业》，2017年；《中国远征军的军医魂林可胜》，李鋆培编《国军远征缅甸》，见张研、孙燕京主编《民国史料丛刊》卷266；《菊残犹有傲霜枝——林可胜与中国红十字会》；《林可胜档》16010002、16010003、16010004、02013058，1942年7月，09007026，1943年5月，23003001、23012001，台湾"中央研究院"近代史档案馆，1938年、1943年；《军政部战时军用卫生人员训练所教育纲领》，1943年；台湾"国防医学院"《校史探索》第10期、第11期、第12期、第13期；何应钦：《作战以来历年我军官兵阵亡统计表》，《八年抗战之经过》，中国陆军总司令部1946年印行；《远征军第一路司令长官陈诚聘军政部战时卫生人员训练所主任林可胜为本部军医监卫生总视察》，台湾"中央研究院"近代史研究所；《林可胜院长124岁冥诞纪念集》之《林可胜的勋奖章》，"中央研究院"近代史研究所档案馆藏林可胜证书图表，中国台湾《源远季刊》2021年第三期"校史补遗"之20；潘震泽：《中国生理学之父林可胜于生理学研究的成就》；施维贞：《从林可胜医师的"学术出版清单"看"文武双全"的大英雄》；黄至诚：《抗日无名英雄林可胜》，原载《世界日报》2009年6月1日；李选任：《林可胜背弃"国防医学院"？》，陈幸一：《林可胜先生热爱"国防医学院"》，《源远季刊》2011年第37期；张之杰，《林可胜——民国医学史上第一人》，科学月刊；陈长文：《纪念林可胜医师》，原载《中国时报》（中国台湾），2015年11月2日；刘士永、郭世清：《暗声晦影的"中研院"院士与"国防医学院"院长》，《台湾史研究》第19卷第4期，2012年12月；施彦：《战时卫生人员训练所的由来》《组织训练中国远征军救护》《林可胜与民国现代医学的发展(1924—1949)》，新加坡国立大学中文系，哲学博士论文，2013年。

七、社会各界研究者文献

贵州省档案馆蒋国生等：《贵州省抗日战争志》，贵州省地方志办公室2018—2022年编。风林：《从图云关出发——中国红会总会救护总队抗战救护故事集》；林吟：《在血与火中穿行·抗战救护纪实》，贵州人民出版社，2015 年；林吟：《救护总队中的中共组织》。戴斌武：《抗战时期中国红会救护总队研究》，《中国红会华北救护委员会报告》，《抗战时期中国红会救护总队研究之国际援华医疗队》，《贵州文史·四川大学博士学位论文丛刊》1999 年第 1 期，《常德细菌战：日军罪行罄竹难书》，《中国红会救护总队与抗战救护研究》。池子华：《抗战中一支不能忽视的人道力量——中国红十字会战时救护行动概述》，《中国红会救护总队部的"林可胜时期"》，《光明日报》2015 年 9 月 5 日第 4 版，《红十字：近代战争灾难中的人道主义》，合肥工业大学出版社 2013 年版；《82 年前，中国红会救护总队里的党支部》《希尔达：别样的中国"红"》《诺尔曼·白求恩》《到敌人后方去·一支红十字救护队的红色征途》《金茂岳：毛泽东朱德周恩来题词的"红都名医"》，《中国红十字报》2018 年；《红十字与近代中国》，安徽人民出版社，2004 年；《中国红会救护总队抗战救护的几个断面》，《苏州大学学报》2004 年第 4 期；庞曾涵、高忆陵、池子华：《慈善人生——庞京周医师的生平事业》，《红十字运动研究》，电子期刊 2007 年第 7 期；郭进萍、池子华：《江晦鸣：红十字事业的宣传旗手》，原载《中国红十字报》，2019 年 6 月 11 日；徐世泽：《我国近代卫生事业创建者刘瑞恒博士》，《刘瑞恒博士与中国医药及卫生事业》，刘似锦编，1989 年版；《庞京周先生小传》，《上海名人传》，上海文明书局，1930 年；《中华民国红会工作概况》，《四分之一世纪的奉献》，《美国医药援华会 (1937-1962)》，纽约，1962 年；严春宝：《一生真伪有谁知：大学校长林文庆》，福建教育出版社，2010 年；《林文庆医生的鼓浪屿情缘》，《源》杂志，2020 年第 2 期，"吾乡吾厝"专栏；陈煜：《鼓浪屿笔山路 5 号——林文庆宅邸百年沧桑》，《联合早报》旅游版，2008 年 2 月 4 日；陈煜《一砖一石乡土情：解读林文庆在鼓浪屿的购地置业》，《林文庆的厦大情缘》，李元瑾主编，2009 年版；戈叔亚：《记入缅作战的中国远征军的撤退路线》；苟兴朝，《荣誉军人生产事业委员会》《抗日战争时期的"伤兵之友"运动》，四川大学硕士论文 2006 年；《新生活运动伤兵之友社四年来工作报告》，《中国近现代医疗卫生资料续编》，国家图书馆出版社出版；王安：《职业重建：国民政府时期抗战伤残军人的就业》，《湖北师范

502

学院学报》第33卷第1期；李常宝：《抗战期间的国军伤兵群体考察——以军政部荣誉军人第十八临时教养院为中心》和《抗战时期正面战场荣誉军人研究》；黎剑苏：《值得注意的伤兵问题》，《抗日战争三日刊》第63号；曾庆于：《第十七教养院在湄潭》，《贵州文史资料第28集》；《民国三台县军事武装联合全宗档案》《联勤总部荣军第十八临教院报告》，1948年5月；《第十八临时教养院荣军住院登记表》，1942年8月；《残不废月刊》第2卷第18期，1948年6月；于岳：《抗战时期军政部卫训所第五分所同学录》，静思斋：《民国故纸系列之37》；陈寄禅：《刘瑞恒博士与卫生事业》；张丽安：《张建与军医学校·兼述抗战时期军医教育》，香港天地图书公司，2000年版；饶毅：《几被遗忘的中国生命科学之父：林可胜》，《世纪中国》2001年第1期；丁英顺：《抗战时期的中共红会支部》，网络文章，2015年7月；肖伟：《一个红十字人眼中的新四军》，《贵州日报》，2021年10月；崔义田：《新四军的卫生工作》，江苏省新四军和华中抗日根据地研究会卫生分会，《新四军卫生工作史话》，2005年；《周恩来怎样做卫生战线统战工作》，《红岩春秋》，2020年4月；《时代楷模——白求恩战场上救活75%的重伤员》，《国家记忆》，2017年10月；任中义：《抗战时期中国红会救护总队对中共的医疗援助》，《湖北大学学报》2015年2月；吴云峰：《论新四军的医疗卫生工作》，2018年5月；《皖南从军纪实》，上海红会煤业救护队抗战史料选编，1987年5月；《上海人民支持新四军后勤工作的楷模叶进明同志》，上海市新四军暨华中抗日根据地历史研究会，2011年10月；王实荆：《我的爸爸王公道和上海煤业救护队》，《大江南北》2012-02期；《中国红会救护总队特别党支部》，《中共贵阳历史第一卷第六章》；民革贵阳市委：《挖掘贵阳抗战历史文化 推进文明城市建设——关于在图云关设立"抗日战争时期中国红十字会总会救护总队旧址纪念园区"的建议》，2010年3月；刘辉：《贵阳成为抗战后方文化重镇》，《中国现代文学研究丛刊2006·第三期》；《中国军事百科全书》编审室：《抗日战争简述》；唐德刚：《张学良口述历史》；蒋介石：《对于卢沟桥事件之严正声明》，1937年7月，彭明主编《中国现代史资料选辑》第五册（上），1937—1945；张宪文：《全民族奋战：

从卢沟桥事变到武汉沦陷(1937年7月—1938年10月)》,《中国抗日战争史·第二卷》;唐润明:《陪都为何选定重庆·国民政府迁都重庆始末》,《红岩春秋》。

八、救护队员及后裔文章

汤蠡舟:《踏上济善之路》,1944年7月;汤蠡舟:《救护工作第八年》,《救护通讯》第23期,1944年10月1日;王从炎:《中国红会小姐一页奋斗史》;蒋传源:《从童子军到新四军》,《皖南从军纪实——上海红会煤业救护队抗战史料汇编》;史敏言:《关于救护总队的回忆》,五洲出版社;郭绍兴:《回忆抗战时期党在中国红会救护总队的工作》;吕运明:《林可胜教授在抗日战争期间的卓越贡献》;杨锡寿:《回忆周寿恺主任》《回忆贵阳陆军医院人员去向》《记军医署第四医务督导组》;《大医精诚之七》:《周寿恺:抉择无悔》》,2016年12月29日;薛庆煜:《记中国红会救护总队与战时卫生训练所》,《中国科技史料》第20卷第2期,1999年;杨文达:《刘瑞恒博士其人其事》;凌道扬、徐维廉:《视察西北救济工作报告及建议》,《民国时期社会救济资料汇编》,国家图书馆出版社;汪宋宝:《我曾经经历过国防医学院的创建》,台湾"国防医学院"《校史探索》;林竟成:《第九大队与四次湘总结会战》,《会务通讯》第7期,1942年4月;梅国桢:《战地救护·我的抗战之路》,《红十字运动研究》,2019年卷;梅国桢:《我的抗战之路》,1956年;高德敏:《悲壮的新运六队入缅救护》;胡兰生:《中华民国红会历史与工作概述》、《中华民国红会战时工作概要》,《红十字月刊》第18期;《战地红十字:追忆抗日战争时期的中国红会救护总队》,《中国红十字报》,2018年9月;马玉汝:《我们要站在红十字的旗下仰起头来》和《关于第三届红十字周一年来医务工作概况总结》,《救护通讯》第18期,1944年7月;刘祺宝:《霜叶红于二月花》《毕生情系中华的白乐夫》《孟威廉的中国"心"》;《1939,国际援华医疗队与中国》,《档案春秋》,2017年第3期;严斐德著,张至善译:《中国胜利了》《代序》;海龙:《美国发现毛泽东等抗战亲笔信,由宋庆龄捐赠哥大》,2016年12月23日;《北京晚报》;刘隆民:《国际援华医疗队的医生们》;黄昉苨:《"国际纵队"里的中国人：被遗忘的先锋》，《中国青年报》2013年10月23日；熊丰：《八十年前的西班牙内战，白求恩、毕加索曾并肩作战》；史沫特莱著，江枫译：《中国的战歌》，作家出版社，1986年；潘光：《为抗战献身的不止白求恩，还有一群"西班牙大夫"》，澎湃新闻2017年7月；沈庆林：《中国抗战时期的国际援助》，上海人民出版社2000年版；贵阳市府新闻办：《经霜的红叶——国际援华医疗队的故事》，五洲传播出版社，2007年；傅宏：《国际援华医疗队新探》，《贵州社会科学》2006年第6期；李发耀：《国际援华医疗队在贵州》，《贵州文史丛刊》1999年第1期；高荣伟：《布库尔·柯列然：来自罗马尼亚的白求恩》，网络文章，2017年6月；（美）罗伯特·孟乐克著，王蕊译：《国际援华医疗队在战时的中国（1937—1945）》，贵州人民出版社；富华德著，张至善译：《起来，中国胜利了》，北京师范大学出版社1994年版；（德）白乐夫，刘祺宝译：《我在中国做医师》，《经霜的红叶——国际援华医疗队的故事》，附录10；金星：《"红都"名医金茂岳之女忆我父亲给毛泽东看病》；杨永楦：《周涵——难以忘怀的历史故事》；汤章城：《哪勘袖手看神州》，原载《红十字运动研究》，2016年卷，合肥工业大学出版社；张立人：《从上海红会救护医院到救护总队》，《红十字运动研究》2021年卷，合肥工业大学出版社；汤章城：《红十字人汤蠡舟与新四军》，《红十字运动研究》，2018年卷，合肥工业大学出版社；汤章城：《英风永在·望慕无穷——中国红会总会救护总队殉职员工纪念碑再现记》，2022年4月；汤章城：《历经艰辛路·汇聚图云关》；《不能忘却的历史——抗战时期中国红会总会救护总队迁移贵阳图云关追述》；洪慕祁：《寻访镇远"和平村"》；梅运滇：《梅国桢在历史风暴中砥砺前行》，《上海滩》，2017年10月；刘涤：《林可胜和梅国桢的抗战情谊》，《图云关抗战救护》；梅运滇：《驰骋战场·救死扶伤——纪念新运第六医疗队成立80年》，《红十字运动研究》，2020年卷；《抗战中的勇敢人，为国舍家救伤兵》，《图云关抗战救护》；刘涤、梅运滇：《记父亲梅国桢医学博士的抗战之路》，2021年8月；梅运滇、刘涤：《记念梅国桢医生逝世30周年文集》；周涵：《图云关的厦门医者周寿恺》《周寿恺在红十字救护总队》，原载厦门市思明区政协纪念抗战胜利六十周年文史资料专辑；泓莹：《杰出华人科学家林可胜的黄金时段》，2019 年 5 月 27 日；张立人：《1937——1938 年上海红会救护医院到救护总队》，2020 年 8 月；张立人、张亦燕：《林可胜时期的中国红十字总会救护总队部运输股》，2020 年 8 月；郭卫卫、郭建建：《父母的青春岁月》；张亦燕：《父母在图云关的岁月》，《图云关抗战救护》，2007 年；庞曾涵：《少志于学，壮事开拓，老安本业——记先父庞京周医师》，《苏州文史资料》17 辑，1988 年；《庞京周电告前方亟需材料》，《申报》1936 年 12 月 10 日；《庞京周从前线归来谈话——救护绥战意见甚详》，《申报》1936 年 12 月 17 日；《红会庞京周今讲救护问题》，《申报》1937 年 7 月 17 日。

后记

一、图云关三字激脑攻心

截至 1944 年下半年，中国军队与中国人民经过艰苦卓绝的浴血奋战，终于苦撑到了国际局势对我方相对有利的时期。不过，这也意味着到了黎明前的最黑暗时期。

1944 年 1 月 13 日，预感可能会面临灭顶败局的侵华日军制定并经御前会议通过了挽救帝国命运的军事行动方案，史称"一号作战计划"，这个计划的先期准备，全面、细致到难以想象的地步，可谓"武装到了牙齿"；计划的目标是：发起贯穿中国河南、湖南和广西三地，绵延数千公里，以消灭中国军队有生力量为目标的大规模进攻。

到 1944 年 10 月，日军以横扫千军如卷席之势，在先后占领长沙、衡阳之后，迅速攻占桂林、柳州两座广西重镇。考虑到黔桂铁路终端的贵州独山，是我军后方兵援线上的要塞；更寄望追至黔桂边界，形成逼近西南门户贵阳，威慑甚至欲取重庆的战略态势，因此，在追过忻城、宜山、金城江之后，日军开始突破黔桂省界，向南丹、荔波、独山、平塘一线延伸追击，目标直指黔南重镇都匀，史称"黔南事变"。

……

历史的脚步来到了 1966 年 7 月初，"文革"开始后，正在上中专的笔者按照当时校方要求，写信回家索取家庭情况，尤其指明询问家父的历史问题。7 月 14 日，在收到家父的回信中，夹寄来一张不足三指宽的纸片，上面以百余蝇头小字，简要介绍了他何年何月参加国民党军队，何年何月考入伪中央军校一分校受训，何年何月被分配到第 166 师第 498 团任中尉副官，于 1944 年在广西南丹抗日负伤后，被送到贵阳图云关接受救治的情况。

这是"图云关"三字首次出现在笔者的记忆中。

1971 年 10 月，家父病危。在从单位赶回家探视的笔者强烈要求下，躺在病床上的父亲，也许感到自己生命已到尽头，才极不情愿地断断续续讲述了他在信中曾提到过的在广西南丹境内抗日负伤以及在贵阳图云关接受治疗的那段往事。

家父名叫李志敏，1937年加入国民党部队第166师，1942年被荐送到设在陕西汉中圣水寺的中央军校一分校第17期学习两年，毕业后回原部队，任第166师第498团中尉副官，1944年参加抗击日军在广西桂、柳一带实施的"一号作战计划"战役。

在当时战场态势下，原本从河池蜿蜒到南丹的黔桂公路沿线，尽是绵延不断、丛林密布的高山峡谷和天坑沟壑，而在其间的大山塘附近，一座高约三十米的公路桥连通两山，使天堑变成通途。

11月22日上午10时许，家父所在的驻守大山塘一带的部队，突然发现有大量日军在三架飞机掩护下，向第498团防线发起猛攻。全团将士虽誓死坚守阵地，打退了日军数次冲锋，但终因装备落后，力量悬殊，援军又迟迟不能赶到，不得不弃守大山塘，向车河一线撤退，与第497团协同加强第二防线守护。

为有效阻击日军机械化部队的快速追击，第498团团长一面布置部队撤退，一面命令三营长派出小股部队立即携带炸药包炸毁大山塘大桥，形成对穷追之敌的天然阻隔，为部队和难民撤退争取稍长一些的安全时间。

时任第498团第3营中尉副官的家父李志敏，奉命带领三位战士执行炸桥阻敌任务。他们四人每人带一个炸药包，跑步离开战壕，穿过丛林，来到黔桂公路，朝着迎面涌来的难民潮逆向快速接近大桥，在几个桥墩上安装好炸药，把引信连接到一起，尽量向我方一端的桥头延伸，然后举着铁皮喇叭不断高喊：

"赶快离开呀，马上就要炸桥了！"

如潮涌般的难民队伍根本无动于衷，还在不断地涌向大桥，既没有阻止的可能，其嘈杂之声也根本没法让慌乱中的人们听见针对他们的喊话告诫声。心如火焚的李志敏眼看着日军先头部队的汽车已离桥不远，很快就要驶上大桥；而桥上拥堵的无数难民即将死于自己敷设的炸药包，他急得一时手足无措。当看到一位战士擦燃火柴，就要点燃引信时，另一位战士却高声拖着哭腔，一扑爬跪倒在李志敏面前央求道：

"李副官，求求您，不能点火啊，这桥还是不炸吧！您看看，光桥上就有一百多个难民，桥那头还在不停涌上来，这都是我们的同胞姊妹和父老乡亲啊！"

而就在这时，只听另一位战士大声喊道：

"日军的军车很快就要驶上桥头啦！"

已近乎神经质的李志敏猛然醒悟，炸桥是军令，是为了阻击敌人，让更多的我军部队和难民安全撤退！作为一名战士、军人、前线指挥官，只得以服从命令为天职，别无选择。于是，他调转头，从战士手上夺过引线头和火柴盒，弯腰迅速取出火柴，"哗"的一声擦燃，咬着牙亲自点燃了引信。

燃烧的引信快速向大桥中部缩短，再缩短。那蹦跳的火花，好像燃烧在李志敏心上。顷刻间，几声剧烈的爆炸在山谷中响起，回响声久久不停。这座山间大桥与桥上的一百多位难民以及刚驶上桥面的日军军车一起，顿时在空中翻飞，随之坠落深涧。

而就在点燃引信的一瞬间，李志敏被那辆满载日军、已经驶上桥头、前面架着几挺正冒着火舌的机枪的军车上射出的子弹击中，倒在了离我端桥头不远的公路边灌木丛中。

大桥炸毁了。任务完成了。军车上的鬼子连人带车与大山塘大桥同归于尽。后续之敌顷刻间被阻挡在山涧对面，短时间过不了桥，难以继续对我军和如潮难民构成威胁。原本的通途刹那间又变成了于我军有利的天堑。日军无法借助现代化交通工具继续实施快速追击，被暂时阻挡在了河对岸。但是，李志敏的双腿却多处受伤，尤以右腿根部和左脚踝关节伤势严重，完全失去了行走能力。

三位战友从路旁的死难者身上撕下几块破衣烂襟给李志敏作简单包扎后，轮换背着他随难民队伍缓慢向南丹方向转移撤退，只是再也没有追上部队的可能了。

随同执行任务的三位战士在"六寨惨案"中牺牲一位，另外两位战士始终不离不弃，轮换背着李志敏，钻山林，绕小道，偷着从田里拖稻草进树林，勒下遗谷瘪籽，用手搓出碎米稗粒，从农家菜地捡来浇地的粪罐在水沟边洗洗，用手枪管、鹅卵石当火镰，采枯焦艾叶揉搓后当引子，拾柴生火熬粥，解饥保命；躲开被鬼子占领后封锁的麻尾、下司、上司等村镇，缓慢向独山、墨冲、都匀方向隐蔽撤退。经过约半月、四百余公里的艰难跋涉，李志敏终于被送至第29军设在都匀炮校的伤员收容站验明正身，凑成规定人数批次，用军用卡车转送至贵阳图云关的中国红十字总会救护总队部医院接受救治。

至此，笔者终于弄清楚，原来史料中记载的，抗战期间黔桂公路大山塘炸桥阻敌的任务，正是家父带领的任务组执行的……

都匀炮校的伤兵运送卡车于天黑前来到贵阳城东南不远处的一片森林棚户区停下来。护送少尉对大家说：

"这里有军方和红会设立的野战医院，受伤需要治疗以及随行护送人员可在此下车，持证件进去联系。"

李志敏以军人的职业习惯和敏锐眼光，远远近近、前后左右仔细审视后发现，虽然也许是由于黔桂公路的贯通，早已废弃的古驿道上已然苔藓斑驳，荆棘丛生，但它仍然有力地证明，此处应该历来为兵家必争之地。眼看就要天黑，李志敏和陪同的两位战友稍事休息，向张挂着横幅的一幢茅草平房走去，接近时才看清那横幅上，并不如护送来的少尉所说，是国军的野战医院，而分明写着"中国红十字总会救护总队部"几个字。而且，以这座茅草平房为中心，左右前后，远远近近，还有若干大小不等的简易茅草棚房……

办完入院手续不久，一位外籍大夫和中国护士双双来到病床前。大夫用生硬的汉语让护士协助李志敏脱下长裤查看伤情，询问受伤日期，拍拍脑门，扳着指头计算后说：

"哎呀！受伤至今已是两周多了。这左踝关节肿胀青黑，表层组织已有坏疽征兆，右大腿伤口开始溃烂。好在是冬天，要是夏天，感染加剧，你这两条腿也许都难保啊！"

大夫说完，侧身对护士交代：

"我去联系约请专家会诊。你去安排好，两小时后，叫人用手推车把他送到X光室，做深入检查后接受会诊。"

参加会诊的中外医生都有。会诊结束回到病房，李志敏通过管床护

510

士打听到几位医生分别是：时任救护总队副总队长，主持救护总队日常工作的外科专家汤蠡舟；第167陆军野战医院医务主任、X线专家荣独山；外科指导员、战时卫生人员训练所矫形外科学组主任、创伤外科专家屠开元及另一位外籍大夫。虽然并未记住参加会诊的所有医生，但这几位却永远刻在了李志敏的脑海中，始终没有忘记。

专家们对X光片分析会诊后判断，李志敏的左踝关节是被子弹从内踝射入，从外踝穿出，造成内外踝同时破损的严重情况。子弹不仅击碎了内外踝，还严重擦伤了脚跟距骨，而且，由于长时间未能得到复位治疗，内外踝的破碎骨骼已开始自然愈合。这种变形愈合，会导致病人行走失衡或完全丧失行走能力。

会诊认为，由于踝关节承受全身体重，作用于踝关节的力需要得到缓冲释放，如果关节面稍有不平或关节间隙增宽，均可发生创伤性关节炎，这在复位治疗过程中尤需注意。会诊建议采用手法复位方式施治，要求踝关节与距骨体的鞍状关节面吻合……由于肌肉组织坏血淤积，难以对骨骼恢复提供足够营养，不排除失去再生能力的可能性，严重时，会导致不得不做截肢处理……如果治疗方法措施得当，经过石膏固定两周左右，待肿胀逐渐消退，石膏松动后，换一次。通过石膏的两到三次固定，每次六至八周，基本可实现功能恢复，再伴以渐进性步态训练，经过约半年到一年时间，预料可恢复其行走能力。建议当前在无菌技术下及时抽出关节淤血，以免造成关节内粘连或其他恶果。至于右大腿根部的枪伤，只是子弹从大腿外侧射入，由于肌肉较厚，仅仅擦伤少量髋骨后，终止运行，既没有伤及股关节，也未造成髋骨破损，而且自然生理恢复较好。尽管子弹还停留在肌肉里，由于没有过多伤及骨骼，鉴于当前的医疗条件和病员整体伤情，可以暂不考虑手术取出，只要将腐坏肌肉刮切干净，用不了多久就可以恢复站立功能，并试着在双拐支撑下作右侧单肢着地行走训练。

会诊方案的出台，使李志敏原本担心会被截肢造成终身残疾的沉重思想包袱减轻了许多，也使他坚定了配合医生治疗的信心和决心，力争获得恢复双腿自如行走的最佳效果。

在随后的治疗中，李志敏了解到，因日军侵入黔南所造成的紧张局面，为保护十分有限的医疗资源，避免不必要的牺牲，承担战地救护和教学培训的医务骨干当时多已暂撤桐梓，是时任救护总队部主持工作的副总队长汤蠡舟亲自出面，商得同在图云关的美军第27野战医院外籍军医作为管床医生。医生们为李志敏的踝骨进行手法技术复位后用石膏固定，同时也对右大腿的枪伤进行了必要处理。

大约两周后，李志敏感到左踝处的石膏有所松动。护士告诉他，这是肿胀开始消退的信号，适时为他更换了石膏。又过不多久，可以试着在病房内，以双拐支撑作右侧单肢少量行走训练了。

3月初的一天早晨，护士来到病房，要李志敏简单收拾一下出去上车，去贵阳医学院作踝关节复查会诊。因为当时X射线专家荣独山教授正在开办X射线技术员和放射科医师训练班，同时为贵阳医学院以及从长沙迁来的湘雅医学院并堂讲授X射线诊断学，决定将李志敏的踝关节破碎恢复作为特殊病例为学员做现场分析讲授。同时，几位曾参加李志敏伤情诊断的医生也都前去，一举两得。

经专家们对X射线片认真细致分析后认为，在接受治疗仅两个多月后，时年28岁的李志敏伤情就恢复到这个程度，算是创造奇迹了。会诊结果也给了李志敏极大的精神鼓舞。他深感自己作为一个基层军官，能有幸在这样高级的医疗单位，接受众多中外专家会诊治疗且效果如此明显，这是他此前所不敢奢望的。

3月的图云关，尽管乍暖还寒，但春天的到来，万物的复苏，给山野间增添了无限的生机和希望。树木开始泛起鹅黄色嫩芽，野花开始孕育出点点蓓蕾，自然界的每一点微小变化，都从心理上给李志敏恢复健康增添了巨大的精神力量。

5月初，医生为李志敏撤下了石膏，使他那只被前后固定几次，禁锢了近半年的左脚，终于获得解放。尽管从X射线片可见，骨骼的生理结构恢复不错，但机体组织还是明显有萎缩现象，行为功能要达到正常行走，尚需时日。不过从此，他每天早晨都在双拐支撑下晨练，并有意识地让左脚适当触地受力，主动让踝关节获得运动。进入6月，便可以在双拐支撑下缓慢自由行动了。

随着病情不断好转，尽管还拄着双拐，李志敏的活动半径越来越大，视野越来越开阔，并逐渐发现，图云关上树林稠密，在丛林掩映的山窝里一片稍大的开阔地上，搭起几十栋茅草房和一幢较大的飞机形瓦顶平房，据说美军第27野战医院病房就在其中，共同构成当时的中国红十字总会救护总队大本营。沿医院旁一条小道，可经冒沙井方向进入贵阳城区。与之背道而驰的一条小路，直通到名叫"龙洞堡"的地方。医院后面的缓坡上，是救护总队部的药品器械仓库……原来，在图云关这片葳蕤摇扬中，居然形成了一个由战时卫生机构所组成的"医疗城"。而且在这个山间密林中的"医疗城"里，最多时，居然拥塞着三千两百多人，除中国人外，还有数十位欧美国家的援华医疗专家和爱国华侨技工。

6月以后，李志敏除了必须遵守医院相关作息制度外，已经不受医生和护士的严格管束，可以拄着双拐自由行动，还时常从不同路线出入于贵阳市区。就这样，李志敏在图云关的治疗持续到日本投降的次月。

随着抗战胜利结束，图云关的医疗救护机构完成历史使命。但作为重要善后工作，必须先将尚未痊愈的伤残人员移交出去，医务工作者们才可能腾出手来，撤离图云关。救护总队部按照上级指示，参照当时政府或军方有关伤残军人安置办法疏散伤残人员。

鉴于当时的身体情况，1945年10月初，李志敏被疏散到遵义城郊，编入正在"黔北整训"中的第93军暂编第28团，转送到遵义北郊的高坪镇，依托当年的国防部联勤总部第40陆军野战医院继续康复治疗，从而结束了在图云关的10个月治疗。

约半年后，第40陆军野战医院和暂编第28团相继接到调防指令，撤离前，凡已经基本养好的伤员，能归队的，安排回原来部队或整训后编入新番号部队；需要继续康复治疗或已确定伤残不能归队的，编入联勤总部驻各地荣军临时教育休养院，继续治疗或安置就业。

随即，李志敏接到通知，将转移到驻扎在息烽县盘脚营的联勤总部属下临时教育休养院第17分院，简称"17临教院"。通知指出，伤员伤愈后由第四战区长官部伤管处领回，或编入战区作战部队，或移送地方政府，不排除送回原籍安置；已有家属的，允许一并前往。

于是，李志敏带着在高坪期间结婚的妻子，乘部队军用卡车来到息烽县盘脚营。到达后才得知，当时的17临教院收容着数百名伤残官兵，分政训、副官、军需、医务、就业、恤养等六个连队，收容三等残废军人以及暂时无部队可归的在养伤员，分别驻扎在息烽县的盘脚营、黑神庙、排沙铺、螺丝田、曹水、管田一带各点。

李志敏夫妇到息烽17临教院没多久，就听说时任军医署署长的林可胜于不久前，曾派由驻图云关贵阳陆军总医院的医生组成的督导组前来视察督导过。医生们除为一些尚需治疗的伤病员实施治疗外，还大力宣讲政策，倡导各地涉伤机构，依照国民政府有关政策和成功范例，鼓励荣誉军人开展生产经营，增加收入，实现自救。但由于时间短、问题多，督导组只能起到了解情况、指导工作、总结汇报的作用。

李志敏还听说，他认识的督导组医生杨锡寿，介绍了驻绥阳和镇远两所荣军疗养院的情况。在院的伤后致残军人，大多数是下级军官和士兵，生活待遇由疗养院负责，不少人已在当地安家，主要是与当地农村姑娘结婚，有些还在赶场天做些小生意。荣军和当地农民来往亲如家人，也能听从指挥，很少滋事。这些在抗战中立过战功的将士，今天又成为良民百姓。

曾接受治疗10个月，怀着对医生们为自己挽回一条腿的感激之情，刚离开半年多的李志敏，虽然没能赶上看到督导组那些来自图云关"老家"的亲人而倍感遗憾，但依然感受到了莫大鼓舞。

二、积善之道是知恩图报

李志敏夫妇在息烽期间，每月薪饷难以维持夫妻俩的基本生活开支。为贯彻国民政府颁布的自我救助政策和有关办法措施，落实军医署督导组提出的意见和建议，17临教院鼓励荣军自找项目，通过艰苦劳动、开展生产、合法经营来增加收入，以减轻因物价大幅上涨造成的生活开支困难。

此时的李志敏已经可以丢掉拐杖，缓慢独立行走了。为寻求在政策支持下的生活困难解决办法，他邀约同是来自图云关的广西籍连长邹万章、四川籍排长周清河共同出资，创办了名为"三友合作社"的作坊，生产经营日用杂货，并取得了较好的经济效益。

李志敏说服邹万章和周清河，暂不分配利润，用于扩大再生产。他们打听到，驻镇远县的第四临教院院长任鸿刚，组建了第一和第二机制卷烟生产合作社，销路畅远，效益非常好。于是便以"三友"为发起人，邀集多位股东参与，购置小型卷烟机、切丝机，开办"三友卷烟厂"，产品很快行销黔、川、湘三省边区和邻近各县，不但取得了良好效益，还为"三友"这块招牌赢得了商誉。

另一边，由李志敏的妻子牵头，联络十几位伤兵家属，组建了"三友合作社"属下的编织社，进行简单的手工编织。由"三友合作社"提供原料和生产计划，包销产品，每月可出品线袜四十几打、毛巾二十几打不等，效益也很显著。李志敏夫妇善动脑筋、诚实勤劳、心灵手巧、多才多艺等传统美德，很快被队友和同事们传为佳话。

一晃到了1946年年底。驻扎在息烽的17临教院接上级命令，全员迁往湄潭县永兴镇。按照当时政策，如果荣军们原来从事的某项生产经营比较成熟，有稳定的原料来源和销售渠道，经济效益足以谋生，参与经营者又不愿放弃的，可在获得政府或军方相应的物资和政策帮助下，继续从事生产经营，但必须从此与临教院脱钩，将伤残优抚关系转入当地政府。

李志敏夫妇在商量是否留在息烽继续经营时，妻子却否定道：

"卷烟项目虽然已经成熟，收益较好，但我是遵义高坪人，湄潭县与遵义县（注：时名）相邻，距高坪较近，可以随时回家看看。你是外地人，留在盘脚营，我俩就都成为外地人了。今后脱离了军方的17临教院，留在这里人地两生，将来万一自谋生路有困难时，谁能帮助我们？通过这几个月的工作，我们有了些经济基础和经营经验，回到黔北，人熟地熟，只要多动脑子，勤快肯干，重新办个什么项目，干好了，就可以作为长期谋生之道。那时如果脱离17临教院，在遵义附近定下根来，心底就要踏实得多，还是随队去湄潭永兴吧。"

到永兴后李志敏才得知，原来永兴才是17临教院的总部。此前之所以驻息烽一带，是因为17临教院于1943年由湖南陆续迁到贵州时，军委联勤总部就决定将院部驻地定点在社会资源相对丰盈富庶，自然环境相对优越宜居，地理位置处于湘、川、黔三角区域，交通方便的湄潭县永兴镇。人员大都是从台儿庄、武汉、长沙等战役一路撤退辗转而来的伤残官兵，开始时为五百多人，编为三个中队。但由于浙江大学近一半师生迁驻于彼，如果17临教院再到永兴，势必使这个山间小镇不堪重负。因此，像李志敏这批荣军，只能暂时安排在息烽一带过渡，进不了永兴的17临教院总部。

抗战胜利后，浙大陆续回迁杭州。联勤总部为了集中加强对荣军和康养期的官兵管理，决定将驻在息烽的人员全部迁到永兴。这样一来，驻永兴的17临教院最多时有一千五百多人，所在部队番号达二十多个，来源地达14个省，分驻在永兴至牛场两镇首尾约八十里一带，设教育、军需、军医、总务四个处。

正是家父李志敏这位在桂柳抗战中负伤的青年军人，从1944年12月至1945年9月的10个月间，在图云关救护总队部接受众多中外医疗专家和高级诊疗设备救治康复这段刻骨铭心的经历，以及未满54岁就英年早逝的坎坷人生，一直激励着笔者自青年时期就暗下决心，此生一定要以家庭故事为特定主线，写一本书，勾画出自抗战开始到家父抗日负伤被送到图云关接受救治，直至1971年英年早逝这数十年社会发展阶段波澜壮阔的历史画卷。

但是，仅凭笔者1965年9月初中毕业考入农林类中专，上半年基础课，就因"文革"而停学"闹革命"的这点阅历和学识，要写出一部包揽近五十年史诗般社会演进过程的文学作品，谈何容易！加之家父早亡，遗留子女八个，为宽慰失去生活勇气的家母，不得不将稍大的妹妹和弟弟迁户与笔者一起生活，承受着沉重的经济压力。

所幸改革开放的春风吹来，在为妹妹解决就业，协助"上山下乡"的弟弟补习高考，先后将他俩送出家门后，笔者才于1980年开始顾及自己的学习充电。在此后整整八年中，兼顾工作，坚持业余学习，先后完成英语和汽车运用工程两个专科学业。其间，尤其是为了完成"写一本书"的夙愿，又考入贵阳师范学院五年制中文函授班，先后取得包括现代汉语、写作等主要科目在内的12个单科结业证，打下一定的写作基础。从西南林学院毕业后，有幸被政府机关选调从事文字工作，又获得一定的写作历练和文学积淀。

2006年9月，笔者以"背包客"身份，沿着茶马古道几乎踏遍整个藏区，游历七十余天，行程两万余公里，记录下十余万字旅行笔记。回来后，辛苦于灯下两百多天，写成了五十余万字的处女作《古道悠悠——中国西部古道游》。这本作为初试身手的长篇游记出版后，社会反响不错，奠定了笔者此生完成"写一本书"心愿的创作基础。

此时的母亲已是耄耋高龄，为了能从老人口中再挖出些父亲的故事做素材，笔者常常引导她唠唠家常，而且每次都拿着笔记本，生怕掉落了散金碎银，以至于引来母亲充满关爱的责备：

"晓得你老是记这些陈谷子烂芝麻来做哪样？我懒得讲啦！"

说归说，但每次，老人只要一打开话匣子，就没完没了，被我"窃得个钵溢盆满"。终于，一本48万字的长篇纪实小说《家之梦》得以创作完成，于2014年2月由云南人民出版社正式出版发行。之所以取名《家之梦》，是因为笔者坚信家父所教导的"国事为人之大事。国家在上，不以党派论忠奸"之语。

在侵华日军南京大屠杀遇难同胞纪念馆展示的惨死在日军屠刀下的三十多万人，无论是国、共人士，或是军人、平民、老人、妇孺和孩童，都有一个共同的"中国人"身份。因此，笔者认为，国和家之间是无法割舍的关系，国是家的国，家是国的家。

中华民族的抗日战争，是弱国对阵强敌，正义对阵邪恶，光明对阵黑暗，进步对阵反动的战争；中国人民同世界爱好和平的人民一道，以顽强意志和英勇不屈，经过14年浴血奋战，终于打败了日本法西斯侵略者，取得了伟大胜利！

14年艰苦卓绝的抗战，中国军队伤亡380余万人，民众伤亡3120余万人，军民伤亡总数达3500万人。

14年漫长光阴啊！绝不是一段时间，而是中国人民遭受烧杀淫掠的一天，又一天，再一天。

3500万血肉之躯啊！不仅是一个数字，而是一个同胞倒下，一个，再一个，直到血染山河。

当年，地不分南北，人不分老幼，全民族投入抗战。各界民众，同心同德，不分男女，同仇敌忾，中华铁汉，慷慨赴死。

当年，战场硝烟弥漫，血色浸染江河。中华儿女前仆后继，用铁骨保家卫国，用血肉之躯筑成不倒的长城。

今天，我们回顾历史，是因时间长河里沉淀着中华民族用鲜血和生命换来的真理。回首，是为正确认知；缅怀，是为更好传承。

今天，我们致敬先辈，致敬那场不屈不挠的抗争，是为时刻警醒你我，警醒后辈，勿忘这段民族苦难史，加倍努力，振兴中华。

关于抗战历史，人们往往更多关注军事层面和战场胜负，却很少去谈论或深究支撑中国人民扛过长达八年全面抗战的其他要素。

一个浅显道理：打仗，就是敌我战场拼杀！拼杀会有伤亡，伤亡需要施以救护和治疗；打仗，就是"烧钱"和"死人"。解决烧钱的前提是经济支撑，而挽救死人的办法则是施以救治。而"救"和"治"这两个环节，可以说是中国红十字总会救护总队撑起了抗战中的大半边天。

图云关作为抗战救护文化的载体，终究没有被历史遗忘。更可喜的是，2017年3月，经中国红十字总会，中共贵州省委、贵州省人民政府共同申报，国家于同年10月批复同意修建中国红会救护总队贵阳图云关抗战纪念园。五年多来，在有关部门的大力支持和密切配合下，在众多专家学者、图云关亲历者和后裔们的积极协助下，纪念园得以建设落成。

曾几何时，为加强联系、交流、回顾和发掘图云关这段抗战救护历史文化，搜寻前辈们留下的有关文字和遗物，总结其精神内涵和丰富展示内容，由贵阳市政协原副主席杨永楦女士牵头，联络当年在图云关工作生活过的工作人员后裔，组建起"图云关后裔"微信群。

2021年5月8日，笔者收到朋友李东林转来一位名叫"纸老虎"的微友询问，征求能否告知笔者的有关情况：

"请问，这位李性刚先生是否是抗战老兵李志敏先生之子？"

笔者给予肯定答复后没几天，便被不知名的朋友拉进了"图云关后裔"微信群。群友们在表示欢迎后议论道，说笔者是目前为止，寻找到的唯一抗战期间曾在图云关接受救治的伤兵的后代。

"是啊！笔者为1949年1月生人，都已73岁，不仅当年的伤员所剩无几，就连他们的后代，健在者还能剩下几人？另外，鉴于诸多历史原因，知道并敢于说明自己是抗战伤兵后代的又能有几人？"笔者心里犯着嘀咕。

数日后，群主杨永楦女士在后裔群留言道：

“团结出版社 2015 年出版描写正面战场的整整 10 本《国殇》，居然没有抗战救护的内容，救护总队的后裔只有补课，写出一本关于抗战救护的《国殇》才能安心。”

笔者看后，隐隐预感到，由于拙作《家之梦》的原因，很可能被杨永楦女士列为《国殇》之抗战救护的作者人选。

6 月 15 日，笔者接到通知，将与《团结报》贵州记者站站长邵斌先生到遵义商谈关于《国殇》之抗战救护的写作事宜。见面后，两位领导明确表示欲将该书的创作任务交笔者完成。

这对于笔者来说，既是信任，也是期待，更是极其难得的感恩回报机会。因为通过这本书，首先是可让一位受益人后代凝结于心底数十年、对为家父奇迹般地施救并保持行走能力的医疗专家们表达由衷的谢忱；其次是可以寄托和抒发儿子对父亲54岁短暂苦难人生的怀念和悲悯之情；再就是，尽管笔者已 73 岁，还有运气迎来最后机会，完成这本意义非凡的收官之作。

不过再一想，笔者当时由于腰椎间盘突出尚在治疗中，有能力承接需要长时间艰苦伏案劳作才可能完成的艰巨任务吗？且由于时间紧、任务重、敏感性强，难免不会出现这样那样的坎坷和不尽人意之处而影响书稿出版；或者如果中途因为身体的、水平的、质量等原因而使得如此重要的文学创作被搁置，甚至最终流产，将如何面对寄予厚望的数十位图云关后裔？

经过反复思考，认真掂量，干好干坏是水平问题，但干与不干，却是态度问题。最后还是决定接下这个重任，决心克服一切困难，竭尽全力，甚至豁出这条老命，也要将这件功在我辈、利于千秋的写作任务接下来并完成好。

就在当日晚间，杨永楦女士就在群里留言道：

“今天到遵义和李性刚老师达成一致，大家克服困难，一定要写出抗战救护的《国殇》一书，由团结出版社出版。请大家把自己的资料整理好，发给李老师，共同宣传图云关抗战救护事迹。”

紧接着，图云关后裔群友纷纷有针对性发来长短不等的信息。有鼓励、有建议、有期待，有联想，甚至直接发来原始素材……

杨永楦女士更是将长期以来通过各种渠道搜集的来自各个方面的电子文档和书籍史料全部汇总，或邮件发送，或成书借阅，倾力相助。

此后，笔者一边消化历史资料，一边冥思苦想如何谋篇布局。

6月28日，杨永楦女士再次在群里发话：

"群里的中外后裔都是拿手术刀的。李性刚却是我们找到的唯一一拿枪的后裔。他有感恩情结，希望得到大家的支持。"

有群友留言道：……作品以什么为主钱来讲述。卓越？坚韧？乐观？苦难？……无法写得太大，太轰轰烈烈，那不符合历史；但也不能事无巨细，面面俱到，那就没了主题。面对战时图云关的人和事，你的笔犹如摄像机镜头，如何撷取，是个难以抉择的问题。……归纳起来，就是写出一本以真实事件和人物为基础的、鼓励当代中国人砥砺前行的书来，真的不易！但相信你能行，加油！"

曾亲自参与并指导为父亲治疗的图云关救护总队继任总队长汤蠡舟之子汤章城先生，甚至对书稿创作提出了更为具体的意见和建议。诸如从何处切入、怎么展开、如何延续、哪些是重点等。

在深受感动之余，笔者这样回复各位群友：

以73岁高龄接下这个活儿，就没有考虑个人利害得失，只是源于家父在图云关接受各位父辈的精心救治。作为受益者后代，感恩之情无以回报，但理当回报。虽然勉为其难承担下来，但我诚惶诚恐，生怕费力不讨好！在此诚挚表示，一是感谢大家的热情支持，二是万望各位不吝赐教，提出宝贵意见和建议。目的就是不能让父辈的精神和热血白白抛洒在图云关的丛林中。

一场名为"烽火仁心——林可胜与抗日战争时期的中国红会救护总队"于纪念抗战胜利75周年之际在厦门展出。展览以数百幅珍贵历史照片和相关资料，生动展示了救护总队长林可胜及其带领下的中国红十字总会救护总队的抗战救护历程和图云关当年的真情实景，让人们找回了真实的图云关。

可巧，"烽火仁心——林可胜与抗日战争时期的中国红会救护总队"展览策划人、被誉为"收集历史资料的高手"、对图云关抗战救护历史烂熟于心的梁忠军先生来到了贵阳，在晤面中，他对书稿的酝酿、谋划和构思提出了许多建设性建议，并发给笔者大量中外史料。

2021年7月14日，团结出版社的梁光玉社长、赵广宁总编辑一行来到贵阳，于16日专门约谈并听取笔者关于书稿的创作思路汇报，在表示肯定的同时，提出了指导性意见，足见出版社领导对本书的重视。笔者虽深感荣幸，但更觉压力山大！

在时隔整整一年后的2022年7月15日，在收到笔者已完成的征求意见稿后，梁社长通过微信告知笔者：

"这次我社赵广宁总编辑，负责编辑工作的副总编辑张阳专程来与你们交流，尤其会对你的作品提出修改意见，相信会有较好的效果。"

7月19日下午，笔者如约见到并聆听了赵广宁总编辑和张阳副总编辑两位专家型领导对书稿的修改意见和建议。

书稿动笔大约月余后，有幸结识民革贵州省委直属产业金融支部主委、贵阳宝弄投资咨询有限公司执行董事李俊先生。当得知笔者如此高龄，还承担抗战救护的《国殇》如此繁重的书稿撰写任务后，李先生当即表示大力支持，并承诺如果需要，可选派一位高学历年轻人协助处理包括文档转换、图片文字活化或英文文档翻译等工作。这些当然是笔者的弱项和软肋，能够如此，写作进度便会大大加速。几天后，李先生亲自为笔者送来了贵阳宝弄投资咨询有限公司市场总监一位名叫"张宇峰"的知识型青年，协助笔者处理了不少图文资料。

最后，必须介绍一下与笔者同龄的夫人孙际芳女士。由于书稿涉及面广，内容浩瀚，话题敏感，时间跨度大，加之笔者毕竟已是七十多岁高龄，接受这个非同寻常的任务，确实压力山大。自2021年8月初投入写作以来，笔者腰系固定带，每天起早贪黑，端坐电脑前达10小时以上，认真核查史料，翻阅参考书籍，全身心投入工作，难免引起夫人的心疼。她一日三餐变换花样、品种，确保营养；隔三岔五测血糖血压并提醒用药；定时将水果去皮切片插牙签送到桌边；每天无论多晚，都陪坐到电脑关机；坚持陪同走7000步左右以消减腿部水肿……没有她如此这般对笔者饮食起居的全身心照顾和支持配合，要在10个月完成逾50万字初稿是不可想象的。

在本书最后，笔者首先想代表抗战中接受救治的所有受益将士后裔，对当年战斗在各个战场，抢救诊治负伤将士的红十字会相关仁人志士，表达由衷的感恩之情！其次是要向前面所列举的，在本书创作之前、之中及后期，对笔者施以寻找、举荐、提供原始素材，提出意见建议，协助处理文字等帮助和支持的各位领导、群友，包括笔者的夫人，表达发自心底、至真至纯、躬身叩首的虔诚致谢！再有，本书所用的历史图片来源于以下三种途径：一是由图云关的后裔们提供，二是史料中选图；三是笔者的实地拍摄或翻拍。由于时间仓促，本书尚存在不完美之处，诚望各界读者和研究人士在包容阅读的基础上讨论并指正。